Annet Mooij

Das Jahrhundert der Gisèle

Mythos und Wirklichkeit einer Künstlerin

Aus dem Niederländischen von Gerd Busse
Mit zahlreichen Abbildungen

Büchergilde Gutenberg

Inhalt

7   Einleitung

17   **ERSTES KAPITEL**
Wurzeln

27   **ZWEITES KAPITEL**
Ein nomadischer Beginn

56   **DRITTES KAPITEL**
Auf der Suche nach einer Bestimmung

99   **VIERTES KAPITEL**
Neue Welten

137   **FÜNFTES KAPITEL**
Ein deutsches Erbe

171   **SECHSTES KAPITEL**
Im Untergrund auf der dritten Etage

220   **SIEBTES KAPITEL**
»Der grausame Friede«

270   **ACHTES KAPITEL**
Der Reiher und das Teichhuhn

319   **NEUNTES KAPITEL**
Die griechischen Jahre

370   **ZEHNTES KAPITEL**
Eine Insel unter dem Himmel

409   Epilog

421	Übersicht der Ausstellungen
423	Quellennachweise und Danksagung
428	Bildnachweis
429	Anmerkungen
461	Quellen- und Literaturverzeichnis
469	Personenregister

Einleitung

Würde sie noch leben, hätte Gisèle d'Ailly-van Waterschoot van der Gracht alles darangesetzt, das Erscheinen dieser Biographie zu verhindern. In solchen Dingen konnte sie sehr weit gehen. Bei einer Buchveröffentlichung aus dem Jahr 2005, in der zwei Seiten, die von ihr handelten, nicht auf ihr Wohlwollen stießen, wollte sie die komplette Auflage des Werks aufkaufen, um so die weitere Verbreitung zu verhindern. Ihre Intervention kam zu spät, führte jedoch dazu, dass unmittelbar darauf eine zweite Auflage erschien, in der die für sie anstößigen Passagen entfernt worden waren.

An sich sprach Gisèle die Idee durchaus an, dass über sie eine Biographie geschrieben werden würde – sie spekulierte vielleicht sogar ein bisschen darauf. In ihrem letzten Lebensabschnitt widmete sie sich dem Ordnen ihres gigantischen Archivs, damit sich andere nach ihrem Tod darin zurechtfinden könnten. Die Biographie, die ihr vorschwebte, hätte dann allerdings die Geschichte erzählen müssen, die sie selbst der Welt gerne vorspielte: die Geschichte eines Lebens wie im Märchen.

Diese Geschichte ist so stark und so faszinierend, und sie wird so überzeugend präsentiert, dass die Versuchung oft groß ist, ihr unbesehen zu folgen. Es fängt schon damit an, dass Gisèle die Rolle der Märchenfigur wie auf den Leib geschneidert ist. Sie war eine ungewöhnliche Erscheinung mit einer enormen Ausstrahlung. Wo immer sie auftauchte, stand sie mit ihrer zarten, mädchenhaften Gestalt und dem auffälligen Vogelkopf im Mittelpunkt des Geschehens. In jedem Raum und in jeder Gesellschaft zog sie die Aufmerksamkeit auf sich. Sie wurde im Umgang nicht schnell vertraulich und hatte in ihrem überbordenden gesellschaftlichen Leben wenige wirkliche Vertraute, doch vielen ihrer Gesprächspartner vermittelte sie das Gefühl, gerade zu ihnen einen besonderen Kontakt und eine spezielle Beziehung zu haben, auch wenn es nur für den Moment war. Bereits eine kurze Begegnung mit Gisèle hinterließ bei vielen Menschen einen unauslöschlichen Eindruck.

Aufgrund der vielen seltsamen Widersprüche, die sie in sich vereinte, und der sehr unterschiedlichen Welten, die sie repräsentierte, blieb sie ein rätselhaftes Wesen, von dem niemand so bald genug bekam. Gisèle lebte ein freies und unabhängiges Leben, war jedoch gleichzeitig anderen Menschen zutiefst verbunden. Ihr Leben lang hielt sie, wenn auch mit Höhen und Tiefen, einem von ihren Eltern übernommenen, strengen Katholizismus die Treue, pflegte allerdings bisweilen einen Lebensstil, der sich damit in keiner Weise vereinbaren ließ. Sie wuchs in einem Haushalt mit Dienstpersonal und Silberbesteck auf, erlebte jedoch ihre glücklichsten Momente in einem kleinen, verlassenen griechischen Kloster ohne Strom und fließendes Wasser. Sie verschenkte Millionen, konnte aber bei einer etwas zu teuer ausgefallenen Tasse Kaffee plötzlich höchst unleidlich werden.

In ihrem herrlichen, hellen Atelier, das einen Blick über die Dächer der Amsterdamer Altstadt bot, umgab sie sich in den letzten dreißig Jahren ihres Lebens mit den zahlreichen von ihr gehüteten Besitztümern: ihren Gemälden und Kunstbüchern, den Fotos ihrer Liebsten und Familiensouvenirs. Auf den breiten Fensterbänken lag ihre Sammlung von Kleinodien aus: Steine und Muscheln, Wirbel und Knochen, Federn und Laubblätter, die sie in diversen Teilen der Welt aufgelesen hatte. Gisèle hob alles auf, was ihr lieb und teuer war, und das war so einiges. Fast jedes Souvenir hatte für sie eine besondere Bedeutung, hinter jedem Gegenstand verbarg sich eine Geschichte oder Anekdote. Alt und zerbrechlich, aber noch immer quicklebendig und mit dem Augenaufschlag eines ungezogenen kleinen Mädchens führte sie Besucher in ihrem Atelier herum, hin und wieder bei einem Gegenstand aus ihrer Sammlung verweilend, um dessen Geschichte zu erläutern. Gisèle verfügte über ein ausgedehntes Repertoire an blumigen Erzählungen, die ein langes und faszinierendes Leben illustrierten.

War Gisèle schon als Charakter größer als das Leben selbst, so enthält auch ihre persönliche Geschichte Elemente von märchenhaftem Format: Als Tochter eines Amsterdamer Patriziers und einer österreichischen Baronesse führte sie ein buntes und die Phantasie anregendes Leben. Einen Teil ihrer Jugend verbrachte sie in der bereits gar nicht mehr so glanzvollen Glitzerwelt des österreichischen Adels in dem riesigen Schloss der Familie ihrer Mutter. Sie wuchs in verschiedenen Ländern auf, lebte zwischen den Indianern im Wilden Westen Amerikas, ging für ihre künstlerische Ausbildung nach Paris, war Teil interessanter Künstlermilieus und schmückte ihr Leben mit einer Vielzahl von Freundschaften und Liebesaffären. Faszinierend ist auch die mutige Rolle, die Gisèle während des Zweiten Weltkriegs spielte, als sie dem deutschen Dichter Wolfgang Frommel und zwei seiner jungen jüdischen Freunde unter Gefahr für Leib und Leben ihre kleine, im Obergeschoss gelegene Mietwohnung an der Amsterdamer Herengracht als Versteck zur Verfügung stellte. Nicht zuletzt ihr ist es zu verdanken, dass das Leben dieser jungen Männer gerettet wurde.

Unter dem Druck extremer Umstände entwickelte sich auf der winzigen Etage eine Gemeinschaft aus vor den deutschen Besatzern versteckt gehaltenen Bewohnern und regelmäßigen Besuchern, in der gelesen, gedichtet und gezeichnet wurde. Die deutsche Poesie und die europäische Kulturgeschichte bildeten die geistige Nahrung, mit der man diese schwierigen Jahre nicht nur größtenteils ungeschoren, sondern auch in sehr enger Verbundenheit überstehen konnte. Nach dem Krieg existierte dieser Freundeskreis weiter und blieb ein fester Ankerpunkt in Gisèles Leben. Aus ihm entwickelten sich eine Wohngemeinschaft, eine Literaturzeitschrift und ein Verlag, denen Gisèle bis ans Ende ihres Lebens eine feste Bleibe in ihrem Eckhaus an der Herengracht bot, das sie in den Nachkriegsjahren käuflich erwarb.

Bis zum heutigen Tag liegt dieses faszinierende, ein Jahrhundert umfassende Leben gespeichert und archiviert in diesem Amsterdamer Grachtenhaus. Wenn man es besucht, glaubt man eine Zeitkapsel zu betreten. Die kleine Wohnung, die während der Besatzung als Versteck gedient hatte, scheint geradewegs aus den Vierzigerjahren des zwanzigsten ins einundzwanzigste Jahrhundert katapultiert worden zu sein und macht einen seither unangetasteten Eindruck. Ein Stockwerk höher befindet sich der alte Salon mit seinem dunklen Mobiliar und der weiten Aussicht über die Grachten. Dort empfing Gisèle nach der Hochzeit mit dem ehemaligen Bürgermeister von Amsterdam, Arnold d'Ailly, ihre Gäste. Der Raum riecht inzwischen etwas muffig, doch er wirkt, als seien die damaligen Bewohner nur kurz zur Tür hinausgegangen. Noch immer atmet alles den Geist der Fünfzigerjahre. Gisèles Atelier ist inzwischen leergeräumt, aber auch hier ist die Atmosphäre, die dort zu ihren Lebzeiten geherrscht haben muss, unangetastet geblieben. In diesem Raum finden heute Veranstaltungen der Kulturstiftung statt, die Gisèles Nachlass verwaltet. Das alles strahlt eine große, imponierende Kraft aus. Es gibt fast keinen Besucher, den dieses ungewöhnliche Leben nicht berührt, das in dieser Umgebung mit so großer Sorgfalt konserviert wird.

Es spricht vieles dafür, im Leben Gisèles ein von ihr selbst geschaffenes Kunstwerk zu sehen. Manchen ihrer engsten Freunde zufolge ist es sogar ihre größte und bedeutendste Schöpfung gewesen, noch imposanter als ihre Malkunst. Beides entsprang der Kunstauffassung, mit der sie aufgewachsen war und von der sie sich niemals ganz lösen sollte: Kunst muss schön sein. Ihre Gemälde zeigen selten etwas, das mit Kampf oder Konflikt zu tun hat. Man sieht kaum einmal dunkle Mächte oder Gefühle am Werk, ihre Arbeiten wirken stilisiert und abgerundet. Dieselben Glättungen erfuhr auch die Darstellung ihres eigenen Lebens. Auch darin gab es keinen Platz für Konflikte oder Enttäuschungen, Reue oder Einsamkeit. Das alles blieb in Dunkelheit gehüllt, wurde wegretuschiert oder übermalt.

Das, was Gisèle auf diese Weise tat, ist bis zu einem gewissen Grad das, was jeder tut, nämlich eine Geschichte zu kreieren, die der Wirklichkeit Sinn und Bedeutung verleiht. Gisèles unkonventionelles Leben und ihre vielschichtige Persönlichkeit versetzten sie in die Lage, daraus etwas Besonderes zu machen, eine Geschichte, die nicht nur sie selbst glücklicher machte, sondern die auch andere inspirieren konnte – und immer noch inspirieren kann. Gleichzeitig war sie allerdings eine äußerst fanatische Regisseurin ihres eigenen Lebens. Sie modellierte ihre eigene, persönliche Wirklichkeit so konsequent und in so fester Überzeugung, dass man sich fragt, wozu sie diese mentale Strategie eigentlich nötig hatte. Woher kam dieses unbändige Bedürfnis, alles schön machen zu wollen?

Will man Näheres darüber erfahren, beginnt man schon bald, an der glatten Oberfläche zu kratzen. Und richtig, darunter kommt eine komplexere Wirklichkeit zum Vorschein, eine, die Gisèle vor den Augen der Welt zu verbergen versuchte. Und das ist auch der Grund, weshalb ihr die vorliegende Biographie nicht behagt hätte. Das Offenlegen und Benennen von Angelegenheiten, die sie selbst aus ihrer Lebensgeschichte verbannt hatte, lösten bei ihr Wut und Entsetzen aus. Doch es ist nicht die Aufgabe der Biographin, den kritischen Punkten im Leben ihres Forschungsobjekts auszuweichen, und das habe ich denn auch nicht getan. Ich wollte das Kunstwerk, das Gisèle aus ihrem Leben gemacht hatte, nicht nur beschreiben, sondern vor allem befragen und näher untersuchen. Wie ist es zustande gekommen? Was blieb dem Auge verborgen? Welche Wirkung hatte es auf ihre Umgebung? Und wie verhält es sich zur Wirklichkeit?

Mein Ziel ist es jedoch nicht, zu entlarven oder auf die eine oder andere Weise Betrug nachzuweisen. Vielmehr möchte ich Licht auf den wohl ungewöhnlichsten Aspekt in der Persönlichkeit Gisèles werfen: ihre Fähigkeit, aus einer komplexen und bei Weitem nicht immer heilen Wirklichkeit eine sinnstiftende und anregende Geschichte zu konstruieren.

Ich traf Gisèle zum ersten Mal, als sie neunundneunzig Jahre alt war. Sie war fast völlig taub, und in ihrem Kopf hatte schon seit geraumer Zeit die Dämmerung eingesetzt, so dass ein echtes Gespräch nicht mehr möglich war. Doch hin und wieder, wenn ihr etwas nicht passte oder ihre Aufmerksamkeit erregte, konnten ihre Augen aufblitzen und ihre laute, nasale Stimme plötzlich wie ein Signalhorn im Nebel durch den Raum schallen. Am 11. September 2012 feierte sie im Souterrain ihres Hauses an der Herengracht ihren hundertsten Geburtstag, ein Happening mit Freunden, Familienangehörigen und Bekannten sowie einer Ansprache des Bürgermeisters der Stadt, in der sie seit siebzig Jahren lebte. Es war ihr letzter öffentlicher Auftritt. Sie starb im Mai 2013.

In dem Jahrhundert, das Gisèles Leben umfasste, veränderte sich das Angesicht der Welt dramatisch. Doch ihr Leben ist kein typisches Beispiel für ein Leben, in dem sich der Zeitenwandel widerspiegelt. Sie hatte auch kein Gespür für etwas wie den »Zeitgeist«. Zeitungen, Radio und später das Fernsehen interessierten sie so gut wie gar nicht, und von ihrem Wahlrecht machte sie nie Gebrauch. Die Realität aus Politik, Weltgeschehen und sozialem Umfeld hielt sie in ihrem eigenen Leben fast immer auf Distanz. Die deutsche Besatzung bildete hierbei die große Ausnahme: Deren Folgen hatten großen Einfluss auf ihr Privatleben.

Das vorliegende Buch folgt vor allem zwei roten Fäden im Leben Gisèles. Der erste ist der ihrer Kunst. Gisèle hinterließ ein künstlerisches Œuvre, das eigenwillig, persönlich und vielseitig ist. Anfangs machte sie sich mit Glasmalereien und Wandteppichen in der angewandten Kunst einen Namen, doch als es ihre finanziellen Möglichkeiten zuließen, stieg sie auf das freie Malen um, das sie bis ins hohe Alter betrieb. Künstlerin zu sein war für Gisèle überlebenswichtig, auch wenn die Berufung und der Ehrgeiz dazu erst sehr viel später kamen, als sie sich selbst und andere im Nachhinein glauben machen wollte. Bescheidenheit gehörte nicht zu ihren Charaktereigenschaften: Ihrem Werk stand sie nahezu kritiklos gegenüber und konnte darin kaum Unterschiede erkennen – in ihren Augen war fast alles gleichermaßen schön. Die Außenwelt urteilte jedoch strenger darüber. Gisèle war in der Kunstwelt der Nachkriegszeit eine Randfigur. Neben der klassischen biographischen Frage nach der Beziehung zwischen Leben und Werk ist in ihrem Fall daher auch die Frage interessant, weshalb die erhoffte Anerkennung ausblieb. Hatte es nur mit der Qualität ihres Werks zu tun, oder lassen sich dafür auch andere Gründe anführen?

Das zweite große Thema stellt Gisèles Beziehung zum Castrum Peregrini dar. Dieser Name – zu Deutsch: die Pilgerburg – wurde als Deckname für die Gemeinschaft der während der deutschen Besatzung in der Herengracht versteckt gehaltenen jungen Männer gewählt. Nach dem Krieg behielt man den Namen bei und verwendete ihn zur Bezeichnung des Freundeskreises, der Zeitschrift und des Verlags, die daraus hervorgegangen waren. Im Mittelpunkt des Ganzen stand der bereits erwähnte Wolfgang Frommel. Gisèles

Bekanntschaft mit ihm im Jahre 1939 kann man nicht anders als schicksalhaft nennen. Das gemeinsame Leben mit ihm und seiner Schar junger Freunde sowie die Magie der Freundschaft und der Dichtkunst, die sie unter der deutschen Besatzung beschützt hatten, gehören zu den faszinierendsten Teilen im Märchenleben Gisèles. Die Bedeutung, die das Castrum in ihrem Leben hatte, spiegelt sich im vorliegenden Buch wider, das neben der individuellen Lebensgeschichte Gisèles zugleich die Entstehung und die Entwicklung der Gemeinschaft beschreibt, mit der sie ihr Schicksal verknüpft hatte.

Frommel war eine Art Guru. Mit seinem Castrum Peregrini versuchte er in Amsterdam eine alternative Lebensgemeinschaft in der Nachfolge und im Geist des Dichters Stefan George zu gründen. Frommel besaß eine starke Fähigkeit, bei jungen Menschen eine Saite zum Schwingen zu bringen und sie für ein Leben außerhalb der vorgegebenen gesellschaftlichen Bahnen zu begeistern. Das weit verzweigte Netzwerk von »Freunden«, das aus diesem Projekt hervorging, hielt sich immer hinter einer Fassade kultivierter Geheimhaltung verborgen. Ich habe versucht, mehr darüber in Erfahrung zu bringen, so dass nun nicht nur das Leben in der Pilgerburg in neuem Licht erscheint, sondern sich auch neue und bisweilen unangenehme Fragen nach der Beziehung zwischen Gisèle und dem Castrum Peregrini stellen. Wie heil war diese Dichterwelt eigentlich wirklich, und was hatte Gisèle in dieser nicht eben frauenfreundlichen Männergesellschaft zu suchen?

Ein besser konserviertes und dokumentiertes Leben als das der Gisèle d'Ailly ist kaum vorstellbar. Je älter sie wurde, umso mehr verfiel sie dem Archivierungswahn. Nach ihrem Tod hinterließ sie Berge von Papieren, die den einstmals leeren Atelierraum allmählich überwucherten: Archivschränke mit Familiendokumenten und Fotos aus sämtlichen Phasen ihres Lebens, Regale mit der sortierten Post von mehr als fünfhundert Korrespondenten, Aktenordner voller Reiseberichte, Schreibtischschubladen mit Notizen – sortiert und unsortiert –, Stapel an Mappen mit Aufschriften wie »Important notes about my life«, »Ungeordnete Souvenirs«, »Notes on painters and poets« oder, rätselhafter, »To be or not to be« beziehungsweise

»What machines can do«. Und dazwischen die Notizzettel, überall Notizzettel: kleine To-do-Listen, Erinnerungsfetzen und Gedächtnisstützen, Einfälle und Aphorismen, Gedanken und Gedichte, Anweisungen an sich selbst und andere.

Dass es für dieses Labyrinth eine Art Wegbeschreibung gibt, ist der Arbeit des Germanisten Leo van Santen zu verdanken, der von 1986 an Gisèle fast jeden Samstag besuchte, um ihr beim Ordnen, Inventarisieren und Erschließen ihres Papierkrams zu helfen. Gisèle diktierte ihm den Inhalt all ihrer alten Terminkalender, in denen sie nicht nur Verabredungen und Ereignisse festhielt, sondern die sie auch als eine Art Tagebuch nutzte. Die Tatsache, dass dieses Material somit nun digital verfügbar ist und sich durchsuchen lässt, ist selbstverständlich ein Segen.

Gisèles überquellendes Privatarchiv ist das Ergebnis ihres jahrelangen Kampfs gegen die voranschreitende Vergesslichkeit und die Furcht, in Vergessenheit zu geraten. Zugleich ist es aber auch das selbsterrichtete Monument einer Frau, die wie ein Zerberus über das Bild wachte, das sich die Außenwelt von ihr machen sollte. Eine gehörige Portion Misstrauen ist daher angebracht. So war es eine zeitraubende, wenn auch nützliche Übung, den Inhalt ihrer Terminkalender, wie sie sie Leo van Santen in die Tasten diktiert hatte, mit den Originalen zu vergleichen, die glücklicherweise ebenfalls aufbewahrt worden sind. Dieser Vergleich lieferte interessante Zusatzinformationen sowie Einblicke in die Art und Weise, wie Gisèle ihre Biographie aufhübschte. Einen vergleichbaren Blick hinter die Kulissen bietet eine Reihe faszinierender Briefentwürfe. Auch sie zeigen eine Seite der Wirklichkeit, die bisher außerhalb der Betrachtung geblieben ist.

Doch so umfangreich es sein mag – Gisèles Archiv weist auch einige Lücken auf. Aufgrund der Plünderungen in dem österreichischen Schloss ihrer Familie und dem Brand in ihrem Atelier in Limburg ist beispielsweise viel Material über ihre Kindheit und Jugend verloren gegangen. In ihrem späteren Leben wird vor allem die überbordende Sammelwut zum Problem. Aus einem Meer an Weihnachtskarten, Geburtstagswünschen und Urlaubsgrüßen ließ sich nur wenig Verwertbares herausfischen. Sich aufs Wesentliche zu beschränken war hier deshalb der einzig gangbare Weg. Viele ihrer Dutzende von Freunden, Bekannten und Liebsten werden auf den folgenden Seiten vergeblich nach ihrem Namen suchen. Vollständigkeit hätte nur zu einem dickeren Buch geführt, nicht aber zu einem klareren Bild.

KAPITEL 1

Wurzeln

Herkunft und Erziehung spielen im Leben eines jeden Menschen eine entscheidende Rolle – bei Weitem nicht immer eine positive, doch Gisèle konnte in dieser Hinsicht besonders zufrieden sein. Sie hatte einen stark entwickelten Familiensinn und fühlte sich in ihrem Milieu so behaglich aufgehoben wie in einem Pelzmantel. Dieses warme Gefühl der Verwandtschaft galt nicht nur ihren Eltern. Das Wissen über und die Affinität zu ihren Großeltern und den weiter zurückliegenden Ahnen wurden ihr von Kindesbeinen an vermittelt, so wie es in den höheren Kreisen, in denen sie zur Welt kam, eher die Regel als die Ausnahme war. Gisèle war empfänglich dafür. Sie genoss ihre Vorgeschichte, vor allem die österreichische, die sie mütterlicherseits mit auf den Weg bekommen hatte. Wer sie als Person begreifen will, kommt deshalb auch unmöglich daran vorbei, sich mit ihrer Familiengeschichte zu beschäftigen.

Diese Geschichte beginnt im äußersten Südosten Österreichs, nahe der ungarischen Grenze, wo die Gebirgslandschaft in das breite Flusstal der Raab übergeht. Dort, auf dem am tiefsten gelegenen Stückchen Erde, nicht weit von dem Dorf Feldbach im österreichischen Bundesland Steiermark entfernt, steht eine große, rechteckige Burg: das Schloss Hainfeld. Das festungsartige Äußere und die massiven, etwas erhöhten Türme an den vier Ecken verraten die ursprüngliche Verteidigungsfunktion des Bauwerks. Einladend kann man den Anblick kaum nennen.

Die früheste Erwähnung eines Festungsbaus an diesem Ort stammt aus dem dreizehnten Jahrhundert. Das daraus hervorgegangene Hainfeld gilt als das größte Wasserschloss in der Umgebung. Nur ein einziges Tor bietet den Zugang zum Innenhof, einem großen, viereckigen Platz, der auf jeder Seite von einer doppelten Bogengalerie begrenzt wird. Einzig die barocke Fassade der eingebauten Schlosskapelle im Nordflügel unterbricht die Laufgänge. Der schlanke Turm der Kapelle mit seiner zwiebelförmigen Spitze bildet den höchsten Punkt des Schlosses Hainfeld.

Anfang des achtzehnten Jahrhunderts ging Hainfeld in den Besitz derer von Purgstall über, eines mächtigen und reichen Zweigs des steiermärkischen Adels, für den das Schloss eher Neben- als Hauptsitz war. Die Familie verfügte bereits über das nahe gelegene und noch sehr viel imposantere Schloss Riegersburg. Erbaut auf einem langgestreckten Felsen, der sich wie ein kolossales Schiff aus der ihn umgebenden Ebene erhebt, dominiert das Schloss die weite Umgebung.

Über ein Jahrhundert blieben Hainfeld und die Riegersburg in gemeinschaftlichem Besitz. Gottfried Wenzel Graf von Purgstall und seine Gattin, die Schottin Jane Anne Cranstoun, waren die Letzten, die sich Doppeleigentümer nennen durften. Aber Gottfried wurde nicht alt, und zu allem Überfluss starb ein paar Jahre später auch sein Sohn, als einziger Nachkomme, mit nicht einmal neunzehn Jahren und kinderlos. Die Riegersburg fiel danach an die rechtmäßigen Erben, die sie dem Fürsten von Liechtenstein verkauften. Die schottische Adelswitwe verschanzte sich auf Schloss Hainfeld. Über die Umstände, unter denen Jane Anne, inzwischen Johanna Anna Gräfin von Purgstall, mit einer Schar Angestellter in diesem isolierten und verarmten Winkel Österreichs ihre letzten Tage verbrachte, sind wir ausgezeichnet informiert, da der populäre Reiseschriftsteller Basil Hall im Winter 1834/35 ein halbes Jahr bei ihr zu Gast war. Hall, ein ehemaliger Marineoffizier, der Bücher über seine Reisen nach China, Lateinamerika und in die Vereinigten Staaten geschrieben hatte, war ebenso wie die Gräfin schottischer Abstammung. Ihre gemeinsame Vergangenheit in Edinburgh war auch der Grund für ihre Einladung. In *Schloss Hainfeld, oder: Ein Winter in Steiermark* (1836) berichtet Hall über die, wie sich herausstellen sollte, letzten Monate seiner vereinsamten, schon seit Jahren ans Bett gefesselten, aber geistig noch immer sehr regen Gastgeberin. Anfang des Jahres 1835 tat sie, in Gegenwart Halls, ihren letzten Atemzug, womit, wie er schrieb, das Adelsgeschlecht derer von Purgstall, einst so zahlreich und so berühmt in Österreich, ausgestorben war.

Um das Geschlecht derer von Purgstall war es tatsächlich geschehen, doch gegen das Verschwinden des Namens hatte die Gräfin ihre Maßnahmen getroffen. Sie hinterließ Hainfeld dem Gelehrten Joseph von Hammer, einem teuren Freund der Familie, knüpfte daran jedoch *eine* Bedingung: dass der Erbe seinen Namen und sein Wappen mit denen der von Purgstalls vereinen müsse. Und so geschah es. Von höherer Stelle wurde die Zusammenlegung der Namen und der Wappen genehmigt und Joseph zudem der Titel »Freiherr« verliehen. So wurde Joseph Freiherr von Hammer-Purgstall (1774–1856) der neue Eigentümer von Hainfeld und legte damit die Verbindung der Hauptperson dieses Buchs mit Schloss Hainfeld. Der erste von Hammer-Purgstall war der Urururgroßvater von Gisèle.

In späteren Jahren zeigte Gisèle großes Interesse an der Geschichte der früheren Bewohner Hainfelds. Obwohl sie biologisch gesehen nicht von den von Purgstalls abstammte, interessierte sie sich auch für deren Wirken in der Vergangenheit: ob es sich nun um ihre Rolle in den Hexenprozessen im ehemaligen Feldbach handelte oder um die Freundschaft, die Jane Anne Cranstoun in ihrer Zeit in Edinburgh mit dem jugendlichen Walter Scott gepflegt hatte. Sie las ihre Briefe und vertiefte sich in ihre Geschichte. Ihr größtes Interesse galt jedoch demjenigen, der die Verbindung ihrer eigenen Familie mit Hainfeld darstellte: Joseph Freiherr von Hammer-Purgstall, kurz: der »Orientalist«. Denn die Orientalistik war das Fachgebiet, das er in Österreich begründete und womit er sich großen Ruhm erwarb.

Als Joseph von Hammer studierte der spätere Freiherr Arabisch, Türkisch und Persisch, dies mit Blick auf eine Laufbahn im diplomatischen Dienst, die jedoch rasch ins Stocken geriet, worauf er nach Wien zurückkehrte. Dort wurde er zum Hofrat und Dolmetscher am kaiserlichen Hof ernannt, ein Amt, das ihm ausreichend Gelegenheit für weitere Studien der Geschichte, Literatur und Poesie des Osmanischen Reiches bot. Daraus resultierte ein wahrer Strom an Veröffentlichungen. Von Hammer gründete und leitete die Zeitschrift *Fundgruben des Orients* (1809–1818), die erste Zeitschrift in Europa, die sich der Orientalistik widmete, stellte Anthologien zusammen und übersetzte eine Vielzahl von Werken aus dem Arabischen, Persischen und Türkischen. So zeichnete er etwa für die erste in eine abendländische Sprache übersetzte Ausgabe der gesammelten Werke des persischen Dichters und Mystikers Hafiz aus dem vierzehnten Jahrhundert verantwortlich, den *Diwan von Mohammed Schemsed-Din Hafis* (1812–1813). Goethe bekam diese Übersetzung zu Gesicht und ließ sich durch sie zu seinem lyrischen Gedichtzyklus *West-östlicher Divan* (1819) inspirieren.

Neben all den Übersetzungen veröffentlichte von Hammer ein zehnbändiges Überblickswerk zur Geschichte des Osmanischen Reichs, gefolgt von einer vierbändigen Reihe über die osmanische Dichtkunst sowie einer siebenbändigen Geschichte der arabischen Literatur. Angesichts dieser phänomenalen Produktion ist es vielleicht nicht verwunderlich, dass Wissenschaftlerkollegen ihm gelegentlich Schlampigkeit und Oberflächlichkeit vorwarfen, doch darunter hat sein Ruf nicht gelitten. Von Hammer-Purgstall, wie er also von 1835 an hieß, wurde wegen seiner Pionierarbeit mit in- und ausländischen Ehrenbezeigungen überhäuft. Im Jahr 1847 gelang es ihm, die kaiserliche Erlaubnis für die Gründung der Österreichischen Akademie der Wissenschaften zu erhalten, deren erster Präsident er wurde.

Obwohl von Hammer-Purgstall die meiste Zeit in Wien lebte, hat er in Hainfeld deutliche Spuren hinterlassen. In erster Linie handelt es sich dabei um den Aufbau und den speziellen Inhalt der Bibliothek, doch seine Handschrift ist auch in dem arabischen Begrüßungsspruch über dem Eingangstor sowie in den zwei stark orientalisch anmutenden Marmorkenotaphen in der Schlosskapelle zu erkennen. Eines dieser Scheingräber erinnert an seine Mutter und seine Gattin, das andere an die letzte Gräfin von Purgstall, der er das Schloss zu verdanken hatte.

Eine standesgemäße Ehe

Nach dem Orientalisten überspringen wir der Kürze wegen eine Generation, um bei dessen Enkel zu landen: Arthur Freiherr von Hammer-Purgstall, einem Juristen und, wie schon sein Großvater, einem

Sprachenwunder, der, wie es heißt, insgesamt zehn Sprachen beherrschte. Gleichzeitig war Arthur ein verdienstvoller Bildhauer und betätigte sich als Amateurdichter. Er heiratete Gisela Gräfin Vetter von der Lilie, und das darf bei dem Freiherrn der dritten Generation ruhig als Schritt nach oben auf der gesellschaftlichen Leiter genannt werden: Die alte Adelsfamilie Vetter von der Lilie war Teil der Kreise am Habsburger Hof und gehörte zur Verwaltungselite des Landes.

Das Paar bekam drei Kinder: Josephine (1881), Heinz (1884) und Paula (1890). Als Konsul der österreichisch-ungarischen Doppelmonarchie war Arthur von Hammer-Purgstall in Russland und ab dem Ende der Neunzigerjahre in den Niederlanden tätig. Die älteste Tochter Josephine blieb nach der Berufung ihres Vaters in die Niederlande zunächst noch in Österreich, um dort das Schuljahr zu beenden. In Graz hatte eine der vielen Nonnenschulen ihren Sitz, die aus dem französischen Klosterorden La Société du Sacré-Cœur de Jésus hervorgegangen war. Im Verlauf des neunzehnten Jahrhunderts gründeten Schwestern dieses Ordens ein weltweites Netz aus Dutzenden von Einrichtungen, bestehend sowohl aus Internaten als auch aus Schulen mit Tagesbetrieb, um katholischen Mädchen aus gutem Hause eine auf christlichen Werten beruhende Ausbildung zu vermitteln. Selbstverständlich drehte sich dabei alles um die katholischen Glaubensgrundsätze, doch die Schulen des Sacré-Cœur-Ordens waren auch wegen ihres soliden Unterrichts bekannt.

Im Sommer des Jahres 1898 war die Familie von Hammer-Purgstall vollzählig in den Niederlanden versammelt, als Josephine die Bekanntschaft Mies van Waterschoot van der Grachts machte, einer Schülerin der Sacré-Cœur-Schule in Bennebroek. Zusammen mit ihrer Mutter stattete Josephine darauf dem Familiensitz der van Waterschoots an der Amsterdamer Herengracht, einem imposanten Kaufmannshaus aus dem siebzehnten Jahrhundert mit weißem Sandsteingiebel, einen Besuch ab. Offenbar stimmte die Chemie zwischen den beiden Mädchen, denn nach diesem ersten Besuch wurde das junge Freifräulein – Josephine war fast siebzehn – für ein paar Tage in die Ferienvilla in Wijk aan Zee eingeladen. Dort lernte sie Mies' älteren Bruder Willem kennen, ihren künftigen Gatten. Josephine und Willem trafen sich erneut am 7. September, als

Josephine wegen der Feiern anlässlich der Inthronisation Königin Wilhelminas wieder im Haus an der Herengracht zu Gast war. So wie bei vielen Grachtenhäusern war auch an der Nummer 280 speziell zu diesem Anlass vorübergehend ein Balkon angebracht worden, um den vorbeiziehenden historischen Umzug gut sehen zu können. Die Väter der beiden Jugendlichen waren einen Tag vorher bei der Krönungszeremonie in der Nieuwe Kerk zugegen gewesen, van Waterschoot van der Gracht als Mitglied des Stadtrats, von Hammer-Purgstall als Konsul der Doppelmonarchie.

Danach war es Zeit, wieder nach Österreich zurückzukehren. Unterwegs erreichte Josephine die Nachricht von der Ermordung Kaiserin Elisabeths. Die Gattin Kaiser Franz Josephs, besser bekannt unter ihrem Spitznamen Sisi, wurde am 10. September in Genf erstochen, ein Ereignis, das überall, und gewiss in Josephines Umgebung, einen tiefen Eindruck hinterließ. Für Josephine selbst war dieser Todesfall der Anlass, erstmals Trauerkleidung zu tragen. Nicht dass sie das Opfer persönlich gekannt hätte, doch ganz so weit war sie auch wieder nicht von ihm entfernt: nur durch einen einzigen Händedruck, oder wahrscheinlich ist es in dem Fall besser, von einem einzigen Knicks zu sprechen. Die ungarische Gräfin Irma Sztáray, die Hofdame, die die Kaiserin in dem fatalen Augenblick begleitet hatte, war eine entfernte Cousine der Mutter Josephines. Von ihr sollte Josephine den Bericht über die letzten Sekunden im Leben Elisabeths aus erster Hand zu hören bekommen.

Die Trauerkleidung war gerade erst abgelegt worden, als in Österreich auch schon ein erster Brief von Willem eintraf. Dessen Inhalt und eine mitgeschickte Pastellzeichnung bezauberten sie. Im Sommer darauf war Josephine erneut in den Niederlanden, wo sie und Willem sich besser kennenlernten und das Paar sich in Wijk aan Zee verlobte.

Ebenso wie Josephine war Willem das älteste Kind in der Familie. Außer der bereits erwähnten Schwester Mies hatte er noch zwei jüngere Brüder, Jan und Joop. Willem war 1873 in eine angesehene katholische Familie hineingeboren worden, die in typischer Weise die katholische Elite Amsterdams repräsentierte, die sich nach der Wiederherstellung der bischöflichen Hierarchie im Laufe des neunzehnten Jahrhunderts in der Hauptstadt herausgebildet hatte. Sein Vater, der Jurist W. S. J. (Walther) van Waterschoot van der Gracht, war als Rechtsanwalt und Notar ein angesehener Mann in der Stadt, der auch als Führungspersönlichkeit im katholischen Vereinsleben und in Wohltätigkeitsorganisationen Bekanntheit genoss. In späteren Jahren wurde er als Mitglied des Amsterdamer Stadtrats und des Provinzparlaments Noord-Hollands politisch aktiv. 1904 trat er für den Algemeene Bond van Rooms-Katholieke Kiesverenigingen, dem Vorläufer der Rooms-Katholieke Staatspartij, der Ersten Kammer des niederländischen Parlaments bei.

Willems Mutter, M. C. A. J. (Maria) van der Does de Willebois, die den Adelstitel *Jonkvrouw* trug, entstammte einer angesehenen Familie konservativ-katholischen Zuschnitts aus Den Bosch, einer Familie, die fest in der Politik und Verwaltung der Stadt verwurzelt war. Ihr Vater war Richter und Mitglied des niederländischen Parlaments gewesen, ihr Onkel hatte es sogar zum Außenminister gebracht, und ihr Bruder war über dreißig Jahre Bürgermeister von Den Bosch.

Anders als die van der Does de Willebois war die Familie van Waterschoot van der Gracht nicht adlig. Man berief sich zwar auf eine adlige Abstammung, doch es gelang nicht, sie anerkannt zu bekommen. Die ersten Versuche dazu lagen bereits eine Weile zurück. Im Jahr 1810 hatte der Schiedamer Arzt Jacobus van Waterschoot das Recht erworben, seinen Nachnamen um dem Zusatz »van der Gracht« zu erweitern. Er war im Besitz einer Erklärung, aus der hervorging, dass er dem belgischen Adelsgeschlecht der van der Grachts entstammte. Dessen bekanntester Spross war der Geistliche Idesbald van der Gracht gewesen, der im zwölften Jahrhundert als Abt des Klosters Ten Duinen in einer Aura der Heiligkeit gestorben war und Ende des neunzehnten Jahrhunderts vom Papst seliggesprochen wurde.

Die Erweiterung des Namens war ein Anfang, doch sie stellte Jacobus noch nicht zufrieden. Er richtete ein Gesuch an König Louis Bonaparte auf Anerkennung des Adelstitels eines »Barons«, auf den er ein Recht zu haben glaubte. Die Tage Louis Bonapartes waren jedoch gezählt; nach der Einverleibung Hollands durch Frankreich wurde der Antrag nach Paris geschickt, doch eine Antwort blieb aus.

Unter dem niederländischen König Willem I. versuchte es Jacobus noch einmal, doch da die ursprüngliche Erklärung, aus der die adlige Abstammung hervorgehen sollte, in Paris verloren gegangen war, wurde sein Antrag aus Mangel an Beweisen abgelehnt.

Im Jahr 1900, kurz nach der Verlobung Willems und Josephines, unternahm Willems Onkel einen dritten Versuch zur Anerkennung. Auch der führte zu nichts, laut Willem, weil sein Onkel es ungeschickt angepackt hatte. Nun, da das »Rode Boekje«, das niederländische Adelsverzeichnis, definitiv in weite Ferne gerückt zu sein schien, war es vielleicht ein schwacher Trost, dass das Geschlecht van Waterschoot van der Gracht im Jahr 1912 dann ins *Nederland's Patriciaat* aufgenommen wurde, das sogenannte »Blauwe Boekje«. Zumindest wurde damit anerkannt, dass es sich um eine vornehme Familie handelte.

Seine Schulzeit verbrachte Willem auf dem Gymnasium, zuerst in Amsterdam und danach am Sint Willibrord College in Katwijk, einem von Jesuiten geleiteten Jungeninternat für die katholische Elite. Dort zeigte sich bald, dass er gern und gut zeichnete, ein Talent, das er von seiner Mutter geerbt hatte. Von seiner Schwester Mies stammt die Geschichte, dass er das nach seinem Schulabschluss eigentlich hatte weiterentwickeln wollen, aber auf die dringende Bitte des Vaters hin zuerst ein Jurastudium aufnahm, wie es sich für den ältesten Sohn in der Familie geziemte. Danach könne er sich ja immer noch in einem Fach seiner Wahl perfektionieren. Viel Mühe scheint Willem mit seinem Studium nicht gehabt zu haben. Er schloss es mit einer Dissertation zum Thema *Staatsbemoeiing ten behoeve der zoetwatervisscherij* ab und promovierte 1899, kurz vor seiner Verlobung, »cum laude«.

Danach folgte in der Tat ein zweites Studium, doch es wurde keine Ausbildung zum Maler. Zuvor hatte er während eines Aufenthalts an einem Jesuitenkolleg in England an geologischen Exkursionen teilgenommen. Die hatten ihm gut gefallen, und Willem kannte sich selbst gut genug, um zu wissen, dass er für eine normale Bürotätigkeit zu abenteuerlich und zu ruhelos veranlagt war. So wurde Geologie und Bergbaukunde das Fach seiner Wahl, ein relativ neues Fachgebiet, das er in Deutschland an der Bergakademie im sächsischen Freiberg bei Dresden studierte.

Noch während dieses Zweitstudiums wurde er Ehemann und Vater. Am 22. Mai 1901 traten Willem Anton Joseph Maria van Waterschoot van der Gracht und Josephine Rudolphine Ferdinandine Gisella Maria Freiin von Hammer-Purgstall in Graz, der Hauptstadt der Steiermark, in den Bund der Ehe. Er war achtundzwanzig, sie war neunzehn Jahre alt. Was das Amsterdamer Patriziat und den österreichischen Adel miteinander verband, war eine Liebe, die durch eine gemeinsame Lebenseinstellung bestärkt wurde, zu der als wichtigste Zutaten ein starkes Standesbewusstsein und ein nicht minder starker katholischer Glaube gehörten.

Herkunft und Religion, diese beiden Elemente prägten das Milieu, in dem Gisèle zur Welt kommen sollte. Sie wuchs in einer Familie auf, in der die selbstbewusste Überzeugung herrschte, dass darin zwei wichtige Familienlinien fortgesetzt würden. Die vornehme Herkunft brachte viele selbstverständliche Privilegien mit sich, aber auch die Verpflichtung, den Namen und die Ehre der Familie hochzuhalten. Die Kinder der van Waterschoot van der Grachts durften niemals vergessen, woher sie kamen. Ebenso prägend für die familiäre Kultur war die Tatsache, dass beide Eltern tiefgläubige Katholiken waren. Ihre Welt wurzelte im damaligen Katholizismus, der mit seiner Zurschaustellung von Frömmigkeit, seinem Reinheitskult, seinem intensiven religiösen Erleben und dem Bewusstsein der Sünde das Leben bis in die letzten Ecken und Winkel durchtränkte. Diese durch und durch katholische Tradition und Mentalität, die sowohl Willem als auch Josephine repräsentierten, gibt es nicht mehr und sie sind selbst für heutige Katholiken nur noch schwer vorstellbar. In den Niederlanden sind sie in den Sechzigerjahren für immer verschwunden.

Auf ihrer Hochzeitsreise durch Italien wurde das junge Paar von Papst Leo XIII. zu einer Privataudienz empfangen. Er segnete die Trauringe und ernannte Willem zum Ehrenkammerherrn mit Kappe und Degen, die höchstmögliche Auszeichnung für nichtadlige katholische Laien. Die Ehrenkammerherren bildeten eine erlesene Gesellschaft vornehmer Katholiken: Parlamentarier, Bürgermeister, Bankiers, Großunternehmer wie Brenninkmeijer, Dreesmann und De Gruyter. Auch Willems Vater war Träger des Ehrentitels.

Die Frischvermählten ließen sich in Freiberg nieder und wurden im Frühjahr des Jahres 1902 mit der Geburt eines gesunden Sohnes beglückt. Sie nannten ihn Ides, nach dem Familienheiligen, dem seligen Idesbald. Ein zweiter Sohn, nach seinem österreichischen Großvater Arthur benannt, wurde Ende 1903 in Amsterdam geboren, kurz nachdem seine Eltern in die Niederlande zurückgekehrt waren. Nach einem langen Anlauf konnte Willem, der sein Studium als Bergbauingenieur und Geologe inzwischen ebenfalls »cum laude« abgeschlossen hatte, als mr. dr. ir. W. A. J. M. van Waterschoot van der Gracht[1] seine berufliche Tätigkeit aufnehmen.

1 mr. dr. ir.: Abkürzung für *meester* (ein juristischer Titel), *doktor* und *ingenieur* (Anm. d. Übers.)

KAPITEL 2

Ein nomadischer Beginn

Willem van Waterschoot van der Gracht begann seine Laufbahn als Sekretär des Mijnraad. Kurz darauf wurde er zum Mitglied dieses Aufsichts- und Beratungsgremiums der niederländischen Regierung berufen und mit dem Entwurf eines neuen Bergbaugesetzes betraut. Noch bevor die Arbeit daran beendet war, wurde er 1906 gleichzeitig zum Direktor der Rijksopsporing van Delfstoffen ernannt, einer Behörde, die zwei Jahre zuvor aus dem Bedürfnis heraus geschaffen worden war, die in den Niederlanden vorhandenen Bodenschätze weiter abzubauen. Viel war daraus noch nicht geworden, doch van Waterschoot nahm die Suche nach Bodenschätzen ernsthaft in Angriff. Die Entdeckung von Steinkohleschichten in der Region Peel war sein erster, wichtiger Erfolg. Hier zeigte sich schon, was ihm auch in seiner späteren Laufbahn zustattenkommen sollte: sein Talent, mit wenigen geologischen Daten die Anwesenheit von Bodenschätzen (Steinkohle, Öl, Gas) treffsicher vorherzusagen. Die Veröffentlichung des Werks *The deeper geology of the Netherlands and adjacent regions* (1909), einer Synthese mehrjähriger Forschung, begründete seinen Ruf als außergewöhnlich begabter Wissenschaftler und Geologe.

Während Willems Karriere einen glücklichen Verlauf nahm, wohnte die Familie am Cremerweg in Den Haag, am Rande der Scheveningse Bosjes. Dort fand auch der Familienzuwachs seinen Abschluss, zuerst mit dem dritten Sohn Walter, und am 11. September 1912 folgte als Schlusspunkt noch die Tochter, die man sich so sehr gewünscht hatte: Marie Gisele Madeleine Josephine, die spätere Gisèle. Der Strand und das Meer bildeten zu einem wesentlichen Teil das Dekor der ersten Jahre ihres Lebens. Nicht nur stand das

Haus am Cremerweg nicht weit davon entfernt, sondern in den Haager Jahren verbrachte man zudem die Sommer häufig im Ferienhaus der Familie van Waterschoot in Wijk aan Zee, einer hübschen, in den Dünen gelegenen Villa.

Marie Gisele, wie sie anfangs genannt wurde, besaß als Kind bereits die sprunghafte Beweglichkeit, die sie bis in ihr hohes Alter behalten sollte. Sobald sie laufen konnte, musste man fortwährend auf sie aufpassen. Eine ihrer frühesten Erinnerungen spielt sich am Strand ab, wo ihre Brüder sie bis zum Kopf im Sand eingruben, damit sie nicht weglaufen konnte und sie selbst in Ruhe schwimmen gehen konnten. Viel hatte sie als Nachzüglerin nicht zu melden. Ides und Arthur, die beiden Ältesten, waren zum Zeitpunkt ihrer Geburt bereits zehn beziehungsweise acht Jahre alt und besuchten die römisch-katholische Pfarrschule in Scheveningen. Zu der Zeit, als sie laufen konnte, ging auch der viereinhalb Jahre ältere Walter schon zur Schule. Die wichtigste Person in ihren ersten Lebensjahren war, neben ihrer Mutter, das belgische Kindermädchen Odette de Jaer, an die die ältere Gisèle herzliche Erinnerungen bewahrte.

Trotz der Anwesenheit des üblichen Dienstpersonals – neben Odette gab es noch einen Koch und ein Dienstmädchen – war die Situation mit vier heranwachsenden Kindern für Josephine nicht einfach. Da sie ihnen nicht mehr recht gewachsen war, wurden die beiden ältesten irgendwann sogar eine Weile zu den Jesuitenpatern in Katwijk geschickt, in das Internat, in dem auch ihr Vater gewesen war. Das hatte vor allem mit der häufigen und oft langen Abwesenheit Willems zu tun. Er unternahm in diesen Jahren im Auftrag der Regierung und privater Investoren zahlreiche Expeditionen, die es ihm ermöglichten, Empfehlungen zu möglichen Ölbohrungen oder Erzförderungen auszusprechen. So reiste er unter anderem nach Rumänien, Russland, Spanien, Südafrika und Südamerika, sogar bis nach Feuerland. In staatlichem Auftrag besuchte er auch zweimal, im Zusammenhang mit der Organisation des Bergbaus, die damalige niederländische Kolonie Niederländisch-Ostindien, das heutige Indonesien. Einschließlich eines mehrwöchigen Zwischenstopps in Indien, um zu erkunden, wie es die Briten machten, war er wegen seiner Arbeit so gut wie das ganze Jahr 1913 unterwegs.

Die vielen abenteuerlichen Reisen, manchmal zu Fuß, zu Pferd oder mit Ochsenkarren in abgelegenen und unwirtlichen Gegenden, mündeten nicht nur in Empfehlungen und wissenschaftliche Berichte, sondern sie weckten auch Willems anthropologisches Interesse, wie eine von ihm angelegte Sammlung von Ethnographica beweist, von der ein Teil von seiner Tochter ein Leben lang gehütet werden sollte. Seine Begegnung mit den Orang Kubu im Innern Sumatras regte ihn zu einem Artikel über diese »vollkommen ungebändigten Naturkinder« an, denen es gelinge, im tiefsten Urwald zu überleben.

Eine normale Bürotätigkeit war es also tatsächlich nicht geworden. Aber Willems Aussichten änderten sich im Sommer 1914, als der Krieg und die Schließung der Grenzen die Fortsetzung seiner internationalen Tätigkeit unmöglich machten. Das Angebot, auf die explosiv wachsende Ölindustrie umzusteigen, kam daher sehr gelegen. Es stammte von Henri Deterding, Direktor der Koninklijke/Shell Groep, die 1907 aus einer Fusion der Koninklijke Nederlandsche Petroleum Maatschappij mit der Firma Shell entstanden war. Das Unternehmen hatte sich inzwischen zum größten Ölproduzenten der Welt entwickelt und war dabei, in den Vereinigten Staaten stärker Fuß zu fassen. In den südlichen Bundesstaaten hatte man riesige Ölvorkommen entdeckt, aber die Suche nach neuen Ölfeldern verlief noch primitiv und wenig systematisch. Das sollte van Waterschoot ändern: Er wurde zum geologischen Berater der US-Tochtergesellschaft der Koninklijke ernannt, der Roxana Petroleum Company in Oklahoma, mit dem Auftrag, sich einen Überblick über die Ölförderung in dieser Region zu verschaffen und Empfehlungen für die weitere Förderung auszusprechen.

Auf nach Amerika

So trat die Familie im März 1915 die Reise über den großen Teich an. Der erste Standort war die damalige Öl-Hauptstadt Tulsa, Oklahoma. Am Rande der unendlichen mittelamerikanischen Prärie hatte das Städtchen einst als eine Ansiedlung deportierter Indianer begonnen – Tulsa lag im sogenannten *Indian Territory*, in dem Indianer im neunzehnten Jahrhundert gezwungen wurden, sich niederzulassen. Im Zuge neuer Eisenbahnverbindungen und dem Treck nach Westen war eine kleine *frontier town* entstanden, die nach der Entdeckung des Öls in der Umgebung in einem atemberaubenden Tempo wuchs und sich modernisierte. Im Jahr 1900 zählte Tulsa etwa eintausendvierhundert Einwohner, zwanzig Jahre später waren es zweiundsiebzigtausend. Roxana hatte dort ihr Hauptquartier.

Der Wechsel vom vornehmen Den Haag ins boomende Tulsa war nicht einfach. Vieles blieb an Josephine hängen, da Willem sofort durch seine neue Stelle in Beschlag genommen wurde. Ihre Ankunft in der Stadt war nicht unbemerkt geblieben. »Österreichische Baronesse eine Weile in Tulsa«, lautete die Titelzeile über einem Artikel in der *Tulsa Daily World*, der ein Loblied auf die Schönheit und natürliche Vornehmheit der Neubürgerin der Stadt und ihres gleichermaßen ehrenwerten Gatten sang. Die Abbildung einer perfekt gekleideten und frisierten Josephine sowie ein niedliches Foto ihrer Tochter Marie Gisele in einem weißen Spitzenkleid mit ein paar Tulpen in der Hand werden auch den letzten noch zweifelnden Leser überzeugt haben.

Ebenfalls wurde in dem Artikel Josephines Beherrschung des Englischen gelobt. Das Sprachgefühl der von Hammer-Purgstalls scheint tatsächlich auch an ihr nicht vorbeigegangen zu sein – sie sprach fließend Deutsch, Englisch, Französisch und Niederländisch. Der hauptsächliche Wortschatz Marie Giseles bestand zu dem Zeitpunkt noch aus dem Französischen, der Sprache, die sie mit Odette sprach. Englisch wurde in Amerika die Verkehrssprache innerhalb der Familie und sollte es immer bleiben. Untereinander unterhielten sich die Eltern gelegentlich noch auf Niederländisch, doch für die Jüngste in der Familie war es vorläufig noch eine Geheimsprache.

Van der Gracht, wie sich Willem in Amerika nannte, beschloss, auch nach Beendigung seines Auftrags in den USA zu bleiben. Allerdings kehrte er zunächst noch für ein paar Monate in die Niederlande zurück, um seine Arbeit für die Rijksopsporing van Delfstoffen abzuschließen. Seine Empfehlungen hatten Roxana in der Zwischenzeit keine Windeier beschert. Als er Anfang des Jahres 1917 seinen Fuß wieder auf amerikanischen Boden setzte, war er zuvor bereits von Deterding zum Direktor des Unternehmens befördert worden. Er hatte mehr denn je zu tun und reiste kreuz und quer durchs Land: mit dem Zug, im Auto, auf dem Pferd und in den Zwanzigerjahren erstmals auch per *aeroplane*.

Was der Aufenthalt in den Vereinigten Staaten im weiteren Verlauf auch an Gutem bringen mochte, er beschleunigte das Auseinanderdriften der Familie. In Tulsa gab es keine geeigneten weiterführenden Schulen, was für diese Familie gleichbedeutend mit katholischem Eliteunterricht war. Ides und Arthur verschwanden denn auch nach einer gewissen Zeit, in der sie sich akklimatisiert und Englisch gelernt hatten, in einem Internat, zuerst in einem College der Jesuiten in Kansas und danach in der Newman School, einem katholischen Privatinternat an der Ostküste. Die beiden Jüngsten gingen in Tulsa zur Schule beziehungsweise in eine Vorschule. Odette war mit nach Amerika gegangen, um sie nach der Schule unter ihre Fittiche zu nehmen.

Die Phasen, in denen die Familie vereint war, beschränkten sich auf die Weihnachtszeit und die Sommerferien, die man wegen der extremen Hitze im Süden in Urlaubsorten im Nordosten der Vereinigten Staaten verbrachte, etwa in den Adirondack Mountains oder in Lake Placid. Selbst Willem gelang es dann, sich freizunehmen und zumindest einen Teil der Zeit mit der Familie zu verbringen.

Die Trennung der Familienmitglieder voneinander fand ein Ende, als Willem 1919 ein neuer Standort im Mittleren Westen der USA zugewiesen wurde: in der großen Industriestadt Saint Louis im Bundesstaat Missouri. Ides konnte dort als *freshman* an der Washington University anfangen, für Arthur und Walter gab es ein geeignetes Jesuiten-College, und die kleine Marie Gisele trat in die Fußstapfen ihrer Mutter und besuchte als Externe das Sacred Heart. Und das alles in ein und derselben Stadt – ein bisher nicht gekannter Luxus. Nach den unruhigen Jahren in Tulsa konnte hier wieder ein Zuhause geschaffen werden. Man fand es am Brentmoor Park in einem exklusiven, luxuriösen Vorort mit viel Grün und großen, freistehenden Häusern, umgeben von hübschen Gärten. Möbel und Gemälde aus dem inzwischen verkauften Haus der Familie an der Amsterdamer Herengracht wurden nach Amerika verschifft, um das neue Heim einzurichten. So entstand wieder eine geregelte Hauswirtschaft mit Hauspersonal, einem Chauffeur und einem Gärtner, und man knüpfte Kontakte zu anderen tonangebenden Einwohnern von Saint Louis als Nachbarn und Bekannte: dem Philanthropen und Kunstsammler Lionberger Davis, der Bankiersfamilie Benoist, dem Eisenbahnunternehmer Fordyce.

In Saint Louis wird auch die erste autonome Tat der inzwischen siebenjährigen Marie Gisele verzeichnet. Ein kleiner, aber im Lichte ihrer späteren Faszination für Metamorphosen und ihres Spiels mit Identitäten dennoch vielsagender Eingriff: Sie änderte ihren Namen. Im familiären Kreis wurde ihr Name, da er unpraktisch lang war, bereits zu Marie, Mary oder Gisy abgekürzt. Außerdem wird der Name Marie Gisele für ihre amerikanischen Klassenkameraden auch wohl schlecht auszusprechen gewesen sein. Doch was auch immer den Ausschlag gab, fortan ließ Marie Gisele sich Jane nennen. Dieser Name blieb lange in Gebrauch: Bis tief in die Dreißigerjahre hinein schrieben die Brüder ihre Briefe an »Dear Jane«. Ihre Eltern hielten sich nicht daran, für sie blieb sie Gisy oder Zi. Ich werde es im Folgenden bei Gisèle belassen, dem Namen, den sie zu dem Zeitpunkt zwar noch nicht benutzte, der das Rennen aber letztendlich machen sollte.

Nur während der Zeit in Saint Louis konnte die Familie wirklich irgendwo Wurzeln schlagen innerhalb ihres, mit Unterbrechungen, dreizehnjährigen Aufenthalts in den USA. Allerdings nicht lange, da Deterding andere Pläne mit Willem hatte und ihn zurück nach Europa holen wollte. Trotz des Angebots eines guten Anschlussvertrags in Den Haag beschloss Willem, in den Vereinigten Staaten zu bleiben. Eine Bürotätigkeit zog ihn noch immer nicht an, doch was schwerer wog, war die Ausbildung seiner zwei ältesten Söhne. Beide studierten inzwischen, so dass es ein besonders schlechter Zeitpunkt war, sie mit zurück in die Niederlande zu nehmen. Zugleich fand Willem sie zu jung, um sie allein in Amerika zurücklassen zu können.

Dieser Entschluss bedeutete den Abschied von der Koninklijke und den, stark bedauerten, Wegzug aus Saint Louis. Um die Sache abzuschließen, reiste Willem in Begleitung seiner Frau und seiner Tochter im Herbst 1921 nach London. Auch Odette kam mit, von ihr wollte man in Europa nach vielen Jahren treuer Dienste Abschied nehmen. Die Jungen blieben in den Vereinigten Staaten zurück: Ides und Arthur in Princeton, Walter an der Newman School, an der zuvor auch seine älteren Brüder gewesen waren.

Neben den Besprechungen in London standen nach gut sechs Jahren USA auch Familienbesuche auf dem Programm. In den Niederlanden war ein paar Monate vorher Willems Vater gestorben. Seine Mutter war jetzt die Einzige unter den Großeltern Gisèles, die noch lebte – auf österreichischer Seite war Arthur von Hammer-Purgstall schon vor ihrer Geburt gestorben. Großmutter Gisela freute sich schon auf die Ankunft ihrer Tochter, des Schwiegersohns und der Enkelin, doch während diese noch in den Niederlanden waren, erreichte sie Anfang Dezember die unerwartete Nachricht, dass die Großmutter im Sterben liege. Trotz überstürzter Abreise kamen Gisèle und ihre Eltern nicht mehr rechtzeitig in Österreich an.

Die aufgebahrte Gisela Vetter von der Lilie war Gisèles erste unmittelbare Konfrontation mit dem Tod. Ein für sie beeindruckender Moment, der noch dadurch eine zusätzliche Bedeutung erfuhr, dass bei dieser Gelegenheit der Ring mit dem gelben Saphir, den ihre Großmutter trug, vom Finger des Leichnams gezogen und ihrer einzigen Enkelin überreicht wurde. Das Schmuckstück verband sie mit ihrem adligen österreichischen Hintergrund und wurde zu einem der vielen Gegenstände in der Sammlung bedeutungsvoller Objekte, mit denen Gisèle ihre Welt füllte und anhand derer sie später ihre Lebensgeschichte erzählte.

Eine Welt von gestern

Anfang 1922 kehrte Willem in die USA zurück, um aus diversen Angeboten eine neue Stelle auszuwählen. Seine Frau und seine Tochter blieben auf Hainfeld zurück, wo Josephines Bruder Heinz inzwischen als Schlossherr das Zepter schwang. In der Vergangenheit war das Schloss nicht permanent bewohnt worden, sondern hatte vor allem als Landsitz der von Hammer-Purgstalls während der Jagdsaison im Sommer gedient. Der noch unverheiratete Heinz war jedoch auf Hainfeld eingezogen, um sich aktiv um den Unterhalt des Schlosses und die Verwaltung der dazugehörenden Ländereien zu kümmern. Mit seinen zweihundertsiebzig Hektar Land hatte Hainfeld im Vergleich zu den Landgütern anderer Adelsfamilien in der Steiermark einen bescheidenen Umfang. Ungefähr die Hälfte des Besitzes bestand aus Wald, der Rest setzte sich aus Ackerland, Wiesen und einem Weinberg zusammen und war zum größten Teil verpachtet. Die Zeit, die ihm neben der Verwaltung der Ländereien noch blieb, widmete Heinz seiner großen Leidenschaft, der Musik. Er muss ein begabter Pianist gewesen sein, der auch gern komponierte.

Der Aufenthalt auf Hainfeld, insgesamt ungefähr zehn Monate, machte einen tiefen Eindruck auf Gisèle und legte den Keim für das starke emotionale Band, das sie bis an ihr Lebensende mit ihrer österreichischen Heimat verbinden sollte. Sehr viel später verarbeitete sie ihre Erinnerungen an diese Episode in dem erzählenden Gedicht »When I Was Ten«, das 1990 in einer bibliophilen Ausgabe erschien: ein kleines Buch in einer Auflage von achtzig Exemplaren. »When I was ten«, so beginnt es, »My brothers were almost men / Busy acquiring degrees. / Father and mother took me / Back overseas, to visit our homelands.«[2] Sie war zu dem Zeitpunkt übrigens noch keine zehn Jahre alt; in Wahrheit war sie in der beschriebenen Periode 1921/22 erst neun. Eine kleine dichterische Freiheit.

Die seltsame Welt, in der Gisèle landete, steigt aus den Zeilen des Gedichts auf. Es ist nicht schwer, sich vorzustellen, dass Hainfeld mit seinen zweimal sechsunddreißig Zimmern beeindruckend war. Hinter den Arkaden auf dem Innenhof lagen ebenerdig die Küchen, die Bäckerei, die Räucherei, die Wasch- und Vorratsräume, der Wein- und Schnapskeller, die Wohnräume des Schlossverwalters und die Zimmer für den Butler und das übrige Personal. Oben wurde gewohnt, gegessen und geschlafen. Dort befanden sich der große Salon mit seinem dunklen, barocken Mobiliar und den Tricktrack-Tischen sowie die Schlafzimmer. In jedem davon stand ein Himmelbett mit Vorhängen. Wenn sie durch all diese Räume streifte, schau-

---

2 »Als ich zehn war, waren meine Brüder fast schon Männer, beschäftigt damit, ihre Studienabschlüsse zu machen. Vater und Mutter nahmen mich mit zurück nach Übersee, um unsere Heimat zu besuchen.«

te Gisèle sich die Augen aus dem Kopf. Es gab so viel zu entdecken: Gemälde und Porträts aus der von-Purgstall-Ära, Jagdtrophäen in großer Zahl, eine Sammlung niederländischer Töpferkunst, ein Raum mit chinesischen Tapeten, eine Porträtgalerie mit etwa sechzig Bildnissen steiermärkischer Adliger aus dem achtzehnten Jahrhundert. Den Höhepunkt bildete das sogenannte Laudon-Zimmer, benannt nach dem Feldmarschall, der Österreich im Siebenjährigen Krieg angeführt hatte, in den das Land Mitte des achtzehnten Jahrhunderts verwickelt gewesen war. Leinenpaneele an den Wänden zeigten Szenen aus den damals geführten Schlachten.

Und dann zum Schluss die herrliche Bibliothek mit all ihren katalogisierten Reichtümern: den Büchern, den Manuskripten und den zierlichen, geheimnisvollen Handschriften. Gisèle führte ihren späteren obsessiven Hang zum Katalogisieren und Listen-Erstellen auf die vielen Stunden zurück, die sie früher als Hilfskraft ihres Onkels in dieser Bibliothek zugebracht hatte. Sie war einer ihrer liebsten Aufenthaltsorte, in dem auch die Marmorbüsten russischer Frauen standen, die Großvater Arthur in seinen Jahren als Konsul in Kiew angefertigt hatte. In der Mitte der Bibliothek befand sich ein Möbel, das noch am ehesten einer riesigen Kiste ähnelte, sich jedoch bei näherer Inspektion als ein massiver Tisch mit ein- und ausschiebbaren Stühlen entpuppte. Schob man einen davon heraus, entstand im Tisch eine stuhlförmige Aushöhlung, in der sich ein neunjähriges Mädchen ausgezeichnet verstecken konnte.

Trotz all des Reichtums war das Leben auf Hainfeld reichlich primitiv, wenn man es mit dem Komfort verglich, den Gisèle in Amerika gewöhnt gewesen war. Statt im Badezimmer einfach den Wasserhahn aufzudrehen, kam nun jeden Morgen das Dienstpersonal mit einer Zinkwanne herbeigeeilt, die als Badewanne diente und mit Kesseln dampfend heißen Wassers gefüllt wurde. Auf den antiken Toiletten konnte man plötzlich von einer umherflatternden Fledermaus aufgeschreckt werden. Die elektrische Beleuchtung im Schloss war schwach und spärlich, und im Winter wurden die Zimmer mit großen Kachelöfen beheizt, die das Personal vom Flur aus mit Holzscheiten in Betrieb hielt.

Auf Hainfeld gab es noch immer Grandeur, doch die Atmosphäre vergangener Glorie dominierte bereits. Mit aller Macht wurde hier eine Welt am Leben erhalten, die sich bereits überlebt hatte. Nach dem Ersten Weltkrieg hatte sich in Österreich viel verändert. Der Krieg war ruhmlos verloren worden, das große Reich zerfallen. Die alte K.u.k.-Doppelmonarchie mit all ihrer Pracht und ihrem Prunk, ihrer eindrucksvollen höfischen Kultur und ihren Militärparaden hatte der armseligen Republik Österreich Platz gemacht. Es war ein enormer Bruch, der in den alten Adelskreisen sicher auch als solcher empfunden wurde. Um die Gleichheit ihrer Bürger zu garantieren, hatte sich die neue Regierung rigoros vom Adel abgewandt. Adelstitel und Prädikate durften bei Strafe eines ansehnlichen Bußgelds nicht mehr geführt werden. In der Praxis waren althergebrachte Standesunterschiede damit natürlich nicht schlagartig aufgehoben – Frau Baronin blieb für ihr Personal weiterhin Frau Baronin –, doch der ehemalige Adel erfuhr in der neuen Republik gewiss keinen Rückenwind. Privilegien gab es nicht mehr, und eine Reihe garantierter beruflicher Karrieremöglichkeiten für Angehörige des Hochadels am Hof und in der Armee war verschwunden oder drastisch reduziert worden. Der Krieg hatte das Land verarmt zurückgelassen, Wirtschaftskrise und Inflation trafen auch die höchsten Kreise.

Hainfeld war in dieser veränderten Welt eine Art Zufluchtsort, ein Ruhesitz für die alte Generation, die bessere Zeiten gesehen hatte und sich nun ins Private zurückzog, nachsinnend über all das, was verloren gegangen war. Dort versammelte sie sich im Salon, die Generation der Großeltern Gisèles: Onkel Ottokar mit seinem großen, hübsch gezwirbelten Schnurrbart, Tante Fini mit ihrer Perücke, Tante Helene mit ihrer Lorgnette aus Schildpatt, die ganze Gesellschaft mit ihren Pfeifen, Zigarren, selbstgedrehten bulgarischen Zigaretten und ihren Kartenspielen: Patience, Bézique und sonntagnachmittags Tarock für die Damen im Salon nebenan, während die Herren bei ihrem Tee mit Rum Erinnerungen an die Jagdausflüge in ihrer Jugend auffrischten.

Sosehr Hainfeld auch ein eigenes, von der Außenwelt abgeschottetes Universum darstellte – innerhalb der Festungsmauern drang durchaus etwas von der neuen Knappheit durch. Tagtäglich Sauerkraut auf der Speisekarte war armselig, auch wenn es von in steiermärkische Tracht gekleideten Hausdienern mit weißen Handschuhen aufgetischt wurde. Gisèle erwähnte in späteren Jahren selbst häufig die Geschichte eines Besuchs bei Tante Helene, der ihr im Gedächtnis haften geblieben war. Diese Schwester ihres Großvaters Arthur war mit Hubert Graf von Coreth verheiratet, der ein ehrenvolles Amt am Wiener Hof bekleidet hatte. Nach dem Krieg und dem Ende der Monarchie war für Hubert Coreth, wie er seit der Abschaffung der Adelstitel hieß, nichts an dessen Stelle getreten. Das Ehepaar hatte bessere Zeiten gesehen. Während des besagten Besuchs reichte man Gisèle auf einem Silbertablett einen hübschen Porzellanteller, auf dem ein Stück Weißbrot lag: trocken, ohne Belag, als wäre es ein kostbarer und besonderer Leckerbissen. Und das sei es für Tante Helene, hatte ihre Mutter im Nachhinein erklärt, inzwischen tatsächlich geworden.

Altersgenossen begegnete Gisèle im Altenheim von Hainfeld nicht, und sie ging in Österreich auch nicht zur Schule. Allerdings spazierte sie manchmal zum nahe gelegenen Gehöft Leitersdorf, um mit ein paar Dorfkindern zu spielen. Die gesamte Bauernschaft aus der Umgebung arbeitete auf die eine oder andere Weise für Hainfeld, alle kannten sie also. Trotz der Abwesenheit anderer Kinder langweilte Gisèle sich nicht; ihre neue Umgebung war faszinierend genug, um sie beschäftigt zu halten. Für Ausflüge ins Umland lag Graz in Reichweite, und im familiären Kreis ihrer Mutter gab es genügend Besuche, die absolviert werden wollten.

So beispielsweise bei Tante Katinka, der Witwe von Onkel Ferdinand Vetter von der Lilie, der das Schloss Hautzenbichl in Knittelfeld bewohnte. Dort konnte Gisèle all die ungewöhnlichen Besitztümer bestaunen, zu denen auch das Halsband des Hundes von Kaiserin Elisabeth (»Niemals Sisi sagen!«) gehörte, das dort wie eine Reliquie aufbewahrt wurde. Dort bekam sie auch, während sie bei Tante Katinka auf dem Schoß saß, ihre ersten Klavierstunden, wobei ihre Tante nicht umhin konnte zu erzählen, dass sie selbst ihre ersten Noten auf den Knien des älteren Franz Liszt gelernt hätte.

Tante Katinka war ein Spross des alten ungarischen Geschlechts Petrichevich-Horvàth de Széplak, und der Komponist und Klaviervirtuose war nicht ihr einziger interessanter Kontakt. In ihrem weit verzweigten Familiennetzwerk befand sich Prinzessin Mary of Teck, die in England verheiratet und als Gattin des britischen Königs George V. inzwischen besser als Queen Mary bekannt war. Man erzählte sich, dass die Möbel in Hautzenbichl die Hälfte einer Sammlung bildeten; die andere Hälfte stünde im Buckingham Palace.

Gisèles liebster Spielkamerad während ihres Aufenthalts auf Hainfeld war ein Cousin ihrer Mutter, Erwin von Köppel, dessen Name zur Zeit der Republik zu Erwin Köppel verkürzt worden war. Der Oberstleutnant, der seine Offizierslaufbahn nach dem Krieg hatte fortsetzen können, war regelmäßig auf Hainfeld anzutreffen, und obwohl der Altersunterschied mehr als dreißig Jahre betrug, stimmte die Chemie zwischen Erwin und Gisèle. Sie durfte mit, wenn er jagen ging, er brachte ihr das Skifahren bei und zeigte ihr, wie man ein Gewehr hält. Währenddessen erzählte er abenteuerliche Geschichten über den Krieg, in dem er dreimal verwundet worden war. Als Folge einer der Verwundungen hatte man ihm zu verstehen gegeben, dass er das Rauchen aufgeben müsse. Das war offenbar etwas zu viel verlangt, aber um dem Rat dennoch nachzukommen, hielt er sich an Stummel. Das trug ihm den Spitznamen »Onkel Stumpferl« ein.

Erwin konnte sehr gut zeichnen. Er fertigte gern lustige Zeichnungen für Gisèle an und brachte ihr die ersten Kniffe des Faches bei, beispielsweise wie man einen Tannenbaum zeichnet. Noch beeindruckender war es, wenn er malte: Erwin kopierte zu der Zeit ein Werk des deutschen Malers Joachim von Sandrart aus dem siebzehnten Jahrhundert – einen der vier Original-Sandrarts, die man auf Hainfeld bestaunen konnte. Es handelte sich um das Gemälde *Februar*, das Porträt eines fetten Kochs, umgeben von Fleisch und Geflügel, der eine Pastete in die Höhe hält. Wenn Erwin daran arbeitete, sah Gisèle fasziniert zu und durfte als Malergehilfin die Farben anreichen und die Pinsel auswaschen. Kurzum, ein idealer Onkel, so Gisèle viele Jahre später: »Für mich war er der bewundernswerteste aller Männer, als ich zehn war.«

Zehn wurde Gisèle im September 1922, als sich ihr Aufenthalt auf Hainfeld dem Ende zuneigte. Ihr Vater und ihre Brüder kamen im Sommer herüber, und nach einer weiteren Runde an Familienbesuchen in den Niederlanden kehrte die vollzählig versammelte Familie zurück in die Vereinigten Staaten.

Liebe aus der Ferne

Während Gisèle und ihre Mutter auf Hainfeld waren, hatte ihr Vater nach einer neuen Stelle gesucht und sie auch gefunden. Die Firma, in der er seine Karriere fortsetzte, war die Marland Oil Company mit Sitz in Ponca City, Oklahoma. Der neue Wohnsitz der van der Grachts verdankte seinen Namen den Poncas, einem Indianerstamm, der Ende des neunzehnten Jahrhunderts unter Einsatz von Gewalt aus Nebraska vertrieben und in einem Reservat im Norden Oklahomas angesiedelt worden war. Durch die Ankunft des Ölsuchers E. W. Marland hatte das Leben dort in den Weiten der Prärie eine unvorhergesehene Wendung genommen. Die Bohrungen, die er in der Umgebung durchführen ließ, waren erfolgreich: 1911 stieß er auf eine Quelle, die die Grundlage für die spätere Marland Oil Company bildete und dafür sorgte, dass in Ponca City neue Zeiten anbrachen.

Das ölreiche Land, dem Marland seinen Reichtum verdankte und Ponca City Wohlstand brachte, lag auf indianischem Boden. Das Land wurde verpachtet, so dass die indianische Bevölkerung an den Erträgen teilhatte und es mit einem ungeahnten Geldstrom zu tun bekam. In einer der stärksten Erinnerungen an Ponca City, die Gisèle sich bewahrt hatte und die sie häufig erzählte, kommt der neue Reichtum deutlich zur Sprache. Es geht darin um ein festliches Happening im Dorf: die Eröffnung des Peking's Department Store. Während alle in gespannter Erwartung auf dem Bürgersteig standen, kamen große, schwarze Cadillacs gefahren. Die Chauffeure sprangen heraus, öffneten die Wagentüren und ließen eine Gruppe Indianer aussteigen. Es waren Ponca-Frauen in vollem Festschmuck, mit Federn auf dem Kopf und manche mit einem Baby im Lederköcher auf dem Rücken. An dem winzigen Finger eines der Kleinkinder habe bereits ein Brillantring geblinkt, ein Detail, das in Gisèles späteren Erzählungen niemals fehlte.

Die Eröffnung des Kaufhauses war Teil des rasanten Aufschwungs, den Ponca City ebenso wie alle *oil towns* erlebte. Doch mit ihren circa zehntausend Einwohnern war die Stadt, als Gisèle und ihre Eltern sich dort niederließen, im Vergleich zu Tulsa klein und wenig entwickelt, eher ein Dorf als eine Stadt. Ein geeignetes

Haus gab es nicht, das musste erst gebaut werden: ein Bungalow am Rand der Stadt, in spanischem Stil, so wie ganz Ponca City von Marland und seinen Kumpanen im alten spanischen Kolonialstil aus dem Boden gestampft worden war.

Ein echtes Heim sollte das neue Haus nicht werden. Die Familie zerstreute sich erneut in alle Winde, und letztendlich erwies sich Ponca City als keine besonders praktische Ausgangsbasis. Das neue Tätigkeitsfeld van der Grachts lag in Texas, so dass also im Laufe der Zeit eher Dallas und Houston als Wohnsitz in Betracht kamen. Doch obwohl ein Umzug nach Houston irgendwann in greifbare Nähe rückte, blieb Ponca City das Zuhause, das keine wirkliche Heimstatt werden wollte. Für Gisèle war das neue Haus nicht viel mehr als eine Ferienadresse. Ponca City hatte wenig zu bieten und schon gar keine Bildungsstätten, die auf die Zustimmung ihrer Eltern stoßen konnten. Also begann auch für sie im Alter von zehn Jahren das Internatsleben, das einen unverzichtbaren Teil der Erziehung eines Mädchens ihres Standes und ihres Glaubens darstellte. Die Klosterschulen des Sacred-Heart-Ordens waren dafür der geeignete Ort.

Gisèles Internatsleben spielte sich an verschiedenen Orten ab. Es begann 1922 in Eden Hall in Torresdale, nahe Philadelphia, Pennsylvania. Sie konnte sich jedoch nicht einleben und fand es dort schrecklich. Der Kontrast zum vorangegangenen Jahr hätte fast nicht größer sein können. Einem jungen Mädchen musste Hainfeld als eine merkwürdige, erstarrte Welt erscheinen, doch Gisèle hatte es dort herrlich gefunden. Als einziges Kind zwischen all den Erwachsenen und Alten war sie von Liebe und Aufmerksamkeit umgeben gewesen und hatte eine große Bewegungsfreiheit gehabt. Das alles hatte sich rigoros verändert. Wegen des geringen Erfolgs schickten ihre Eltern sie 1923 nach Maryville in Saint Louis, wo sie in einer bekannten Umgebung und näher am Heimatort war. Anfang 1927 wurde sie wieder umgeschult, in eine Sacred-Heart-Schule in Noroton, Connecticut, erneut an der Ostküste.

Viel änderten die Umzüge nicht. Gisèles Internatsjahre waren Jahre einer alles beherrschenden Einsamkeit. Sehr viel mehr ist davon nicht überliefert. Ihre eigenen Briefe aus dieser Zeit sind nicht erhalten geblieben, und obwohl Gisèle in späteren Jahren mit großem Vergnügen Erinnerungen und Anekdoten aus ihrer Jugend auffrischen konnte, sprach sie nur selten über die Jahre, die sie an den verschiedenen Schulen des Sacred Heart verbracht hatte. Mit weniger angenehmen Erinnerungen oder Erlebnissen hielt sie sich nicht gern auf.

Dennoch sollte es möglich sein, diese Jahre nahezu von Tag zu Tag zu rekonstruieren. In den Einrichtungen des Sacred Heart wurde nur wenig dem Zufall überlassen, und in allen Schulen herrschten exakt die gleichen Regeln. Egal wo auf der Welt, überall lebten die Mädchen in schmucken Schlössern, Landhäusern oder Villen in einem eigenen, abgeschlossenen Kosmos, abgeschirmt von der Außenwelt mit ihren Verlockungen und Eitelkeiten. Ausnahmslos wurden die Einrichtungen von weiblichen Ordensmitgliedern geleitet, die ebenso wie die Schülerinnen aus den besten Familien stammten. An allen Internaten erhielt jede Schülerin bei Eintritt eine Nummer, mit der sie im Folgenden angesprochen wurde und mit der all ihre Habseligkeiten, vom Besteck bis zur Bettwäsche und von den Schuhen bis zur Zahnbürste, versehen waren.»Nummer eins wurde nie vergeben«, schreibt Laetitia van Rijckevorsel, selbst Ehemalige des Sacré Cœur, in ihrem Buch *Een wereld apart*, denn »jemand mit dieser Nummer würde möglicherweise eine falsche Vorstellung von der Bedeutung seiner Person bekommen, und das war nicht gut für den Charakter. Der liebe Gott war Nummer eins.«

Überall galt derselbe Tagesablauf und wurde dasselbe französische Vokabular benutzt: Der Nachmittagstee wurde *goûter* genannt, und an den wenigen freien Tagen (*congé*) spielten die Mädchen immer und überall *cache-cache* (Verstecken). An allen Schulstandorten praktizierte man dieselben Rituale, wurden auf gleiche Weise dieselben religiösen Feiertage gefeiert, und es herrschte dieselbe straffe Disziplin. Vom Morgen- bis zum Abendgebet stand für jeden Tag fest, wie er im Einzelnen aussehen würde.

Das Internatsleben war strengen Regeln unterworfen. Den Mädchen wurde beigebracht, dass die Welt vollkommen logisch und hierarchisch aufgebaut war, so van Rijckevorsel: »Eltern und Erzieherinnen leiteten ihre Autorität von Gott ab. Man musste als Kind schon sehr übermütig sein, wenn man sich den von dieser

Autorität aufgestellten Regeln nicht unterwarf. Schließlich bereitete man Gott durch den Ungehorsam Kummer.« Am Tisch, im Studierzimmer und im Schlafsaal hatte jede Nummer den ihr zugewiesenen festen Platz. Außer in den für Erholung und Sport bestimmten Stunden hatte Ruhe zu herrschen, sogar während der Mahlzeiten durfte nur geredet werden, nachdem eine Klingel ertönt war. Es war Schülerinnen nicht gestattet, sich abzusondern, nicht allein und schon gar nicht zu zweit. Um eine zu große und unerwünschte Intimität zwischen zwei Mädchen zu verhindern, war das Reden in den Schlafsälen strikt verboten, und an Sonntagnachmittagen ging man stets in Dreiergruppen im Garten spazieren.

Die amerikanische Schriftstellerin und Kritikerin Mary McCarthy, ebenso wie Gisèle 1912 geboren, beschreibt in ihrem Buch *Eine katholische Kindheit: Erinnerungen* die Bekanntschaft, die sie als Elfjährige mit dem Sacred Heart machte: die blauen Sergekleider mit den kleinen weißen Kragen und Manschetten, die Knickse, die man machen musste, wenn die Oberin oder eine andere hochrangige Ordensfrau vorbeikam, die schwarz verschleierten Schülerinnen bei der Morgenmesse, die weißen Schleier an den Feiertagen und die französischen Gesänge (»Oui, je le crois«). Die Welt Marys in Forest Ridge in Seattle unterschied sich kaum von der Gisèles in Eden Hall oder Maryville. Religion war das wichtigste Fach im Lehrplan, daneben standen selbstverständlich Basisfertigkeiten wie Lesen, Schreiben und Rechnen auf dem Programm, ferner gab es Fächer wie Geschichte, Französisch, Literatur, Kunst, Erdkunde und Handarbeit. Das informelle Curriculum darf ebenfalls nicht vergessen werden, denn aufgrund der Schülerpopulation bedeutete ein Aufenthalt in einem Sacred-Heart-Internat auch immer eine Ausbildung in aristokratischen Umgangsformen und guten Manieren: Man lernte Zuvorkommenheit, Anstand und »savoir vivre«. Eine manchmal wunderliche Kombination, schreibt McCarthy, ein Kult aus Mode und Eleganz in einer religiösen Atmosphäre.

Um richtiges Verhalten zu fördern, fand wöchentlich eine öffentliche Beurteilung statt, bei der jede Schülerin nach festen Ritualen und mit vielen Kniebeugen ein Kärtchen mit der Beurteilung des Verhaltens der letzten Woche in Empfang nahm: von »sehr gut« bis »unbefriedigend«. Auf Grundlage dessen wurden spezielle Belohnungen überreicht: farbige Ehrenschleifen, um sie wie eine Schärpe quer über der Uniform zu tragen, Medaillen für Höflichkeit, Sauberkeit und hervorragende Leistungen sowie besondere Privilegien. Am jährlichen Tag der Preisverleihung, dem letzten Tag des Schuljahrs, wurden die besten und fleißigsten Schülerinnen noch einmal zusätzlich belobigt.

Wie schon gesagt: Gisèle war nicht für das Internatsleben geschaffen. Es lag nicht an der alles beherrschenden Präsenz des Glaubens, die ihr zuwider war – von irgendwelchen Krisen oder einer Rebellion auf diesem Gebiet war bei Gisèle nie die Rede. Doch ihre freiheitsliebende Natur ließ sich nur schwer mit dem Erziehungsmodell der Sacred-Heart-Schulen vereinbaren. Als ein ausgesprochen impulsives Kind musste sie sich einem System fügen, das vollständig auf die Kontrolle von Anfechtungen ausgerichtet war. »Mein Kind, beherrsche dich«, war an den Schulen des Sacré-Cœur-Ordens die am meisten gehörte Ermahnung. Nicht mit den anderen Mädchen reden, sich nicht an die Heizung setzen, wenn man fror, nie etwas außerhalb der ausgetretenen Pfade unternehmen. Die Härte dieses wie in einem Korsett eingeschnürten Lebens wurde für Gisèle durch die Anwesenheit von Freundinnen nicht gemildert. Sie fand kaum Anschluss bei den anderen Mädchen.

Es muss ihr schwergefallen sein, als eine Nummer unter vielen im Kollektiv unterzugehen. Gisèle war eigensinnig und liebte es schon in jungen Jahren, aufzufallen und im Zentrum der Aufmerksamkeit zu stehen, so wie sie es auf Hainfeld erlebt hatte. Auch zu Hause war sie als Jüngste, einzige Tochter und Liebling beider Eltern häufig die kleine Prinzessin. Dem standen die Uniformität und der Gehorsam, die das Internatsleben ihr abverlangten, diametral entgegen. Ihre schulischen Leistungen und ihr Verhalten waren nicht dergestalt, dass sie sich hier besonders positiv hervortat.

Obwohl es für die Eltern zweifellos belastend war, ihre Jüngste unglücklich zu wissen, hatte die Tatsache, dass auch sie nun in einem Internat war, für sie beide den Vorteil, dass man öfter zusammen sein konnte. Willems Einsatzgebiet war anfänglich vor allem Texas gewesen, doch 1923 wurde ihm die Verantwortung für die Marland-Aktivitäten in Mexiko übertragen. Das bedeutete eine Reihe von langen Reisen, auf denen Josephine ihn nun begleitete.

Die Trennung von Eltern und Brüdern kennzeichnete die frühe Jugend Gisèles. »Tut mir sehr leid, Jane, aber ich kann nicht so bald kommen, um Dich zu sehen« ist ein typischer Satz aus einem von Walters Briefen. Viel schrieben sich die Kinder untereinander nicht, doch in den Briefen, die es gibt, geht es häufig darum, dass es leider keine Gelegenheit gibt, sich zu treffen. Die beiden Ältesten arbeiteten inzwischen in den Sommermonaten, so dass die Familie im Sommer des Jahres 1923 zum letzten Mal vollzählig versammelt war. »In welcher Highschool-Stufe bist Du gerade?«, fragt Ides irgendwann einmal. »Schick mal einen Schnappschuss.« Für die Jüngste hieß es, stets darauf zu warten, was beschlossen wurde und wohin man sie bestellen würde. »Es ist noch nicht entschieden, was im nächsten Sommer aus Dir wird«, schreibt Arthur im Frühjahr 1925. »Entweder wirst Du in Michigan zelten oder hierbleiben«, wobei sich das »hier« auf ein mögliches neues Haus in Houston bezog, ein Plan, der im Sommer bereits wieder vom Tisch war.

Gisèle war nicht die Einzige, die unter der Situation litt. Obwohl die Verlagerung von Erziehungsaufgaben nach außen in dem Milieu, aus dem ihre Mutter stammte, völlig normal war, frustrierte es Josephine zutiefst, dass es ihr und ihrem Mann nicht gelang, irgendwo einen Mittelpunkt für die Familie zu schaffen. Willem sah in der Trennung von seiner Familie ein unvermeidliches Opfer, das er seinem Arbeitgeber und der Liebe zu seinem Fach bringen musste, aber auch er litt darunter. Obwohl er ständig unterwegs war, versuchte er dennoch, seinen Kindern die Anleitung zu geben, von der er glaubte, dass sie sie benötigen würden. Und das mit Erfolg, denn er war alles andere als ein abwesender Vater. Willem hatte eine sehr starke und ausgeprägte Persönlichkeit. Er wollte seinen Kindern ein deutliches Vorbild sein und nahm über Briefe ausdrücklich Anteil an ihrer Erziehung, die er liebevoll aus der Ferne lenkte und korrigierte.

Die Briefe von »Daddy« an seine Tochter sind nicht nur fürsorglich und engagiert, sondern sie sind auch außerordentlich unterhaltsam. So beschreibt er beispielsweise die Situation in der *boomtown* Borger, einem unterentwickelten Nest in Texas, das nach dem Fund des schwarzen Goldes innerhalb kurzer Zeit und in großer Zahl von

Ölbaronen, Geschäftsleuten, Arbeitern, Glückssuchern, Abenteurern und Kriminellen überschwemmt wurde. Auf einem beigefügten Foto ist zu sehen, wie sich die noch ungepflasterte Hauptstraße an regnerischen Tagen in eine matschige und glitschige Schlammpiste verwandelte. In seinem Brief erzählt Willem, dass es in dem aus den Nähten platzenden Borger zwar noch kein Gefängnis gebe, aber trotzdem jede Nacht betrunkene und schießwütige Individuen verhaftet würden. Gewissermaßen als Notauffang sei ein Freiluftgefängnis eingerichtet worden: ein langes Stahlkabel, an das die Häftlinge angekettet würden. Eine von ihm angefertigte Zeichnung zeigt die Ernte des Tages: ein paar leichte Mädchen und zwei sich streitende Trunkenbolde, die unter der sengenden Sonne am Kabel hängen.

Zu einem Zeitungsartikel über eine Tierklinik, die in der Nähe von London zum Gedenken an alle im Ersten Weltkrieg umgekommenen Tiere gebaut werden sollte, schreibt er einen Brief voller witziger Verwicklungen, die sich in solch einer Klinik ergeben könnten: »Was würde geschehen, wenn sich versehentlich ein Rüde in den Damenbaderaum der Katzen verirren würde, wo sich ein paar Ladies gerade duschen und andere sich ihre rosaroten Nasen pudern?« Ein paar Tage später folgt noch eine Geschichte über einen der Patienten, einen lieben, alten Elefanten, der an Kriegszittern leidet, in Panik gerät und die ganze Klinik durcheinanderwirbelt, wiederum mit einer lustigen Zeichnung illustriert.

Auch wenn Willems Briefe noch so unterhaltsam waren, dienten sie immer auch einem erzieherischen Ziel. Er erteilt darin Ratschläge, schreibt aufmunternde Worte, wenn er von seiner Frau gehört hat, dass Gisèle noch immer keine Freundinnen hat, erinnert sie an ihre Herkunft und gibt fortwährend Anweisungen, wie sie sich selbst verbessern kann. Es sei immer herrlich, ihre Briefe zu bekommen, schreibt er beispielsweise, doch oft seien sie schwer lesbar – sie müsse an ihrer Handschrift arbeiten. »Eine schöne Handschrift sollte kühn und fest sein, gut aussehen, kunstvoll und zugleich sehr leicht lesbar, nie ›lustig‹ sein; Du siehst, die eigene Handschrift sollte ein Abbild des Charakters sein: fest und kühn und geradlinig und offen, sie sollte so sein, dass jeder, der einen Brief von Dir sieht, denken muss: ›Das muss ein schrecklich nettes Mädchen sein‹!«

Josephines Briefen fehlen die Lockerheit und die lustigen Abschweifungen der Briefe ihres Mannes und sie sind einseitiger gefüllt mit Richtlinien für die Gewohnheiten und das Verhalten eines katholischen Mädchens von Stand. Gisèle solle ordentlich schreiben, ihre Briefe datieren, nett und zuvorkommend sein, ihr Bestes geben, Rosenkränze beten und dankbar zum Beispiel für die paar zusätzlichen freien Tage sein, die sie bekommen habe, um Ostern zu Hause sein zu können. »Du musst der Mutter Oberin und Mutter Gilmore sagen, wie sehr Du und wir dies schätzen, und, noch besser, *zeige* durch Dein Verhalten und Deine gute Laune, dass Du ihre große Güte und ihr Verständnis Dir und uns gegenüber wertschätzt.«

Durch das seltene Zusammensein Gisèles mit ihren Eltern blieben die Auswirkungen dieses anhaltenden Stroms an Ermahnungen und Anweisungen oft undeutlich. Klar ist jedoch, dass für beide Elternteile »aus den Augen« sicherlich nicht »aus dem Sinn« bedeutete, auch wenn Gisèle darüber in ihrem fernen Klosterorden gelegentlich anders gedacht haben wird. Offenbar nach einer Klage antwortete ihre Mutter: »Sag nicht, dass Du nicht geliebt wirst – Du WIRST all die Zeit aus der Ferne geliebt.« Damit war die Einschränkung präzise benannt.

Walter

»Ich erinnere mich an die Präriehunde, den gewaltigen Hagel in Texas, die Wassermelonen, den Hurrikan, den Schmuggel. Oklahoma, Peking's Kaufhaus, Marlands Swimmingpool im Keller, wo ich tauchen gelernt habe. Den Staub, den Schmutz und manchmal Sterne so hell, dass man nachts lesen konnte, und Daddy zeigte uns die Venus und die Bären.« Auf einem der zahllosen Zettel, die in ihrem Atelier in Mappen und Schubladen, zwischen Büchern und Papieren bewahrt geblieben sind, notierte Gisèle in späteren Jahren die Jugenderinnerungen, die irgendwann plötzlich wie Luftblasen in ihr aufgestiegen sein müssen.

Von jeder Jugend, auch der von Gisèle in Amerika, bleibt letztendlich nicht viel mehr übrig als eine undeutliche Landschaft aus Bildern und Erinnerungsfetzen mit hier und da scharf umrissenen

Konturen besonderer Ereignisse. Ein solches klar umrissenes und unauslöschliches Ereignis betrifft Walter. Dem Beispiel seiner beiden älteren Brüder folgend, begann auch er, in Princeton zu studieren. 1925 hielt er dort seinen Einzug, doch sein Aufenthalt an dieser prestigeträchtigen Universität sollte nur von kurzer Dauer sein. Noch im ersten Trimester setzte ein dramatischer Unfall seinem Leben ein Ende.

Die näheren Umstände seines Todes sind gut dokumentiert, da einer der beiden Jungen, die dabei waren, in den Tagen danach einen ausführlichen Bericht über diesen verhängnisvollen Nachmittag geschrieben hat. Es hatte sich wie folgt zugetragen: Am Wochenende des 14. und 15. November begibt sich Walter mit seinem Freund und Namensvetter Walter Kuser und dessen Cousin Victor auf Besuch bei der Familie Kuser in Trenton, New Jersey, etwas südlich von Princeton. Am Sonntagnachmittag beschließen die drei Jungen, in der Umgebung auf die Jagd zu gehen. Viel zu schießen gibt es nicht – ein Kaninchen und ein paar Wachteln, die von den Kuser-Cousins tödlich getroffen werden. Als ein zweites Kaninchen gesichtet wird, ist Walter an der Reihe. Er gibt seinen ersten Schuss ab, trifft das Kaninchen. Als er auf das Tier zuläuft, sieht er, dass es noch lebt. Um es zu töten, fasst er sein Gewehr am Lauf und schlägt dem Kaninchen mit dem Kolben ein paar Mal kräftig auf den Kopf. Dabei löst sich ein Schuss und trifft Walter in die Seite.

Von den Kuser-Jungen wird er nach Hause gebracht, von einem Arzt behandelt und nach Trenton ins Krankenhaus gefahren, wo man ihn am frühen Abend operiert. Seinen Zustand schätzen die Ärzte als ernst, aber nicht lebensbedrohlich ein. Das erweist sich jedoch als zu optimistisch: Walter, siebzehn Jahre alt, stirbt noch in derselben Nacht.

Seine Eltern befanden sich zum Zeitpunkt des Unfalls in Mexiko, allerdings an unterschiedlichen Orten. Sie wurden telegrafisch benachrichtigt. Auf Anweisung Josephines brachte man Walters Leichnam per Zug nach Saint Louis, etwa eintausendfünfhundert Kilometer westlich von Trenton, wo das Unglück geschehen war. Dort, am letzten Ort, an dem die Familie gemeinsam gewohnt hatte und in dem Gisèle nun zur Schule ging, kam Josephine, unter Schock und vor Kummer gelähmt, an. Dort traf auch Willem ein, und Gisèle stieß zu ihren Eltern. Walter wurde im Beisein der drei beerdigt, der Rest der Familie war woanders: Ides hatte ein Stipendium für eine Kunstreise durch Europa bekommen und befand sich seit einigen Monaten auf der anderen Seite des Ozeans. Arthur arbeitete in der Wüste Kaliforniens und konnte Saint Louis nicht rechtzeitig erreichen.

So lastete die Erschütterung ihrer Eltern allein auf Gisèles dreizehnjährigen Schultern. Zu dritt blieben sie zwei Wochen im schicken Chase Hotel in Saint Louis. Anders als in Tulsa oder Ponca City gab es an ihrem ehemaligen Wohnort zum Glück noch einige frühere Nachbarn und Freunde, bei denen sie in diesen desolaten Tagen ein wenig Trost und Halt fanden.

Walter war der Bruder, mit dem Gisèle als Kind am meisten zusammen gewesen war, mit dem sie während des gemeinsamen Sommers auf Hainfeld Heilige Messe gespielt und den vertrautesten Umgang gepflegt hatte. Innerhalb der Familie war er das Verbindungsglied zwischen ihr und den beiden Ältesten gewesen, »les frères«, die Brüder, wie Walter sie ironisch genannt hatte. Gisèles Beziehung zu ihnen war distanzierter. Arthur schrieb nicht gern Briefe, und die zehn Jahre, die sie von Ides trennten, waren in dem Alter fast unüberbrückbar.

Ein paar Monate vor dem Unfall hatten Walter und seine Schwester sich zum letzten Mal gesehen, im Sommer des Jahres 1925, einem Sommer, der sich ihr ins Gedächtnis einbrannte, weil er mit einem Erdbeben begonnen hatte. Gisèle war mit ihren Eltern in Santa Barbara in Kalifornien gewesen, als die Stadt am 29. Juni von schweren Erdstößen erschüttert wurde, die große Schäden anrichteten. Ein bestürzendes und furchteinflößendes Ereignis für alle. Nur Willem, der Geologe, war nicht in Panik verfallen und hatte zur Ruhe gemahnt. Später in dem Sommer hatten Walter und Gisèle noch eine Zeit lang zusammen mit ihrer Mutter auf einer Ranch in Wyoming verbracht, bis das Schul- und Studienjahr wieder begann und Walter nach Princeton abreiste. Dieser Abschied von Walter war die letzte Erinnerung, die Gisèle an ihren Bruder bewahrte: wie er in ihr Zimmer kam und ihr ans Herz legte, schön lieb zu ihrer Mutter zu sein.

Diese Erinnerung knüpft an das fast engelsgleiche Bild an, das man von Walter nach seinem Tod in der Familie pflegte. »So jung er auch war, war er ein großes Vorbild«, schrieb Ides Gisèle aus Europa, nachdem ihn die Nachricht von Walters Tod erreicht hatte. Ihr Bruder war für sie alle ein Vorbild, dem es nachzueifern galt. Seinen eigenen Briefen nach zu urteilen war Walter tatsächlich ein Kind gewesen, das dem Erziehungsideal seiner Eltern fast beängstigend nahekam: ein treu ergebener Sohn und ein fleißiger Schüler, auf dem besten Weg, ein unerschütterlicher Katholik sowie ein nobler und verantwortungsbewusster Mensch zu werden. Er habe noch seine Fehler, schrieb er irgendwann einmal seinem Vater, doch er arbeite hart an seinem Charakter und kämpfe gegen seine schlechten Eigenschaften an, so wie etwa gegen seinen Hochmut oder die Neigung, andere zu kritisieren. Mit diesen Schwächen wolle er kurzen Prozess machen, und er sei fest entschlossen, »aus mir einen besseren Jungen zu machen. Damit meine ich nicht, ein Engel auf Rollschuhen oder ein studentischer Tugendbold zu werden, sondern ein Mann und ein Gentleman zu werden, wie Du einer bist.«

Nahezu vorbildlich war Walter auch in der Sorge und Aufmerksamkeit, die er auf seine Mutter verwandte. Er konnte locker und entspannt mit ihrer Tendenz zu nervöser Grübelei umgehen und schrieb ihr besorgte, liebevolle Brief voller Wendungen wie »sweetheart«, »my dear lady« oder »old dear«. Drei Tage vor dem fatalen Unfall richtete er einen Brief an seine »Dearest Mother«, die ihn wohl erst nach seinem Tod zu Gesicht bekommen haben wird. Darin beichtete er ihr, dass seine Noten leider nicht allzu gut seien. Er müsse sich in Princeton noch eingewöhnen, doch sie brauche sich keine Sorgen zu machen: »Schau Dir bald meine Noten in diesem Halbjahr an, ich werde arbeiten wie der Teufel.« Er freue sich sehr auf den kommenden Besuch seiner Eltern, doch bevor es so weit sei, fahre er erst noch mit Walter Kuser für ein Wochenende zu dessen Eltern.

Bei einem so tiefreligiösen Ehepaar wie Willem und Josephine verwundert es nicht, dass sie in dieser furchtbaren Zeit Trost im Glauben suchten. Er bot einen Rahmen, der den Verlust erträglich machte: Vielleicht war nicht sofort klar, was seine Gründe gewesen waren, doch Gott habe es so gewollt. Sein Tod brächte Walter ein neues und besseres Leben: Er sei jetzt beim lieben Gott und auf ewig glücklich. Vor allem für Willem hatte es etwas Tröstliches, dass Walter an seinem Ziel angekommen war. Die Vorstellung, die er sich davon machte, war außerordentlich konkret und charakteristisch für die Art Glaubenserfahrung, mit der Gisèle aufwuchs. Willem war davon überzeugt, dass Walter vom Himmel aus auf das Leben unten herabsehe und die Fähigkeit besitze, persönlich darin eingreifen zu können. Auf die Weise sorge er weiterhin für die Familie, erzählte er Gisèle. Im Gebet könne sie ihn um Hilfe bitten, in großen wie in kleinen Angelegenheiten, für sie selbst oder für andere.

Gisèle bestritt den religiösen Zusammenhang nicht, in den Walters Tod automatisch gebracht wurde – er war ihr bekannt und vertraut und bot auch ihr wahrscheinlich Halt. Es sei ein großer Trost, zu wissen, dass Walter jetzt glücklicher sei als zur Zeit seines Erdenlebens, schrieb sie ganz in diesem Sinne kurz nach dem fatalen Unfall in einem Brief an ihren Bruder Arthur. Und es gebe mehr, wofür man dankbar sein müsse. So habe Walter am Morgen des Unfalls noch die Heilige Messe besucht, und bei den beiden Freunden, die bei ihm gewesen seien, handele es sich, ebenso wie bei ihm selbst, zum Glück um gute katholische Jungen. Grund zur Dankbarkeit bestehe außerdem, weil Walter noch klar bei Bewusstsein gewesen sei, als er vor der Operation im Krankenhaus die Letzte Ölung bekommen habe. Wenn der Unfall ohnehin unvermeidlich gewesen war, sei es so das Beste, besser, als wenn er als Invalide hätte weiterleben müssen. »Gott allein weiß, was ihm erspart geblieben ist, da die Hand der Vorsehung einen Grund für alles hat, was sie tut, auch wenn wir es jetzt nicht verstehen können, wir werden alles verstehen, wenn wir unser himmlisches Zuhause erreicht haben.«

Aus der Feder einer Dreizehnjährigen mutet das alles außerordentlich pflichtschuldig an. Es ist schwer vorstellbar, dass dies die Gedanken waren, die spontan in Gisèle aufwallten. Ihre Worte klingen eher wie die genaue Wiedergabe der wahrscheinlich tröstend gemeinten Bemerkungen, die sie von ihren Eltern und ihrem katholischen Umfeld ständig zu hören bekam. Auch die Reaktion ihrer beiden ältesten Brüder entspricht vollkommen den Regeln des religiösen Protokolls. Wir müssen froh sein, schrieb Ides Gisèle aus Europa, denn jetzt werde viel besser für Walter gesorgt als zu seinen

Lebzeiten, und er könne nun immer bei ihnen sein statt nur einiger weniger Tage im Jahr. Das Wichtigste sei jetzt, dass sie ihre Eltern unterstütze und den Verlust dadurch kompensiere, dass sie besonders lieb zu ihnen sei und besonders hart arbeite.

Die Kinder van der Gracht wussten, wie ein guter Katholik mit dem Tod umzugehen hatte, das machen ihre Briefe mehr als deutlich. Sehr viel schwieriger lässt sich bestimmen, wie sich all die vorgeschriebene Dankbarkeit für Walters Los und die pflichtmäßig anmutende Freude darüber, dass er als Kind Gottes besser dran sei denn als lebender Erdenbewohner, sich zu ihrem persönlichen Kummer verhielten. Dazu schrieb niemand in der Familie etwas. Für unerschütterliche Gläubige wie Willem und Josephine muss es ein großer Trost gewesen sein, dass sie sich keine Sorgen über Walters Seelenheil zu machen brauchten. Er war im Zustand der Gnade gestorben, darüber gab es keinen Zweifel. Insbesondere Willem konnte so Frieden mit dem Tod seines Sohnes schließen: Walter war in Sicherheit, sie würden ihn wiedersehen. Bei Josephine kann man sich fragen, ob ihre spätere körperliche und geistige Fragilität nicht auch in einem Zusammenhang mit dem Kummer über den Verlust ihres jüngsten Sohnes stand.

Über die seelischen Regungen Gisèles können wir nur spekulieren. Anscheinend kehrte man bald nach dem Tod Walters zum Alltagsleben zurück, doch das sagt wenig aus über die tatsächliche Wirkung des Ereignisses und die Frage, inwieweit es sie verändert hat. Ende November verschwand sie wieder hinter den Mauern des Sacred Heart. Erst gut sieben Jahre später lüftete sie den Schleier ein wenig, als sie einige Jugenderinnerungen zu Papier brachte. »Es war der größte Kummer, den ich jemals hatte«, schrieb sie bei der Gelegenheit über den Verlust ihres Bruders, »es hat mich völlig verändert. Ich habe mich nicht mehr als Mädchen gefühlt. Ich war erwachsen geworden. Ich war 13.«

Der Kummer führte bei Gisèle nicht zu einer Abkehr vom Glauben. Eher trugen der Schlag, den ihr der plötzliche Verlust ihres Bruders versetzt hatte, und ihr Alter, in dem sie noch für so vieles empfänglich war, dazu bei, dass die Ereignisse um Walters Tod zu einer Blaupause für ihren späteren Umgang mit dem Tod wurde. Diese Erfahrung lehrte sie, dass man in Zeiten der Trauer seine Zuflucht im Glauben suchen und dort Trost finden kann. Und dass die Überzeugung eines Lebens nach dem Tod den Raum dafür schafft, den Verstorbenen bei sich zu behalten.

Letzte Etappe

Die Rolle des Katholizismus in der Kindheit und Jugend Gisèles kann schwerlich überschätzt werden. Sie wurde davon geradezu durchtränkt, sowohl zu Hause als auch in der Schule. Das Gewicht, das ihre Eltern der religiösen Erziehung ihrer Kinder beimaßen, wird auch an einem Vorfall deutlich, bei dem es um ihren ältesten Sohn Ides geht, der noch immer durch Europa tourte.

Am 1. Oktober 1926 schrieb Willem seiner »liebsten Frau« anlässlich eines Briefs, den er von seiner Schwester Mies aus den Niederlanden erhalten hatte. In ihm, so Willem, stehe etwas »*sehr* Beunruhigendes«. Mies' Brief schickte er mit. Sie erzählt darin, dass Ides gerade bei ihr in Haarlem logiere, und obwohl es ihr unangenehm sei, betrachte sie es als ihre Pflicht, ihm mitzuteilen, dass Ides an diesem Morgen, einem Sonntag, nicht an der Heiligen Messe teilgenommen habe. Stattdessen sei er nach Assen gefahren, um dort etwas abzuholen. Er habe ohne Weiteres davor noch zur Frühmesse gehen können, dies jedoch nicht getan. Mies fürchte, dass es nicht das erste Mal auf seiner Reise gewesen sei, dass er es unterlassen habe, zur Messe zu gehen. Sie habe bisher darüber geschwiegen, doch auch vorher sei ihr bereits an allerlei Kleinigkeiten aufgefallen, »dass Ides sich nicht allzu sehr darum scherte«. Und das bereite ihr Sorgen. »Wenn man Katholik ist, dann in allem und vor allem in den festen Geboten!«

Ides ist zu dem Zeitpunkt vierundzwanzig, aber der Gedanke, dass er inzwischen alt genug sein könnte, um solche Dinge selbst zu entscheiden, stammt von einem anderen Planeten. Das Versäumen einer Sonntagsmesse ohne eine triftige Entschuldigung gilt in der katholischen Lehre als eine Todsünde. Willem ist daher auch entsetzt: »eine *cold blooded* Überschreitung einer solch einfachen, aber teuren Verpflichtung wie eine Sonntagsmesse zeigt, dass kein *backbone* in ihrer Religion steckt und ... wenn es zu einer Entscheidung kommt, die sehr viel schwieriger ist, als eine Stunde früher aufzustehen, was passiert dann?«, fragt er sich in dem Begleitschreiben an seine Frau. »Ich gäbe gern meine ganze Karriere dafür her, wenn ich durch meinen persönlichen Einfluss etwas dagegen tun könnte«, fährt er fort. Der Gedanke, dass Ides' Glaube nicht so weit gehe, wie er Willem zufolge gehen müsste, und die Angst, dass er möglicherweise noch weiter abdrifte, nagen an ihm: »Ich laufe hier den ganzen Tag damit herum: Es ist die schlimmste Sorge, die ich seit Jahren gehabt habe. Es wäre der schwerste Schlag für mich, *schlimmer als Wallys Hinscheiden*, weil ich weiß, dass er sicher an seinem Bestimmungsort angekommen ist. Wären wir doch nie in dieses Land gekommen, wo kein Familienleben möglich ist und man sogar in sog. römisch-katholischen Schulen den Kindern so wenig Religion beibringen kann.«

Auch Arthur hatte in der Vergangenheit gedroht abzugleiten, aber durch den Schock über Walters Tod hatte er wieder auf den rechten Weg gefunden. Und nun dies, diese Gleichgültigkeit von Ides, diese potentielle Rebellion gegen den Glauben. »Ich bitte unseren Herrn, dass er einen Ausweg bietet, wenn es sein muss und nicht anders geht, durch einen neuerlichen Schlag, der Eindruck macht«, beschließt er seinen Brief. »Sollten wir *Schuld* haben, auch wenn wir unser Bestes versucht haben, dann lass es *uns* treffen. Das ist mein Gebet heute Abend!«

So weit brauchte es zum Glück nicht zu kommen – es tat sich eine andere Möglichkeit auf, weiteren Entgleisungen zu begegnen und die so versäumte elterliche Aufsicht wiederherzustellen. Im Frühjahr 1926 waren bei Josephine zwei gutartige Geschwülste in der Gebärmutter entdeckt worden, worauf sie sich in Dallas einer schweren Operation unterzog. Trotz einer monatelangen Reha und der Betreuung durch eine private Krankenpflegerin blieb ihre Gesundheit schwach. Da der heiße Süden nicht eben lockte, kam die Idee auf, dass sich Josephine für eine Weile in Princeton eine Bleibe suchen sollte, näher bei ihren Kindern und besser in der Lage, ihnen die Führung zu geben, die sie brauchten.

Die Aussicht darauf war für Willem eine enorme Erleichterung. »Es gibt Dir, Liebste, die Sorge für die Kinder zurück, die wir in der Vergangenheit vielleicht zu sehr unserem hoffnungslosen Trachten geopfert haben, öfter zusammen sein zu können«, schrieb er in seiner Reaktion. »Für unsere Kinder zu leben bleibt doch der Hauptzweck unserer Ehe, auch wenn dies unter normalen Umständen gemeinsam zu geschehen hat.«

Josephine suchte sich, dem Plan folgend, für einige Zeit eine Bleibe in Princeton. Von der Pension aus, in die sie Einzug hielt, hatte sie freien Blick auf das Zimmer ihres ältesten Sohnes, der Ende 1926 aus Europa zurückgekehrt war, um sein Studium abzuschließen. Arthur arbeitete in New York, und Gisèle verließ 1927 Saint Louis, um an die Ostküste nach Noroton, nördlich von New York, zu ziehen und das dortige Sacred-Heart-Internat zu besuchen. So wurde alles ein wenig übersichtlicher, und die Entfernungen, die die Familienmitglieder voneinander trennten, ließen sich etwas besser bereisen, als es lange Zeit über der Fall gewesen war. Willems Einsatzgebiet verlagerte sich ebenfalls zum Teil in nördliche Richtung. Nachdem Marland die Hälfte der neu gegründeten Hudson's Bay Oil and Gas Company in Kanada übernommen hatte, bekam er ein Tätigkeitsfeld dazu: 1927 wurde er zum Direktor des kanadischen Unternehmens ernannt.

Die neu gewonnene Nähe trug tatsächlich dazu bei, dass die familiären Kontakte etwas regelmäßiger wurden. Die Jungen sahen ihre Mutter öfter, und Gisèle konnte ihre Brüder auch schon mal während des Schuljahrs treffen. Arthur kam nach Noroton, um der Schwester Esther Gilbert, seine zukünftige Frau, vorzustellen. Und im Herbst 1927, nachdem Ides sein Studium beendet hatte, verbrachten die Brüder und ihre Schwester ein paar gemeinsame Tage in New York, wo auch Ides inzwischen arbeitete. »Bring Deine Angelegenheiten und Dich selbst in Form«, schrieb er ihr zur Vorbereitung auf den Besuch, »damit wir mit Dir ›angeben‹ können.« Die kleine Schwester wurde groß.

Eine sehr viel einschneidendere Veränderung ergab sich kurz danach. Anfang des Jahres 1928 geriet Marland Oil wegen einer zeitweiligen Krise in der Ölindustrie in Schwierigkeiten. Die Bank griff ein und übernahm das Ruder; Willem wurde von einem Tag auf den anderen freigestellt. Diese unerwartete Entwicklung brachte Bewegung in eine Reihe von Dingen, denn das Ende des Vertrags mit Marland eröffnete plötzlich die Perspektive, Amerika den Rücken zu kehren. Die Zeit dafür war offenbar reif, denn innerhalb kürzester Zeit war die Entscheidung gefallen.

In einem Brief an seine beiden Söhne listete Willem die Argumente für den baldigen Abschied auf. Finanziell konnte er sich einen Wegzug leisten, denn dank seiner gut bezahlten Stellen war es ihm gelungen, ein kleines Kapital aufzubauen, das er vor allem in Öl angelegt hatte. Die Rendite darauf bot ihm ein gesichertes Einkommen, das selbst ohne zusätzliche Einkünfte ausreichen würde, um davon gut leben zu können, zumindest in den Niederlanden, wo das Leben billiger war als in den Vereinigten Staaten. Außerdem konnte er dort vielleicht wieder bei der Koninklijke anfangen oder ansonsten eine, vorzugsweise wissenschaftliche, Anstellung finden.

Hinzu kam, dass es, was die Kinder betraf, ein guter Zeitpunkt war, um das Land zu verlassen. Walter hatte seine Bestimmung gefunden, Ides und Arthur standen in Bezug auf ihre Karrieren in den Startblöcken. Ides war als Architekt bei der Firma Delano & Aldrich in New York untergekommen, Arthur stand am Anfang einer geschäftlichen Karriere und arbeitete in einer Maschinenfabrik. Gisèle, mittlerweile fünfzehn, sollte mit zurückkommen. Auch für sie sei es höchste Zeit für eine Veränderung, glaubte ihr Vater. Er kannte ihre Abneigung gegen die Klosterschulen, wo man sie untergebracht hatte, doch in den USA gab es dazu keine Alternative. Angesichts der Tätigkeit Willems war es für sie unmöglich, zu Hause zu wohnen, und eine nichtkatholische Schule für ein Mädchen ihres Alters war für ihre Eltern indiskutabel.

Gisèle selbst wurde in diese Entscheidung nicht einbezogen, sondern per Telegramm darüber informiert, dass der Wegzug aus den Vereinigten Staaten bevorstehe. Sie wird darüber nicht traurig gewesen sein. Anfang Februar verabschiedete sie sich von den Nonnen und ihren Klassenkameradinnen in Noroton, um sich ihren Eltern in New York anzuschließen. Am Abend vor der Abreise verabschiedete man sich von Ides, Arthur und Esther, die so zum Schluss doch noch die Bekanntschaft ihrer zukünftigen Schwiegereltern machte. Am 11. Februar 1928 gingen Willem, Josephine und Gisèle an Bord der Volendam, und das Schiff verließ den Hafen von New York in Richtung Europa.

KAPITEL 3

Auf der Suche nach einer Bestimmung

Die frühe Jugend Gisèles war eine mit wenig Sicherheiten: keine feste Sprache, kein festes Heimatland, kein fester Wohnort und noch nicht einmal ein fester Name. Sie hatte immer nur abzuwarten, wann sie ihre Eltern und Brüder wieder zu sehen bekam und wo und wie man die unregelmäßigen Ferien verbringen würde. Obwohl ein solches Muster für die Kreise, in denen sie aufwuchs, nicht ungewöhnlich war, stellte es einen bestimmenden Faktor in ihrem individuellen Lebenslauf dar, der sie als Person prägte. Die einsamen Internatsjahre und das Fehlen ihrer Eltern und Brüder weckten in ihr ein starkes, lebenslanges Bedürfnis danach, irgendwo dazuzugehören, das Verlangen nach einem festen Anker. Auch die vielen Umzüge, denen sie als Kind unterworfen worden war, hinterließen ihre Spuren. Sie versahen sie mit einem stark entwickelten Anpassungsvermögen. In den chamäleonhaften Eigenschaften der älteren Gisèle erkennen wir das Mädchen wieder, das sehen muss, wie es sich unter ständig wechselnden Umständen durchschlagen kann.

Nach Amerika erwartete sie nun wieder eine neue Umgebung und eine neue Sprache. Zunächst war Den Haag das Ziel, doch nach ihrer Ankunft zeigte sich schon bald, dass die Gespräche, die Willem über eine Rückkehr zur Koninklijke geführt hatte, auf nichts hinauslaufen würden. Damit war der Grund, sich in der Stadt niederzulassen, weggefallen. Irgendwo anders in den Niederlanden, wo das Leben weniger teuer war, wäre auch noch möglich, zum Beispiel in Brabant, aber eine Stadt wie Den Bosch hatte nicht den besten Ruf, wusste Willem, und dem wollte er seine Tochter lieber nicht aussetzen.

Bevor die Entscheidung fiel, fuhr man noch einmal zu Besuch nach Österreich, wo Heinz ihnen überraschend anbot, vorläufig auf

Schloss Hainfeld einzuziehen, das schließlich groß genug sei. Diese Lösung kam allen drei Familienmitgliedern gelegen. Für Willem bot Hainfeld die perfekte Umgebung, um sich nach fast vierzehn Jahren des permanenten Unterwegsseins endlich in aller Ruhe seiner wissenschaftlichen Arbeit widmen zu können. Er war aus Amerika mit einer Ladung unbearbeiteten Materials zurückgekehrt, das er ordnen, analysieren und in wissenschaftlichen Publikationen verarbeiten wollte.

Josephine zog nach all den Jahren im Ausland die Nähe ihrer Familie in Österreich einem unbekannten Ort in den Niederlanden vor, und auch Gisèle hatte eine deutliche Vorliebe für Hainfeld, das sie kannte und wo sie sich zu Hause fühlte. Mit den Niederlanden verband sie rein gar nichts, sie sprach die Sprache nicht, und bei Familienbesuchen hatte das Land einen öden Eindruck auf sie gemacht. Der einzige mit den Niederlanden assoziierte Begriff, der ihr etwas sagte, war »Herengracht«, ein Wort mit einem fast mystischen Klang. In Interviews mit der alten Gisèle fehlt nur selten die Anekdote, wie sie sich in Amerika als Kind eines Tages auf einen Stuhl gestellt und verkündet habe: »One day I will live on the Herengracht.« Das war der Ort, an dem alles begonnen hatte, an dem sich ihre Eltern kennengelernt hatten und ihr Bruder Arthur geboren worden war. Sie kannte die alten Möbel und die Gemälde aus dem großelterlichen Haus, die man nach Amerika verschifft hatte, um mit ihnen das Haus in Saint Louis einzurichten, und die inzwischen unterwegs nach Österreich waren.

Ein großer Vorteil Hainfelds bestand ferner darin, dass es sich gut bezahlen ließ. Das Leben in Österreich war verhältnismäßig günstig, und feste Wohnkosten gab es nicht. Als Gegenleistung für die ihnen angebotene Bleibe unterstützte Willem seinen Schwager allerdings bei der Unterhaltung des Besitzes. Er renovierte die Räume in einem der vier Ecktürme, in den sie einzogen, restaurierte alte Gemälde und half Heinz bei kleineren Arbeiten wie dem Anlegen eines Tennisplatzes für die Vergnügungen der neuen jungen Bewohnerin.

Das Arrangement gefiel zunächst, zumindest so sehr, dass Willem die ersten Stellenangebote aus den Niederlanden ausschlug. Er zögerte nur, als man im Herbst 1928 wegen einer Professur in einem gerade in der Gründung befindlichen Studiengang Geologie in Amsterdam auf ihn zukam. Die Idee sprach ihn an, aber nachdem er sich mit seiner Frau beraten hatte, beschloss er doch, davon abzusehen. Das Professorengehalt von zwölftausend Gulden im Jahr fand er zu niedrig, um davon in einer so teuren Stadt wie Amsterdam annehmbar leben zu können. Er sah es schon vor sich: eine Wohnung im Obergeschoss mit den Essensgerüchen der Nachbarn im Treppenhaus. Diese Aussicht behagte ihm gar nicht. In den Niederlanden, wo man sich derart um »Vornehmheit« sorgte, ließ sich aus seiner Sicht nur schwer auf bescheidenem Fuße leben, ohne einen Statusverlust hinnehmen zu müssen, während in Österreich jedermann verarmt war und man nicht schief angesehen wurde, wenn man sich nach der Decke strecken musste.

Auch Gisèle spielte in dieser Abwägung eine Rolle. Da die Niederlande für sie in keiner Weise attraktiv waren, würde sie sich dort wahrscheinlich unglücklich fühlen, und das erhöhte die Gefahr, dass sie die Gesellschaft älterer Mädchen außerhalb ihrer Schicht und ihres Glaubens suchen würde – oder die von falschen Männern. Dem sollte man besser vorbeugen.

Ja, man wachte ängstlich über sie. Nachdem man jahrelang nur wenig in physischer Nähe zueinander verkehrt hatte, waren Eltern und Tochter nun wieder vereint, und das bedeutete nach all der Zeit auch eine Art erneuerte Bekanntschaft. Die Briefe Willems an seine in den USA zurückgebliebenen Söhne lassen erkennen, dass er bestimmt nicht in allen Punkten mit der charakterlichen Entwicklung Gisèles zufrieden war. So vernarrt er auch in seine einzige Tochter sein mochte, war er doch der Meinung, dass das unstete Leben in Amerika ihr nicht gutgetan habe. Gisèle sei unausgeglichen und empfänglich für Versuchungen. Wenn sie sich Mühe gebe, sei sie nett und fröhlich, doch auf der anderen Seite falle sie häufig ihren eigenen Launen und Schrullen zum Opfer, die ihre Mutter bis an den Rand des Nervenzusammenbruchs treiben könnten. Es gebe noch eine ganze Menge an ihr zu feilen, fanden ihre Eltern. Für ein so wenig ausgeglichenes Mädchen, wie es Gisèle in ihren Augen war, ließen sich die Gefahren der Außenwelt kaum ermessen. In Hainfeld sei sie sicher, dort liege einzig die Langeweile auf der Lauer – so schien es zumindest.

Hainfeld revisited

Eine der Folgen ihres Wegzugs aus Amerika bestand darin, dass Gisèles schulische Karriere Anfang 1928 ein Ende fand. Das war gelinde gesagt früh, noch vor ihrem sechzehnten Geburtstag, wobei das Schuljahr 1921/22 auch bereits wegen ihres früheren Aufenthalts in Österreich ausgefallen war. Wenngleich Gisèle selbst zum damaligen Zeitpunkt froh war, von den Internaten erlöst zu sein, machte sich der Mangel an Ausbildung später in ihrem Leben durchaus bemerkbar. Sie war leicht durch die Bildung und Gelehrsamkeit von anderen zu beeindrucken.

Ebenso wie beim letzten Mal war Gisèle auch jetzt auf die Gesellschaft angewiesen, die sie in Hainfeld und Umgebung vorfand. Von den alten Bewohnern lebten Tante Fini und Tante Helene noch. Neu hinzugekommen war Tante Paula, die jüngste Schwester von Josephine und Heinz. Sie hatte einige Zeit in Ungarn gelebt und war nun vorübergehend nach Hainfeld zurückgekehrt. Und es gab einen zweiten Neuankömmling: Cleo, die zukünftige Frau des Schlossherrn Heinz. Noch bevor sie geheiratet hatten, wohnte sie bereits auf Hainfeld.

Es war eine merkwürdige Geschichte. Clothilde (Cleo) Freiin Seßler von Herzinger war schon einmal verheiratet gewesen, doch die Ehe hatte in einem Drama geendet. Gerüchteweise hieß es, dass Cleo bereits in der Hochzeitsnacht das Weite gesucht habe. Bald darauf stellte sich jedoch heraus, dass sie schwanger war: Ihr Sohn Rüdiger wurde neun Monate nach dem Vollzug der Ehe geboren. Die Tatsache, dass Cleo ihrem Mann davongelaufen war, stellte für die Familie Seßler ein Riesenproblem dar. So kam der gute Heinz für sie als ein Geschenk des Himmels. Bereits vor der Annullierung ihrer Ehe war Cleo mit ihrem inzwischen dreijährigen Sohn Ende 1927 auf Hainfeld eingezogen. Rüdiger, der den Rufnamen Tito bekam, war sogar schon offiziell von Heinz adoptiert worden und trug inzwischen den Namen Hammer-Purgstall.

Gisèles Eltern hatten sich allerdings die Frage gestellt, ob sie eigentlich, mit Blick auf ihre Tochter, mit einem unverheirateten Paar unter einem Dach zusammenwohnen konnten, doch nach einigem Hin und Her beschlossen sie, dass man noch einmal Fünfe gerade sein lassen könne. Heinz und Cleo verhielten sich ganz und gar schicklich, so wie es sich für sie als unverheiratetes Paar gehörte, und Cleo selbst hatte Anklang bei den van der Grachts gefunden. Sie war zweiundzwanzig Jahre alt und damit sieben Jahre älter als Gisèle, und sie hatte ein Talent zum Zeichnen. Auf diesem Gebiet fanden sich die beiden, denn auch Gisèle hatte eine diesbezügliche Begabung und den Wunsch, sie weiterzuentwickeln.

Schon gleich im Frühjahr 1928 begannen Cleo und Gisèle gemeinsam einen schriftlichen Zeichenkurs, den »Cours ABC de Dessin«, bei dem die Kursteilnehmer Aufträge ausführen und die Ergebnisse nach Paris schicken mussten, um sie nach einiger Zeit mit Kommentar zurückzuerhalten. Willem, selbst sehr geschickt im Umgang mit Bleistift und Pinsel, begleitete die ersten Schritte seiner Tochter auf den Pfaden der Kunst. Bei der ersten Zeichnung aus dieser Zeit, zugleich die älteste, die erhalten geblieben ist, handelt es sich um eine kleine Federzeichnung, die ein Zimmer mit Himmelbett zeigt: das Schlafzimmer ihrer Mutter auf Hainfeld. Die Arbeit war signiert mit »Gisy 1928«.

Heinz restaurierte und modernisierte derweil seinen Besitz und ordnete das umfangreiche Familien- und Schlossarchiv. Daneben war er, und zwar zunehmend, musikalisch aktiv. Er komponierte Lieder, Walzer und Salonmusik und träumte davon, selbst eine Operette zu schreiben. In späteren Jahren, als er sich noch mehr Zeit für die Musik nahm, sollte es sogar tatsächlich dazu kommen. Trotz des Klavierspiels, das er in den Abendstunden zu Gehör zu bringen pflegte, ging es während Gisèles zweitem Hainfeld-Aufenthalt auf dem Schloss jedoch nicht allzu fröhlich zu. Das hatte verschiedene Ursachen. So ließ zunächst einmal die Gesundheit ihrer Mutter ziemlich zu wünschen übrig. Die schweren Jahre in den Vereinigten Staaten hatten sie viel Kraft gekostet. Man hegte die Hoffnung, dass ihr die Ruhe in einer vertrauten Umgebung guttun würde. Doch dem war nicht so: Sie war nervös und schnell aus der Fassung zu bringen, konnte endlos über Kleinigkeiten grübeln und war die meiste Zeit über niedergeschlagen. Josephine war weder die Erste noch die Letzte in ihrer Familie, die unter Depressionen litt. Die beiden Arthurs, ihr Vater und ihr Sohn, zählten ebenso wie Paula in späteren Jahren zu den Opfern dieser Krankheit.

Der guten Stimmung ebenfalls nicht eben förderlich war es, dass sich Cleos Situation in raschem Tempo verschlechterte. Im November 1928 wurde ihre Ehe für nichtig erklärt, und es sah danach aus, dass sie sich bald erneut mit Heinz würde vermählen können. Man wollte die Hochzeit mit dem größtmöglichen kirchlichen Pomp stattfinden lassen, um auf diese Weise in die Welt hinauszuposaunen, dass alles, aber auch wirklich alles, in bester Ordnung wäre. Doch auf die erste gute Nachricht folgte eine Serie von Enttäuschungen. Zuerst stellte sich heraus, dass Cleo nicht noch einmal heiraten konnte, weil eine Ehe zwischen Katholiken nach österreichischem Zivilrecht grundsätzlich unauflöslich war, es sei denn, sie würde durch den Tod geschieden. Die kirchliche Annullierung war also nach österreichischer Gesetzeslage ungültig. Um eine katholische Hochzeit dennoch aufzulösen, benötigte man einen speziellen Dispens, und der war nicht so einfach zu bekommen.

Als dies nach einer persönlichen Unterredung von Heinz und Cleo mit dem österreichischen Vizekanzler doch noch gelang und der Hochzeitstermin festgesetzt worden war, tat sich das nächste Hindernis auf. Die Kirche widerrief plötzlich ihr früheres Urteil, in dem die Ehe für ungültig erklärt worden war. Die Gründe dafür ließen sich nur erahnen. Bestimmte Fakten würden in Zweifel gezogen, und gewisse Zeugen müssten erneut gehört werden. Deutlicher wurde man nicht. Damit geriet auch die Möglichkeit einer standesamtlichen Hochzeit in Gefahr, da der Dispens nur auf der Grundlage der kirchlichen Annullierung der Ehe gewährt worden war.

Die Angelegenheit zog sich über Monate hin, stellte eine große nervliche Belastung für alle dar, gefährdete den Ruf der Familie und war überhaupt nicht gut für die schwachen Nerven Josephines. Sie machte sich extreme Sorgen um die gesellschaftlichen Folgen der schwierigen Situation, zu der Heinz es hatte kommen lassen, als er Cleo auf Hainfeld wohnen ließ und Tito adoptierte. Denn seither machte die katholische Aristokratie aus der Umgebung einen weiten Bogen um Hainfeld. Es wurde über die Situation getratscht, und niemand ließ sich mehr blicken. Cleos Familie drängte stark auf eine baldige standesamtliche Heirat, um dann zu schauen, ob anschließend noch eine kirchliche Trauung stattfinden könnte. Willem war entschieden dagegen: Einem Katholiken gelte die kirchliche Trauung als der eigentliche Vollzug der Ehe. Auch er machte sich große Sorgen, denn im Fall eines Konkubinats, und das war es, solange man nur standesamtlich getraut war, würden sie nicht bleiben können. Man würde Hainfeld meiden wie die Pest, und Gisèle könnte sich mit niemandem aus ihrer Schicht mehr treffen. Wo sollten sie dann um Himmels willen hin?

Ganz so schlimm sollte es dann schließlich doch nicht kommen. Am 17. November 1929 traten Heinz und Cleo in Budapest in den Stand der Ehe, in aller Stille und vor dem Gesetz, denn ein Urteil von kirchlicher Seite lag noch immer nicht vor. Um sich zu informieren, welche Konsequenzen daraus zu ziehen seien, begab Willem sich in die Benediktinerabtei im steiermärkischen Seckau. Der dortige Abt fand beruhigende Worte: Man sei nicht verpflichtet, Hainfeld zu verlassen, und Besuch könne normal empfangen werden. Nicht-Katholiken sage die ganze Angelegenheit ohnehin nichts, aber die Katholiken seien über die Situation zu informieren. Für Glaubensbrüder und -schwestern, die lieber nicht auf Hainfeld erscheinen möchten, müsse man selbstverständlich Verständnis aufbringen.

So fand der drohende Familienskandal ein glimpfliches Ende. Zu einem kirchlichen Segen der Ehe zwischen Heinz und Cleo ist es nicht mehr gekommen. Einmal verheiratet, wahrten sie gesittete Distanz zueinander und blieben in ihrem jeweiligen Gebäudetrakt wohnen – zu ihrer beider Zufriedenheit, wie es scheint: Cleo ertrug ihr Leben lang keine Berührungen, und über Heinz ging das Gerücht, dass er kein Interesse an Frauen habe. Die beiden fanden sich in ihrer gemeinsamen Liebe zu Hainfeld und seiner ruhmreichen Vergangenheit: Bis ans Ende ihres Lebens waren sie damit beschäftigt, das kulturelle Erbe, das im Schloss lagerte, zu erhalten.

Josephines Befürchtung, dass es für Gisèle auf Hainfeld zu wenig zu tun gäbe, war nicht ganz unbegründet. Sicher, der kleine Tito war ein bezaubernder Knirps, die Bibliothek barg noch immer Schätze, und es gab Ablenkungen, wie etwa den Besuch Esther Gilberts im Frühjahr 1929. Sie kam aus den USA herüber, um nähere Bekanntschaft mit den künftigen Schwiegereltern und der Schwägerin zu machen.

Auch über der geplanten Hochzeit von ihr und Arthur hingen einige Wolken. Esther war nicht katholisch, sondern von Haus aus Presbyterianerin, und Mischehen wurden von der katholischen Kanzel herab fast jede Woche verteufelt. Bevor ihre zukünftigen Schwiegereltern den Plänen zustimmten, wollten sie zunächst einmal sondieren, wie ernst Esther solche Glaubensangelegenheiten nahm; außerdem musste sie damit einverstanden sein, dass eventuelle Kinder von ihr und Arthur eine katholische Erziehung bekommen würden. Das verlief alles positiv, im Januar 1930 sollte die Ehe in den USA geschlossen werden.

Insgesamt gab es nicht viel Ablenkung für die ruhelose, nach Spannung suchende Heranwachsende, zu der Gisèle inzwischen herangereift war. Sie zeigte sich rebellisch, und vor allem zwischen ihr und ihrer Mutter knallte es regelmäßig. Aufgrund der ständigen Beaufsichtigung durch ihre Eltern sah sie sich ihren fortwährenden Ermahnungen und hohen Erwartungen ausgesetzt. Dauernd wurde etwas von ihr verlangt. Waren es früher eine saubere Handschrift, tadellose Manieren oder gute Schulnoten gewesen, ging es nun, da sie älter war, um Verantwortung und Pflichtbewusstsein, eine seriöse Einstellung zum Leben und gesellschaftliches Engagement. Das forderten Willem und Josephine von all ihren Kindern. Vor allem Willem war in dieser Hinsicht sehr deutlich: Allem Komfort und allen Privilegien, die ihre Herkunft mit sich brächte, stehe die Pflicht gegenüber, die Fähigkeiten und Talente, die man mit auf den Weg bekommen habe, zu entwickeln und sich gesellschaftlich nützlich zu machen.

In einem langen Brief, den Willem seiner Tochter zu ihrem siebzehnten Geburtstag schrieb, fasste er dies noch einmal ausdrücklich in Worte.

> Ich habe meinen Söhnen immer gepredigt, dass die Familie und die Erziehung, und auch materielle Annehmlichkeiten, kein Vorzug, sondern eine *Verpflichtung* sind. Es ist die *einzige* Entschuldigung für die Unterschiede in der sozialen Stellung in dieser Welt, dass Intellekt, Erziehung und finanzielle Mittel es denen, denen sie gegeben sind, ermöglichen, sie aber auch dazu *verpflichten*, Gutes mit ihnen zu tun.

Das gelte für Frauen ebenso sehr wie für Männer, auch wenn sich natürlich die Sphären, in denen sich beide Geschlechter nützlich machen könnten, voneinander unterschieden. Was er jedoch bei seiner Tochter sehe, stimme damit bei Weitem nicht immer überein. Sie arbeite nicht richtig mit, um ihre Talente zu entwickeln und ihrem Familiennamen Ehre zu machen. Nun, da sie siebzehn sei, werde es Zeit, dass sie ihre Verpflichtungen ernst nehme, anfange zu lesen – keine simple Unterhaltungsliteratur, sondern die ernsthafteren Werke –, dass sie Interesse für die Welt entwickele, regelmäßig Zeitungen und Zeitschriften lese. »Eine begabte Frau von Stand hat die Verpflichtung, eine andere Rolle in dieser modernen Welt zu spielen als nur zu versuchen, persönlich zufrieden zu sein und eine ›schöne Zeit‹ zu haben.«

Auch ihrer Mutter gegenüber lasse ihr Verhalten zu wünschen übrig. Josephines Gesundheit und ihre Freude am Leben hänge in hohem Maße von ihr ab, schrieb Willem. Das schaffe Verpflichtungen, denen sie als Tochter nicht genügend nachkomme. »Leg die unausgeglichenen Launen eines unreifen Kindes ab«, empfahl er ihr dringend. Das bösartige kleine Wesen, das in ihr hause, müsse sie zu kontrollieren lernen, ihre gefährlichen Launen beherrschen. Mit Gottes Hilfe werde das sicher gelingen.

Es war eine anspruchsvolle, fordernde Liebe, mit der Gisèle als Kind umgeben wurde: keine Forderungen der stillschweigenden Art, keine unausgesprochenen Erwartungen – nein, was man von ihr erwartete, wurde explizit formuliert und in entscheidenden Momenten von ihrem Vater noch einmal in Briefen festgehalten und in Worte gefasst. So machte er es bei all seinen Kindern, doch bei ihr blieben Gisèles Eltern mehr noch als bei den Jungen am Ball. Sicherlich hatte es damit zu tun, dass sie ein Mädchen war – und auch noch das einzige. Die Ehre und der Ruf einer jungen Frau verlangten eine noch peniblere Überwachung als die eines jungen Mannes. Was aber sicherlich noch hinzukam, war die Tatsache, dass die Eltern bei Gisèle auf etwas stießen, woran es ihren Brüdern ermangelte: einen widerspenstigen Kern, den nicht einmal der jahrelange Unterricht bei den Nonnen in den Griff bekommen hatte und an dem auch ihre eigenen unablässigen Bemühungen abprallten. Sie trug etwas in sich, das sie nicht unter Kontrolle bekamen.

Gefährliche Liebschaft

Einen wichtigen Lichtblick gab es jedoch in diesen dunklen Tagen auf Hainfeld: die Anwesenheit Erwins, des Cousins ihrer Mutter, der auch bereits Gisèles vorangegangenen Aufenthalt auf Hainfeld versüßt hatte. Unter den aktuellen Umständen war er ein höchst willkommener Gast: »Wenn er da war, war ich hocherfreut, wenn er weg war, wurde Hainfeld traurig und still wie ein Grab«, blickte Gisèle ein paar Jahre später in ihrem Tagebuch auf diese Zeit zurück.

Onkel Stumpferl war auch nun wieder Gisèles wichtigster Gefährte. Ganze Tage verbrachten sie zusammen, liefen Ski oder gingen auf die Jagd: Rehböcke im Frühling, Treibjagden im Herbst, Wildenten und -gänse im Winter, dazwischen Hasen und Fasane. Erwin war ein leidenschaftlicher Jäger, aber ob Gisèle die Jagd gleichermaßen genoss, ist die Frage. Der Unfall und der Tod Walters standen ihr zweifellos noch vor Augen, hielten sie jedoch letztendlich nicht davon ab, mit Erwin auf die Pirsch zu gehen. Ihre größte und ungewöhnlichste Beute machten sie im strengen Winter des Jahres 1929. Erwin glaubte, eine Wildgans geschossen zu haben, doch das getroffene Tier erwies sich als eine Großtrappe: ein Riesenvieh von einem Vogel, eine der schwersten fliegenden Arten und äußerst selten in der Gegend. Vom Hunger getrieben hatte es sie wahrscheinlich in die Steiermark verschlagen. Das Tier wurde als Trophäe mit nach Hause genommen und von Erwin ausgestopft.

Das Abenteuer mit der Großtrappe fand eine Fortsetzung, die die bereits bestehende Intimität zwischen den beiden noch verstärkte. Schon ausgestopft wurde der hübsche Vogel von Erwin mit den Füßen nach oben aufgehängt und gemalt, dabei angespornt und unterstützt von Gisèle, so wie vorher bei dem Sandrart. Das Projekt nahm Monate in Anspruch und sollte in ein Bildnis münden, das an die Vogelporträts des Malers Melchior d'Hondecoeter aus dem siebzehnten Jahrhundert erinnert.

Es war tatsächlich so wie beim letzten Mal, allerdings mit einem wichtigen Unterschied: In dieser zweiten Phase des Zusammenseins war Gisèle kein kleines Mädchen mehr. Sie war jetzt sechzehn beziehungsweise siebzehn Jahre alt, Erwin ging auf die fünfzig zu. Es gab einen Moment, an dem die Vertraulichkeit zwischen den beiden in Erotik umschlug und die gegenseitige Zuneigung in sexuelle Erregung. Wer schließlich wen verführte, lässt sich nicht mit Sicherheit sagen, aber ihre ersten sexuellen Erfahrungen machte Gisèle mit Erwin.

Es war eine Art Affäre, die durch die familiären Bande, den Altersunterschied und das Verbotene daran ambivalente Gefühle wachgerufen haben muss, doch die Spannung siegte über das Unbehagen, das Zögern und vielleicht auch den Widerwillen. Bei den wenigen Malen, an denen Gisèle später über diese Ereignisse sprach, betonte sie stets, dass sich das Ganze nicht gegen ihren Willen zugetragen habe. Das, was darauf folgte, deutet ebenfalls darauf hin. Dennoch ist es in ihrem Fall riskant, ihre Aussage unbesehen zu übernehmen: Sie verfügte über eine ausgeprägte Fähigkeit, schlimme Erfahrungen oder unangenehme Dinge, die ihr widerfuhren, im Nachhinein so darzustellen, als wäre alles genau so abgelaufen, wie sie es gewollt habe. Es ist sicherlich nicht auszuschließen, dass sie das auch in diesem Fall tat. Gleichzeitig ist aber auch klar, dass eine Rekonstruktion, bei der Gisèle das willenlose Opfer eines älteren, übergriffigen Onkels ist, dem, was vorgefallen ist, ebenfalls nicht gerecht wird. Ihre eigene Rolle in der Geschichte war doppeldeutig, etwas, dem wir in Bezug auf heikle oder schmerzhafte Episoden in ihrer Biographie öfter begegnen werden. Die Frage, ob Gisèle dabei die Regie führte oder das Opfer war, lässt sich an verschiedenen Punkten in ihrem Leben, von denen dieser hier einer ist, nicht eindeutig beantworten. »Beides«, scheint in solchen Fällen noch die beste Antwort zu sein.

Jedenfalls zeigte sie in der Erwin-Geschichte eine Seite von sich, die sie als die wohlerzogene Tochter ihrer Eltern und ehemalige Schülerin des Sacred Heart absolut nicht hätte haben sollen, die sie aber trotzdem hatte und die sie auch behalten würde: eine frivole, sinnliche, flirtende Seite – bis hin zum Skandalösen – neben der pflichttreuen, verantwortungsbewussten und glaubensstarken, die es ebenfalls gab. Diese beiden Seelen wohnten auf immer in ihrer Brust.

Erwins erhalten gebliebene Briefe lassen wenig Zweifel darüber bestehen, dass sich zwischen den beiden eine unerlaubte Beziehung entwickelt hatte. Doch der genaue Ablauf ist in Nebel gehüllt:

Es passierte, es wurde entweder entdeckt oder vermutet, es wurden Maßnahmen ergriffen, und es wurde nie mehr darüber gesprochen – so lautet die kurze Zusammenfassung. Ganz nach adliger Tradition im Umgang mit Familienskandalen wurde auch dieser potentielle Skandal adäquat im Keim erstickt, doch hinter dieser kühlen Abwicklung muss ein Sturm der Emotionen durch die Räume des Schlosses Hainfeld gefegt sein. Viele Jahre danach erzählte Gisèle einer späteren Vertrauten, die sie zur Mitwisserin ihrer sexuellen Initiation durch Onkel Stumpferl machte, dass ihre Mutter eines Tages ihr Tagebuch gefunden habe, in dem das Ganze beschrieben worden sei. Die Entdeckung habe zu einer enormen Betroffenheit geführt, woraufhin ein zu Rate gezogener Arzt empfohlen habe, die aus der Spur geratene Tochter, da sie schließlich den Ehrgeiz zeige, Künstlerin zu werden, nach Paris zu schicken.

So könnte es gewesen sein. Anfang 1930 war ihren Eltern jedenfalls klar, dass Gisèle den dunklen Versuchungen Hainfelds Adieu sagen musste. Der unmittelbare Druck der Umstände fügte sich zu der bereits länger vorhandenen Erkenntnis, dass ihre Tochter etwas aus ihrem Leben machen müsste: etwas Seriöses, eine Ausbildung. Kurz tauchte noch die Option eines neuen Klosterinternats auf, hier wurde das strenge Trinità dei Monti in Rom genannt, doch die Gefahr konnte rechtzeitig abgewendet werden. Gisèle hat zweifellos Himmel und Hölle in Bewegung gesetzt, um einer Rückkehr nach Sacré Cœur vorzubeugen. Sie wollte Hainfeld überhaupt nicht verlassen, also endeten auch die Gespräche über eine künstlerische Ausbildung in Paris in heftigen Szenen.

Widerstand war jedoch zwecklos. Ende März reisten Mutter und Tochter gemeinsam zur Vorbereitung nach Paris. Das Verhältnis zwischen den beiden war angespannt, doch es verlief alles besser als erwartet, schrieb Josephine spürbar erleichtert nach Hause. »Sie findet allmählich gut aus der Krise, wie ich es einmal nennen möchte.« Was sicher mitgespielt haben wird, ist die Tatsache, dass es Gisèle in Paris gefiel. Anfangs hatte sie eine Vorliebe für München gehabt – wenn sie denn schon weg müsste –, doch als sie erst einmal in Paris war, änderte sie ihre Meinung. Über Bekannte ihrer Mutter wurde eine Bleibe organisiert und ein Lehrer gefunden, beide von der Mutter begutachtet und genehmigt.

Bevor die Ausbildungssaison begann, im Oktober, galt es noch ein paar Monate auf Hainfeld zu überbrücken. Glaubt man dem traditionell gehaltenen und sehr langen Brief, den ihr Vater schrieb, als ihr Abschied näher rückte, war das keine einfache Zeit. Gisèle war schlecht ansprechbar und nicht am elterlichen Rat interessiert, es gab also wieder eine ganze Menge zu ermahnen. Willem drängte entschieden darauf, dass sie ihre Einstellung verbessere, damit ihre letzten Wochen zu Hause friedlich verlaufen könnten: »Wenn man achtzehn wird, darf man mehr Urteilsvermögen, Wertschätzung realer Werte, von Gerechtigkeit und Pflicht, und weniger das Temperament eines verzogenen Kindes erwarten.«

Ob Erwin sich zu dieser Zeit noch oft sehen ließ, ist die Frage. Er arbeitete auf jeden Fall weiter an dem Gemälde, doch bevor es vollendet war, brach für Gisèle der Augenblick der Abreise an, nach zweieinhalb Jahren Hainfeld. »Ich glaube, es war besser so …«, notierte Gisèle einige Jahre später in ihr Tagebuch, in dem sie in blumigen Worten auf die Episode mit Erwin zurückblickte. Doch in dem Moment selbst fiel ihr die Trennung schwer. Beim Abschied in Graz war er ebenfalls dabei. Furchtbar, dass alles so steif und förmlich verlaufen musste, schrieb er ihr noch am selben Abend. Gewissermaßen als Trost hatte er unbemerkt eine Schleife aus ihrer Reisetasche genommen, die er nun als kleines Andenken bei sich trug.

Wirklich abgeschlossen war die Episode zum Zeitpunkt der Abreise Gisèles noch nicht: Es folgte eine intensive Korrespondenz, die nur einseitig bewahrt geblieben ist. Aber aus Erwins Briefen lässt sich schließen, dass auch Gisèle den Kontakt aufrechterhielt. Für ihn war es schwer zu begreifen, dass ihre Eltern sie allein in das aus seiner Sicht gefährliche Paris geschickt hatten, auch wenn er natürlich wusste, was dahintersteckte. »Ich habe das Sentiment, man wolle Dich dauernd von *mir* fernhalten«, schrieb er, und darum nehme man Paris mit all seinen Gefahren in Kauf. Er hoffe aber, dass Gisèle sich wirklich ernsthaft mit der Kunst beschäftigen werde, dann habe das alles wenigstens noch einen Sinn gehabt.

Während des Jahres blieb Erwin ein treuer Korrespondent. Er hielt Gisèle über seine Fortschritte mit der Großtrappe auf dem Laufenden, erzählte ihr die letzten Neuigkeiten und illustrierte seine Briefe mit hübschen Zeichnungen. Anfangs waren es viele blutende, von Pfeilen durchbohrte Herzen, doch im Laufe der Zeit lebte er sich vor allem an Zeichnungen aus seinem eigenen Lebensumfeld aus: Jäger in Knickerbockern in derben Bergsteigerschuhen mit Gewehren und gefiederten Hüten, den Ranzen und das geschossene Wild auf dem Rücken, abgelegene Jagdhütten, Gämsen und Hirsche. Das alles vor dem Hintergrund der winterlichen österreichischen Berglandschaft, was bei der Empfängerin zweifellos Erinnerungen an ihre gemeinsamen Tage im Schnee wachgerufen haben muss.

Erwins Briefe, unterschrieben mit »Dein Jagerpapi« oder »Dein alter Erwin«, haben vielfach einen besorgten, väterlichen Ton – mit gelegentlichen unerwartet feurigen Ausreißern: »Beim Malen werd ich immer *nur* an Dich denken«, heißt es dann etwa, oder: »Ich umschlinge Dich fest und heiß. Stets Dein Tiger oder Löwe – wie Du willst.« Erwin wachte sorgsam darüber, Gisèles Briefe vorher abzufangen beziehungsweise vor unerwünschten Lesern zu schützen. Er gibt ihr Adressen durch, an die sie ihm schreiben soll, oder erinnert sie an ihre Abmachung, Briefe nach Hause nur im verschlossenen Kuvert zu verschicken und die Adresse nicht in ihrer eigenen Handschrift zu schreiben. Andererseits mahnt er sie fortwährend, seine Briefe nach zweimaligem Lesen zu verbrennen – eine Bitte, der sie offensichtlich nicht nachgekommen ist.

Auf Hainfeld wurde es derweil wieder stiller. Nach Gisèle zog auch ihre unverheiratete Tante Paula aus. Von einem Erbe hatte sie das nahe gelegene Schloss Hantberg gekauft, ein düsteres und trübsinnig anmutendes Palais bei Johnsdorf, keine zehn Kilometer von Hainfeld entfernt. Nachdem das Gebäude aus dem ausgehenden neunzehnten Jahrhundert renoviert und modernisiert worden war, zog sie 1930 dort ein. Erwin gesellte sich im Herbst dazu und wohnte für den Rest seines Lebens als Offizier außer Dienst mit seiner Cousine Paula auf Hantberg.

Paris

Im Oktober war es dann endlich so weit: Paris. Wirbelndes, glamouröses, sorgloses Paris, das Zentrum der Kunst und der Kultur, die Stadt der Mode und der Eleganz. All diese Klischees schienen

Anfang der Dreißigerjahre zutreffender denn je. Die Wirtschaft florierte, die Weltwirtschaftskrise hatte auf Frankreich noch kaum Auswirkungen gehabt. Fotos aus jener Zeit rufen Neidgefühle denen gegenüber wach, die es mit eigenen Augen sehen durften: die breiten Boulevards, die hübschen Terrassen und die flanierenden Menschen, eine wunderbare Stadt, die noch nicht von der Seuche der heutigen Metropole zerfressen war, dem Autoverkehr. Die wenigen Automobile, die dort fuhren, steigerten sogar noch die Schönheit des Straßenbilds.

Gisèles neue Adresse, 12 Rue de Courcelles, befand sich am rechten Ufer der Seine im zentral gelegenen 8. Arrondissement. Die Place de la Concorde und der Arc de Triomphe waren fußläufig zu erreichen, die Champs-Élysées lagen fast um die Ecke. Sie wohnte im Haus der Schwestern Laure und Catherine Henrotte, die zu dem vor allem nach dem Ersten Weltkrieg angewachsenen Heer von Frauen aus besseren Kreisen gehörten, die, durch finanzielle Not getrieben, bei sich zu Hause zahlende Gäste aufnahmen. Es war eine Formel, die alle Beteiligten vor die unangenehme Aufgabe stellte, den Schein zu wahren, dass die gewährte Gastfreundschaft und die Freundlichkeit von Herzen kamen, obwohl beide Parteien wussten, dass es sich tatsächlich um eine bezahlte Dienstleistung handelte. War es also für die beiden Schwestern bittere Notwendigkeit, bedeutete es für Gisèle die Rettung – und eigentlich mehr noch für ihre Eltern, denn es wurde nicht nur für Kost und Logis bezahlt, sondern auch für das richtige Umfeld (katholisch) und die richtigen Kontakte und Empfehlungen in die richtigen Kreise. Insbesondere Mademoiselle Laure fungierte dabei als Verlängerung des elterlichen Arms. Sie überwachte die Anstandsregeln, roch auf große Entfernung, was sich gehörte und was nicht, und hielt Josephine brieflich über Gisèles Reputation und ihr Verhalten auf dem Laufenden. Ihre neue Freiheit war also beschränkt.

Auch finanziell gab es Grenzen. Die Dividende aus Willems US-amerikanischen Anlagen in Öl war seit dem dramatischen Kursverfall vom Oktober 1929 in den Keller gerauscht und ließ noch keinerlei Anzeichen von Erholung erkennen. Es wurde immer schwieriger, damit ein angenehmes Leben zu finanzieren, doch Willem hatte ausgerechnet, dass es reichte, um Gisèle damit acht Monate im Jahr, von Oktober bis einschließlich Mai, in Paris zu unterhalten – die übrigen vier Monate sollte sie dann zu Hause verbringen. Ihre Zuwendung in diesen acht Monaten betrug zweihundert Dollar im Monat, für den Aufenthalt bei den Henrottes, die Privatstunden, Materialien zum Zeichnen, Radieren und Malen sowie Taschengeld. Eine neue Garderobe war übrigens auch dringend notwendig. »Schwarz ist wirklich das, was man hier trägt«, schrieb Gisèle nach Hause, »und es steht mir furchtbar gut.«

Auf heutige Verhältnisse umgerechnet entsprachen zweihundert Dollar im Monat etwa einem Betrag von zweitausendfünfhundert Euro. Die Feststellung, dass dies keine Riesensumme war, relativiert sogleich den Begriff der »Armut« bei den van Waterschoots. Wenig Geld bedeutete für sie in erster Linie weniger Personal und dann: häufiger etwas flicken, etwas aus dem Besitz verkaufen und an den Ausgaben sparen. An den Ausgaben sparen bedeutete im Fall Gisèles, dass sie sich im ersten Winter in Paris keinen Skiurlaub leisten und Weihnachten nicht nach Hainfeld kommen konnte, so gern sie es auch gewollt hätte. Mit echter Armut hatte das alles nur wenig zu tun.

Aber dennoch, die Jahre um 1930 herum waren finanziell gesehen eine relativ schwere und sorgenvolle Zeit für Gisèles Eltern. Dass sich der erwünschte Lebensstandard durch die anhaltende Rezession nur noch so eben aufrechterhalten ließ, hielt man vor ihr nicht verborgen, im Gegenteil. Willem war allen drei Kindern gegenüber außerordentlich offen, was seine finanzielle Wirtschaftsführung betraf. Gisèle bekam dazu regelmäßig zu hören, dass ihre Eltern das Opfer ihres Aufenthalts in Paris gern brächten und sich liebend gern noch etwas mehr einschränken würden. Von dieser Mitteilung ging auch der nötige Druck auf Gisèle aus, denn dieses Opfer brachten sie natürlich nicht einfach so. Sie verlangten von ihr maximalen Einsatz und maximale Leistung. »Das ist alles, was wir wollen«, schrieb ihr Willem, »dass Ihr Kinder, alle drei, *großen Erfolg* habt.«

Eine letzte Einschränkung schnitt Willem in einem Willkommensbrief an, den Gisèle bei ihrer Ankunft in Paris vorfand. Es ging um eine heikle Angelegenheit, nämlich den Umgang mit Nicht-Katholiken – und insbesondere mit nichtkatholischen Männern. Sei hier vorsichtig, ermahnte er sie. Auch wenn sie noch keine Heiratspläne habe, befinde sie sich doch im heiratsfähigen Alter und würde sicher auf männliches Interesse stoßen. Daher wiederhole er noch einmal, was sie schon öfter besprochen hätten.»Beginne Dein unabhängiges Leben mit der festen Überzeugung, dass ein katholisches Mädchen nur einen guten katholischen Mann heiraten sollte.« Damit werde viel Übel vermieden, denn konfessionelle Unterschiede führten in einer Ehe immer zu Problemen. Sie müsse sich darüber im Klaren sein, dass ihre Mutter und er nur einem katholischen Heiratskandidaten ihre Zustimmung geben könnten.

Ihr Bruder Arthur sei ein Sonderfall gewesen. Für ihn hätten sie, wenn auch nach längerem Zögern und wegen des Ernstes, mit dem Esther auf die Glaubensfrage eingegangen sei, eine Ausnahme gemacht. Eine solche Einstellung ließe sich von einem nichtkatholischen Mann nicht so schnell erwarten. Hinzu komme, dass es für Arthur in Texas so gut wie unmöglich gewesen sei, in seinem sozialen Milieu eine katholische Frau zu finden. Eine derartige Beschränkung habe Gisèle nicht zu erwarten, also könne sie sich besser schon einmal darauf vorbereiten.»Triff die richtige Wahl und mache das Deiner Entourage klar, durch Deine ganze Haltung, und es wird Dir eine Menge Unglück ersparen.«

Auch wenn es noch nicht eilte – Gisèle war gerade einmal achtzehn Jahre alt –, gingen alle, und in erster Linie ihre Eltern, wie selbstverständlich davon aus, dass ihre letztliche Bestimmung in der Ehe lag. Aber nichts deutet darauf hin, dass Gisèle selbst anders darüber dachte. Bis dahin, und natürlich auch für den Fall, dass sie diese Bestimmung verfehlen sollte, konnte sie sich besser nützlich machen, sich bilden und einen Beruf erlernen. Im Nachhinein hat Gisèle die Jahre in Paris immer als eine Folge ihres brennenden Ehrgeizes dargestellt, Künstlerin werden zu wollen, doch zu dem Zeitpunkt selbst war ihr Einsatz sehr viel vager. Paris war auch ein Teil ihrer Ausbildung als Mädchen der Upperclass. Sie perfektionierte ihr Französisch, wurde in die gewünschten Kreise eingeführt, sammelte Wissen und Erfahrungen, die sie zu einer interessanten Gesprächspartnerin machen konnten. Wohin ihre Ausbildung einmal führen könnte, zu einem netten Hobby oder einem seriösen Beruf, war in dem Moment noch keineswegs klar.

Während des Paris-Besuchs von Gisèle und ihrer Mutter im Frühjahr war der Graveur und Illustrator Edouard Léon als Privatlehrer ausgewählt worden, eine Wahl, der Gisèle aus ganzem Herzen zugestimmt hatte. »Er ist überhaupt nicht dieser merkwürdige Künstlertyp mit langen Haaren und rotem Halstuch, sondern ein ziemlicher Gentleman«, schrieb sie ihrem daheim gebliebenen Vater zufrieden. »Eigentlich ein sehr netter Mensch.« Nicht ganz zufällig war Léon auch, was seinen künstlerischen Geschmack betraf, alles andere als verschroben. Von Avantgardismus und abstrakter Kunst hielt er ebenso wenig wie Gisèles Eltern, denen Malerei, wenn sie nicht figurativ und hochgradig realistisch war, nichts sagte. Gisèle war in dieser Hinsicht nicht nur von ihren Eltern beeinflusst worden, sondern auch von ihrem künstlerischen Mentor Erwin, der verächtlich auf jede Form des Modernismus herabsah. Obwohl er ansonsten nicht viel für die Nazis übrighatte, fand er es zu Zeiten des Dritten Reichs nicht bedauerlich, dass derartiger »Schwindel« und derartige »Schweinereien« verboten wurden.

Gisèles künstlerische Ausbildung begann mit dem Radier- und Gravurunterricht bei Léon, ein paar Mal die Woche bei ihm im Atelier in Montparnasse. Nach einigen kleinen Fingerübungen folgte schon recht bald ein Auftrag, der sie über längere Zeit in Anspruch nehmen sollte, nämlich aus einer Sammlung des Louvre ein Gemälde auszuwählen, ein Porträt oder Selbstporträt, und davon eine Radierung zu machen. Gisèle entschied sich für *L'Inspiration* des Malers Jean-Honoré Fragonard, ein Selbstporträt aus dem achtzehnten Jahrhundert, das den jungen Maler in dem Augenblick zeigt, in dem ihn die Inspiration überkommt. Sie arbeitete mehrere Monate daran, von Anfang an in der Absicht, mit diesem Werk 1931 zum Grand Salon zugelassen zu werden, der großen jährlichen Kunstausstellung im Grand Palais, wo jeder, der in der Kunstwelt etwas gelten wollte, gern präsent war. Es wurden Medaillen verliehen und Werke ausgezeichnet, und auch diese Chance stand ihr schon gleich vor Augen. Das war auch nicht so merkwürdig: Léon gehörte als Mitglied des Kunstvereins, der den Salon organisierte, zugleich der Jury für die Kategorie »Gravur« an. Er wird sie sicherlich auf diese Möglichkeit hingewiesen haben.

Als Ergänzung zu den Privatstunden fasste Gisèle schon bald den Plan, die École des Beaux-Arts zu besuchen, um dort »eine Art Diplom« zu bekommen, wie sie in einem Brief nach Hause schrieb – zum Erschrecken ihrer Mutter, die aus zuverlässigen Pariser Quellen vor der allzu bohemienhaften Atmosphäre, die an dieser Schule herrsche, stärkstens gewarnt worden war. Als Kompromiss schlug Josephine eine Art Anstandsdame vor, doch mit der Idee machte Gisèle kurzen Prozess, aus dem Alter sei sie nun wirklich heraus. Ihr Vorhaben war im Übrigen auch nicht gerade leicht in die Tat umzusetzen, denn bei der École des Beaux-Arts handelte es sich um eine Festung, die ein schweres und umfangreiches Zulassungsverfahren hatte. Es gab jedoch einen Weg, dort zumindest einen kleinen Zugang zu erzwingen, wie sie entdeckt hatte. Jeden Monat wurde ein Wettbewerb veranstaltet, bei dem die Teilnehmer eine große griechische Statue abzeichnen mussten. Die Zeichnungen wurden im Anschluss begutachtet, und diejenigen, deren Werk für gut genug befunden wurde, durften weiterhin kommen. Sie waren damit noch lange keine offiziellen Schülerinnen und Schüler der Schule, konnten aber eine wöchentliche Beurteilung des geschaffenen Werks bekommen.

Der Versuch misslang: Gisèles Zeichnung wurde nicht ausgewählt. Eine Katastrophe war dies nicht, denn es gab in Paris diverse Alternativen: Kunstakademien, die keine Zugangsbeschränkung hatten und die jeder, ob Amateur oder Profi, an jedem Tag besuchen konnte, um Modelle zu zeichnen, zu malen oder zu bildhauern. Freie Akademien wie die Académie Colarossi, die Académie Julian und die Académie de la Grande Chaumière waren einst aus Unzufriedenheit mit dem künstlerischen Konservatismus und dem Monopol der École des Beaux-Arts gegründet worden. Frauen wurden dort beispielsweise bis gegen Ende des neunzehnten Jahrhunderts nicht zugelassen; bei Colarossi und später bei Julian waren sie willkommen, sogar um mit männlichen Nacktmodellen zu arbeiten.

Auf der Liste ehemaliger Studentinnen und Studenten dieser alternativen Akademien prangen viele große Namen: Bonnard, Matisse, Modersohn-Becker oder Giacometti, um nur einige zu nennen. In den Dreißigerjahren waren diese Schulen noch unvermindert populär, und die Ausbildungen dort wurden unter anderem zur Vorbereitung auf die schwere Zulassungsprüfung zum prestigeträchtigen Bollwerk der École des Beaux-Arts genutzt. Wegen des freien Zugangs waren sie bei Ausländern beliebt, denn obwohl die aufregendsten Entwicklungen und die sensationellsten Erneuerungen in der bildenden Kunst inzwischen Vergangenheit waren, galt Paris noch immer als das Epizentrum der modernen Kunst. Die Stadt wirkte auf Künstler in spe wie ein Magnet.

Obwohl Gisèle ihre künstlerische Ausbildung in der zweiten Hälfte ihres Lebens schönte und in den späteren Lebensläufen immer wieder behauptete, dass sie in Paris an der École des Beaux-Arts ausgebildet worden sei, suchte sie nach ihrer enttäuschenden Ablehnung an diesem Institut in Wirklichkeit ihr Heil an der Académie Julian. Sie ging drei Vormittage in der Woche, manchmal sogar jeden Tag, zum Zeichnen dorthin. Ihr Vater, der es wichtig fand, dass sie diese unterbewertete Basisfertigkeit besser beherrsche, jubelte dem von Hainfeld aus zu. Gisèle führte ein anstrengendes Leben, über das sie in ihren Briefen nach Hause gewissenhaft Rechenschaft ablegte, sowohl über die Stunden, die sie auf die Vervollkommnung ihrer Radier- und Zeichenfertigkeiten verwandte, als auch über all ihre Ausgaben, so gering sie auch sein mochten. Sie arbeitete hart, ging jeden Tag zur Messe und empfing die Kommunion, und sie unterhielt nebenbei ein reges soziales Leben – gelegentlich bis hin zum Überdrehten.

Soziale Kontakte und persönliche Empfehlungen waren, wie gesagt, im Paket der Henriottes enthalten: Die Familie und die Bekannten der Schwestern bildeten auch Gisèles Umfeld. Eine der beiden Schwestern, Laure, gab Führungen in der Bibliothèque Nationale, also wurde Gisèle auch in diese Kreise eingeführt und schloss dort neue Freundschaften. Dabei handelte es sich nicht um die gefürchtete und von ihren Eltern verabscheute Boheme, sondern um angesehene Persönlichkeiten, solche von ihrer Sorte, mondän und respektabel: die Gräfin de Fontenailles, Suzanne Delvaux de Fenffe, Claire de la Sablonnière Rochecouste – allein schon die Namen deuteten ihren Hintergrund an. »Nice people«, wie ihre Eltern fanden.

Auf dem stillen Schloss Hainfeld schnurrten Willem und Josephine vor Stolz und Zufriedenheit. Ihre Tochter war, was das harte Arbeiten betraf, endlich auf den Geschmack gekommen und gab ihr Entree in den besten französischen Kreisen! Von Mademoiselle Laure und anderen Beobachtungsposten trafen positive Berichte ein. Gisèle war dabei, sich einen Namen zu machen. Man mochte sie, und sie wurde überall eingeladen.

Ihre Tochter wäre jedoch nicht ihre Tochter gewesen, wenn sie nicht schon gleich wieder aus der Reihe getanzt wäre. Ihre plötzlich entflammte Freundschaft zu einer bereits etwas älteren, geschiedenen Frau stellte Josephine nervlich gehörig auf die Probe, doch die Person verschwand schon bald wieder von der Bildfläche. Ein hartnäckigeres Problem stellte der junge Italiener dar, der im Herbst 1930 in den Kreisen Mademoiselle Laures auftauchte. Dario Simoni stammte laut den Informationen, die Gisèle dazu erteilte, aus einer prominenten Mailänder Bankiersfamilie. Er hatte eine ausgezeichnete Erziehung genossen, war kulturell bewandert, sprach mehrere Sprachen, aber bedauerlicherweise hatte die Wirtschaftskrise seine Familie hart getroffen. Ihre Bank war pleitegegangen, und sein Vater hatte Selbstmord begangen – vom gemachten Bett für Sohn Dario war nichts mehr übrig. Freunde hatten ihm nun zu einer Stelle in der Werbebranche verholfen, doch seine Aussichten waren unsicher. Alle fanden ihn nett, Gisèle eingeschlossen. Sie gingen hin und wieder gemeinsam aus, zum Tanzen oder ins Theater, und führten angeregte Diskussionen.

Auf Hainfeld begannen die Alarmglocken zu schrillen: eine Familie, die sozial abgestiegen war, unsichere Aussichten, ein Selbstmord in der Familie. Und dann war da noch dieser Name: Simoni, Simons, Simonis, Simonovitz, Simonsohn, Simonides ... Sei dieser neue und zweifellos interessante Mann in ihrem Umfeld vielleicht Jude, fragte Josephine interessiert nach. Das tue sie im Auftrag ihres Vaters, dem diese Assoziation beim Hören des Namens Simoni gekommen sei. Sie selbst könne zu diesem Thema angesichts des »little joke« in der eigenen Familie schlecht etwas sagen: einer der sechzehn Ururgroßeltern sei ein zum Katholizismus bekehrter Jude – ein kleiner Fleck auf ihrer Blutlinie, der ihr Recht auf Mitsprache einschränke, nun da Darios Hintergrund zur Sprache komme.

Willem hatte in dieser Beziehung keine Probleme, er konnte seine Sorgen also frei heraus äußern.

So wie viele Katholiken hatte Willem im Allgemeinen nicht viel für Juden übrig. Dafür gab es auch einen religiösen Grund: In der christlichen Tradition, in der er aufgewachsen war, wurden die Juden letztlich als die Mörder Christi betrachtet – als die »treulosen Juden«, für deren Bekehrung in der römisch-katholischen Kirche regelmäßig am Karfreitag gebetet wurde (»pro perfidis judaeis«). Außerdem war er sicherlich nicht immun gegen die in seinen Kreisen kursierenden Theorien über jüdische Verschwörungen und der vagen, aber weit verbreiteten Meinung zugetan, dass Juden in bestimmten Bereichen der Gesellschaft zu viel Einfluss hätten. Auch die dazugehörige »Differenzierung«, dass es natürlich Ausnahmen gebe, fehlte bei Willem nie: Er kenne persönlich einige geistig und sittlich hochstehende Juden, die er bewundere und mit denen er sogar befreundet sei. Also wollte er sich im Vorhinein auch nicht nachteilig über Dario Simonis Charakter äußern, doch dessen Nähe zu seiner Tochter machte ihn gehörig nervös. Einmal abgesehen von der Tatsache, dass bei gemischten Paaren in seinen Augen das Elend ohnehin vorprogrammiert sei, sei der Name Simoni keiner, der Türen öffne: »Ein Name ist wie ein Etikett und kann in der Gesellschaft eine Grenze ziehen«, ließ er wissen, und er sähe es wirklich nicht gern, wenn seine Tochter zu einem »society-struggler« werden würde, also zu jemandem, der sich in der Gesellschaft hochkämpfen muss.

Angesichts dieser Reaktion sollte man meinen, dass Gisèle Dario als ihren Zukünftigen vorgestellt und man bereits Heiratspläne geschmiedet hatte. Davon konnte jedoch keine Rede sein, der Name war in ihren Briefen höchstens ein- oder zweimal gefallen. Gleich das Risiko eindämmen, werden ihre Eltern gedacht haben. Ihre Intuition, dass er nicht bloß ein Durchreisender war, traf übrigens durchaus zu, doch ihr »Präventivschlag« hatte nicht den gewünschten Effekt. Vorläufig war Dario noch nicht außer Sichtweite.

Gisèle antwortete ziemlich kurz angebunden und mürrisch: Nein, Dario sei nicht im Entferntesten ein Jude. Bei Simoni handele es sich um einen vornehmen italienischen Namen, und sein Träger werde in Paris in den besten Familien empfangen. Außerdem spiele es für ihre Zwecke keine Rolle, ob er jüdisch sei oder nicht. Als Tanz- und Ausgehpartner mache er seine Sache ausgezeichnet.

Neue Freiheit

Jetzt, wo Gisèle allmählich ihre Flügel auszubreiten begann, stieß sie schon bald an die Grenzen ihrer Bewegungsfreiheit. Diese machten sich vor allem an ihrer Wohnsituation bemerkbar, die ihr mehr und mehr gegen den Strich ging. »Ich sehne mich nach Unabhängigkeit«, schrieb sie in einem offenherzigen Brief an ihre Eltern. Ständig von den zwei Schwestern erwartet zu werden, wenn sie abends nach Hause kam, immer freundlich sein zu müssen und dann noch eine Weile gemütlich plaudern – es sei unerträglich. Im Haus habe sie keinerlei Privatsphäre, sogar das Badezimmer würden die Schwestern unangekündigt betreten. Die bezahlte Freundschaft und die geschäftlich motivierte Herzlichkeit hingen ihr zum Hals heraus, und weitere persönliche Empfehlungen brauche sie nicht mehr. Noch ein Jahr bei den Henrottes könne sie sich absolut nicht vorstellen. Sie sei kein Kind mehr.

Die Alternative, die Gisèle vorschlug – in eine Mädchenpension zu ziehen –, war für ihre Eltern jedoch indiskutabel, wie sich aus dem Antwortbrief ergab. Der ganze Aufbau ihrer Reputation würde dadurch mit einem Schlag zunichte gemacht. So drohte es also doch noch auf ein zweites Jahr bei den Henrottes hinauszulaufen. Aber die Rettung für Gisèle kam von den Schwestern selbst. Sie gaben die Vermietung auf, wegen der steigenden Preise war der Verdienst zu niedrig geworden. Über Mademoiselle Laure wurde eine neue Adresse organisiert, so dass die erste Saison in Paris mit der Aussicht auf Veränderung abgeschlossen werden konnte.

Das war nicht das einzig Positive. Die Radierung nach Fragonard, an der Gisèle monatelang gearbeitet hatte, war im April fertig und wurde für den Salon angenommen. Mit dem Ergebnis konnte sie zufrieden sein: Das kopierte Selbstporträt hatte durch die Umsetzung in eine Radierung natürlich an Farbe eingebüßt, aber nicht an Kraft und Lebendigkeit. Léon hatte ihre Arbeit sehr gelobt. So konnte Gisèle nach der Vernissage mit einem zufriedenen Gefühl nach Hainfeld abreisen, wonach sie sich bereits inständig gesehnt hatte. In den Verhandlungen über eine neue Bleibe hatte sich auch gezeigt, dass das Leben in Paris ihr gelegentlich weniger leicht fiel, als ihre heiteren Briefe und das gedrängt volle Programm vermuten ließen. Es gab Zeiten, in denen sie sich »frightfully lonely«, schrecklich einsam fühlte, sie hatte eigentlich keine echten Freunde und vermisste ihre Eltern oft furchtbar. Trotz all der Reibereien bildeten Gisèle und ihre Eltern eine außerordentlich feste Dreieinheit.

Die Freude über das Wiedersehen wurde noch gesteigert, als im Sommer die Nachricht kam, dass Gisèles Fragonard bei der Preisverleihung im Grand Salon eine Auszeichnung in der Kategorie Gravur erhalten hatte. Neben den Medaillen wurde in jeder Kategorie eine solche, speziell für einen jungen Künstler oder eine Künstlerin gedachte Auszeichnung vergeben. Bei insgesamt etwa vierhundert Einsendungen in der Kategorie Gravur war das also sicherlich etwas, worauf man stolz sein konnte. Willem war ohnehin sehr angetan von der Entwicklung, die Gisèle gemacht hatte, sowohl in künstlerischer als auch in persönlicher Hinsicht. Erfreut berichtete er seinen Söhnen in den USA von ihrer guten Laune und wie angenehm es sei, sie um sich zu haben. Paris habe sich, schrieb er, als richtig erwiesen. »Von einem mehr oder weniger pflichtvergessenen Kind« habe sich ihre Schwester in »eine reizende junge Frau« verwandelt, »mit jeder Menge Verstand und Fähigkeiten und einer großen Ausstrahlung«, ließ er sie wissen.

Für Gisèle war es ein sorgloser Sommer mit viel Tennis auf dem neuen Platz und einem langen Aufenthalt im Norden der Steiermark, auf Schloss Pichl bei Cleos Bruder Victor Seßler und seiner Frau Mopi, mit vollem Namen Maximiliane Freiin von Berg, einer Enkelin des Stahlbarons August Thyssen. Gisèle mochte sie sehr. Die Tage waren angefüllt mit Jagd- und Reitausflügen, Schwimmen und Cocktails.

Der einzige Schatten, der auf dieses sonnige Paradies fiel, hing im Wohnzimmer auf Schloss Pichl groß und breit an der Wand: Erwins inzwischen vollendetes Gemälde der Großtrappe. Angesichts der Vorgeschichte betrachtete Gisèle es gefühlsmäßig als *ihr* Eigentum, aber Mopi hatte das Stück gekauft. Wie ein böser Blick starrte der hängende, tote Vogel sie nun an – eine ständige Erinnerung an

Erwin und eine Affäre, die noch immer nicht ganz ausgestanden war. Während des letzten Jahres hatte Erwin ihr weiterhin treu geschrieben, doch bei Gisèle hatte die Lust, ihm zurückzuschreiben, allmählich nachgelassen. Darüber beklagte er sich manchmal. Das Interesse der Männerwelt, von dem sie ihm berichtete, machte ihn besorgt und eifersüchtig, auch wenn es ihn keineswegs wunderte, dass sie sich ständig auf pikante Affären einließ. So waren die Rollen: *er* der besorgte Verehrer, *sie* die raffinierte Verführerin, die ihn eifersüchtig machte und ihn mit dem Interesse anderer Männer an ihr reizte.

Nach ihrer Rückkehr hatte Gisèle Hantberg gemieden. Das tue sie, um keinen Argwohn zu wecken, hatte sie Erwin schon aus Paris geschrieben, aber wichtiger war wahrscheinlich, dass der Bann inzwischen gebrochen und das Bedürfnis, ihn wiederzusehen, nicht groß war. Als es schließlich doch dazu kam, war es eine unbehagliche Begegnung. »Als wir uns zufällig trafen, war ich fast unhöflich«, schrieb Gisèle später in ihr Tagebuch, und es wurde danach nicht besser: »Einmal wären wir fast wieder Freunde geworden, aber auch das habe ich verdorben. Was hat mich dazu gebracht? Ein Mann, den ich so sehr geliebt habe – ich weiß nicht – es war vorbei. Ich war geheilt – fast!«

»Jagerpapi« Erwin ließ sich weder mit den eleganten Pariser Kreisen, die inzwischen die ihren waren, noch mit Dario vereinbaren, für den ihre Gefühle ernstere Formen anzunehmen begannen. Erwin akzeptierte seinen Verlust und schwieg im Weiteren dazu. Wieder zurück in Paris, musste Gisèle ohne seine oftmals wöchentlichen Briefe auskommen. Es sollte eine vorübergehende Unterbrechung sein. Mitte der Dreißigerjahre wurden die Beziehung wie auch die Korrespondenz wiederaufgenommen. Die gegenseitige Sympathie blieb, doch die Hitze war für immer verschwunden. Allerdings sollte Erwin, was die »pikanten Affären« betraf, noch für einige Zeit ihr Vertrauter bleiben. Als Einziger in der Familie kannte er diese leichtsinnige Seite an ihr.

23 Rue Dufrenoy, so lautete die neue Adresse, die Gisèle zu Beginn ihrer zweiten Pariser Saison im Oktober 1931 bezog. Sie lag nicht sehr weit vom Haus der Henrottes entfernt; die Rue Dufrenoy be-

fand sich noch ein Stück weiter westlich, im angrenzenden 16. Arrondissement zwischen der Seine und dem Bois de Boulogne. Hier wohnte die Witwe Sainte Ange mit ihrer verheirateten Tochter und einer Cousine. Gisèle hatte die dritte Etage des Hauses zu ihrer Verfügung: ein Zimmer mit Bad und sogar ein eigenes geräumiges Atelier. Sie wohnte dort in Halbpension.

Ihre Freundin Claire Rochecouste lebte im selben Viertel. Sie war die Einzige aus der Pariser Zeit, mit der Gisèle ein Leben lang befreundet bleiben sollte. Auch Dario wohnte im 16. Arrondissement, in einem Hotel an der Avenue d'Iéna.

Gisèle bekam in diesem zweiten Jahr, worauf sie aus gewesen war: größere Freiheit. Die Witwe Sainte Ange kümmerte sich wenig darum, was ihr zahlender Gast machte, und auch ihre Eltern hatten weniger Gelegenheit, ihr im Genick zu sitzen. Sie reisten für ein paar Monate in die Staaten, um dort Ides, Arthur und Esther zu besuchen und ihr erstes Enkelkind zu bestaunen. Arthur und Esther wohnten mit ihrer Tochter Josephine inzwischen in Washington, der Junggeselle Ides war noch immer in New York. Obwohl zwischen Paris und Amerika hin und her korrespondiert wurde, brachte diese Reise die frischgebackenen Großeltern nicht nur geografisch, sondern auch mental auf größere Distanz zu ihrer Tochter. Sie reisten jedoch von Cherbourg in der Normandie ab, was ihnen die Gelegenheit gab, sowohl auf der Hinreise im November als auch auf der Rückreise im April ein paar Tage in Paris zu verbringen.

Unterdessen nahm Gisèle den alten Rhythmus wieder auf. Jeden Morgen ging es zur Messe, danach kam oft ein Modell in ihr Atelier, nachmittags wurde bei Léon radiert, oder sie malte. Als die Tage kürzer und kälter wurden, traten auch die Nachteile der neuen Wohnung deutlicher zutage. Im Bad gab es kein warmes Wasser, und im Atelier war es häufig eiskalt. Sehr oft wird Gisèle übrigens nicht zu Hause gewesen sein, denn im Winter 1931/32 kam sie erst so richtig auf den Geschmack des guten Lebens in Paris. Regelmäßig ging sie mit Dario aus: zum Abendessen, zum Tanzen und einmal in der Woche zum Mittagessen in der Auberge du Père Louis. Es gab kleine Diners bei der alten Adelsfamilie de Montesquiou-Fézensac, und über Beziehungen wurden sie und Claire in die mondänen Kreise des Prinzen Pierre Wolkonsky eingeführt, Spross eines russischen

Aristokratengeschlechts. Seine Familie hatte Russland vor der Oktoberrevolution verlassen und sich in Saint-Cloud niedergelassen, einer angrenzenden Gemeinde im Westen von Paris.

Wolkonsky hatte eine künstlerische Ausbildung absolviert und malte, ebenso wie auch seine Mutter. Damit war dieses Duo in dem Milieu, in dem Gisèle verkehrte, eine Ausnahme. Ansonsten hatte sie keinen Umgang mit anderen Kunststudenten und traf in dieser Phase auch keine anderen Künstler. Dass sie sich später einmal zu einer Künstlerin berufen fühlen würde, hatte sich bei ihr noch nicht wirklich festgesetzt. Paris war damals eine Stadt, in der sich zahlreiche künstlerische Entwicklungen vollzogen, doch nichts deutet darauf hin, dass Gisèle sich damit beschäftigte. Ihre Briefe drehen sich oft um Theater- und Opernbesuche, aber es wird keine einzige Ausstellung oder Galerie erwähnt. Auch der Name Picasso, einer ihrer späteren Lieblingsmaler, fällt nicht ein einziges Mal.

Vom Leben der vornehmen Gesellschaft ging eine große Anziehungskraft aus, was unvermeidbare Konsequenzen für Gisèles Arbeit hatte. Sie verbrachte zwar noch immer viel Zeit mit dem Radieren, Zeichnen und Malen, doch die Konzentration war verschwunden. Der Terminkalender des Jahres 1932 zeigt eine Aneinanderreihung von Verabredungen zum Tee, zum Mittagessen, zu Cocktailpartys und zum Tennis. Geschwommen wurde im Lido, dem neuen, exklusiven Etablissement an den Champs-Elysées, »La plage de Paris«, das neben einem Schwimmbad auch ein Kabarett und ein Restaurant beherbergte. Zum Schlittschuhlaufen ging man ins Molitor, das berühmte, 1929 von dem Schwimm-Olympiasieger (und späteren »Tarzan«) Johnny Weissmuller eröffnete Glamour-Schwimmbad, dessen Außenbecken während der Wintermonate in eine Eisbahn umfunktioniert wurde. Jeden Montag war es wieder so weit, mit Souper und anschließendem Tanz.

Es war ein Leben, das viel Geld verschlang. So ist es auch nicht verwunderlich, dass Gisèle mit den ihr zur Verfügung stehenden Mitteln kaum auskam. »Es ist fast unmöglich, wenn ich weiterhin hübsch aussehen, ein paar Leute treffen, Stunden nehmen und alles andere machen will«, lasen ihre Eltern in Amerika. Neben Geldproblemen trug ihr ihre neue Entourage junger Leute aus sehr gutem Hause aber auch neue Verehrer ein – und das zu ihrer großen Zufriedenheit. Was das Flirten und Erobern anbetraf, kam sie in Paris so richtig auf den Geschmack. Mit dem verheirateten Prinzen Wolkonsky erlebte sie eine kurze Romanze, und auch in der Folge hatte sie noch eine Reihe von Affären und mehr oder weniger ernsthafte, gelegentlich auch gleichzeitige Liebesbeziehungen.

Gisèle war keine Schönheit im klassischen Sinn, aber sie war schon eine höchst auffallende Erscheinung: zart gebaut, mädchenhaft und elegant, mit einem schmalen, ausdrucksstarken Gesicht, einer hohen Stirn und schweren Augenlidern über blaugrauen, mandelförmigen Augen sowie einer langen, spitzen Nase. Ihre Gesichtsfarbe wurde einmal treffend als die eines nassen Strands an einem grauen Tag beschrieben, das etwas dunklere, schulterlange, glatte Haar fiel auf beiden Seiten des Kopfes gerade herab. Selbst sagte sie häufig von sich, dass sie sich hässlich fände, vor allem die große Nase. Es gibt Fotos, auf denen sie sie, und manchmal ihr ganzes Gesicht, herausgekratzt hat, aber ich vermute, dass sie dem eher ambivalent gegenüberstand. Die Nase war auch ihr Markenzeichen – oder wurde es zumindest immer mehr.

Wie immer sie selbst auch über ihr Äußeres urteilte, Gisèle hatte ohne Zweifel eine enorme Ausstrahlung, auch in erotischer Hinsicht. Sie konnte aristokratisch streng und kühl erscheinen, aber auch sinnlich und verführerisch. Männer fühlten sich von ihr wie magisch angezogen, und mit ihrem ganz eigenen, unverkennbaren Charme bereitete es ihr keine Mühe, ihnen den Kopf zu verdrehen. Sie liebte dieses Spiel. Umgekehrt ließen Männer auch sie nicht unberührt. Jeder, der sie gekannt hat, egal in welcher Phase ihres Lebens, bestätigt, dass die Nähe eines interessanten oder attraktiven Mannes eine ungeheure Wirkung auf sie haben konnte: Plötzlich wurde alles in ihr wach, die Hormone begannen zu fließen, und sie stand auf einen Schlag in Blüte. Sie suchte die Aufmerksamkeit der Männer und genoss sie, das sollte ihr ganzes Leben lang so bleiben.

Damit zeigte sich mehr und mehr, dass Gisèle sich auf eine Weise entwickelte, die auf äußerst gespanntem Fuß mit allem stand, was sie in ihrer römisch-katholischen Erziehung als Mädchen mit auf den Weg bekommen hatte. Die Geschichte mit Erwin, das verhältnismäßig ausschweifende Pariser Leben danach, ihre Koketterie, ihr erotisches Raffinement und der Hang zum Luxus – für eine Tochter ihrer Eltern und für eine ehemalige Sacré-Cœur-Schülerin, erzogen im einzig wahren Glauben mit seinen Ge- und Verboten und der obsessiven Beschäftigung mit Keuschheit, Reinheit und Jungfräulichkeit, war das alles eigentlich undenkbar.

Es handelte sich nicht um kleine Fehltritte, die Gisèle beging, sondern es ging hier um Todsünden, und es gehörte damals zu den festen katholischen Überzeugungen, dass jemand, der »im Zustand der Todsünde« stirbt, das heißt ohne seine Sünden gebeichtet zu haben, zur Hölle verdammt ist. Vor diesem Hintergrund ist die übermäßige Sorge ihrer Eltern, wie sie auch bei Ides aufgeflammt war, als dieser es ohne triftigen Grund versäumt hatte, einen Sonntagsgottesdienst zu besuchen, gut zu begreifen. Vor allem Josephine machte sich große Sorgen. Das Wissen oder die Vermutung, dass ihre Tochter sich in der Gefahrenzone befand und dabei ihren guten Ruf aufs Spiel setzte, ließ sie nicht los. Zwar handelt es sich beim Katholizismus um einen optimistischen Glauben, der über die Beichte, Akte tätiger Reue und gute Vorsätze immer eine Möglichkeit bietet, um Vergebung zu bitten und die Absolution zu erhalten, doch es bleibt stets ein Restzweifel, ob das alles ausreichend ist, um wieder in den Zustand der Gnade zu gelangen.

Obwohl das Verhalten Gisèles in dieser Periode bei ihren Eltern tief empfundene Sorgen wachrief und sie auch in den kommenden Jahren noch schwer auf die Probe stellen sollte, ist es bemerkenswert, dass sie nicht befürchten musste, ihre Eltern könnten sich jemals von ihr abwenden. So streng sie auch in der Lehre waren, im täglichen Leben sah die Sache immer noch einmal anders aus. Da siegte die Liebe zu ihrer Tochter. Auch in dieser Hinsicht waren Willem und Josephine typische Katholiken: Menschen mit der Fähigkeit, Divergenzen zwischen Norm und Wirklichkeit in hohem Maße zu ignorieren.

Diese garantierte elterliche Liebe verschaffte Gisèle eine stabile Basis im Leben und ein starkes emotionales Fundament. Aber auch bei ihr selbst muss die Kluft zwischen dem vorgeschriebenen Lebenspfad eines gut katholischen Mädchens und dem unkonventionellen Leben, das sie unleugbar anzog, eine innere Spannung erzeugt haben. Sie war gefangen zwischen einerseits der Liebe zu ihren Eltern und den Normen, die ihr in ihrer Erziehung eingeimpft worden waren, und andererseits ihrem Verlangen nach Freiheit, ihrer Lust am Leben und ihrer Sinnlichkeit. Wie brachte sie diese beiden Pole miteinander in Einklang? Es gibt keine Indizien dafür, dass sie unter starken inneren Konflikten litt. Ebenso wenig lässt sich behaupten, dass sie sich von ihrer Erziehung und ihrem katholischen Milieu distanzierte. Im Gegenteil, sie verehrte ihre Eltern und blieb ihr Leben lang katholisch. Das wirft die Frage auf, wie sie die Spannung, die sich daraus ergab, kanalisierte oder rechtzeitig entlud – eine Frage, die man im Hinterkopf behalten sollte. Ihre Persönlichkeit hatte schon früh etwas Gespaltenes.

Was für eine Wendung Gisèles Leben nehmen sollte, war zu diesem Zeitpunkt sicher noch keine ausgemachte Sache, denn auch die Aussicht auf ein traditionelles Eheleben lag noch im Bereich der Möglichkeiten. Die Affäre mit Prinz Wolkonsky muss sie rein zu ihrem Vergnügen angefangen haben, die ernsthafteren Pläne richteten sich inzwischen längst auf Dario. »Es gibt *keinen* wie Dario«, ließ sie ihre Eltern unumwunden wissen, auch wenn er kein Geld und nur wenig Zukunftsaussichten habe. »Ich glaube, bis wir den *Jackpot* gewinnen, bin ich dazu verdammt, eine alte Jungfer zu bleiben und er ein ewiger Junggeselle.« Ob ihre Eltern auf der Rückreise aus den Vereinigten Staaten auch Dario getroffen haben, ist nirgendwo dokumentiert. Sehr wahrscheinlich ist es nicht, denn ein solches Treffen hätte die Verbindung nur legitimiert und weiter gefördert, und das war das Letzte, worauf ihre Eltern aus waren.

Nach Limburg verirrt

Für Willem hatte die Zeit auf Hainfeld das gebracht, was er sich davon erhofft hatte: die Ruhe, um die enorme Menge an geologischen Daten, die er aus den USA mit zurückgebracht hatte, in einer wissenschaftlichen Studie zu verarbeiten. 1931 erschien seine große Synthese *The Permo-Carboniferous Orogeny in the South-Central United States* als eine Abhandlung der Koninklijke Nederlandse Akademie van Wetenschappen. Das Buch wurde in geologischen Kreisen außerordentlich positiv aufgenommen.

Am liebsten hätte er sich in seinem österreichischen Turmzimmer weiterhin rein wissenschaftlicher Arbeit gewidmet, aber man war von niederländischer Seite bereits einige Male drängend mit Stellenangeboten an ihn herangetreten. Schließlich hatte er nachgegeben, und am 1. Mai 1932 trat er seinen Dienst als Chefingenieur bei der Staatstoezicht op de Mijnen mit Sitz in Heerlen an, eine Funktion, die später in »Generalinspekteur« umbenannt wurde, aber in beiden Fällen die Leitung der staatlichen Aufsicht über den Bergbau beinhaltete. Der Sektor musste reorganisiert werden, und das erforderte nicht nur Tatkraft, sondern auch katholischen Takt. Willem verfügte in reichem Maße über beide Fähigkeiten.

In Willems Abwägungen hatte neben dem sozialen Pflichtbewusstsein auch das Einkommen eine wichtige Rolle gespielt. Nachdem er einige Jahre von der Substanz gezehrt hatte, war etwas mehr finanzielle Beinfreiheit sehr willkommen. Es gelang ihm, das Gehalt von dreitausendvierhundert Gulden pro Jahr auf viertausend hochzuhandeln (was einem heutigen Wert von knapp vierzigtausend Euro entspricht), gewiss kein Spitzengehalt, aber doch ein Betrag, der die Abhängigkeit von finanziellen Reserven und sinkenden Einkünften aus den Öl-Aktien merklich verringerte.

Willem trat seine neue Stelle im Anschluss an die Rückkehr vom Familienbesuch in den USA an. Auch Gisèle ging Anfang Mai von Paris aus nicht nach Österreich zurück, sondern fuhr stattdessen in die Niederlande, ins südlimburgische Valkenburg, um genau zu sein, wo ihre Eltern sich im Hotel Schaepkens van St. Fijt einquartiert hatten.

Das war eine unerwartete Wendung, doch völlig unbekannt war Gisèle die limburgische Umgebung nicht. Dort lebten alte Freunde und Verwandte ihrer Eltern, die Gisèle bei früheren Besuchen in den Niederlanden und während längerer Aufenthalte bereits kennengelernt hatte. So war sie mehr als einmal Gast der Familie Frowein auf Schloss Goedenraad bei Eys gewesen. Und in Roermond lebte ihre Großcousine Marie Pauline van Hövell tot Westerflier, die sie ebenfalls schon öfter gesehen hatte (ihre Mutter war eine van der Does de Willebois).

In den Sommermonaten amüsierte sich Gisèle mit dem Limburger Adel, teils alte Bekannte, teils neue Kontakte. Täglich wurden

Ausflüge gemacht, man spielte Tennis auf Amstenrade oder Neubourg, den Schlössern der Familie de Marchant et d'Ansembourg, und es gab einen langen Aufenthalt bei ihrer Freundin Blanche Frowein, die inzwischen mit Max Baron de Weichs de Wenne verheiratet und ins Schloss Scheres in Baarlo umgezogen war, wo man entweder mit Max oder ansonsten mit den befreundeten Baronen van Nagell ausreiten konnte. Zum Herbst hin wurden noch zwei Hochzeiten gefeiert: Hal Frowein heiratete Gilla Metternich, und Marie Pauline van Hövell tot Westerflier schloss mit Louis Michiels van Kessenich den Bund der Ehe.

Wann genau, lässt sich nicht sagen, doch irgendwann zwischen all den Vergnügungen fiel in diesem Sommer eine harte Entscheidung: Es sollte keine dritte Saison in Paris mehr geben. In Gisèles eigener Version ihrer Vergangenheit stellte sie dies immer als eine Folge der Krise dar. Es sei kein Geld mehr da gewesen, und das habe die Rückkehr in ihr geliebtes Paris verhindert. Das ist eine Erklärung, die jedoch einige Fragen aufwirft, zuallererst die nach dem Timing. Ihr Vater hatte schließlich gerade erst wieder angefangen zu arbeiten, und nun, just in dem Moment, in dem er zum ersten Mal wieder ein regelmäßiges Einkommen hatte, sollte kein Geld mehr da sein? Hinzu kommt, dass Willem bis zuletzt in seinen Briefen daran festhielt, dass auf jeden Fall noch eine weitere Saison in Paris garantiert sei, eben weil er diese Stelle angenommen hatte. Und Willem war nicht jemand, der solche Zusagen einfach so machte.

Nun war es sicherlich nicht so, dass die mageren Jahre vorbei waren. Allerhand notwendige Ausgaben nahmen durch den Auszug aus Hainfeld natürlich erheblich zu, und das neue Gehalt war für einen Haushalt, wie ihn Gisèles Eltern zu führen wünschten, nicht besonders hoch. Dennoch ist evident, dass die Entscheidung bezüglich ihrer Tochter nicht nur finanziell motiviert war. Sie wurde vor allem durch die Unzufriedenheit mit der Art und Weise beeinflusst, in der Gisèle das letzte Jahr in Paris verbracht hatte. Alles deutet darauf hin, dass ihre Eltern dieses zweite Jahr als einen Misserfolg betrachteten. Gisèle, so die ursprüngliche Idee, hätte sich durch harte Arbeit eine solide Basis für eine Laufbahn als Künstlerin aufbauen sollen, damit sie ihren Lebensunterhalt bestreiten könnte, sollte eine Heirat ausbleiben. Stattdessen hatte sie sich mondänen Vergnügungen hingegeben und in künstlerischer Hinsicht nur ein bisschen Pfusch abgeliefert. Während des Besuchs ihrer Eltern hatte sie ihre Gemälde nicht für gut genug befunden, um sie zu zeigen. Eine zweite große Radierung für den Salon war misslungen, also hatte ihr das Jahr nicht mehr gebracht als ein paar Zeichnungen, kleinere Radierungen und einen Tapetenentwurf.

Hinzu kam, dass sie in den Augen ihrer Eltern in der falschen Gesellschaft gelandet war. Dass sie auch Wind von ihren erotischen Eskapaden bekommen hatten, ist nicht wahrscheinlich, doch das unproduktive Luxusleben und die Nähe Darios reichten ihnen aus, um zu dem Schluss zu gelangen, dass ihr Ruf Gefahr lief zu leiden und Paris keine sichere Umgebung mehr für sie darstellte, ebenso wie es Hainfeld zwei Jahre zuvor nicht mehr gewesen war.

Umtopfen lautete in diesem Fall die Devise. Erneut nach Hainfeld gehörte nicht zu den Optionen, also kam in der Hinsicht die Rückkehr in die Niederlande genau zur rechten Zeit. Darüber, wie Gisèle diese unangenehme Nachricht aufgenommen und ob sie sich dagegen gewehrt hat, lässt sich nur spekulieren. In ihrer eigenen nachträglichen Rekonstruktion stellte die heikle finanzielle Situation ihrer Eltern sie vor vollendete Tatsachen, doch es lässt sich vermuten, dass sie in diesem Moment selbst große Probleme mit der Entscheidung hatte und dies auch zeigte. Auffallend ist jedoch, dass die unerwünschte Intervention nicht im Mindesten zu einer Entfremdung von ihren Eltern führte. Sie würde Paris vermissen, aber die Wiederaufnahme des Zusammenlebens mit ihren Eltern widerstrebte ihr nicht. Die bittere Pille wurde ihr durch das neue idyllische Unterkommen versüßt, das man in Süd-Limburg gefunden hatte und an das Gisèle sofort ihr Herz verlor. Am 1. August 1932 zog die wiederhergestellte Dreieinheit ins Schloss Wijlre am Rande des gleichnamigen Dorfs in der Nähe von Gulpen.

Schloss Wijlre war Eigentum der Eheleute van der Maesen de Sombreff, die Gisèles Eltern über Bekannte kennengelernt hatten. Er arbeitete als Diplomat in Brüssel, so dass das malerische Schlösschen aus dem siebzehnten Jahrhundert zeitweise leer stand und die van Waterschoots es möbliert und zu einem Freundschaftspreis mieten konnten. Das zweigeschossige, langgezogene Hauptgebäude mit seinen hohen, schmalen Fenstern und dem Schieferdach sowie die dazugehörigen Dienstgebäude waren rund um einen kleinen Binnenhof verteilt und wurden von einer Gracht umgeben. Dahinter lag ein wunderschöner, wiederum von einer Gracht umgrenzter Garten, von den Abmessungen her eher ein Park, mit einem separaten Blumen- und Gemüsegarten, Obstbäumen und einem Waldstück. Das Ganze hatte etwas Märchenhaftes. Vom Eingangstor bis zum Dorf waren es nur ein paar Minuten Fußweg. Wijlre lag ungefähr zwölf Kilometer von Willems Büro in Heerlen entfernt. Er fuhr jeden Tag mit dem Bus dorthin.

In der grünen südlimburgischen Hügellandschaft gelegen, hatte Schloss Wijlre eine zwar sehr schöne, aber nicht gerade spektakuläre Umgebung. Auch im Haus war es still. Willem war den ganzen Tag weg, und Josephine kämpfte mit ihrem anhaltend schwachen Gesundheitszustand. Zu ihren angespannten Nerven hatten sich außerdem noch Herzbeschwerden hinzugesellt. Das adlige Limburger Milieu verschaffte Gisèle zwar ein wenig Abwechslung vom Leben im Schloss – Tennis, Bridge, Diners in Schlössern der Umgebung –, aber in künstlerischer Hinsicht bot es ihr keine Stimulanz. Lediglich in der in Roermond lebenden Judy Michiels van Kessenich fand sie eine Malerfreundin.

In einem der Nebengebäude richtete Gisèle sich ein Atelier ein und versuchte loszulegen. Sie malte Porträts einiger Dörfler und ein Tableau aus Bergleuten bei der Arbeit. Daneben war sie mit ihrem »Fischbuch« beschäftigt, einem selbst geschriebenen und von ihr illustrierten Kinderbuch, mit dem sie schon in Paris angefangen hatte. Gisèle vermisste die anregende Atmosphäre ihres vorherigen Wohnorts sehr und war froh, als sie sie im Dezember 1932 wieder einmal für kurze Zeit genießen konnte. Sie hatte die Reise zu ihrem zwanzigsten Geburtstag geschenkt bekommen. In der ersten Woche genoss sie die Verabredungen zum Tee und die Diners, die ihr zu Ehren veranstaltet wurden, in vollen Zügen. Die zweite Woche gehörte Dario. Sie sah ihn jeden Tag von morgens bis abends. »Es war einer der glücklichsten Tage in meinem Leben«, schrieb sie in ihr Tagebuch über den Sonntag, den sie gemeinsam in Versailles verbracht hatten. »Es war eine herrliche Woche, so wundervoll, dass die Abreise umso schwerer war ...«

Schwierig wird es in der Tat gewesen sein, denn während des vielen Beisammenseins war die Erkenntnis gereift, dass man füreinander bestimmt war. Lediglich der Mangel an finanzieller Sicherheit bei Dario stand einer gemeinsamen Zukunft im Weg, daher würden sie vorläufig noch warten müssen. Mit dieser Perspektive kehrte Gisèle nach Limburg zurück. »Die Krise ist nicht ermutigend für eine Ehe«, schrieb sie am Tag nach ihrer Rückkehr an Arthur und Esther, »aber ich bin sicher, dass ich meinen zukünftigen Ehemann getroffen habe – möge diese Zukunft nicht zu weit entfernt sein!« Auch ihre Eltern wurden informiert. Sie werden wahrscheinlich im Stillen gebetet haben, dass die Zukunft noch eine Weile auf sich warten lasse, damit die Dinge noch eine Wende nehmen könnten.

In der Limburger Periode zeigte sich unverkennbar, dass Gisèle noch absolut nicht wusste, welche Richtung ihr Leben nehmen sollte. Was ihre künstlerischen Ambitionen betrifft, bereitete es ihr, ohne Anreize und Ermunterungen von außen und ohne ein klares Ziel vor Augen, Mühe, ihre Motivation aufrechtzuerhalten. Auch das Fehlen einer soliden Ausbildung machte sich bemerkbar. Sie brachte nur wenig zustande, und in Phasen der Niedergeschlagenheit ließ sie das Arbeiten gleich ganz bleiben. Zugleich gewinnt man den Eindruck, dass ihr auch ihre Heiratspläne wenig Befriedigung verschafften und die Romanze mit Dario trotz ihrer begeisterten Worte wenig mehr als ein Gedankenexperiment oder eine Art Spiel für sie war. Ihre Heiratsperspektiven stellten jedenfalls kein Hindernis dar, in ihrer Limburger Umgebung die Verlockung zu suchen. Gisèle dürstete es nach Ablenkung und männlicher Aufmerksamkeit.

Die fand sie vor allem in der Person F. J. G. (Joseph) Vingerhoets', einer Geschäftsverbindung ihres Vaters. Vingerhoets, ein unternehmungslustiger Belgier um die vierzig, war von Haus aus Architekt, jedoch inzwischen in der Ölindustrie tätig. Willem beriet ihn zu Regionen in Westeuropa, in denen sich möglicherweise Öl finden lasse. Es war gewissermaßen ein Freundschaftsdienst, denn als Beamter war es ihm nicht erlaubt, nebenbei noch etwas hinzuzuverdienen. Um Willem dafür zu entschädigen, dass er ihm kein Honorar zahlen durfte, lud Vingerhoets deshalb dessen Tochter zu einer Reihe kurzer Malreisen ein, zunächst in die Nähe von Hannover, anschließend nach Brügge und Ostende. Während dieser gemeinsamen Reisen war der verheiratete Vingerhoets (für Gisèle »Vingi«) den Reizen Gisèles (die er »Crabby« nannte) hoffnungslos erlegen, so lassen es seine Briefe erkennen. Was sich umgekehrt abgespielt hat, ist weniger eindeutig. Es war vor allem die Lust auf Abenteuer, die sie antrieb, und vielleicht hatte es auch etwas mit Berechnung zu tun. Auf alle Fälle versuchte Gisèle, Vingerhoets dazu zu benutzen, Dario zu einer Stelle zu verhelfen. Doch das Duo hatte auch eigene geschäftliche Pläne. Vingerhoets beabsichtigte, mit einem bestimmten, aus Honig und Kräutern hergestellten alkoholischen Getränk in Produktion zu gehen, und die Idee war, dass Gisèle das Unternehmen leiten sollte. Dazu hatte sie auch durchaus Lust: In ihrem Umfeld verkündete sie bereits hier und da, dass sie Geschäftsfrau werden würde – wieder eine neue Zukunftsperspektive.

Diese neue Entwicklung trieb Gisèles Eltern zur Verzweiflung. Willem hielt seinen Kompagnon für einen ehrenwerten und vertrauenswürdigen Mann, doch der Umgang zwischen ihm und seiner Tochter weckte in Gisèles sozialem Umfeld Befremden. Es wurde über die beiden getratscht, und auch die provozierende Kleidung und das entsprechende Verhalten Gisèles waren in aller Munde, wie Josephine auf taktvolles Nachfragen hin erfahren hatte. Die zwei spielten mit dem Feuer, und das Erste, was das Elternpaar vor ihrem geistigen Auge in Rauch aufgehen sah, war Gisèles guter Ruf. Der war schon immer ein Quell großer Sorge gewesen, doch aus den vielen ermahnenden Briefen Willems sprach allmählich Resignation. Die Möglichkeiten, sie zur Ordnung zu rufen, schienen erschöpft.

Es werden zwei tiefe Seufzer der Erleichterung auf Schloss Wijlre ausgestoßen worden sein, als im November 1933 ein Brief von Arthur und Esther zugestellt wurde, in dem die beiden fragten, ob Gisèle nicht Lust hätte, eine Weile zu ihnen nach Washington zu kommen. Selten war eine Einladung gelegener gekommen.

Eine amerikanische Schule des Lebens

Gisèle und Arthur hatten sich das letzte Mal am Vorabend ihrer Abreise nach Europa gesehen. Inzwischen waren fast sechs Jahre vergangen. Deshalb schickte sie sicherheitshalber vorab ein Foto, damit er sie am Schiff erkennen würde. Ende Dezember kam sie in Amerika an.

Arthur war ein stiller, freundlicher Mann, inzwischen Vater von zwei Kindern – Josephine (fast drei) und Judy (ein Jahr alt) –, die Gisèle zum ersten Mal sah, etwas, worauf sie sich riesig gefreut hatte. Mit Esther verstand sie sich gut, sie und Gisèle blieben sich, trotz großer Unterschiede, ein Leben lang zutiefst verbunden. Ides hatte Gisèle vor kürzerer Zeit, am Ende ihres Paris-Aufenthalts, noch einmal getroffen. Nun, da sie in Washington war, kam er regelmäßig aus New York herüber. Es war ein fröhliches Familientreffen.

Dennoch kratzten sich die Brüder gelegentlich hinter den Ohren, nun, da sie Gisèle – für sie noch immer Jane – wieder etwas länger um sich herum hatten. Sie war, so zeigte sich ihnen schon bald, ein völlig lebensuntüchtiges Luxuspüppchen, das nicht so ganz mit beiden Beinen auf dem Boden der Realität stand. Eine Weile im Familienleben mitzulaufen würde ihr guttun, meinten die Brüder. Gisèle gab ihr Bestes. Als das Kindermädchen seinen freien Tag hatte, wusch sie doch wahrhaftig die Windeln. »Gott sei Dank ist es nur einmal in der Woche«, schrieb sie ihren Eltern, »es ist eine mühselige Arbeit.«

Die Wochen verflogen nur so: mit den Nichten, den Partys, den Essen und den Tanzstunden. Die Letzteren brauchte sie nicht zu bezahlen, als Gegenleistung porträtierte sie die Tanzlehrer. Im Übrigen war es nicht so sehr die bildende Kunst, für die sich Gisèle in Amerika begeisterte, als vielmehr das Theater. Sie nahm in Washington Schauspielunterricht und entwickelte eine neue Leidenschaft für die Schauspielerei. Der beabsichtigte gute Einfluss des Familienlebens blieb derweil aus. Für Arthur und Esther wurde das Verhalten ihres Gastes zunehmend zu einem nahezu unlösbaren Problem. In der Verwandtschaft erzählte man sich später, dass Esther irgendwann von besorgten Freundinnen angerufen worden sei, an deren Ehemänner sich Gisèle nach einer Party herangemacht haben sollte, um mit ihnen Rendezvous zu verabreden. Was davon auch wahr sein mag: Nach ein paar Monaten war klar, dass man den Aufenthalt beenden sollte. Auch Gisèle selbst hatte genug von Washington, sie vermisste ihre Eltern und fand, dass es höchste Zeit wäre, wieder zurückzukehren.

So sollte es allerdings nicht laufen. Hinter ihrem Rücken hatte man sich zwischen Eltern und Brüdern intensiv beraten und einen anderen Plan ausgeheckt. Der beinhaltete eine Verlängerung des USA-Aufenthalts, und zwar in New York unter der Obhut von Ides. Unter seiner Aufsicht sollte Gisèle dort Erfahrungen mit kommerzieller Kunst sammeln und lernen, ihr Talent zu Geld zu machen. Ides hatte ein paar nützliche Geschäftskontakte, Esther, die aus einer reichen Familie stammte, wollte ihren Aufenthalt bezahlen.

Für Willem und Josephine war dies ein weiteres Mal die Rettung. Willem äußerte in seinen Briefen große Dankbarkeit, dass seine Söhne dabei helfen wollten, Gisèle auf den rechten Pfad zu bringen. Wijlre habe sich als kein gutes Umfeld erwiesen, und obwohl sie ihre Tochter gern zu Hause hätten, wisse er nicht recht mehr, wie er sie ernsthaft zur Arbeit motivieren könne. Die Hoffnung auf eine gute Ehe habe er nicht aufgegeben, doch er sehe es lieber, dass sie selbst ihren Lebensunterhalt verdienen würde, als ihr Herz an eine unerwünschte Partie zu hängen oder in einer unglücklichen Ehe festzustecken. Um Erfahrung mit angewandter Kunst zu sammeln, sei keine bessere Umgebung als die Vereinigten Staaten denkbar.

Ides weckte in seinen Briefen wiederum den Eindruck, dass er darauf brannte, sich dieses verwöhnte kleine Biest einmal vorzunehmen. Er nahm in seinen Schreiben kein Blatt vor den Mund: Seine Schwester sitze in seinen Augen auf einem zu hohen Ross. Sie glaube, dass sie etwas Besonderes sei, versuche, ihre Außenwelt mit Angebereien und Räuberpistolen über Paris zu beeindrucken, und habe ein völlig unrealistisches Bild über ihr eigenes Können. Ides war kritisch, was ihre Arbeiten anbetraf. Ihre Zeichnungen fand er rundweg schwach, die Gemälde seien nicht schlecht und hätten unleugbar Flair, doch sie seien durch die mädchenhafte Motivwahl und einen erkennbaren Mangel an Ausbildung amateurhaft. Ihre Radierungen fand er technisch gesehen zwar gut – von dem Fragonard hatte er sogar einen Abdruck gekauft –, doch es mangele ihnen an Originalität. Es seien Stück für Stück Kopien bereits existierender Werke, nicht eine einzige eigene Komposition befinde sich darunter. Gisèle selbst hänge an ihren Produkten, als seien es außergewöhnliche Meisterwerke. So gebe sie sich beispielsweise keine Mühe, ihre Radierungen zu verkaufen, weil es ihr zufolge ungünstig sei, wenn zu viele davon im Umlauf seien. Man stelle sich das einmal vor, spottete Ides: »Ein Seltenheitswert für Kopien von Kunstpostkarten!«

Auch über ihre Eltern urteilte er kritisch. Sie hätten ihre Jüngste zu sehr beschützt und ihr viel zu oft ihren Willen gelassen. Das Luxusleben, an das sie gewöhnt sei, betrachte sie inzwischen als ein Recht. Mit spürbarem Vergnügen kündigte er an, ihr in New York einmal beibringen zu wollen, was harte Arbeit, Wettbewerb und Durchhaltevermögen bedeuteten, um sie so endlich auf den Boden der Tatsachen zurückzubringen. Die Voraussetzung dafür sei jedoch, dass es keinen Fluchtweg gebe. Also, so wies er seine Eltern an: kein Geld schicken, nicht anbieten, dass sie nach Hause kommen könne, wenn sie sich beklagen sollte, und ihr keine Belohnungen in Aussicht stellen. Damit würde man alles wieder verderben.

Die Hauptperson selbst hatte es sich inzwischen in den Kopf gesetzt, nach Hause zurückzukehren. Der amerikanische Lebensstil lag ihr gar nicht, die Getränke schmeckten nicht, die Zigaretten waren von schlechter Qualität und die Menschen oberflächlich. Auf eine Verlängerung ihres Aufenthalts hatte sie absolut keine Lust, doch die »combined forces«, die vereinten Kräfte, wie sie sie zynisch bezeichnete, hatten offenbar anders entschieden. Nach ein paar lautstarken Szenen fand sie sich mit der Übermacht ab. Sie durchschaute das Muster inzwischen selbst auch. »Ich nehme an, aus bestimmten Gründen seid Ihr froh, mich von Limburg fernhalten zu können«, schrieb sie ihren Eltern. »Diese amerikanische Reise kam sehr gelegen – so wie Paris nach Hainfeld, so wie Wijlre nach Paris.« Das hatte sie sehr gut erkannt.

Anfang Juni 1934 begann das neue Leben in New York. Ides hatte für eine Unterkunft gesorgt, zuerst in einem Apartment von Freunden, später in einem einfachen Frauenhotel, beide im Herzen Manhattans gelegen. Gisèle ertrug das neue Regime gelassen, für sie wäre es nicht nötig gewesen, doch sie würde es schon aussitzen. Die zentrale Idee, die karg gehaltene Zuwendung Esthers so rasch wie möglich durch selbst verdientes Geld überflüssig zu machen, führte zunächst zu einer Reihe von Versuchen, sich in der Reklamewelt zu etablieren. Mit einer Zeichenmappe, die Entwürfe für Parfüm-, Mode- und Zigarettenreklame enthielt, klapperte sie die Firmen ab. Ein Leben lang sollte sie mit Stolz und Empörung ihren Einfall für die Zigarettenmarke Lucky Strike in Erinnerung rufen: eine Zeichnung, die Pokerchips und eine Packung Zigaretten zeigte und als Slogan die Unterschrift trug: »Don't gamble, buy Luckies«. Dies ließ sich mit einem Roulettetisch, Würfeln oder Spielkarten variieren. Zu ihrem großen Bedauern ging die Idee nicht in Produktion, Gisèle zufolge, weil ihr Einfall von jemand anderem gestohlen worden sei.

Nachdem sich die Versuche, in der Werbebranche Fuß zu fassen, mehr oder weniger totgelaufen hatten, bildete das Bemalen von Trommeln für Süßigkeiten das nächste wenig erfolgreiche Projekt. Um trotzdem etwas zu verdienen, malte sie eine Reihe Porträts von Freunden ihres Bruders Ides und begann, auf Provisionsbasis Kunden für eine Investmentgesellschaft zu werben. Es konnte jedoch keine Rede davon sein, finanziell damit auf eigenen Füßen stehen zu können. Zu allem Überfluss traf am 11. September, ausgerechnet an ihrem Geburtstag, ein Brief von Dario ein, der inzwischen in England sein Glück versuchte. Durch eine merkwürdige Verkettung von Umständen hatte er die letzten Briefe von Gisèle nicht erhalten, woraus er den Schluss gezogen hatte, dass ihr Interesse abgeflaut war. In England habe er eine reiche Frau kennengelernt und überlege, ob er auf ihre Avancen eingehen solle. Eine Ehe mit dieser Frau böte ihm auch Aussicht auf eine Stelle. Solle er es tun?

Darios Brief war ein Schlag, der sie zwar aus der Fassung brachte, aber nicht längerfristig ins Unglück stürzte. Nach einem intensiven Gespräch mit Ides hatte sie schon bald Bilanz gezogen: Die Lösung, die Dario ihr bot, um ihn noch auf andere Gedanken zu bringen, schlug sie aus. So wie ihr Bruder erachtete auch Gisèle die Chance als gering, dass er sie in absehbarer Zeit auf ihrem Niveau würde unterhalten können. So verschwand Dario geräuschlos aus ihrem Leben – und in einem Abwasch auch gleich mit aus ihrer Biographie. Obwohl Gisèle in höherem Alter Besuchern gern Geschichten über ihre Pariser Jahre zum Besten gab und dann, zwar durch die Blume, aber unmissverständlich, das kleine Abenteuer mit Prinz Wolkonsky andeuten konnte, gibt es unter ihren Freunden niemanden, der jemals den Namen Dario Simoni gehört hat, des Mannes, an dessen Seite ihr Leben einen völlig anderen Verlauf genommen hätte.

Das kann alles Mögliche bedeuten. Die Affäre war vermutlich schon fast aus ihrem Gedächtnis verschwunden, als Gisèle sich in späteren Jahren ernsthaft mit der Schöpfung ihrer eigenen Lebensgeschichte zu beschäftigen begann. Wichtiger ist aber wahrscheinlich, dass sie daraus alles strich, was auf die normalen Muster im Leben eines Mädchens ihres Standes hindeuten würde, also unter anderem die Information, dass die Suche nach einem Ehepartner und die Aussicht auf ein Dasein als verheiratete Frau sie in einer bestimmten Phase ihres Lebens durchaus beschäftigt hatten. Ans Heiraten habe sie, als sie noch jung gewesen sei, nie gedacht, machte sie später daraus. Sie habe immer schon Künstlerin werden wollen, und dieser sehnliche Wunsch sei so alles beherrschend gewesen, dass er sich nicht mit einer Ehe habe vereinbaren lassen.

In ihrer Umgebung war niemand traurig über Darios Verschwinden. Willem konnte den Gang der Dinge nicht anders beurteilen als »ein gut gesteuerter Akt der Vorsehung«, wie er seinen Söhnen schrieb. Das war dann aber auch die einzige positive Entwicklung, die er feststellen konnte, denn die übrigen Nachrichten aus New York begeisterten ihn immer weniger. Gisèle ließe sich ziellos treiben, sie probiere alles Mögliche, aber es führe zu nichts. Es fehle an Richtung und guter Begleitung. »All das ähnelt ziemlich stark Paris, abgesehen vom Luxus«, warf er Ides vor, und das sei nun gerade nicht Sinn der Sache. Wenn es so wie jetzt laufe, könne sie besser nach Hause kommen.

Hier drohten die »combined forces« auseinanderzubrechen. Ides war nämlich der Meinung, dass sie noch nicht aufgeben sollten. Gisèle sei mit allem Möglichen beschäftigt, und der Bruch mit Dario habe sie einsehen lassen, dass sie ihr Leben nun endlich einmal in Angriff nehmen müsse. Wenn man sie jetzt nach Hause hole, werde alles, was bisher erreicht worden sei, zunichte gemacht.

Gisèle, selbst nicht in die Beratungen einbezogen, hielt an ihrer gleichgültigen Haltung fest. Sie würde dann schon hören, wie lange es noch dauern sollte und wie es dann weitergehe. Das Einzige, was sie wirklich faszinierte, war das Theater. Sie setzte alles daran, eine Rolle in einem der Broadway-Stücke oder bei einer reisenden Repertoiregesellschaft zu bekommen, doch leider war die Konkurrenz groß und die Erwartung, dass sie dort einfach anfangen könnte, nicht sehr realistisch. Aber eine Erkenntnis hatte dieses merkwürdige Jahr in ihren Augen doch gebracht: dass die Schauspielerei ihr eigentlich mehr lag als das Zeichnen oder Malen. »Ich werde es immer bedauern, dass ich statt der Malerei keine Schauspielausbildung gemacht und Theater gespielt habe«, schrieb sie nach Hause. »Das ist zweifellos, wofür ich bestimmt war. Aber womöglich ist es zu spät.«

Diese Grille war das Letzte, worauf ihre Eltern warteten, jetzt musste es ein Ende haben. Josephine reagierte eisig auf die Schauspielwünsche ihrer Tochter. »Wir ziehen es vor, im Moment nicht mehr zu sagen, als dass wir davon *nicht begeistert* sind«, antwortete sie postwendend. Auch Willem war strikt dagegen. Er betrachtete das Theater als einen der Bereiche, die in den Händen der Juden seien, einer Clique, die sich jede Gunst bezahlen lasse, finanziell oder sonst wie. Die Vorstellung, dass seine Tochter der Gunst so eines »Mister Bernstein oder anderer zweifelhafter arischer Abstammung« ausgeliefert werde, war ihm ein Gräuel: »Für mich gibt es Grenzen in Bezug auf das, was meine Tochter Juden erlauben muss, ihr anzutun, auch wenn es nicht das ›Schlimmste‹ ist.«

Ides gab seinen Widerstand auf, und innerhalb kürzester Zeit war die Abreise geregelt. Die Einzige, die sich zum Schluss noch ein Hintertürchen offenhielt, war im Übrigen Gisèle selbst: Vielleicht würde man ihr im letzten Moment doch noch eine Hauptrolle anbieten. Mehr als eine theoretische Möglichkeit war es nicht: Am 1. Dezember 1934 ging sie in New York an Bord der SS Europa und beendete damit ein nicht sonderlich gelungenes Experiment. Was sie auf der anderen Seite des Ozeans erwarten sollte, war noch keine ausgemachte Sache, auch wenn ihr Vater strikte Bedingungen formuliert und aufgelistet hatte, was es alles nicht geben würde: unter keinen Umständen eine Wiederholung der Pariser Zustände, keine Fortsetzung des alten Lebens in Wijlre, keine anderen Wünsche oder Karrierewechsel, also kein Theater und keinen Freilauf. Das Leben werde einfach und schlicht sein, und es werde gearbeitet werden müssen, ein ernsthaftes Studium, das zu ihrer Bildung beitrage, und nichts anderes!

Er brachte das alles mit einem Nachdruck vor, dass es den Anschein hat, er müsse auch sich selbst überzeugen, dass es so geschehen würde, obwohl er tief in seinem Innern schon ahnte, dass für Gisèle alles noch offen war und sie ihn, erst einmal zu Hause, schon bald einfach wieder um den Finger wickeln würde.

KAPITEL 4

Neue Welten

Der Wiedervereinigung Gisèles mit ihren Eltern fieberten beide Seiten sehnsüchtig entgegen. Noch vor Jahresende traf sie wieder zu Hause ein, womit die Dreieinheit aufs Neue hergestellt war. Das Weihnachtsfest 1934 feierte man gemeinsam in Wijlre. So schön und vertraut es auch war, nachdem die Freude über das Wiedersehen nachgelassen hatte, drängten sich langsam, aber sicher die unveränderten Realitäten des Lebens in Limburg wieder auf. Einzig Vingerhoets verschwand aus dem Tableau, als die Zusammenarbeit mit Willem beendet war.

Gefangen in dem elitären Clan des Limburger Adels, schaffte es Gisèle nicht, diese Sackgasse aus eigener Kraft zu verlassen. Dass ihr dies Mitte der Dreißigerjahre dann doch noch gelang, ist einer Reihe von Ereignissen zu verdanken, die während eines Besuchs in Brüssel ihren Anfang nahmen. Dort fand als Teil der Weltausstellung 1935 im Paleis voor Schone Kunsten eine große internationale Ausstellung moderner Kunst statt, die Gisèle im Frühsommer des Jahres besuchte. Eines der Werke, das in den niederländischen Sälen hing, ein Frauenporträt, berührte sie dabei besonders. Auf die entsprechende Frage hin stellte sich heraus, dass es aus der Hand des Künstlers Joep Nicolas stammte, der im Übrigen aus ihrer Gegend stammte. Er lebte und arbeitete in Roermond.

Der späteren Überlieferung zufolge sollte es sich bei dem betreffenden Werk, einem Gemälde oder einer Federzeichnung, um ein Porträt der Ehefrau von Nicolas, Suzanne Nicolas-Nijs, mit dem Titel *Suzanne met schaar*, Suzanne mit Schere, gehandelt haben, doch das beruht vermutlich auf einem Irrtum. Zwar hing ein Bild von Suzanne in der Ausstellung, doch das stammte von dem ebenfalls in Limburg arbeitenden Künstler Charles Eyck. Das einzige Gemälde von Nicolas, das dort zu sehen war, war das *Portret van Mrs Huxley*, der Gattin des britischen Schriftstellers Aldous Huxley, der ein paar Jahre zuvor mit dem Roman *Brave New World* (1932; auf Deutsch: *Schöne neue Welt*) Furore gemacht hatte. Diese Mrs Huxley war Maria Nijs, die älteste Schwester Suzannes und somit die Schwägerin des Malers.

Neben den Porträts von Nicolas und Eyck hingen in Brüssel Arbeiten von Carel Willink, Pyke Koch und Jeanne Bieruma Oosting, und auch das nordholländische Künstlerdorf Bergen war, unter anderem durch Leo Gestel, Dirk Filarski, Harrie Kuyten, Charley Toorop, Piet van Wijngaerdt und Matthieu Wiegman, reich vertreten. Von Letzterem hing dort das Porträt eines Mitbewohners seines Dorfs, des Dichters Adriaan Roland Holst. Gisèle konnte es noch nicht wissen, doch der Rundgang durch die niederländischen Säle war für sie nichts weniger als ein Blick in ihre Zukunft.

Alles wird anders

Ein paar Tage nach ihrer Rückkehr aus Brüssel rief Gisèle ihre Malerfreundin Judy Michiels van Kessenich an. So wie Joep Nicolas wohnte auch sie in Roermond, also kannte sie ihn vielleicht? Das war tatsächlich der Fall, und ein Termin zum Kennenlernen ließ sich kurzfristig organisieren.

Judy hatte ihr Atelier über der Garage am Haus ihrer Eltern in Roermond. Es war mittels einer Leiter und über eine Dachbodenklappe zu erreichen. Gisèle und Judy waren am Tag der Verabredung schon oben, als die anderen Besucher eintrafen und als Erster Joep Nicolas und anschließend seine zierliche, elegante Gattin den Kopf durch die Luke steckten. Diesen ersten Blick und das gleichzeitige freudige Gefühl der Sympathie und des Erkennens – Das sind meine Freunde! – hat Gisèle in ihrem späteren Leben oft erwähnt. Das ist auch nicht verwunderlich: Es war eine entscheidende Begegnung, ein Wendepunkt in ihrem Leben. Der Kontakt zu Joep und Suzanne Nicolas brachte Spannung in ihr Dasein, hatte großen, sogar wesentlichen Einfluss auf ihre Arbeit und bereicherte ihr Privatleben mit neuen Liebesbeziehungen und Freundschaften.

Zu dem Zeitpunkt, an dem Gisèle ihn kennenlernte, war Joep Nicolas ein gefeierter Künstler, eine überwältigende Erscheinung mit einer, in den Worten des Schriftstellers Godfried Bomans, »eigenartigen, bärenhaften Zierlichkeit«, ein Mann Ende dreißig mit viel Flair, geistreich, hochgebildet und freigebig. Der Name Nicolas war von jeher mit der Region Roermond verbunden. Joeps Großvater war der Gründer eines Ateliers für Glasmalerei gewesen, dem es durch den Aufschwung im Bau während der Zeit des Wiederauflebens des Katholizismus nach 1850 nie an Aufträgen gemangelt hatte. Der Bischofssitz in Roermond beherbergte mehrere Künstlerwerkstätten; auch das Atelier des Architekten Pierre Cuypers befand sich dort. Allein hier wurden in der zweiten Hälfte des neunzehnten Jahrhunderts etwa hundert Kirchen entworfen, die alle verglast und geschmückt werden mussten. »F. Nicolas en Zonen. Ateliers voor Glasschilderkunst«, deren Leitung Joeps Vater irgendwann übernahm, hatte also den Wind im Rücken. Joep wuchs in einem schmucken Herrenhaus an der Sint Jansstraat mit einem Kindermädchen und Französisch als Verkehrssprache auf, in einer Familie, die in der kleinen Stadt Ansehen genoss.

Nach dem erfolgreichen Besuch des Gymnasiums und Ausflügen in das Studium der Philosophie und Kunstgeschichte im Schweizer Fribourg sowie nach einem abgebrochenen Jurastudium entschied sich der junge Nicolas für das Künstlertum und absolvierte eine Ausbildung an der Rijksakademie in Amsterdam. Wenig später lernte er die belgische Bildhauerin Suzanne Nijs kennen. Aus einer wohlhabenden Textilhändlerfamilie stammend, hatte sie schon mehr von der Welt gesehen als ihr zukünftiger Ehemann. Während des Ersten Weltkriegs lebte sie mit ihrer Mutter und ihren drei Schwestern in England, Schottland, Frankreich und Italien. Wegen ihrer Ausbildung zur Bildhauerin wohnte sie anschließend in Brüssel, wo sie die Koninklijke Academie voor Schone Kunsten besuchte, und verkehrte dort in den Kreisen ihres Onkels, des symbolistischen Künstlers Georges Baltus, der sie seinen Künstlerfreunden vorstellte, unter ihnen Leon Spilliaert und James Ensor in Ostende.

Nach der Hochzeit ließ sich das Paar im nordholländischen Groet in der Nähe einer Reihe von Bergener Künstlern nieder, die Nicolas kennengelernt hatte und denen er sich verwandt fühlte. Doch das Malen spielte schon bald nur noch die zweite Geige, denn anders, als er immer behauptet hatte, fühlte er sich doch vom Glasmalerhandwerk seines Vaters und Großvaters angezogen. Anfang der Dreißigerjahre kehrte er mit Suzanne und zwei kleinen Kindern nach Roermond zurück, wo die Familie eine Etage im elterlichen Haus an der Sint Jansstraat bezog. Das freie Malen sollte er nie aufgeben, doch es kam neben den vielen Auftragsarbeiten bisweilen zu kurz.

Joep Nicolas verglaste in seinem Leben Dutzende von Kirchen – katholische wie protestantische –, staatliche Gebäude, Rathäuser, Unternehmenszentralen, Schulen und andere Einrichtungen. Als Monumentalkünstler brach er mit der damals bestehenden neogotischen Tradition, in der sein Vater und sein Großvater noch gearbeitet hatten. Darin hatte das bemalte Fenster einen bestimmten Platz, und der war der Architektur untergeordnet. Diese dekorative Dienstbeflissenheit reichte Nicolas nicht: Er sah in der Glasmalerei vielmehr eine angewandte Form der freien Kunst und in einem bemalten Fenster ein eigenständiges Kunstwerk, keine Fortsetzung, sondern im Gegenteil eine Unterbrechung der Wand. Die erste Probe seiner Glasmalerkunst als ein für sich stehendes Ausdrucksmittel war sein Sankt-Martins-Fenster aus dem Jahr 1925, inspiriert vom jährlichen Sankt-Martins-Laternenumzug der Dorfkinder, den er in Groet zum ersten Mal gesehen hatte. Mit dem Fenster machte er sich sofort einen Namen als ein Glasmaler, der neue Wege einschlägt. Es bekam Preise, wurde allerorten gelobt und vom Stedelijk Museum in Amsterdam gekauft.

Gegenüber der strengen Stilisierung und den würdevollen Gestalten der traditionellen Glasmalerei entwickelte er einen eigenen Stil mit kräftigeren Farben, einer größeren Dramatik, einer lebhaften Komposition sowie einer Vielfalt an verspielten Details. Seine Darstellungen gewannen an Lebendigkeit, indem er die Bleilinien anders setzte, dabei nicht mehr den Umrissen der Figuren folgte, sondern freier und phantasievoller vorging und sie oft quer durch die Darstellung laufen ließ. Er machte die Glasmalerei außerdem

»malerischer«, indem er erstmals ausgiebig dunkle Glasfarbe (Grisaille) benutzte und damit eine größere Helldunkelwirkung sowie stärkere dreidimensionale Effekte erreichte.

Auch in technischer Hinsicht konnte er gut mithalten. Er entwickelte das sogenannte Vermurail oder Wandglas, ein aus Glasscherben zusammengesetztes Mosaik, das aus dünnen Stücken Opalinglas besteht, die auf der Rückseite mit Metall, oft Silber oder Blattgold, bearbeitet worden sind, wodurch ein besonderer Glanz entsteht. Das Ergebnis eignet sich gut für Wanddekorationen, kleine Tischplatten und Ähnliches. Nicolas hielt ein Patent auf diese Technik, doch das konnte nicht verhindern, dass auch andere häufig Gebrauch davon machten.

Zusammen mit Künstlerkollegen wie Henri Jonas, Charles Eyck und Charles Vos wird Nicolas zu den bedeutendsten Vertretern der Limburger Schule gerechnet, die vor allem in den Dreißigerjahren Bekanntheit erlangte. Der Dichter und Kunstkritiker Jan Engelman war der wichtigste Promotor einer spezifisch Limburger Kunst, die in seinen Augen ihre Wurzeln in alten Handwerkstraditionen hatte, sich durch eine starke Verbindung mit dem Leben des Volkes und eine feste katholische Überzeugung auszeichnete. Es lässt sich darüber streiten, ob der Zusammenhang zwischen den in Limburg arbeitenden Künstlern eng genug war, um von einer »Schule« sprechen zu können, aber Engelmans Zuschreibung fand durchaus Nachahmung. Einen provinziellen Charakter sollte man der Limburger Schule übrigens nicht nachsagen. Viele der aus dem Süden der Niederlande stammenden Künstler wurden in den Provinzen Noord- und Zuid-Holland ausgebildet und standen unter dem Einfluss künstlerischer Entwicklungen im Ausland, vor allem solcher aus Flandern und Frankreich. Brüssel war für die Limburger ein wichtigerer Bezugspunkt als Amsterdam.

Katholisch war Nicolas gewiss. Er gehörte zu den literarischen und künstlerischen Kreisen um die Zeitschrift *De Gemeenschap*, das Sprachrohr der progressiven Katholiken in den Niederlanden mit dem bereits erwähnten Engelman als einer ihrer zentralen Figuren. Nicolas lieferte Beiträge für das Blatt, meist Illustrationen, aber auch einige Betrachtungen zum katholischen Künstlertum, zur Monumentalkunst und insbesondere zur Glasmalerei. Er stand mit beiden Beinen in der katholischen Tradition und machte für seine religiöse Glasmalerei vollauf Gebrauch von seinem enormen Wissen über die christliche Ikonographie. Doch obwohl er das Zeremoniell und die Tradition wie auch die Ästhetik von Ritual und Liturgie mochte, lässt er sich sicherlich nicht als ein besonders frommer oder tiefgläubiger Mann beschreiben. Dafür war er zu weltlich orientiert und neigte zu sehr dem mondänen Glanz zu. Eine Blaskapelle oder ein Karnevalsumzug faszinierten ihn nicht weniger als eine Prozession.

Nicolas war ein Genussmensch, wenn auch einer von der gequälten Sorte, denn Anfälle von Schwermut und starke Selbstzweifel waren ihm nicht fremd und machten ihn für seine Umgebung gelegentlich ungenießbar. Doch seine Energie, seine Lebensfreude und seine kreative Kraft waren groß und ansteckend. Sie wirkten auf Gisèle wie Wasser auf eine ausgetrocknete Pflanze. Auch Suzannes Beispiel muss für sie inspirierend gewesen sein: klug, mondän, voll nervöser Energie und ebenso wie Joep eine getriebene, harte Arbeiterin, der es gelungen war, sich in Roermond eine eigene Karriere aufzubauen. Sie erhielt Aufträge für Reliefs und Heiligenstatuen, machte Büsten und Porträtköpfe und war an der Gründung einer Keramikwerkstatt in Tegelen beteiligt, in der sie unterrichtete und ihre Entwürfe ausgeführt werden konnten.

Es war also Liebe auf den ersten Blick, dort im Dachbodenatelier von Michiels van Kessenich, und sie beruhte auf Gegenseitigkeit. Joep war äußerst angetan von dieser umherschweifenden aristokratischen jungen Dame und nahm sie sofort unter seine Fittiche. Seinen ersten Brief, verfasst nach Gisèles erstem Besuch in der Sint Jansstraat, unterschrieb er mit »votre maître professeur«. Das war nicht übertrieben: Unter seiner Anleitung und nach seinem Vorbild machte Gisèle sich schnell und ernsthaft an die Arbeit. Er rief ihre gestrandeten Ambitionen als Künstlerin wieder wach und beseelte sie mit einer Arbeitslust, die sie nie mehr verlassen sollte. Suzanne, bis dahin eine einsame Seele in Roermond, fand in Gisèle eine gleichgestimmte Freundin, jemanden, mit dem sie endlich reden konnte. Die Verkehrssprache in der Familie Nicolas war nach wie vor Französisch, also auch in dieser Hinsicht fügte Gisèle sich nahtlos ein. Es folgten Besuche und Übernachtungen in Roermond mit langen Abenden in Joeps Atelier. Einen Salon oder ein Wohnzimmer gab es in ihrer Wohnung nicht, damit brauchte man Suzanne nicht zu kommen – viel zu bourgeois.

Auch für die Kinder – Claartje (später Claire), zehn Jahre alt, und Sylvia, sieben – brachen ungewöhnliche Zeiten an. Gisèle brachte eine aufgedrehte, fröhliche Stimmung ins Haus, die den beiden auch in hohem Alter noch lebhaft vor Augen stand. Es wurden Spiele gespielt, man verkleidete sich, es gab Tanz- und Theatervorstellungen, und man bemalte die Kinderschreibtische mit Meerjungfrauen und exotischen Fischen. Gisèles Anwesenheit bedeutete für die beiden eine Aneinanderreihung unwiderstehlicher Vergnügungen. Im Hause Nicolas wurde sie wegen ihres strähnigen Haars in »Ficelle«, Schnürchen, umgetauft, während Suzanne von ihr, in Anspielung auf Joeps Porträt, auf dem sie mit einer Schere in der Hand abgebildet ist, »Ciseau«, Schere, genannt wurde, ein Name, der, meist als »Siso« geschrieben wurde. Joep selbst erhielt den Kosenamen Joepie oder Poohbear.

Daheim in Wijlre richtete Gisèle in einem der Nebengebäude erneut ein Atelier ein. Es sind farbenfrohe Gemälde, die in dieser Periode entstanden, mit Motiven, die der Umgebung entlehnt sind: südlimburgische Landschaften und Dorfansichten, der Gemüsegarten in Wijlre, Porträts von Menschen aus der Gegend oder die Kirmes in Maastricht. Joeps Malunterricht und seine Ansichten über das Malen kompensierten ihre mangelhafte Ausbildung und brachten sie voran. An schönen Tagen zogen sie zu fünft los, in die Umgebung oder nach Ostende, und nahmen dabei ihre Zeichen- und Malutensilien mit. Man besuchte Ausstellungen und stand sich oft gegenseitig Modell. Joep porträtierte sie in hellen Farben: sinnlich, provozierend und ein klein wenig frivol mit Zigarette, doch zugleich noch verletzlich wie ein junges Fohlen. Suzanne fertigte eine Porträtbüste von ihr an. Gisèle malte die Kinder und ihr Spielzeug. In dieser Phase begann sie auch, ihre Arbeiten zu signieren, anfänglich noch vereinzelt mit »Van der Gracht«, doch schon bald wurde daraus »Gisèle«, der Name, den sie sich in Paris definitiv zu eigen gemacht hatte und den sie für den Rest ihres Lebens benutzen sollte, als Privatperson und als Künstlerin.

Auch in einem allgemeineren Sinn war Joep Nicolas ein »maître professeur«. Belesen wie er war, brachte er sie in Kontakt mit der Literatur, mit Stendhal und Gide sowie anderen französischen Schriftstellern. Gisèle war sich dessen bewusst, dass sie, wie sie später selbst sagte, »ein unfertiges Produkt« war. Mit fünfzehn Jahren hatte man sie von der Schule genommen, so dass ihr Wissen und ihre Allgemeinbildung große Lücken aufwiesen, die sie nun begierig zu füllen begann. Nicolas war nicht so sehr ein Intellektueller als vielmehr ein Geschichtenerzähler und begnadeter Unterhalter, dessen Bildung und Geschichtskenntnisse ihn für die ihm zugewiesene Rolle als Mentor bestens qualifizierten.

Der Kontakt mit der Familie Nicolas bedeutete auch eine Bereicherung in sozialer Hinsicht. Als Dauergast in der Sint Jansstraat machte Gisèle die Bekanntschaft mit Hausfreunden wie dem Arzt Louis Hustinx und dem Fotografen Mathieu Koch. Auch der vielseitige Monumentalkünstler Charles Eyck gehörte zum Freundeskreis der Nicolassens. Es war ein Kommen und Gehen interessanter Menschen: Künstler, Schriftsteller und progressiver Katholiken wie Jan Engelman oder Anton van Duinkerken. Aus Bergen kam hin und wieder der Dichter Adriaan Roland Holst herüber, mit dem Joep und Suzanne seit den Jahren, in denen sie in Groet gelebt hatten, befreundet waren. In seinem Kielwasser befanden sich sein Bruder Marius (Eep) und dessen Frau Annie de Meester, selbst auch Kunstmalerin und Schwester des Bühnenregisseurs Johan de Meester, sowie der Dichter Jacques Bloem und der Maastrichter Verleger und Typograph Sander Stols.

Über Suzanne kam Gisèle auch in Kontakt mit belgischen Künstlern und lernte die persönliche Phantasiewelt Edgard Tytgats und den »poetischen Realismus« von Paul Delvaux kennen. Und dann gab es da noch die drei Schwestern von Suzanne: allesamt außergewöhnliche und unkonventionelle Frauen, die ihre Ehemänner in der Welt der Literatur, der Kunst und des Theaters gesucht und gefunden hatten. Maria Huxley kam oben bereits zur Sprache. Die jüngste der vier Schwestern, Rose, heiratete im Herbst 1935 den surrealistischen belgischen Dichter Eric De Haulleville. Das junge Paar war das Verbindungsglied zwischen der Familie Nicolas und dem künstlerischen und intellektuellen Brüsseler Milieu mit all den dazugehörigen Vergnügungen: Gartenfesten, Kostümbällen und Theatervorstellungen. Gisèle fand es herrlich, daran teilzunehmen.

Es war, als würden sich die Vorhänge ihres Lebens öffnen und von allen Seiten Licht und Fröhlichkeit hineinströmen. Gisèle hat nie ein Geheimnis daraus gemacht, dass die Begegnung mit dieser Familie von entscheidendem Einfluss auf ihre Person und ihre Entwicklung war. Hatte sie bis dahin das Leben einfach auf sich zukommen lassen, war sie nun endlich wachgerüttelt worden. Die Liebe und Dankbarkeit gegenüber den Personen, die diese Wende zustande gebracht hatten, waren überwältigend. Ein erhalten gebliebener Zettel mit zwei Gedichten zeugt davon. »Siso. Ce que j'aime en elle«, so begann das erste, »Joepelypoop. Ce que j'aime en lui«[3] das zweite, gefolgt von einer gereimten Aufzählung liebenswerter Eigenschaften: Suzannes neiderregend kleines Hinterteil, ihre Fähigkeit, Atmosphäre zu schaffen, und ihr guter Geschmack, ihre Ruhe und ihre herzliche Freundschaft; Joeps lange Wimpern und sein zurückhaltendes Lächeln, sein Nacken (zu viel Stier für seinen Kopf), seine Hypochondrie und die Neigung zum Pathos, seine Ausgelassenheit und seine Erfindungsgabe. Gisèles Leben hatte sich für immer verändert, darauf lief es hinaus.

An die Arbeit

Gisèle wohnte noch zu Hause, ein Treffen zwischen der Familie Nicolas und ihren Eltern konnte also nicht lange ausbleiben. Von diesen Besuchen hat Tochter Sylvia eine Reihe von Dingen im Gedächtnis behalten: wie furchtbar vernarrt Willem in seine Tochter war, die elegante und vornehme Erscheinung der Mutter Gisèles und wie steif und förmlich es auf Schloss Wijlre zuging. Der Tisch war perfekt gedeckt, das Personal stand hinter einem Wandschirm und wartete darauf, dass abgeräumt werden konnte.

Nach anfänglichem Zögern waren die Eltern van Waterschoot van der Gracht sehr von den jüngsten Entwicklungen angetan. Willem konnte sich in Nicolas' Ideen über das katholische Künstlertum

---

3 »Siso. Was ich an ihr liebe.« – »Joepelypoop. Was ich an ihm liebe.«

wiederfinden und schätzte sein Werk ebenso wie das von Suzanne. Mit Gisèle laufe es ausgezeichnet, schrieb er an Ides und Arthur in den Vereinigten Staaten. »Es macht sie sehr viel ausgeglichener und heiterer, wirklich beschäftigt zu sein und zu spüren, dass sie Fortschritte macht. Die Freundschaft zur Familie Nicolas, ich betone FAMILIE, hat sich letzten Endes als wahrer Segen erwiesen.« Mit Porträtaufträgen hatte sie inzwischen selbst etwas Geld verdient und entdeckte wieder die Lust und die Freude an der Arbeit.

Diese Arbeit konzentrierte sich unter dem Einfluss von Nicolas in zunehmendem Maße auf die Glasmalerei, eine völlig neue Welt, mit der Gisèle Bekanntschaft machte. Während ihrer vielen Aufenthalte in der Sint Jansstraat bekam sie das Verfahren langsam, aber sicher in den Griff: die Vergrößerung des Entwurfs auf die eigentliche Größe (die Kartons), die Position der Bleilinien und die Nummern für die verschiedenen Farben des Glases, wonach das Schneiden, Bemalen mit Glasfarbe und Grisaille sowie schließlich das Brennen und In-Blei-Fassen im Gartenatelier folgten. Die Hilfe, die Gisèle bereits regelmäßig leistete, bekam im Juni 1937 einen formalen Charakter: Sie begann offiziell als Nicolas' Assistentin in seinem Atelier zu arbeiten, ihre erste Stelle. In dem Sommer verließ sie auch das elterliche Schloss in Wijlre, um in ein Atelier mit einliegender Wohnung in der Burgemeester Thomas Wackersstraat in Leeuwen-Maasniel zu ziehen, heutzutage ein Stadtteil von Roermond, damals aber noch ein kleines, eigenständiges Dorf, etwa zehn Minuten mit dem Fahrrad von der Stadt entfernt.

Die neue, gemietete Unterkunft, bestehend aus einem einzigen großen Raum, befand sich mitten in einem Gemüsegarten und gehörte der Familie Mooren. Wenn sie es wünschte, konnte sie dort auch Frühstück und Abendessen bekommen. Gisèle und die Moorens verstanden sich von Anfang an sehr gut. Er war Karosseriebauer und fertigte in diesen Jahren, dank seines handwerklichen Geschicks, eine Reihe von Möbeln nach Entwürfen von Gisèle an. In ihrem Atelier, von Gisèle schon bald ironisch »Château Leeuwen« oder »Le Château« genannt, zeichnete sie Kartons, anfangs nur nach den Skizzen Nicolas', aber im Laufe der Zeit immer öfter auch nach eigenen Entwürfen.

Auf einem gelben Sportfahrrad pendelte sie zwischen dem

Atelier in Leeuwen-Maasniel und Roermond hin und her, dabei häufig in einen violetten Kapuzenumhang gehüllt. Das Freifräulein, wie sie von den Dorfbewohnern genannt wurde, war eine richtige Sehenswürdigkeit in der Umgebung des seinerzeit beschaulichen, aber gleichzeitig beklemmend vornehmen und äußerst kleinstädtischen Roermond. Auch auf anderen Gebieten kultivierte sie eine gewisse Exzentrik. Sie bevorzugte sonderbare Lebensmittelkombinationen, die sie nach eigener Auskunft in Amerika und Österreich kennengelernt hatte – Hähnchen mit Marmelade, Schinken mit Ananasscheiben – und konnte sich seltsam herausputzen. Ein Freifräulein war Gisèle streng genommen nicht, schließlich war sie nicht von Adel, aber ihr aristokratischer Hintergrund vergrößerte ihre Bewegungsfreiheit und trug sicherlich mit dazu bei, dass die Limburger Zuschauer ihr Verhalten eher amüsiert als missbilligend beobachteten. Leute wie sie benahmen sich einfach öfter mal komisch.

Zu denen, die dieses exzentrische Verhalten amüsant oder lustig fanden, gehörte ihr Vater aber nicht. »Du bist doch nicht verrückt«, schrieb er ihr, »warum sich also so geben?« Die in ihrem Werk hin und wieder auftauchenden »fits of modernism«, merkwürdige oder modische Schrullen in einem für seinen Geschmack durchsichtigen Versuch, »anders« zu sein, mochte er auch nicht. Doch viel hatte er nicht darüber zu klagen. Vorläufig stand Gisèle als Malerin noch mit beiden Beinen fest auf dem Boden des Realismus, und ihre Arbeit für Nicolas lud nicht gerade zu Experimenten ein. Diese Arbeit war stark handwerklich geprägt und auftragsgebunden. Außerdem war es die ausdrückliche Absicht, dass sie in den Fußstapfen und im malerischen Stil ihres Lehrmeisters arbeiten sollte, denn obwohl sie einen immer größeren Teil ihrer Arbeit selbständig verrichtete, blieb er der Endverantwortliche, und das Endprodukt trug seinen Namen.

Als Nicolas' Assistentin war Gisèle Ende der Dreißigerjahre an der Verglasung einer großen Anzahl von Kirchen und Gebäuden beteiligt: der Goede Herderkerk in Wassenaar, der römisch-katholischen Kirche in Beek en Donk, der Heilig Hartkerk in Breda, einem Bankgebäude in Rotterdam. Auch arbeitete sie an Nicolas' Auftrag mit, eine große Wanddekoration in Vermurail für den Speisesaal der Nieuw Amsterdam, der neuen Visitenkarte der Holland Amerika Lijn, anzufertigen. Zu der wunderbaren Art-déco-Innenausstattung des Passagierschiffs lieferte eine Vielzahl von Künstlern einen Beitrag. Ein interessantes Gemeinschaftsprojekt war auch die Hubertuskerk in Beek-Genhout, eine neue Kirche des Maastrichter Architekten Alphons Boosten. Dank des Engagements von mehr als zehn Künstlern entstand in diesem Limburger Dorf ein Gesamtkunstwerk, mit Bildhauerarbeiten von Charles Vos, Wand- und Deckenmalereien von Charles Eyck und Fenstern von Nicolas, Eyck, Henri Jonas und Gisèle.

Das wachsende Interesse, dessen sich die Arbeiten der Limburger Künstler zu dieser Zeit erfreuen durften, drückte sich in einer Reihe von Ausstellungen aus: 1936 etwa eine in Aachen und im Herbst 1937 eine in Den Haag. In dieser letzten Ausstellung, die unter dem Titel »Hedendaagsche Limburgsche Kunst« im Haager Gemeentemuseum stattfand, gab Gisèle ihr Debüt. In der Ausstellung wurde vor allem nichtreligiöse Kunst von siebenundzwanzig Künstlern gezeigt, darunter Joep und Suzanne Nicolas, Charles Eyck, Henri Jonas, Henri Schoonbrood, Charles Vos und Judy Michiels van Kessenich. Neben bildenden Künstlern waren auch Kunsthandwerker, Architekten und Typographen daran beteiligt. Gisèle, mit ihren fünfundzwanzig Jahren die jüngste Teilnehmerin, war in Den Haag mit sechs Werken vertreten: fünf Gemälden (einem Porträt ihres Vaters, zwei Porträts von Zigeunerkindern, einer Waldansicht und dem Gemüsegarten auf Wijlre) sowie einer Reihe von Illustrationen aus dem Pariser »Fischbuch«. Zusätzlich war sie in der Ausstellung auch noch in den Werken anderer präsent: dem Porträt von Joep und der Büste von Suzanne.

Die Publizität dieser Ausstellung konzentrierte sich vor allem auf die großen Namen (Jonas, Eyck, Vos, das Ehepaar Nicolas). Einzelne Kritiker beschäftigten sich auch kurz mit den Arbeiten Gisèles, wobei der Ton stets wohlwollend und positiv war. Wenngleich die Ausführung manchen dieser Kritiker zufolge noch zu wünschen übrig lasse, handele es sich doch um jemanden, den man im Auge behalten sollte. Im *Maasbode* wurden ihre Gemälde wegen der Farben und des Ausdrucks gelobt, vor allem das Porträt ihres Vaters, dessen »feiner, geistreicher Aristokratenkopf« laut der Zeitung gut getroffen sei. Der Rezensent vermisste jedoch Eigenwilligkeit, das Vorbild von Joep Nicolas sei noch zu nachdrücklich präsent: »Man möchte von Frl. Waterschoot Dinge sehen, die mit mehr Mühe erlangt worden sind, aber auch deutlicher ihren eigenen Stempel tragen. Ein bemerkenswertes Talent ist diese Malerin sicherlich.«

Ihr Debüt steigerte Gisèles Selbstvertrauen und nährte selbstverständlich auch den elterlichen Stolz. Willem verfolgte die Zeitungsberichte und klebte die Besprechungen auf dünne Kartons; Passagen, in denen seine Tochter erwähnt wurde, markierte er mit einem Rotstift. Positive Nachrichten waren in Wijlre willkommen, denn ansonsten herrschte wenig Grund zur Freude: Josephines Gesundheit war schon länger schwach, erreichte jedoch Ende 1936, nach einigen heftigen Anfällen von Angina Pectoris, einen Tiefpunkt. Die Krankheit zehrte sie allmählich aus und machte sie, in Verbindung mit ihrem Hang zu obsessiver Besorgnis und zur Grübelei, ihren depressiven Stimmungen und den Rheumabeschwerden, mehr oder weniger zu einer Invalidin. Sie konnte kaum noch die Treppe hinuntersteigen, und etwa anderthalb Jahre lang empfing sie die Hauskommunion, weil sie nicht in der Lage war, die heilige Messe zu besuchen. Sogar das Schreiben und Tippen war eine Weile unmöglich, weil sie Krämpfe in den Fingern bekam. Erst im Laufe des Jahres 1939 verbesserte sich ihr Zustand.

Willem ging mehr denn je in seiner Arbeit auf. Er näherte sich dem Rentenalter, doch die Aussicht auf einen ruhigen Lebensabend bereitete ihm Sorgen. Da er stets in befristeten oder schlecht geregelten Beschäftigungsverhältnissen gearbeitet hatte, fehlte es an einer guten Rentenabsicherung, und seine amerikanischen Geldanlagen generierten noch immer zu wenig Einkünfte, um den unvermeidlichen finanziellen Abstieg aufzufangen. Das würde die Rückkehr nach Hainfeld bedeuten, und indem er sich viel Arbeit auflud, hoffte er, sich unentbehrlich zu machen, so dass man sein Ausscheiden verhindern würde. Er besuchte Konferenzen, hielt Vorträge, beriet die Regierung und den Völkerbund auf den Gebieten Bergbau und Bodenschätze und bekleidete Leitungsfunktionen. Und die Sache entwickelte sich tatsächlich so wie von ihm gewünscht: Ende 1937 bat man ihn, seine Tätigkeit noch um zwei Jahre zu verlängern, bis zum Mai 1940. Das war nicht nur finanziell, sondern auch, was die gesundheitliche Situation seiner Frau betraf, ein Glücksfall.

Im Mai 1938 konnte daher auf Schloss Wijlre Willems fünfundsechzigster Geburtstag gefeiert werden, in kleinem Kreis und mit einer kurzen Ansprache seiner Tochter, aus der ihre tiefe Verbundenheit und Bewunderung sprach. Hätte sie sich einst ihren Vater aussuchen können, wäre es zweifelsohne der hier geworden: »Du warst in jeder Beziehung ein wundervoller Daddy, in jeder Beziehung ein großartiges Vorbild für uns. Wir hoffen, meine Brüder und ich, dass wir Dir eines Tages in irgendeiner Hinsicht ähneln werden.«

Parallelexistenzen

»Die Freundschaft zur Familie Nicolas, ich betone FAMILIE, hat sich letzten Endes als wahrer Segen erwiesen«, schrieb Willem an seine Söhne. Er kannte seine Tochter, und sie kannten ihre Schwester. Es war ein rührender Versuch, sie wissen zu lassen, dass nichts Verkehrtes im Umgang mit dem einzigen Mann in der Familie Nicolas lag. Doch in den Großbuchstaben schimmert die Ohnmacht bereits durch. Es war eine eitle Hoffnung.

Joep und Suzanne Nicolas hatte in ihren jungen Jahren eine abgrundtiefe Abneigung gegen eine bürgerliche Existenz miteinander verbunden. Ein ödes, rundum abgesichertes Leben war ihnen ein Gräuel, und in ihrer Ehe gönnten sie einander große Freiheiten. Joep war auf seine Weise ein echter Familienmensch, das schon, doch er war kleinen Abenteuern und lockeren Beziehungen, wie sie öfter in den bohemienhaften Künstlerkreisen vorkamen, in denen sie verkehrten, nicht abgeneigt. Er hatte, was das betraf, sogar einen gewissen Ruf zu verteidigen. Suzanne fehlte es ihrerseits nicht an Verehrern, sie neigte jedoch nicht oder zumindest sehr viel weniger zu amourösen Ausflügen als ihr Mann. Sie war frei und kosmopolitisch erzogen worden und wusste, was die Welt zu bieten hatte, wenn auch nur durch die Nähe des komplizierten Liebeslebens ihrer drei Schwestern. In ihren Memoiren sollte sie bemerken, dass die Sitten in ihrem damaligen Umfeld sich nur wenig von denen der

1. Die Familie van Waterschoot van der Gracht im Jahr 1908 nach der Geburt Walters. Links Ides, rechts Arthur.

2. Gisèle im Alter von zwei Jahren in Den Haag.

3. Gisèle auf dem Rücken ihres Bruders Arthur während eines Ferienaufenthalts in Lake Placid.

4. Das Haus am Brentmoor Park in Saint Louis.

5. Gisèle in Saint Louis, 1921.

6. Gisèle und ihre Mutter.

7. Willem van Waterschoot van der Gracht, 1940.

8. Schloss Hainfeld in Österreich.

9. Gang im ersten Stockwerk.

10. Die Bibliothek auf Schloss Hainfeld. In der Mitte der massive Tisch mit den ein- und ausschiebbaren Stühlen.

11. Gisèle auf Hainfeld im Sommer 1930.

12. Gisèle (mit Jagdgewehr) unterwegs mit Erwin Köppel (Onkel Stumpferl).

13. Gisèle und Erwin mit der geschossenen Großtrappe.

14. Dario Simoni, der erste Mann, den Gisèle heiraten wollte.

15. Radierung nach dem Gemälde *L'Inspiration* von Jean-Honoré Fragonard. Diese Einsendung trug Gisèle 1931 eine Auszeichnung auf dem Pariser Salon ein (Foto: Gert Jan van Rooij).

16. Schloss Wijlre, um 1935.

17. Gisèle in ihrem Atelier in einem der Nebengebäude des Schlosses.

18. Gisèle und Joep Nicolas, 1938.

19. Willem und Josephine zu Besuch im Atelier in Leeuwen-Maasniel.

20. Adriaan Roland Holst und Suzanne Nicolas während der Ferien in Sanary, 1938.

21. *Vier Minenarbeiter bei der Arbeit*, 1932 (Foto: Gert Jan van Rooij).

22. *Atelier in Leeuwen-Maasniel*, 1937.

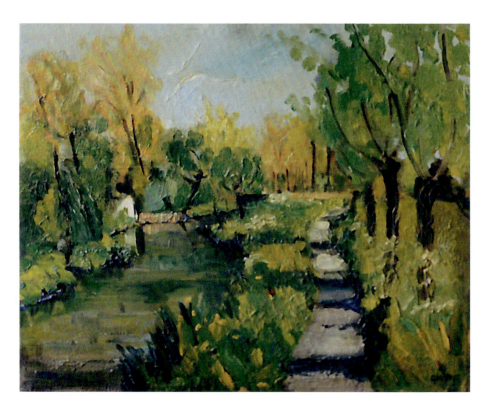

23. *Der Fluss Geul bei Wijlre*, 1934.

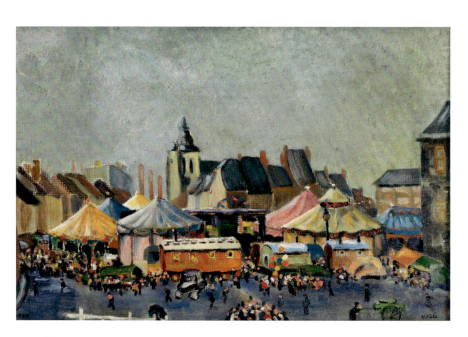

24. *Kirmes in Maastricht*, 1935 (Foto: Gert Jan van Rooij).

25. *Chinesische Puppe von Sylvia*, 1937 (Foto: Gert Jan van Rooij).

26. *Selbstporträt mit Pinseln*, 1940. Gisèles erstes Selbstporträt.

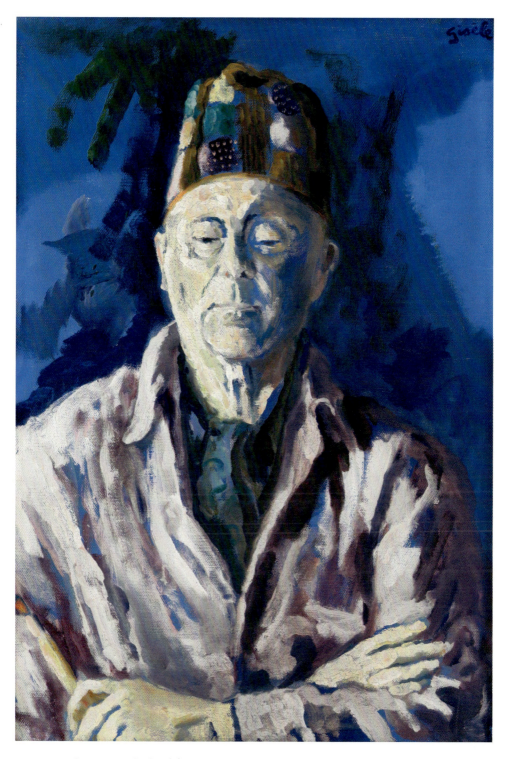
27. *Joep Nicolas* (undatiert) (Foto: Gert Jan van Rooij).

28. *Sylvia Nicolas*, 1963.

29. Willem und Josephine in Haus Jachtduin an der Eeuwigelaan in Bergen.

aufständischen Jugend in den Siebzigerjahren unterschied. Wir waren seinerzeit weder prüder noch treuer, schrieb sie, wir sprachen darüber nur nicht in der Zeitung oder im Fernsehen.

Für Gisèle war das alles neu. Der Kontakt zu den liberalen Künstlerkreisen, in denen das Ehepaar Nicolas verkehrte, bedeutete für sie die Bekanntschaft mit einer noch unbekannten Lebensweise, vollkommen anders als die in ihrem elterlichen Milieu und was sie sonst bisher kannte: die muffige Vornehmheit des ehemaligen österreichischen Adels und den kleinen Pariser Kreis um Prinz Wolkonsky mit seinem Modebewusstsein und seinen mondänen Vergnügungen. Gisèle ihrerseits vermittelte dem Hause Nicolas mit ihrem Hintergrund eine gewisse aristokratische Eleganz. Die Kinder merkten, dass unter ihrem Einfluss eine luxuriösere, etwas pompösere Lebensweise Einzug hielt: mit kleinen Reisen, zusätzlichem Personal und einer Bedienung am Tisch. Gisèle beschäftigte sich viel mit Kleidung, achtete stark darauf, wie sie aussah und was andere anhatten, und sie schminkte sich. Suzanne folgte ihrem Beispiel und benutzte ebenfalls Lippenstift.

Eine Liebesbeziehung zwischen Joep und Gisèle lag von Anfang an in der Luft. »Ich brauche Ihnen nicht zu sagen, wie groß die Leere war, die Sie hinterlassen haben, als Sie gingen«, schrieb der *maître professeur* seinem neuen weiblichen Lehrling nach ihrem ersten Besuch in der Sint Jansstraat, »in unserem Haus, im Garten, im Atelier und – am schlimmsten von allem – in unserer Seele und in unserem Herzen.« Danach dauerte es aber noch ein Jahr. Im Herbst 1936 lud Joep sie ein, nach Groet zu kommen. Dort verfügten die Nicolas' noch immer über ihr ehemaliges Haus, einen charmanten kleinen Bauernhof mit Reetdach, den sie behalten hatten, um ihn als Ferienhaus zu nutzen. Und dort nahm die Affäre zwischen Joep und Gisèle ihren Anfang.

Joep Nicolas war Gisèles erste große Liebe, die Gefühle, die sie für Dario hegte, wirkten dagegen schal. Doch in ihrem engsten Umfeld konnte sie schwerlich ihre Jubelstimmung bekannt werden lassen. Es gab eigentlich nur eine einzige Person, mit der sie die Freude über die Ereignisse teilen konnte: Erwin, ihr alter Onkel Stumpferl und ehemaliger *partner in crime*. Ihn machte sie zum Mitwisser, wie sich aus seiner Reaktion schließen lässt: »Nun, liebe Gisy (...)«, schrieb er ihr aus Hantberg zurück, »vielleicht höre ich gelegentlich wieder einmal von Dir aus Groet bei Schoorl. Joep Joep Joep Hurrah!« Die kombinierte Rolle eines Lehrmeisters und Liebhabers, die Joep nun spielte, muss Erwin bekannt vorgekommen sein. Sein Platz war nun definitiv vergeben.

Für Joep Nicolas begann das Verhältnis mit Gisèle vielleicht noch als kleines Abenteuer, wie er sie öfter gehabt hatte, doch diese Schablone stellte sich schon sehr bald als nicht mehr passend heraus. Gisèle war sowohl ein Quell der Freude als auch eine Qual. Sie machte sein Leben leichter und angenehmer. Sie relativierte seine Melodramatik und sein Selbstmitleid, lachte über seine Wut, unterhielt und überraschte ihn mit ihrer Phantasie, ihrem Humor und ihren unerwarteten Aktionen. Doch zugleich ließ sie ihn nicht los und spukte ihm Tag und Nacht durch den Kopf. »Gisèle, doux fléau de ma mure jeunesse« – sanfte Plage meiner reifen Jugend, schrieb er in einem Liebesgedicht, in dem er seinem gequälten Gemüt Ausdruck verlieh: »Qui ronges mes nuits et ravages mes jours!/Mon esprit est troublé de désirs et faiblesses/Tu me hantes, je sais: c'est folie ou amour.« (Die an meinen Nächten frisst und meine Tage über den Haufen wirft!/Mein Geist ist verwirrt von Sehnsucht und Schwäche/Du verfolgst mich, ich weiß, es ist Verrücktheit oder Liebe.)

Obwohl sich im Haushalt der Familie Nicolas offenbar nur wenig änderte, muss diese aufblühende Liebe auch zu Spannungen geführt haben. Suzanne war einiges gewohnt, und es war in ihren Kreisen sicher nicht üblich, sogar höchst unpassend, die eifersüchtige Ehefrau zu spielen, doch die Situation muss für sie kompliziert gewesen sein. Nicht nur wegen ihrer eigenen Freundschaft mit Gisèle, sondern auch, weil die neue Freundin ihres Ehemanns, trotz der Atelierwohnung in Leeuwen-Maasniel, mehr oder weniger Teil der Familie war. Es gab peinliche und demütigende Momente, beispielsweise bei Kulturveranstaltungen in Brüssel, auf denen Joep inzwischen ständig mit seinen *beiden* Frauen auftauchte, oder als sie zu fünft nach Ostende fuhren und man Joep und Gisèle für Mann und Frau hielt. Obwohl sie zehn Jahre jünger war als Suzanne, hatte Gisèle, wenn sie wollte, eine umwerfende Präsenz und wusste die Aufmerksamkeit so sehr auf sich zu lenken, dass Suzanne mit ihrem unglaublich mädchenhaften Äußeren für die dritte Tochter oder das Kindermädchen gehalten wurde.

Was die Situation weiter verkomplizierte, war die Tatsache, dass Joep nicht der Einzige war, der für Gisèles Reize empfänglich war. Auch sein Freundeskreis fand Gefallen an ihr, so dass Roermond vorübergehend zum Zentrum seltsamer erotischer Verstrickungen wurde. Nach einem Besuch der Dichterfreunde Adriaan Roland Holst und Jacques Bloem im Herbst 1936 fuhren beide ein wenig liebestrunken wieder heimwärts. Bloem blieb im Weiteren eine Randfigur in Gisèles Leben, auch wenn er ihr nach einem Wiedersehen ein paar Jahre später ein lyrisches Gedicht widmen sollte, in dem er die erste Begegnung noch einmal wachruft und die Stadt Roermond heiligspricht, weil er dort erstmals sein Auge auf sie fallen ließ.

Mit Adriaan Roland Holst, für seine Freunde Jany, entstand ein sehr viel dauerhafterer Kontakt. Zum Zeitpunkt des Besuchs in Roermond ging er auf die fünfzig zu, ein eleganter Dandy mit einem überwältigenden Charme. Obwohl noch nicht mit dem Ehrentitel »Prinz der Dichter« bedacht, der ihn in den Nachkriegsjahren bis zum Exzess verfolgen sollte, war sein Ruf als Dichter bereits sehr gefestigt. Die Veröffentlichung des Gedichtbands *Een winter aan zee* (1937) trug weiter dazu bei. Wie viele andere Frauen war auch Gisèle nicht unempfänglich für die Anziehungskraft dieses unverbesserlichen Schürzenjägers. Ende 1936 entspann sich zwischen beiden eine Korrespondenz mit einem hohen Flirtgehalt, anfangs auf Französisch, nach ein paar Briefen schalteten sie auf Englisch um.

Nachdem die Gemüter brieflich aufgewärmt und die Erwartungen aufgefrischt worden sind, kommt Roland Holst Anfang Februar 1937 erneut nach Roermond, um Karneval zu feiern. Während der Feier auf Schloss Scheres in Baarlo bei Max de Weichs de Wenne wird die fröhliche Stimmung jedoch getrübt, weil Joep die Annäherung zwischen Gisèle und seinem guten Freund Roland Holst nicht länger mitansehen mag. Er kann sich nicht beherrschen und lässt seiner eifersüchtigen Wut freien Lauf.

Über diesen Ausbruch wird in der Folge eine Menge korrespondiert. Joep ist sofort bereit, sich Asche aufs Haupt zu streuen. Gisèle gegenüber zeigt er sich zerknirscht und demütig, und an Roland

Holst schreibt er, dass er sich zutiefst für sein ungehobeltes Verhalten schäme. Er habe nie gedacht, dass er noch einmal unter der Liebe leiden würde. Eifersucht sei ihm unbekannt gewesen, etwas, das nur anderen Menschen widerfahre, doch mit Ficelle sei alles anders. Neben Suzanne sei sie die einzige Frau, die er seiner Liebe noch für würdig erachte. Deshalb habe er sich so lächerlich verhalten. Er hoffe nur, dass es ihrer Freundschaft nicht schaden würde.

Das alles erwies sich dann schließlich als halb so wild, aber es war nur erst ein Teil der Verwicklungen. Auch Janys Bruder Eep, einen der anderen Gäste auf der Feier, packte es nach einem gemeinsamen Spaziergang und einem kurzen Beisammensein mit Gisèle so sehr, dass er in seiner Euphorie mehrere leidenschaftliche Briefe an sie schrieb. Er wurde taktvoll und freundlich von ihr abgewiesen und ließ sie im Weiteren in Ruhe. Der aufkeimenden Romanze mit Jany wurde ebenfalls Einhalt geboten oder sie wurde zumindest von ihm zeitweilig auf Eis gelegt. Ende Februar schickte er Gisèle von Bergen aus ein Exemplar des Romans *Le Grand Meaulnes* (auf Deutsch: *Der große Kamerad* oder *Der große Meaulnes*) von Alain Fournier, versehen mit der Widmung: »Ce tissu de rêve, de realité et de nostalgie, pour remplacer ›an unfinished story‹« – Dieses Gewebe aus Traum, Realität und Nostalgie als Ersatz für eine unvollendete Geschichte. Der Dichter hatte den Kopf wieder voll mit anderen dringenden Angelegenheiten und genügend andere Freundinnen, mit denen er sich vergnügen konnte. Doch als noch »unvollendet« sollte sich die Geschichte tatsächlich erweisen. In den Jahren 1939/1940 wurde die Verbindung wiederaufgenommen.

Und Suzanne? Sie darf sich als Ehefrau und Herzensfreundin all die Geschichten anhören. Joep führt nach dem Vorfall lange Gespräche mit ihr. Sie sei so freundlich und klug, was würde er bloß ohne sie machen, schreibt er Gisèle. Derweil schüttet Suzanne *ihrem* Vertrauten, Roland Holst, ihr Herz aus, womit der Kreis geschlossen wäre. Sie schreibt ihm von ihren Gefühlen der Einsamkeit. Holst, der große Sympathien für Suzanne hegt, antwortet, dass er es bewundere, wie sie ihr Los trage und sich selbst treu bleibe, ohne sich zu billigen Formen der Genugtuung herabzulassen. Schöne Worte, doch ein schaler Trost. Sein Wissen um Suzannes Gemütsverfassung spielte wahrscheinlich auch eine Rolle bei seiner Entscheidung, die

Angelegenheit in Roermond vorläufig ein wenig auf Distanz zu halten. Seinen kurzen Brief an Gisèle, der *Le Grand Meaulnes* begleitet, beendet er jedenfalls mit den Worten: »Vergiss nie, dass Suzanne mehr ist, als wir alle zusammengenommen jemals werden sein können (Ich sage das *nicht*, um dich zu überreden, Joep zu verlassen!).« Das wird von Gisèle umgehend bestätigt. Suzanne sei eine fabelhafte Person: »›Wir alle zusammengenommen‹ geben neben ihr ein trauriges Bild ab – und *insbesondere* ich ein miserables!«

Nie zuvor habe sie eine bessere Freundin gehabt. Dennoch maskieren Gisèles Lobpreisungen an die Adresse Suzannes letztlich einen starken Mangel an Empathie. In Gisèles Welt drehte sich alles um sie selbst: Suzannes Gefühle beschäftigten sie nicht wirklich. Für diese blieb die Situation kränkend. »Ich bin müde und angewidert von alldem hier«, schrieb sie später im Frühjahr an Roland Holst.

Wo war das katholische Mädchen, die Ehemalige des Sacré Cœur, unterdessen geblieben? Gisèle kleidete sich aufreizend, trank und rauchte und verstieß mit schöner Regelmäßigkeit gegen das sechste und das neunte Gebot (Du sollst nicht ehebrechen beziehungsweise Deines Nächsten Frau begehren). Damit war sie natürlich nicht allein, doch das Besondere daran war, dass es ihr gelang, dieses neue Leben zu führen, ohne sich ihren Eltern zu entfremden – das Verhältnis zu ihnen war enger denn je – und ohne die Verbindung zu ihrem Glauben zu verlieren. Man könnte sagen, dass ein solcher Widerspruch zwischen Leben und Lehre typisch für den Katholizismus ist und es ihn nur dort geben kann, aber das erklärt nicht alles. Denn ein weiteres Mal drängt sich die Frage auf, wie es ihr gefühlsmäßig gelang, diese Extreme miteinander in Einklang zu bringen, ohne sich zu verzetteln, Gewissensbisse zu bekommen oder in einen inneren Konflikt zu geraten.

Gisèle entwickelte in den prägenden Jahren ihres Lebens eine verblüffende Fähigkeit, in getrennten Welten zu leben, eine Fähigkeit, die in einer vielschichtigen Persönlichkeit wurzelte. In jeder neuen Lebensphase bildete sich gewissermaßen ein neues Sediment, das sich mit einer dazugehörigen Persönlichkeit verband. In ihrer Erziehung wurde ein stabiles Fundament gelegt, dessen wichtigste Bestandteile der Katholizismus, das Standesbewusstsein und das Noblesse oblige waren. Darauf ruhte die Schicht der Pariser Jahre mit ihren Frivolitäten, dem Glamour und dem Luxus. Während der Roermonder Jahre kam es zu einer neuen Sedimentation, verbunden mit dem Künstlermilieu des Ehepaars Nicolas, in der sich Vergnügungen und sexuelle Freiheiten mit einem starken Arbeitsethos und einer seriösen Hingabe an die Kunst paarten. Nicht all diese Persönlichkeitsschichten waren gleich dick und in den verschiedenen Phasen gleichermaßen aktiv, aber es wurde nie etwas abgestoßen, und ebenso wenig gab es eine Vermischung von Einflüssen, die zu einem neuen, integrierten Ganzen geführt hätten. Das dem zugrunde liegende Modell blieb das einer Schichttorte: Teilpersönlichkeiten, die mit den diversen Kreisen korrespondierten, in denen Gisèle verkehrte, und auch mit den diversen Sprachen, mit denen sie aufgewachsen war.

Was auf diese Weise entstand, war keine Frau aus einem Guss, sondern ein fragmentiertes Ganzes, eine Kombination aus diversen Rollen und Verhaltensmustern, eine Person, die in der Lage war, große Widersprüche in sich zu vereinen, ohne dass dies zu Spannungen und Konflikten führte. Die Gegensätze schienen ihr selbst sogar völlig zu entgehen. Gisèles Fähigkeit zum Umschalten und, abhängig von ihrer Umgebung, von einer Sekunde zur anderen eine Metamorphose durchzumachen, ist für jeden, der sie gekannt hat, eine ihrer charakteristischsten Eigenschaften gewesen. Die sexuelle Freiheit und das Zügellose des Künstlerbohemiens kombinierte sie mühelos mit der Disziplin, den religiösen Pflichten und den guten Manieren eines wohlerzogenen jungen Mädchens aus der High Society.

Dass Gisèle, als sie bei ihren Brüdern in den Vereinigten Staaten war, plötzlich ihre wahre Berufung im Theater sah, ist in diesem Lichte weniger eine Laune als vielmehr ein Moment echten Wiedererkennens gewesen. Das Theater war für sie ein Spiel mit Rollen und Identitäten und ihre Mitteilung »Das ist zweifellos, wofür ich bestimmt war« ein Ausdruck von Selbsterkenntnis. »Seit der Kindheit – immer – hat mich die Maskerade gelockt«, sagte Gisèle einmal in einem Interview. Das kann man wortwörtlich verstehen: Sie liebte Verkleidungen und ausgefallene Kopfbedeckungen. Doch es gilt auch in einem existentiellen Sinn: Metamorphosen und Rollenwechsel waren Teil ihres Wesens, sie *formten* dieses Wesen.

Obwohl Gisèle ihre Welten voneinander getrennt hielt, gab es natürlich Überschneidungen: Begegnungen von Menschen aus verschiedenen ihrer Welten und andere Anlässe, um einen Blick über den Zaun zu werfen. Es bleibt jedoch die Frage, wie viel Willem und Josephine von ihrem anderen Leben wussten. War ihnen das Verhältnis mit Joep Nicolas bekannt? Die Frage lässt sich nicht abschließend beantworten, aber es ist schwer vorstellbar, dass ihr Vater nichts vermutete. Auch ihre Mutter wusste, dass sie »ein lebhaftes Mädchen« war, wie Gisèle es später selbst immer formulierte, wenn sie auf ihre wilden Jahre zurückblickte. Doch der alte Reflex – ihre Entnahme aus einer gefährlichen Umgebung, so wie es zuvor in Hainfeld, Paris und Wijlre gemacht worden war – funktionierte bei einer erwachsenen Tochter nicht mehr. Außerdem lag es, angesichts des positiven Einflusses, den Nicolas auf Gisèle ausübte, in allseitigem Interesse, eventuelle Vermutungen zu ignorieren. Sie blühte auf und arbeitete, ihre Künstlerlaufbahn hatte endlich eine solide Basis gefunden. Willem, der sich immer mehr zu fragen begann, ob seine Tochter eigentlich der »Heiratstyp« sei, legte großen Wert darauf, dass sie als unverheiratete Frau auf eigenen Beinen stehen konnte.

Über dem Leben im Schloss Wijlre lag der Schatten der schwachen Gesundheit Josephines, doch im häuslichen Kreis herrschte Harmonie. Die vielen Zusammenstöße zwischen Mutter und Tochter gehörten der Vergangenheit an. Warum den Frieden stören? Das Wissen darum, dass außerhalb des Schlosstors Todsünden begangen wurden, lag in niemandes Interesse. Solange nicht darüber gesprochen wurde, existierte es nicht. Also sprach man nicht darüber.

Die Gefahr rückt näher

Trotz der immer grimmiger werdenden politischen Lage stellten die späten Dreißigerjahre für Gisèle eine sorglose Zeit dar. Es wurde hart gearbeitet, und es gab Ablenkung. Im August 1938 stieg die komplette Familie Nicolas mit Gisèle, Malgerätschaften und Gepäck ins Auto und fuhr nach Südfrankreich in die Ferien. Sie konnten das Haus von Aldous und Maria Huxley benutzen, die dort eine Zeit lang gewohnt hatten, mittlerweile jedoch in die Vereinigten Staaten emigriert waren. Die Villa der Huxleys stand in Sanary-sur-Mer an der französischen Südküste, ein wenig westlich von Toulon. Der Ort war bei der europäischen Künstlerelite populär und entwickelte sich in den Dreißigerjahren zu einem Zufluchtsort für deutsche und österreichische Intellektuelle und Künstler, die aus ihrem Heimatland geflüchtet waren. Thomas Mann, Stefan Zweig und Bertolt Brecht gehörten zu denen, die dort für kürzere oder längere Zeit eine Bleibe fanden.

»Es ist ein lebender Katalog der Berühmtheiten«, schrieb Gisèle ihren Eltern anlässlich einer Party im Haus von Lion Feuchtwanger. Berühmtheiten übten ihr Leben lang eine große Anziehungskraft auf sie aus. Verstohlen beobachtete sie auch die recht auffällig anwesende Schwulen- und Lesbengemeinde in Sanary. Der Kontakt zu ihr kam über die lesbische Schriftstellerin und Journalistin Sybille Bedford zustande, einer guten Freundin der Huxleys und späteren Biographin von Aldous, die zeitweise das Haus in Sanary bewohnte. Für Gisèle sei es eine ihr vollkommen unbekannte Welt gewesen, schrieb die weltgewandtere Suzanne in ihren Memoiren.

Man lag in der Sonne und es wurde viel in der Umgebung gemalt, man machte Ausflüge nach Toulon und Saint-Tropez, Adriaan Roland Holst kam ein paar Tage zu Besuch, und Eep und Annie logierten mit ihren zwei Söhnen im nahe gelegenen La Ciotat. So sorglos ferienmäßig es auch wirkte, die Reise brachte zugleich die wachsenden politischen Spannungen ein Stück näher. Die internationale Gemeinschaft in Sanary saß gebannt vor dem Radio und unterhielt sich über kaum etwas anderes als die Kriegsgefahr, die im August 1938 tagtäglich zuzunehmen schien. Während der zunächst noch in aller Ruhe angetretenen Rückreise beschlossen Gisèle und die Nicolassens, so schnell wie möglich nach Roermond zurückzukehren, als sie unterwegs eine Radioansprache von Hitler hörten. Die hysterische Aggression, die durch die Lobby ihres Hotels schallte, war derart furchteinflößend, dass es schien, als könne schon morgen der Krieg ausbrechen. Und daran hätte auch nicht mehr viel gefehlt. Der britische Premierminister Chamberlain opferte im September das tschechische Sudetenland, in der Hoffnung, auf diese Weise die Kriegslüsternheit der Deutschen zu besänftigen und *peace for our time* sicherzustellen.

Die Weltpolitik sollte nie zu den Interessensgebieten Gisèles gehören, und ein starkes politisches Bewusstsein hat sie nicht entwickelt, doch an Menschlichkeit und moralischem Urteilsvermögen mangelte es ihr nicht. Insofern die beängstigenden und menschenunwürdigen Entwicklungen in Deutschland nicht direkt zu ihr durchdrangen und ihren Abscheu weckten, gab es da außerdem immer noch den moralischen Kompass in der Person ihres Vaters. Angesichts der starken Präsenz in ihrem Leben kann es nicht schaden, etwas ausführlicher bei seinen politischen Anschauungen zu verweilen, die für Gisèles eigene Entscheidungen einen natürlichen Bezugsrahmen bildeten.

Seit seiner Rückkehr aus den USA verfolgte Willem aufmerksam die turbulenten politischen Entwicklungen in Europa: den sozialistischen Aufruhr und die Heimwehr-Bewegung in Wien und anderen österreichischen Städten, den Aufstieg der Nationalsozialisten in Deutschland und die Schlägereien mit den Kommunisten. Vom friedlichen Hainfeld aus schrieb er seinen in Amerika zurückgebliebenen Söhnen seitenlange Briefe über die Gefahren des Extremismus, die die christliche Kultur bedrohten. Er prophezeite einen großen Zusammenstoß, in erster Linie mit dem Bolschewismus, und versuchte, seine Kinder, auch Gisèle, schon frühzeitig darauf vorzubereiten, die richtige Entscheidung zu treffen, wenn es darauf ankam. Dafür brauche es Rückgrat, Selbstdisziplin und Charakterbildung.

In Österreich hatte es den Mord an Dollfuß und einen Bürgerkrieg gegeben, und das Land war inzwischen von Nazi-Deutschland annektiert worden. Willem hatte dem aufkommenden Nationalsozialismus zunächst noch ein gewisses Verständnis entgegenzubringen versucht, weil dieser, anders als der gänzlich gottlose Bolschewismus, wenigstens noch halbwegs christlich war. Das grobe und gewalttätige Auftreten gegen die Juden hatte ihn von Anfang an abgestoßen, aber ein wenig Verständnis hatte er schon für den um sich greifenden Antisemitismus in Deutschland und Österreich.

Auch er glaubte, dass etwas gegen die in seinen Augen freche jüdische Clique unternommen werden müsste, die in diesen Ländern in manchen Bereichen das Sagen hatte und anderen den Zugang versperrte.

Diese anfänglich wohlwollende Haltung hielt angesichts des zunehmenden Straßenterrors, der Prahlerei und des Rassenwahns der Nazis nicht lange vor. Dass das Übel des Nationalsozialismus dem des Kommunismus durchaus ebenbürtig war, stand Mitte der Dreißigerjahre für Willem fest und bestätigte sich seither nur noch. Seine persönlichen antijüdischen Sentiments konnten in keiner Weise die moralische und humanitäre Entrüstung aufwiegen, die die Entwicklungen in Deutschland bei ihm wachriefen. »Ihr Vorgehen gegen die Juden (ungeachtet der Tatsache, dass ich Juden als solche nicht mag, obwohl ich viele *ausgezeichnete* Juden kenne), ist ein direktes *Verbrechen* gegen die Menschheit«, ließ er seine Söhne Mitte November 1938 wissen. Das war nach der Gewaltexplosion, die als »Reichskristallnacht« in die Geschichtsbücher eingegangen ist und auch Willem das wahre Gesicht der Nationalsozialisten gezeigt hatte. Er ließ jede Illusion fahren, dass die Sache noch einmal glimpflich ausgehen würde. Nach den Juden seien die Katholiken und die orthodoxen Protestanten an der Reihe, das war für ihn nur eine Frage der Zeit. Willem verwarf den Nationalsozialismus entschieden und in seiner Gänze. Deutschland und Österreich bezeichnete er fortan als »Nazia«; als anständiger Mensch könne man da höchstens noch zu Besuch kommen, aber dort zu leben, etwa in Hainfeld, war für ihn vorläufig ausgeschlossen.

Seinen letzten Besuch hatte er Hainfeld früher in dem Jahr, kurz nach dem »Anschluss«, abgestattet, um festzustellen, dass ein Großteil seiner angeheirateten Familie dort dem neuen Regime alles andere als ablehnend gegenüberstand. Vor allem Cleo und ihr Sohn Tito waren zu fanatischen Nazis geworden. Letzterer sollte sich sogar, als er das dafür erforderliche Alter erreicht hatte, freiwillig der Waffen-SS anschließen. Heinz sympathisierte weniger aus Überzeugung denn aus Bequemlichkeit mit den neuen Machthabern. Eigentlich wollte er nur in Ruhe an seiner Operettenmusik weiterarbeiten können, mit der er in den späten Dreißigerjahren allmählich erfolgreich wurde. In der älteren Generation hatten Tante

Helene und sogar die nette Tante Katinka auf Schloss Hautzenbichl deutliche Sympathien für die Nazis entwickelt. Nur Paula und Erwin waren davon nicht infiziert, sie hielten sich auf Hantberg weitgehend neutral.

Gisèle selbst fuhr im Sommer 1939 noch einmal nach Hainfeld, ein Besuch, von dem sie voller Ekel zurückkehrte. Cleo habe auf Hainfeld eine Auswahl ihrer neuen Nazifreunde empfangen und damit dem Ruf des Schlosses Schande bereitet. Heinz habe sich zurückgezogen und ließe alles einfach geschehen. Solange sich das nicht ändere, werde sie dort keinen Fuß mehr über die Schwelle setzen, erklärte Gisèle nach ihrer Rückkehr. Und dasselbe gelte selbstverständlich auch für ihre Eltern.

Auch in geschäftlicher Hinsicht blieben die turbulenten Zeiten nicht ohne Folgen: Sie vergrößerten die Sorgen um alle österreichischen Besitzungen, die Gemälde, das antike Mobiliar und die Sammlung chinesischer Töpferkunst – es zu versichern war unbezahlbar. Außerdem zeichnete sich ein Erbe ab, das ein Eingreifen erforderte. Dabei handelte es sich um den Nachlass eines gewissen Lothar Ritter von Wachtler, eines entfernten Mitglieds der Familie, der im Sommer 1938 gestorben war. Gisela Vetter von der Lilie gehörte zu seinen vielen Erben, doch da sie nicht mehr lebte, ging ihr Erbteil an ihre drei Kinder Josephine, Heinz und Paula. Für Josephine war dies ein Problem. Weil sie mit ihrer Heirat Niederländerin geworden war, würde ihr Erbteil wahrscheinlich eingefroren oder sogar gleich vom neuen Regime konfisziert werden. Es schien daher ratsam, es an Paula zu übertragen. So wurde es während eines Besuchs von Heinz und Paula auf Schloss Wijlre an Weihnachten 1938 vereinbart. Die Bedingung war jedoch, dass Paula das Erbe nicht horten, sondern in die Ländereien und den Waldbestand investieren und es Josephines Kindern hinterlassen sollte. Diese Konstruktion war problemlos: Paula, selbst kinderlos, hatte Gisèle und ihre beiden Brüder ohnehin bereits als ihre Erben eingesetzt.

Das Wachtler-Erbe bestand aus einem Jagdhaus und einem Stück Land in der Veitsch im Norden der Steiermark. Damit wurde der Grundstock für Gisèles späteres Millionenerbe gelegt.

Ein Abschied ...

Auch nach der Rückkehr aus Sanary blieb das Gespenst des Krieges permanent im Hintergrund anwesend und machte Joep unruhig. Er wusste, dass kein Held in ihm steckte, aber er war impulsiv und hatte Angst, dass er bei einem Einfall der Deutschen in kürzester Zeit Probleme bekommen würde, weil er seinen Mund nicht halten konnte. Suzanne bekam einen Brief nach dem anderen von ihrer Schwester Maria aus den Vereinigten Staaten, in denen sie und Huxley Suzanne und Joep drängten, die Niederlande zu verlassen und zu ihnen zu ziehen. Die Idee einer Emigration nahm im Lauf des Jahres 1939 festere Formen an, nachdem sich ein erster Auftrag aus Amerika ankündigte, und zwar für eine Reihe von Fresken in der Halle des neuen Holland House im Rockefeller Center in New York. Gisèles Bruder Ides war als Architekt am Bau des Holland House beteiligt und darüber mit dem Ehepaar Nicolas ins Gespräch gekommen. Das unerwartete Angebot eines der Mitarbeiter von Nicolas, Max Weiss, das Wohnhaus und die Werkstatt in Roermond zu übernehmen, gab dann den Ausschlag: Die Familie würde in die Vereinigten Staaten ziehen.

Und das ohne Gisèle. Sie mochte das Land nicht, hatte schlechte Erinnerungen an ihren letzten Aufenthalt und war dort unglücklich gewesen. Dennoch war diese Aversion nicht der Grund ihres Zurückbleibens. Was sich hier genau abgespielt hat, lässt sich nicht mit Sicherheit sagen. Gisèles eigene Version ist eine, in der sie, wie üblich, selbst die Regie führte. Sie hat stets behauptet, dass der Plan gewesen sei, dass sie mitkomme, das Ticket für ihre Überfahrt auch schon gekauft worden sei, sie jedoch, als Joep ihr kurz vor der Abreise erzählt habe, dass der Krieg sicher fünf Jahre dauern könne, spontan ihre Meinung geändert und beschlossen habe, doch nicht mitzukommen. Ihre beiden Brüder seien bereits in den Vereinigten Staaten gewesen, und sie habe unmöglich ihre Eltern so lange alleinlassen können.

Einer anderen Version zufolge, die sich in der biographischen Nicolas-Literatur findet, war der Umzug in die USA vor allem das Werk Suzannes und stellte für sie einen Weg dar, die bestehende Ménage-à-trois zu beenden, um so einer drohenden Ehekrise zuvorzukommen. Joep hätte gern gewollt, dass Gisèle mitkam, so viel steht fest, aber Suzanne wusste das zu verhindern. Wie, das ist wiederum eine andere Frage. Einer der Theorien zufolge zog sie Ides ins Vertrauen, um dafür zu sorgen, dass Gisèle dablieb. Das ist nicht unmöglich: Ides war im September 1939 noch in den Niederlanden und kann bei der Gelegenheit durchaus versucht haben, seine Schwester davon zu überzeugen, ihre Eltern nicht zurückzulassen.

Der Gedanke, dass die Emigration der Familie Nicolas für Suzanne nicht nur eine Flucht vor dem Krieg, sondern auch eine vor Gisèle war, bestätigt sich in den Memoiren der Tochter Claire, die in den USA als Schriftstellerin, Dichterin und Übersetzerin Karriere machen sollte. Sie war die ältere der beiden Nicolas-Töchter und hatte die Situation im Haus langsam, aber sicher zu durchschauen begonnen, schrieb sie in ihren Erinnerungen *Fragments of Stained Glass*. Die Überschrift des Kapitels über Gisèle, »Das fünfte Rad«, lässt bereits vermuten, dass auch der Rest des Textes nicht sonderlich schmeichelhaft ist. Gisèles Anwesenheit habe eine Menge Frohsinn und Aufregung mit sich gebracht, das ja, aber sie sei auch der Quell einer seltsamen, unbegreiflichen Spannung gewesen, die manchmal im Haus geherrscht und einem dreizehnjährigen Kind Angst eingejagt habe. Claire erinnert sich an einer Stelle, dass Suzanne unerwartet und ohne nähere Erläuterung ein paar Tage aus dem Haus geflohen sei, um nach Paris zu fahren, wo eine ihrer Schwestern lebte. Am selben Abend habe sie ihren Vater am Telefon »in einer peinlichen Babysprache« mit seiner Ficelle reden hören; sie hätten Pläne für einen gemeinsamen Ausflug nach Amsterdam geschmiedet.

> Ein Gefühl des Ertrinkens, saugend, gefährlich und dunkel, überkam mich wie eine Flut aus der fernen Vergangenheit, doch erst, als es um den Pelzmantel meiner Mutter ging, hatte ich das Gefühl, dass meine Wut berechtigt war. Er war aus krausem, ungefärbtem Lammfell, und wenn sie ihn trug, sah sie allerliebst, sanft und ein wenig verwöhnt aus. Er war ihr großer Luxus. Ich hörte Vater sagen: »Den weißen Pelzmantel? Nein, ich glaube nicht, dass sie ihn

mitgenommen hat. Möchtest du den? Gut, ich werde ihn mitbringen.«

Blind vor Wut betrat ich das Atelier, und es platzte aus mir heraus: »Warum muss dieses Weib Mutters Pelzmantel bekommen?«

Zum Ausflug kam es dann doch nicht, der Mantel blieb im Schrank, und Suzanne kehrte nach ein paar Tagen wieder nach Hause zurück. Doch der Vorfall macht deutlich, dass das Haltbarkeitsdatum des Arrangements in Sicht kam. Claire weist unmissverständlich darauf hin, dass es ihre Mutter war, die auf den Wegzug drängte.

So wie sie alles Peinliche und Negative aus ihrem Leben verbannte, so hat Gisèle auch dieser Schattenseite der herrlichen Nicolasjahre niemals ins Auge sehen wollen. Allerdings hat sie immer, möglicherweise als Kompensation, die Person Suzannes idealisiert – eine phantastische Freundin, ein Engel – und die besondere Freundschaft mit ihr betont. Die gab es auch tatsächlich: Die Person, die ihre Mutter in New York am meisten vermisste, schreibt Claire im Weiteren in ihren Memoiren, war Gisèle. Doch diese Freundschaft machte nicht alles gut, wie Gisèle geglaubt zu haben scheint, sie machte alles nur noch komplizierter. Die Veröffentlichung der *Fragments of Stained Glass* im Jahr 1989, in denen diese verleugnete Seite beschrieben wurde und die Tochter sich für ihre Mutter starkmachte, war eine unangenehme Überraschung und machte Gisèle wütend, auch wenn die Wut schon bald wieder verflog. Letztendlich hatte sie alle vier Mitglieder der Familie Nicolas ins Herz geschlossen, und hatte sie das einmal getan, war es für immer. Die Aufbewahrungssucht, die sie kennzeichnete, galt nicht nur materiellen Dingen, sondern auch Freund- und Liebschaften. Darin blieb sie sich außerordentlich treu.

Wie es auch genau gewesen sein mag, das Ende vom Lied war, dass Gisèle nicht in die Vereinigten Staaten mitging. Das Wohnhaus und die Werkstatt in Roermond wurden verkauft, der Bauernhof in Groet vermietet. Alles, was man aus Groet nicht mitnehmen konnte, übernahm Gisèle und lagerte es vorläufig in Bergen ein, wo die Familie Nicolas in den letzten Monaten vor der Abreise untergekommen war.

Gisèle sollte in späteren Jahren noch häufig ihre Tributpflichtigkeit der Familie Nicolas gegenüber zum Ausdruck bringen. Damals war es Willem, der gleich markig in Worte fasste, welch positive Wendung Joep und Suzanne ihrem Leben gegeben hatten. Er war nicht mehr dazu gekommen, sich persönlich von ihnen zu verabschieden, und schrieb deshalb einen kurzen Brief, um sich dafür zu bedanken, was die beiden für seine Tochter bedeutet hätten: »Wie Sie ihrer Karriere Richtung und Halt gegeben und einem in Limburg gestrandeten kosmopolitischen Wesen Lebensfreude und Lebensmut eingeflößt haben, so dass sie zu dem geworden ist, was sie jetzt ist.« Das war, ganz Willem, treffend formuliert. Der Kontakt zur Familie Nicolas war nichts weniger als eine Rettung für Gisèle gewesen. Das liberale Künstlermilieu der Nicolassens hatte ihr eine Alternative zu den mondänen, aber ziemlich hohlköpfigen aristokratischen Kreisen geboten, in denen sie in Limburg gelandet war, Joeps und Suzannes Arbeitsdisziplin und ihre Hingabe an die Kunst waren ein Vorbild für Gisèle gewesen, an dem sie sich hatte aufrichten und unter dessen Einfluss ihr eigenes hilfloses Flattern einem schwungvollen Flug hatte weichen können.

Für Gisèle war es ein dramatischer und einschneidender Abschied. Als ihre vier geliebten Freunde am Abend des 16. Dezember 1939 im Rotterdamer Hafen an Bord gingen, sahen sie, wie Gisèle am Kai ein albernes Tänzchen zum Besten gab, ein Versuch, die Kinder ein letztes Mal zum Lachen zu bringen und die Emotionen des Abschieds erträglich zu halten. Danach stand sie mit Jany Roland Holst am Kai und winkte, bis die Volendam aus dem Blick verschwunden war.

... und eine Begegnung

Im Kielwasser der Familie Nicolas hatte Gisèle im Herbst 1939 nach einer Wohnung in Bergen gesucht und sie auch gefunden: Sie konnte vorübergehend in das Haus des Journalisten Dirk Klomp am Nesdijk 9 einziehen, gleich neben Roland Holst, der in der Nummer 7 wohnte. Mit ihm nahm sie in dieser Zeit die »unvollendete Geschichte« wieder auf und wandelte sie in ein Verhältnis um – für

Roland Holst eines von vielen und auch für Gisèle keine ganz exklusive Angelegenheit. Sie suchte jemanden, der Joep ersetzen konnte, doch was sie sich im Stillen auch von Roland Holst erhoffen mochte: Sie wusste genug über ihn und seinen Umgang mit Frauen, dass ihr klar war, dass er dafür nicht die richtige Person war. »Mon cher et tendre Salamandre« nannte sie ihn in einem ihrer Briefe wegen der diesem Tier zugeschriebenen Eigenschaft, durchs Feuer gehen zu können, ohne sich zu verbrennen.

Eingedenk ihres Nachnamens nannte er sie bei manchen Gelegenheiten »das Mädchen mit dem nassesten Namen der Niederlande«. Holsts Gedichte sollten eine Brücke zwischen Gisèle und der schwer zu nehmenden Festung der niederländischen Sprache schlagen. Mit ihrem getragenen, gravitätischen Charakter und der schweren Symbolik war der Zugang zu ihnen nicht der einfachste, doch der Rhythmus der Worte und die romantische Sehnsucht, die aus ihnen sprach, bezauberten sie. Er las sie ihr vor und übersetzte sie wörtlich ins Englische. »Seine Gedichte habe ich durch ihn selbst zu verstehen gelernt«, schrieb Gisèle in einem ihrer ersten, noch in etwas holprigem Niederländisch verfassten Briefe. »Er hat sie mir viel vorgelesen und seinen Gedankengang erklärt – für das Ohr fand ich sie gleich schon sehr schön – und jetzt beginne ich die Sprache genügend zu kennen, um auch seine Sprache zu genießen sowohl als den Inhalt.«

Die vorübergehende Bleibe in Bergen bot Gisèle zugleich die Gelegenheit, Wohnraum für ihre Eltern zu suchen. Mit Blick auf Willems anstehende Pensionierung musste für Schloss Wijlre eine günstigere Alternative gefunden werden. Eine Rückkehr nach Hainfeld war inzwischen ausgeschlossen. Gisèle schlug noch vor, sich zu dritt in Roermond niederzulassen – ihr Atelier in Leeuwen bot jedoch wenig Komfort und ließ sich nicht heizen, so dass es oft eisig kalt war –, doch es war ihr nicht gelungen, etwas Geeignetes zu finden. Auf Anregung Roland Holsts, der bei diversen Besuchen große Sympathien für Gisèles Vater entwickelt hatte, entschied man sich dann, nach Bergen umzuziehen. Auf Schloss Wijlre wurde der Aufenthalt unterdessen immer ungemütlicher. Nach der Mobilisierung Ende August 1939 waren in den Nebengebäuden mehr als zwanzig Militärs einquartiert worden. Mit einer Kasematte im Garten und

Dynamit unter der Brücke hatte sich das Schloss allmählich in ein Fort verwandelt. Die Lage nahe der deutschen Grenze und an der Strecke von Aachen nach Maastricht war außerdem gefährlich.

Da man van Waterschoot für zu wichtig hielt, um zu riskieren, dass er bei einem deutschen Angriff auf Limburg gefangen genommen werden könnte, schickte man ihn in den vorzeitigen Ruhestand. Die letzten vier Monate konnte er, unter Beibehaltung seiner Bezüge, beratend tätig bleiben, allerdings nur hinter der sicheren Verteidigungslinie. Willem und Josephine zogen daher bereits im Januar 1940 nach Bergen, wo Gisèle eine Unterkunft für sie im Haus Jachtduin an der Eeuwigelaan 36 (heute Nummer 38) gefunden hatte, einer kleinen, frei stehenden Villa mit einem hohen Reetdach, etwas außerhalb des Dorfs an der Straße gelegen, die nach Bergen aan Zee führt. Zu Fuß brauchte man zwanzig Minuten, um ins Dorf zu gelangen, eine Entfernung, die Josephine nach den Jahren nahezu völliger Immobilität inzwischen wieder bequem zurücklegen konnte. Das kleine, übersichtliche Haus gefiel ihr.

Jachtduin war groß genug für drei. Gisèle hatte ihr Atelier in Leeuwen-Maasniel behalten, wohnte jetzt aber, wenn sie nicht in Limburg arbeitete, wieder bei ihren Eltern. Ohne sie und ohne die Familie Nicolas gab es für Gisèle in Limburg niemanden mehr, und Bergen gefiel ihr. Dort traf sie wieder Jacques Bloem und lernte auch dessen Lebensgefährtin Clara Eggink kennen. Über Roland Holst kam sie in Kontakt mit einigen anderen seiner literarischen Freunde, etwa mit Edgar (Eddy) du Perron, seiner Frau Elisabeth (Bep) de Roos und ihrem kleinen Sohn Alain, die sich oft in Bergen aufhielten und Anfang 1940 dort fest niederließen, sowie mit dem Dichter und Schriftsteller Victor van Vriesland und seine Frau Tonny van der Horst. Dank Joep Nicolas und ihren früheren Aufenthalten in Groet war sie einigermaßen vertraut mit der Bergener Künstlerszene und kannte bereits viele von ihnen oder machte über sie Bekanntschaft mit Malern wie der Künstlerin Charley Toorop und ihrem Sohn Eddy Fernhout, John Raedecker, Jan van Herwijnen, Matthieu Wiegman oder Henri und Friso ten Holt. Über Toorop lernte sie auch Carel Willink kennen, dessen magisch-realistisches Werk sie ansprach. Sein Einfluss lässt sich in manchen ihrer Gemälde aus den Vierzigerjahren deutlich erkennen.

Ihre Tage verbrachte sie zwischen Bergen, dem Atelier in Leeuwen und der alten Werkstatt von Nicolas in Roermond, die jetzt Max Weiss gehörte. Das Auftragsbuch, das Gisèle von Nicolas übernommen hatte, enthielt noch zwei große Projekte: vier Fenster für den Sitzungssaal der Geschäftsstelle der Staatsmijnen in Heerlen und sieben Fenster für die Bedevaartskerk in Oostrum bei Venray. Und dabei würde es hoffentlich nicht bleiben. Joep Nicolas war ein bekannter Künstler, und sein Weggang hatte in der Presse entsprechend Aufmerksamkeit gefunden. Kurz zuvor hatte er eine Erklärung abgegeben, in der er seine Auswanderung in die USA begründete und Gisèle zu seiner Nachfolgerin bestimmte. Auftraggebern riet er, sich an sie zu wenden. Das war ein nettes Stimulans in dieser schwierigen Zeit, denn wer würde demnächst, wenn es zum Krieg käme, noch Glasmalereien bestellen?

Die Zeit, die ihr neben den Aufträgen noch blieb, nutzte Gisèle zum Malen. Der Kern ihres Künstlertums lag für sie in der freien Malerei. Vor dem Hintergrund verwundert es nicht, dass ihr erstes Selbstporträt, das aus dem Jahr 1940 stammt, ein echtes Arbeitsporträt ist, auf dem sie sich selbst beim Malen abgebildet hat, stehend vor einer Leinwand mit Pinseln in der Hand. Das Ganze ist in nüchternen Grautönen gehalten, gegen die sich die rot lackierten Fingernägel kontrastreich abheben. Der Blick ist kühl und forschend, nicht so sehr auf den Betrachter gerichtet als vielmehr auf das Objekt, das sie gerade malt.

In dem breit gefächerten Œuvre, das Gisèle in ihrem Leben aufbauen sollte, bilden Porträts und Selbstporträts eine Konstante. Sie fertigte viele davon an, sowohl im Auftrag als auch nach selbst gewählten Modellen aus ihrer eigenen Umgebung. Ihre Porträts sind nach dem Leben gemalt, manchmal impressionistisch, manchmal überstilisiert, aber doch meistens so realistisch wie möglich. Ihre Liebe zur Kostümierung konnte sie in diesem Genre ausleben: Oft sind ihre Modelle verkleidet oder mit merkwürdigen Kopfbedeckungen geschmückt. Von der Staatstoezicht op de Mijnen erhielt sie Anfang 1940 den Auftrag, anlässlich der Verabschiedung ihres Vaters als Generalinspekteur für die Geschäftsstelle in Heerlen ein Porträt von ihm anzufertigen. Es wurde am 7. Mai 1940 im Beisein von Vater und Tochter enthüllt, ein Ganzfigurenporträt, das van Waterschoot stehend in einem großen, dunklen Pelzmantel zeigt, das Hämmerchen des Bergbauingenieurs in der Hand.

Nach der offiziellen Feier eilten die beiden zurück nach Bergen, aufgeschreckt durch den anschwellenden Strom an Gerüchten über einen bevorstehenden deutschen Einfall. Der ließ auch nicht lange auf sich warten. Am frühen Morgen des 10. Mai fanden die ersten Luftangriffe statt. Der Militärflughafen in Bergen war eines der vielen Ziele. Er lag am Nesdijk, direkt gegenüber dem Haus von Roland Holst und nicht weit von den du Perrons entfernt, die ein paar Straßen weiter wohnten. Von Jachtduin aus sahen Gisèle und ihre Eltern zu, wie alle Hangars in Flammen aufgingen. Die deutschen Kampfflugzeuge zeichneten sich wie toll gewordene Vögel vor dem rosafarbenen Himmel ab. Nach fünfundvierzig Minuten war alles vorbei.

Trotz der überall aufgestellten Wachtposten gelang es Gisèle etwas später an diesem Morgen, auf dem Fahrrad das Haus von Roland Holst zu erreichen, der jedoch schon nicht mehr da war. Sie fand ihn im Dorfzentrum und bot ihm und du Perron an, vorläufig bei ihr in Jachtduin unterzukommen, als sich herausstellte, dass das ganze Viertel rund um den Nesdijk geräumt werden musste. Willem hatte sie schon vorher eingeladen, für den Fall, dass es erforderlich werden würde; er hatte lieber Freunde im Haus, als sich mit Unbekannten herumschlagen zu müssen. Alle rückten ein wenig zusammen und schufen so Platz: Roland Holst bekam das Gästezimmer im ersten Stock, Eddy, Bep und Alain zwei Zimmer im Dachgeschoss.

An den Tagen danach war es den Einwohnern erlaubt, tagsüber ein paar Stunden in die geräumten Häuser zurückzukehren. Man nutzte die Zeit, um notwendige Dinge herauszuholen sowie Briefe und Dokumente zu verbrennen, die auf keinen Fall in die Hände der Deutschen fallen durften. Vor allem du Perron fühlte sich extrem bedroht und entwickelte eine panische Angst bei dem Gedanken daran, was ihm bevorstehen könnte. All die Anspannungen verschlimmerten seine Herzkrankheit, unter der er schon länger litt. Am 14. Mai, dem Tag der Kapitulation, fühlte er sich so schlecht, dass er in Jachtduin im Bett blieb, während Jany und Bep davonzogen, um bei du Perron zu Hause möglicherweise kompromittierende Bücher und Papiere verschwinden zu lassen. Gisèle kümmerte sich um ihn, brachte ihm das Frühstück und saß am Nachmittag eine Weile bei ihm am Bett, während er anhand von Fotos aus einem mitgebrachten Schuhkarton Erinnerungen an sein Leben und seine Jugend in Niederländisch-Ostindien, dem heutigen Indonesien, auffrischte.

Ab hier widersprechen sich die Zeugenberichte. Einer der am häufigsten erzählten Geschichten aus dem späteren Repertoire Gisèles zufolge bekam du Perron einen Herzkrampf, als sie an seinem Bett saß. Es sei ihr gerade noch gelungen, ihn aufzufangen, woraufhin er, mehr oder weniger in ihren Armen, seinen letzten Atemzug getan habe, gerade in dem Moment, in dem Bep und Jany von ihrer Expedition zurückgekommen seien. Für alle, die sie kannten, ob persönlich oder aus Interviews, war Gisèle in ihrem späteren Leben diejenige, in deren Armen du Perron starb, doch es scheint, dass auch dies ein Beispiel für ihre Neigung ist, sich die Wirklichkeit nach Gusto zurechtzubiegen. Die Schilderungen der Ereignisse durch Roland Holst und Bep du Perron, die auch von dem du-Perron-Biographen Kees Snoek geteilt werden, lesen sich anders. Darin erlebte du Perron die Nachricht über die Kapitulation noch bewusst mit und starb erst gegen halb elf abends infolge eines Herzkrampfs – ungefähr zum selben Zeitpunkt, als sein guter Freund Menno ter Braak in Den Haag Hand an sich legte.

Du Perron starb an diesem Tag in Jachtduin, so viel steht fest. Am 16. Mai wurde er in Bergen beerdigt. Ein paar Tage später wurden die Häuser rund um den Nesdijk wieder freigegeben. Die drei übrig gebliebenen Gäste gingen wieder heim, und das Leben unter der deutschen Besatzung wurde, so gut es eben möglich war, wiederaufgenommen.

Gisèle führte die beiden großen, noch von Nicolas übernommenen Aufträge zu Ende. Bei den Staatsmijnen in Heerlen war man mit der neuen Verglasung des Sitzungssaals sehr zufrieden, und auch die Ende 1940 eingesetzten Fenster für die Bedevaartskerk in Oostrum, die die sieben Schmerzen Mariens darstellten, fanden äußerst positive Aufnahme. Die Zeitung *De Tijd* sprach von einem »beeindruckenden Ganzen«, und in *De Nieuwe Koerier* erschien unter der Überschrift »Eine Glasmalerin von großem Format« ein ausführlicher Artikel, in dem die Farbgebung, die Komposition und der Detailreichtum gelobt wurden. Vieles erinnere noch stark an Nicolas, »doch daneben gibt es sehr viel, was von Ursprünglichkeit in den Auffassungen über Komposition zeugt, eine Frische und Originalität in den Farbkombinationen, die außerordentlich hübsch anmutet«, urteilte die Zeitung. Zu sehen ist das alles nicht mehr: Beide Gebäude sind später im Krieg von Bomben getroffen worden, so dass diese frühen Werke verloren gegangen sind.

Trotz des Krieges erlosch die Nachfrage nach Glasmalereien nicht, so dass Gisèle vorläufig weiterarbeiten konnte. Das geschah unter den wachsamen Augen ihres Vaters. Obwohl er nach wie vor sehr viel zu tun hatte, hinderte es ihn nicht daran, seine Tochter, inzwischen Ende zwanzig, weiterhin kontinuierlich zu instruieren, wie sie ihr Leben zu organisieren habe: dass sie ihre Finanzen in Ordnung halten müsse, keine noch zu erwartenden Einkünfte fest einplanen dürfe, auf künftige Steuernachforderungen bedacht sein solle und, mit Blick auf kommende Versorgungsengpässe, Materialien wie Papier, Leinwand und Radiergummi einlagern müsse. Er beriet sie, wie sie Auftraggebern gegenüber auftreten solle, und dachte auch inhaltlich mit, was ihre Aufträge betraf.

Nichts deutet darauf hin, dass diese Einflussnahme unwillkommen war. Im Gegenteil, Gisèle ließ sie sich gern gefallen und folgte den Ratschlägen meist auch. Ihr Vater war ein nach wie vor wichtiger, stabiler und zuverlässiger Faktor in ihrem Dasein, jemand, auf den sie sich nach dem Weggang von Joep wieder stark verließ. Gisèle legte Wert auf einen Ratgeber in ihrem Leben und suchte auch in ihren Beziehungen zu Männern danach. Zu ihrem großen Kummer war sie dafür bei Roland Holst an der völlig falschen Adresse. Das Verhältnis mit ihm endete im Sommer 1940, um in eine lang andauernde Freundschaft überzugehen. Der Kontakt blieb regelmäßig, nicht zuletzt, weil Gisèle zur selben Zeit an einem Porträt von ihm zu arbeiten begann, für das er einige Male in seinem Arbeitszimmer am Nesdijk Modell sitzen musste.

Sie hatten gerade erst damit angefangen, als Roland Holst ihr mitteilte, dass eine Verabredung zum Modellsitzen nicht stattfinden könne, weil er Besuch von einem deutschen Dichter erwarte, er es jedoch schön fände, wenn Gisèle auch dabei wäre. Dieser Dichter hieß Wolfgang Frommel und kam in Begleitung von zwei jüngeren deutsch-jüdischen Freunden, die ihr als Billy und Buri vorgestellt wurden. Beide waren Lehrer an der Quäkerschule in Ommen in der Provinz Overijssel. Billy unterrichtete dort Musik, Buri Malen und Zeichnen.

Frommel, zum Zeitpunkt dieses Treffens um die vierzig, war mit seinem markanten Kopf, seinem wirren Haarschopf, der ungewöhnlichen Kleidung und seinem schwarzen Ebenholzspazierstock mit Silberknauf eine auffallende Erscheinung in Bergen, wo er inzwischen bereits ein knappes Jahr wohnte. Er war dort ungewollt gelandet. Nachdem er Nazideutschland 1937 verlassen und eine Weile mal hier und mal dort gelebt hatte, war er nach Paris gegangen. Als er von dort aus im September 1939 in die Niederlande reiste, um seine beiden jugendlichen Freunde zu besuchen, die wie er aus Deutschland emigriert waren, wurde er von den Ereignissen auf der politischen Weltbühne überrollt. Nach dem Einfall der Deutschen in Polen erklärten Frankreich und England Deutschland den Krieg, womit ihm als Deutschem der Rückweg nach Paris abgeschnitten war. Roland Holst, der Frommel von früheren Begegnungen kannte, verhalf ihm zu einer Aufenthaltserlaubnis und zu einer Unterkunft. Eine Dorfbewohnerin, die Künstlerin Etha Fles, war bereit, den mittel- und obdachlosen Dichter in ihr Haus De Zonnebloem an der Breelaan aufzunehmen.

Die zweiundachtzigjährige Fles und ihr deutscher Logiergast verstanden sich ausgezeichnet, so dass er in Bergen hängen blieb. Hin und wieder hielt er kulturphilosophische Vorträge, in denen sein Hintergrund stark durchschimmerte. Frommel hatte als junger Mann in den Zwanzigerjahren in Heidelberg Bekanntschaft mit dem Werk des Dichters Stefan George (1868–1933) und dessen Anhängerschaft gemacht. Deren Streben nach einem neuen Reich des Geistes sollte ihn bleibend beeinflussen und inspirieren.

Roland Holst mochte Frommel, auch wenn er dessen dominante Präsenz und seine dröhnende Stimme nie lange ertragen konnte. Beide Männer teilten die Liebe zur Mythologie, und Roland Holst spürte auch durchaus eine Verwandtschaft zu Frommels getragenen, stark symbolistischen Versen, in denen, ebenso wie in seinem eigenen Werk, eine entlegene geistige Welt als fernes Ideal beschworen wurde. Der Unterschied bestand jedoch darin, dass dieses Ideal bei Roland Holst grundsätzlich unerreichbar und eine romantische Sehnsucht blieb, während Frommel glaubte, dass die Welt, die er in seinen Gedichten heraufbeschwor, durchaus Realität werden konnte. Dahin ging sein Streben, und dafür lebte er.

Die Art und Weise, wie Frommel, in der Nachfolge des legendären Stefan George, die Poesie auf den Thron setzte, als Dichter den Propheten heraushängen ließ und Jünger um sich sammelte, ging Holst viel zu weit, doch er beobachtete das alles mit amüsierter Milde. Ganz anders als du Perron, der im Herbst 1939 einem von Frommels Vorträgen über Deutschland und Hellas beigewohnt hatte und bei dem dieser »griechische Germane« seither lediglich eine gehässige Spottlust auslöste. Den ganzen Kult um Stefan George und die Weise, in der auch seine Nachfolger den »Gott-Dichter« spielten, fand du Perron abstoßend. Auch wenn es sich bei George um einen begabten Dichter handeln mochte, sei literarisches oder dichterisches Talent noch kein Freibrief für »so viel georgeanisierten Quatsch mit Soße«. Besserer Kitsch, das war es in seinen Augen.

Obwohl Gisèle zum Zeitpunkt ihrer Begegnung noch nichts über Frommel wusste, war sie doch sofort von dieser charismatischen Figur und seinen beiden jungen, dunkelhaarigen Mitgesellen, die während des Tees ihr eigenes schlafendes deutschsprachiges Ich wieder einmal wachrüttelten, fasziniert. Kurz darauf begegnete sie ihm ein weiteres Mal, woraufhin Frommel, zusammen mit seinem Dichterfreund Wolfgang Cordan, auch einmal seine Aufwartung in Haus Jachtduin machte. Anfang September besuchten Gisèle und Roland Holst ihn im Krankenhaus in Alkmaar, wo er mit einem gebrochenen Knie lag. Auch im Krankenzimmer wurde er wieder von einem Jünger flankiert, diesmal einem blonden, der wie ein Schildknappe an seinem Bett Wache hielt. Aber das Bild, das sie bei ihrem Eintreten am meisten traf, war das des linken Fußes von Frommel, der aus einem Gestell aus Stangen, Gewichten und Rollen herausragte. Ein perfekter, wunderbarer Fuß, als hätte Michelangelo selbst ihn geschaffen.

Ebenso wie der Augenblick, in dem Joep und Suzanne Nicolas aus der Luke stiegen und den Dachboden von Judy Michiels van

Kessenich betraten, gefror auch das Bild des Fußes von Frommel in Gisèles Erinnerungen, ein Still aus ihrem Lebensfilm, das eine bedeutungsvolle Veränderung markierte – den Anfang eines neuen Kapitels.

KAPITEL 5

Ein deutsches Erbe

Im Haus ihres Vaters im nordholländischen Bergen pflegte sie auf Gartenpartys zu sagen: ›Entschuldigt mich kurz, ich mach mich mal eben frisch und zieh mich um‹, um fünf Minuten später splitterfasernackt wieder zu den Gästen zurückzukehren.« So Victor van Vriesland um 1970 an seinen Schriftstellerfreund Alfred Kossmann anlässlich einer Mitteilung Kossmanns, dass er Gisèle während seines Urlaubs getroffen habe.»Sie ist schon eine einzigartige Frau«, fügte van Vriesland hinzu, »obwohl potthässlich und eine schlechte Malerin.«

Der alte van Vriesland verfügte über eine reich gefüllte Anekdotenkiste, aus der er sich immer wieder gern bediente. Worauf sich die Äußerung über die Gartenpartys stützt, ob sie sich überhaupt auf irgendetwas stützt, lässt sich nicht sagen. Sicher ist jedoch, dass für Gisèle die Veränderungen im Leben unter deutscher Besatzung anfangs nicht sonderlich dramatisch waren. Sie arbeitete hart, doch die ersten beiden Kriegsjahre boten außerdem noch viel Zeit für Zerstreuungen, auch auf sexuellem Gebiet, wie sich ihrem Terminkalender entnehmen lässt, in dem sie neben ihren Verabredungen auch ihre intimen Kontakte festhielt.

Die Affären stellten für Gisèle eine Kompensation des Verlustes von Joep Nicolas dar, den sie nur schwer verwinden konnte, so wie auch auf der anderen Seite des Ozeans gesehnt und getrauert wurde. Joep und Suzanne hatten es in New York nicht leicht. Die Aufträge flogen ihnen alles andere als zu, das Leben war sorgenvoll und deprimierend. Joep wollte nichts lieber, als Gisèle so schnell wie möglich herüberkommen zu lassen. New York war beeindruckend, die Natur wunderschön, die Landschaften manchmal atemberaubend.

Doch kulturell gesehen war es dort kahl und freudlos. Nirgendwo gab es hübsche kleine Kirchen oder eine ungewöhnliche Architektur, nie stieß man unerwartet auf ein besonderes Restaurant. Die Menschen waren freundlich, aber seicht, ohne Leidenschaft oder Emotion. Im Umgang mit Frauen fehlte jedes Element der Verführung, bei all den gesellschaftlichen Zusammenkünften, die er besuchte, sah er nie einmal jemanden flirten. Für einen warmblütigen Genussmenschen wie Joep war diese neue Umgebung ein schweres Los. Gisèles Anwesenheit hätte vieles gutmachen können. Er fragte sich manchmal verzweifelt, ob seine Entscheidung richtig gewesen war. Wenn er Gisèle verlieren oder sie nie wiedersehen würde, wäre der Weggang aus Roermond das Dümmste gewesen, was er jemals gemacht hätte. Er hoffte nur, dass sie nicht allzu unglücklich war. »Zumindest gibt es Ersatz, der Dich trösten kann«, schrieb er verständnisvoll.

Ersatz für Joep gab es in der Tat. Neben der Affäre mit Roland Holst, die, wie bereits erwähnt, im Sommer 1940 beendet war, sorgte in den Phasen, in denen Gisèle in Limburg arbeitete, der adlige belgische Jonkheer und Kapitän der Reserve bei der belgischen Luftwaffe Jean de Zantis de Frymerson für Ablenkung. Er wohnte in diesen Jahren in Lüttich, war aber in Limburg aufgewachsen und dort wegen des Familienlandguts Sint-Odiliënberg, etwas südlich von Roermond, noch immer regelmäßig zu finden. Gisèle hatte ihn schon vorher, als sie noch auf Wijlre wohnte, kennengelernt. Er war jemand, mit dem sie zu Hause bei ihren Eltern ankommen konnte, aber er betrog sie und log sie darüber an, wie sich nach einiger Zeit herausstellte, woraufhin sie dem Jonkheer den Laufpass gab. Unter dem Decknamen »Monsieur Jean« sollte er im Krieg einer Widerstandsgruppe dabei helfen, abgestürzten englischen Piloten die Flucht nach Spanien zu ermöglichen.

Gelegentliche Kontakte pflegte sie auch mit Charles Eyck, der Ende der Dreißigerjahre mit Frau und Kindern in das von ihm selbst entworfene Haus Ravensbos in der Nähe von Valkenburg gezogen war. Eyck war ein bekannter Name in der Monumentalkunst. Als Kind hatte er durch eine Krankheit vollständig sein Gehör verloren, und dadurch war auch sein Sprachvermögen schlecht entwickelt. Dem stand jedoch der Reichtum seiner Bildsprache gegenüber, nicht nur in seinem Werk, sondern auch in den langen und schön illustrierten Briefen, die er schrieb. Etwa zwanzig davon befinden sich in Gisèles Archiv. Wie es so vielen Männern widerfuhr, war auch er kurzzeitig von Gisèle benebelt. »Ich bin verliebt in die Dinge, die in Deinem Schloss stehen«, schrieb er aus Leeuwen, wo er ein paar Tage ihr Atelier benutzte. »In Deine Puppen, in Deinen Ofen, die venezianischen Kerzenständer und in den Hundekorb. In den Raum, den ich einatme, den Du eingeatmet hast. Den Raum, in dem Du Dich bewegt hast, wie eine schlampige Tante oder wie ein kokettes Ding in Strandhosen, wie eine lebende Burleske, wie ein Mensch, der, o Wunder, auch ernst dreinschauen kann.« Die Liebesbeziehung ging bald in einen kameradschaftlichen Umgang über.

Im Westen des Landes war Janys Bruder Eep noch kurz der Glückliche, und Gisèle erlebte eine flüchtige, vermutlich streng geheime Affäre mit dessen ältestem Sohn Ritsaert, von dem sie sich altersmäßig sehr viel weniger stark unterschied – er war nur fünf Jahre jünger als sie – als von Vater Eep und Onkel Jany.

Bei einem derart aktiven Sexualleben muss es in jenen Jahren keine leichte Aufgabe gewesen sein, nicht schwanger zu werden. Es liegt also nahe, die Notizen in Gisèles Terminkalender als eine Art Verhütungsmethode zu sehen – auch über ihre Menstruationen führte sie Buch –, doch Sicherheit verschaffte die Kalendermethode natürlich keineswegs. Wie so viele Frauen zur damaligen Zeit wird auch Gisèle hin und wieder einer würgenden Angst ausgesetzt gewesen sein. Doch in ihrem Fall ging es gut. Vereinzelte Bemerkungen in ihrem Kalender (»Jean forgot his rubbers!«)[4] deuten darauf hin, dass sie dem Kalender ebenfalls nicht so ganz traute.

In dem hektischen Leben, das sich abwechselnd in Leeuwen, Roermond und Bergen abspielte, kroch die neue Wirklichkeit der Besatzung langsam näher heran. Gisèle war sich der Risiken bewusst. Als Roland Holst Ende 1940 das Trauergedicht für seine Freunde du Perron und ter Braak in seinen neuen Gedichtband aufnehmen wollte, war sie eine derjenigen, die ihm stark davon abrieten: Er und sein Verleger könnten dadurch Probleme bekommen. Der Band *Onderweg* erschien ohne dieses lange Gedicht, das

---

4 »Jean hat seine Gummis vergessen!«

er jedoch gesondert in einer kleinen Auflage drucken ließ und im eigenen Kreis verbreitete. In der Widmung, die Roland Holst in das Exemplar von *Onderweg* schrieb, das er Gisèle im September 1941 zu ihrem neunundzwanzigsten Geburtstag schenkte, klingt die nahende Gefahr durch. Es war ein Vierzeiler im Stil des Persischen Dichters und Mystikers Omar Chayyām:

> In 't Oosten wordt de late nacht al bleeker –
> Nog is er tijd, en wijn; vul snel uw beker –
> Straks breken we op en is nog maar alleen
> 't onzeker onderweg-zijn niet onzeker.

> (Im Osten wird die späte Nacht schon fahler –
> Noch gibt es Zeit, und Wein; füllt schnell die Becher –
> Gleich brechen wir auf und dann ist nur noch das
> unsich're Unterwegssein nicht unsicher.)

Dass die Deutschen die Kunst und die Literatur nicht unbehelligt lassen würden, war inzwischen klar geworden. Im Herbst 1941 wurde, nach dem Vorbild der Reichskulturkammer, offiziell die Schaffung der Nederlandsche Kultuurkamer angekündigt. Es war nur eine Frage der Zeit, bis sie auch tatsächlich ihre Arbeit aufnehmen und alle Schriftsteller und Künstler, die weiterhin legal schriftstellerisch oder künstlerisch tätig bleiben wollten, dazu verpflichten würde, sich bei ihrer jeweiligen Einzelkammer, der Gilde, anzumelden. Die Aussicht darauf hing wie ein Damoklesschwert über Gisèles künstlerischem Schaffen.

In ihrem Privatleben stellte Wolfgang Frommel die wichtigste Verbindung zu der immer beklemmenderen Realität dar. Seit der Begegnung bei Roland Holst hatte sie ihn nicht aus dem Blick verloren. Frommel band sie schon bald in die Betreuung seiner beiden jüdischen Protegés ein, die sie ja bereits kennengelernt hatte. Billy, mit vollem Namen William Hildesheimer, war in Deutschland aufgewachsen, besaß aber die britische Staatsbürgerschaft. Schon kurz nach Beginn der Besatzung war er von den Deutschen im Durchgangslager Schoorl interniert worden. Wegen seines gebrochenen Knies konnte Frommel ihn dort nicht besuchen, doch Gisèle gelang es, ihn über das Rote Kreuz wöchentlich mit Lebensmittelpaketen zu versorgen, bis er in ein anderes Lager überstellt wurde. Sein Kollege Buri war nach den Sommerferien ebenfalls nicht an die Quäkerschule in Ommen zurückgekehrt. Er fand, dass es zu riskant geworden sei. Auf Vermittlung Gisèles wurde er im Oktober bei Charles und Karin Eyck in Ravensbos untergebracht. Wirklich untergetaucht war er dort nicht, fiel in dieser Umgebung jedoch weniger auf.

Buris Aufenthalt bei den Eycks bildete für Frommel den Anlass, regelmäßig in den Süden zu kommen und dabei auch Gisèle in Leeuwen zu besuchen. Er selbst, kein Jude und auch nicht aus anderen Gründen von den Deutschen gesucht, wurde Mitte Juni 1942 zu einer Übung eingezogen, die ihn auf eine Aufgabe im Luftschutz vorbereiten sollte, doch er gab sich derart ahnungslos, dass er noch vor Ende des Monats als untauglich wieder entlassen wurde.

»One day ...«

Schon zum Zeitpunkt des Einzugs Gisèles bei ihren Eltern in Jachtduin war klar gewesen, dass es nur vorübergehend wäre und sie sich irgendwo in der Nähe ein Quartier suchen würde, um nicht länger bei ihnen wohnen zu müssen und das Hin- und Herreisen nach Limburg begrenzen zu können. Auf das Glasatelier in Roermond war sie weiterhin angewiesen, doch wenn sie etwas in der Nähe der Eltern finden würde, könnte sie dort malen und Kartons für die Glasmalerei anfertigen. Bergen selbst schied aus, dort war die Konzentration an Künstlern bereits sehr hoch. Es wurde stattdessen ein Atelier in Amsterdam, das sich auch zu Wohnzwecken eignete.

Gisèle kannte die Hauptstadt kaum, doch sie erwartete, dort mehr Aufträge bekommen zu können als im ruhigen Leeuwen, und sie hatte hier inzwischen die Aussicht auf eine erste Einzelausstellung. Es gab eine gute Zugverbindung zwischen Amsterdam und Roermond sowie außerdem – über das ehemalige Haus ihrer Großeltern an der Herengracht 280, wodurch das Wort »Herengracht« schon von klein auf große Anziehungskraft auf sie ausgeübt hatte – eine historische Verbindung zwischen dem Geschlecht der van Waterschoot van der Grachts und der Stadt. »One day I will live on the Herengracht«: Dieser Wunsch machte die Suche nach Wohnraum zu einer übersichtlichen Angelegenheit. Eines Tages im August 1940 ging Gisèle in Begleitung Roland Holsts die Herengracht entlang, von der Leidsestraat bis zur Amstel und auf der anderen Seite wieder zurück. Sie hatten die Leidsestraat schon wieder überquert, als sie bei der Nummer 401, dort wo die Herengracht eine Biegung macht, auf ein Schild mit der Aufschrift »Zu vermieten« stießen. Es war ein auffälliges Gebäude an der Ecke zur Beulingstraat, das spitz zulief, so dass sich das Haus wie ein Tortenstück aus dem Pflaster erhob.

Zu mieten war die Etage im dritten Stock: drei kleine, muffige Zimmer, gedacht als Büroräume, daher ohne Küche und Bad. Es machte auf den ersten Blick nicht viel her, deshalb drängte Roland Holst auch bereits wieder zum Gehen, als Gisèle einen der Vorhänge zur Seite schob und sich ihr ein weites Panorama eröffnete: die Aussicht über die Herengracht, die herrliche Reihe von Häusergiebeln aus dem siebzehnten Jahrhundert auf der gegenüberliebenden Seite, unterbrochen von der Kreuzung zur Leidsegracht, die gerade auf dieser Höhe in die Herengracht mündet, so dass ein befreiender Durchblick geboten wird. Nach diesem überwältigenden Anblick gab es für Gisèle kein Halten mehr, die Mängel der Räumlichkeiten würden sich schon irgendwie überwinden lassen. Waschen konnte man sich auch im Badehaus am Heiligeweg, und kochen, ohnehin nicht ihr größtes Hobby, ließ sich auf einem Gaskocher.

Gisèle mietete die dritte Etage der Herengracht 401 ab Oktober 1940 und für achtundzwanzig Gulden im Monat. Bevor sie dort einzog, musste allerdings noch renoviert, umgebaut und gestrichen werden. Aus den drei kleinen Zimmern wurden letztlich zwei: ein größeres Wohn- und Schlafzimmer und ein kleiner Nebenraum, der als Wohnküche genutzt werden sollte. Für die Einrichtung benutzte Gisèle die Möbel, die die Familie Nicolas zurückgelassen hatte und die noch in Bergen eingelagert waren: die Staffelei von Joep, die Schränke, Stühle, Kisten und die Sessel, das weiße Pianola der Kinder. Das Apartment wurde zu einer Art Nicolas-Museum und hatte schließlich eher den Charakter einer Wohnung als den eines

Ateliers. Für die Arbeit blieb das Atelier in Leeuwen vorläufig unentbehrlich.

Durch eine Erkrankung aufgehalten, konnte Gisèle das neue Apartment erst im Januar 1941 wirklich beziehen. Einen Monat später wurde in der Amsterdamer Galerie des Kunsthändlers Carel van Lier ihre erste große Einzelausstellung eröffnet. Obwohl Jude, konnte er dank der Ehe mit einer nichtjüdischen Frau seine Geschäfte in den ersten zwei Jahren der Besatzung relativ ungestört fortführen. Van Lier war bekannt für seine Sammlung afrikanischer und asiatischer Ethnographica beziehungsweise exotischer nichtwestlicher Kunst, damals noch »Negerkunst« genannt, doch der Kunstzaal Van Lier am Rokin war zunächst und vor allem ein Zentrum moderner, meist gegenständlicher Malerei, in der die Vertreter neuer, auch internationaler, Strömungen oft erstmals gezeigt wurden. Magische Realisten und Vertreter der Neuen Sachlichkeit wie Carel Willink, Dick Ket, Edgar Fernhout, Charley Toorop und Raoul Hynckes waren dort oft zu sehen, aber auch Bergener Expressionisten, Maler der Künstlervereinigung De Ploeg und Künstler wie Jan Sluyters, Jeanne Bieruma Oosting und Charles Eyck stellten bei van Lier aus. In der zweiten Hälfte der Dreißigerjahre gab es Ausstellungen von aus Deutschland geflüchteten Malern wie George Grosz und Max Beckmann, deren Werk in ihrer Heimat offiziell als »entartet« galt. Beckmann wohnte inzwischen in Amsterdam, schräg gegenüber dem Kunstzaal, an der ruhigen Seite des Rokin, auf der Nummer 85.

Die Ausstellung »Gisèle van Waterschoot van der Gracht, schilderijen, plastieken, glas in lood« (Gisèle van Waterschoot van der Gracht, Gemälde, Plastiken, Glasmalereien) lief vom 22. Februar bis zum 13. März 1941. Gezeigt wurden Stillleben, Landschaften und Porträts aus der Limburger Periode (Kinder aus Wijlre, Sylvia Nicolas, südfranzösische Landschaften, Hafenansichten aus Ostende), ergänzt um neuere Arbeiten aus Bergen, wie das Selbstporträt vor der Staffelei, die Porträts Roland Holsts und ihres Vaters (*Vader met geologenhamer*; Vater mit Geologenhammer) sowie das Stillleben eines Rotkohls und einer Taube. Auch die Plastiken (Terrakotta) waren niemals zuvor ausgestellt worden. Für Besucher und Kritiker wenig befriedigend waren die Glasmalereien, die, bis auf ein kleines Fenster, nur mit Skizzen und Schwarzweißfotos vertreten waren.

In der Presse wurde der Ausstellung breite Aufmerksamkeit geschenkt, gewiss nicht kritiklos, doch der Grundton war positiv. Gisèle erschien in den Artikeln als eine vielseitige Künstlerin, deren Werk die Limburger Wurzeln und das Vorbild Joep Nicolas' noch deutlich erkennen lasse, das aber doch auch immer mehr eine eigene Persönlichkeit ausstrahle. Ihr *Selbstporträt mit Pinseln*, die Zeichnungen und Gouachen unter anderem des Gartens in Sanary und des Zugangstors von Schloss Wijlre wurden am meisten gelobt. Von den Gemälden waren nicht alle beeindruckt. Sie seien zwar handwerklich gut gemacht und wirkten anmutig, doch es fehle ihnen die Spannung, die von einer wirklich starken Inspiration zeuge, schrieb das *Algemeen Handelsblad*. Jan Engelman neigte in seiner Besprechung in *De Tijd* derselben Meinung zu: Talent, Schwung und Charme habe er zuhauf entdeckt, doch ihm fehle die geistige Konzentration. Dennoch war der allgemeine Tenor in diesem wie in den anderen Zeitungsartikeln, dass man Zeuge des Entrees einer talentierten Künstlerin mit guten Voraussetzungen für die weitere Entwicklung geworden sei.

Dieser Eindruck wurde auch in einer zweiten, zum Großteil identischen Einzelausstellung bestätigt, die im Herbst 1941 in der Galerie Martinus Liernur in der Zeestraat in Den Haag stattfand. Der *Nieuwe Rotterdamsche Courant* sprach hier von einer »brillanten Virtuosität«, sah darin jedoch zugleich auch die Gefahr der Oberflächlichkeit. Neu in der Ausstellung war die Illustration zu einem Gedicht von Roland Holst, »Weer een dag« (Wieder ein Tag), eine Zeichnung, die Gisèle auf Bitten des Verlegers von Holst, Sander Stols, für eine der bibliophilen Ausgaben seiner Gedichtbände angefertigt hatte. Neu waren auch das Gemälde *Suïcide*, inspiriert von Carel Willinks *Het gele huis* (Das gelbe Haus), sowie einige Ornamente aus Opalinglas, darunter ein Tafelbild, das zwei musizierende Frauen zeigte. Anfang 1942 sollte dieses Tafelbild auch noch für einige Zeit im Schaufenster des Kunstzaal Van Lier stehen.

Neben den Einzelauftritten nahm Gisèle in dieser Periode auch noch an zwei großen Sammelausstellungen teil. »Onze kunst van heden« (Unsere Gegenwartskunst), so der Titel einer der beiden

Veranstaltungen, fand im Winter 1939/40 im Rijksmuseum Amsterdam statt, als wegen der drohenden Kriegsgefahr die Spitzenwerke aus dem Museum evakuiert worden waren und in den frei gewordenen Räumen eine Verkaufsausstellung abgehalten wurde, an der sich an die neunhundert Künstler beteiligten und auf der sich mehr als dreitausend Werke besichtigen ließen. Gisèle war dort mit vier Gemälden vertreten. Es ist nicht bekannt, ob davon auch etwas verkauft wurde. Im Amsterdamer Stedelijk Museum beteiligte sie sich in den Sommermonaten des Jahres 1941 an der Ausstellung »Hedendaagsche Religieuze Kunst« (Religiöse Gegenwartskunst), einer Sammelausstellung mit Dutzenden Künstlern, veranstaltet von der Stichting Pro Arte Christiana.

Es wäre ein wenig übertrieben zu sagen, dass Gisèle kurz vor dem Durchbruch stand, doch ihre Karriere war sicher im Aufwind. Aufträge für Glasmalereien kamen nach wie vor herein, die Eröffnungen ihrer Einzelausstellungen waren rege besucht, und ihre Werke weckten größtes Interesse. Umso bitterer war es, dass die Kultuurkamer dem beginnenden Aufschwung ein Ende zu bereiten drohte. Da ab Ende November 1941 feststand, dass der Vorhang in Kürze fallen würde, arbeitete Gisèle in ihrem eiskalten Atelier in Leeuwen den ganzen Winter durch, um die bereits angenommenen Arbeiten, für die sie manchmal auch bereits Vorschüsse bekommen hatte, noch fertigzustellen. Das gelang auch fast vollständig. Ihr größter Auftrag, sechs Fenster für das Zentrallabor der Staatsmijn Maurits in Geleen, sowie eine Reihe kleinerer – für die Jacobusstichting in Wassenaar (eine neurologische Klinik), für das Sint Antoniusziekenhuis (ein Krankenhaus) in Sneek und für das Bisschoppelijk College in Roermond – konnten alle Anfang 1942 noch abgeschlossen werden.

Ratschläge

Am 1. März 1942 war die Nederlandsche Kultuurkamer organisatorisch so weit, dass sie ihre Arbeit aufnehmen konnte. Schriftsteller, Architekten und Künstler bekamen einen Monat Zeit, sich bei der für sie zuständigen Einzelkammer zu melden, in Gisèles Fall also bei der Gilde voor Bouwkunst, Beeldende Kunsten en Kunstambacht. Denjenigen, die nach dem 1. April auch weiterhin arbeiteten oder publizierten, ohne gemeldet zu sein, drohten Strafen sowie das Berufsverbot.

Gisèle sprach darüber mit Künstlerkollegen, insbesondere mit Charles Eyck und Eddy Fernhout. Beide waren von Anfang an dagegen und schrieben sich nicht ein. Andere in ihrem Umfeld wie Carel Willink und Max Weiss kippten dagegen um. Roland Holst war ein Sonderfall. Er war ein erklärter Gegner der Anmeldung, wurde aber als prominenter Dichter und kulturelles Aushängeschild besonders unter Druck gesetzt. Trotz der Tatsache, dass er bereits hatte wissen lassen, nicht mehr veröffentlichen zu wollen, erhielt er im Sommer doch noch den Befehl, sich binnen drei Tagen anzumelden. Er schrieb daraufhin einen kurzen Brief, in dem er erklärte, dass er sich einer solchen polizeilichen Maßnahme nicht widersetzen könne und sich einer Anmeldung füge. Da letztlich die Leitung der Kultuurkamer über die Zuerkennung oder Ablehnung von Mitgliedschaften entscheiden musste, fügte er noch hinzu: »Es muss mir von der Seele, Ihnen zu versichern, dass Ihre Ablehnung sehr von mir geschätzt werden würde.« Das Anmeldeformular und die dazugehörige Arier-Erklärung ließ er unausgefüllt. Eine Abschrift dieser »Anmeldung« schickte er zusammen mit einem (erneut beleidigend gemeinten) Begleitbrief an die deutschen Behörden. Sein Vorhaben, das alles auch unter engen Freunden und Schriftstellerkollegen zu verbreiten, um den eigenen Namen rein zu halten, setzte er, unter anderem auf dringenden Rat Gisèles hin, nicht in die Tat um. Die Deutschen waren tatsächlich schon äußerst aufgebracht, aber Roland Holst hatte Bergen bereits verlassen, als sie vor seiner Tür standen, um ihn zu verhaften.

Was Gisèle betrifft, deutet nichts darauf hin, dass sie auch nur eine Sekunde überlegt hat, sich einzuschreiben. Auch bei dieser Frage war es wiederum ihr Vater, der die Entscheidungsfindung begleitete. »Wir müssen uns ernsthaft darüber unterhalten, was Du tun solltest«, schrieb er ihr unmittelbar nach Bekanntgabe der Verordnung über die Kultuurkamer. Er selbst kam, trotz seiner Pensionierung, erneut in Arbeit um, seitdem er neben seinen Beratertätigkeiten und den Leitungsaufgaben auch seine wissenschaftlichen

Studien wiederaufgenommen hatte. Im Auftrag der Staatsmijnen leitete er eine große geologische Untersuchung, mit deren Hilfe er etwa fünfzig junge Geologen, für die es nach der Besetzung kaum noch Stellen gab, in Beschäftigung hielt und sie so vor dem Arbeitseinsatz in Deutschland bewahrte.

Von der Politik hielt er sich fern, doch für alles, was seine Tochter betraf, machte er eine Ausnahme. Bei der Ankündigung zur Schaffung der Kultuurkamer war er sofort wieder mit praktischen Anweisungen zur Stelle, machte aber auch prinzipielle Abwägungen. Brieflich legte er seine Argumente dar. Seine Bedenken bezögen sich nicht auf die Idee der Künstlervereinigung als solcher, dagegen gebe es aus seiner Sicht wenig einzuwenden, sondern auf die Tatsache, dass in der Verordnung, die dem Besatzer vorschwebe, die vorgeschlagenen Vereinigungen nicht repräsentativ seien. Sie drückten nicht die Wünsche der ihnen angeschlossenen Mitglieder aus, sondern nur die des Führers. Die Mitgliedschaft werde mit Bußgeldern und Drohungen erzwungen. Hinzu käme, dass in einem guten Berufsverband jeder Mitglied werden könne, der seinen Beruf rechtmäßig ausübe. Der Ausschluss von Juden, der für die Kultuurkamer gelte, sei deshalb inakzeptabel.

»Das sind also Deine Gründe«, schloss er, falls jemand danach fragen sollte. Die Meinungsbildung bei Gisèle selbst ist weniger gut überliefert, aber ihr Tun und Lassen zeigen, dass sie ganz und gar im Geiste ihres Vaters handelte. Am 31. März hörte sie mit der Glasmalerei auf. Vater und Tochter müssen darin völlig einer Meinung gewesen sein, denn dass Gisèle die Direktiven ihres Vaters nicht kritiklos umsetzte, zeigt sich bei einem anderen Punkt, an dem er versuchte, sie zu lenken: dem Apartment an der Herengracht.

Gisèle musste wegen ihrer Arbeit häufig in Limburg sein und bot in den Zeiten, in denen sie nicht in Amsterdam war, oft anderen ihre Wohnung als Bleibe an – wegen der vielen Kleinigkeiten und dem Nippes, mit denen die Schränke, Regale und Fensterbänke gefüllt waren, gemeinhin bald »die Schießbude« genannt. Das führte einige Male zu unangenehmen Vorfällen, vor allem im Januar 1942, als die beiden Wolfgangs (Frommel und Cordan) von ihrer Gastfreundschaft Gebrauch machten. Sie ließen nicht nur ein Riesenchaos zurück, sondern plünderten auch noch ihren Lebensmittel-

und Kohlenvorrat, ohne ihn wieder aufzufüllen. Ein unangenehmer Vorfall, der jedoch, nachdem man sich entschuldigt hatte, vergessen wurde.

Ihr Vater hatte von Anfang an davor gewarnt. »Bist Du ganz SICHER, dass Du diesen Leuten praktisch die Verantwortung und den Zugang zu allem, was Du in Deinem Apartment hast, überlassen kannst?«, fragte er nachdrücklich. »Denk daran, dass die Versuchung sehr beträchtlich ist!« Doch das waren nicht seine einzigen Bedenken. Er fand die Wohnung ungeeignet und unter den gegebenen Umständen unnötig teuer. Gisèle halte ihre Finanzen nicht in Ordnung, konstatierte er, sie gebe zu viel aus und rechne sich oft schon reich, bevor sie etwas eingenommen habe, so dass er regelmäßig einspringen müsse. Dazu habe er keine Lust mehr und rate ihr daher, die Wohnung zu kündigen.

Sein Rat stieß auf taube Ohren. Obwohl sie noch sehr regelmäßig in Bergen zu finden war, ließ Gisèle sich das Amsterdamer Leben nicht mehr nehmen. Die Herengracht bot ihr eine Freiheit und Selbständigkeit, die für sie inzwischen unverzichtbar geworden war. Sie empfing dort ihre Freunde, die Gebrüder Roland Holst, Eddy Fernhout, Carel und Wilma Willink, den Dichter Wolfgang Cordan und natürlich Wolfgang Frommel sowie in seinem Gefolge wiederum häufig andere: junge Adepten wie Peter Goldschmidt und Daniël Boeke oder interessante Personen aus seinem Netzwerk deutschsprachiger Emigranten. So tauchte er eines Abends im Frühjahr 1942 mit Max Beckmann und dessen Frau Mathilde (»Quappi«) von Kaulbach auf. Obwohl sich Beckmann zu der Zeit noch nicht mit seinem Weltruhm brüsten konnte, der ihm nach seinem Tod 1950 zuteilwerden sollte, war er doch ein hochangesehener Maler, der allerdings durch Hitlers Machtübernahme flügellahm gemacht worden war. Er durfte in Deutschland nicht mehr ausstellen, seine Gemälde wurden nur noch in sogenannten »Schandausstellungen« gezeigt und dort der Lächerlichkeit preisgegeben. In Amsterdam, wo er seit 1937 lebte, blieb er ein wenig eine Randfigur in der Kunstwelt, schloss jedoch eine enge Freundschaft mit Frommel.

All dieses wechselnde Mannsvolk, das bei Gisèle ein und aus ging, war ein neuer Quell elterlichen Ärgernisses. »Denk daran, dass ich überhaupt nichts dagegen habe, dass Du Deine Freunde unterhältst, aber ich hoffe, dass Du ausreichend vorsichtig mit Deinem Ruf umgehst«, schrieb ihr Vater in einem altmodisch mahnenden Brief. »Auch wenn nichts *geschieht*, was nicht sein sollte, darf nicht der *Anschein* erweckt werden, der es nahelegen könnte.« Als unverheiratete Frau sei sie Gefahren und Versuchungen ausgesetzt, und das könne nur ins Unglück führen. Ihre Eltern vertrauten ihr natürlich, sähen aber gern, dass sie sich etwas mehr durch die heiligen Sakramente leiten ließe, das sei schließlich die einzige Möglichkeit, auf dem rechten Pfad zu bleiben.

Auch dieses Plädoyer fand kein Gehör, hinkte sogar hoffnungslos der Wirklichkeit hinterher. Frommel, dessen häufige Anwesenheit in Amsterdam wahrscheinlich den direktesten Anlass für das elterliche Schreiben bot, nahm in Gisèles Leben inzwischen einen nicht mehr wegzudenkenden Platz ein. Sie suchte Halt, einen Nachfolger für Joep Nicolas, einen neuen Ratgeber, am besten einen Liebhaber und Mentor in Personalunion, und niemand eignete sich für diese Rolle besser als Wolfgang Frommel. Sein Wissen und seine Gelehrsamkeit imponierten ihr, er stand für eine Welt, die neu und faszinierend für sie war. Seinerseits entzückten ihn an Gisèle ihr Eifer, ihre Lernbegierde, ihr Kunstsinn und der Wunsch nach einem intensiven Leben. Außerdem imponierten ihm, der selbst aus einfachen Verhältnissen stammte, ihre Wurzeln im österreichischen Adel, und er war völlig begeistert von dem Gedanken, dass sie von dem großen Orientalisten von Hammer-Purgstall abstammte, dessen Hafiz-Übersetzung seinen geliebten Goethe auf die Spur der orientalischen Mystik geführt und ihn zu seinem *West-östlichen Divan* inspiriert hatte.

Bei zwei derart sinnlich und körperlich veranlagten Naturen braucht nicht bezweifelt zu werden, dass zwischen ihnen auch eine sexuelle Beziehung aufblühte, doch die Bedeutung, die beide ihr beimaßen, ging stark auseinander. Für Gisèle war Frommel ein potentieller Lebenspartner, und sie war tief enttäuscht, als sie entdeckte, dass er ganz anders darüber dachte. Die Aufgabe, die Frommel für sich im Leben sehe, so machte er ihr klar, lasse sich nicht mit einer Frau an seiner Seite vereinbaren.

So unangenehm diese Botschaft auch war, sie trieb die beiden nicht auseinander. Auf eine andere Weise, als es Gisèle anfangs gern gesehen hätte, sollte sich das Leben der beiden unlöslich miteinander verbinden, sogar so sehr, dass es an der Zeit ist, sich etwas eingehender mit dem neuen Mann an Gisèles Seite zu beschäftigen. Wer war dieser Wolfgang Frommel, Dichter und Verleger, lachlustiger Unterhalter und mitreißender Erzähler? Worin bestand die Aufgabe, für die er sich ausersehen fühlte? Und was brachte er an Gepäck mit, als er und seine Anhänger im Sommer 1942 die Wohnung in der Herengracht bezogen und das Apartment nun eine neue Bestimmung als Versteck vor den deutschen Besatzern erhielt?

Aristokraten des Geistes

Wolfgang Frommel wurde 1902 als ältester Sohn eines Pfarrers und Spross eines Geschlechts prominenter lutherischer Theologen geboren. Er wuchs in der süddeutschen Universitätsstadt Heidelberg auf, wo sein Vater zum Professor für Theologie berufen worden war. Der junge Frommel hatte Mühe, seinen Weg zu finden. Er begann, Verschiedenes zu studieren – Philosophie, Theologie und Germanistik –, beendete sein Studium jedoch in keinem der Fächer. Diese Phase des Zweifelns fand ein Ende, als er Anfang der Zwanzigerjahre Bekanntschaft mit dem Leben und Werk des Dichters Stefan George machte. Der residierte regelmäßig in Heidelberg, umringt von einer kleinen Schar streng ausgewählter und ihm treu ergebener Jünger: dem »George-Kreis«. Nur wenigen ist eine solche Verehrung und Nachahmung zuteilgeworden wie diesem Dichter, dem »Meister«, wie ihn seine Anhänger nannten. Als der Heidelberger Professor und Begründer der Soziologie Max Weber seine Ideen über »charismatische Herrschaft« und »Sekten« entwickelte, stand ihm das Beispiel dieses berühmten Mitbürgers und der schwärmerischen Gruppe von Dichtern und Denkern vor Augen, mit der George sich umgab.

George war Mittelpunkt der literarischen Bewegung um die exklusive Literaturzeitschrift *Blätter für die Kunst*. Seine Poesie, anfangs vor allem vom Symbolismus Verlaines und Mallarmés inspiriert, war streng in der Form, apodiktisch im Ton und schwer zugänglich. George zielte denn auch nicht auf ein breites Publikum – er verabscheute die Masse –, sondern auf eine kleine Elite von Eingeweihten, für die seine hermetischen Verse eine unerschöpfliche Quelle verborgener Hinweise und kodierter Botschaften darstellten.

Bei jemandem, der es auf das Kultivieren der Schönheit anlegte, verwundert es nicht, dass bei der Veröffentlichung seiner Gedichte ungewöhnlich stark auf Typographie und Formgebung geachtet wurde. Georges Gedichtbände wurden in einem eigenen, sofort erkennbaren Schrifttyp gesetzt, der auf einer von ihm selbst entwickelten Schrift beruhte. Außerdem benutzte er eigene Regeln: Hauptwörter wurden klein geschrieben, und bei der Interpunktion beschränkte er sich auf das Minimum. In der Dichtung und oft auch in den Briefen Frommels und der Seinen – zu denen wir in dieser Hinsicht auch Gisèle zählen müssen – wurden diese Regeln (teilweise) übernommen.

Viele der Gedichte Georges richteten sich an Menschen aus seinem Umfeld und bezogen sich auf seine Freundschaften. Als Meister stellte er hohe Anforderungen an seine Jünger, und er konnte hart über die urteilen, die ihn enttäuscht hatten. Er verlangte absolute Loyalität und war radikal in seiner Ablehnung bürgerlicher Werte, etwa zu heiraten, eine Familie zu gründen oder gesellschaftlichen Erfolg anzustreben. Nur diejenigen, die bereit waren, ihre alten Beziehungen und ihre Stellung aufzugeben, konnten Aufnahme in seinem geistigen Reich finden und durften sich dem Adel des Geistes zurechnen. Diese Auserwählten betrachteten sich selbst als Hüter des dichterischen Heilsstaats, der in George-Kreisen »das geheime Deutschland« genannt wurde.

In vielerlei Hinsicht war George ein typisch deutsches Phänomen, doch auch in den Niederlanden genoss er aufgrund seiner Freundschaft mit dem Dichter Albert Verwey, der eine Reihe seiner Gedichte ins Niederländische übersetzt hatte, einige Berühmtheit. Ihre Freundschaft verblasste im ersten Jahrzehnt des zwanzigsten Jahrhunderts, da George immer mehr dazu neigte, die Dichtkunst zu sakralisieren und sich selbst als Propheten einer äußerst speziellen Mythologie zu profilieren. Dem wollte Verwey nicht länger folgen.

George hatte sich in diese Richtung entwickelt, nachdem er 1902 den damals dreizehnjährigen Maximilian Kronberger kennengelernt hatte, in dem er den Inbegriff körperlicher und geistiger Schönheit sah. Gut zwei Jahre nach dieser Begegnung starb der Junge plötzlich an Meningitis, einen Tag nach seinem sechzehnten Geburtstag. In tiefe Trauer gestürzt, widmete George dem verstorbenen Freund, den er Maximin nannte, einen Gedichtzyklus, in dem er den toten Jüngling zum Gott erhob. Maximin war fortan der Allmächtige und der Dichter sein Prophet: der unbestrittene Anführer einer kleinen Schar von Jüngern, in der die jugendliche männliche Schönheit angebetet und die Männerfreundschaft verherrlicht wurde.

Georges Œuvre wurde von seinen Anhängern wie eine Richtschnur fürs Leben gelesen. Das gilt insbesondere für sein Hauptwerk *Der Stern des Bundes* (1913). Diese Gedichtsammlung fungierte als Hand- und Gesetzbuch für das geistige Leben in georgeschem Stil zwischen einem Meister und seinen jüngeren Anhängern: ein Leben außerhalb der alltäglichen gesellschaftlichen Ordnung, das der Dichtkunst zu dienen hatte. Die kleine Männergemeinschaft, der »Männerbund«, war die vorgeschriebene Lebensweise. Frauen hatten keinen Zutritt; ihre Domäne waren die Fortpflanzung und der häusliche Herd, das höhere Geistesleben blieb dem Mann vorbehalten.

Der Zugang zu dieser überlegenen Lebensweise war eine Frage des Auserwähltwerdens, keine des Beitretens. Es gehörte zu den Aufgaben der Anhänger, den Meister auf neue Kandidaten aufmerksam zu machen: begabte, hübsche Jungen, in denen ein Funke des Göttlichen wahrnehmbar sei. George selbst hatte dafür einen gut entwickelten Blick. So war er 1910 in Heidelberg auf der Straße vom Anblick eines bildhübschen Jungen tief berührt worden, der sich als der vierzehnjährige Professorensohn, Percy Gothein, zu erkennen gab. Wie es im Folgenden meistens geschah, wurde einer der Jünger losgeschickt, der bei den Eltern die Erlaubnis zu einem Fototermin einholen musste, um die Schönheit des Jungen zu verewigen. Das wurde in der Regel als große Ehre betrachtet, woraufhin George den Knaben, in dem Fall Percy, zu einem Besuch einlud, der es ihm erlaubte, weiter abzutasten, inwieweit der Junge musisch sensibel genug war, um für die weitere Einweihung in Betracht zu kommen.

Bei Percy Gothein verlief dieser Prozess alles andere als reibungslos: Erst neun Jahre nach der ersten Begegnung wurde er zum

Kreis zugelassen. Von diesem Moment an entwickelte er sich zu einem besonders begeisterten Apostel, der auf dem Motorrad kreuz und quer durchs Land fuhr, um Gastunterricht an Internatsschulen zu geben, hier und da Vorträge zu halten und neue jugendliche Anhänger zu werben. Während dieser Phase lernte er in einem Heidelberger Vorlesungssaal den sechs Jahre jüngeren Wolfgang Frommel kennen. Zwischen den beiden Männern entstand eine leidenschaftliche Freundschaft, in der Frommel von seinem älteren Freund in das Werk und das Weltbild Georges eingeführt wurde. Detailliert und in feurigen Worten beschreibt Frommel später, wie Gothein und er dem Dichter im Juni 1923 einen Besuch abstatteten. Von diesem Moment an bis zu seinem Tod im Jahr 1986 ist Stefan George der sinnstiftende Mittelpunkt seines Lebens.

Auf diesen Wendepunkt in seinem Dasein folgen sofort Taten: Die zwei Freunde machen sich an den Aufbau eines eigenen Freundeskreises. Auf den Segen des Meisters kann diese Initiative allerdings nicht rechnen. George beschuldigt seinen ehemaligen Schüler, indiskret zu sein und sich mit seinem Gedankengut aus dem Staub machen zu wollen, und er verstößt ihn. Das hält Gothein jedoch nicht davon ab, unverdrossen die Arbeit im Geiste Georges fortzusetzen und seine Erinnerungen an ihre gemeinsamen Jahre aufzuschreiben: sein *Opus Petri* beziehungsweise »Werk Petrus'« – nach dem Namen, den George ihm gegeben hatte. Dem Meister selbst kann er damit nicht behagen, doch das Werk stellt schon das legitimierende Fundament des neuen Freundeskreises dar.

Frommel hat inzwischen die tägliche Leitung der neuen Anhängerschaft beim Lesen, Rezitieren, Interpretieren und Abschreiben von Gedichten übernommen. Eine Auswahl neu entstandener Gedichte wird 1931 unter dem Titel *Huldigung. Gedichte einer Runde* veröffentlicht. Wem diese Huldigung erwiesen wird, zeigt sich schon an der gewählten Drucktype. Der Band erscheint bei Die Runde, dem Verlag, der ein paar Jahre zuvor von Frommel und anderen gegründet worden war.

Frommel selbst veröffentlicht bei Die Runde unter dem Pseudonym Lothar Helbing ein politisch-pädagogisches Traktat unter dem Titel *Der dritte Humanismus* (1932), mit dem er auf eine Bewegung anspielt, die aus der Unzufriedenheit der deutschen Jugend mit den bestehenden Erziehungspraktiken, dem Materialismus, dem Individualismus und der geistigen Leere der modernen Gesellschaft entstanden war. Als Alternative entwirft der Autor eine auf autoritären Prinzipien fußende Volksgemeinschaft, ein neues, wahres Deutschland, das ebenso wie das antike Griechenland von einer Vorhut auserwählter Männer geführt wird. In seiner antidemokratischen, antifeministischen und antimodernen Tendenz steht dieses Buch in nichts den im Deutschland dieser Jahre in konservativ-nationalistischen und georgeanischen Kreisen kursierenden Ideen nach. Die Schrift fällt dort auf fruchtbaren Boden und erlebt drei Auflagen.

Im Nachhinein hat der Autor versucht, den *Dritten Humanismus* als eine frühe Warnung vor der Barbarei des Dritten Reichs darzustellen, doch diese Botschaft ist nirgends in dem Buch zu finden. Auch Zeitungs- und Zeitschriftenartikel jener Jahre zeigen, dass Frommel den Umwälzungen in seinem Land mehr als wohlwollend gegenüberstand. Den Appell, den das neue autoritäre Regime an die Jugend richtet, findet er verheißungsvoll und erfrischend. Parteimitglied wird er nicht, doch es gibt starke Hinweise darauf, dass er der SA, dem paramilitärischen Arm der NSDAP, beigetreten ist.

Obwohl Frommel dem nationalsozialistischen Regime gegenüber anfangs hoffnungsvoll gestimmt ist, meldet er einen wichtigen Vorbehalt an, mit dem er sich von vielen seiner Landsleute, einschließlich mancher prominenter Georgeaner, unterscheidet: Er ist kein Antisemit. Als Verleger veröffentlicht er Werke jüdischer Autoren, und unter seinen eigenen Anhängern befinden sich mehrere jüdische Jungen.

Bei den beiden wichtigsten handelt es sich um William (Billy) Hildesheimer, dessen Hauslehrer Frommel in den Zwanzigerjahren war, und Adolf Friedrich Wongtschowski – besser bekannt als Buri. Dieser Spitzname stammt noch aus seiner Kindheit, als er und seine Freunde eine Zeit lang im Bann der nordischen Mythologie standen, in der Götter wie Loki, Odin und Buri eine Rolle spielen. Wongtschowski wird den Namen sein Leben lang tragen. Seine Gedichte veröffentlichte er später unter dem Namen F. W. Buri, wobei die von ihm gewählten Initialen auf Wolfgang Frommel verweisen, den er als Vierzehnjähriger im Sommer 1933 an seinem Wohnort Frankfurt kennenlernte, gerade als er wegen seiner jüdischen Abstammung der Schule verwiesen worden war und eine Lehre als Anstreicher begann. Frommel ist zu dem Zeitpunkt Programmgestalter beim Radio in Frankfurt, wo er eine Lesungsreihe, *Vom Schicksal des deutschen Geistes*, betreut, in der eine Reihe konservativer Schriftsteller und Intellektueller, George-Anhänger und Parteigänger der NSDAP zu Wort kommt. Das Programm, das jeden Freitag zu mitternächtlicher Stunde ausgestrahlt wird, entwickelt sich zu einem Sprachrohr der reaktionären rechtsnationalen Gegner des Hitlerregimes, die zwar den Untergang der Weimarer Republik bejubeln und mit den Nationalsozialisten die Ablehnung demokratischer Institutionen teilen, jedoch deren rassistische Ideologie verwerfen und hoffen, dass der Nationalsozialismus sich noch in diesem Sinne revidieren lässt. Frommels Arbeit beim Radio verschafft ihm in rechtsnationalen Kreisen ein Netzwerk, von dem er ein Leben lang profitieren wird.

Nach seiner Versetzung führt Frommel in Berlin seine Tätigkeit für den Rundfunk fort. Er arbeitet außerdem noch kurzzeitig als Redakteur für das *Berliner Tageblatt* und wird 1935 zum Dozenten für »politische Pädagogik« an der Universität Greifswald ernannt. Ein Gegner des Naziregimes oder gar eine verdächtige Figur ist er zu diesem Zeitpunkt in den Augen der Machthaber offensichtlich noch nicht, aber die immer weiter voranschreitende Gleichschaltung erreicht schließlich auch ihn: Dem Verlag Die Runde werden die Zügel angelegt, und *Der dritte Humanismus* wird verboten. Nach dem Vorbild vieler seiner konservativen, antiliberalen Geistesverwandten sucht Frommel Ende 1937 sein Heil außerhalb Deutschlands.

Seine beiden jüdischen Protegés sind da bereits außer Landes. Billy ist 1935 in die Niederlande gezogen, und für Buri ist geplant, dass er mit seinen Eltern nach Brasilien auswandert, wo sein ältester Bruder bereits Quartier gemacht hat. Frommel weiß die definitive Trennung von seinem geliebten Schüler allerdings zu verhindern, indem er für ihn eine Bleibe in De Werkplaats organisiert, der unorthodoxen Schule des christlichen Anarchisten, Pazifisten und Reformpädagogen Kees Boeke in Bilthoven. Nach einem improvisierten Schnellkurs Handarbeit, um das Fach unterrichten zu können, reist Buri im Frühjahr 1937 seinem Freund Billy in die Niederlande hinterher. Seine Eltern reisen ohne ihn nach Brasilien ab.

Percy Gothein geht ins italienische Exil, nicht nur, weil er sich als Halbjude in seiner Bewegungsfreiheit eingeschränkt sieht, sondern auch, weil er in den späten Dreißigerjahren diverse Male wegen Verstoßes gegen den Paragraphen 175 des deutschen Strafgesetzbuchs mit der Justiz in Berührung gekommen ist. Dieser Paragraph stellt sexuelle Handlungen zwischen Personen männlichen Geschlechts unter Strafe und bildet in Nazi-Deutschland die Grundlage der Verfolgung Homosexueller. Dreimal werden Ermittlungen gegen ihn eingeleitet. Auch Frommel muss, was das betrifft, inzwischen aufpassen. Sein letzter, stark homoerotischer Gedichtband kann 1937 in einer kleinen Auflage ungehindert das Licht der Welt erblicken, weckt allerdings Argwohn bei den Behörden.»Auf einigen Seiten muss die Vermutung entstehen, dass der Verfasser aus homosexuellen Gefühlen heraus schreibt, doch diese Gefühle stets hinter symbolhaften Worten versteckt«, heißt es in einem Bericht, in dem zugleich angemerkt wird, dass der Band ausgerechnet 175 Seiten zählt.»Liegt hier eine Absicht vor?«

Der Jungenpädagoge

Von dem Moment an, in dem Frommel 1939 in den Niederlanden gestrandet war, konzentrierte er sich definitiv auf seine pädagogische Berufung: die Suche nach jungen Menschen (sprich: Jungen) mit einer musischen Begabung, die er formen und unter seiner Führung zur Entfaltung bringen konnte. In diesem pädagogischen Streben kam ihm sein Charisma sehr zustatten. Sicher, es gab genügend Menschen, die ihn für einen arroganten Pinsel, ein Ekel oder einen unerträglichen Wichtigtuer hielten, aber einen bestimmten Typus suchender und sensibler Jungen konnte er mit seinem selbstbewussten Auftreten und der intensiven Aufmerksamkeit, die er ihnen schenkte, betören. Bei ihnen wusste er haargenau den richtigen Ton zu treffen, und mit seinem ungewöhnlichen erzählerischen Talent schlug er sie in den Bann.»Wie verzaubert ging ich nach Hause«, berichtete Buri über seine erste Begegnung mit Frommel.»Ich hatte noch nie jemanden kennengelernt, der sich mir so vorbehaltlos zuwandte und mir Dinge sagte, die mir neu und zugleich unheimlich bekannt vorkamen.« Ähnliche Erfahrungen mit Frommel finden sich in vielen Varianten wieder: sein elektrisierender Blick und die magnetische Anziehungskraft, seine Energie und Gelehrsamkeit, seine ansteckende, ausgelassene Heiterkeit und seine magischen Fähigkeiten. Für viele war die Bekanntschaft mit Frommel eine überwältigende und tiefgreifende Erfahrung mit weitreichenden Folgen.

Frommels Arbeitsgebiet in den Niederlanden der Vorkriegszeit hatte zwei Zentren. Das eine war die Quäkerschule in Ommen mit Sitz auf Schloss Eerde, dem Eigentum von Philip Baron van Pallandt, einem Idealisten, der sein Landgut vorher schon der spirituellen Gemeinschaft um den Theosophen Jiddu Krishnamurti zur Verfügung gestellt hatte. Nachdem diese dort ausgezogen war, wurde das Schloss von den Quäkern übernommen, einer internationalen protestantischen Glaubensgemeinschaft, die nach Genügsamkeit und Einfachheit, Harmonie und Gleichheit sowie Frieden und Freundschaft strebte. 1934 gründeten die Quäker eine internationale weiterführende Schule mit Internatsbetrieb, die aufgrund des Zustroms deutsch-jüdischer Schüler, deren Eltern ein sicheres Unterkommen für ihre Kinder suchten, einen überwiegend deutschen Charakter bekam. Unter der Lehrerschaft fanden sich ebenfalls Deutsche, die in ihrem Land bedroht wurden, weil sie Pazifisten oder Juden waren. So hatten auch Frommels junge Freunde in Ommen eine Bleibe gefunden. Billy arbeitete dort als Musiklehrer und Buri, nach einem weniger glücklichen Aufenthalt in De Werkplaats, als Handarbeits- und Werkkundelehrer.

Ihre Anwesenheit verschaffte Frommel einen Zugang zu der Schule. Er besuchte deren Veranstaltungen, hielt Vorträge, und in den Abendstunden las er mit kleinen Gruppen ausgewählter Schüler Poesie. Auf manche von ihnen machte er tiefen Eindruck: Claus Bock, Peter Goldschmidt und dessen jüngerer Bruder Rudolf, Daniël Boeke – Sohn von Kees Boeke – und Clemens Bruehl gehörten zu den frühesten Mitgliedern des niederländischen Freundeskreises von Frommel. Es handelte sich dabei um leicht verletzbare und für seine Ideen empfängliche Jungen, die häufig von ihren Eltern in einem fremden Land zurückgelassen worden waren, in einem Internat ohne die Kontrolle und den Schutz ihrer Eltern.

Das zweite Zentrum war sein Wohnort Bergen, wo er schon bald in Kontakt zur Jugend trat. So machten Simeon und Friso ten Holt, David und Gerrit Kouwenaar sowie Jaap van Domselaer Bekanntschaft mit ihrem neuen exzentrischen Mitbewohner, der in Bergen nach dem Prinzip Georges lebte, wonach ein Dichter selbst keiner bürgerlichen, bezahlten Arbeit nachging, sondern sich von Freunden unterhalten ließ. Die Schüler Chris Dekker, Vincent Weyand und Jaap van Rossum du Chattel fühlten sich schließlich am meisten zu Frommel hingezogen und wurden von ihm für die weitere Erziehung auserwählt.

Dieser Status zeigte sich auch schon bald im Äußeren der Jungen. Sie zogen sich anders an, verhielten sich selbstbewusster und ließen ihr Haar wachsen. Buri beschreibt in seinen Memoiren die Metamorphose Vincent Weyands, Sohn des Bergener Malers Jaap Weyand. Anfangs war dieser Vincent ein etwas steifer, in halblange Kniehosen gekleideter Junge mit einer schmuddeligen, zu engen Jacke, einem bis zum Hals zugeknöpften Hemd und einem blassen, pickligen Gesicht sowie einem Kopf mit »nach allen Seiten abstehenden Haarstoppeln«, doch nur drei Monate später sah er sein Gegenüber mit strahlenden Augen an, und seine wirre Frisur war »in einen goldblonden Helm umgewandelt, der sein völlig glattes, schön modelliertes Gesicht mit der geschwungenen Nase und dem feinen Mund umhing«. Buri sah darin eine Bestätigung der außergewöhnlichen Fähigkeit Frommels, hinter dem alltäglichen Erscheinungsbild eines Menschen dessen wahre Möglichkeiten zu erkennen.

Solch eine zweite Geburt wurde in manchen Fällen durch einen neuen Namen bekräftigt. So hieß Billy im Freundeskreis »Cyril«, Rudolf, der jüngste der Goldschmidt-Brüder, erhielt den Namen »Manuel«, und Jaap van Rossum du Chattel hieß für seine Freunde »Reinout«.

Obwohl Namen und Äußerlichkeiten in der neuen Lebenswelt sicher nicht unwichtig waren, ging es eigentlich um die innere Transformation des Jugendlichen mithilfe der Dichtkunst. Eine persönliche Bindung zwischen Erzieher und Schüler war dafür die Voraussetzung. Die pädagogische Beziehung, die Frommel vor Augen stand, beinhaltete eine leidenschaftliche Freundschaft, in der auch die Erotik einen Platz hatte. Die erotische Beziehung zwischen Älterem und Jugendlichem unterstützte das pädagogische Ziel: Sie eröffnete den Weg zum Höheren, erweckte im Jugendlichen das Göttliche zum Leben und machte ihn aufnahmefähig. Frommel suchte sich seine Jungen vorzugsweise im Alter von vierzehn oder fünfzehn, in einem Alter, in dem weder ihr erotisches Verlangen noch ihre speziellen Interessen bereits feste Formen angenommen hatten. Billy war zwölf, als er Frommel kennenlernte, Buri vierzehn.

Dieser »pädagogische Eros« war in der deutschen Reformpädagogik zu Beginn des zwanzigsten Jahrhunderts ein populäres Konzept. Es verwies auf die antike griechische Kultur, in der die Knabenliebe oder auch Päderastie – die erotische Beziehung zwischen einem erwachsenen Mann und einem heranwachsenden Jungen – ein normales Phänomen war und als ein wichtiges Element in der Erziehung eines (aristokratischen) Jungen betrachtet wurde. Unter Berufung auf Platons *Symposion* und das Werk des berühmten Stefan George sprachen sich manche pädagogischen Reformer für einen Freundschaftskult aus, in dem es Platz für intergenerationelle Erotik gab.

Die Theorie stellte den Eros, die übergeschlechtliche, pädagogisch motivierte, formende Liebe der platten Lustbefriedigung und banalen Homosexualität gegenüber. Der Erwachsene sollte die erotische Anziehung zwar spüren, sie aber dann sublimieren und in den Dienst eines höheren, pädagogischen Ziels stellen: der Formung und Ausbildung des Jugendlichen. In der Praxis waren jedoch viele mit dieser Aufgabe überfordert, wie sich an einer Reihe aufsehenerregender Sittenprozesse zeigte, in der die georgeanisch inspirierte Pädagogik eine Rolle spielte. Unter der Flagge des pädagogischen Eros segelte eine äußerst bunte Flotte. Abhängig von den Neigungen der Erzieher konnte das erotische Element sich auf eine keusche Leidenschaft oder ein Schmachten aus der Ferne beschränken, aber ebenso gut auch die Form einer tatsächlichen sexuellen Begegnung oder Beziehung, legitimiert mit griechischen Prinzipien, annehmen.

Frommel war in dieser Hinsicht keineswegs über jeden Zweifel erhaben. In Ommen weckten seine häufige Anwesenheit und seine

Kontakte zu manchen Schülern Argwohn. Die Schulverwaltung wollte ihm irgendwann den Zutritt zum Schulgelände untersagen, doch der Direktor hielt schützend die Hand über ihn. Frommels Dichterkollege Wolfgang Cordan notierte in seinem Tagebuch, was ihn an Frommel abstieß: »das konsumieren von knaben und jünglingen in fast ununterbrochener folge, die dann alle durch eine art kultischen automatismus des adelsprädikates und der initiation teilhaftig werden, so dass man zu der bitteren frage gelangt: wer umarmt ward, ist geadelt?«

Die Initiation ist ein Phänomen, dessen erotische Konnotation in Georges Poesie deutlich durchklingt, stets auf stark stilisierte Weise, in der Form einer Umarmung oder dem Austauschen eines Kusses. Im dichterischen Werk und in den autobiographischen Publikationen von Mitgliedern der Erziehungsgemeinschaft Wolfgang Frommels ist das nicht anders. Dem unbefangenen, nicht informierten Leser wird damit eine keusche Praxis suggeriert. Doch es gibt Briefe und Zeugnisse, die Cordan recht geben. So beschrieb einer der frühen niederländischen Jünger Frommels, Reinout van Rossum du Chattel, viele Jahre danach in einem offenherzigen Briefwechsel, wie er als Sechzehnjähriger von Frommel eingeweiht worden war: nicht mit einem Kuss oder einer Umarmung, sondern mittels eines Sexualakts auf dem Dachboden eines leeren Hauses in Bergen.

Ein weiteres Zeugnis stammt von dem oben bereits erwähnten Daniël Boeke, Schüler der weiterführenden Landwirtschaftsschule der Quäker, die ebenso wie das Internat ihren Sitz auf dem Landgut des Barons van Pallandt hatte. Nach dem Krieg emigrierte er in die USA, wo er in späteren Jahren einen (englischsprachigen) Rückblick auf seine Jugend in den Niederlanden schrieb und in dem Frommel als »Professor Friedrich Wildt« auftaucht. Die Bekanntschaft mit dieser ebenso gebieterischen wie magnetischen Persönlichkeit, ihrer imponierenden Gelehrsamkeit und den ungewöhnlichen Ideen wie auch mit den heimlichen Küssen und stürmischen Umarmungen ist für den jungen Protagonisten ein Ereignis mit weitreichenden Folgen, das sein Weltbild und seine Sicherheiten komplett erschüttert. Er gerät völlig unter den Einfluss des Professors, der ihn nach einiger Zeit einlädt, mit ihm ein gemeinsames Wochenende zu verbringen – und ihn sexuell überwältigt. Gelähmt durch Friedrichs eindringlichen Blick und seine verbalen Beschwörungen lässt er es geschehen.

Sowohl Daniël als auch Reinout beschreiben das Ereignis im Nachhinein als eine grenzüberschreitende Erfahrung, die ihre weitere Entwicklung entscheidend prägen sollte. »Eine merkwürdige Mischung aus Akzeptanz, Auflehnung, einem Gefühl des Missbrauchtwerdens und Liebe«, in den Worten des Ersten. »Es war alles reichlich kompliziert«, schreibt der Zweite, einerseits die unverkennbare Spannung und die sexuelle Erregung, andererseits der pervertierende Einfluss des Machtunterschieds: das Gefühl, mitgehen zu *müssen*, die Angst und das Bedürfnis, kein Spielverderber sein zu wollen und das Vertrauen nicht zu verlieren. Das Ereignis lastete schwer auf Reinouts Gewissen. Er lebte in dem Bewusstsein, eine schwere Sünde begangen zu haben, ein Gefühl, das durch die gesellschaftliche Verurteilung der Homosexualität und das mächtige Tabu noch genährt wurde, das generell auf dem Thema Sexualität lastete und das er – wie so viele seiner Zeitgenossen – von zu Hause mitbekommen hatte.

Das Gefühl der Verbundenheit und der tiefen Bewunderung oder sogar der Liebe, das Daniël und Reinout für Frommel empfanden, existierte unabhängig von einem sexuellen Verlangen: Den Sex erhielten sie ungefragt dazu, nahmen ihn hin. Dem stand einiges gegenüber, denn der Umgang mit Wolfgang, wie sie ihn nannten, stellte zugleich eine enorme positive Kraft in ihrem unsicheren Jungendasein dar. Er richtete sie auf und ließ sie über sich selbst hinauswachsen, er gab ihnen Selbstvertrauen und Geborgenheit. »So etwas war süchtig machend«, analysierte es Reinout später. »Ich habe meine Augen vor vielem verschlossen, was mir unangenehm war, von dem ich eigentlich nichts wissen wollte, nur um jedes Mal wieder dieses Gefühl der Sicherheit zu bekommen. Für eine in all ihren Fasern unsichere Person wie mich muss das wie Heroin oder Kokain für einen Drogensüchtigen gewesen sein. Das hatte nichts mit einer erotischen Beziehung zu tun, mit der Erotik / der Sexualität bezahlte man gewissermaßen, kaufte man sich dieses beispiellose Gefühl.«

Diese (und spätere) Zeugnisse machen deutlich, dass der platonische Sockel, auf den Wolfgang Frommel seine »Freundesliebe«

stellte, ein Mythos war. Die päderastische Erfahrung stellte ein festes Element in seinem Erziehungsprogramm dar. Das Ideal, das Wolfgang Frommel zunächst in Deutschland und anschließend in den Niederlanden zu verwirklichen suchte, war von Anfang an von seinem sexuellen Eigeninteresse geprägt.

Doktrinen

Wir bleiben noch kurz bei Daniël Boeke. Neben den genannten Memoiren, die er in späteren Jahren veröffentlichte, gibt es noch die Briefe, die er Frommel in den Jahren nach ihrem Kennenlernen 1939 schrieb. In ihnen lässt sich nachverfolgen, wie er langsam, aber sicher in dessen Einflussbereich gezogen wird, sich die George-Schrift zu eigen macht, seinen Sprachgebrauch entsprechend anpasst und sich den neuen Forderungen und Erwartungen fügt. Es sind aufschlussreiche Briefe, gerade weil Daniël eine gewisse Naivität zu erkennen gibt. Mit seiner Liebe zum Landleben und seinem Wunsch, Bauer zu werden, stand er ziemlich allein unter den übrigen Gruppenmitgliedern da. Er war keine große Leuchte. Wo bei anderen Frommel-Adepten eine Andeutung genügte, stellte er arglos Fragen und provozierte damit explizite Antworten und Zurechtweisungen.

Drei Grundregeln der Erziehungsgemeinschaft Frommels lassen sich anhand dieser Briefe ausmachen. Zunächst einmal drehte sich alles um Geheimhaltung, sie bildete das Fundament seiner Erziehungsgemeinschaft. »Alles, was unter Freunden erfahren und gesprochen wird, bleibt streng geheim«, lautete die Basisregel. Interne Vorfälle, tatsächliche Absichten und tiefste Überzeugungen – sie mussten der Außenwelt verborgen bleiben. Das »Mysterium« oder »Geheimnis« war für Frommel der unverzichtbare Kitt, der die Freundesgruppe zusammenhielt. Was darunter genau verstanden werden musste, war außerordentlich diffus, doch im Kern ging es um die »Freundesliebe« – selbst übrigens auch ein Begriff, der mehr verschleiert als erklärt. Das Schweigegebot bezog sich vor allem darauf; Außenstehende würden es sowieso nicht verstehen und, aus bürgerlicher Borniertheit, doch nur heruntermachen und verleumden, was schön sei und erhaben. Das geradezu homosexuellenfeindliche Klima der Dreißigerjahre kam Frommel dabei zugute: Es bekräftigte die Bedeutung der Geheimhaltung.

Im Jahr 1942 schreibt Daniël über einen Besuch seines Vaters auf dem Bauernhof, auf dem er arbeitete. Kees Boeke hatte sich schon länger Sorgen um Frommels Einfluss auf seinen Sohn und dessen zunehmende Distanziertheit gemacht. Als Vater und Sohn nun einander gegenübergesessen hätten, habe er wieder über »die alte Sache« angefangen, schreibt Daniël an Frommel. »Du weißt schon, was ich meine.«

> Er erzählte mir dann, dass er, als er ungefähr in meinem Alter gewesen sei, eine Freundschaft zu einem Jungen gehabt habe, der ihn allmählich zu Dingen bewegte, die Vater ablehnte und aus denen er sich endlich mit Mühe herauswand. Er sagte, dass er es so schade finden würde, dass wir uns nicht offen und ehrlich austauschen könnten, gerade über diesen Punkt. Ich habe die Klippe umschifft, spürte jedoch ein solch großes Bedürfnis, Vater ehrlich zu sagen, dass ich »das«, was er ablehnte, als das Höchste betrachte, weiter natürlich nichts. Ich weiß sicher, dass er es *niemandem erzählen wird, das ist kein Problem.* Dann gibt es wahrscheinlich viel Streit zwischen Vater und mir, aber ich empfinde das als sehr viel besser als dieses Herumlavieren und Verbergen von etwas, was für mich eine ausgemachte Sache ist.

Nach der Reaktion Frommels sah Daniël klarer.

> Ganz herzlichen Dank für Deinen Brief. Was habe ich mich dumm und klein gefühlt, dass mir so die Leviten gelesen werden mussten! [...] Diesen Brief werde ich immer wieder lesen, wenn mich Schwierigkeiten dieser Art überkommen. Bei jedem Satz habe ich neue frische Luft und Kraft eingeatmet und fand sogleich den Mut, Vater zu widerstehen. [...] Es ist alles so wahr, was Du schreibst, »verhalten sein, ein geheimnis tragen, gibt kraft und überlegenheit«. Was Du über mich angemerkt hast, ist sehr wahr, ich quatsche das Kost-

barste aus, wenn ich nicht aufpasse. Mit aller Kraft werde ich mich nun dagegen wehren.

Der Kult des Geheimen und das dazugehörende Schweigegebot wirkten in zwei Richtungen. Nach innen hin stärkten und besiegelten sie den mythischen Bund und das Gefühl des Auserwähltseins, nach außen hin förderten sie die von Frommel angestrebte emotionale Isolation im Hinblick auf die alte Umgebung. Da über neue, tiefgreifende Erfahrungen nicht gesprochen werden durfte, wurde die Entfremdung unvermeidbar. Daniël entfernte sich innerlich nicht nur von seinen Eltern, auch der Umgang mit seinem alten Busenfreund Philip Rümke wurde immer schwieriger. Beide Jungen waren in ihrem Pazifismus, ihrem Vegetarismus und ihren Abenteuern mit Mädchen immer Brüder im Geiste gewesen, hatten lange Unterhaltungen geführt und Freud und Leid miteinander geteilt. Jetzt aber geschahen in Daniëls Leben allerlei Dinge, über die er nicht sprechen durfte. »Hat es nun eigentlich noch Sinn, unsere alte Freundschaft sozusagen ›verletzt‹ weiterzuführen, ja oder nein?«, fragte er Frommel. »Für mich hat sie keinen Wert mehr.« Das war die richtige Schlussfolgerung: Außerhalb der Gruppe existierte nichts von Wert, dort hatte man als Mitglied der verschworenen Bruderschaft nichts mehr zu suchen.

Die Kultur des Schweigens, die Frommel erzwang, und die Nebelschwaden, die er erzeugte, können jedoch nicht losgelöst von der realen Angst vor dem Bekanntwerden strafbaren Verhaltens gesehen werden. Sexuelle Handlungen mit Jugendlichen unter sechzehn Jahren fielen unter den Artikel 247 des niederländischen Strafgesetzbuchs und konnten mit Gefängnisstrafen bis zu sechs Jahren geahndet werden. Für homosexuelle Beziehungen galt seit der Einführung des Artikels 248*bis*, einem Zusatzartikel zu dem bereits bestehenden Paragraphen 248, sogar eine Altersgrenze von einundzwanzig Jahren. Die Höchststrafe hierfür lag bei vier Jahren Gefängnis. Beide Gesetzesartikel, vor allem aber der Artikel 248*bis*, machten Frommel angreifbar und setzten ihn der drohenden Verfolgung aus, und das nicht nur theoretisch. In den Dreißigerjahren wuchs in der niederländischen Gesellschaft die Sorge um eine Verwilderung der Sitten im Allgemeinen und »homosexuelle Unzucht«

im Besonderen. Der Druck auf die Strafverfolgungsbehörden wurde verschärft, so dass sich binnen zehn Jahren die Zahl der Verurteilungen für Verstöße gegen die Artikel 247 und 248*bis* verdoppelte.

Angesichts dieser Umstände stand Frommels Leben notgedrungen im Zeichen der Verschleierung und Vertuschung. Unterstützt wurde er dabei durch eine Kultur des Schweigens über Sexualität, vor allem aber durch die Treue seiner Jünger, auf die er so gut wie blind vertrauen konnte. Er wusste, wie man bei Jungen in frühem Alter eine grenzenlose Bewunderung und Loyalität erzeugen konnte. Reinout ist ein gutes Beispiel dafür: Im Sommer 1944 wurde er von seinen Eltern – stark beunruhigt durch Gerüchte über Frommels sexuelle Vorlieben – zu einem Psychiater geschickt. Viele Jahre später stand ihm dieses Gespräch noch deutlich vor Augen: »Während der sicher eine Stunde dauernden Unterhaltung habe ich mehr gelogen als in den Jahren davor und danach. Ich hielt einen langen Vortrag, in dem ich selbstverständlich Platon, Dante, Shakespeare usw. aus dem Ärmel zog. Was hätte ich sonst machen sollen?«

Dabei blieb es jedoch nicht. Als ihn eine psychische Krise in den Fünfzigerjahren dazu zwang, Hilfe in Anspruch zu nehmen, ließ Frommel ihn subtil wissen, dass er es lieber sähe, wenn in den Amsterdamer Psychotherapeutenkreisen nicht sein Name fallen würde. Frommels Appell blieb nicht ungehört: Reinout unterzog sich der Therapie, einer zweijährigen Psychoanalyse mit fünf Sitzungen wöchentlich, ohne dabei auch nur einmal das Kapitel Frommel anzusprechen.

Eine zweite Doktrin in Frommels Kreis betraf den Umgang mit Frauen. Während der Umerziehung wurde aufs Schärfste von einem Kontakt zu ihnen abgeraten. Er galt als eine gefährliche Fallgrube, die von Frommel noch zusätzlich mit den Schrecken der *Ehegeschichten* Strindbergs gesichert wurde. Ehe man sich's versehe, habe man sich auch in einen solchen Albtraum verstrickt. Frauen stellten ein Risiko dar, und es war, so erinnert sich Reinout, »lächerlich, sich für diese Wesen zu interessieren. Er versuchte, uns Jungen davon so weit wie möglich fernzuhalten.« Ein flüchtiger und gelegentlicher Kontakt war noch zu tolerieren, aber ein dauerhaftes emotionales Engagement oder ausschließliche Paarbeziehungen wurden in Frommels Kreis nicht geduldet. Solche Beziehungen gingen auf Kosten der Loyalität zur Gruppe und schadeten dem Status des Auserwählten. Frauen waren ein Hindernis auf dem Weg zum Höheren.

Der junge Daniël Boeke war, nicht zuletzt durch den extremen Idealismus seiner Eltern mit all seinen Ge- und Verboten – auch auf dem Gebiet der Liebe –, völlig von der Beschäftigung mit dem anderen Geschlecht in Beschlag genommen, als er in Frommels Einflusssphäre geriet, doch sogar ihn konnte Frommel von der »femininen Gefahr« überzeugen. Daniël gebe nichts mehr auf Mädchen und Frauen, schreibt er irgendwann, inzwischen stehe er darüber.

Das Prinzip der Ablehnung der Frau galt jedoch nicht ein Leben lang. Die Homosexualität *à la grecque* gehörte für Frommel zu einer Entwicklungsphase, die Jünglinge zum Zweck des höheren erzieherischen Ziels durchschreiten müssten. In einem späteren Stadium könnten sie – zumindest manche von ihnen – doch noch Beziehungen zu Frauen eingehen, und eine nicht geringe Anzahl von ihnen heiratete auch tatsächlich. Doch die Entscheidung darüber, *wann* sie so weit waren und *welche* Frau sich für sie eignete, behielt Frommel sich gern selbst vor.

Die Kontinuität des Freundeskreises bildete das Thema des dritten und letzten Dogmas. Frommel selbst sah es folgendermaßen: Er gründete eine Familie und betrachtete seine Jünglinge als Söhne, unter der Maßgabe, dass in seiner »familia spiritualis« der Generationenwechsel nicht über die natürliche Fortpflanzung, sondern über eine übergeschlechtliche geistige Reproduktion stattfand. Dieses Ideal eines geistigen Erbes, das eine Generation an die nächste weitergibt, beschrieb Frommel in seinem bekanntesten, häufig zitierten Gedicht »Die Fackel«, das 1931 erstmals in der Gedichtsammlung *Huldigung* veröffentlicht wurde.

> Ich gab dir die fackel im sprunge
> Wir hielten sie beide im lauf:
> Beflügelt von unserem schwunge
> Nimmt nun sie der künftige auf.

Drum lass mich und bleib ihm zur seite
Bis fest er die lodernde fasst
Im kurzen doch treuen geleite
Ergreif er die kostbare last!

Du reichst ihm was ich dir gegeben –
Und sagst ihm was ich dir gesagt:
So zünde sich leben an leben
Denn mehr ist uns allen versagt.

Konkret bedeutete dies, dass es zu den wesentlichsten Pflichten eines jeden Gruppenmitglieds gehörte, einen jüngeren Freund zu erwählen, ihn zu »erwecken« und anzuleiten, selbst die Rolle des »älteren Freundes« oder Erziehers zu übernehmen und auf diese Weise zum Fortbestand des Kreises beizutragen.

Diese Regel trug nicht nur zur Kontinuität bei, sondern brachte auch Struktur und Hierarchie in die wachsende Gruppe. Außerdem stellte sie einen wichtigen Schritt in der persönlichen Entwicklung der einzelnen Gruppenmitglieder dar. Frommel, der selbst der jüngere Freund von Percy Gothein war, »zeugte« nach Billy und Buri noch eine ganze Reihe geistiger Söhne, zuerst in Deutschland, danach in Paris, wo er zeitweise gelebt hatte, und schließlich in den Niederlanden. Nach diesem Muster ging es weiter. Claus Bock wurde der ältere Freund Manuel Goldschmidts, und Vincent Weyand entdeckte Reinout. Im ersteren Fall entstand daraus eine Freundschaft und ein Bund fürs Leben, zwischen den beiden Letzteren funktionierte es nur schlecht, und es fehlte auch die erotische Anziehungskraft. Es kam zu einer unbeholfenen Umarmung; »von den Verführungskünsten WFs hatte er wenig gelernt«, bemerkte Reinout später. Grundsätzlich war der Altersunterschied, so gering er in diesen beiden Fällen auch war – Claus und Manuel lagen nur ein Jahr auseinander –, in der Beziehung zwischen einem »älteren« und einem »jüngeren Freund« entscheidend. Nur Frommel konnte sich dem entziehen. Er hatte in Deutschland sogar einen »jüngeren Freund«, der älter war als er selbst.

Das persönliche Anwerben und Erziehen jüngerer Freunde war keine unverbindliche Angelegenheit. Die Gruppenmitglieder standen diesbezüglich unter großem Druck und mussten Rechenschaft darüber ablegen. Es gab keine bessere Möglichkeit als diese, sich als würdiges und vollwertiges Mitglied der Gemeinschaft zu beweisen, und es verwundert nicht, dass es dem einen leichter fiel und er mit erheblich mehr Lust an der Sache dabei war als ein anderer. Denn obwohl niemand in der Gemeinschaft sich als homosexuell bezeichnet hätte, war die Erfüllung dieses Auftrags durchaus mit der sexuellen Orientierung verknüpft. Für diejenigen, denen jeglicher homoerotischer Antrieb fehlte, war es eine zentnerschwere Aufgabe. In Daniël Boekes Briefen lässt sich nachlesen, wie er damit rang. Er gab sein Bestes, bezweifelte jedoch, ob es ihm jemals gelingen würde, den Auftrag zu erfüllen.

Aus Anlass seines achtzigsten Geburtstags im Jahr 1982 bekam Frommel von einem seiner deutschen Freunde den Stammbaum Percy Gotheins geschenkt, nicht den seiner biologischen, sondern den seiner geistigen Nachkommenschaft: »Percy. Stammbaum seiner Freunde«, mit Wolfgang als dem ältesten Nachfahren. In dieser Übersicht ist auf einen Blick zu erkennen, wer bei der Rekrutierung neuer Schüler am aktivsten und erfolgreichsten war. Frommel war mit über dreißig »Söhnen« der absolute Spitzenreiter, aber auch Percy selbst, Cyril (Billy Hildesheimer) und, später, Wolf van Cassel durften sich mit ihrem Nachwuchs sehen lassen. Sie konnten sich mit einer ganzen Reihe von Nachkommen brüsten, während es anderen Freunden, trotz Anreizen und Ermahnungen, nur mit Mühe und ein einziges Mal gelungen war, die Fackel weiterzugeben, oder auch gar nicht, und die nun wie totes Geäst am Stammbaum hingen.

8. Juli 1942

Alles in allem war es kein leichtes Gepäck, das Frommel mit sich führte. Gisèle kannte den Inhalt nur oberflächlich. Sie wusste, dass er einen Meister hatte, dessen Werk und Lebenseinstellung ihm Vorbild waren. Dass er, der Jungenpädagoge, nicht mit einer Frau zusammenleben konnte, war ihr ebenfalls klar geworden. Und dass er von hübschen Jungen mit langem, gelocktem Haar umgeben und verehrt wurde, war für jedermann sichtbar. Was sie daraus schloss, ist schwer zu sagen: Im Vordergrund stand ihr Wunsch, diese ungewöhnliche Person in ihrer Nähe zu haben und dort zu halten.

Bei der Betreuung der jüdischen Freunde Frommels hatte sie bereits vorher Hilfe angeboten und sie auch geleistet. Die Situation Buris wurde nun rasch brenzliger. Im Mai 1942 wurden Juden in den Niederlanden dazu verpflichtet, den Davidstern zu tragen, und es war anzunehmen, dass es zu noch weiterreichenderen Maßnahmen kommen würde. Bei Charles Eyck war Buri nicht länger sicher. Noch im selben Monat kam er aus Limburg nach Amsterdam und war mit Frommel ein paar Tage zu Gast in der »Schießbude«. Höchstwahrscheinlich ist damals die Idee besprochen worden, dass die beiden in der Herengracht einziehen sollten. Gisèle war sofort bereit zu helfen, ohne recht zu wissen, worauf sie sich da einließ. Frommel wusste es. Trotz der Schrecken, die das Untertauchen notwendig machten, bot ihm die Situation außerdem die exquisite Gelegenheit, das georgeanische Ideal der »kleinen Schar« zu verwirklichen, der auserlesenen Gemeinschaft eines Dichters und seiner Jünger, die inmitten der Barbarei die geistige Tradition fortsetzt und hochhält.

Es wurde ausgetüftelt, wie und wann das Ganze stattfinden sollte. Letzteres, das *Wann*, war für einen erfahrenen Mystiker wie Frommel kein untergeordnetes Detail. In seiner Gedankenwelt wurde wichtigen Gedenktagen große Bedeutung beigemessen: 5. August 1933: die erste Begegnung mit Buri in Frankfurt; 21. Juni 1939: die erste Begegnung mit Manuel im Amsterdamer Hauptbahnhof; 18. April 1941: die erotische »Erweckung« von Claus auf Schloss Eerde. Dies waren heilige Tage, derer man gedachte, auf die man regelmäßig verwies und die Frommel mit einem Begriff aus der Astrologie »Sternstunden« nannte: Ereignisse oder Erlebnisse mit weitreichenden, schicksalhaften Folgen, entscheidende Momente, die die Zukunft beeinflussten. Der Einzug in die Herengracht wurde für den 8. Juli 1942 geplant, Frommels Geburtstag. Damit legte er eine dauerhafte Verbindung zwischen dem Tag seiner Geburt und der Gemeinschaft, die »Castrum Peregrini« heißen sollte.

Blieb das *Wie*. Dafür hatte man sich einen ingeniösen Plan ausgedacht, in dem neben Buri selbst drei weitere Personen eine Rolle spielten: Frommel, Vincent Weyand und Guido Teunissen. Bei Letzterem handelte es sich um den Nachbarn Gisèles, der mit seiner

Frau Miep Benz eine Etage höher, im vierten Stock, wohnte. Teunissen stammte aus Limburg, kannte die Gegend um Valkenburg gut, holte Buri an dem bewussten Tag in aller Frühe im Haus von van Eyck ab und brachte ihn auf Schleichwegen zum vereinbarten Treffpunkt. Am selben Morgen nahm Vincent sich in Valkenburg ein Taxi nach Sittard. Wie geplant stießen sie unterwegs auf den vermeintlich per Anhalter reisenden Buri, und Vincent bat den Taxifahrer anzuhalten und ihn mitzunehmen. Für den Fall, dass sein plötzliches Verschwinden bei Behörden oder Nachbarn Fragen aufwerfen sollte, hatte Buri einen Abschiedsbrief hinterlassen, in dem er seinen Selbstmord ankündigte.

Im Bahnhof Sittard hielt sich Frommel für die letzte Etappe bereit: die Zugfahrt nach Amsterdam – eine Herausforderung, da es Juden inzwischen verboten war, öffentliche Verkehrsmittel zu benutzen. Mit der ihm eigenen Bravour und mit einer gelben Armbinde versehen, die den Aufdruck »Deutsche Wehrmacht« trug – ein Überbleibsel seiner kurzen Dienstzeit bei der Luftabwehr –, nahm Frommel mit den beiden Jungen in einem Zugteil Platz, der für deutsche Soldaten reserviert war. Während überall im Zug kontrolliert wurde, blieb dieses Abteil davon verschont.

So erreichte man Amsterdam, ohne dass ein Unglück geschah. Auch der Spaziergang zur Herengracht verlief ohne Zwischenfälle. Gisèle empfing das Trio mit roten Rosen und einer festlichen Mahlzeit, zur Feier der gelungenen Reise und Frommels vierzigstem Geburtstag.

KAPITEL 6

Im Untergrund auf der dritten Etage

Die Situation im Haus Herengracht 401 war relativ günstig für die heimlichen Aktivitäten, die sich ab dem Sommer 1942 in Gisèles Wohnung auf der dritten Etage abspielen sollten. Im Erdgeschoss hatte eine Reklamefirma ihren Sitz, im ersten Stock befand sich ein Architektenbüro und im zweiten wohnte ein vertrauenswürdiges älteres Ehepaar, das sich nicht um anderer Leute Angelegenheiten kümmerte. Die vierte Etage wurde von Guido und Miep Teunissen bewohnt, die von Anfang an über die Ankunft des neuen illegalen Nachbarn im Stockwerk unter ihnen Bescheid wussten. Guido war als Zimmermann und Orgelbauer ein geschickter Handwerker, und das hatte in der neuen Situation seine Vorteile. So gelang es ihm, für Buri aus dem Pianola, das Gisèle von der Familie Nicolas übernommen hatte, ein ausgezeichnetes Versteck zu machen. Er hatte die Mechanik herausgenommen, so dass unter den Tasten ein Hohlraum entstanden war, in dem sich jemand im Notfall, auf dem Rücken liegend und mit angewinkelten Beinen, verstecken konnte. Das Paneel, mit dem die Aussparung geöffnet werden konnte, ließ sich von innen abschließen. Ansonsten sah das Klavier völlig normal aus und blieb weiterhin manuell bespielbar.

Nun, da die Lebensbedingungen für Juden unhaltbar wurden, war Buri nicht der einzige von Frommels Freunden, der in Sicherheit gebracht werden musste. Unter seiner neu gewonnenen Anhängerschaft in der Quäkerschule befanden sich noch zwei weitere jüdische Jungen. Dabei handelte es sich zunächst einmal um Claus Bock. Er war 1938 mit seinen Eltern aus Deutschland geflüchtet. Sein Vater, ein Chemikalienhändler, hatte anschließend Arbeit bei einer belgischen Firma gefunden, die ihn nach Indien entsenden wollte. Der damals zwölfjährige Claus wurde im Internat in Ommen untergebracht. Auch Clemens Bruehl, ein jüdischer Junge aus Berlin, war Ende der Dreißigerjahre von seiner Mutter aus Gründen der Sicherheit nach Schloss Eerde geschickt worden.

Auf Befehl der Deutschen wurden die jüdischen Kinder der Quäkerschule im September 1941 von den nichtjüdischen getrennt und in De Esch, einer alleinstehenden Villa auf dem Landgut, untergebracht. Von Flucht oder Abtauchen riet die Schulleitung entschieden ab, da sie in der naiven Annahme war, dass ihnen der Status der Schule ausreichend Schutz böte. Man ging sogar so weit, die zurückgebliebenen jüdischen Schüler, vierzehn an der Zahl, eine Erklärung unterschreiben zu lassen, in der sie versprechen mussten, nichts dergleichen zu unternehmen, da darauf Repressalien folgen würden, die die Schule in Gefahr bringen könnten. Nicht alle haben sich an das Verbot gehalten: Die fünf Schüler, die es ignoriert haben und, aus eigener Kraft oder mit Hilfe von außen, vom Schulgelände geflüchtet sind, sind die Einzigen, die den Krieg überlebt haben.

Claus verließ Ommen im August 1942. Um seine Mitschüler und die Schule selbst nicht in Schwierigkeiten zu bringen, hinterließ er einen Abschiedsbrief, und es wurde ein Selbstmord inszeniert. Er konnte bei Chris Dekker und seiner Mutter in Bergen untergebracht werden. Clemens Bruehl stand zwar in Kontakt zu Frommel, wusste sich jedoch auf eigene Initiative in Sicherheit zu bringen. Er spielte später, als Einziger im Freundeskreis, eine aktive Rolle im Widerstand, für den er Kurierdienste leistete. Zwei weiteren jüdischen Schülern, Thomas Maretzki und Liselotte Brinitzer, half Wolfgang Cordan, der ebenfalls seine Kontakte auf Schloss Eerde hatte. Sie fanden, so wie Claus, Unterschlupf in Bergen, im Ferienhaus »de Polderhof«, das Cordan am Rande des Dorfes bewohnte.

Liebe in Zeiten des Krieges

Den größten Teil ihres Apartments, das dreieckige Wohn-Schlafzimmer, überließ Gisèle ihren beiden Mitbewohnern, sie selbst zog in den kleinen Nebenraum mit der Küche. Regelmäßig war sie allerdings woanders, etwa auf Besuch bei ihren Eltern in Bergen, im Atelier in Leeuwen oder wegen eines Auftrags irgendwo im Land. Mit dem Einzug von Frommel und Buri bei ihr nahm der Druck, Geld zu verdienen, zu, aber weil sie nicht der Kultuurkamer angehörte, waren die Möglichkeiten dazu begrenzt. Offizielle Aufträge annehmen und eigene Werke öffentlich ausstellen oder verkaufen durfte sie nicht mehr. Da Aufträge im privaten Bereich jedoch noch erlaubt waren, lag es nahe, sich auf die Porträtmalerei zu verlegen.

Gisèle malte ab Mitte 1942 eine ganze Reihe von Porträts, unter anderem eines ihrer beiden Eltern. Über ihr ausgedehntes Netzwerk und andere Kanäle kam sie auch anderswo an Aufträge: in Alkmaar, Den Haag, Wassenaar und Haarlem. Im Laufe der Zeit erhielt sie auch wieder Anfragen für kleinere Glasmalereien, unter anderem vom Verlag Elsevier und ihrem Hausarzt in Leeuwen-Maasniel. Sie arbeitete diese Aufträge ohne Widerwillen ab, doch es ist klar, dass in jenen Jahren die Einkünfte, die ihr die Arbeit, manchmal in natura, einbrachten, wichtiger waren als künstlerischer Schaffensdrang oder die künstlerische Weiterentwicklung.

Buris Anwesenheit in der Herengracht war nicht wirklich geheim. Selbstverständlich posaunte man es nicht herum, und wenn Besuch kam, musste er sich manchmal verstecken, doch alles in allem gab es eine ganze Reihe von Personen, die darüber informiert waren, einige von Gisèles Freunden (Jany und Eep Roland Holst) sowie der vollzählige Freundeskreis Wolfgang Frommels. Ihre Eltern weihte sie nicht ein, um sie nicht zu beunruhigen. Willem kam zwar gelegentlich, wenn er in Amsterdam zu tun hatte, zum Mittagessen vorbei und traf dann Wolfgang Frommel an, doch mit Buri hat er nie Bekanntschaft gemacht – zu Gisèles Leidwesen, denn dieser in sich gekehrte, zu Trübsinn neigende junge Mann, ein begabter Tüftler und verspielter Sprachkünstler, grazil und geschmeidig wie eine Katze, war ihr schon bald sehr ans Herz gewachsen.

Er war dreiundzwanzig, sie fast dreißig. Gisèle sehnte sich nach einer großen, totalen Liebe, nach jemandem, dem sie sich mit Leib und Seele hingeben konnte, einem, der nicht an eine Frau gebunden war und den sie lieben konnte, ohne die andere unglücklich zu machen. Und so jemanden hatte sie jetzt also bei sich im Haus. Buri erwähnt in seinen Memoiren, dass für ihn von der Nähe dieses weiblichen Wesens eine große Anziehungskraft ausgegangen sei. »Für mich [...] bedeutete die Nähe dieses beweglichen, aus fremden Umgebungen hereingebrochenen weiblichen Wesens eine beunruhigende und verlockende Erscheinung. Mit beträchtlicher Erschütterung antwortete meine lang zurückgestaute Neugier und sinnhafte Männlichkeit auf ihren Zauber.«

Damit gab er sich ein ganzes Stück naiver, als er war. Es war nicht das erste Mal, dass sich Buris deutlich heterosexuelle Orientierung offenbarte. Sie hatte sich auch schon 1937 gezeigt, kurz nachdem er in den Niederlanden angekommen war und anschließend eine Weile in De Werkplaats von Kees Boeke in Bilthoven zubrachte. Dort lernte er ein Mädchen kennen, eine gewisse Nel, in die er sich hoffnungslos verliebte. Es passierte wenig – sie machten händchenhaltend Spaziergänge –, doch diese Erfahrung überwältigte Buri völlig und stürzte ihn in eine heillose Verwirrung, die bei Frommels Jüngern, die schon in jungen Jahren seinen Ausbildungsmethoden ausgesetzt waren, häufiger vorkam. Sein Zustand muss dem verschlossenen und von Schuldgefühlen gepeinigten Buri so aussichtslos erschienen sein, dass er einen Versuch unternahm, sich das Leben zu nehmen. Er aß einige Giftpilze und legte sich in den Bilthovener Wäldern unter einen Laubhaufen, um dort zu sterben.

Seine Abwesenheit fiel erst einen Tag später auf. Nach einer Weile gab man Billy Bescheid, der seinerseits Frommel alarmierte, der zu dem Zeitpunkt noch in Berlin lebte und Hals über Kopf in die Niederlande reiste. Der späteren Überlieferung zufolge war er es, der Buri fand. Während Polizisten mit Spürhunden nach ihm gesucht hätten, sei Frommel, seiner Intuition folgend, in den Wald gegangen, um nach einiger Zeit über, richtig: den schlafenden Buri zu stolpern, der unter dem Laub verborgen dagelegen habe. Nachdem er aufgewacht sei, habe sich herausgestellt, dass die Pilze doch nicht so giftig waren wie von Buri angenommen. Außer einem extrem langen Schlaf hätten sie keine nachteiligen Folgen für ihn gehabt.

Man muss nicht sonderlich kritisch sein, um zu erkennen, dass dies eine vollkommen unglaubwürdige Geschichte ist. Selbst wenn alle Zwischenschritte zügig vonstattengegangen wären, hätten zwischen dem Verzehr der Pilze und Frommels Ankunft in Bilthoven doch mindestens zwei oder drei Tage liegen müssen. Und all die Zeit über soll Buri ruhig im Wald unter dem Laub gelegen und geschlafen haben? Es kann nicht schaden, gleich darauf hinzuweisen, dass es in dem Kontext, in dem diese Geschichte erzählt wurde, auch nicht wichtig war, ob es sich tatsächlich so abgespielt hatte. Dieses Narrativ bildete einen Teil des größeren Netzes von Geschichten, das von Frommels Jüngern um seine Person herum gesponnen wurde. Dabei ging es in erster Linie um die magischen Kräfte und besonderen Fähigkeiten ihres geistigen Führers. Die Geschichte über das Auffinden Buris zeigt Frommel als rettenden Engel und illustriert die innige Beziehung zwischen dem älteren Lehrer und seinem jüngeren Schüler.

Nach diesem Vorfall zog Buri von Bilthoven in die Quäkerschule in Ommen um, wo er unter der Obhut Billys wieder festen Grund unter den Füßen bekam und sich erneut dem Werk des Meisters zuwandte. Es gelang ihm sogar, einen eigenen jüngeren Freund anzuwerben, einen seiner Schüler. Doch seine Natur ließ sich schwerlich verleugnen: In Limburg bei Charles Eyck wurde er ein weiteres Mal schwach, und zwar bei der Dame des Hauses, der ursprünglich aus Schweden stammenden Karin Eyck. Dieses Mal kam es allerdings, zum großen Missfallen Frommels, zu einer intimen Beziehung. Es ist nicht überliefert, inwieweit diese Affäre, die das häusliche Leben in Ravensbos sicher gehörig unter Druck gesetzt haben muss, auch eine Rolle dabei gespielt hat, dass Buri Limburg verließ.

An der Herengracht stieg Buri scheinbar mühelos von der einen auf die andere Gastgeberin um. Noch im Sommer 1942, als Wolfgang (um auch ihn hier wie im Weiteren bei seinem Vornamen zu nennen) für ein paar Tage in Bergen war, kam es zur ersten Annäherung. Gisèle vollführte ein ähnlich opportunistisches Manöver wie Buri: Wolfgang selbst war für sie nicht verfügbar, doch es war nur ein kleiner Schritt zu demjenigen, den sie als seinen ältesten Sohn und liebsten Schüler betrachtete. Was auf diese Weise für die beiden womöglich als eine reine Gelegenheitsaffäre begann, war schon bald mehr, vor allem für Gisèle. Sie hat in ihrem Leben drei Mal die große Liebe kennengelernt – mit Joep Nicolas, mit Buri und mit Arnold d'Ailly –, doch die zu Buri war die größte. Es gab niemanden, der sie besser kannte, niemand, dem sie sich so völlig hingeben konnte, und niemanden, für den sie mehr übrig gehabt hat. Ihre Überzeugung, dass Buri und sie füreinander bestimmt seien, wuchs mit jedem Tag, den der Krieg andauerte. Buris Haltung war erheblich ambivalenter, und sei es auch nur, weil er davon durchdrungen war, dass er mit diesem Schritt nicht auf die Billigung Wolfgangs zählen konnte, des Mannes, dem er sich mit jeder Faser seines Körpers verbunden fühlte, der ihn zu dem gemacht hatte, der er war, und dem er in seinen Augen alles zu verdanken hatte.

Daher nein: Buri war zwar, anders als Joep, unverheiratet, aber als freier Mann konnte er auch schwerlich gelten. Bei seiner Rückkehr aus Bergen durchschaute Wolfgang die veränderte Situation gleich, als Buri die Tür öffnete – und in einem Pullover von Gisèle vor ihm stand. Diese legte ihm in den Tagen, die folgten, den Sachverhalt dar, doch Buri wand sich noch und verleugnete anfangs heftig, dass die Affäre irgendeine Bedeutung hätte. Erst Monate später informierte er Wolfgang brieflich über die wirkliche Lage und erging sich danach in Selbstrechtfertigungen: In Gisèle habe er eine Frau gefunden, die es wert sei, seinen Samen zu tragen.

Diese nicht besonders sympathische Redewendung war ein Versuch, der georgeanischen Sprachregelung zu folgen, siehe *Der Stern des Bundes*, Drittes Buch, Umgang mit der Frau: »Mit den frauen fremder ordnung / Sollt ihr nicht den leib beflecken.« Die Auserkorenen des Meisters müssten sich fortpflanzen können, doch nicht jede Frau sei geeignet, ihren Elitesamen zu empfangen, heißt es in diesem Gedicht. Es sei Bildung nötig, um die »reifen schoosse« zu bekommen, die »Euren samen wert zu tragen«. Darauf verwies Buri in seinem Brief, doch viel Eindruck hat es in dem Moment nicht auf den Empfänger gemacht.

Diese Entwicklung führte bei Wolfgang zu einer heftigen Verstimmung. Gerade erst hatte Buri Karin Eyck den Rücken gekehrt, und nun das! Wolfgang warf ihm den Verrat an ihrer Freundschaft und einen Vertrauensbruch vor. *Sein* Buri sei nach all den Jahren in seiner, Wolfgangs, Nähe abtrünnig geworden und habe sich den Anforderungen, die das hohe geistige Ideal seines Mentors an ihn stelle, nicht gewachsen gezeigt. Sein Abgleiten hin zur Frau sei ein Versagen, Buri habe sich in die »familiengründende Materialität leiblichen Fortpflanzungsdrangs« geflüchtet, wie Frommel es ausdrückte. Das sei eine tiefe Enttäuschung, wurde dem Sünder klargemacht, und es blieb in den darauffolgenden Jahren ein wiederkehrender Vorwurf, dass sich Buri ohne Wolfgangs Erlaubnis dafür entschieden habe, was Letzterer in einem späteren Brief überheblich als »l'éducation des femmes« bezeichnete.

Trotz der Enttäuschung, der Wut und der Eifersucht ließen sich die Geschehnisse nicht mehr rückgängig machen, und man musste einen Modus Vivendi finden. Der wurde nicht nur durch die praktische Not, die die Besatzung mit sich brachte, erzwungen, sondern er entsprach auch am ehesten den persönlichen Interessen jedes Einzelnen der Beteiligten. Gisèle hatte begonnen, sich mehr und mehr mit ihren neuen Mitbewohnern zu identifizieren. Sie wollte mittlerweile nichts lieber, als Teil der Welt Wolfgangs zu werden und die von ihr gepflegte Dreieinheit zu erhalten. Buri war in seiner Abhängigkeit von Wolfgang gefangen, die krankhafte Züge trug. Sein Selbstwertgefühl war wie ein undichter Ballon: Ohne das enthusiasmierende und fortwährende Blasen seines geistigen Führers blieb er schlaff und formlos. Umgekehrt fühlte sich Wolfgang unlösbar mit diesem Schüler verbunden. So desillusioniert er auch sein mochte, es war ihm schlicht unmöglich, sich von Buri abzuwenden. »Ich kann es so wenig, als mich von mir selbst wegwenden«, ließ er Buri wissen.

Das hatte mit ihrer Geschichte sowie mit Wolfgangs intensiven Investitionen in diesen geistigen Sohn zu tun. Doch das war nicht alles: Für Wolfgang war die Freundschaft mit Buri eines der Fundamente seines pädagogischen Projekts. Wenn da etwas zerbrach und die jüngeren Freunde zu dem Schluss gelangen könnten, dass die gegenseitigen Beziehungen im Freundeskreis offenbar nur vorübergehender Natur und aufkündbar waren (und das auch noch wegen einer Frau), würde das ganze Bauwerk zusammenstürzen. Dieser Umstand erklärt, weshalb Wolfgang Buri trotz der entstandenen Vertrauenskrise und der daraus hervorgegangenen Entfremdung gleichzeitig mit einem neuen geistigen Auftrag belastete, der ihre Schicksalsgemeinschaft bekräftigte und ihn bis auf Weiteres band. Ausgerechnet jetzt, in dieser schwierigen Phase, ernannte er Buri zum Hüter seines geistigen Erbes, und zwar in einem Buri gewidmeten Gedicht, das dessen Treuebruch erwähnt, jedoch mit den verpflichtenden Zeilen schließt: »Naht nun mein sterbejahr nimmst du mein erbe wahr: heiligstes pfand!« Das war für den Empfänger ein außerordentlich doppeldeutiges Geschenk: eine Ehre und zugleich eine Strafe.

Alle drei hatten also einen Grund, ihr Bestes zu geben und die Situation erträglich zu gestalten, doch man hatte sich einen großen und bleibenden Quell der Spannung ins Haus geholt, der durch das erzwungene Zusammenleben auf einer kleinen Etage, die einer der drei nicht einmal verlassen konnte, natürlich noch einmal verstärkt wurde. Buri verstand sich aufs Schleichen, doch seine nächtlichen Besuche in Gisèles kleinem Nebenzimmer blieben Wolfgang nicht verborgen. Die von unterdrückten Emotionen und gegenseitigen Spannungen aufgeladene Atmosphäre muss gelegentlich schwer auf den Bewohnern gelastet haben.

Positiv wirkte sich wahrscheinlich die Tatsache aus, dass Gisèle regelmäßig unterwegs war, und auch der Einzug einer weiteren Person, die sich dort verstecken musste, kann etwas Erleichterung gebracht haben. Wegen des Baus einer deutschen Verteidigungslinie wurde der nordholländische Küstenstreifen geräumt, so dass Claus Bock sein Versteck in Bergen aufgeben musste. Vorübergehend konnte er für eine kurze Weile woanders unterschlüpfen, doch am 16. Februar 1943 wurde auch er zur Herengracht gebracht, genau in der Zeit, als die verbotene Beziehung ans Licht kam und die Spannungen zwischen den dreien kurz vor dem Ausbruch standen. Was Claus davon mitbekam und inwieweit er die Situation als Sechzehnjähriger überhaupt schon begriff, muss der Phantasie überlassen bleiben. Über schmerzhafte Angelegenheiten wurde in Wolfgangs Freundeskreis niemals und auf gar keinen Fall öffentlich gesprochen, und in den Nachkriegsjahren setzte nicht zuletzt Claus selbst über die Zeit im Versteck eine Erzählung in die Welt, in der diese ganze Geschichte fehlte.

Claus wurde im vierten Stock bei Guido und Miep untergebracht, wo er ein kleines Zimmer bekam. Für den Notfall hatte Guido auch für ihn ein Versteck gebaut, einen kleinen Raum mit einem Luftloch oberhalb eines Kleiderschranks, der über eine Luke in der Schrankdecke zu erreichen war. Auch anderswo im Haus hatte Guido für bauliche Veränderungen gesorgt, beispielsweise im alten Fahrstuhlschacht, der die einzelnen Stockwerke miteinander verband. Den Fahrstuhl selbst gab es nicht mehr, stattdessen hatte man auf jeder Etage einen Besenschrank in den Schacht eingebaut. In die Decke vom dritten zum vierten Stock hatte Guido eine Klappe montiert, so dass man nach oben und nach unten gelangte, ohne das Treppenhaus benutzen zu müssen, und durch die man Essen und andere Dinge hindurchreichen konnte. Außerdem installierte er ein Klingelsystem zwischen den beiden Stockwerken, um sich bei Gefahr warnen und über miteinander vereinbarte Codes Nachrichten austauschen zu können, etwa, wenn das Essen fertig war oder die Lesungen begannen.

Innenwelt

Für einen Haushalt mit zwei untergetauchten Personen gab es reichlich Besuch. Aus Bergen kamen Vincent, Reinout und Chris regelmäßig vorbei. Die beiden Ersteren zogen nach ihrem Schulabschluss nach Amsterdam und wohnten in der Pension Hoksbergen am Singel. Auch die (halbjüdischen) Gebrüder Goldschmidt waren dort regelmäßig zu Gast. Peter lebte inzwischen in Amsterdam, wo er eine schulische Berufsausbildung im Bauwesen absolvierte. Manuel zog nach der Schließung der Quäkerschule Ende 1943 von Ommen nach Baarn, um dort die Schule zu beenden. Wenn er konnte, fuhr er nach Amsterdam und verbrachte dann ein Wochenende, in den Ferien manchmal auch längere Zeit, bei Claus in der Herengracht. Nach Abschluss der dreijährigen Hogere Burgerschool zog auch er 1944 nach Amsterdam, wo er ebenfalls in der Pension Hoksbergen wohnte, jedoch oft in der Herengracht zu finden war. Beide Brüder verfügten dank ihrer Mutter über entsprechende Papiere, mit denen sie sich weiterhin auf der Straße sehen lassen konnten.

Diese Gruppe, die sich schon vor dem Krieg zusammengefunden hatte, wuchs weiter an. Chris Dekker hatte zwei jüngere Freunde angeworben, die in den Kreis aufgenommen wurden: Martin Engelman (für seine Freunde: Anselm) und Ben Lubke. Gisèle brachte den Zimmermannssohn Haro op het Veld ein, den sie in Leeuwen-

Maasniel kennengelernt hatte. Der vierzehnjährige Junge hatte sich als talentierter Zeichner erwiesen. Da er aus einer ärmlichen Familie stammte, ermöglichten ihm Gisèle und ihre Eltern die Finanzierung seiner Ausbildung. Später führte sie ihn in den Kreis in der Herengracht ein, wo er von Wolfgang »aufgenommen« wurde und den Namen Harry erhielt. Hin und wieder kam er aus dem Süden zu Besuch.

Das Hauptquartier der neuen spirituellen Gemeinschaft Wolfgangs war also kein unauffälliger Aufenthaltsort. Der Laborant und künftige Dichter Jan Elburg, der schräg gegenüber wohnte, sah die Besucher auf der anderen Seite der Gracht regelmäßig die Freitreppe zur Nummer 401 hinaufsteigen. Das Kommen und Gehen der »Frommeliten«, wie sie für gewöhnlich genannt wurden, gab ihm einen Eindruck von den Vorlieben Wolfgangs für »den leicht braunhäutigen Typus mit flauschigem, schwarzem Haar, der entfernt an den jugendlichen Krishnamurti erinnerte«.

Innerhalb des Hauses war die Aufgabenverteilung zwischen den festen Bewohnern relativ klar definiert. Buri war für den Haushalt zuständig und kochte abwechselnd mit Claus. Der Broterwerb lastete vornehmlich auf den Schultern Gisèles. Die Einkünfte, die sie mit Porträtaufträgen generierte, stellten einen wesentlichen Teil davon dar, reichten aber nicht aus. Zum Glück kam Hilfe von außen. Chris Dekker stammte aus einer begüterten Familie, und seine Mutter leistete nach dem Umzug Claus Bocks von Bergen nach Amsterdam finanzielle Unterstützung. Das tat auch Eep Roland Holst, der als Versicherungsagent in Sloterdijk gut verdiente. Er steckte Gisèle regelmäßig Lebensmittel und Geld zu und hätte gern mehr gegeben, doch Gisèle zog ein Darlehen vor. Zusätzliche Nahrungsmittel kamen beispielsweise auch über die Lebensmittelpakete der Bergener Lebensmittelhändlerfamilie van Son oder von Daniël Boeke, der auf einem Bauernhof in Gelderland arbeitete, wo keine Knappheit herrschte. Wenn er vorbeikam, brachte er häufig etwas zu essen mit.

Kontakte zum organisierten Widerstand gab es nicht viele, doch die, die es gab, waren unentbehrlich. Der Bildhauer Mari Andriessen vermittelte die Beschaffung falscher Papiere und Bezugsscheine, und auch Clemens Bruehl konnte über seine Kontakte im

Widerstand zusätzliche Lebensmittelmarken bekommen. Gegen Ende des Krieges unterhielt man Kontakte zu den Vrije Groepen Amsterdam, dem Ende 1944 entstandenen Zusammenschluss von Widerstandsorganisationen, die sich um die Betreuung untergetauchter Juden kümmerten. Reinouts Bruder, der dem Verbund angeschlossen war, fungierte als Kontaktperson.

Als deutscher Staatsbürger war Wolfgang in seiner Bewegungsfreiheit nicht eingeschränkt. Manchmal begab er sich mit seiner Wehrmachtsarmbinde sogar noch nach der Sperrstunde auf die Straße. Er war oft unterwegs, ging in die Bibliothek, klapperte Antiquariate ab, besuchte Leute und brachte Lesestoff, Lebensmittel und anregende Geschichten für diejenigen mit, die zu Hause ausharren mussten. Doch sein wichtigster Auftrag bestand selbstverständlich in der geistigen Führung der Gemeinschaft der Untergetauchten in der Herengracht, die sich selbst inzwischen als Castrum Peregrini bezeichnete, zu Deutsch »Die Pilgerburg« und benannt nach einer Burg aus dem frühen dreizehnten Jahrhundert in Palästina, zur Zeit der Kreuzzüge erbaut und verteidigt von Rittern des Templerordens. Die Burg bot Pilgern während ihrer Reise durch das Heilige Land ein sicheres Unterkommen und zeichnete sich dadurch aus, dass sie zwar belagert, aber niemals eingenommen wurde. Schließlich gaben die Tempelritter die Burg auf. Heute zeugt nur noch eine Ruine an der Küste der Stadt Haifa von ihrer Existenz.

Wolfgang war ein ausgesprochener Eklektiker, der in Ergänzung zum georgeanischen Weltbild, das bei ihm die Basis bildete, oft und gern aus anderen Quellen schöpfte: dem frühen Christentum, der orientalischen Mystik, der griechischen Mythologie, der Artussage, den Rosenkreuzern sowie anderen geheimen Bruderschaften und esoterischen Traditionen. Außer an den Templern spiegelte er seine Unternehmung auch gern an der Argonautensage, die die Geschichte einer Gruppe von Helden erzählt, die sich mit dem Schiff Argo und unter der Führung Jasons auf die Jagd nach dem Goldenen Vlies macht und unterwegs allerlei Gefahren und Prüfungen bestehen muss. Seine eigene Person verglich Frommel mit Pan, dem amourösen, stets aus dem Nichts auftauchenden Hirtengott mit Spitzbart, Hörnern und Bocksfüßen. Pan war auch der Name, der bei seinen jungen Anhängern im Schwange war, in

Briefen wurde er oft als »P« oder mit dem griechischen Buchstaben Pi (Π) bezeichnet. Doch auch mit anderen mythischen Geschöpfen wie dem Zentaur (halb Mensch, halb Pferd) oder dem Einhorn identifizierte sich Wolfgang. In der Wahl seiner Alter Egos hatte er eine deutliche Vorliebe für Wesen, die eine ungezügelte Kraft und Virilität ausstrahlen.

Eine solche persönlich gefärbte Mythologie verstärkte das Gefühl der Verbundenheit noch. Andere Eigenarten trugen ebenfalls dazu bei. Dazu gehörte etwa die Entwicklung eines eigenen Idioms – »Hegra« für Herengracht, »Gebu« für Geburtstag – und die Angewohnheit, in Notizen und Briefen Personen nicht bei ihrem Namen zu nennen, sondern sie nur mit Initialen anzudeuten oder Abkürzungen zu benutzen: Ma (Manuel), Bu (Buri), StG (Stefan George) oder M beziehungsweise dM für »(der) Meister«. Die Notwendigkeit zur Verschleierung und Anonymisierung, die von den kriegsbedingten Umständen erzwungen wurde, gesellte sich hier einem in diesem Kreis ohnehin schon stark entwickelten Kult der Geheimhaltung und Vermummung hinzu.

In Gisèles kleiner Wohnung im Obergeschoss entwickelte sich eine Gemeinschaft, die sich noch am ehesten mit einem religiösen Brüderorden vergleichen lässt. Weit weg vom normalen Leben entstand im dritten Stock der Herengracht 401 eine parallele unterirdische Welt, deren Bewohner und Besucher sich wie Mönche in einem Kloster dem Werk eines verstorbenen Meisters und einer heiligen literarischen Tradition widmeten. Texte bildeten das täglich Brot: Es wurde gelesen, vorgetragen, diktiert, handschriftlich kopiert, auswendig gelernt, übersetzt und gedichtet.

Das Werk Georges, und insbesondere sein *Stern des Bundes*, stellte das Kernstück der Lesegemeinschaft dar. Die Jungen lasen es allein, zu zweit oder in Gruppen, schrieben es ab oder rezitierten es. Das laute Lesen von George war keine leichte Aufgabe, es musste so unpersönlich wie möglich geschehen, ohne jede Effekthascherei oder Dramatik, tonlos und mit ruhiger Stimme. Der Vorleser, der glaubte, mithilfe von Intonationen oder selbstgewählten Akzenten die Bedeutung des Gedichts verdeutlichen oder gar »schön« lesen zu müssen, war auf dem falschen Dampfer. Es ging um das Wort des

Dichters, nicht um die privaten Gefühle des Vortragenden; ein interpretierendes Lesen schadete also dem Gedicht und musste dem Vorleser ausgetrieben werden. Wer den Bogen heraus hatte, durfte an den Gruppenlesungen teilnehmen. Auch die Kalligraphie der speziellen George-Schrift, in der die Gedichte kopiert wurden, erforderte eine Schulung.

Neben dem gesamten Œuvre von George gehörte auch Percy Gotheins *Opus Petri* zum Evangelium der Castrum-Gemeinde – er war schließlich ihr Urvater. Lesend bereiste man ferner die Höhepunkte der antiken und der modernen europäischen Kultur. Platon, Dante, Goethe und Nietzsche bildeten die vier Säulen der geistigen Kultur, der George entstammte, ihre Werke wurden viel gelesen. Daneben gab es Hölderlin, Jean Paul, die französischen Symbolisten Baudelaire, Rimbaud und Mallarmé, die Tachtigers (eine Strömung in der niederländischen Literatur der Achtzigerjahre des neunzehnten Jahrhunderts) Kloos und Verwey, aus der späteren niederländischen Lyrik Boutens und Roland Holst, englische Dichter wie Shakespeare, Byron und Yeats sowie natürlich die antike Literatur: die griechische Mythologie, die Heldenepen von Homer, die Tragödien von Aischylos und Sophokles.

Dem »Bücherbuch«, das Claus führte, lässt sich entnehmen, dass neben dem klassischen Kanon der elitären Bildungskultur auch solche Werke auf der Leseliste standen, die auf die eher verborgenen Seiten des Lebens in der Pilgerburg verwiesen: Hans Blüher, *Die Rolle der Erotik in der männlichen Gesellschaft*, die Bibel der deutschen Männerbund-Bewegung; *Eros*, die Broschüre des Pädagogen und Schulgründers Gustav Wyneken, verfasst zur Verteidigung gegen die Anklage, zwei Schüler verführt zu haben, in der er vorbringt, dass die Liebe eines älteren Mannes das größte Glück im Leben eines Jungen sei; *Geschlecht und Charakter* von Otto Weininger, das ziemlich nachdrücklich die Idee der geistigen Minderwertigkeit der Frau verkündet. Auch was das betrifft, wurde also geschult.

Es waren produktive Jahre. Es wurde viel gelesen und zahlreiche nächtliche Stunden hindurch gedichtet und übersetzt. Vincent, der, was das Dichten betraf, als der Begabteste galt, durfte sich an das Werk des Meisters wagen, das er in ein merkwürdiges, archaisches Niederländisch umsetzte. Buri übersetzte Gedichte der

Tachtigers ins Deutsche, Claus übernahm unter anderem »Helena's inkeer« (Helenas Einkehr) von Roland Holst, und gemeinsam vollendeten sie die Übersetzung von *De primitieve mens en de religie* (1937) des Religionshistorikers Gerardus van der Leeuw, für das es sogar ein Honorar gab. Buri schrieb in den Jahren, in denen er sich versteckt halten musste, außerdem zwei gereimte Theaterstücke – *Die zwölf Brüder* und *Der getreue Johannes*, beide nach Märchen der Gebrüder Grimm –, die anschließend ins Vorlesereperoire aufgenommen wurden. Claus machte sich an ein riesiges Projekt, indem er begann, eine Wortkonkordanz zum dichterischen Werk Georges zu erstellen. Dieses Nachschlagewerk sollte 1964 das Licht der Welt erblicken.

Trotz des allgemeinen Mangels war ausreichend Papier vorhanden, um füreinander zu Geburtstagen oder anderen festlichen Anlässen eine Reihe schöner, ungewöhnlich gut ausgestatteter und selbstgebundener kleiner Bücher mit handschriftlich kopierten Gedichten oder eigenem dichterischem Werk, stets in der George-Schrift, herzustellen. So erhielt Gisèle zu ihrem dreißigsten Geburtstag von Wolfgang ein von ihm zusammengestelltes Bändchen mit Lebensweisheiten: Zitate verschiedener Dichter und Schriftsteller, Philosophen und Mystiker, jeweils nach Themen geordnet: Zukunft, Kunst, Religion, Freundschaft und Ähnlichem. Anselm Engelman gelang es, im Kloster Bemelen eine Handpresse aufzutreiben, so dass sich eigene Werke nun in kleinen Auflagen zum Eigengebrauch drucken ließen. In den Kriegsjahren wurden auf diese Weise Gedichte von Frommel, Cordan und Chris Dekker ebenso wie Fragmente aus dem Werk Georges sowie einige von Vincents Übersetzungen des Meisters gedruckt.

Für Gisèle waren es denkwürdige Abende und Nächte, Stunden großer Geborgenheit und Zusammengehörigkeit, in denen sie bei karger Beleuchtung – letztlich war es nicht mehr als ein Öl- oder Kerosinlämpchen oder ein Topf Brillantine mit einem Kerzendocht – in Buris Nähe den vorgetragenen Werken lauschte, während sie dabei zeichnete, und so an einem wunderlichen, zeitlosen Leben weit weg von der Außenwelt teilnahm, wie es Buri in einem Gedicht festhielt:

Und hier drinnen schweigt die uhr –
Vor dem fenster lärmt die zeit
Wolke jagt und vogel schreit
Wasser spritzt und wälzt sich breit

Läuft die menge ohne sinn –
Und hier drinnen schweigt die uhr –
Jeder ruft, weiss nicht wohin
Springt im garn, weiss nicht worin.

Und hier drinnen schweigt die uhr:
Spinne webt ihr netz vorm licht
Das das tag-licht kaum durchsticht
Dunkler vorhang wehrt die sicht

Decke weich dämpft jeden schritt
Tür nur seltne öffnung litt
Nur der traum führt je mich mit
Denn hier drinnen schweigt die uhr.

Neben ihren Porträtaufträgen fertigte Gisèle in diesen Jahren verschiedene freie Zeichnungen an, die deutlich auf die besonderen Umstände verweisen, unter denen sie entstanden sind: Porträts von Buri, Vincent und Chris, der Blick auf die Krijtberg-Kirche am Singel, die sie vom Fenster ihres Nebenraums mit Küche aus sehen konnte, sowie Illustrationen zu Buris Theaterstück *Die zwölf Brüder*. Einen Traum, den sie hatte und in dem sich die bei ihr untergetauchten jungen Männer in Bäume verwandelt hatten, bot den Anlass für die Federzeichnung *Metamorphose*. Nach dem Krieg griff sie die Idee mit dem *Einzug der Schildkröten* wieder auf. Darauf ist, neben den merkwürdigen Baumwesen, eine Kolonne von Schildkröten zu sehen, die in den Wald eindringt, so wie die mit Tarnfarben bemalten deutschen Panzerfahrzeuge im Mai 1940 in Bergen einzogen. Salamander und geckoartige Wesen sind wie herankriechendes Unheil anwesend und beobachten die Szenerie wie lauernde Spione. Das Ganze verströmt die Atmosphäre eines wunderlichen Zwischenreichs, einer makabren Traumwelt.

Gisèles Protegé Haro op het Veld entpuppte sich als ein feinsinniger Zeichner, der mit seinem Bleistift eine Vielzahl der Mitglieder des Freundeskreises treffend und inspiriert porträtieren konnte. Auch Peter Goldschmidt gehörte zu den Zeichnern. Ein wichtiges Stimulans für diesen Zweig der Gruppe war die Aufnahme Simon van Keulens, eines selbst nach den hohen Castrum-Standards bildschönen sechzehnjährigen Jungen, der im Laufe des Jahres 1943 von Wolfgang »entdeckt« wurde, als er vor dem Schaufenster einer Kunsthandlung in der Amsterdamer Leidsestraat stand. Er verdiente sein Geld mit bescheidenen Anstreicherarbeiten, doch sein Blick war auf Höheres gerichtet, und die in ihm schlummernde künstlerische Begabung wurde von Wolfgang erfolgreich angesprochen.

Wolfgangs neuer Auserwählter zeichnete mit peinlicher Genauigkeit nach Art Hieronymus Boschs Szenen voll makabrer, seltsamer Wesen. Nachdem er sich einmal eingearbeitet und eingelesen hatte, fertigte er Zeichnungen zur Poesie Georges an und entwickelte sich zu Wolfgangs Lieblings-Castrum-Künstler, spezialisiert auf die Darstellung der Nachtseiten des Lebens. Das georgeanische Weltbild hatte eine klare Hierarchie in den Künsten. Die Dichtkunst thronte über allem, sie war das Medium, mit dem sich das Höchste ausdrücken ließ. Die erzählende Literatur, die bildende Kunst und vor allem die Musik standen sehr viel weniger hoch im Ansehen. Jemand wie Wolfgang war an der bildenden Kunst interessiert, solange er darin seine eigene, poetisch inspirierte geistige Welt gespiegelt sah. Simon traute er es zu, seine Lebens- und Ideenwelt sowie seine Visionen zu veranschaulichen, sehr viel mehr als zum Beispiel Gisèle, die als Frau schon von vornherein einen unüberbrückbaren Rückstand hatte, was den Zugang zum Reich des Geistes betraf.

An den Leseabenden bildete sich ein fester Zeichenclub, bestehend aus Gisèle, Peter, Harry und Simon. Die Gedichtillustrationen und der gewissenhafte Stil des Letzteren inspirierten Gisèle zur Federzeichnung *Le bateau ivre* (Das trunkene Schiff) nach dem gleichnamigen Gedicht von Arthur Rimbaud. Wir sehen das Unwetter und das schäumende, von Quallen und Seeschlangen bewohnte Meer, das das schutzlos umhertreibende »trunkene Schiff« zu verschlingen droht. Links unten sieht man zwei gestrichelte weibliche

Figuren auf ihrer bedrohten paradiesischen Insel. Das Chaos, das Rimbaud in den fünfundzwanzig bildreichen Vierzeilern beschreibt und das Gisèle in ihrer Zeichnung zum Ausdruck bringt, gibt die Bedrohung und die Spannungen des letzten Kriegsjahres gut wieder. »Ein Selbstporträt in Worten« nannte Gisèle das Gedicht in einer späteren Notiz.

Wolfgang selbst verwandte die vielen Nächte darauf, Buri sein neues Werk zu diktieren. Unter dem Namen F. W. l'Ormeau erschien im Wissenschaftsverlag Panthéon des ungarischen Verlegers Karl Kollár sein dickes Traktat *Templer und Rosenkreuz*, eine umfassende Analyse einer einzigen Strophe aus einem Gedicht Georges. Dieses Buch, sicherheitshalber auf 1940 datiert, tatsächlich aber 1944 erschienen, wurde, neben den sieben Korrekturexemplaren, die zirkulierten, in nur zwei Exemplaren gedruckt. Wegen der Entstehungsgeschichte in den Kriegsjahren und der winzigen Auflage erlangte das »Templerbuch« einen wahren Kultstatus im Freundeskreis. Nach dem Krieg erschienen in der Zeitschrift *Castrum Peregrini* einige Male bearbeitete Fragmente aus dem Buch, doch in seiner Gesamtheit wurde das Werk erst nach Wolfgangs Tod wiederaufgelegt.

Eine andere Schrift, die stark zur Mystifizierung Wolfgangs beitrug, stammt ebenfalls aus den Kriegsjahren. *Die Einkehr des Herakles* (laut Titelblatt 1941, in Wirklichkeit aber erst 1944 bei Panthéon veröffentlicht) erschien unter dem Pseudonym C. P. de la Fournière, einem Namen, in dem Wolfgang den Nachnamen einer seiner französischen Freunde (Martial de la Fournière) mit den Initialen des Castrum Peregrini kombinierte. Hier handelte es sich sogar um eine doppelte Maskerade, denn der Text sollte laut den Angaben in der Titelei von F. W. l'Ormeau, also dem Autor des »Templerbuchs«, aus dem Französischen übersetzt worden sein. Wolfgang beschreibt in der *Einkehr des Herakles*, wie er als zehnjähriger Junge einer mystischen Erfahrung teilhaftig geworden sei, die darin bestanden habe, dass er in seinem Zimmer vom Halbgott Herakles besucht worden sei. Diese als sehr real beschriebene Vision habe ihm ein lebenslanges Gefühl des Anders- beziehungsweise Auserwähltseins vermittelt und ihn seiner besonderen Eigenschaften bewusst werden lassen, Eigenschaften wie etwa die Nähe zur Natur und zum Tierreich. Auch habe sie ihn erkennen lassen, dass er teilweise zu einer anderen als der gewöhnlichen Alltagswelt gehöre.

Anlässlich des fünfundzwanzigsten Geburtstags Buris im Januar 1944 kopierte Gisèle den gesamten Text handschriftlich auf handgeschöpftem Papier. Sie illustrierte ihn und machte ein hübsches kleines Buch daraus, das sie ihrem Geliebten schenkte.

Eine Außenstehende

Ihre Stellung als einzige Frau in der Männergemeinschaft des Castrum Peregrini gefiel Gisèle durchaus, wobei vielleicht auch mitgespielt haben mag, dass es mit dem übereinstimmte, was sie von zu Hause kannte, als Schwester von drei Brüdern. Rechnete man die Teunissens dazu, war Gisèle sogar nicht einmal die einzige Frau im Hause, doch Miep spielte in der Castrum-Gemeinschaft keine Rolle. Die einzige andere Frau, die gelegentlich einen Fuß über die Schwelle setzte, war Liselotte Brinitzer, die anfangs untergetaucht bei Cordan in »de Polderhof« gelebt hatte. Nach der Evakuierung Bergens war sie bei einer Familie in Hilversum untergebracht worden, wo sie sich jedoch nicht sonderlich wohlfühlte. Offenbar war sie im Besitz falscher Papiere oder nahm große Risiken in Kauf, denn sie kam manchmal nach Amsterdam und besuchte dann die Herengracht.

Die große Bewunderung, die Gisèle schon gleich bei ihrem Kennenlernen für Wolfgang entwickelt hatte, vertiefte sich noch während der gemeinsamen Jahre mit den beiden untergetauchten jungen Männern in der Herengracht. Diese Jahre bestärkten sie in der Überzeugung, dass Frommel über besondere Gaben und Zauberkräfte verfügte. Darüber konnte sie in den Nachkriegsjahren so einige, und wahrscheinlich aufgebauschte, Geschichten erzählen, wie sie ohnehin in Castrum-Kreisen reichlich die Runde machten. Eine immer wiederkehrende Geschichte war etwa die über Wolfgangs Hungerkur. Trotz der Tatsache, dass er schon über vierzig gewesen sei, habe Wolfgang zum Schrecken aller 1943 einen neuerlichen Aufruf erhalten, sich zum Dienst bei der Wehrmacht zu melden. Um die Chance zu vergrößern, ausgemustert zu werden, sei daraufhin der Entschluss in ihm gereift, die zwei Wochen, die ihm bis zum

Musterungstermin noch blieben, fastend zu verbringen. Wundersamerweise habe er sich dabei immer besser gefühlt: klar im Kopf und leicht euphorisch. Wenn die anderen am Tisch gesessen hätten, um ihre kargen Mahlzeiten zu sich zu nehmen, habe er vorgelesen oder das große Wort geführt. Als er in der letzten Woche das Regime verschärft und auch aufgehört habe zu schlafen, sei er, bei einer Diät aus Kaffeeextrakt, ganze Nächte hindurch wach geblieben und habe diktiert oder seine eigenen Halluzinationen analysiert. Blass und schwankend, aber geistig ungebrochen sei er schließlich zum Musterungstermin erschienen, der, wie erhofft, in der Ausmusterung endete. Wieder zu Hause angekommen, habe er weder Hunger noch Müdigkeit verspürt und seine täglichen Streifzüge durch die Stadt und das nächtliche Diktat wieder aufgenommen, als wenn nichts gewesen wäre.

Es ist die Frage, ob Wolfgang das alles aus eigener Kraft schaffen konnte, denn es ist sicher nicht ausgeschlossen, dass er sich in dieser Zeit auf das Mittel Pervitin verließ, ein Methamphetamin, das heute auch unter dem Namen »Chrystal Meth« bekannt ist und trotz der Risiken und suchtbildenden Eigenschaften in den alliierten und vor allem den deutschen Streitkräften großzügig eingesetzt wurde, um Müdigkeit und Hungergefühle bei den Soldaten zu unterdrücken und ihre Ausdauer zu erhöhen. Das Mittel gibt Energie und hat eine stark euphorisierende Wirkung. Es fand aber auch außerhalb des Militärs seinen Weg. Eine prominente Konsumentin, so ergaben spätere Studien, war etwa Königin Wilhelmina, die in den Jahren ihres Londoner Exils regelmäßig zu der Droge griff. Dass Wolfgang über Pervitin verfügte, ist angesichts seiner deutschen Kontakte stark anzunehmen. Sicher ist, dass er nach dem Krieg eine Adresse hatte, über die er das Mittel beziehen konnte. Auf jeden Fall zirkulierte es bis weit in die Fünfzigerjahre hinein im Freundeskreis und wurde eingesetzt, wenn wichtige Prüfungen anstanden oder nachts diktiert und durchgearbeitet werden musste.

Abgesehen von der Magie, mit der es Wolfgang verstand, Gisèle zu imponieren, war sie ihm vor allem dankbar dafür, dass er sie an seinem Wissen und seiner Gelehrsamkeit teilhaben ließ. Nach Joep Nicolas war er ihr zweiter großer Mentor, der sie für ihren Mangel an regulärer Bildung entschädigte. Nicolas hatte die Tür zur Malerei und christlichen Ikonographie aufgestoßen, Wolfgang öffnete die zur Poesie, zur griechischen Antike und zur europäischen Kultur- und Literaturgeschichte. Dank seiner Vorlesestunden und Wohnzimmerseminare waren die Kriegsjahre eine große Aufholjagd in puncto Bildung, eine, die sie außerdem ungemein genoss, denn Wolfgang war ein fesselnder Erzähler. Sie saugte seine Geschichten auf wie ein trockener Schwamm und erlebte diese Zeit als enorme Bereicherung, wofür sie ihm für immer dankbar bleiben sollte. Die Poesie und die griechische Mythologie sollten sie für den Rest ihres Lebens inspirieren und begleiten.

Mit dem neuen Wissen eröffnete sich ihr auch eine neue Welt: maßvoller, schlichter und ernster, als sie es gewöhnt war. Die Teilnahme daran wirkte auf sie wie eine Offenbarung, und von daher war es für sie eine bittere Erkenntnis zu entdecken, dass der Zugang dazu eingeschränkt war. Im Castrum-Kreis gab es zwei Arten des Lesens: das einfache Vorlesen von Gedichten, Theaterstücken und Erzählungen, wie es bei jedem Beisammensein und bei jeder Mahlzeit stattfand, unabhängig davon, wer dabei gerade anwesend war. Daneben gab es die geschlossenen Zusammenkünfte, wo man gemeinsam den *Stern des Bundes* oder ein anderes Werk von George las, eine Art Heilige Messe für den Freundeskreis, zu der nur Eingeweihte Zutritt hatten. Außenstehende und Neugierige konnte man dabei nicht gebrauchen, und da Frauen grundsätzlich zur ersten Kategorie gehörten, galt dies auch für sie. Gisèle, die sich in jeglicher Hinsicht als »one of the boys« fühlte, hat zweifellos alles darangesetzt, um eine Ausnahmeposition für sich zu beanspruchen, aber Wolfgang ließ sich nicht beirren: Weinkrämpfe, Szenen und Wutanfälle änderten nichts an seiner Weigerung. Der Zutritt zu den heiligen George-Leseabenden war und blieb ihr versagt, und dasselbe galt auch für die besonderen Freundesfeiern. Auch dort war sie nicht willkommen.

Die Tradition der Freundesfeiern hatte schon in Bergen angefangen und wurde in der Herengracht trotz des Krieges so gut oder so schlecht es ging fortgesetzt: zweimal im Jahr ein Abend, im Herbst und im Frühjahr, wobei die Freunde, geschmückt mit aus Efeu oder Narzissen geflochtenen Kränzen im Haar, zur Besiegelung des heiligen Bundes zusammenkamen. Nach dem tonlosen, beschwörenden Vortrag von Gedichten, der den Teilnehmern das Gefühl gab, in einen magischen Kreis aufgenommen zu werden, folgte ein festliches Mahl bei Kerzenlicht an mit weißen Laken gedeckten Tischen, bei dem an tote und abwesende Freunde erinnert wurde.

Groß war die Aufregung, als Anfang November 1943 einer der Abwesenden, an den ständig erinnert wurde, Percy Gothein, seine Aufwartung machte. Unter Wolfgangs Vermittlung hatte Karl Kollár vom Panthéon Verlag ihn, im Zusammenhang mit der geplanten Übersetzung seiner Monographie über den italienischen Staatsmann und Humanisten Zacharias Trevisan, eingeladen. Bei seiner Ankunft in Amsterdam traf Gothein zu seiner größten Verwunderung seinen jüngeren Freund und treuesten Kumpan und machte die Bekanntschaft mit dessen neuem niederländischem Freundeskreis. Zitternd vor Ehrfurcht standen die Jungen dieser mythischen Figur gegenüber, demjenigen, der von George, dem Meister selbst, auserwählt worden war und lange Zeit in dessen Nähe verbracht hatte, dem legendären Pater familias ihres eigenen Castrum. Von den Freunden kannte nur Buri ihn persönlich aus den Vorkriegsjahren in Deutschland, für die anderen war er ein Heiliger, den man nun zum ersten Mal leibhaftig sehen konnte. Der Anblick seines Titanenkopfs und seine athletische Gestalt enttäuschten niemanden und steigerten nur noch die Scheu. Manuel konnte in seinem Beisein kein Wort herausbringen, und »auch anderen Freunden verschlug es die Stimme«, so Claus Bock in seiner Chronik der Kriegsjahre.

Für den hohen Gast mietete Gisèle bei Guido und Miep das Zimmer auf deren Etage, das nach vorn heraus lag, und richtete es ein. Guido, der die Bräuche der neuen, unter ihm wohnenden Nachbarn zunächst skeptisch beobachtet hatte, war allmählich immer mehr in deren Bann geraten. So sehr, dass er inzwischen in den Freundeskreis aufgenommen worden war und an den geschlossenen Lesezusammenkünften teilnehmen durfte – er schon. Von Percy war er sofort tief beeindruckt, was wahrscheinlich dazu beitrug, dass er sich nicht dagegen wehrte, als man seiner Frau Miep zu verstehen gab, dass sie während des Aufenthalts von Percy bei ihnen ihre Wohnung zu verlassen habe. Der Herr zog es vor, lieber keine Frauen in seiner direkten Umgebung zu haben.

»Unsere Lesung zu neunt hatte sich durch Percys Gegenwart zu einer unerhörten Feier gesteigert«, so Claus: »Das Wort, schon so oft vernommen, war an diesem Abend leibhaft unter die Lesenden getreten. Wir waren überwältigt und in unserer Überwältigung verwandelt worden. Wir griffen uns bei der Hand: da flutete ein Strom von Percys Kraft in uns ein.« Am Vorabend der Abreise Gotheins, nach einem zwölftägigen Besuch, kamen die Freunde noch einmal zusammen.

Das alles fand also ohne Gisèle statt. Es wird wohl einiges an Aufwand betrieben worden sein, ihre Abwesenheit in diesem und in anderen Fällen praktisch zu regeln. Dass Wolfgang sie gebeten haben könnte, ihre eigene Wohnung an den betreffenden Abenden zu verlassen, ist schwer vorstellbar. Manchmal ließ sich wahrscheinlich an den Tagen etwas planen, wenn sie ohnehin nicht in Amsterdam war, und einen Ausweg bot zweifellos auch die Möglichkeit, dass man auf Guido im vierten Stock ausweichen konnte. Sicher ist, dass dort ein Teil der Treffen stattfand; auch in den Nachkriegsjahren nutzte man für die Feiern oft andere Lokalitäten, weil »die Gisèle nicht herauswollte«.

Die systematische Ausgrenzung bedeutete für Gisèle eine tiefe Kränkung und Enttäuschung. Das intensive Zusammenleben und die intellektuelle Stimulanz, die davon ausging, ihre Beziehung mit Buri sowie das völlig neue Weltbild und die andere Lebenseinstellung, mit der sie in Kontakt gekommen war, hatten sie verändert, eine Veränderung, die sie als eine Entpuppung, eine Metamorphose von der Raupe zum Schmetterling erlebte: Sie hatte Flügel bekommen, fliegen gelernt und wollte nichts lieber als ihre neuen Freunde auf ihren höchsten Flügen begleiten, entdeckte dann jedoch, dass von weiblichen Schmetterlingen gerade dann erwartet wurde, am Boden zu bleiben. Das machte sie wütend und verzweifelt. Warum durfte sie das Geld in die Gemeinschaft einbringen, das Leben ihrer Freunde retten und das ihre dafür in die Waagschale werfen, aber nicht an den gemeinsamen Ritualen teilnehmen? In späteren Jahren machte die Geschichte die Runde, dass sie einmal in ohnmächtiger Wut darüber kostbares Brot aus dem Fenster geworfen habe, zu einer Zeit, als es kaum genug zu essen gab. Solch eine Geschichte diente als Beweis, wie unmöglich sie manchmal sein konnte.

Es ist eine schmerzliche Wahrheit, dass Gisèles Position innerhalb des Castrum Peregrini marginaler war, als sie es selbst sehen wollte. Für die jungen Anhänger war Wolfgang das Zentrum ihrer Welt, alles drehte sich um ihn. Gisèle gegenüber benahmen sie sich förmlich und hielten stets eine vornehme Distanz zu ihr ein, die beispielsweise dadurch zum Ausdruck kam, dass sie sie noch bis nach Kriegsende mit »Sie« ansprachen – während Wolfgang immer gleich geduzt wurde. In dieser Haltung wurden sie von Wolfgang und durch das ganz und gar misogyne Weltbild ihrer aller Meister Stefan George bestärkt. »Die frau darf stimme haben in der zeit / Der zelte und der züge ... im palast / Ist sie der herrschaft untergang«, heißt es in »Der Brand des Tempels«.

Ist es mit solchen Texten vor Augen ein Wunder, dass die jungen Anhänger Distanz zur Dame des Hauses wahrten, dem »Freifräulein« beziehungsweise der »Vermieterin«, wie manche sie nannten? Buri war die Ausnahme, was sein Ansehen jedoch nicht erhöhte und seine Stellung im Freundeskreis nicht einfacher machte.

Andererseits war es aber auch so, dass Gisèle außerordentlich schwierig im Umgang sein konnte. Mücken wurden von ihr manchmal zu Elefanten gemacht und die Pläne anderer rücksichtslos durchkreuzt, weil immer alles auf ihre Weise zu geschehen hatte. Auch war sie nicht jedem gegenüber freundlich und aufgeschlossen. Ihre Persönlichkeit war alles andere als ausgeglichen: Auf der einen Seite konnte sie, was außer Frage steht, großzügig, herzlich und gastfreundlich sein, doch viele, die mit ihr zu tun gehabt haben, beschreiben sie auch als kühl und reserviert. Sie konnte ungewöhnlich scharf und herablassend auftreten und die Menschen um sich herum wie Dienstpersonal behandeln. Sie selbst hielt andere mit ihrem sprunghaften Verhalten also ebenfalls auf Distanz.

Die Marginalität Gisèles spiegelt sich auch in der später erschienenen Kriegschronik von Claus und sogar in den nach seinem Tod veröffentlichten Erinnerungen Buris wider. Darin taucht sie pflichtschuldig als diejenige auf, die die Voraussetzungen schuf und mit der materiellen Seite des Lebens in Zusammenhang stand, nicht aber als vollwertige Teilnehmerin am geistigen Leben in der Pilgerburg, deren Mittelpunkt Wolfgang war.

Atelierbesuch

Sosehr das Leben in der Herengracht auch nach innen gerichtet war, für Gisèle spielte sich ein Teil ihres Lebens noch immer außerhalb der Wände ihres Apartments ab. Ihren Eltern blieb sie nach wie vor stark verbunden, sie hatte ihre beruflichen Kontakte mit oft befreundeten Auftraggebern, und es galt Freundschaften zu unterhalten – vor allem die zu Eep und Annie waren sehr eng. Auch zu dem zeitweise abgetauchten Jany hielt sie Kontakt. Gisèles Hilfsbereitschaft endete auch nicht an der Tür ihrer eigenen Wohnung. Für Etha Fles, die bei der Evakuierung Bergens ihr Haus verlassen musste, konnte sie eine Bleibe in Mijnheerkens bei Roermond organisieren.

Sie und Wolfgang wurden auch eingeschaltet, als der jüdische Schriftsteller Victor van Vriesland im Sommer 1943 beschloss unterzutauchen. Die beiden hatten ihn über Roland Holst kennengelernt, in der Zeit, als auch van Vriesland in Bergen wohnte. Da der Personalausweis van Vrieslands Mängel aufwies, fuhren Gisèle und Wolfgang – Letzterer mit seiner Wehrmachtsarmbinde – gemeinsam mit ihm von Amsterdam nach Zwolle, wo sie jemand erwartete, der van Vriesland zu seinem Versteck bringen sollte. Bei dieser Expedition hielten sie sich an den Grundsatz, dass möglichst auffallendes Auftreten den besten Schutz bietet. Die beiden Begleiter van Vrieslands zogen ohnehin schon die Aufmerksamkeit auf sich, so dass es sehr viel anders vielleicht auch gar nicht gegangen wäre, doch hier gaben sie sich noch einmal besondere Mühe. Laut den Erinnerungen der damaligen Ehefrau van Vrieslands, Tonny van der Horst, die ihren Mann zum Bahnhof brachte, trug Gisèle einen auffallend eleganten Kapuzenumhang, während Wolfgang »mit seinem wilden Haarschopf, der breiten, schwarzen Fliege unter dem Kinn und dem großen Schlapphut auf seinem markanten Kopf eher einer Aristide-Bruant-Figur ähnelte als einem Mitglied der deutschen Armee.« Doch es funktionierte, van Vriesland wurde ohne Probleme in Zwolle abgeliefert.

Ein Kontakt, der sich in den Kriegsjahren zu einer Freundschaft entwickeln sollte, war der zu Max Beckmann und seiner Frau Quappi. Wolfgang trat hier als Vermittler auf: Er und Beckmann trafen sich regelmäßig und verstanden sich gut. Wolfgang hatte eine große Affinität zur Bildsprache Beckmanns, den vielen Verweisen auf die klassische Mythologie und seinen Versuchen, mithilfe der Mythologie und der persönlichen Symbolik etwas von der tieferen Wahrheit hinter den äußeren Erscheinungsformen zu zeigen. Beckmann, der in Amsterdam sehr produktive Jahre verbrachte, unterhielt sich gern mit ihm über sein Werk und porträtierte ihn auch mehr als einmal.

Im Februar 1943 begleitete Gisèle Wolfgang bei einem seiner Besuche des Malers. Dessen überschwängliche Gemälde würden ihr mit ihrer Orientierung am französischen Impressionismus nur mäßig gefallen, glaubte Wolfgang, und zwar wegen dem, was er als »freche Unterweltatmosphäre« bezeichnete: die düsteren, verzerrten Gestalten und die vermummten Götter und Dämonen. Während sie zum Rokin liefen, ermahnte er sie, sich nicht anmerken zu lassen, wenn sein Werk sie nicht ansprechen sollte – er sei ein großer Künstler.

Diese Warnung erwies sich als unnötig, die Bekanntschaft mit Beckmanns Werk machte im Gegenteil tiefen Eindruck auf Gisèle. Sie erzählte die Geschichte in späteren Jahren noch oft in allen Einzelheiten: wie sie nach dem Tee zu dritt in die große Dachkammer gegangen seien, in der Beckmann sein Atelier hatte, wie die Gemälde dort so platziert gewesen seien, dass nur ihre Rückseiten zu sehen waren, und wie Beckmann, nachdem Gisèle in dem großen Lehnstuhl Platz genommen hatte, das erste Gemälde umgedreht und für sie auf die Staffelei gestellt habe. Es war ein Gemälde, das sie sofort stark berührte: *Akrobat auf der Schaukel* aus dem Jahr 1940, auf dem fast bildfüllend ein Akrobat in einem grünen Anzug abgebildet ist. Man sieht ihn von vorn, während er hoch oben in einem Zirkuszelt auf seinem Trapez hockt, hinter ihm in der Ferne sein Kollege, tief unten die Manege und das Publikum. Das Werk und der schwindelerregende Raum, der sich darin auftat, machten einen solchen Eindruck auf Gisèle, dass sie Beckmann bat, das Gemälde noch ein wenig betrachten zu dürfen, als er es nach ein paar Minuten wieder wegstellen wollte.

Dieser Vorfall ist aus zwei Gründen interessant. Zum einen markiert er eine Wende in Gisèles künstlerischer Entwicklung. Das Werk Beckmanns sollte sie nach dem Krieg in ihrem Schaffen inspirieren und ihr gelegentlich zum Vorbild dienen. Zum andern existiert von diesem Atelierbesuch ein früherer Bericht, der von der soeben wiedergegebenen kanonisierten Version, die sie später in Umlauf brachte, abweicht. Im Jahr 1954 erzählte Gisèle in *Elseviers Weekblad* nämlich erstmals über den Besuch, den sie dem Maler 1943 abgestattet hatte, und das Wunderliche daran ist, dass sie dort ein anderes Gemälde erwähnt, das Beckmann als Erstes gezeigt habe: nicht den *Akrobat auf der Schaukel*, sondern *Junge Männer am Meer*. Das letztere Gemälde zeigt vier mystisch anmutende Männergestalten am Strand, aller Wahrscheinlichkeit nach ein Verweis auf die Argonautensage, auf dessen Spur den Maler ein früheres Gespräch mit Wolfgang gebracht hatte. Vor diesem Hintergrund ist es sehr plausibel, dass Beckmann seinen Gästen dieses Gemälde zuerst zeigte, umso mehr, da er zur Zeit ihres Besuchs gerade letzte Hand an das Werk legte.

Wie es nun wirklich war, wissen wir nicht, und es sind verschiedene Reaktionen darauf möglich. Zunächst einmal Achselzucken über die Verwechslung, die hier offenbar im Spiel ist, oder über die Fehlbarkeit von Gisèles Gedächtnis. Andererseits ist es eine merkwürdige Verwechslung angesichts der Betonung, die Gisèle in ihrer späteren Geschichte stets auf den tiefen Eindruck legte, den das erste Gemälde auf sie gemacht habe: Es wurde umgedreht, und ihr stockte der Atem. Da ist es schon bemerkenswert, wenn man sich dann im Bild vertut.

Ich bin also eher geneigt, darin eine kleine, aber sehr konkrete Illustration dessen zu sehen, wie Gisèle ihr gesamtes Repertoire an festen Erzählungen zusammenstellte und ihre komplette Lebensgeschichte konstruierte. Sie tat hier etwas, von dem wir im Vorstehenden auch schon einige Beispiele gesehen haben: Sie korrigierte die Wirklichkeit, und zwar so, dass etwas entstand, das schöner und ansprechender war als das Original. Indem sie in ihren späteren Erzählungen über den Atelierbesuch bei Beckmann die tatsächlich gezeigten jungen Männer am Meer durch den atemberaubenden Trapezkünstler ersetzte, tauschte sie ein typisches Frommel-Thema gegen ein Werk ein, das ihre persönliche künstlerische Verbindung mit Beckmann besser und direkter zur Geltung brachte. Sie passte den Vorfall ein wenig an, zog etwas in den Vordergrund und vergrößerte etwas anderes, um daraus eine schönere Geschichte zu machen. Ob es sich in diesem Fall tatsächlich so verhielt, lässt sich, wie bereits erwähnt, nicht sagen, aber es passt ganz und gar in ihr Muster der Wirklichkeitsaufhübschung.

Abschied

Die Zwangsevakuierung Bergens und Umgebung, die Claus in die Herengracht geführt hatte, traf auch Gisèles Eltern. Sie mussten um die Jahreswende 1942/43 ihr geliebtes Jachtduin verlassen und kehrten nach Limburg zurück. Josephine ertrug die damit verbundene Erschütterung und Unsicherheit mit stoischer Gelassenheit. Das war bei all ihrer Nervenschwäche immer schon eine besondere Eigenschaft von ihr gewesen. Sie konnte vollkommen aus der Fassung geraten, wenn eine Vase leckte oder der Tisch nicht richtig gedeckt war, doch bei den wirklich ernsthaften Problemen behielt sie einen kühlen Kopf und konnte sehr besonnen auftreten. In Roermond ließ sich ohne größere Probleme eine neue Bleibe finden, Willem und Josephine konnten zwei Zimmer in der großzügig geschnittenen Wohnung George Baron Michiels van Kessenichs und seiner Frau, den Eltern der alten Malfreundin Gisèles, Judy, beziehen.

Ihre Arbeit führte Gisèle im Sommer 1943 regelmäßig nach Limburg, wo sie in einer Keramikwerkstatt in Tegelen weiter an einem alten Auftrag arbeitete, einer Plastik für ein neues Passagierschiff der Rotterdamsche Lloyd. Dessen Innenausstattung sollte erst nach dem Krieg abgeschlossen werden, doch den Springbrunnen mit Meerjungfrau stellte sie im Sommer dieses Jahres fertig. Die Arbeit bot ihr die Gelegenheit, an den Wochenenden ihre Eltern in Roermond zu besuchen. Diesmal war es die Gesundheit ihres Vaters, die zu wünschen übrig ließ. Er war im Frühjahr operiert worden und hatte sich davon nicht richtig wieder erholt. Im August verschlechterte sich sein Zustand, und er überlebte nur um ein Haar einen schweren Herzinfarkt, wenn auch nicht lange. Vier Tage später – Gisèle war in der Zeit kaum von seinem Bett gewichen – starb er, am 12. August. Er war siebzig Jahre alt geworden.

Willems Tod setzte einem ungewöhnlich produktiven Leben

ein Ende, in dem Herkunft und Glaube die bestimmenden Kräfte waren. Seine Herkunft hatte ihm Verpflichtungen auferlegt, sein Glaube ihn in allem gelenkt, doch obwohl katholisch bis ins Mark, war Willem zu intelligent, zu weitgereist und zu abenteuerlich veranlagt gewesen, um ein bornierter Gläubiger zu sein. Er hatte sich auch durch seine wissenschaftlichen Qualitäten ausgezeichnet: In einer Zeit, in der die katholische Intelligenzija noch wenig hermachte, war aus ihm ein Geologe von internationalem Format geworden. Die breite Wertschätzung für seine vielen Aktivitäten und Verdienste hatte bereits zu seinen Lebzeiten Ausdruck in einer Reihe von Ehrenbezeigungen gefunden, die von königlichen Auszeichnungen bis hin zu (Ehren-)Mitgliedschaften in wissenschaftlichen Vereinigungen und der Verleihung einer Ehrendoktorwürde der Colorado School of Mines reichte. In der Geologenwelt wurde seiner nach dem Krieg mit einer Van-Waterschoot-van-der-Gracht-Ehrenmedaille aus Bronze gedacht, die Personen vorbehalten war, die sich besondere Verdienste auf geologischem oder bergbautechnischem Gebiet erworben hatten. Diese Medaille, die 1951 erstmals verliehen wurde, gibt es bis heute.

Gleich nachdem er die Nachricht von Willems Tod erhalten hatte, schickte Roland Holst ein Telegramm, dessen Text auf der Gedenkkarte abgedruckt wurde:»In seinem vielfältigen Können und der Schlichtheit des Herzens war er ein großer Diener der Gesellschaft und ein bescheidener Diener Gottes. Seine anrührende Güte war männlich durch seinen starken, wachen Geist und mild durch seinen tiefen und ebenso wachen Glauben.« Obwohl sich der Süden des Landes aufgrund zerstörter Brücken und anderer Verkehrsbehinderungen nur schwer erreichen ließ, war Willems Begräbnis ungewöhnlich gut besucht. Auch Roland Holst und Frommel waren nach Roermond gekommen, wo Willem vorläufig auf dem Privatfriedhof der Familie Michiels van Kessenich beerdigt wurde. Nach dem Krieg erhielt er dann seinen letzten Ruheplatz im Familiengrab in Beverwijk.

Der Tod ihres Vaters war für Gisèle ein einschneidendes Ereignis. Ihr standen beide Eltern besonders nahe, doch am meisten liebte sie ihren Vater, zu dem sie eine herzlichere und unkompliziertere Beziehung als zu ihrer Mutter hatte. Er war weniger steif und förmlich und verstand sie ihrer eigenen Einschätzung nach besser. Umgekehrt hatte er eine große Schwäche für seine einzige Tochter. Er war völlig vernarrt in sie. Sooft er auch glaubte, sie ermahnen oder tadeln zu müssen, konnte Gisèle doch immer auf seine bedingungslose Liebe und Unterstützung rechnen. Er war für sie ein moralischer Kompass, dem sie blind folgen konnte, und außerdem jemand, der ihr in praktischen, finanziellen und beruflichen Angelegenheiten mit Rat und Tat zur Seite stand. Das Wegbrechen dieses Stützpfeilers, dieser Bake in ihrem Leben, bedeutete einen herben Verlust, aber es warf sie nicht aus der Bahn. Die wichtigsten Werte ihrer Erziehung – Pflichttreue, Gotteserkenntnis, Noblesse oblige – waren inzwischen fest in ihr verankert.

Josephine bewies erneut, dass sie, wenn es wirklich darauf ankam, ihren Mann stehen konnte. »Sie ertrug ihre Trauer wie eine Königin«, schrieb Gisèle an ihren Bruder Arthur in Amerika. Der Wegfall Willems führte dazu, dass Mutter und Tochter stärker aufeinander angewiesen waren. »Ich lebe mit Dir, mein Schatz«, schrieb Josephine ein halbes Jahr nach Willems Tod aus Roermond. »Ich bete für Dich, und ich liebe Dich; Du bist meine Daseinsberechtigung!« Ihre Beziehung zueinander wurde enger und vertraulicher.

Wie viel Josephine genau über das Leben in der Herengracht wusste, bleibt eine offene Frage, doch es reichte, um sich Sorgen zu machen. Der häufige Umgang ihrer Tochter mit Nicht-Katholiken lastete schwer auf ihr, und sie grübelte über die Frage, wie es mit Gisèles Leben weitergehen sollte, wenn sie unverheiratet bliebe. Über Buri hatte sie inzwischen das eine oder andere erfahren, doch beruhigend war das alles nicht. Ihr ständiges Beisammensein vergrößere nur die Gefahr von Fehltritten und Schwierigkeiten, schrieb sie ihrer Tochter, und auch wenn es sich um »einen Mann mit guten Eigenschaften, und, von seinem Standpunkt aus, guten Absichten handelt, gründet er sein Leben auf Prinzipien, die [...] in scharfem Gegensatz zu unserem heiligen Glauben stehen«. Hinzu kämen dann noch seine labilen Nerven und die nicht vorhandenen finanziellen Aussichten.

Sie äußerte ihre Besorgnis, trieb sie aber zugleich nicht auf die Spitze. Auch zu einer Verurteilung der Lebensweise ihrer Tochter kam es nicht. Josephine sprach sogar davon, dass sie, sollte es zu einer Ehe zwischen Gisèle und Buri kommen – eine Aussicht, die für sie der reinste Horror gewesen sein muss –, ihr Leben vielleicht so würde einrichten können, dass eine kleine Zuwendung für das junge Paar übrig bliebe. Wenn sich hieraus etwas ableiten lässt, dann, dass sie Gisèles Vertrauen und ihre enge Beziehung in keiner Weise aufs Spiel setzen wollte, was auch immer geschehen mochte. Auch der innigen Liebe ihrer Mutter konnte sich Gisy bleibend sicher sein.

Gothein und die Folgen

Krieg hin oder her – Wolfgang war weiterhin unterwegs, in Buchhandlungen oder wo immer er sonst auch hinkam, stets auf der Suche nach jungen Männern, »die aus dem richtigen Holz geschnitzt waren«. Simon van Keulen war auf diese Weise hereingeholt worden, und Anfang 1944 folgte der Gymnasiast Coen Stibbe, den Wolfgang in einer Buchhandlung kennengelernt hatte. Der junge, wissbegierige Stibbe war außerordentlich beeindruckt von Wolfgang, in seinen Augen ein »Genie«, das zur wichtigsten Person in seinem Leben werden sollte. Über Coen stieß Ende des Jahres auch dessen Dichter- und Busenfreund Emanuel Zeylmans van Emmichoven zu der Gruppe. Im Freundeskreis kannte man die beiden als »Corrado« (Coen) und »Gabriel« (Emanuel).

Erstaunlicher ist jedoch, dass Wolfgang auch Besuch von Deutschen empfing und sie in Kontakt mit seinen Anhängern brachte. Damit hatte er schon vorher angefangen. Seinen jüngsten damaligen Neuerwerb, den Offizier Hermann Kleinow, hatte er seinerzeit auf Schloss Eerde dem verdutzten Claus Bock präsentiert. In Bergen empfing er im Sommer 1942 den Luftwaffen-General Robert Knauss, der über mehrere Ecken mit dem deutschen Freundeskreis verbandelt war, sowie dessen Luftwaffenkollegen Horst Krüger. Der junge Hauptmann Krüger schickte im Anschluss noch ein paar Fotos des Besuchs und dankte Wolfgang für die Gespräche und die beeindruckende George-Lesung mit den niederländischen Freunden. Wolfgangs Ideen eines neuen Europas und dessen Plan, zu diesem Zweck schon einmal eine geistige Elite zu versammeln, hätten ihn gestärkt und inspiriert.

Die großen Gefahren, die mit dem Verstecken von Juden in der Herengracht verbunden waren, hielten Wolfgang nicht davon ab, weiterhin deutsche Offiziere zu sich einzuladen. Einen jungen Unteroffizier namens Krätzel, den er in einer Buchhandlung aufgelesen hatte, schleppte er anschließend seelenruhig mit zur Herengracht. Krätzel war ein überzeugter Soldat Hitlers, und Wolfgang hoffte, ihn zu einem anderen Weltbild bekehren zu können. Laut Überlieferung gelang dies auch, woraufhin der umgekrempelte Krätzel noch ein paar Mal, beladen mit Brot, Schinken, Kaffee, Getränken und anderen Köstlichkeiten, in die Herengracht kam. Decken schmuggelte er ebenfalls mit. Auch alte Bekannte meldeten sich. Paul Otto Drescher (für seine Freunde »Ottsch«), der zum deutschen Zweig des Freundeskreises von Wolfgang gehörte, kam im November 1943 zu Besuch, und im Februar 1944 stand plötzlich der deutsche Soldat Christoph Schubert aus Belgrad vor der Tür, der ebenso wie Ottsch zu Wolfgangs deutschen Anhängern gehörte. Er blieb eine Woche. Im selben Jahr machte auch General Robert Knauss wieder seine Aufwartung, diesmal nun also in Amsterdam. Wolfgang bestand darauf, dass sein in einer makellos weißen Luftwaffen-Uniform gekleideter Gast von einem sich zu Tode ängstigenden Claus den Tee serviert bekam – seinem bei Gisèle versteckten Schützling, der so jüdisch aussah, dass es nicht gelungen war, sein Foto für einen Personalausweis zu fälschen.

So etwas wäre unter »normalen« Umständen natürlich undenkbar gewesen, ein irrsinniges Wagnis, doch das Wort »normal« existierte nicht in Wolfgangs Welt. Er liebte das Risiko, auch wenn er andere damit in Gefahr brachte, und folgte seinen eigenen Kriterien, wenn es darum ging zu erkennen, wem man trauen konnte. Diese Kriterien hatten wenig mit der üblichen Trennlinie zwischen Niederländern und Deutschen oder allgemeiner zwischen »antinazistisch« und »nazifreundlich« zu tun. Wolfgangs einziges Kriterium zur Beurteilung seiner Landsleute war die Frage, ob sie auf irgendeine Weise mit dem »geheimen Deutschland« Georges liiert waren: Waren sie Freunde, Freunde von Freunden oder potentielle Freunde? Ob diese Mitbewunderer des großen Poeten Parteimitglied waren, Sympathien für die Nazis hegten oder hohe Positionen in der Wehrmacht bekleideten, tat nichts zur Sache: Sie gehörten zu seiner Welt.

Hinzu kam womöglich noch ein weiteres Motiv: Niemand konnte wissen, wie der Krieg ausgehen würde, also war es besser, sich alle Optionen offenzuhalten.

Von außen betrachtet, erscheint dies wie ein bizarrer Fall von Übermut, diese große Gastfreundschaft gegenüber dem Feind in Kriegszeiten, doch Wolfgangs Vertrauen erwies sich als gerechtfertigt. Seine vielen deutschen Kontakte haben ihn nicht verraten, ihm sicher in einer Reihe von Fällen geholfen und ihn vielleicht sogar manchmal geschützt.

Ende Februar 1944 stand auch Percy Gothein plötzlich wieder vor der Tür, diesmal für einen längeren Aufenthalt – es sollten fast fünf Monate werden. Erneut bildete seine Anwesenheit den Anlass für eine große Feier. Beim Frühjahrsfest am 15. April 1944, dem Todestag des jung verstorbenen Freundes von George, Maximin, saßen in der Herengracht gleich vierzehn Freunde mit Blumenkränzen auf dem Kopf an einem festlich gedeckten Tisch beisammen. Zur allgemeinen Überraschung stand Ziegenfleisch auf dem Speiseplan. Nicht lange davor hatte Chris Dekker die bewusste Ziege, die seiner Familie gehörte, geschlachtet, worauf das Fleisch in einem Koffer nach Amsterdam transportiert worden war. Dort hatte man es gepökelt, um es haltbar zu machen und irgendwann als Notration verwenden zu können. Percys Anwesenheit wurde jedoch zum Anlass genommen, davon ein Festmahl zuzubereiten. Weitere Gäste hatten Kartoffeln mitgebracht, anderen war es gelungen, eine Flasche Wein zu organisieren. Nach der Mahlzeit gab es eine gemeinsame Lesung der Maximin-Gedichte Georges.

Gothein nahm während seiner Zeit in Amsterdam mit einer Reihe eigener Aktivitäten am Geschehen im Castrum teil – so schrieb er in Zusammenarbeit mit Buri Gedichte und publizierte ein Loblied auf die Männerfreundschaft –, doch sein langer Aufenthalt in der Hegra verlief alles andere als harmonisch. Seine bedrückende, schweigsame Anwesenheit war ein Quell der Spannung, und Percy war niemand, der sich einfach fügte. Im Gegenteil, er fand es offenbar normal, rundweg absurde Forderungen zu stellen. Allem Anschein nach musste Miep erneut, und diesmal für eine sehr viel längere Periode, das Feld räumen.

Aus nicht näher bekannten Gründen nahmen auch die Spannungen zwischen Wolfgang und Percy dramatisch zu. Stellte Letzterer vielleicht eine Bedrohung der Autorität Wolfgangs den Jungen gegenüber dar? Gab es sexuelle Rivalitäten? Man hört entsprechende Gerüchte, doch es bleibt Spekulation. Die spätere Geschichtsschreibung ist an diesem Punkt ungewöhnlich vage. Zumindest lag es in der Luft, dass es zu einem Ausbruch kommen könnte. »Percy krach. Allgemeine spannung! Explosionsgefahr!«, notierte Claus am 22. Juli 1944 in sein Tagebuch. Zwei Tage später reiste Percy nach Ommen ab, wo sich zu diesem Zeitpunkt auch Vincent Weyand und Simon van Keulen aufhielten, um zu arbeiten und sich vor dem Arbeitsdienst der Deutschen zu verstecken. Vincent hatte im Haus De Esch unterschlüpfen können, wo eine Handvoll Lehrer, ihre Familien und vereinzelte Schüler der Quäkerschule verblieben waren, nachdem die Besatzer Schloss Eerde für sich eingefordert hatten und die Schule geschlossen worden war. Simon lebte in einer Waldhütte am Rand des Geländes. Das Duo holte Percy vom Zug ab, begleitet von dem zu der Zeit ebenfalls in Ommen wohnhaften Ton van der Gaag, besser bekannt unter seinem Pseudonym Charles Wentinck, mit dem Frommel und Gothein zuvor über die Möglichkeiten gesprochen hatten, nach dem Krieg den Verlag Die Runde fortzuführen.

Hatte das Quartett, mit der auffälligen Erscheinung Gotheins, dem hochgewachsenen Wentinck und den beiden Jungen, Argwohn erregt? Es ist gut denkbar, sie müssen im ruhigen Ommen zumindest stark aufgefallen sein. Noch in derselben Nacht, der vom 24. auf den 25. Juli, fiel die Polizei in Simons Hütte ein, in der sich auch Percy aufhielt. Ihre Papiere wurden eingezogen und konnten am nächsten Tag auf der Wache abgeholt werden. Später in der Nacht fand eine zweite Razzia statt, diesmal durch den Kommandanten und dessen Männer vom nahe gelegenen Straf- und Erziehungslager Erika, das unter dem Befehl deutschgesinnter Niederländer stand. Gothein und van Keulen wurden beide verhaftet.

Die Nachricht, die am nächsten Tag über Charles Wentinck Amsterdam erreichte, sorgte für große Bestürzung und Niedergeschlagenheit, versetzte aber zugleich jeden in der Herengracht in höchste Alarmbereitschaft. Gisèle, die gerade in Limburg war, um ihre Mutter zu besuchen und ein Porträt zu malen, wurde von

Wolfgang telegrafisch informiert und eilte sofort nach Hause. Die Situation spitzte sich noch weiter zu, als am 27. Juli auch Vincent verhaftet wurde. Belastende Briefe und Papiere hatte er vergraben können – er stand gerade kurz davor, Ommen zu verlassen.

Sowohl Gisèle als auch Wolfgang setzten in den Wochen, die folgten, alles daran, um herauszufinden, was mit den dreien nach ihrer Inhaftierung geschehen war, und sie aus dem Gefängnis freizubekommen. Die höchsten Chargen aus dem Besatzungsapparat, zu denen Wolfgang Zugang hatte, wurden eingeschaltet und alle Kontakte mobilisiert. Doch es half nichts. Gleichzeitig stellte die Gefahr, dass einer der drei Verhafteten während der Verhöre anfangen würde zu singen, ein unmittelbares Risiko dar. Für Claus und Buri musste so schnell wie möglich eine andere Unterkunft gefunden werden. Als das gelungen war, wurden sie von Gisèle ihrer langen Locken entledigt, damit sie auf der Straße weniger Aufmerksamkeit erregten.

Claus konnte an der Amstelkade bei Clemens Bruehl wohnen und wurde anschließend in die Jacques Perkstraat in Amsterdam-Süd, den heutigen Herman Heijermansweg, gebracht. Für Buri fand Gisèle eine Bleibe an der Nieuwe Achtergracht bei dem befreundeten Bildhauer Jacques van Rhijn. Sie selbst und Wolfgang zogen dort sicherheitshalber ebenfalls ein. Schlussendlich blieb sie dort allein mit Buri zurück – van Rhijn zog nach einem fast tödlichen Asthmaanfall auf dringenden Rat seines Arztes aus der Wohnung aus, und Wolfgang suchte sein Heil woanders. Es waren Tage schrecklicher Anspannung in einer nahezu leeren Wohnung ohne Gardinen oder Vorhänge, in der sie sich kaum zu rühren wagten. Als Buri auch noch heftige Bauchkrämpfe bekam, schien die Situation unhaltbar zu werden. Eine Notoperation durch einen Arzt, der sich dazu bereitgefunden hatte, wurde in letzter Sekunde hinfällig, weil die Beschwerden wie durch ein Wunder von selbst verschwanden. Mithilfe von Nachbarn schafften sie es, ihren Aufenthalt durchzustehen, und nach ein paar Wochen schien die Luft wieder rein zu sein.

Anfang September 1944, nach dem *Dolle Dinsdag*, dem »närrischen Dienstag«, an dem es Gerüchten zufolge zur Befreiung der Niederlande durch die Alliierten kommen sollte, kehrten die Bewohner des Apartments in der Herengracht wieder zurück. Für Claus vollzog sich der lebensgefährliche Spaziergang zur Herengracht auf ganz besondere Weise. Er wurde von Leutnant Herbert Brämisch, einer der nützlichen Nazi-Kontakte des bereits erwähnten Ottsch, in der Jacques Perkstraat abgeholt, zusammen mit Wolfgang durch die Stadt eskortiert und fein säuberlich an seinem vertrauten Versteck abgesetzt.

Der durch den »närrischen« 5. September geschürte Gedanke, dass die Befreiung nicht mehr weit sei, hielt die Hoffnung wach, dass es mit den drei verhafteten Freunden gut ausgehen würde. Von Simon war bekannt, dass er inzwischen im Lager Amersfoort gefangen gehalten wurde, über das Schicksal der beiden anderen tappte man im Dunkeln. Um seine Moral zu stärken und ihn wissen zu lassen, dass die Freunde noch am Leben waren, fasste Gisèle den ehrgeizigen Plan, ihn zu besuchen. Dazu nahm sie zunächst Kontakt mit dem Amsterdamer Bürgermeister Edward Voûte auf, den sie beiläufig kannte – er war in Bergen ihr Nachbar in der Eeuwigelaan gewesen. Voûte erklärte sich bereit, ihr zu helfen, und verschaffte ihr einen Termin beim Chef des Sicherheitsdienstes (SD), Willy Lages.

Am 11. September 1944, ihrem zweiunddreißigsten Geburtstag, meldete sich Gisèle im Büro des SD in der Euterpestraat, wo sie die Geschichte erzählte, dass Simon bei seiner Verhaftung ihren Kasten mit Malgerätschaften bei sich gehabt hätte, und da sie davon abhängig sei, müsse sie unbedingt wissen, wo er sie gelassen habe. Es kostete sie Stunden des Wartens, viel Heuchelei und die von Buri aus Erbsenmehl gebackene Geburtstagstorte, die geopfert wurde, um das SD-Personal dazu einzuladen, doch am Ende des Tages stand Lages' Unterschrift unter dem Brief, der ihr die Erlaubnis gab, fünfzehn Minuten mit dem Gefangenen Simon van Keulen im Lager Amersfoort zu sprechen. Gleichzeitig gelang es ihr, jemanden zu überreden, sich für sie nach dem Schicksal Gotheins zu erkundigen. Die Information, die sie daraufhin erhielt, führte in der Herengracht zu großer Niedergeschlagenheit, denn er war inzwischen auf den Transport nach Deutschland gegangen.

Mit einer Tasche voll warmer Kleidung, Lebensmittel und Zigaretten fuhr Gisèle am nächsten Morgen in aller Frühe mit Nachbar Guido auf einem Tandem nach Amersfoort. Dort angekommen, begann sie mit ihrem nächsten Sturmlauf, während Guido draußen blieb und an einem vereinbarten Treffpunkt auf sie wartete. Das Erlaubnisschreiben von Lages öffnete keineswegs alle Türen. Der stellvertretende Lagerkommandant Joseph Kotälla, zu dem es ihr vorzudringen gelang, lehnte zunächst jegliche Mitarbeit ab, aber mit Mut, Einfallsreichtum und Durchsetzungsvermögen gelang es ihr dann doch, ihr Ziel zu erreichen. Kaum wiederzuerkennen, mit kahlgeschorenem Kopf, übel zugerichtet, das Gesicht ebenso wie die Füße angeschwollen, stand Simon am späten Nachmittag vor ihr. Die emotionale Begegnung dauerte höchstens ein paar Minuten, genug, um die Nachricht zu überbringen, dass in Amsterdam noch alle am Leben waren, ihm Mut zuzusprechen und ihn zu ermuntern, durchzuhalten. Von den mitgebrachten Sachen durfte er nichts annehmen. Auch die Flasche Cognac, die sie mitgenommen hatte, um damit eventuell jemanden zu bestechen, nahm sie wieder mit nach Hause. Ein kleiner Trost: Nach dem Verlassen des Lagers und wieder in Gesellschaft Guidos konnte die erschöpfte Gisèle einen Schluck gut gebrauchen.

Nach einer Übernachtung auf einem Bauernhof ging die Fahrt am nächsten Tag weiter nach Nijmegen, da dort, wie Gisèle in Amersfoort erfahren hatte, der deutsche Anwalt seinen Sitz hatte, der Simons Fall behandelte und vielleicht auch noch etwas für Percy würde tun können. Trotz des Chaos und der Nervosität, die die vorrückenden Alliierten inzwischen unter den in der Stadt stationierten Besatzern verursachten, gelang es Gisèle dank der Tatsache, dass sie fließend Deutsch sprach, und unter dem Vorwand, Mitarbeiterin des SD zu sein, sich zu ihm durchzuschlagen. Der Mann stand kurz davor, nach Deutschland zu fliehen, und der Besuch brachte nicht mehr als die Bestätigung, dass Percy Gothein nach seiner Verhaftung tatsächlich nach Deutschland überstellt worden war. Von den meisten niederländischen Gefangenen hatte man die Papiere verbrannt.

Hochspannung

Zurück in Amsterdam, verflog die Hoffnung auf eine baldige Befreiung. Das Leben wurde so gut oder so schlecht es eben ging wiederaufgenommen, bis ein weiterer Vorfall dem Gemeinschaftsleben in der Pilgerburg ein definitives Ende zu bereiten drohte. Es geschah einen Monat später, am 15. Oktober 1944, an Nietzsches hundertstem Geburtstag. Zur Feier dieses Tages hatte sich abends eine kleine Gruppe auf der dritten Etage versammelt: Wolfgang, Gisèle, Buri, Claus, Manuel und Reinout. Wolfgang las in der Küche Aphorismen des Philosophen vor, als um etwa halb zwölf heftig an die Tür geklopft wurde. Man erwartete Miep, da zuvor aus dem oberen Stockwerk bereits ein entsprechendes Poltern zu hören gewesen und als Ehekrach interpretiert worden war.

Der Schock muss also enorm gewesen sein, als keine in Tränen aufgelöste Miep, sondern ein Trupp der »Grünen Polizei«, der wegen der Farbe ihrer Uniformen so genannten deutschen Ordnungspolizei, vor der Tür stand. Wer sich nach dem ersten Schreck sofort fing und die Tür aufmachte, ist nicht klar. Den mehr oder weniger gleichlautenden Berichten Wolfgangs, Claus' und Buris zufolge ging Wolfgang, in Gisèles Version war sie es, die öffnete und die Männer in ein Gespräch verwickelte, um Buri und Claus die Gelegenheit zu geben, sich zu verstecken. Wie dem auch sei, die so gewonnene Zeit genügte Buri tatsächlich, um in sein Versteck im Piano zu klettern, doch Claus schaffte es nicht mehr, den alten Fahrstuhlschacht zu erreichen, der ihm die Flucht nach oben ermöglicht hätte. Er saß wie gelähmt am Küchentisch.

Die Wohnung wurde durchsucht, wobei Buri unentdeckt blieb – an Wolfgangs und Gisèles Papieren gab es nichts auszusetzen. Danach war die Gesellschaft in der Küche an der Reihe, wobei Wolfgang versuchte, die Meute abzulenken, indem er mit einem Exemplar von *Der Wille zur Macht* herumfuchtelte, ununterbrochen über Nietzsche und dessen große Verdienste für die Philosophie im Allgemeinen sowie den deutschen Geist im Besonderen zu schwadronieren. Manuels und Reinouts Papiere waren in Ordnung, nicht jedoch die von Claus. Er verfügte nur über die zerknitterte Kopie eines abgelaufenen tschechischen Passes, den er mit einer stammelnden Erklärung, dass er Sudetendeutscher sei, vorzeigte. Auf die darauffolgende Frage nach seinen Militärpapieren, die er als achtzehnjähriger Sudetendeutscher hätte haben müssen, blieb er die Antwort schuldig. Der Befehl, sich bereit zu machen, um mitzukommen, war schon erteilt, als der endlich verstummte Wolfgang sinnend zu sich selbst sagte: »Um Gottes willen, wie schaffe ich jetzt für den Claus Militärpapiere bei?« Der Offizier reagierte äußerst ungehalten auf diese Bemerkung. Es entstand eine beklemmende Stille, in der Wolfgang den Offizier starr ansah. Daraufhin packte ihn der Offizier am Kragen, zog ihn in den kleinen Flur, wo er ihn an die Wand drückte und ihm zuflüsterte, dass er, wenn er den Jungen retten wolle, wie der Blitz für falsche Papiere sorgen solle.

Mit einem »Alles in Ordnung!« an seine im Treppenhaus wartende Mannschaft verschwand er nach unten. Nachdem auch die Wohnung des im zweiten Stock lebenden Ehepaars durchsucht worden war, verließen sie das Haus, und die letzten Geräusche der ungebetenen Besucher erstarben.

Mit klopfenden Herzen saßen sie nun da, zunächst nicht in der Lage zu sprechen. Wenn das Wort vom Kamel, das durch ein Nadelöhr geht, jemals auf etwas zutreffen sollte, dann auf das, was sie gerade erlebt hatten. Es war ein unvorstellbares Wunder geschehen, eine Erkenntnis, die ihnen erst so richtig bewusst wurde, als sich der größte Schrecken gelegt hatte. Dieser Vorfall trug in späteren Jahren wesentlich zur Wolfgang-Mythologie bei. Er war ein Mann mit magischen Kräften, in seiner Gegenwart konnte das Unmögliche geschehen. Denn darin, dass es ihm zu verdanken sei, dass die Razzia auf so wundersame Weise ein gutes Ende genommen hatte, waren sich alle einig. Es sei der unnachahmlichen Art und Weise zuzuschreiben, in der er den Offizier verbal eingewickelt habe, vor allem aber dem Moment, in dem sein hypnotisierender Blick den des anderen Deutschen gekreuzt habe.

Oben war die Sache ebenfalls gut ausgegangen. Guido, dem der Arbeitsdienst in Deutschland drohte, hatte sich rechtzeitig verstecken können und war bei der Hausdurchsuchung nicht gefunden worden. Nach dem Krieg sollte sich herausstellen, dass ein Verwandter von Miep den Deutschen den Tipp für die Razzia gegeben hatte. Aus Furcht vor einem erneuten Besuch musste noch am selben

Abend gehandelt werden. Claus und Buri wurden mit lediglich ein paar Decken zu einem bisher noch ungenutzten Versteck gebracht. Durch eine Luke im Kohlenverschlag auf dem Dachboden und über die Dachrinne konnte man eine andere Luke erreichen, die den Zugang zu einem Raum zwischen dem Dachgeschoss und dem Dach ermöglichte, einem geheimen Spitzboden unter den Dachpfannen. Der Raum war nur etwa einen Meter hoch, in dem Ratten und Fledermäuse für gewöhnlich das Reich für sich allein hatten. Über ein Loch konnte Gisèle Wasser und etwas zu essen durchreichen. Nach ein paar Tagen waren zwei neue Verstecke in Amsterdam organisiert, und die beiden konnten wieder nach unten kommen. Claus ging nach einem kurzen Aufenthalt am Damrak wieder in die Jacques Perkstraat, und Buri wurde in die Familie des Journalisten und Fotografen Wiel van der Randen in der Leidsegracht aufgenommen, nur einen Steinwurf von der Herengracht 401 entfernt.

Eine von den Bewohnern erwartete neuerliche Razzia blieb aus, und Mitte November erschien die Lage ausreichend sicher, um wieder in die Herengracht zurückkehren zu können. Dort war inzwischen, zur allgemeinen Freude, auch Simon eingetroffen, völlig erschöpft, aber ansonsten körperlich unversehrt. Während des Transports, der ihn aus Amersfoort in ein deutsches Konzentrationslager bringen sollte, war er kurz vor Apeldoorn aus dem Zug gesprungen und hatte von dort aus Amsterdam erreichen können. Simon zog als dritter Illegaler in Percys altes Zimmer auf der Etage von Guido und Miep. Auch Guido selbst hielt sich im Zusammenhang mit dem Arbeitsdienst im eigenen Haus versteckt, wenngleich er es hin und wieder verließ, beispielsweise, um Gisèle auf ihrer Fahrt nach Amersfoort und Nijmegen zu begleiten. Im Januar 1945 beschloss er, ganz wegzugehen, um den befreiten Süden zu erreichen. Das gelang ihm, indem er die Waal durchquerte. Halb bewusstlos vor Kälte wurde er von den Kanadiern aus dem Fluss gefischt und der niederländischen Marineinfanterie übergeben, die ihn nach einem militärischen Training in England in die USA schickte. Die schwangere Miep blieb in Amsterdam zurück.

Dort erwarteten die Zurückgebliebenen noch ein paar äußerst schwere Monate. Strom und Gas gab es nicht mehr. Um nicht zu verhungern, war man, wie die meisten Amsterdamer, immer häufiger auf die Garküchen angewiesen. Meist waren es Manuel oder Gisèle, die ihren Platz in der langen Schlange vor der Schule an der Passeerdersgracht einnahmen, um dort ihr Eimerchen mit Zuckerrübenbrei, wässerigem Eintopf oder Suppe aus Kartoffelschalen füllen zu lassen. Gisèle mobilisierte alles und jeden, um die Gesellschaft unter ihrem Dach weiterhin mit Nahrung versorgen zu können. Mitten im sogenannten »Hungerwinter« 1944/45 erhielt sie von einem Spirituosenfabrikanten noch den Auftrag, einen Don Quichotte zu malen. Das Gemälde wurde mit Schnaps bezahlt, der wiederum gegen Erbsen, Bohnen, Mehl und andere Lebensmittel eingetauscht werden konnte. Auch Wertgegenstände, die sie noch im Haus hatte, wurden für Lebensmittel versetzt: ein Ring, eine Tischdecke oder Badehandtücher. Ein gutes Ergebnis erzielte der Pelzmantel ihrer Mutter, für den sie im Gegenzug fünfzig Brote und einen Sack Kartoffeln bekam. Das kostbare Brot wurde in Scheiben geschnitten, geröstet, zum Schutz vor Mäusen in einem Kissenbezug unter die Decke gehängt und streng rationiert verteilt.

Hunger war nicht die einzige Qual in den letzten Kriegsmonaten. Es gab Flöhe, und dann war da die furchtbare Kälte, gegen die man wegen des Brennstoffmangels kaum etwas tun konnte. Gisèle unternahm manchmal gemeinsam mit Manuel Raubzüge, um die geteerten Holzschwellen zwischen den Straßenbahnschienen herauszubrechen, aber viele andere waren vor ihnen auch schon auf die Idee gekommen, sehr groß kann die Ausbeute also nicht mehr gewesen sein. Um die schlimmste Not zu lindern und kochen zu können, wurden auf Anweisung des angehenden Architekten Peter Goldschmidt Stücke Holz aus den Balken auf dem Spitzboden gesägt.

Kommunikation und Transport waren mehr oder weniger lahmgelegt, zum befreiten Süden war kein Kontakt mehr möglich. Seit September hatte Gisèle nichts mehr von ihrer Mutter gehört. Die Freude und die Erleichterung waren denn auch dementsprechend groß, als sie Anfang Februar 1945 ein Lebenszeichen von ihr erhielt. Es war ein Brief von einer unbekannten Dame aus der Gemeinde Borne in der Provinz Overijssel. Sie habe mit Josephine gesprochen und lasse sie auf deren Bitte hin wissen, dass es ihr gut gehe. Roermond sei wegen der anhaltenden Bombardierungen durch die Engländer Ende Januar evakuiert worden, und auf dem Weg nach Groningen habe der Transport in Borne gehalten. Über diese Frau ließ Josephine ferner mitteilen, dass sie plane, von Groningen aus Kontakt zu einer Bekannten in Beetsterzwaag aufzunehmen, um sie zu bitten, dort unterkommen zu können. Trotz all des Chaos und der Entbehrungen verlor Josephine ihr standesgemäßes Auftreten nie aus den Augen. Sollte Gisèle sie also im Norden besuchen kommen, könnte sie dann ihre dünnen schwarzen Handschuhe mitbringen?

Die Bekannte aus Beetsterzwaag war Frau van Regteren Altena, die Mutter von Mia van Regteren Altena, einer befreundeten Künstlerin, die im Haus gegenüber von Jachtduin gewohnt hatte. Kurz nach diesem ersten Brief erhielt Gisèle tatsächlich eine kurze Mitteilung von Mia mit der »herrlichen Nachricht«, dass Gisèles Mutter sicher bei der ihrigen in Beetsterzwaag angekommen sei. Es gehe ihr gut, sie vermisse nur ihre schwarzen Handschuhe.

Gisèles Bedürfnis, ihre Mutter von Angesicht zu Angesicht zu sehen und ihr die schwarzen Handschuhe sowie ein paar andere Sachen zu bringen, muss enorm gewesen sein, denn trotz der Gewissheit über ihr Wohlbefinden, das zusätzlich noch einmal in einem telefonischen Kontakt bestätigt wurde, wollte sie unbedingt in den Norden reisen. Aber wie sollte sie dort hinkommen? Die Straßen waren blockiert, und man kam ohne Sondergenehmigung weder über die Ijssel-Brücken noch über den Abschlussdeich. Erneut eilte Bürgermeister Voûte zu Hilfe und sorgte dafür, dass Gisèle als Betreuerin eines Spezialtransports unterernährter Kinder nach Groningen mitfahren konnte.

Es wurde eine wahre Höllenfahrt auf der offenen Ladefläche eines Lastwagens, vollgestopft mit hungrigen, an der Ruhr leidenden Kindern. Der Konvoi fuhr, weil es tagsüber wegen eventueller Bombardierungen zu unsicher war, mitten in der Nacht los. Um wenigstens halbwegs gegen die schneidende Kälte geschützt zu sein, hatte man den Kindern Papiertüten über den Kopf gestülpt, in die Löcher für Augen und Mund gemacht worden waren – sie müssen ausgesehen haben wie Mitglieder der Jugendorganisation des Ku-Klux-Klan. Wegen eines Motorschadens und anderer Widrigkeiten gelang es nicht, das Ziel in einer Nacht zu erreichen, so dass man erst in der zweiten Nacht den Abschlussdeich überqueren konnte. Durch Hunger, Erschöpfung und Kälte war Gisèle so geschwächt, dass sie bewusstlos in Groningen ankam und ins Krankenhaus gebracht werden musste. Nachdem sie wieder halbwegs zu Kräften gekommen war, trat sie auf dem Fahrrad die Fahrt nach Beetsterzwaag an, wo ihr alle Unbilden der Reise durch ein ungemein freudiges Wiedersehen mit ihrer Mutter vergolten wurden. Josephine zeigte sich als Witwe und unter rauen Bedingungen stärker, als man es, wenn man ihre Krankengeschichte auch nur ein wenig kannte, für möglich gehalten hätte. Die vielen Luftangriffe und der endlose Aufenthalt in einem überfüllten Luftschutzkeller in Roermond, die Evakuierung, die Fahrt in den Viehtransportern – sie hatte das alles ruhig hingenommen und ertragen. Und anschließend hatte sie selbst für eine Unterkunft in Beetsterzwaag gesorgt, um nicht in einem überfüllten Lager zu landen: Mithilfe von Mias Mutter hatte sie bei einem befreundeten Ehepaar ein Zimmer gefunden.

Auf der Rückfahrt, erneut auf einem Lastwagen, der diesmal eine Ladung Fisch transportierte, hatte Gisèle mehr Glück. Mit einem Vorrat Kartoffeln aus dem weniger stark ausgehungerten Norden und einem riesigen Fisch kehrte sie Anfang März wieder zurück nach Amsterdam. Die mitgebrachten Lebensmittel waren mehr als willkommen, nun, da die Garküchen mangels Nachschub ihre Arbeit hatten einstellen müssen. Die Verteilung von schwedischem Weißbrot und Margarine hatte Ende Februar eine erste kurze Erleichterung gebracht. Im April begannen die Alliierten mit dem Abwurf von Nahrungsmittelpaketen.

Trotz der anhaltenden Lebensmittelknappheit war die Anzahl der Mäuler, die gestopft werden mussten, nicht kleiner geworden. Manuel gehörte inzwischen mehr oder weniger zu den Stammbewohnern, und kurz vor der Befreiung kam Wolfgang noch mit Torry Goldstern an, einem schizophrenen jüdischen Jungen, der in seinen vielen Verstecken nicht mehr zu kontrollieren gewesen war. Anschließend hatte man ihn im Paviljoen III aufgenommen, der psychiatrischen Klinik des Wilhelmina Gasthuis in Amsterdam, aber auch dort war er nicht mehr sicher. Wolfgang hatte es interessant gefunden, in Kontakt zu dem Jungen zu kommen, und ihn mit nach Hause genommen, wobei er keinen Gedanken daran verschwendete, dass er die anderen damit in Gefahr brachte. Denn Torry sorgte noch für spannende Momente: Von Hunger getrieben, kam er einmal drohend mit einem Brotmesser auf Gisèle zu, und an einem der letzten Kriegstage verursachte er einen kleinen Menschenauflauf auf der Straße, als er in der Dachrinne herumkletterte. Mit einiger Mühe und einem Stück Brot als Köder gelang es Wolfgang, ihn wieder ins Haus zu locken.

Überraschend meldete sich kurz vor dem Ende des Kriegs auch der bereits erwähnte Christoph Schubert wieder einmal. Er hatte seine Militäreinheit in Zwolle verlassen und suchte nun als Deserteur der deutschen Reichswehr ein sicheres Versteck. Mit Unterstützung der Untergrundbewegung fand man in der Spuistraat eine Adresse für ihn, wo er das Ende des Kriegs abwarten konnte. Als nach fünf Jahren Besatzung der Freudentaumel endlich losbrach, war er der Einzige, der sich auf seinem Dachboden weiterhin versteckt halten musste.

Revisionen

Der Krieg war zu Ende: In der Herengracht waren Leben gerettet worden, und es gab Tote zu betrauern. Schon kurz vor der Befreiung hatte die Bewohner die Nachricht erreicht, dass Percy Gothein am 22. Dezember 1944 in Neuengamme umgekommen war, und im Juni 1945 wurde klar, dass auch Vincent Weyand die deutsche Gefangenschaft nicht überlebt hatte. Als Halbjude war er nach seiner Verhaftung und dem Aufenthalt im Lager Erika über Amersfoort in Westerbork gelandet. Mitte September hatte er im letzten Zug gesessen, der dort mit dem Ziel Bergen-Belsen abfuhr. Von dort aus war er nach Buchenwald gebracht worden, wo sein Tod für den 22. Februar verzeichnet wurde.

Zu dem Verlust an Menschenleben kam der materielle Schaden. Bei einem der vielen Bombardements, die Limburg in der letzten Phase des Kriegs zu erdulden hatte, war auch Gisèles Atelier in Leeuwen-Maasniel getroffen worden. Das meiste von dem, was sich dort an frühen Werken befunden hatte, sowie Briefe und andere Besitztümer waren in Flammen aufgegangen.

Die Befreiung beendete im dritten Stock der Herengracht 401 das Leben im Verborgenen, ein Leben, das von dem Gefühl der Zusammengehörigkeit und der liebevollen Hingabe an das andere Deutschland, das Deutschland Georges, Goethes und Hölderlins, geprägt gewesen war. Die geistigen und künstlerischen Aktivitäten, die daraus hervorgegangen waren, hatten den eintönigen Tagen Sinn und Struktur gegeben und der kleinen Gemeinschaft dabei geholfen, die Jahre zu überstehen. Das viele Lesen hatte einen Halt geboten, für das handschriftliche Kopieren in der George-Schrift waren Konzentration und Hingabe erforderlich gewesen, das Auswendiglernen von Gedichten hatte Hirn und Geist in Bewegung gehalten, das Interpretieren schwieriger Texte war eine intellektuelle Stimulanz für eine Gruppe von Jungen gewesen, die man nicht nur auf ihre äußere Schönheit, sondern auch auf musische Begabung und dichterische Sensibilität hin ausgewählt hatte. Diese Lebensweise mit ihrem großen Fleiß und ihrer Disziplin war in der Lage gewesen, den bösen Kräften zu widerstehen und den manchmal krank machenden Spannungen und Ärgernissen des Lebens im Versteck die Stirn zu bieten. Im Falle wachsender emotionaler Spannungen oder der Verzweiflung konnte man sagen: »Lasst uns lesen«, und laut Abmachung musste dann all die andere Arbeit stehen- und liegengelassen werden.

Unter dem Druck der extremen Umstände bildete sich auf diese Weise ein Leben großer Intensität und geistiger Konzentration heraus, das auf alle Beteiligten einen tiefen und bleibenden Eindruck machte. Für Gisèle legten diese Jahre die Basis für eine lebenslange Schicksalsverbundenheit, ein unverbrüchliches Bündnis mit Wolfgang, Buri, Claus und Manuel, der Kerngruppe der Hegra-Bewohner. Diesem in den Kriegsjahren entstandenen Bündnis ist Gisèle ihr Leben lang treu geblieben, falls nötig durch das Ignorieren von Fakten und Ereignissen, die dem Ideal schadeten, das sich in ihr festgesetzt hatte. Die Magie der Freundschaft und der Dichtkunst, die sie mit den Kriegsjahren und dem Beginn des Castrum Peregrini verband, ging für sie niemals verloren.

Andere Stammbewohner haben sich in späteren Interviews und Publikationen auf vergleichbare Weise geäußert und die Zeit, in der man Gruppenmitglieder bei sich versteckte, als die schönste in ihrem Leben bezeichnet. Solche persönlichen Erfahrungen lassen sich nur schwer anfechten, aber bei all diesen übereinstimmenden Zeugnissen muss eine Randbemerkung erlaubt sein, nämlich die, dass die Bildformung der Nachkriegszeit über die Jahre des Kriegs unter einem schweren ideologischen Druck stand. Die Geschichte des Versteckens von Juden vor den Besatzern mit all ihren tragischen und heroischen Aspekten diente von Anfang an auch strategischen Zielen. Sie stellte die Schöpfungsgeschichte des Castrum Peregrini dar, des Lebenswerks Wolfgang Frommels, und so wie alle Bestandteile seiner Biographie erforderte sie sorgfältige Stilisierung und eine autoritäre Regie.

Das Ergebnis war eine inspirierende Erzählung über die Macht der Freundschaft und den Sieg der Poesie über die barbarische Realität, eine Erzählung, die in der Nachkriegsära auf vielfache Weise in die Welt hinausgetragen wurde: in persönlichen Erinnerungen, in Ausstellungen und in Publikationen. Wolfgang und Gisèle standen einander in dieser Hinsicht kaum nach. Beide waren sie Meister darin, aus einer widersprüchlichen, schmutzigen Wirklichkeit eine eindeutige und ansprechende Geschichte zu kreieren. Beide waren sie ebenfalls ausgesprochene Schönfärber: Gisèle machte aus ihrem Leben ein Märchen, Wolfgang aus dem seinen einen Mythos.

Wesentliche Teile der Geschichte während des Krieges sind dadurch systematisch außen vor geblieben. Gisèles schmerzhafter Ausschluss stellt eine verborgene Kehrseite aller zur Schau gestellten Zusammengehörigkeit dar. Die Beziehung zwischen Gisèle und Buri wurde in späteren Veröffentlichungen totgeschwiegen, ebenso die dramatischen Spannungen im Dreieck Wolfgang-Buri-Gisèle, die sie zur Folge hatten. Und natürlich blieb Wolfgangs päderastische Praxis von einer Mauer des Schweigens umgeben, so wie auch das Verhalten Percy Gotheins, das der Grund für all die vagen Angaben über seine Abreise war, weiterhin mit dem Mantel der Liebe zugedeckt wurde. Reinout van Rossum lüftete viele Jahre später in dem oben bereits zitierten Briefwechsel den Schleier, der über diesem Vorfall lag. Über Percy Gothein,»der sich nach Jahren der Enthaltsamkeit plötzlich in A'dam in einem Jungenbordell wähnte«, schreibt Reinout:

Das war entehrend! Schweigend plötzlich von ihm mitgenommen zu werden, um als »Lustknabe« benutzt zu werden. Und WF das dann schönreden, die krummsten Argumente anführend über einen Hirnschaden, usw. Ich merke erst jetzt so richtig, wie böse ich damals war. Und Cl. [Claus] dann Unsinn darüber erzählen, dass man, wenn die Spannungen zu stark wurden, zum GEDICHT gegriffen habe.

Dem, der dies zu sich durchdringen lässt, bleibt nur der Schluss, dass die bisher verbreitete Geschichte des Castrum während des Kriegs revisionsbedürftig ist.

Das Bewahren absoluten Stillschweigens über Geheimnisse der Gruppe war *ein* Aspekt in der öffentlichen Präsentation des Castrum, das Anpassen der historischen Wahrheit ein anderer. Einer der Schwachpunkte, die nach dem Krieg zum Verschwinden gebracht werden mussten, betraf erneut Percy Gothein, in diesem Fall den Grund für seine Verhaftung. Dazu wurde in Castrum-Kreisen eine Erklärung in Umlauf gebracht, die eigentlich nur neue Fragen aufwerfen musste. Nach dieser Rekonstruktion hatte man Percy Gothein wegen seiner Rolle bei dem misslungenen Hitler-Attentat, das am 20. Juli 1944 von dem hohen Wehrmachtsoffizier Claus Schenk Graf von Stauffenberg, Spross eines prominenten adligen Geschlechts, Anhänger Stefan Georges und bis zu dessen Tod Mitglied seines berühmten »Kreises«, verübt worden war. Nur eine der beiden Bomben hatte gezündet, so dass Hitler den Anschlag überleben konnte.

Was hatte Gothein mit diesem militärischen Staatsstreich zu tun? Er sei, so die kanonisierte Castrum-Geschichtsschreibung, von der Widerstandsgruppe, die an der Vorbereitung des Attentats beteiligt war, dem Kreisauer Kreis, in geheimer Mission in die Niederlande geschickt worden. Fest steht, dass Gothein während seines Aufenthalts in den Niederlanden Kontakt zu dem Utrechter Professor F. C. Gerretson, als Dichter unter dem Namen Geerten Gossaert bekannt, aufnahm und sich mit ihm traf. Gerretson hatte in Heidelberg bei dem Vater Gotheins promoviert, die beiden Männer kannten sich also aus ferner Vergangenheit. Laut erhalten gebliebener Briefe bat Gothein diesen alten Bekannten, ihm bei seiner Untersuchung alter Handschriften zu helfen und ihm ein wenig die Bibliothek zu zeigen. Das sei jedoch nur ein Deckmantel gewesen, in Wirklichkeit habe Gothein gewusst, dass Gerretson über eine geheime Sendestation verfügte, die er, Gothein, dazu nutzen wollte, den Kontakt zur britischen Regierung herzustellen, mit dem Ziel, für die Zeit nach einem geplanten Staatsstreich zu einer Vereinbarung zu kommen. Der Erzählung zufolge sei dieser Kontakt auch zustande gekommen, doch Gothein habe von den Briten eine Abfuhr erhalten. Nachdem am 20. Juli das Attentat auf Hitler misslungen war, sei Gothein als einer der Verschwörer in Gefahr geraten, nach Ommen geflohen, dort aber dann doch noch gefasst worden.

Dieser Hergang rückte Gothein in ein heroisches Licht, und das scheint denn auch die hauptsächliche Funktion der Geschichte zu sein, denn ansonsten wimmelt es in ihr nur so von Ungereimtheiten. Keine der beiden Hauptpersonen ist in der ihnen zugedachten Rolle glaubwürdig. Dass Gothein in den Kreisen um Stauffenberg irgendwelches Vertrauen genossen hätte, ist schwer vorstellbar: Er war vom Meister gnadenlos verstoßen worden und wurde von den Mitgliedern seines ehemaligen Kreises als ein gefährlicher Abweichler betrachtet. Dass so jemand an den lebensgefährlichen und streng geheimen Vorbereitungen zum Anschlag auf Hitler beteiligt worden wäre, ist nahezu ausgeschlossen. Auch Gerretson verkehrte nicht in der Nähe des Widerstands. Er hatte außerdem von Technik keine Ahnung und war schwerhörig – was keine Empfehlungen für den Besitzer einer geheimen Sendestation sind.

Die einzige Begegnung zwischen den beiden Männern fand am 20. März 1944 im Arbeitszimmer Gerretsons im Zentrum Utrechts statt. Bei diesem Treffen wäre – für den, der es glauben will – der Kontakt mit England hergestellt worden, danach sei die geheime Mission beendet gewesen. Doch anstatt nach Deutschland zurückzukehren, blieb Gothein noch Monate in den Niederlanden hängen, womit sich auch das letzte Fünkchen Glaubwürdigkeit in nichts auflöst. In der später erschienenen Literatur über den Kreisauer Kreis kommt Gotheins Name nicht ein einziges Mal vor. Es waren von dieser überwiegend konservativ eingestellten Widerstandsgruppe zwar durchaus eine Reihe geheimer Versuche unternommen worden, mit den Alliierten in Kontakt zu treten, doch dafür hatte man auf andere Verbindungsleute zurückgegriffen. Auch die Ereignisse nach Gotheins Verhaftung deuten nicht darauf hin, dass er der Mitwisserschaft an dem Anschlag verdächtigt wurde. Alle Verschwörer wurden standrechtlich hingerichtet (so wie von Stauffenberg selbst) oder in einem Prozess zum Tode verurteilt. Keiner von ihnen verschwand in einem Konzentrations- oder Vernichtungslager.

Das Schicksal Gotheins nach seiner Verhaftung passt besser zu einer zweiten, weniger erhabenen Erklärung für seine Gefangennahme, die aus dem Fundus Wolfgang Cordans stammt. Auch er hielt sich im Sommer 1944 in Ommen auf und notierte am 30. Juli in sein Tagebuch, dass man Gothein »in flagranti« ertappt, kahlgeschoren und zusammen mit zwei Knaben (Vincent und Simon), deren Letzterer im wahrsten Sinn des Wortes das Corpus Delicti gewesen sei, im Lager Erika festgesetzt habe. Auch diese Erklärung ist nicht ohne Weiteres plausibel. Hier stellt sich nämlich sofort die Frage, woher Cordan dies gewusst haben könnte. Zudem ist über Cordan bekannt, dass er gern einmal fabulierte, also ist er kein Zeuge, dessen Worten man blind vertrauen konnte.

Bleibt daher der Schluss, dass es sehr wahrscheinlich ist, dass es Gothein, vor dem Hintergrund seiner Vergangenheit, die ihn mehrfach wegen »widernatürlicher Unzucht« in Konflikt mit der Justiz gebracht hatte, zum Verhängnis geworden ist, dass man ihn bei dem Überfall im Bett zusammen mit einem Jungen angetroffen hatte. Denn ob es nun die »frische Tat« in den Worten Cordans war oder nicht, fest steht, dass die Razzia nachts stattfand und es in der Hütte in Ommen nur ein Bett gab. Die Verhöre, denen Simon unterzogen wurde, hätten, so erzählte er später im häuslichen Kreis, ganz im Zeichen der Anschuldigung der »Homophilie« gestanden.

Abgesehen davon, dass die Aufnahme der drei neuen Häftlinge in den Akten vermerkt worden ist, haben die Ereignisse weder Spuren in den Archiven des Lagers Erika noch in denen der Polizei in Ommen hinterlassen. Es bleiben also noch genügend Rätsel übrig, doch bei all der nach wie vor vorhandenen Unsicherheit rund um das Geschehen ist eines sonnenklar: Hier musste nach dem Krieg etwas vertuscht werden. So etwas wurde in Wolfgangs Freundeskreis ständig verlangt, und die Reihen blieben auch in diesem Punkt geschlossen. Im Weiteren schwieg man darüber und stellte keine Fragen zu der selbst geschaffenen Legende. Percy Gothein war da, um verehrt zu werden, auch wenn dies, wie sich hinterher in manchen Fällen zeigte, mit Widerwillen geschah. Reinout war fünfzig Jahre später noch immer böse über die Verschleierung der Tatsachen rund um die Abreise Percys. »Unsinn übrigens, dass Percy aus Sicherheitserwägungen nach Ommen gegangen war!«, schrieb er in dem oben bereits zitierten Briefwechsel. »Es war mit ihm in der Hegra nicht mehr auszuhalten. Ich habe selten in meinem Leben einen unmöglicheren Menschen kennengelernt als diesen Percy.«

KAPITEL 7

»Der grausame Friede«

Endlich waren die Niederlande befreit. Natürlich, danach hatte man sich in der Herengracht oft genug gesehnt, aber eine Explosion reiner, ungezügelter Freude war es dann doch nicht. Gisèle sah dem Moment auch mit Angst entgegen. Wie sollte es mit ihrem geliebten Castrum weitergehen? Der Krieg war wie ein Korsett gewesen: Es konnte kneifen und schmerzen, aber es hatte alles zusammengehalten. Ihre größte Sorge galt Buri und der Grauzone, in der sich ihr Verhältnis nun schon fast drei Jahre bewegt hatte. Was würde geschehen, wenn die Vorhänge demnächst wieder geöffnet und das Licht eingeschaltet werden konnte? Sie selbst hatte mehr als genug von dem halb geheimen Charakter ihrer Liebesbeziehung, sie wollte endlich Klarheit und öffentliche Anerkennung. Je mehr sich das Ende des Kriegs näherte, desto häufiger sprach sie vom Heiraten, aber Buri zauderte, da er sich der Ablehnung Wolfgangs bewusst und von Zweifeln geplagt war.

Wolfgang selbst blickte der neuen Freiheit ebenfalls mit gemischten Gefühlen entgegen. Hätte es an seinem Mentor gelegen, schrieb Buri in seinen Erinnerungen, wäre der Krieg nie zu Ende gegangen. Wolfgang liebte die Gefahren und die Doppeldeutigkeiten, die der Krieg mit sich brachte, doch vor allem waren es Jahre gewesen, in denen die von ihm angestrebte Lebensweise mit all ihren Geheimnissen, ihren verschlüsselten Bedeutungen und den zu tarnenden Praktiken perfekt mit dem durch die Umstände erzwungenen Leben im Verborgenen zusammengefallen war. Die Befreiung bedeutete unvermeidlich den Verlust der Kontrolle über die feste Gemeinschaft des Castrum; die Außenwelt würde sich jetzt aufdrängen, die verabscheute Gesellschaft mit ihren Forderungen und Erwartungen, ihren vielen falschen Verlockungen und Versuchungen – und der Möglichkeit auszuschwärmen.

Die Stimmung war also eher ängstlich und abwartend als ausgelassen. Buri war wie ein scheues, in einem Käfig eingesperrtes Tier, das nun zögernd wieder seine ersten Schritte in die Freiheit setzte und nur schwer in die festliche Freude einstimmen konnte, die durch die Straßen Amsterdams wogte. Claus, der die Jahre seiner Jugend weit abseits von der normalen Welt in unnatürlicher Abgeschiedenheit verbracht hatte, war voller Unsicherheit. Die Nachricht vom Tod Vincents hatte den Freundeskreis hart getroffen. Zu seinem Gedenken wurden an neun aufeinanderfolgenden Abenden gemeinsam Gedichte gelesen. Am 26. Juni folgte zum Abschluss ein Gedenkgottesdienst in De Krijtberg, der Jesuitenkirche um die Ecke am Singel.

»Der grausame Friede« lautete Gisèles Formulierung für die späten Vierzigerjahre – sie gehörten zu den schwersten in ihrem Leben. Ihr Wunsch war klar: zusammenbleiben und dazugehören, doch stattdessen schien ihr alles aus den Händen geschlagen zu werden. Die Zukunft des Castrum Peregrini hing in diesen Jahren an einem seidenen Faden. In der offiziellen Castrum-Geschichtsschreibung erscheint diese Periode der Desintegration als ein schwarzes Loch. Man entschied sich, von der Befreiung 1945 einen direkten Sprung zur Gründung der Zeitschrift *Castrum Peregrini* Anfang der Fünfzigerjahre zu machen. Die dazwischenliegende Zeit, das Thema dieses Kapitels, wurde ausgelöscht.

Befreit

Trotz aller Unsicherheit war die Befreiung für Gisèle auch mit einer großen Freude verbunden: der Möglichkeit, den Kontakt zu Verwandten und Freunden wiederaufzunehmen, von dem sie für kurze oder längere Zeit abgeschnitten gewesen war. Die erste große Überraschung stand am 13. Mai, seinem Geburtstag, vor der Tür der Herengracht 401: ihr ältester Bruder Ides, Oberstleutnant der US-Armee. Er hatte seine Arbeit als Architekt unterbrochen, um in der Armee zu dienen, und befand sich schon seit einiger Zeit in

Europa. Eine Woche später meldete sich auch Cousin Johnny van der Gracht, Soldat in der kanadischen Armee. Er war der Sohn ihres Onkels Joop, des jüngsten Bruders ihres Vaters. Ebenso wie Willem war auch Joop Geologe geworden und nach Übersee gegangen, doch die Brüder und ihre Familien hatten sich in den gemeinsamen Jahren auf dem amerikanischen Kontinent nur selten gesehen. Die Begegnung mit Johnny nach dem Krieg bedeutete für Gisèle also eine neue Bekanntschaft mit einem relativ fremden Zweig ihrer Familie.

Der Anblick Gisèles und ihrer Mitbewohner – verdreckt, abgemagert und heruntergekommen – wird die beiden wohlgenährten Militärs schockiert haben. Beide überhäuften sie und ihre Mitbewohner mit Lebensmitteln und anderen Dingen: Dosen mit Corned Beef, Eiern, Schinken, Keksen, Süßigkeiten, Zigaretten und Seife – ein lange entbehrter Luxus. Dank Ides und dessen Transportmöglichkeit per US-Armeefahrzeug konnte Gisèle auch ihre Mutter bald wieder besuchen. Nach der Befreiung war Josephine von Ides in Beetsterzwaag abgeholt und nach Schloss Goedenraad im limburgischen Eys gebracht worden, wo sie bei der befreundeten Familie Frowein wohnen konnte. Es war ihr Wunsch gewesen, in das alte Haus in Bergen zurückzukehren, doch das hatte sich schon schnell als nicht möglich erwiesen, denn Jachtduin war noch immer beschlagnahmt und würde es vorläufig auch bleiben. Im Sommer 1945 fand man eine gute Alternative: die von Nonnen geleitete Louisa-Pension mitten in Roermond, mit Blick auf die Munsterkerk. In dieser Pension konnte Josephine ein und schon bald darauf zwei Zimmer beziehen.

Zu Arthur und Esther wurde der Kontakt brieflich wiederhergestellt. Inzwischen lebten sie mit ihren drei Töchtern in Esthers Elternhaus, einer riesigen Villa in Little Falls (NY), wo Arthur Geschäftsführer des Textilunternehmens seines Schwiegervaters, der Gilbert Knitting Company, geworden war. In vier langen Briefen, die Gisèle kurz nach der Befreiung an Arthur und einige Freunde in den Vereinigten Staaten richtete, beschrieb sie ausführlich ihre Kriegserfahrungen und die Erlebnisse von der Invasion und dem Ableben du Perrons an bis zur Nachricht über Vincents Tod im Juni. Mit den Briefen machten die Empfänger zugleich auch Bekanntschaft mit ihrer neuen Lebensweise und wurden in ihre neue »Familie« mit ihren vielen »Kindern« eingeführt.

Die Unerschrockenheit, die Gisèle während der Kriegsjahre an den Tag gelegt hatte, steigerte ihre Reputation im Familienkreis sehr. Arthur schrieb ihr zurück, dass ihr ausführlicher Bericht auf ihn und seine Familie tiefen Eindruck gemacht habe. Er könne sich vor dem Hintergrund seiner blendenden Position kaum eine Vorstellung von all den Entbehrungen machen, die sie durchgemacht haben müsse, und bewundere den Mut und die Geisteskraft, die sie in diesen schwierigen Jahren gezeigt habe. Ides hatte sie alles persönlich erzählen können, ihm die Wohnung mit dem Versteck gezeigt und ihm die Geretteten Buri und Claus vorgestellt. Auch er war von ihrer Geschichte beeindruckt und vielleicht sogar erstaunt: Die verwöhnte Göre, die er in den Vorkriegsjahren gekannt hatte, hatte sich, als es darauf ankam, als eine mutige Frau erwiesen und gezeigt, dass sie große Verantwortung tragen konnte.

Umgekehrt lief für Gisèle das Wiedersehen mit Ides auf eine ziemliche Enttäuschung hinaus. Sie fand ihn frostig im Kontakt und ansonsten vor allem erfüllt von seiner eigenen Bedeutung. Statt all der Wichtigtuerei und der vielen Geschenke und Lebensmittel hätte sie lieber ein wenig brüderliche Wärme von ihm bekommen, doch darauf hoffte sie vergeblich. Selbst ihrer Mutter gegenüber nahm sie kein Blatt vor den Mund und erzählte ihr, wie sehr sie sich von ihrem ältesten Bruder entfremdet fühlte. Ein wichtiger Grund für diese Enttäuschung wird sicher gewesen sein, dass die Chemie zwischen Ides und der Gruppe, die sie als ihre neue Familie präsentierte, nicht stimmte. In ihren Augen zeigte er wenig Interesse daran.

Tatsächlich besteht kaum ein Zweifel darüber, dass Ides vor allem von Wolfgang Frommel keine hohe Meinung hatte – der Mann war in seinen Augen ein eitler Nichtsnutz. Den Rest der Gesellschaft schätzte er schon auf den ersten Blick als einen Haufen Homos ein. Er selbst habe damit, wie er betonte, kein Problem, doch für seine *fellow Americans*, die er mitnehme oder mit einer Nachricht schicke oder die Sachen vorbeibrächten, sei das schwieriger, ließ er seine Schwester wissen. Auf Deutsche, auch gute, seien seine amerikanischen Freunde ohnehin nicht wild, und sie würden außerdem etwas weniger Verständnis als er, Ides, für die Atmosphäre des »la vie Bohème« aufbringen können, die in der Herengracht herrsche. Es wäre schön, wenn sie darauf Rücksicht nehmen könne. Buri und Christoph Schubert seien zwar noch vorzeigbar, »aber Frommel und die andern könnten ein bisschen eine Belastung für ihr exotisches Aufnahmevermögen sein: nicht nur das lange Haar, sondern die allgemeine Atmosphäre«. Er bat sie also darum, sie lieber außer Sicht zu halten, wenn seine Männer wegen irgendetwas vorbeikämen, sonst gebe es nur Gerede.

Dass Gisèle dadurch tief verletzt gewesen sein muss, steht wohl außer Frage. Obwohl sie sich in späteren Jahren gelegentlich etwas ironische Distanz erlaubte, hat sie nie auch nur die geringste Relativierung oder Banalisierung ihres Castrum und ihres Wolfgangs durch Dritte ertragen können. Für sie waren und blieben sie von einer Aura des heiligen Ernstes umgeben. Scherze, wie Ides sie zu machen wagte – »Grüße an den YMCA« – schätzte sie gar nicht, und während sie die Wichtigtuerei Ides' durchschaute und als störend empfand, betrachtete sie die von Wolfgang als Lebensweisheit und tiefe Erkenntnis. Es war eine Erleichterung für sie, als Ides nach einer Weile die Niederlande wieder verließ – übrigens nicht, ohne Wolfgang dabei von einem lästigen Problem zu befreien, indem er den deutschen Deserteur Christoph Schubert in einer amerikanischen Uniform mit zurück nach Deutschland schmuggelte.

Über Ides sickerten auch die ersten Nachrichten aus Österreich durch. Um Hainfeld war es traurig bestellt. Heinz und Cleo hatten rechtzeitig vor den vorrückenden Russen fliehen können, die das Schloss unverzüglich in Besitz genommen und ein Kriegsgefangenenlager daraus gemacht hatten. Auf dem Höhepunkt hausten etwa vierzigtausend Gefangene im Schloss Hainfeld und darum herum. Ende Juli 1945 wurde die Steiermark den Briten übergeben, womit die russische Besatzung ein Ende fand.

Als Heinz und Cleo im Spätsommer 1945 zurückkehrten, zeigte sich, dass man das vorsorglich zugemauerte Archivzimmer mit historischen Dokumenten, Urkunden, den kostbaren Gemälden sowie noch einigen anderen wertvollen Dingen nicht entdeckt hatte, doch ansonsten war die gesamte Inneneinrichtung herausgeholt und entweder verheizt oder gestohlen worden. Von der Bibliothek, dem Mobiliar und dem Porzellan hatten die Russen kaum etwas übrig gelassen. Heinz' Flügel wie auch anderer Besitz waren aus dem Fenster auf den Innenhof geworfen worden, der kleine Turm der Kapelle und das Dach an vielen Stellen zerstört. Gisèles Arbeiten aus der Pariser Zeit, Heinz' Musik, Cleos Gemälde, die Möbel aus Willems Elternhaus – alles war weg. Nun lag es an Heinz und Cleo, diesen Trümmerhaufen wieder bewohnbar zu machen. Tito, Cleos Sohn aus ihrer kurzen ersten Ehe, der ebenso wie seine Mutter ein überzeugter Nazi gewesen war und sich freiwillig zur Waffen-SS gemeldet hatte, war in den letzten Kriegstagen bei Gefechten mit der Roten Armee umgekommen.

Ides, der Anfang 1946 mit seinem Armeejeep nach Österreich fuhr, um sich die Lage mit eigenen Augen anzusehen, gab sich ziemlich locker über den entstandenen Schaden. Für Gisèle stellte sich die Situation anders dar, denn ihre Beziehung zu Hainfeld und ihre österreichischen Wurzeln waren sehr viel stärker als die ihrer amerikanischen Brüder, und die Verluste erschütterten sie. Hantberg war zum Glück gnädiger davongekommen. Die Russen hatten es als Lazarett benutzt, aber ansonsten unversehrt gelassen. Auch Erwin und Paula hatten alles gut überstanden, meldete Erwin in seinem ersten Brief nach dem Krieg. Allerdings sei die Umgebung stark bombardiert worden, schrieb er, so dass auch ein Teil ihrer geheimen Vergangenheit ausgelöscht worden war: »Erinnerst Du Dich an den Baum?« Eine hübsche Zeichnung, die einen dicken Baumstamm mit einem in die Rinde geschnitzten, gespaltenen Herzen mit den Buchstaben E und G zeigte, machte deutlich, was er meinte.

Ach ja, Onkel Stumpferl, das war einmal ... Gisèle traf ihn im Sommer 1950, als sie der Kulisse ihrer Jugend erstmals seit elf Jahren wieder einen Besuch abstattete. Er verwaltete Paulas Ländereien in der Veitsch. Hainfeld bot ein paar Jahre nach der Katastrophe noch immer einen desolaten Anblick. Nicht ein Himmelbett hatte die russische Invasion überlebt, nur die alten Kachelöfen erinnerten noch an früher, und wie durch ein Wunder war in der Bibliothek der Tisch mit den herausnehmbaren Stühlen verschont geblieben. Cleo hatte mit den Wiederaufbauarbeiten angefangen, doch Heinz konnte den Schlag nicht verwinden: Der einstmals stolze Schlossherr hatte sich in einen gebrochenen Mann verwandelt.

Körperlich war Gisèle kurz nach der Befreiung in schlechter Verfassung. Die letzten Kriegsmonate hatte sie wie eine Löwin für die Rettung ihrer Jungen gekämpft und sich selbst dabei in keiner Weise geschont. Nach der Befreiung war sie der Erschöpfung nahe. In ihrem ausgezehrten Zustand – sie wog nicht einmal fünfzig Kilogramm – hatte ihr Magen Probleme, das plötzlich wieder verfügbare Essen zu verdauen; schwere Blutarmut führte zu Müdigkeit und einer fast gespenstischen Blässe. Eep und Annie machten sich Sorgen und boten ihr an, eine Weile in ihrem Ferienhaus auf dem Leeuwenberg zwischen Naarden und Huizen, nahe am Ijsselmeer, zu verbringen. Sie nahm das Angebot dankbar an und zog mit Buri für zwei Wochen dorthin. Es war ein idyllischer Ort, wo sie am 11. September ihren dreiunddreißigsten Geburtstag feierte. Buri kümmerte sich um sie. »Wie ein junger arabischer Prinz, groß und schlank, er kommt und geht mit der Grazie eines Panthers«, schrieb sie in einer Tagebuchnotiz über diese glückseligen Tage. Wolfgang kam noch ein paar Tage vorbei, um das Ganze perfekt zu machen.

Schöner als das konnte es nicht werden: die Ruhe, das Beisammensein in der ursprünglichen Dreieinheit, die völlige Harmonie und, als größtes Geschenk, Wolfgangs Segen. Denn in diesen Tagen drückte er erstmals sein Einverständnis mit der Liebe zwischen ihr und Buri aus. Für zwei erwachsene Menschen klingt das seltsam, doch für den, der in Wolfgangs Nähe leben wollte, war es, wenn auch nicht unbedingt unentbehrlich, so doch von großem Wert. Aus all diesen Gründen tat ihr der Aufenthalt gut, aber das Paradies währte nur kurz. Zu Hause in der Herengracht warteten der unverminderte Druck und die Sorgen auf sie. Außer Gisèle, Wolfgang und Buri wohnten Manuel und Simon mehr oder weniger fest im Haus. Deutsche Freunde Wolfgangs kamen und gingen, während sich schon wieder die ersten Nachkriegsneuerwerbungen und »jüngere Freunde« ankündigten. Gleich um die Ecke in der Beulingstraat bezogen Corrado, Gabriel und der neue Heinz Aufrecht eine für unbewohnbar erklärte Wohnung, die sich zu einer Art Dependance entwickeln sollte.

Man schwärmte aber auch aus. Claus reiste im November zu seinen Eltern nach Indien und nahm anschließend in Manchester ein Studium der Germanistik auf. Es dauerte fast zwei Jahre, bis er sich erstmals wieder in der Herengracht sehen ließ. Daniël Boeke, Anselm Engelman und Ben Lubke verschwanden aus dem Blickfeld und gingen der Gruppe verloren. Andere mussten zum Militärdienst oder begannen zu studieren beziehungsweise eine Ausbildung zu absolvieren.

Was Wolfgang betrifft, so war klar, dass sein pädagogisches Feuer noch keinesfalls erloschen war. Das rund um seine Person konzentrierte Leben in einem kleinen Freundeskreis, der sich der Dichtkunst widmete, hätte er am liebsten fortgesetzt, das stand fest, aber die offenere Konstellation, die nach dem Krieg entstanden war, gefiel ihm weniger. Wie sollte es also weitergehen? Und wo? Das ließ sich nicht so im Handumdrehen entscheiden. Es fehlte vorläufig eine zentrale, verbindende Aktivität. Pläne, einen Verlag oder eine Zeitschrift zu gründen, kamen nicht von der Stelle. Allerdings erschien im Sommer 1946 ein Gedenkbuch unter dem Titel *Castrum Peregrini*. Es war zum ersten Mal, dass dieser *nom de guerre* öffentlich benutzt wurde. Der Umschlag zeigte eine von Harry op het Veld entworfene Vignette: die Castrum-Rose mit fünf Blättern und fünf Dornen, die in der Mitte von einem in einen Kreis einbeschriebenen Dreifuß (einer dreifüßigen Swastika) gefüllt wird – Kreis und Dreißfuß waren vor dem Krieg das Logo von Frommels Verlag Die Runde gewesen. Die Ausgabe wurde auf den 31. Oktober 1945, den Geburtstag Vincents, zurückdatiert.

Mit dieser Publikation wurde den verstorbenen Freunden ein Denkmal gesetzt: Percy Gothein, Vincent Weyand und Liselotte Brinitzer. Letztere hatte als Jüdin den Krieg im Versteck überlebt, kam jedoch im ersten Sommer nach der Befreiung auf tragische Weise ums Leben. Sie hatte mit Wolfgang und einigen der Freunde ein paar Ferientage bei Groet in der Provinz Noord-Holland verbringen wollen und war dort am Vormittag des 7. August zusammen mit Wolfgang schwimmen gegangen – ein waghalsiges Unterfangen, da das Dünengelände und der Strand wegen Minengefahr und nicht explodierter Munition alles andere als sicher waren. Überall standen noch Stacheldraht- und sonstige Absperrungen herum, doch die hatten sie von ihrem Vorhaben nicht abhalten können. Allein am Strand und sich nur unzureichend der verräterischen Strömungen in der Nordsee bewusst, waren sie ins Wasser gegangen, wo Liselotte in einen Strudel geriet und ins Meer gezogen wurde. Wolfgang konnte sie nicht retten, doch es gelang ihm schon, sich selbst in Sicherheit zu bringen.

Der Ertrinkungstod Liselottes, an der Schwelle zu ihrem neuen Leben, war schwer zu verwinden. Der Vorfall warf einen dunklen Schatten auf den Freundeskreis, auch Gisèle war tief davon berührt. Sie drückte ihre Gefühle in einer Federzeichnung aus, die, aus der Vogelperspektive, eine trübe und bedrohlich wirkende Dünenlandschaft zeigt, durch die sich der Weg schlängelt, der den Strand, an dem Liselotte angespült worden war, mit dem Dörfchen Catrijp verbindet, in dem sie beerdigt wurde.

In dem erwähnten Gedenkbuch wurde an die drei Toten mit Gedichten, eigenen Werken (im Fall Percys und Vincents) sowie Nachrufen erinnert. Es war eine beeindruckende Ehrenbezeugung, das Amsterdamer Pendant zum Gedenkbuch für Maximin, das Stefan George in seinen *Blättern für die Kunst* veröffentlicht hatte. Gleichzeitig ist bei einem so strategisch und instrumentell denkenden Menschen wie Wolfgang die geheime Agenda nicht weit. Das Gedenkbuch war auch ein Beispiel hochkarätiger Propaganda, die den Zweck hatte, die illustre Castrum-Erzählung zu unterbauen. So wurde in dieser Publikation erstmals die Verbindung zum 20.-Juli-Attentat als Erklärung für Gotheins Verhaftung und seinen Tod gelegt. Damit war die Reputation des Urvaters des Freundeskreises von Wolfgang Frommel gerettet. Von einem Verstoßenen und Paria, einem dummen Pechvogel oder womöglich einem ertappten Homosexuellen wurde er mit einem Schlag zu einem Märtyrer des im Namen des Meisters geübten Widerstands. Vincent und Liselotte erschienen im Gedenkbuch als blutleere Schablonen, Modellbürger des George-Staats. Er, der vollendete Dichter und Freund, sie die Verkörperung des Frauenideals, das im Dienen seine Erfüllung findet: »Enthaltsam muss sie sein, geduldig, gemessen, selbstlos, ohne eigene Ansprüche, so dass sie für den Mann zur Wohnung wird, die er betreten kann, wenn er will, sich aufnehmen lassen in ihre Wärme und stärkende, tröstliche Ruhe, und die er wieder verlassen wird, sobald die Zeit dazu gekommen ist!« So beschrieb Liselotte ihre eigene Rolle, mit der für alle künftigen Castrum-Frauen ein leuchtendes Vorbild geschaffen worden war.

Das *Castrum Peregrini Gedenkbuch* enthält weder die Dünenlandschaft noch die Federzeichnung mit dem Porträt Vincents oder irgendeinen anderen Beitrag Gisèles. Dass man sie nicht darum gebeten hatte, ist bezeichnend für ihre Position in der Castrum-Gemeinschaft, die sehr viel marginaler war, als sie es selbst gern gesehen hätte und Dritten gegenüber behauptete. Besonders peinlich *und* auffallend erscheint die Tatsache, dass die Ehre eines Beitrags einer anderen Frau dagegen sehr wohl zuteil geworden war. Einer der beiden Liselotte gewidmeten »Berichte« stammte von Jannie Strengholt, in deren Haus Liselotte nach der Befreiung vorübergehend gewohnt hatte.

Jannie Strengholt war eine neue Erscheinung in Castrum-Kreisen. Als Marie-Anne Huldschinsky in Deutschland geboren, war sie in Berlin aufgewachsen, wo sie den niederländischen Kinobetreiber und Filmverleiher Frederik Strengholt kennengelernt hatte, der zu dem Zeitpunkt für die amerikanische Filmgesellschaft Metro-Goldwyn arbeitete. Ende der Dreißigerjahre, ein paar Jahre nach ihrer Hochzeit, waren sie nach Amsterdam gezogen. Als Jüdin überstand Jannie den Krieg erstaunlich gut. Ihre gemischte Ehe hatte sie zwar geschützt, aber dennoch: Sie hatte keinen Judenstern getragen und sich ungehindert in der Öffentlichkeit bewegt, sogar in der Zeit, als sie noch nicht im Besitz eines falschen Personalausweises war. Sie sah nicht jüdisch aus und war in den fünf Jahren der Besatzung nicht ein einziges Mal angehalten worden.

Wolfgang war ihr von einem gemeinsamen Freund vorgestellt worden, der 1943 die Niederlande besucht und bei ihr gewohnt hatte. Ebenso wie zuvor Gisèle war Jannie sofort von Wolfgang beeindruckt gewesen und schon bald völlig in ihn vernarrt. Umgekehrt schätzte auch er sie sehr. Jannie hatte einen interessanten Hintergrund. Ihr Vater war ein bekannter Innenarchitekt, mütterlicherseits stammte sie von dem Bankier und Unternehmer Carl Fürstenberg ab, väterlicherseits war sie die Enkelin des Industriellen und Kunstsammlers Oscar Huldschinsky. Zeichnungen von Picasso hingen bei ihr an der Wand, und Beckmann kannte sie von Kindesbeinen an aus Berlin. In Amsterdam besuchte sie ihn regelmäßig und kaufte ihm eine Reihe seiner Werke ab. Es gab Geld im Hause Strengholt, und Jannie war freigebig. Nach der Befreiung kam sie über Wolfgang direkt in

Kontakt mit der Freundesgruppe, organisierte manchmal Karten für das Concertgebouw oder lud zum Kino ein.

Das alles stand in starkem Kontrast zu Gisèles Situation, die in diesen Jahren gerade von großen Geldsorgen geplagt wurde. Sie hatte Schulden und kämpfte gegen einen Mietrückstand an, während weiterhin neue Rechnungen hereinströmten. Alle Ausgaben, so klein sie auch sein mochten, notierte sie gewissenhaft: den Friseur, die Gasrechnung, das Telefon, die Zugfahrkarte, jedes einzelne Getränk. Wolfgang und Buri wurden mehr oder weniger komplett von ihr unterhalten; sie stellte ein Mädchen ein, Fietje Gnirrep, die kochte und ihr im Haushalt half. Nun, da das Atelier in Leeuwen nicht mehr existierte und ihre Amsterdamer Wohnung überbelegt blieb, brauchte sie auch ein neues Atelier. Für viereinhalb Gulden in der Woche konnte sie etwas in der Nähe mieten.

Obwohl ihr Herz inzwischen der freien Malerei gehörte, kehrte sie wegen der drückenden Finanzlage sobald es ging zu ihrem alten Fach zurück: der Glasmalerei. Aufgrund der vielen Kriegsschäden herrschte kein Mangel an Arbeit, vor allem gab es großen Bedarf an Kirchenfenstern. Noch während des Kriegs hatte sie den Auftrag für vier Fenster in der Kapelle auf dem Beginenhof hinter dem Spui in Amsterdam erhalten. Anfang der Fünfzigerjahre kamen noch fünf weitere Fenster hinzu. Für die Krijtberg-Kirche fertigte sie zwei neue Fenster im Spitzbogen über dem Eingang an, das eine mit einer allegorischen Darstellung des Friedens, der Weisheit und der Gerechtigkeit, das andere mit den drei göttlichen Tugenden des Glaubens, der Hoffnung und der Liebe.

Mit einem Atelier in Amsterdam statt in Leeuwen gab es keinen Grund mehr, noch die Öfen in der ehemaligen Werkstatt von Nicolas in Roermond zu nutzen. Zum Brennen ging Gisèle fortan zur Firma Bogtman in Haarlem. Es zog sie dort viele Male hin, um eine lange Reihe von Aufträgen abzuarbeiten, die in den ersten Nachkriegsjahren hereinkamen. Ihre Fenster wurden für gewöhnlich wegen ihrer Farben und der Komposition gelobt, und sie machte sich damit einen Namen. Doch sie boten nichts Neues, wie es die Vorkriegsarbeiten ihres Lehrmeisters Joep Nicolas einmal getan hatten. »Gisèle«, so der Name, mit dem sie ihre Fenster signierte, entwickelte nach dem Krieg einen etwas persönlicheren Stil, der maßvoller und traditioneller war als der von Nicolas: nicht so überschwänglich, dafür strenger in der Komposition, ohne den verschwenderischen Einsatz von Grisaille, um malerische Effekte zu erreichen, und konventioneller in der Verwendung von Bleiruten, die bei ihr eher dazu dienten, die Konturen in der Darstellung nachzuziehen.

Nach dem Beginenhof und der Krijtberg-Kirche folgten in der zweiten Hälfte der Vierzigerjahre Aufträge für die Sint Augustinuskerk in Amsterdam-Nord, die Vredeskerk im Amsterdamer Stadtteil De Pijp, die Sint-Joostkapel und die Heilig Hartkerk in Breda, das Sint Elisabeth Gesticht und die Sint Bavo in Haarlem sowie die Heilig Hartkerk in Venlo.

Wiedersehen mit Amerika

Gisèles Verhalten während des Krieges trug ihr nicht nur den Respekt ihrer Brüder ein, sondern auch ihre Freunde waren beeindruckt. Jany, Eep und Annie lobten sie nach der Befreiung begeistert in ihren Briefen an Joep und Suzanne Nicolas in New York. Mit ihrem Mut und ihrer Hilfsbereitschaft, aber auch mit ihrer Hingabe und den Diensten, die sie anderen bewies, hatte sie alle verblüfft. Es waren Jahre, in denen sie sich und ihre Interessen völlig hintangestellt hatte, und für diejenigen, die die flatterhafte und mondäne Vorkriegs-Gisèle gekannt hatten, war es eine sensationelle Metamorphose. Ja, sie habe sich verändert, schrieb Jany an Suzanne, sie sei viel seriöser, fast schon streng geworden. Auch Annie war beeindruckt. Stellt euch bloß vor, schrieb sie den Nicolassens, »Gisèle als kleine Puritanerin, einzig und allein im Dienst ›des Guten‹. Einmal hatte sie einen Traum: dass sie Euch begegnet sei ... und Ihr hättet sie nicht erkannt. Es war *abscheulich*, sagte sie – und ich glaube, dass sie selbst ihren Traum kaum durchschaute. Sie ist tatsächlich ein anderer Mensch. Sie hat *viele* Seiten; am meisten wundert es mich, wie jemand, dem es möglich ist, so sehr in die Haut einander völlig gegensätzlicher Naturen zu kriechen, eine so außergewöhnliche eigene Persönlichkeit aufrechterhalten kann.«

Hier sieht man also das Rätsel Gisèle auf dem Präsentierteller. Es besteht kein Zweifel, dass die Erfahrung des Kriegs sie tiefgreifend beeinflusst und das Umfeld, in dem sie einige Jahre intensiv verkehrte, sie geformt und verändert hat oder, um bei dem schon benutzten Bild zu bleiben, eine neue Ablagerung auf dem bereits geschichteten Untergrund ihrer Persönlichkeit zurückgelassen hat. Die Gisèle der Nachkriegszeit war ernster, genügsamer, belesener, intellektueller und »deutscher« als die der Vorkriegszeit. Ausgehen und unbekümmert die Nacht zum Tag machen war nicht mehr drin. Sich zu schminken fand sie inzwischen eine idiotische Angewohnheit, höchstens legte sie einmal etwas Rouge auf, um weniger blass auszusehen, aber Lippenstift und Nagellack hatte sie völlig abgeschworen. Die alte Gisèle schien verschwunden zu sein, doch wie immer ging es auch diesmal nicht um den kompletten Austausch der älteren Persönlichkeiten, die sie bereits perfekt abrufen konnte, sondern um ein Hinzufügen, ein Erweitern ihres Verhaltens- und Rollenrepertoires. »Sie hat *viele* Seiten«, wie Annie schon festgestellt hatte.

Auch Gisèle selbst meldete sich schon bald nach der Befreiung bei ihren alten Freunden in New York. Es sei fast kein Tag vergangen, an dem sie nicht an sie gedacht habe, schrieb sie, und sie betonte erneut, wie prägend und wichtig die gemeinsamen Jahre in Roermond für sie gewesen seien. Selbstverständlich kam auch die spektakuläre Wende in ihrem Leben zur Sprache: ihr neuer Hausstand mit Wolfgang und der Gruppe hübscher und begabter Jungen, die er um sich versammelt habe. Ausführlicher wurden Joep und Suzanne in den vier Kriegsbriefen, die über Arthur auch bei ihnen landeten, über all die Abenteuer informiert, die sie erlebt hatte. Und von Guido Teunissen, der im Sommer 1945, nachdem er in Amerika angekommen war, Kontakt zu den Nicolassens aufgenommen hatte und bei ihnen zu Gast gewesen war, hörten sie das Ganze noch einmal aus erster Hand.

Joep, in seiner üblichen überschäumenden Begeisterung, schickte ihr, sobald es wieder möglich war, Pakete mit Malutensilien und versuchte sie zu überreden, so schnell wie möglich in die USA zu kommen. Er wollte noch immer nichts lieber, als sie wieder in seiner Nähe zu haben. Nach den ersten schwierigen Jahren hatte er inzwischen ausreichend zu tun. Er verdiente gut und war erfolgreich. Und auch Suzannes Karriere verlief vielversprechend. Um aus dem hektischen Manhattan herauszukommen, hatten sie gerade ein Haus in Islip auf Long Island gekauft, eine knappe Stunde Fahrzeit von New York entfernt. Für seine alte Ficelle wäre Platz genug, sie könne sogar ein eigenes Atelier bekommen.

Suzanne zeigte sich ebenfalls herzlich und einladend. Sie machte sich Vorwürfe, dass Gisèle seinerzeit zurückgeblieben war, und fühlte sich dafür verantwortlich. Gleichzeitig verhehlte sie nicht, dass sie neidisch auf Gisèles Kriegserfahrungen war, gegen die sich ihr eigenes Leben als trivial und blass abhob. Vielleicht wird das Gefühl, gleich wieder ausgepunktet zu werden, bei Suzanne einen üblen Beigeschmack verursacht haben, doch es hinderte sie nicht daran, dass auch sie einer Wiedervereinigung mit ihrer Freundin aufrichtig entgegensah. »Komm!«, schrieb sie. »Das Paradies verspreche ich Dir nicht. Wir verlieren alle gelegentlich unsere Nerven, haben unsere mürrischen Launen, unsere Enttäuschungen, unseren Mangel an Güte, usw., aber ich möchte Dich schrecklich gern wiedersehen – und ich glaube, dass Du zusammen mit uns hier nicht unglücklich sein wirst.«

Hier musste allerdings vorher noch ein Missverständnis ausgeräumt werden. Es schien, dass die Nicolassens, und hier vor allem Joep, hofften, dass Gisèle doch noch in die Vereinigten Staaten emigrieren würde. Aber davon konnte keine Rede sein, nicht nur, weil ihre Mutter noch lebte, die sie nicht allein zurücklassen konnte, sondern auch, weil sie sich ihre Zukunft nicht mehr außerhalb Amsterdams und ihrer neuen Familie vorstellen konnte und wollte. Die USA besuchen wollte sie dagegen schon, gern sogar, und der Plan dazu entstand schon bald, nachdem Joep im Herbst gefragt worden war, ob er einen Sitz in einem Komitee der Netherland-America Foundation einnehmen wolle, das sich um die Sammlung und Verschickung von Malbedarf für niederländische Künstler kümmerte. Er hatte dort vorgeschlagen, einen großen Benefizabend zu veranstalten, an dem jemand über das Leben niederländischer Künstler unter der deutschen Besatzung sprechen könnte. Und wer würde das besser machen können als Gisèle?

Der Plan wurde schnell konkret. Das niederländische Ministerium für Bildung, Kunst und Wissenschaft förderte das Vorhaben und regelte die erforderlichen Visa und Dokumente. Mit Künstlerkollegen wie Hildo Krop und Jan Wiegers inventarisierte Gisèle, welche Materialien und Gerätschaften am dringendsten benötigt wurden. Die inhaltliche Vorbereitung ihres Vortrags war eine Aufgabe für sich. Dabei assistierten ihr die Bildhauer Leo Braat und Mari Andriessen, die sie über die verschiedenen Aktivitäten des Künstlerwiderstands wie etwa die Untergrundpublikationen des Verlags De Bezige Bij oder die heimliche Unterstützung von Künstlern informierten, die aufgrund ihrer Weigerung, Mitglied der Kultuurkamer zu werden, nicht mehr öffentlich arbeiten und ihre Werke verkaufen konnten. Mit dem Journalisten Simon Carmiggelt, der während der Besatzung an der illegalen Herstellung der Tageszeitung *Het Parool* beteiligt gewesen war, sprach sie ein paar Mal über die wichtigsten Großtaten des (künstlerischen) Widerstands, zu denen auch der Anschlag auf das Melderegister 1943 unter der Leitung des Bildhauers Gerrit van der Veen gehörte.

Am 9. Februar 1946 ging sie an Bord, um zwei Wochen später am Kai in New York in die Arme der auf sie wartenden Gesellschaft zu sinken, einem Mix aus Angehörigen der Familien Nicolas und van der Gracht. Islip bildete die erste Station eines prall gefüllten, viermonatigen Programms. Für die Mitglieder der Familie Nicolas, die sich an die lustige, verspielte und phantasievolle Gisèle aus der Zeit vor dem Krieg erinnerten, war es tatsächlich gewöhnungsbedürftig, nun eine schlicht und dunkel gekleidete, ungeschminkte, ernste Erscheinung ins Haus zu bekommen. »Verfrommelt«, ein Wortspiel aus »Frommel« und *verfrommeld*, »zerknittert«, war die nicht unkomische Bezeichnung, die man dieser Metamorphose im Hause Nicolas gab. Auf Tochter Sylvia machte diese neue Persönlichkeit den Eindruck einer Pose, die schlecht zu Gisèle passte, so erzählte sie rückblickend. In ihren Augen wirkte es ziemlich künstlich.

Nun war Gisèle natürlich nicht die Einzige, die sich verändert hatte. Die Kinder Claire und Sylvia waren inzwischen zu jungen Damen von zwanzig beziehungsweise siebzehn Jahren herangereift. Ihre Eltern hatten sich in den schwierigen Anfangsjahren entfremdet und lebten inzwischen mehr oder weniger nebeneinanderher. Joep war zu einem echten Amerikaner geworden. Trotz seiner Erfolge als Künstler führte er ein hektisches Leben und hatte sich in seinem Kampf ums finanzielle Überleben stark auf die Reichen und

Berühmten konzentriert. Unterwegs war ihm etwas von seiner alten, jungenhaften Begeisterung verloren gegangen. Viele Aufträge interessierten ihn nur mäßig, er übernahm sie lediglich, weil er das Geld brauchte, und war von der Furcht getrieben, seine mühsam erworbene Position wieder verlieren zu können. Das deprimierte ihn.

Die breiter gewordene Kluft zwischen ihrer alten und der neuen Welt ließ sich jedoch gut überbrücken. Joep strahlte in kürzester Zeit wieder wie eh und je, und Gisèle, als das Chamäleon, das sie war, schaltete schon bald auf ein anderes Repertoire um. Die ersten Verkleidungspartys ließen nicht lange auf sich warten, es wurde viel gemalt, man stand oft füreinander Modell, und es wurde viel über die Arbeit gesprochen. Dabei trat jedoch eine bleibende Entfremdung in künstlerischer Hinsicht zutage, die die Kriegsjahre bewirkt hatten, denn so wichtig Nicolas für Gisèles Entwicklung auch gewesen sein mochte, betrachtete sie ihn nun nicht mehr als *maître professeur*, der er so lange für sie gewesen war. In Max Beckmann hatte sie ein neues Vorbild gefunden. Die künstlerischen Prinzipien und der Geschmack ihrer Kriegsfamilie leiteten sie mittlerweile, und daran, so erklärte sie, habe sie genug. Joeps Gemälde beurteilte sie als »arbiträr«, etwas, das ihn peinlich berührte. Er verteidigte seine Arbeit nicht nur, sondern fand außerdem, dass Gisèle von seinen Hinweisen und seiner Erfahrung profitieren würde. Vor allem auf technischem Gebiet könne er ihr noch viel beibringen. Doch der Zug war abgefahren.

Neben der Wiedervereinigung mit der Familie Nicolas kam es auf dem USA-Trip auch zum Wiedersehen mit Arthur und Esther sowie ihren drei Nichten. Im Anschluss an den Aufenthalt in Islip verbrachte Gisèle eine Weile in Little Falls, um die familiären Bande zu stärken. Arthur war ein ruhiger, stiller und freundlicher Mann, den Gisèle besonders gern hatte, ebenso wie ihre Schwägerin. Die Nichten, von denen die Älteste inzwischen fünfzehn war, bewunderten ihre Tante, die durch all die Geschichten über den Krieg, die ihr vorausgeeilt waren, schon im Voraus zu einer Legende geworden war. Vor allem zu der Ältesten, Josephine, entstand eine innige Beziehung.

Lassen sich die ersten Wochen hinsichtlich der Arbeitsauslastung noch als halbwegs überschaubar beschreiben, war der Rest ihres Aufenthalts in den Vereinigten Staaten hektisch und bis zum Rand gefüllt mit Treffen und gesellschaftlichen Verpflichtungen, Besuchen und Besprechungen, Empfängen und Dinner – zusätzlich zu all den organisatorischen Dingen, die geregelt, und den zahllosen Einkäufen und Bestellungen, die getätigt werden mussten. Gisèle ließ sich die Maße aller Amsterdamer Freunde durchgeben, um für jeden von ihnen neue Kleidung und Schuhwerk mitbringen zu können. Viel Zeit kosteten auch die Verabredungen mit Galeristen und Kunstliebhabern, um Ausstellungen von Werken der Castrum-Künstler zu organisieren: ihrer eigenen Arbeiten sowie denen von Peter Goldschmidt, Simon van Keulen und Harry op het Veld. Speziell zu diesem Zweck hatte Gisèle etwa vierzig Zeichnungen der vier Genannten mitgenommen, doch es war schwierig, kurzfristig eine Ausstellung zu organisieren. Mitten in all dem Trubel traf dann noch ein Telegramm aus Amsterdam mit der dringenden Bitte ein, Penizillin für einen der Freunde, einen ehemaligen Schüler der Quäkerschule, zu besorgen, der als Soldat an der Ostfront verwundet und dessen Bein amputiert worden war. Aufgrund einer Infektion und einer Blutvergiftung schwebte er in Lebensgefahr. Mithilfe von Ides, der inzwischen nach Washington zurückgekehrt war, konnte ein Militärflugzeug die benötigte Dosis in einer Spezialverpackung rechtzeitig nach Göttingen bringen.

Zeit, um durchzuatmen, gab es kaum, doch Gisèle ging in ihrer neuen Rolle auf. Während der Monate in Amerika zeigte sich, wie gut sie dazu in der Lage war, die notwendige Charmeoffensive zu leiten. Ihre US-Vergangenheit und die Beherrschung der englischen Sprache halfen ihr selbstverständlich ebenso dabei wie ihre besondere Fähigkeit, in kurzer Zeit großen Eindruck auf Menschen zu machen. Am 11. April 1946 fand im Holland House im Rockefeller Plaza die von der Netherland-America Foundation unter dem Titel »Let Dutch art flower again« veranstaltete Geldsammelaktion statt. Fünfundzwanzig Künstler hatten jeweils ein Werk zur Verfügung gestellt, das im Holland House besichtigt werden konnte und anschließend unter den spendenfreudigen Besuchern verlost wurde. Vor einem Saal mit Hunderten von Zuhörern hielt Gisèle ihren ersten öffentlichen Vortrag mit dem Titel »Art underground«, der nach allgemeinen Ausführungen über die Besatzung und den Widerstand der Künstler in eine persönliche Geschichte mündete, in der sie von sich und denen erzählte, die im Versteck zusammen mit ihr in der kleinen Etagenwohnung in der Amsterdamer Herengracht gelebt hatten. Sie schilderte die Ängste, die schaudererregenden Momente und die Entbehrungen und sprach über die zu betrauernden Toten, stellte dem aber den Zusammenhalt und den unzerstörbaren Glauben an die Kraft der Poesie, der Kunst und der Literatur gegenüber, die dem Leben unter der deutschen Besatzung Sinn und Bedeutung gegeben hätten und mit deren Hilfe man der Barbarei Widerstand geleistet habe. Es war die Geschichte des Castrum Perigrini für das breite Publikum, eine Realität, der der georgeanische Stachel gezogen worden war. Und es war eine außerordentlich ansprechende Erzählung über einen hoffnungsvollen Kontrapunkt zu den Schrecken des Krieges. Gisèles Vortrag war ein durchschlagender Erfolg.

Weitere Einladungen zu Vorträgen folgten. Außerdem gelang es ihr, eine Galerie zu finden, die die gewünschte Ausstellung organisieren wollte – eine Nachricht, die am Küchentisch in der Herengracht ungläubig und jubelnd begrüßt wurde. »Four artists underground« wurde am 3. Juni in den Schaeffer Galleries in Manhattan eröffnet und war dort für den Rest des Monats zu sehen. Es war ein echtes Happening, bei dem der niederländische Botschafter Alexander Loudon die Eröffnungsansprache hielt. Weitere Würdenträger wie etwa Eelco van Kleffens, der zu dem Zeitpunkt die Niederlande im UN-Sicherheitsrat vertrat, machten ebenfalls ihre Aufwartung.

Harry op het Veld fiel mit seinen delikaten Freundeporträts ein wenig aus dem Rahmen, aber die minutiös gearbeiteten Feder- und Bleistiftzeichnungen der anderen waren stark miteinander verwandt und zeugten von einer gleichgesinnten Untergangsstimmung. Es waren surrealistisch anmutende Bilder, makabre Traumszenen und bizarre Phantasien voll Tod und Verderben, Desintegration und Verfall. Simon van Keulen ging dabei am weitesten. Seine Landschaft, übersät mit riesigen Schädeln, einem dunklen Schlangenwald sowie einem ermordeten Jüngling am Fuße eines Tempels sind beklemmend und albtraumhaft. Peter Goldschmidt ließ etwas mehr Leichtigkeit und auch Ironie zu, beispielsweise in seiner Zeichnung von Akrobaten, die auf ihren Trapezen zwischen den noch stehen gebliebenen Resten einer zerstörten Kathedrale hin- und herschweben, doch aus anderen Arbeiten von ihm stieg ebenfalls ein unverkennbarer Leichengeruch auf. Gisèles Werk atmete denselben Geist. Das Chaos in *Le bateau ivre*, die desolate Stimmung einer verlassenen Schiffswerft, der gesprengte Turm der Kathedrale in Roermond, der wie ein verkrüppelter Stumpf in die Höhe ragt – sie waren in nichts mehr vergleichbar mit dem Limburger Flair und den ein wenig naiven, mädchenhaft wirkenden Gemälden aus der Vorkriegszeit. Die nicht immer angegebenen Inspirationsquellen der ausgestellten Werke – neben George und Rimbaud auch Shakespeare, Grimm und Kafka – verrieten den stark literarischen Einschlag der Castrum-Kunst.

Die Ausstellung war ein Erfolg und fand, in Artikeln, Interviews und Besprechungen, großen Widerhall in der Presse. *Newsweek*, *The New Yorker*, *Time*, *Art News* und andere Blätter widmeten ihr und der dahinter liegenden Geschichte des Lebens im Untergrund und im Hungerwinter sowie der nächtlichen Arbeit beim kargen, flackernden Schein von Brillantinekerzen ihre Aufmerksamkeit.

Nach der Eröffnung und allen Presseterminen, die darauf folgten, reiste Gisèle noch weiter nach Saint Louis, das sie seit 1928 nicht mehr gesehen hatte. Sie besuchte ehemalige Nachbarn und Freunde der Familie und hielt ihren letzten Vortrag im Rahmen der Spendensammlung. Insgesamt kam sie damit auf acht Vorträge. Am 19. Juni hatte die Ochsentour ein Ende, wenngleich auch auf der Rückfahrt an Bord noch ein Dinner mit einer Sammelaktion anstand. Das Resultat all der Arbeit der zurückliegenden Monate befand sich gut verpackt in vierzig Kisten mit Malutensilien und anderem Künstlerbedarf, die in den Niederlanden ihre Abnehmer finden sollten. In ihrem Privatgepäck befanden sich die angeschafften Anzüge, Schuhe, Unterwäsche, Regenmäntel und Hosengürtel: genug, um zwölf junge Männer damit komplett neu einzukleiden.

Gisèle war völlig erledigt, aber zufrieden und hatte all die Aufmerksamkeit genossen. »Eine Führerin in den niederländischen Untergrund«, »Eine erstrangige niederländische Künstlerin«, so lauteten die Zuschreibungen, die ihr in Amerika zuteilgeworden waren. Doch was ihr vor allem Befriedigung und ein Gefühl der Anerkennung verschafft haben muss, ist die Tatsache, dass sie, Gisèle, von jedem und überall als Mittelpunkt der Herengracht-Gemeinschaft und künstlerische Mentorin der jungen Männer bezeichnet worden war, mit denen sie ausgestellt hatte. Dass zu Hause nicht von allen so darüber gedacht wurde, war für kurze Zeit weit weg.

Hegra und Beustra

Gisèle war nicht die Einzige, die zeitweise das Nest verließ. Kurz nach ihr ging auch Wolfgang, in seinem Fall, um eine Rundreise durch Deutschland zu machen. Sein Ziel war es, den Kontakt zu Familie und Freunden wiederherzustellen, vor allem aber zu erkunden, ob er dort nicht, um die Blüte der deutschen Nachkriegsnation von seinen pädagogischen Erkenntnissen profitieren zu lassen, zusammen mit anderen eine Privatschule in der Tradition der Landeserziehungsheime oder einer vergleichbaren Erziehungseinrichtung gründen könne. Er hatte diesbezüglich Kontakt mit einflussreichen Politikern und ihm gleichgesinnten Geistern aus dem Kreis der ehemaligen konservativen Anti-Hitler-Opposition, und es sah danach aus, dass so etwas auch tatsächlich gelingen könnte. Fürs Erste wollte er ein paar Monate fortbleiben, es wurden daraus, mit einer Reihe von Unterbrechungen, mehr als fünf Jahre. Die Schar junger Freunde blieb verwaist zurück.

Als Wolfgangs Erbe und Vertreter in Amsterdam gab sich Buri solange die Ehre. Auf seinen Schultern ruhte die Aufgabe, sogar das »heiligste pfand«, die Gemeinschaft in der Herengracht und in der Zweigstelle in der Beulingstraat, für Eingeweihte »Hegra« und »Beustra«, zusammenzuhalten und mit ausreichend geistiger Nahrung zu versorgen. Er veranstaltete Leseabende und versuchte auch auf anderen Wegen aktiv zu bleiben, um die Arbeit der Jahre in der Illegalität fortsetzen zu können. Unter seinen wachsamen Augen erschien in den Nachkriegsjahren bei Castrum Peregrini Handpresse eine Reihe schön gemachter und außerordentlich gut ausgestatteter Bücher in kleiner Auflage, darunter drei eigene Gedichtbände sowie Gedichte von Chris Dekker. Auf kleiner Flamme gingen auch die Vorbereitungen für eine eigene Zeitschrift weiter.

Aus der Entfernung blieb Wolfgang an allem beteiligt, nicht nur an den inhaltlichen Dingen, sondern auch über das praktische

Klein-Klein ließ er sich von verschiedenen Seiten informieren und gab Buri genaue Anweisungen. Trotz der Ermunterung und der Anleitung aus der Ferne fiel Buri die Aufgabe schwer. Es fehlte ihm an der Ausstrahlung, der verbindenden Kraft und der natürlichen Autorität, über die Wolfgang verfügte. Und den Briefen nach zu urteilen, die er nach Amerika schrieb, vermisste er außerdem Gisèle, die körperlich und mental in eine vollkommen andere Welt entschwunden war. »Ich habe zu sehr angefangen, mich auf Dich zu stützen, und fühle mich ohne Dich ein wenig kraftlos und verlassen«, schrieb er ziemlich traurig. »Denkst Du an mich hie und da?«

Auch für sie war er ein Stellvertreter, nicht nur als Hauptbewohner dessen, was noch immer ihre Wohnung war, sondern zugleich als Gastgeber ihrer angehenden Schwägerin, Ika Kløenhammer. Ides hatte die flämische Schönheit, Tochter einer spanischen Mutter und eines dänischen Vaters, 1944 bei der Befreiung Brüssels kennengelernt. Ides selbst kehrte im Frühjahr 1946 zurück in die Vereinigten Staaten, seine künftige Gattin sollte ihm später folgen und wurde in der Zwischenzeit in der Herengracht geparkt – ein besseres Wort gibt es dafür nicht –, um ihre Allgemeinbildung und ihre Sprachkenntnisse aufzupolieren. Gisèles neue Familie könnte schön dabei helfen, glaubte Ides, sie in die Kulturgeschichte einführen und sie hin und wieder mal in eine Ausstellung oder ein Konzert mitnehmen. Richtig gemütlich wurde es nicht. Gisèle selbst war nicht da, und Buri und die anderen Bewohner empfanden ihren Aufenthalt von einigen Monaten vor allem als Belastung. Den meisten Kontakt hatte Ika mit Fietje, der von allen geliebten Haushaltshilfe.

Einen sehr viel begeisterteren Empfang bekam Billy Hildesheimer, der sich nach dem Krieg Billy Hilsley nannte. Die Nachricht, dass dieser erste Schüler Wolfgangs den Krieg in diversen Internierungslagern überlebt hatte, bildete vor dem Hintergrund des Verlustes von Vincent und Liselotte einen willkommenen Anlass zu großer Freude. Nach der Befreiung war er in Kontakt zu dem Choreographen Kurt Jooss gekommen, der ihn als Pianist für die Begleitung seiner Ballettgruppe engagiert hatte. Mit der berühmten Tanzaufführung *Der grüne Tisch* tourte die Gesellschaft 1946 durch Europa und steuerte dabei auch Amsterdam an. Für Billy war der Besuch

30. Herengracht 401, auf der Ecke zur Beulingstraat.

31. Gisèle in ihrem Apartment auf der dritten Etage, 1945.

32. Buri neben dem Pianola, in dem er sich verstecken konnte.

33. Freundesfest zu Ehren des Besuchs von Percy Gothein im November 1943. In der Mitte unten Wolfgang Frommel (l.) und Percy Gothein (r.), um sie herum (v.l.n.r.) Buri, Vincent Weyand, Reinout van Rossum, Claus Bock, Manuel Goldschmidt, Chris Dekker und Guido Teunissen.

34. Freundesfest im April 1944. In der Mitte Percy (l.) und Wolfgang (r.), von links unten im Uhrzeigersinn: Peter Goldschmidt, Martin (»Anselm«) Engelman, Reinout van Rossum, Claus Bock, Manuel Goldschmidt, Simon van Keulen, Harry op het Veld, Buri, Ben Lubke und Daniël Boeke.

35. Gisèle und Wolfgang, Anfang der Fünfzigerjahre.

36. *Le bateau ivre (Das trunkene Schiff)*, 1944,
Federzeichnung nach dem gleichnamigen Gedicht von Arthur Rimbaud.

37. *Einzug der Schildkröten*, 1947.

38. Oberstleutnant Ides van der Gracht kurz nach der Befreiung zu Besuch in der Herengracht.
Die übrigen Personen am Tisch: Gisèle, Manuel, Christoph Schubert, Buri und Wolfgang.

39. Gisèle während ihres USA-Besuchs 1946.

40. Gisèle und Joep Nicolas während einer Verkleidungsaktion in Islip.

41. Gisèle und ihre Mutter bei der Eröffnung der Ausstellung von Joep Nicolas in Roermond 1946.

42. Gisèle in ihrem neuen Atelier im Dachgeschoss der Herengracht. Vor dem Spiegel die Fotos von Max Beckmann sowie Joep und Suzanne Nicolas.

43. *Selbstporträt mit Kapuze*, 1948.

44. Albert Verwey und Stefan George. Radierung von Jan Toorop, 1902.

45. Wolfgang Frommel und Percy Gothein, 1944.

46. Doppelselbstporträt, 1948.

47. Bürgermeister d'Ailly neben Gisèles *Selbstporträt mit Pinseln*, 1950.

48. Die Trauung von Gisèle und Arnold 1959.

49. Der Salon im vierten Stock mit dem zusammengeklappten *Moira-Pentaptychon*.

50. Gisèle und Arnold.

51. Das *Pentaptychon Moira* (1956) in ausgeklapptem Zustand.

52. *Simon van Keulen*, 1951.

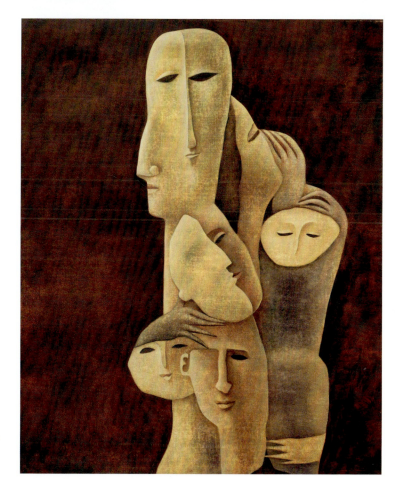

53. *Stammbaum*, 1959 (Foto: Gert Jan van Rooij).

54. *Augurin*, 1963 (Foto: Gert Jan van Rooij).

55. *Adam und Eva* (Glasmalerei, Fenster im Dachgeschoss der Herengracht 401), 1957 (Foto: Gert Jan van Rooij).

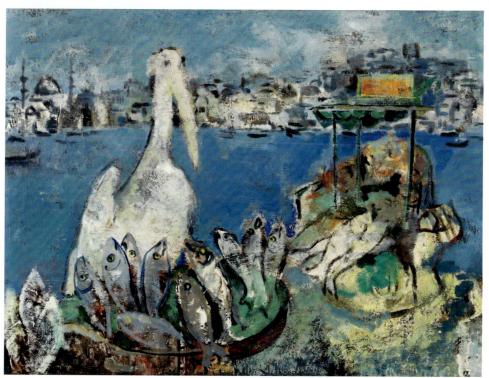

56. *Istanbul: Galata*, 1965 (Foto: Gert Jan van Rooij).

57. Wandteppich mit einem Motiv aus *Le bateau ivre* (Foto: Gert Jan van Rooij).

die erste Bekanntschaft mit der Herengracht und den Neuzugängen unter Wolfgangs Freunden.

Ende Juni kehrte Gisèle nach Amsterdam zurück. Die Wiedereingewöhnung nach ihrem USA-Aufenthalt, die ihr vielleicht Mühe bereitete, wird durch die Konfrontation mit alten und neuen Sorgen beschleunigt worden sein. Geldsorgen gehörten zur ersteren Kategorie. Die Finanzierung des gemeinschaftlichen Haushalts lastete zum größten Teil auf ihr, und die Miet- und anderen fixen Kosten waren nur noch größer geworden, seit die Castrum-Gemeinschaft im Haus Nummer 401 beständig expandierte. Im fünften Stock, dem Dachgeschoss, gab es ein kleines, abgetrenntes Zimmer, das von einem älteren Mann gemietet worden war, der sich jedoch kaum einmal sehen ließ. Nach dem Krieg wurde es frei und dem Castrum angegliedert. Zunächst zog Buri dort ein. Auch den vierten Stock verleibte man sich ein. Miep, die kurz nach der Befreiung einen Sohn zur Welt gebracht hatte, stellte dort ein enormes Hindernis dar, doch Gisèle gelang es, für Mutter und Kind eine Bleibe in Bergen zu organisieren. Das alte Zimmer mit dem Versteck auf der dritten Etage wurde so weit wie möglich für die Zeiten, wenn Wolfgang in Amsterdam weilte, intakt gelassen. Im Haus in der Beulingstraat mietete Gisèle ab 1947 zusätzlich noch das Erdgeschoss, das sie anfangs als Atelier, später dann für unterschiedliche Zwecke nutzte.

Das alles ließ sich nur durch hartes Arbeiten finanzieren, und das tat Gisèle in dieser Periode. Harry oder Simon assistierten ihr manchmal, und die Freunde, die selbst etwas verdienten, leisteten einen Beitrag zur Miete und zum Haushalt, aber viel wird es nicht gewesen sein. Buri verdiente vorerst nicht mehr als den dürftigen Erlös aus dem Verkauf der Produkte, die er auf dem Webstuhl anfertigte, den Gisèle nach dem Krieg für ihn geliehen hatte. Das stabilste Einkommen war noch das von Manuel, der inzwischen als Zeichner in einem Architekturbüro arbeitete.

Zwischen dem Anfertigen von Kirchenfenstern regelte Gisèle mit der Kunsthandlung Buffa in der Kalverstraat, dass die New Yorker Gruppenausstellung auch in Amsterdam zu sehen war. Am 10. Mai 1947 wurde sie von Jan Engelman eröffnet. Wegen der Verkäufe in New York gab es einige Anpassungen und Erweiterungen, doch der Kern des gemeinsamen Werks aus der Zeit in der Illegalität war derselbe geblieben. Die Ausstellung erregte weniger Aufmerksamkeit als in New York, wurde aber dennoch positiv aufgenommen. Hier sei, so stellten die Kritiker fest, eine Gruppe von Künstlern am Werk, die eine gänzlich eigene, literarisch inspirierte Richtung mit einem gemeinsamen, minutiösen Zeichenstil eingeschlagen habe. Trotz seiner Wertschätzung für das hohe technische Niveau sah *Het Parool*-Rezensent J. M. Prange aber auch etwas Beunruhigendes in den sich stark ähnelnden Werken und dem dominierenden Fluch in all den bizarren Phantasien und Traumbildern. »Es ist, als läge hier ein bleischwerer Zwang auf den Werken, von dem man sich – wenn auch auf Kosten vieler Errungenschaften – freikämpfen muss.« Das war eine treffende Beobachtung. Verkauft wurde dieses Mal leider nichts.

Außer dem Geld war auch der Zustand des Hauses ein Quell der Sorge. Vor allem der Dachboden und das Dach waren stark renovierungsbedürftig: Es regnete herein, und es zog durch alle Ritzen. Um das Haus bewohnbar zu halten, war es unbedingt erforderlich, das Dach zu erneuern, doch dafür hatte der Vermieter kein Geld. Dank Gisèles Mutter wurde in dieser Angelegenheit eine Lösung gefunden. Da sie in der Louisa-Pension alles andere als auf großem Fuß lebte, hatte sie ausreichend finanziellen Spielraum, um aushelfen zu können. Das neue Dach wurde von ihr bezahlt, wobei zugleich zwei Abmachungen getroffen wurden: Erstens sollte das Dachgeschoss in ein Atelier für Gisèle umgewandelt werden, und zweitens sollte ihre Tochter später, bei einem eventuellen Verkauf des Hauses, das Vorkaufsrecht haben. Im Herbst 1947 fand die Baumaßnahme statt, und noch bevor das Jahr zu Ende gegangen war, verfügte Gisèle zum ersten Mal nach gut fünf Jahren wieder über einen eigenen Raum in dem Haus, in dem sie wohnte: ein neues Atelier unter dem Dach, mit einer separaten kleinen Kammer und einem Badezimmer.

Eigentlich hätte es ein freudiges Ereignis und ein frischer Neuanfang sein müssen, doch das war es keineswegs. Zu der Zeit, als der Umbau fertig war, war Gisèle der Verzweiflung nahe, und die Hegra-Zukunft schien ungewisser denn je.

Bedrohungen

Im Zentrum der schwarzen Periode stand Gisèles große Liebe Buri, die ihr nach dem Krieg und insbesondere nach der Rückkehr aus den USA entglitt. Dass Buri es schwer hatte, war deutlich zu merken: Er rang mit dem in ihm wütenden Bedürfnis nach Selbständigkeit und gleichzeitig mit der Abhängigkeit von seinen Lebensrettern, Wolfgang und Gisèle, ein Kampf, der ihn frustrierte und zu lähmen drohte. Nach den Jahren im Versteck mit körperlicher Einengung und emotionaler Beklemmung sehnte er sich danach, frei atmen und sich frei bewegen zu können. Doch stattdessen war er mit Händen und Füßen an den verpflichtenden Auftrag gebunden, den ihm sein Mentor aufgehalst hatte und dem er sich nicht gewachsen fühlte.

Ob Gisèle dem viel Aufmerksamkeit schenkte, ist die Frage. Nach ihrer Rückkehr wurde sie nicht nur durch die vielen Aufträge in Beschlag genommen, die sie abarbeiten musste, sondern ab September 1946 auch durch einen Gegenbesuch Joeps in den Niederlanden. Es lässt sich nicht mit Sicherheit sagen, ob die beiden in den Vereinigten Staaten ihre alte Beziehung wieder aufgenommen haben, aber es hat stark den Anschein. Joep hatte es zumindest wieder ordentlich gepackt, und er schrieb ihr eine Reihe von Liebesbriefen, die allerdings nicht in die leicht zensierte Ausgabe seiner unter dem Titel *Werk is mijn redding* erschienenen »Briefe an Gisèle« aufgenommen worden sind. Der unmittelbare Anlass für sein Kommen war eine große Ausstellung seines Werks in Roermond, doch zugleich wollte er die Möglichkeiten eines Neuanfangs sondieren, da er überlegte, nach Europa zurückzukehren. Suzanne ging zumindest schon davon aus, dass er in den Niederlanden und sie in den USA bleiben und ihre Ehe damit enden würde. Die Erwartung bestätigte sich jedoch nicht. Die Niederlande der Nachkriegszeit bedrückten Nicolas, und er hing doch stark an seiner Familie, so dass er schon relativ schnell beschloss, nach Islip zurückzukehren.

Das hinderte ihn allerdings nicht daran, während seines mehrmonatigen Aufenthalts das Leben mit Gisèle zu genießen. Sie gingen aus und sahen sich oft. Sie kannte und beherrschte das Leben in getrennten Welten wie kein anderer, der Umgang mit Joep ließ sich für sie ohne große Probleme oder inneren Zwiespalt mit ihrer Überzeugung vereinbaren, dass Buri für sie der einzig Wahre war und ihre Zukunft in Amsterdam lag: bei ihm, bei Wolfgang und bei ihrer neuen Familie. Das eine hatte schlichtweg nichts mit dem anderen zu tun. Für ihre Umgebung, darunter Buri selbst, war das jedoch sehr viel schwerer zu begreifen.

Je länger diese Situation andauerte, umso mehr verfing er sich in einem Netz aus düsteren Gedanken. Verzweifelt, depressiv und gebückt unter der Last des Gefühls zu versagen, irrte er manchmal stundenlang ziellos durch die Gegend. Als er dann am frühen Morgen des 5. Januar 1947 das Haus verließ und, anders als angekündigt, tags darauf nicht zurückkam, herrschte Panik in der Herengracht, vor allem bei Gisèle. Nach einer durchwachten Nacht suchte sie mit Simon verzweifelt die Plätze ab, von denen sie wusste, dass Buri dort manchmal umherstreifte: das Waldgebiet des Amsterdamse Bos und die Umgebung von Schiphol. Aber keine Spur von ihm. Nach weiteren nervenaufreibenden vierundzwanzig Stunden kam dann am späten Nachmittag der erlösende Telefonanruf: Er war noch am Leben.

Was in der Zwischenzeit passiert war, geht aus einem der vielen Briefe hervor, die Manuel in dieser Zeit dem inzwischen in Manchester studierenden Claus schickte und in denen er seinen Freund über alle Hegra-Vorkommnisse auf dem Laufenden hielt. Buri war an dem bewussten Morgen mit dem Vorsatz nach Den Haag gefahren, sich das Leben zu nehmen. Von seinem letzten Geld hatte er sich Gift gekauft und es nachts in eisiger Kälte in den Dünen von Scheveningen getrunken. Doch wundersamerweise hatte es nicht gewirkt. Der Arzt, der hinzugezogen worden war, stand vor einem Rätsel. Manuel selbst war in seinem Brief an Claus etwas skeptischer: Ihm zufolge war Buri schlicht hereingelegt worden, und bei dem gekauften Mittel hatte es sich überhaupt nicht um Gift gehandelt. Wie dem auch sei: Er kam in einem beklagenswerten Zustand wieder nach Hause.

Diese Art Tragödien, auf die in späteren Jahren noch mehrere folgen sollten, war natürlich keine Reklame für das Castrum und bedrohte auch Wolfgangs Ruf als Erzieher. Selbst ohne seine körperliche Anwesenheit – er hielt sich zur Zeit des Selbstmordversuchs

Buris noch in Deutschland auf – war allen Beteiligten klar, dass der Vorfall so schnell wie möglich vertuscht werden musste. Manuel legte Claus ans Herz, mit keinem der Freunde darüber zu sprechen. Nur wenige wussten davon, und auch in Amsterdam verlor man kein Wort mehr darüber. Wolfgang wurde selbstverständlich in Kenntnis gesetzt, er kehrte Ende Januar vorzeitig aus Deutschland zurück.

Der glückliche Ausgang der Geschichte bewirkte jedoch keinen Umschwung in Buris trüber Gemütsverfassung. Später im Januar verschwand er erneut für einen kurzen Zeitraum und ließ seine Umgebung in großer Sorge zurück. Danach nahm er sein Leben wieder auf, doch Gisèle musste ohnmächtig mitansehen, wie er sich im Laufe des Jahres mehr und mehr von ihr entfernte und in seinem Drang nach Freiheit beschloss, die Wohnung zu verlassen, die ihm Schutz geboten hatte, als sein Leben in Gefahr gewesen war, die ihn zugleich aber auch in einer erstickenden Abhängigkeit gefangen gehalten hatte. Ende Mai zog er in ein kleines Zimmer in der ehemaligen Euterpestraat, die nach dem Krieg in Gerrit van der Veenstraat umbenannt worden war, und begann eine Ausbildung zum Graphologen, ein Fachgebiet, das ihn schon länger interessierte.

Im Zusammenhang mit diesem Schritt ereignete sich etwas, das für Gisèle große Folgen haben sollte: Buri begann ein Verhältnis mit Jannie Strengholt-Huldschinsky, der schon erwähnten Ehefrau des Kinobetreibers und Filmverleihers Frederik Strengholt. Wolfgang hatte sie miteinander bekannt gemacht. Schon gleich an einem der ersten Tage nach der Befreiung hatte er Buri mit zur Haringvlietstraat in Amsterdam-Süd geschleppt, wo Jannie zusammen mit Strengholt und ihren vier Kindern wohnte, eine Begegnung, der Buri scheu und schweigend beigewohnt hatte. Danach hatten sich die beiden, vor allem in den Monaten, in denen sowohl Gisèle als auch Wolfgang außer Landes waren, regelmäßig getroffen und besser kennengelernt. Sie besuchten alle Vorstellungen des *Grünen Tisches* in der Amsterdamer Stadsschouwburg, und Jannie leistete wichtige Unterstützung bei der sprachlichen und kulturellen Fortbildung Ikas. Eigentlich war es ihr ebenso ergangen wie Gisèle ein paar Jahre zuvor: Ihre innigen Gefühle für Wolfgang übertrug sie mühelos auf seinen labilen Schüler. Die Gerrit van der Veenstraat, wo er jetzt wohnte, lag in der Nähe der Haringvlietstraat, und sie zahlte auch die Miete für sein neues Zimmer.

Gisèle, die Argwohn hegte, bekam zunächst zu hören, dass sie die »platonische Freundschaft« zu Jannie akzeptieren müsse. Wolfgang wurde schon früher über den wirklichen Sachstand ins Bild gesetzt. Sein Zorn entlud sich per Brief: Erneut habe sich sein Schüler und Stellvertreter für eine bedeutsame Bindung zu einer Frau und eine bürgerliche Existenz entschieden, die seinem Status als Fackelträger schadeten. Erneut habe er darüber geschwiegen und es nicht für notwendig erachtet, um Erlaubnis zu bitten. Buri verletze seine Pflichten und sei offenbar nur mit sich selbst beschäftigt, wie sich auch an seinem Selbstmordversuch gezeigt habe: »Wie war es möglich«, warf ihm Wolfgang im Hinblick auf diese Episode nachträglich vor, »dass du meine ganze existenz, alles was wir zusammen gebaut, umsorgt, gepflegt, geliebt und gezeugt hatten, aufs spiel setzen konntest, dass deine psychische bedrängnis dir mehr wog als unsere wirklichkeit?« Armer Wolfgang, ihm war Schreckliches angetan worden.

Buris Verhalten blieb nicht ohne Konsequenzen. Zur Verdeutlichung seines geänderten Status brachte Wolfgang eine kleine, aber weitreichende Änderung in seinem Gedicht an, in dem Buri zuvor als sein Nachfolger und Erbe benannt worden war. Hatte die Schlusszeile ursprünglich gelautet: »Naht nun mein sterbejahr nimmst du mein erbe wahr: heiligstes pfand!«, hieß es nun, zur Zeit der Jannie-Affäre: »Naht nun mein sterbejahr: wer nimmt mein erbe wahr, heiligstes pfand?« Wolfgang hatte ihn seiner Stellung als Lordsiegelbewahrer und Erbfolger enthoben.

Dieser Eingriff führte zu einem lebenslangen Fluch im Leben Buris: Er hatte die hohen Erwartungen, die sein Mentor in ihn gesetzt hatte, nicht erfüllen können. Wolfgang selbst fand sich, wie so oft, nach anfänglichem Widerstand schon bald mit dem neuen Status quo ab. Ganz unzufrieden konnte er damit auch nicht sein: Er war es schließlich gewesen, der Buri ganz bewusst in Kontakt mit Jannie gebracht und Gisèle dabei sorgsam außen vor gehalten hatte. Und es steht fest, dass er Jannie für eine bessere Castrum-Frau und eine geeignetere Partnerin hielt als Gisèle. Ebenso wie Letztere hegte Jannie tiefe Bewunderung für Wolfgang, doch anders als Gisèle war sie nicht aufdringlich und anspruchsvoll. Er stellte sie ihr gegenüber oft als Vorbild hin, da sie, Gisèle, zu »männlich« sei, um eine geeignete Partnerin für einen seiner Castrum-Jungs abzugeben.

Jannie war noch verheiratet, doch die Ehe mit Strengholt, der selbst eine Freundin hatte und sie in aller Offenheit präsentierte, stand vor dem Aus. Ende 1947 wurde die Scheidung ausgesprochen, und das Verhältnis mit Buri konnte öffentlich gemacht werden. Anfang Dezember wurde Gisèle informiert. Die Mitteilung traf sie hart. »Der schrecklichste tag meines lebens«, lautet der Eintrag in ihrem Kalender an dem bewussten Datum.

Zusätzlich zu diesen Liebesabenteuern, die die Zukunft des Castrum von innen heraus bedrohten, gab es den Druck von außen. Während seines Besuchs in den Niederlanden hatte Joep Gisèles neuen Hausstand kennengelernt und war, wie seine Briefe an die amerikanische Heimatfront deutlich zeigen, nicht besonders angetan davon. Gisèle arbeite sich halbtot, um die Kirchenfenster für Breda fertigzustellen, sie sehe schlecht aus und habe seit ihrer Abreise aus New York weiter an Gewicht verloren. Die vielgerühmten Freunde – er beschreibt sie als »brave Jungs, gut erzogen, nicht allzu tuntig« – lägen ihr allesamt auf der Tasche. Buri beschreibt er als einen blassen, freundlichen und nicht besonders unterhaltsamen jungen Mann. Die größte Aversion hatte er gegen Wolfgang, den Mann, der den europäischen Humanisten gebe, ohne auch nur eine einzige andere Sprache als Deutsch sprechen zu können. Die Selbstverständlichkeit, mit der er sich von Gisèle aushalten ließe, wo er doch sehen könne, wie sie sich abplacken müsse, um über die Runden zu kommen, fand Joep verwerflich. In dieser Ablehnung stünde er auch nicht allein. In Roermond habe er Gisèles Mutter besucht, der vor Freude über das Wiedersehen die Tränen gekommen seien. Josephine mache sich große Sorgen um ihre Tochter und habe ihn gefragt, ob er den Haufen Schmarotzer in der Herengracht nicht fortschicken könne: »Sie verabscheut die Mentalität Frommels.«

Gisèle gegenüber wird sich Joep zweifellos in diplomatischeren Worten ausgedrückt haben, doch er brachte schon sehr explizit seine Besorgnis zum Ausdruck. Er hielt ihr vor, dass sie zu wenig esse, sich nicht genügend ausruhe und damit beschäftigt sei, sich für jeden kaputtzuschuften – ohne Rücksicht auf ihr eigenes Leben und ohne dass dem viel Dankbarkeit entgegengebracht werde. Sie solle besser damit aufhören; sie stehe über jedem Einzelnen in dieser Gemeinschaft und begrabe sich darin. Dass er für Wolfgang wenig Sympathie empfinde, verhehle er nicht. »Das liegt wahrscheinlich an meinem Charakter, den noch nie weder Pathos und Rhetorik noch Esoterik und der allzu auffällige Tiefgang beeindrucken konnten«, schrieb er, als er wieder in die USA zurückgekehrt war. Heldenverehrung sei seine Sache nicht: »Ich finde dagegen, dass die zu lang anhaltenden und zu persönlichen Gruppierungen von Meistern und Schülern verhängnisvoll sind und nichts anderes als Fanatismus und ein allzu einseitiges Bild des Lebens zustande bringen können.«

Es gab also kaum einen Zweifel daran, dass Joep das Castrum für kein gutes Umfeld hielt, auch nicht in künstlerischer Hinsicht. Während er es jedoch bei guten Ratschlägen beließ, gab es aus Gisèles Familie eine orchestrierte Gegenoffensive. Vielleicht war die Sache schon während der großen Wiedersehensfeier der Familie im Sommer 1947, für die Arthur und seine Familie, Ides und Ika (inzwischen verheiratet) und sogar Tante Paula in die Niederlande gekommen waren, eingestielt worden, doch der eigentliche Angriff fand um Weihnachten dieses Jahres herum statt. Gisèle verbrachte diese Tage bei ihrer Mutter in Roermond, wo sich ganz in der Nähe auch Ides und Ika aufhielten.

Da saßen sie beisammen, um das abzuhalten, was man einen finanziellen Familienrat nennen könnte, drei Mitglieder einer Familie und zugleich drei Vertreter so völlig unterschiedlicher Welten: Josephine, die durch und durch katholische, mehr als honorige Repräsentantin des untergegangenen österreichischen Adels, Ides, der selbstzufriedene amerikanische Architekt, und Gisèle, die arme Künstlerin, die für ihre Ideale, den Erhalt ihrer alternativen Familie und für ihre »Kinder« kämpfte. Sie bekam zu hören, dass es besser sei, die Verbindung zu ihnen zu kappen und den Schmarotzern die Tür zu weisen. Man nutze sie auf unzulässige Weise aus, und das müsse ein Ende haben.

So stellte sich die Situation dar, als Gisèle ihr neues Atelier unter dem Dach beziehen konnte, doch wozu sollte es noch dienen?

Buri drohte sie zu verlassen, und ihre Familie zwang sie zur Aufgabe. »Herengracht is killed«, schrieb sie in ihren Kalender.

Das Bündnis

Weder die Warnungen Joeps noch die Daumenschrauben ihrer Familie hatten viel Effekt. Der Einzige, der hier vielleicht noch etwas hätte ausrichten können, wäre Willem gewesen, doch der war nicht mehr da. Die Predigten und die finanziellen Ratschläge Ides' konnte Gisèle kaum noch hören, und ihre Mutter mochte sie zwar gern, doch sie verkörperte nicht dieselbe moralische Autorität, wie es ihr Vater getan hatte.

Gisèle knickte nicht ein und behielt ihr Ziel fest im Blick: Die Herengracht musste überleben. Mit dem Castrum sollte es weitergehen, und sie würde dazugehören, koste es, was es wolle. Daran konnten auch die Ratschläge von Freunden und der Widerstand ihrer Familie nichts ändern – wie auch das Wissen, selbst im Grunde immer mit mindestens einem Bein außerhalb des Geschehens zu stehen, keinen Einfluss darauf hatte. Sie wusste um die Leseabende und die Feste, an denen sie nicht teilnehmen durfte. Sie wusste, dass ständig alle möglichen Dinge geschahen, bei denen sie außen vor gehalten wurde, dass sie von Wolfgangs vorgelesenen Briefen nach Hause lediglich einen Teil hören durfte, weil der Rest für sie angeblich »ungeeignet« war. Sie litt heftig darunter, zog daraus aber keine Konsequenzen.

Warum? Das ist bei jemandem, der ohnehin nicht gewohnt war, sich viel sagen zu lassen, eine Frage, die sich immer stärker aufdrängt. Was hatte sie als Frau mit einem unkonventionellen Lebensstil in dieser konservativen und frauenfeindlichen Welt, die ihr so wenig wohlgesinnt war, zu suchen?

Dazu lässt sich einiges sagen. Zunächst einmal, dass diese auf den ersten Blick so merkwürdige Welt für Gisèle gar nicht so merkwürdig war, sondern ihr sogar sonderbar vertraut vorgekommen sein muss. Wichtige Aspekte des Weltbilds und der Praxis des Castrum knüpften eng an das Milieu und die Tradition an, deren Produkt sie selbst war. Die Idee des »Auserwähltseins«, die Überzeugung, zu einer Elite zu gehören, und das Herabschauen auf alles, was bürgerlich war, kannte sie nur allzu gut und war ihr von Kindesbeinen an mit auf den Weg gegeben worden. Wolfgangs Hang zur Vergeistigung und zum »Streben nach Höherem« war ebenfalls ein Phänomen, in dem sie ihre eigene Erziehung wiedererkennen konnte. Derselbe Hang ist typisch für die katholische Tradition, in der sie aufgewachsen war. Sie kam in ihren Klosterschulen ständig damit in Berührung. Der ganze klosterartige Charakter des in diesem Sinne sehr »katholischen« Castrum muss sie aus diesem Grund angesprochen haben.

Vor demselben Hintergrund war ihr auch das Frauenbild vertraut, mit dem sie in ihrer neuen Welt konfrontiert wurde. Der strenge Katholizismus, der ihre Kindheit und Jugend geprägt hatte, war von der Überzeugung des fundamentalen Andersseins der Frau beherrscht. Sie wird es in der Schule nicht anders gehört haben, als dass Frauen »nun mal« einer anderen Bestimmung unterliegen als Männer, so dass sie für bestimmte Dinge ungeeignet sind. Auch im Katholizismus gilt die Frau als gefährliche Verführerin und Quell des Bösen. Dort sind Frauen ebenfalls von der Teilnahme von den wirklich sakralen Handlungen und Riten ausgeschlossen und auch nicht zur Priesterweihe zugelassen. In diesem Licht verwundert es nicht, dass der Inspirator der geistigen Welt des Castrum, Stefan George, selbst in einer katholischen Familie zur Welt gekommen war.

Gisèle war mit diesem frauenfeindlichen Weltbild aufgewachsen und hatte sich darin ihren eigenen Weg bahnen können, auf dem sie einerseits dem Glauben treu bleiben und andererseits ein unkonventionelles Leben führen konnte, das sich in keiner Weise mit den katholischen Lehrsätzen vereinbaren ließ. Sie hatte sich meilenweit von dem Lebensweg entfernt, der einem Mädchen vorgezeichnet wurde, das in den Internaten von Sacré Cœur auf Ehe und Mutterschaft getrimmt worden war. Gleichzeitig stellte Gisèle den Glauben sowie die dazugehörigen Auffassungen und Praktiken nie infrage. Stattdessen beanspruchte sie innerhalb dieses Glaubens eine Ausnahmeposition. Diesen früher schon einmal gefundenen Ausweg suchte sie erneut (und vergeblich) in ihrem neuen Castrum-Umfeld: Es ging ihr nicht um eine prinzipielle Ablehnung dessen, wie man über Frauen dachte – an Gisèle ist keine Feministin oder Ideologiekritikerin verloren gegangen –, nein, auch hier wollte sie die individuelle Ausnahme sein, die einzige Frau, die bei den Jungs mitmachen durfte.

Der miteinander geteilte kulturelle Hintergrund bewirkte, dass Gisèle sich im Castrum-Umfeld von Anfang an zu Hause fühlte. Aber das ist noch keine befriedigende Antwort auf die Frage, warum sie so gern zu einer Gemeinschaft gehören wollte, die ihr nur sehr begrenzt Zutritt gewährte und sie in den Augen der Familie und guter Freunde, Menschen, die nur das Beste für sie wollten, lediglich zum eigenen Vorteil benutzte. Um das zu verstehen, ist eine ihrer stärksten Eigenschaften von entscheidender Bedeutung: Treue. Obwohl ihre sexuelle Historie nicht darauf hindeutet, war Gisèle im Kern ein außerordentlich treues Wesen. Wer oder was sich einmal einen Platz in ihrem Herzen erobert hatte, konnte auf ihr bleibendes Interesse rechnen. Ihr Leben wurde immer voller, weil sie sich von nichts trennen konnte: Gegenstände und Andenken, Liebesaffären und Freundschaften, sie häuften sich in kaum noch zu bezwingende Höhen an. Am meisten von allem war sie jedoch loyal gegenüber den Freunden und dem Gefühl ewiger Schicksalsverbundenheit, das sich in den Kriegsjahren in ihr verankert hatte. Diese Verbundenheit hatte für sie nichts mit einer Entscheidung zu tun, sie war eine Tatsache: »Ich gehöre zu dir, zu Buri, zu euch – mitgetragen oder ausgestossen«, schrieb sie Wolfgang mitten in den schwierigen Jahren. »Das leben hat uns verbunden, und so lang wir atmen, ist es so.«

Dieses Gefühl der Verbundenheit sollte sie bleibend inspirieren, ebenso wie das Ideal der Freundschaft und eines musischen Lebens in einer von Zusammengehörigkeit geprägten Gemeinschaft, das damit verbunden war. Es war ein Ideal, in das sie investiert und ihre Hoffnung gesetzt hatte und dem sie treu bleiben würde, was auch immer geschehen sollte, notfalls wider besseres Wissen. Und wenn die Realität damit nicht übereinstimmte? Dann schloss man die Augen oder schaute in eine andere Richtung. Was verleugnet oder ignoriert wurde, existierte nicht – auch in dieser Einstellung war sie als katholisches Mädchen von klein auf geübt.

Allem, was das während des Kriegs geschmiedete Bündnis zu besiegeln schien, maß Gisèle einen enormen Wert bei. Die griechische Münze etwa, die sie nach dem Krieg von Wolfgang und Buri bekam und die die Zwillingsbrüder Kastor und Polydeukes (Castor und Pollux) zeigte, zwei Dioskuren (Söhne des Zeus), die zu den Argonauten gerechnet werden, gehörte zu den Dingen, die ihr am teuersten waren. Aber sie sammelte auch nichtmaterielle Beweise der Einheit und Zusammengehörigkeit. Ihr Kalender enthält unendlich viele Auflistungen, wer beim Abendessen, an Leseabenden, an Heiligabend oder zu Silvester alles dagewesen war: WF, Ma, Cl, Bu, Si, Cle, Pe – lange Reihen von Namen, die wie magische Formeln die Einheit beschworen.

Die emotionale Zwangsläufigkeit, aus der Gisèles Entscheidung resultierte, stellte keine Belastung dar, im Gegenteil: Die Treue, die sie ihren Freunden und dem von ihr gewählten Lebensweg bewies, stellte für sie einen Wert an sich dar, einen Wert, den sie mit den Lektionen und dem geistigen Erbe ihres Vaters verband. Das war nicht das einzig Positive, denn die Verbindung zum Castrum war sicherlich keine Frage des einseitigen Gebens, sondern sie brachte durchaus auch viel Wertvolles mit sich, und Gisèle war schlau genug, die Bilanz gut im Blick zu behalten.

In Amerika war deutlich geworden, wie kraftvoll die Geschichte des Castrum war. Ihre dort erstmals öffentlich erzählte persönliche Geschichte und die der jungen Männer, die sie versteckt hatte, inspirierten ihre Zuhörer. Ihr selbst boten sie Halt und Selbstvertrauen, gaben einem Leben Perspektive, das noch keine rechte Richtung gefunden hatte, und verschafften ihr das Ansehen und die Wertschätzung, nach denen sie sich sehnte. Dass »die Freunde« ihre eigene Version hatten, in der sie, Gisèle, kaum eine Rolle spielte, änderte nur wenig an der Sache. Das alles aufzugeben, dem Castrum Peregrini den Rücken zu kehren und das Projekt als gescheitert zu betrachten, war gleich nach dem Krieg schon viel verlangt, aber je stärker sich ihr Selbstbild über die Jahre hinweg mit dieser Geschichte verband, umso schwieriger wurde dieser Schritt.

Hinzu kam, dass die Aussicht, allein dazustehen, Gisèle unbestreitbar Angst machte. In den Castrum-Freunden fand sie nicht nur Gesellschaft, sondern auch die Familie, die sie in ihrer Jugend so schmerzhaft vermisst hatte. Sie suchte nach einem Ankerpunkt in ihrem unsteten Dasein, ein Bedürfnis, das seit dem Tod ihres Vaters noch stärker geworden war, und diesen Ankerpunkt hatte sie in ihrer Gemeinschaft gefunden. Das Castrum bot ihr eine alternative Lebensweise und eine Zukunftsperspektive. Wolfgang befriedigte ihre Sehnsucht nach einem Ratgeber, jemandem, zu dem sie aufschauen konnte und der auch etwas von einem Guru hatte – einem »Zauberer«, wie sie selbst oft sagte. Ihr Leben in seiner Nähe garantierte einen konstanten Nachschub an jungen, begabten Leuten und interessanten Besuchern in einem Haus voller junger Götter, »jonge godden«, wie es in ihrem noch immer bei Weitem nicht makellosen Niederländisch heißt. Obwohl erst Mitte dreißig, dachte sie bereits an ihre alten Tage, an denen sie auf diese Weise der Freundschaft und Gesellschaft sicher sein würde.

Wichtig war schließlich auch, dass das Leben in dieser Umgebung sie in der Spur hielt, wie sie Joep Nicolas anvertraute, fern der Frivolitäten und des Müßiggangs in der Welt der Reichen und Schönen. Sie wusste, dass sie davon angezogen wurde, kannte diese Seite von sich, ihren Hang zum Luxus und zu mondänen Vergnügungen. Der Mantel des Castrum war für sie auch eine Form von Selbstschutz gegen diese Verführung.

Ein gutes Beispiel für ihr tiefes Verlangen, »dazuzugehören«, ist das Gemälde, an dem sie Anfang 1948, nicht lange nach Buris verhängnisvoller Mitteilung, in ihrem neuen Atelier zu arbeiten begann und das sie Mitte Februar vollendete: ein doppeltes Selbstporträt, das zwei Gisèles im Profil zeigt. Es ist schwer, dieses Werk losgelöst von zwei anderen bekannten Doppelporträts zu sehen, die in Castrum-Kreisen jeder kannte: die Radierung, die Jan Toorop 1902 von Stefan George und Albert Verwey angefertigt hatte, und das 1944, also während des Krieges entstandene Foto von Wolfgang Frommel und Percy Gothein. Wenn man die Radierung, das Foto und das Gemälde nebeneinanderhält, sieht man drei Bilder, die sich wie drei Gedichtzeilen aufeinander reimen (siehe Abb. 44–46). Das ist kein Zufall: Gisèles Doppelporträt scheint mir unverkennbar ein Versuch gewesen zu sein, sich selbst in eine Tradition zu stellen.

Was diesem Streben eine gewisse Tragik verleiht, ist die Tatsache, dass Gisèle dabei ihre wahre Position innerhalb des Castrum nicht recht klar war. Ein Außenstehender wie Joep Nicolas scheint dies besser durchschaut zu haben. Die schon erwähnte Korrespondenz, die Manuel und Claus in den Nachkriegsjahren miteinander geführt haben, gibt einen schockierenden Einblick in die Art und Weise, wie hinter ihrem Rücken über sie geredet wurde: als störende Präsenz, der gegenüber sich alle höflich und nett geben, um sie zufriedenzustellen und den Hausfrieden nicht zu gefährden. Manuel lässt kaum eine Gelegenheit verstreichen, sich seinem älteren Freund in Manchester gegenüber abschätzig über ihre Arbeit zu äußern oder ihm zu schreiben, dass er endlich wieder erleichtert durchatmen könne, wenn sie einmal verreist war. Wäre doch nur ihr Atelier schon fertig: »Es wird allen eine wahre Freude sein, wenn sie unten raus- und oben reinzieht.«

Es kann keine Rede davon sein, dass Gisèle Teil der Welt Manuels und seiner Freunde war. Die heimliche Geringschätzung ihr gegenüber stand dem öffentlich bezeugten Respekt nicht im Wege – eine peinliche Kombination.

Der Bruch

Dass die unverbrüchliche Schicksalsverbundenheit, der Gisèle ihre Treue beweisen wollte, ausgerechnet von denen verletzt wurde, denen sie sich am meisten verbunden fühlte, war ein Schlag, von dem sie sich kaum erholen konnte. Seit der verhängnisvollen Dezembernacht, in der Gisèle erfahren hatte, dass Buri eine Beziehung mit Jannie Strengholt eingegangen war, gestaltete sich der Umgang mit ihm schwierig. Buri wollte das Verhältnis zu ihr, Gisèle, auf harmonische Weise in eine Freundschaft ohne ärgerliche Szenen umwandeln, doch das war nicht zu machen. Gisèle brach den Kontakt ein paar Mal ab, war jedoch nicht imstande, das durchzuhalten. Es gab schmerzhafte Begegnungen, Szenen und Versöhnungen. Sie flehte Jannie an, Buri freizugeben, und schrieb Briefe, in denen Wut, Anklage und Hoffnung einander abwechselten. Bei alledem verblieb ein dünner Draht aus gemeinsam verbrachten Nächten, die ihren brennenden Wunsch am Leben hielten, dass Buri seinen Entschluss noch rückgängig machen würde.

Diese Hoffnung wurde am Abend des 21. Mai 1948 mit einem Schlag zunichte gemacht, als Jannie Strengholt sich unerwartet zu einem Besuch ankündigte. Sie und Gisèle kannten sich, doch in den letzten Monaten waren die Beziehungen angespannt gewesen, und Jannie hatte die Herengracht gemieden. Als sie oben im Atelier Platz genommen hatte, ließ sie Gisèle nicht lange im Ungewissen: Sie sei gekommen, um ihr mitzuteilen, dass sie schwanger und Buri der Vater ihres fünften Kindes sei. Gisèle hielt sich tapfer, aber Jannies Worte wirkten auf sie, als hätte der Blitz eingeschlagen: Ihr war, als würde sie gespalten und in Stücke auseinanderfallen. Das, was darauf folgte, war Liebeskummer in seiner schlimmsten Form: tagelang das Bett nicht verlassen können, weinend in den Schlaf sinken und weinend wieder daraus erwachen, inbrünstige Todessehnsucht und die Gewissheit, dass es nie mehr eine andere Liebe geben und das Leben ein einsames Martyrium werden wird. Sie schrieb verzweifelte Briefe an Emmy Wongtschowski, Buris Mutter in Brasilien, die ihr tröstend zurückschrieb, aber ansonsten wenig ausrichten konnte. Es wurde auch nicht besser, als Buri Anfang Juli bei Jannie und ihren Kindern in das schöne, geräumige Haus in der Haringvlietstraat einzog. Gisèle ging dorthin, steckte kurze Briefe in den Briefkasten, quälte sich mit dem Anblick Buris in seiner neuen häuslichen Umgebung und strich nachts um das Haus.

Es war ein besorgniserregender Zustand, der lange anhielt. Vor allem der treue Eep nahm es sich sehr zu Herzen, rief täglich an und kam regelmäßig vorbei, um sie aufzumuntern und aus dem »schaurigen Teufelskreis« zu ziehen, in dem sie gefangen war. Manuel berichtete dem aushäusigen Wolfgang, dass es schon fast etwas Beängstigendes habe; Gisèle sei völlig verzweifelt: »nicht nur so irre, sondern ich fürchte, richtig verrückt«.

Wolfgang war während der größten Krise in Gisèles Leben der große Abwesende. Mitte des Jahres 1947 war klar geworden, dass seine Pläne in Deutschland gescheitert waren. Nach einem langen Urlaub verlagerte er sein Interesse auf die Schweiz. Im Februar 1948 reiste er erneut ab, diesmal unter Mitnahme eines Reisegefährten – Simon war der Auserwählte. In den Jahren danach, bis weit ins Jahr 1951 hinein, mied er Amsterdam. Nur zu den Freundesfesten, die in den Nachkriegsjahren zumeist in der Beulingstraat stattfanden, kam er zweimal im Jahr herüber und blieb dann ein paar Wochen. Den Kontakt zum Castrum verlor er aber, auch wenn er nicht vor

Ort war, niemals; er wurde über Briefe und Besuche der Anhänger in der Schweiz auf dem Laufenden gehalten. Sie reisten hin und her. Auch die schwangere Jannie erschien bei ihm zur Audienz, um ihm die Angelegenheit zu unterbreiten und weitere Anweisungen zu erhalten.

Gisèle drehte sich derweil weiter in ihrem »schaurigen Teufelskreis«. Allem und jedem gab sie die Schuld an ihrer Misere: der Amerikareise, dieser im Nachhinein verfluchten Periode, in der sie Buri allein gelassen und die ihr Leben zerstört hatte; Joep, der gewollt hatte, dass sie wieder, so wie früher, geschminkt mit ihm ausging; der tief verhassten Jannie, die ihr von Wolfgang stets als Musterfrau präsentiert worden war und die sich mit ihrem Geld und ihren Geschenken Buri gekauft hatte und anschließend aus purer Berechnung schwanger geworden war, um ihn definitiv in ihren Netzen zu fangen. Wäre sie selbst doch nur diejenige gewesen, die Buris Kind getragen hätte, dann wäre er jetzt noch bei ihr! Dieser Wunsch scheint jedoch eher durch den Gedanken eingegeben worden zu sein, dass sie mit einer eigenen Schwangerschaft Buri hätte behalten können, als durch ein unabhängiges Verlangen, Mutter zu sein. Doch sie trauerte darum: Menstruationen, die sie vorher in ihren Kalender mit eingekreistem Datum oder der Mitteilung »Granny« einzutragen pflegte, notierte sie fortan mit den Worten »The curse« oder »Got the curse«.[5]

Derjenige, der in ihren Gedanken am allerwenigsten ungestraft davonkam, war Wolfgang. In Gisèles Archiv befinden sich drei interessante Briefe, an ihn gerichtet, während er sich in der Schweiz aufhielt: drei Konzeptbriefe, von denen ihn höchstens der letzte tatsächlich erreicht hat. Der erste Brief, verfasst am 21. Juni 1948, ist am ausführlichsten und enthält eine ungeschminkte Kritik an Wolfgangs Tun und Lassen in der Buri-Affäre. Brief Nummer zwei vom selben Tag ist eine geordnetere, komprimiertere Fassung des ersten. In Brief Nummer drei, der eine Woche später datiert, ist von den Vorwürfen nichts mehr übrig – was bleibt, ist ein kurzes Update ihrer unglücklichen Situation, das sie Manuel mitgeben wollte, der kurz davor stand, in die Schweiz zu reisen.

5 »Der Fluch.« – »Habe den Fluch.«

Die Urfassung zählt sechs Seiten, eine ebenso lange wie luzide Mischung aus Anklage und Analyse. Zunächst einmal nahm sie es Wolfgang übel, Jannie manipuliert zu haben – dass er ihr, gleich nach der Befreiung, Buri in der Haringvlietstraat vorgestellt habe, sei ein Schritt gewesen, bei dem er sie, Gisèle, vollständig außen vor gelassen hätte. Trotz seiner denkwürdigen Zustimmung auf dem Leeuwenberg sei er tief in seinem Herzen niemals wirklich mit Buris Beziehung zu ihr einverstanden gewesen. Damit habe er Buri in seiner Unsicherheit bestärkt, eine eventuelle Ehe hintertrieben und ihre Beziehung mit Buri unterminiert. Und das, während er inzwischen ihre Gefühle völlig ausgenutzt hätte. Sie habe viel für ihn, Wolfgang, übrig, aber es sei ihre Liebe zu Buri gewesen, die die Jahre des Versteckens und deren Folgen ermöglicht hätten und die sie alles habe durchstehen lassen: die komplette Übernahme ihrer Wohnung, die irrsinnige Hektik: »Ich wäre für ihn durchs feuer gegangen und sicher durch ein Konzentrationslager, wenn es nötig gewesen wäre.« Wolfgang wisse das verdammt gut, und es habe ihm gut in den Kram gepasst.

Interessant ist vor allem, dass sie in ihrem offenherzigen ersten Konzept den sexuellen Aspekt innerhalb des Castrum benennt, über den man übrigens *nie* öffentlich sprach und von dem sich viele, die Gisèle kannten, gefragt haben, ob sie überhaupt davon gewusst hat. Ja, sie hat, wie dieser Brief beweist. Das homosexuelle Korsett, in das Wolfgang seine Jünger zu zwängen versuchte, benennt sie darin als den Schwachpunkt in seiner Erziehungsmethode. »Solange deine jünger ganz jung sind, kannst du sie durch deine erotik fesseln – u. Gott weiss, dein Eros lässt nicht zu wünschen – (von die geistige nahrung, die du sie gibst, brauchen wir hier nicht zu reden) aber es kommt in den meisten jungens die zeit, dass sie verlangen den gegenpole. Bekämpfst du diese natürliche neigung zu sehr, geschehen zwei sachen: – entweder gefährdest du sie nach der anderen richtung, oder suchen sie die frau heimlich auf – halten diese im versteck u. schämen sich darüber – u. führen dir gegenüber und unter einander eine jämmerliche komödie auf.«

In dieser Hinsicht fand Gisèle die Aura, die Wolfgangs jüngeren Bruder Gerhard Frommel aus Heidelberg umgab, um einiges gesünder. Ihn hatte sie bei einem Besuch in Deutschland nach dem

Krieg kennengelernt. Auch Gerhard sei nicht frei von guruartigen Neigungen und habe einen eigenen Freundeskreis um sich gesammelt, doch seine Vorgehensweise sei nicht von der Libido getrieben. Der »eros paidagogos« spiele in Heidelberg keine Rolle, und die Haltung weiblichen Partnern gegenüber sei nicht so krampfhaft ablehnend. Keiner der deutschen Freunde bekomme den Gedanken eingetrichtert, dass eine ernsthafte Bindung an eine Frau oder eine Ehe entehrend sei oder er sich damit für die höhere Erkenntnis und die geistige Übergabe disqualifiziere.

Dass Buri sich von Frauen angezogen fühle, sei von Anfang an klar gewesen, und niemand würde sie, Gisèle, davon überzeugen können, dass sie beide nicht zueinander passten und füreinander bestimmt seien. Doch in Frommels Augen sei sie zu »männlich«, um Buri eine gute Partnerin sein zu können. Das sei ein außerordentlich schmerzhafter Vorwurf gewesen, denn in den Kriegsjahren habe man sich nun einmal stark auf diese »männlichen« Seiten verlassen. Und »männlich« habe sie ja auch wohl sein müssen, um alles am Laufen zu halten, und alle hätten davon profitiert. Um ihr diese Eigenschaft dann im Nachhinein vorzuwerfen ... Wären die Jungen hier nur etwas männlicher gewesen, höhnte sie, hätte ich auch etwas weiblicher sein können. Der Vorwurf habe sie umso härter getroffen, da sie gleichzeitig nicht als Mann unter Männern behandelt, sondern im Gegenteil als Frau von den heiligsten Freundestreffen ferngehalten werde, an denen sie so gern hätte teilnehmen wollen. »Meine spezifische tragödie wird wohl immer bleiben, dass man mich männlich findet und mich doch als frau behandelt.« In George-Kreisen sei dies in der Tat das Schlechteste aus zwei Welten.

In der letzten Version ist von dieser ganzen Erörterung nichts übrig geblieben. Ob Gisèle das dritte Konzept noch einmal sauber abgeschrieben und Manuel tatsächlich mitgegeben hat, tut wenig zur Sache. Was zählt, ist, dass sie die früheren Versionen *nicht* verschickte (interessanterweise aber aufhob). Das ist charakteristisch dafür, wie es im Castrum immer lief und im Weiteren laufen sollte: Kritik wurde heruntergeschluckt, der Konflikt vermieden, Ärger maskiert. Was für ein sonderbares Bauwerk: Mit vereinten Kräften hielt man nach außen hin eine Fassade aufrecht, doch es ist nicht so, dass dahinter offen geredet wurde. Im Gegenteil: Es wurde alles

Mögliche vertuscht, vieles blieb unausgesprochen, es gab viel schönen Schein, viel unterdrückte Rivalität, und es wurde sehr viel von höherer Stelle manipuliert.

So klar Gisèles Analyse auch war – zwei Personen blieben darin auffallend außerhalb der Betrachtung. Zunächst einmal Buri. Er war in ihren Augen höchstens schwach gewesen, als er sich von der raffinierten Jannie hatte becircen lassen. Nichtsdestotrotz sollte er immer *ihr* Buri bleiben. Ob er das überhaupt wollte oder sich mit seinem Schritt nicht vielmehr ganz bewusst von ihr zu befreien versuchte, waren Fragen, die sie nicht stellte, denn auch für ihre eigene Rolle hatte sie kaum einen Blick übrig – der zweite blinde Fleck. Gisèle sah in Buri weiterhin eine Art Opfer, jemanden, um den man sich kümmern musste. Nun forderte sein Verhalten auch dazu auf, doch den Gedanken, dass ihn ihre Haltung, in Kombination mit der Verpflichtung zur Dankbarkeit, die er seiner Lebensretterin gegenüber empfunden haben muss, einengte und bedrückte, zog sie nicht in Erwägung. Ungerechtfertigterweise, denn am Ende seines Lebens kam Buri bei der Erinnerung an den Mantel, den er nach dem Krieg von ihr bekommen, und die Kleidung, die sie ihm gekauft hatte, immer noch die Galle hoch – dieser ganze lähmende Mix aus Abhängigkeit und Dankbarkeit, der ihn gefangen gehalten hatte.

Der blinde Fleck im Hinblick auf ihre eigene Rolle umfasste auch ihren Umgang mit Joep Nicolas. Sie selbst mochte zwar über eine außergewöhnliche Fähigkeit verfügen, verschiedene Welten miteinander zu kombinieren, doch es war ihr offenbar kaum bewusst, dass die Rückkehr dieser alten Liebe auf andere – und insbesondere auf Buri – äußerst verwirrend und auch bedrohlich wirken musste. Joeps Tochter Sylvia, eine lebenslange Freundin Gisèles, die mit ihr auf sehr vertrautem Fuß stand, äußerte im Nachhinein über den Besuch ihres Vaters: »Sie hatte nicht die Intelligenz, sich zu überlegen, dass man sich dann abends nicht dick schminkt, um mit einem früheren Liebhaber auszugehen, von dem Buri wusste, wie wichtig er in ihrem Leben gewesen war. Das war für Buri furchtbar schwer. Es war erniedrigend.« Sylvia machte das Nachspiel der Krise aus der Nähe mit. Sie kam im September 1948 in die Niederlande und wollte zusammen mit Gisèle in den Urlaub fahren. Doch sie reiste schließlich allein ab, nachdem ihre Reisegefährtin im letzten Moment abgesagt hatte. Gisèle wusste sich vor lauter Kummer noch immer keinen Rat.

Wie weiter?

Dieselbe Fähigkeit, ihr Leben auf mehreren Gleisen gleichzeitig zu führen, die Gisèle im Hinblick auf Buri geschadet hatte, kam ihr in der Trauerphase dagegen gut zustatten. Es besteht kein Zweifel, dass sie tief unglücklich und davon überzeugt war, dass es für sie keine neue Liebe mehr geben würde, aber trotzdem gelang es ihr, auf einem Parallelgleis eine neue Beziehung einzugehen und sie am Leben zu halten. Extreme und Widersprüche konnten bei ihr nun einmal nebeneinanderher existieren, ohne sich gegenseitig in die Quere zu kommen. Die Beziehung mit Titus Leeser verschaffte ihr Ablenkung und Trost, bot jedoch in keiner Weise eine Alternative zu der Liebe, die sie gerade verloren hatte. Die beiden Welten berührten einander nicht, was sich sogar in der Benutzung zweier verschiedener Kalender für das Jahr 1948 widerspiegelt: einem allgemeinen voller Castrum-Tragik und einem ausschließlich für die Verabredungen mit Titus.

Der Pfeife rauchende Titus Leeser (1903–1996) war ein Bildhauer aus der Provinz Overijssel, den Gisèle Ende 1947 bei ihrer Arbeit an der Willem Ruys kennenlernte, einem neuen Luxuspassagierschiff für die Rotterdamsche Lloyd, an dessen Innenausstattung verschiedene Künstler beteiligt waren. Gisèles Beitrag bestand aus einem der Diana, Göttin der Jagd, gewidmeten Opalinpaneel als Wanddekoration, einem kleinen Schiffsspringbrunnen in Form eines Fisches und einem Ornament für das Schwimmbecken: einer Meerjungfrau in einer Muschel. Die gemeinsam verbrachten Tage an Bord versetzten beide in höhere Sphären und fanden ihre Fortsetzung in gegenseitigen Besuchen und einer intensiven Korrespondenz. Vor allem Titus legte sich kräftig ins Zeug und schrieb anfangs oft täglich verliebte, aufmunternde und fürsorgliche Briefe.

Ihre gemeinsame Sprache war Englisch. Obwohl in Deutschland geboren und aufgewachsen, hatte Titus etwas von einem englischen

Gentleman, so liebenswürdig, reserviert und zuvorkommend wie er war. Die Gefühle, die Gisèle für ihn hegte, lassen sich vielleicht am ehesten als eine tiefe Zuneigung beschreiben. Sie mochte seine jungenhafte Begeisterung für den Sport und die Pfadfinderei sowie die integre und ernsthafte Haltung, mit der er seine Kunst betrieb, nicht nur, was sein freies Schaffen, sondern auch, was die für seinen Lebensunterhalt nun einmal notwendigen Aufträge betraf – Leeser war in diesen Jahren ein viel gefragter Produzent von Widerstands- und Kriegsdenkmälern. Wichtig war sicherlich auch, dass er ihr einen willkommenen Fluchtpunkt in schwerer Zeit bot. In für sie schwierigen Momenten nahm sie seine Briefe zur Hand, zählte sie, las sie noch einmal und labte sich daran. Seine Besuche in Amsterdam waren kleine, hell erleuchtete Inseln der Freude und Zerstreuung in einem ansonsten grauen Dasein. Sie besuchte ihn auch gern bei ihm in Ommen, wo er mit Frau und Sohn auf dem Landgut Eerde des Barons van Pallandt lebte, wo auch die Quäkerschule ihren Sitz hatte.

Es war also wieder ein Konstrukt, bei dem es Gisèle mit der Ehepartnerin eines Liebhabers zu tun bekam und bei dem sie sich mit ihr auch anfreundete, doch zu Verstimmungen kam es diesmal nicht. Lies Leeser-Hendrikse stimmte den außerehelichen Ausflügen ihres Mannes zu, fand sie stimulierend für sein künstlerisches Schaffen und organisierte sie manchmal selbst, solange sie nur die Kontrolle behalten konnte. Die Beziehung hatte dadurch deutliche Begrenzungen, an die Titus sich auch hielt.

Im Mittelpunkt der Beziehung und der Freundschaft mit Titus standen die Arbeit und der kollegiale Austausch. »Wenn unsere Freundschaft die große Sache ist, von der ich glaube, dass sie es ist«, schrieb Titus ihr Anfang 1948, »muss sie uns beiden helfen, bessere Künstler zu werden, uns in unserer Arbeit zu festigen.« Dafür tat er aufrichtig sein Bestes. Ebenso wie Joep Nicolas versuchte auch er vergeblich, sie aus dem Castrum-Netz zu befreien, in das sie sich verstrickt hatte, und sie davon zu überzeugen, dass sie aufhören müsse, sich für jeden abzurackern. Er gab väterliche Ratschläge, versuchte sie aus dem Tal zu holen, kommentierte ihre Arbeiten und ermunterte sie, wieder für sich selbst zu malen.

Das war bei all dem Verdruss in ihrem Leben ein positiver Effekt: Er brachte Gisèle zurück an die Staffelei, wo sie sich eigentlich auch am meisten zu Hause fühlte. Das Malen erwies sich als die beste Möglichkeit, wenigstens nicht untätig zu bleiben, und auch wenn es sich anfangs vor allem als gute Therapie erwies und zäh und etwas ungelenk voranging – wie bei einer Geigerin, sagte sie selbst, deren Finger ein halbes Jahr in Gips gesteckt haben –, wurde Ende der Vierzigerjahre doch der Keim der Malerkarriere gelegt, der sich in den Fünfzigerjahren und danach weiterentwickeln sollte. Die Reihe der gemalten Freundeporträts, die sich wie ein roter Faden durch ihr Œuvre zieht, findet hier, in den Gemälden, die Buri, Simon, Manuel und Claus zeigen, ihren Ursprung.

Große Aufträge für Glasmalereien schlug sie aus. Sie fühlte sich nicht dazu imstande, sie gut auszuführen. Das brachte vorübergehend Erleichterung, doch angesichts des Fehlens finanzieller Reserven ergab sich nahezu sofort die Notwendigkeit, eine andere Einnahmequelle zu finden. Die Geldnot führte im Sommer 1948 zu einem erneuten Tiefpunkt: der Entscheidung, einen Teil der Herengracht zu vermieten. Der KLM-Pilot, der zeitweise in ein kleines Zimmer im vierten Stock einzog, war noch hinnehmbar, ein wirkliches Drama war jedoch die Vermietung der ursprünglichen Wohnung Gisèles im dritten Stock, dort, wo sich das Versteck befunden hatte, die Wiege des Castrum Peregrini. In Grabesstimmung räumte sie gemeinsam mit Buri das stets instand gehaltene Heiligtum: Wolfgangs Zimmer. Seine Sachen wurden eingelagert. Anfang Juli 1948 bezog ein amerikanisches Ehepaar die Etage.

Wie um ihr ihr Elend noch einmal zusätzlich aufs Butterbrot zu schmieren, erschien ein paar Monate später in der Frauenzeitschrift *Libelle* ein Artikel unter dem Titel »Amerikaans nestje in een Amsterdams grachtenhuis« (Amerikanisches Nest in einem Amsterdamer Grachtenhaus), der praktische Tipps enthielt, wie man mit wenigen Handgriffen kleine Wohnflächen größer erscheinen lassen könne. Anhand des neuen »Heims« des Ehepaars Brennan wurde gezeigt, wie viel sich mit »gleichmäßig hellen Tapeten«, »gutem Geschmack« und einem farbenfrohen Plastikvorhang, der Kochgelegenheit und Spüle verdeckt, erreichen lässt. Gisèle schickte dem vormaligen Bewohner den Ausschnitt mit Illustrationen der nicht mehr wiederzuerkennenden Räume in die Schweiz. Schlimmer konnte es nicht mehr werden.

Die Mieteinkünfte linderten den finanziellen Druck, bestärkten Gisèle jedoch in dem Gefühl, dass ihr Traum in Scherben lag. Ihre Geburtstage nutzte sie Ende der Vierzigerjahre dazu, zum Leeuwenberg zu pilgern und sich noch einmal die glückseligen Tage in Erinnerung zu rufen, die sie dort kurz nach der Befreiung verbracht hatte, als die Welt noch in Ordnung zu sein schien. In Amsterdam tat sie ihr Bestes, um die besondere und von ihr in Ehren gehaltene Atmosphäre der Kriegsjahre nicht völlig aufgeben zu müssen. Mit Harry und Peter versuchte sie einen wöchentlichen Zeichenabend am Leben zu erhalten, außerdem ergriff sie die Initiative zu einer Reihe von Leseabenden, die der Romantik gewidmet waren. Sie bat Wolfgang um Literaturtipps. »Ich will beweisen, dass die Herengracht was ist – was war«, erklärte sie. »Ich will unser leben wieder fruchtbar machen. Die freunde haben es alle nötig.«

Das Letzte war eine Fehleinschätzung: Keiner der Freunde war erpicht auf ihre »Romantikerabende«. Manuel beklagte sich in seinen Briefen an Claus über die einschläfernde, sinnlose Verpflichtung, die Gisèle auch noch die Gelegenheit verschaffe, dem großen Pan zu schreiben, dass sie während seiner Abwesenheit sehr gut in der Lage sei, selbst »geistige Abende« anzuberaumen. Doch nichts sei natürlich weniger wahr, ein Albtraum, diese »Rheumatikerabende«, wie Manuel sie nannte, die auch nur um des lieben Friedens willen besucht würden. Die wirklich interessanten Leseabende fänden inzwischen längst bei Buri zu Hause statt, wo man Dante lese.

Lange brauchte Manuel nicht zu leiden, denn noch vor Ende des Jahres zeichnete sich eine Veränderung ab, die die Fortsetzung der Abende gefährdete. An der Basis dessen stand Ides. Er war Anfang 1948 als Architekt vom State Department entsandt worden, um im Auftrag des Office for Foreign Building Operations (FBO) in verschiedenen europäischen Ländern nach geeigneten Standorten für die amerikanischen Botschaften und Konsulate zu suchen. Er und Ika verließen die USA und sollten den Rest ihres Lebens in Europa verbringen. Den Haag wurde ihr erster Einsatzort, wo Gisèle sie regelmäßig besuchte. Seitdem er verheiratet war und seine Anti-Castrum-Offensive eingestellt hatte, war die Beziehung zu ihrem Bruder besser geworden. Ides hatte seine Meinung über die Gemeinschaft zwar nicht geändert, doch die Familie hatte die Sache geschluckt, und die guten Beziehungen wurden dadurch nicht weiter in Gefahr gebracht.

Gisèle half ihrem Bruder und ihrer Schwägerin bei der Einrichtung ihrer Haager Wohnung. Im Zuge dessen reifte der Plan, dass sie im Dienste der FBO für die Inneneinrichtung der neuen US-Botschaften, -Konsulate und -Botschafterwohnungen sorgen sollte. Und so geschah es. Ende 1948 bekam sie eine Anstellung für die Einrichtung von vierundzwanzig Gebäuden und Wohnungen in sieben Städten: Den Haag, Brüssel, Luxemburg, Kopenhagen, Oslo, Stockholm und Moskau. Nur die letztgenannte Stadt sollte sie nie selbst besuchen, dort blieb es bei einer Beratung aus der Ferne.

Lust hatte sie nicht dazu. Reisen? Die Wohnungen von anderen einrichten? »Sag mir, *wozu*?«, antwortete sie Wolfgang, nachdem er sie zu ihrer neuen Stelle beglückwünscht hatte. Ihr Leben und ihre Zukunft sahen nach wie vor grau und sinnlos aus, und die Kraft, sich wieder aufzurappeln, fehlte fürs Erste noch. Ob es nun um die Geburt von Buris Tochter oder den darauf folgenden Umzug der großen Patchworkfamilie nach Amstelveen ging – ständig gab es etwas, das Gisèles labiles Gleichgewicht zerstörte und zu einem erneuten Tief führte. Auch in seinem neuen Haus in Amstelveen stellte sie Buri weiterhin auf irritierende Weise nach. Der Gedanke, dass die Freunde sich bei ihm trafen, und insbesondere die Tatsache, dass Wolfgang hier während seiner Besuche in den Niederlanden logierte, fand sie unerträglich – irgendwann überlegte dieser sogar, inkognito zu kommen, um so Szenen zu vermeiden. Doch selbst dann hätte er sich seiner Sache nicht ganz sicher sein können, da die Gefahr bestand, dass Gisèle ihn bei einer ihrer unangekündigten nächtlichen Streifzüge ums Haus entdecken würde.

Obwohl sie mit wenig Lust an der Sache begann, erwies sich die neue Arbeit durchaus als Rettung. Sie bot Ablenkung, und Gisèle verdiente ausgezeichnet – und sogar noch zusätzliches Geld, weil sie den Bewohnern der von ihr eingerichteten Häuser regelmäßig eigene Arbeiten verkaufen konnte. Sie hatte in Den Haag ein Büro mit eigenem Sekretär und konnte, falls nötig, über einen Chauffeur verfügen. Mit den doppelten Einkünften aus der Miete und der gut bezahlten Arbeit war die finanzielle Not gelindert, konnten Schulden aus dem Krieg abbezahlt werden, und es gab sogar wieder Spielraum für Geschenke. Eep hatte den Eindruck, so schrieb er in der zweiten Jahreshälfte 1949 an Joep und Suzanne, dass Gisèle sich allmählich aus ihrer »krankhaften Depression« löse: Sie sei vergnügter, kleide und pflege sich wieder ordentlich und sehe auch viel besser aus. Selbst würde sie dem nicht zugestimmt haben, denn auch wenn sie in den Augen der Außenwelt wieder besser funktionierte, wurde sie noch immer unvermindert von dem Gefühl beherrscht, dass sie in Scherben liege und langsam absterbe.

Die Hektik und das häufige Unterwegssein ließen sich nicht gut mit dem Gleichtakt der Romantikabende vereinbaren, mit denen es also zur Erleichterung Manuels schon bald bergab ging. Auch der Kontakt zu Titus Leeser erwies sich diesem unregelmäßigen Leben nicht gewachsen. Ihre Beziehung bekam im Laufe des Jahres 1949 einen weniger regelmäßigen und stets freundschaftlicheren Charakter und löste sich in den Fünfzigerjahren weiter auf.

Wolfgangs Entscheidung

Gisèle konnte grübeln, so viel sie wollte, für den Fortbestand des Castrum war nur eine einzige Frage von ausschlaggebender Bedeutung: Was macht Wolfgang? Kommt er noch zurück? Er war das Herz und die Seele des Castrum, und ohne seine Anwesenheit stand dem Gemeinschaftsleben in der Herengracht tatsächlich ein langsamer Tod bevor. Obwohl sich die Pläne zur Gründung einer Schule auch in der Schweiz schon bald erledigt hatten, blieb er in der Region hängen, anfänglich an verschiedenen Adressen in der Gegend von Locarno, nahe dem letzten Wohnort und dem Grab Stefan Georges in Minusio. Im Sommer 1949 fand er dann für längere Zeit eine Bleibe in Waldenburg, südlich von Basel, in der hübschen Villa Gelpke, die von der reichen Witwe Susanne Gelpke und ihren drei Kindern bewohnt wurde.

Hinsichtlich seiner Zukunftspläne tastete Gisèle im Dunkeln. Es war eine Frage des Abwartens. »Bedeutet Castrum noch was für dich oder nicht?«, fragte sie ihn Anfang 1949. Eine klare Antwort bekam sie nicht, auch nicht während des Besuchs, den Gisèle ihm ein paar Monate später abstattete und bei dem außer seinem Reisegefährten Simon auch Buri zugegen war – ein Versuch, unter Wolfgangs Leitung die Beziehungen zu normalisieren. Es wurden viele Gespräche geführt, doch zu einem Durchbruch kam es nicht, weder im Verhältnis zwischen den beiden Ex-Geliebten noch im Hinblick auf die Zukunft der Herengracht.

Heimweh nach seinem Castrum hatte Wolfgang sicher, doch das Leben in der Schweiz war nicht unangenehm. Vor allem in der reizvollen Villa Gelpke fehlte es ihm an nichts. Die Dame des Hauses war wie Wachs in seinen Händen und hatte ihrem Gast zuliebe und unter dessen Anleitung eine komplette Stefan-George-Bibliothek angeschafft. Die ganze Familie profitierte davon und las abends gemeinsam in den neu erworbenen Werken. Wolfgang ließ sich die Betreuung, die Gastfreundschaft und die Avancen der Mutter gern gefallen, war jedoch mehr am Jungvolk interessiert. Er hatte ein Auge auf Tochter Kathi und, mehr noch, auf Sohn Rudolf geworfen, beide um die zwanzig. Mit Rudolf, der von ihm »Ingo« genannt wurde, hatte er inzwischen das Studium des *Sterns des Bundes* aufgenommen. In seinen Briefen nach Hause beschrieb er den jungen Mann als »hochdichterisch«, sehr begabt und, in der lyrischen und hochtrabenden Sprache, in der man im frommelschen Kreis »Neuentdeckungen« kundtat, als ein Geschenk der Götter: »Sein adliges, schönes junges wesen, seine blühende, fragile und wilde blondheit ist eine botschaft der Olympischen, die ich täglich wie ein gnadengeschenk neu empfange.«

Abgesehen von den neuen pädagogischen Investitionen, die ihn an seinen Schweizer Wohnort banden, gab es auch Hinderungsgründe in Amsterdam, die ihn davon abhielten, zurückzukehren. Gisèle selbst war gewiss einer davon, und nicht der geringste. Sicherlich legte Wolfgang ebenfalls Wert auf das Band, das im Krieg geschmiedet worden war. Das Schicksal hatte sie zusammengeführt, so sah auch er es. Er und Gisèle waren miteinander verbunden, doch am liebsten hielt er sie auf Distanz. Ihre Einmischungen in die Angelegenheiten des Castrum frustrierten ihn stark, und der Zustand, in dem sie sich seit dem Bruch mit Buri befand, irritierte ihn maßlos. Solange er immer wieder aufs Neue mit Szenen, tränenreichen Gesprächen und bittern Vorwürfen konfrontiert wurde, war eine Rückkehr ausgeschlossen. Über das prekäre Verhältnis zwischen den beiden waren sich auch die jüngeren Freunde einig. Als Wolfgang 1950 zur Oktoberfeier zurückkehrte, schrieb Manuel in einem Brief an Claus erfreut, dass er wahrscheinlich länger als einen Monat in Amsterdam bleiben würde. »Wenn er nicht vorher vor Gisèle flieht«, fügte er bösartig hinzu. »Dieses Weib!« Sie war und blieb eine potentielle Spielverderberin.

Wolfgang war außerdem pragmatisch genug, um ruhig abzuwarten, bis ein gutes Angebot kam, denn in einem dunklen Zimmer oder einem unattraktiven Viertel zu wohnen war seine Sache nicht. Die Herengracht genügte seinen Anforderungen, aber er hatte den Artikel in der *Libelle* gelesen, der ihm von Gisèle geschickt worden war, musste also abwarten, ob sie sich bereitfinden würde, die alte Wohnung gründlich zu »entamerikanisieren«, um dort die alte Castrum-Höhle aufs Neue entstehen zu lassen. Vorläufig sah er sich jedenfalls nach alternativen Standorten für sein Castrum um. Waldenburg kam in Frage, aber auch das Spanien des Generals Franco zog er in Erwägung. In den Sommermonaten 1951 reiste er durch Spanien, halb und halb auf der Suche nach einer neuen Niederlassung, einer »Pfalz«, wie er es nannte, in der er sich mit einer erlesenen Auswahl seiner Anhänger ansiedeln könnte. Er fand nichts.

Im Frühjahr 1952 setzte ein unentwirrbares Knäuel aus Eifersucht und Intrigen dem Aufenthalt Wolfgangs in Waldenburg ein Ende – es kam zum Bruch mit Susanne Gelpke. Danach ging es ziemlich schnell, und er entschied sich definitiv für Amsterdam als Hauptsitz und Zentrum seiner geistigen und pädagogischen Aktivitäten. Nirgendwo fand Wolfgang mehr Freiheit und waren die Voraussetzungen günstiger als in der Herengracht. Gisèle kam ihm dabei außerordentlich weit entgegen. Nachdem zuvor schon alle Mieter ausgezogen waren, hatte sie mithilfe Peter Goldschmidts die gesamte dritte Etage gewissenhaft in den alten Zustand zurückversetzt. Wolfgang konnte dort einziehen, als wäre der Krieg gerade erst vorbei oder, falls er das vorziehen sollte, noch immer im Gange.

Nun, da die Wohnung renoviert beziehungsweise zurückgebaut war, Gisèle ihr Gleichgewicht wiedergewonnen hatte und die Finanzen in Ordnung waren, stand einer Rückkehr in seine geliebte *familia spiritualis* nichts mehr im Wege. Die war inzwischen auch dringend erforderlich, da die Moral unter seinen Freunden stark nachließ. Klagen darüber hatten schon eine Weile die Runde gemacht und ihn, manchmal in scharfen Worten, auch in der Schweiz erreicht.

Seine lange Abwesenheit hatte Wolfgang unter anderem dazu genutzt, einen autobiographischen Text über den Wendepunkt in seinem Leben zu schreiben: den Moment, in dem Percy Gothein ihn 1923 in Heidelberg Stefan George vorgestellt hatte. *Der Dichter. Ein Bericht* erschien 1950 im Druck. Es war bei dieser einen Begegnung Wolfgangs mit George geblieben, doch diese, nun verschriftlichte, direkte Verbindung zum geistigen Zentrum genügte, um den Durchstart seines Amsterdamer Projekts mit dem Segen des Meisters zu versehen.

Wichtig für das erneute Aufleben des Elans und der Produktivität war nicht nur Wolfgangs Rückkehr, sondern auch die Aufnahme einer neuen, zentralen Aktivität, die die Gruppe zusammenhielt – nach einem langen Anlauf waren die Pläne für eine eigene Zeitschrift nun doch realisiert worden. Bereits im Frühjahr 1951 war die erste Ausgabe der Literaturzeitschrift *Castrum Peregrini* erschienen. Emanuel Zeylmans van Emmichoven, besser bekannt als Gabriel, war gebeten worden, die Herausgeberschaft zu übernehmen. Ihm zur Seite stand Kathi Gelpke, die Wolfgang vorher schon aus der Schweiz nach Amsterdam geschickt hatte, um für die neue Zeitschrift zu arbeiten. Finanziell wurde das Ganze durch das Familienkapital Chris Dekkers ermöglicht.

Es war ein Neustart, den Gisèle freudig begrüßte: alle zusammen unter ihrem Dach und das hochgehaltene Ideal des Freundeskreises in der Herengracht zu neuem Leben erweckt, auch wenn dem gegenüberstand, dass sie den sehnlichen Wunsch, jemals richtig dazuzugehören, aufgeben musste. Diesen Preis hat sie gezahlt. Der Kummer darüber ließ mit den Jahren nach, aber die Alpträume – »seltsame, gespenstige wahn-träume, wie sie mich viele jahre plagten« –, kehrten noch immer gelegentlich zurück, wie sie 1954 schrieb. »Ich träumte, ihr wäret alle in ein nachbardorf vereinigt zum fest, und ich wurde zurückgelassen mit zwei wunderliche alte frauen, die mich festhalten mussten, da ich für verrückt angesehen wurde. Ich wusste aber, das kommt, weil ihr mich nicht haben wolltet ... Es war ganz furchtbar, und ich kämpfte, um mich zu befreien.«

Das Ekligste daran sei vielleicht noch gewesen, dass sie sich beim Erwachen nicht wirklich mit dem beruhigenden Gedanken, »Es war nur ein Traum«, habe trösten können. Es war und blieb die Realität.

KAPITEL 8

Der Reiher und das Teichhuhn

Im Nachhinein fällt auf, wie problemlos das ungewöhnliche Arrangement akzeptiert wurde, in dem Gisèle sich nach dem Krieg zu leben entschloss. Die Fünfzigerjahre sind schließlich nicht unbedingt für ihre große Liberalität oder ihre Toleranz gegenüber alternativen Lebensweisen bekannt. Es wird in ihrem Umfeld gewiss Menschen gegeben haben, die sich ihren Teil dachten – eine Frau allein zwischen all den Männern!? –, aber man gewinnt doch den Eindruck, dass der Haushalt in der Herengracht eher als interessant und faszinierend denn als unanständig empfunden wurde. Die Tatsache, dass Gisèle selbst eigentlich immer eine Fremde in der niederländischen Gesellschaft geblieben und wohl auch als solche betrachtet worden ist, wird dabei sicher ebenso wie ihre Herkunft eine Rolle gespielt haben. Für Sprösslinge aus adligen oder höheren gesellschaftlichen Kreisen ist der Spielraum für Exzentrik und Nonkonformismus immer schon größer gewesen.

Doch Faszination erzeugte Gisèles Position im Castrum ganz bestimmt. Auf den besonderen Wunsch Max Beckmanns hin hatte sie ihm von ihrer USA-Reise 1946 einen dunkelblauen, doppelt geknöpften Anzug mitgebracht. Es war mit einigem Aufwand verbunden gewesen, ihn zu beschaffen, aber es war ihr gelungen. Zum Dank schenkte er ihr ein selbst gemaltes Aquarell, wobei er der Erinnerung Gisèles zufolge bemerkt haben sollte: »Das passt zu dir.« Sie dachte sich selbst den Titel für das Werk aus: *Jungfrau mit dem Untier*. Wir sehen eine Frau, von Wasser umgeben, die zusammen mit einem vielarmigen Seeungeheuer auf einer Art Floß sitzt. Ob das Tier sie dort gefangen hält oder im Gegenteil beschützt, ist nicht recht zu erkennen.

Man hat auf die mythologische Inspirationsquelle für das Werk hingewiesen: Andromeda, bevor sie von Perseus befreit wird. Dagegen lässt sich wenig einwenden, doch vor dem Hintergrund der Bemerkung: »Das passt zu dir«, scheint es nicht allzu weit hergeholt, darin zugleich eine Anspielung auf Gisèles persönliche Situation zu sehen. Angesichts des Zeitpunkts, an dem Beckmann ihr das Aquarell schenkte, im Sommer des Jahres 1946, liegt es nahe, dass er dabei an die Kriegsjahre gedacht hatte: Gisèle als die Jungfrau, die vom nationalsozialistischen Monster bedrängt wird. Doch es hindert uns nichts daran, noch ein wenig weiter zu assoziieren. Vielleicht hatte der Schöpfer des Werks etwas von der komplexen Zweideutigkeit der Position Gisèles im Castrum Peregrini erkannt und verstanden. Doch auch, wenn dem nicht so war: Sein Aquarell stellt diese Ambiguität sehr adäquat dar. So wie sich darüber streiten lässt, ob die Frau auf dem Floß bewacht oder gerade beschützt wird, bleibt auch offen, was Gisèle eigentlich war: die Meisterin oder eine Gefangene der Hegra.

In den Jahrzehnten nach dem Krieg wurde das nicht deutlicher. Im Gegenteil: Je älter sie wurde und vor allem, je mehr das Geld eine Rolle zu spielen begann, ließen sich für beide Positionen stichhaltige Belege finden. Doch dazu später – an diesem Punkt in der Geschichte, Anfang der Fünfzigerjahre, wurde Gisèle klar, dass sie in der Castrum-Gemeinschaft immer eine Außenseiterin bleiben würde. Das war eine bittere Wahrheit, allerdings eine, die ihr den Raum bot, ihre Flügel auszubreiten und innerhalb der Gemeinschaft, der sie sich trotz allem auf ewig verbunden fühlte, ein eigenes Leben zu führen. Die Gelegenheit dazu ergab sich schon bald.

401 und 502

»Es wird ein süßes Geheimnis bleiben, weshalb du bei unserem ersten Kontakt einen so überwältigenden Eindruck auf mich gemacht hast.« Mit diesen Worten rief der Bürgermeister von Amsterdam, Arnold d'Ailly, im September 1953 noch einmal das Ereignis in Erinnerung, das einen kleinen Erdrutsch in seinem Leben verursacht hatte. Seine erste Begegnung mit Gisèle, auf die er sich bezog, hatte bereits im Jahr davor stattgefunden. Deren Folgen waren für keinen der beiden mehr wegzudenken.

Für Gisèle war mit dieser Begegnung eine lange Periode tiefer Aussichtslosigkeit zu Ende gegangen. Vor den Augen der Welt hatte sie sich vielleicht vorher schon wieder gefasst. Sie arbeitete, reiste von einer Botschaft zur anderen und fuhr regelmäßig nach Paris, wo Sylvia Nicolas in diesen Jahren lebte, wo sie Ausstellungen besuchte und wo sich ihr Liebesleben abspielte. Anfang der Fünfzigerjahre figurierten darin ein alter Bekannter aus ihrer Studienzeit – Pierre de Castellane, ein Autohändler und Sportliebhaber aus der Entourage Prinz Wolkonskys – sowie der schon erwähnte Charles Wentinck, der inzwischen als Kunstkritiker bei *Elseviers Weekblad* arbeitete und häufig in Paris zu finden war. Gisèles kurze Affäre mit ihm gereichte beiden zum Vorteil: *Sie* führte ihn bei einigen befreundeten Künstlern ein, *er* schrieb als der tonangebende Kritiker, der er werden sollte, eine Reihe wohlwollender Artikel über ihr Werk. Ihr Leben wirkte von außen betrachtet erfüllt und durchaus glücklich, doch der Schein trog. »Erst seitdem ich Arnold kenne, bin ich nicht mehr zerbrochen«, schrieb sie Anfang 1953 in ihr Tagebuch. »Ich bin froh, dass wir uns getroffen haben, als sich die Stücke noch zusammensetzen ließen.«

Zu dieser ersten Begegnung kommt es am 21. Juli 1952 auf einem Empfang im British Council. Anders als bei d'Ailly ist es für Gisèle keine »Liebe auf den ersten Blick«, doch dem galanten Bürgermeister gelingt es immerhin, sie genügend zu beeindrucken, um auf sein Angebot einzugehen, sie mit dem Dienstwagen nach Hause zu bringen. Auf der kurzen Fahrt willigt sie in seine Bitte ein, sie einmal besuchen zu dürfen, wenn sie von einer geplanten einwöchigen Urlaubsreise zurück ist. Am 5. August steigt er zum ersten Mal die kleine Freitreppe zum Haus Herengracht 401 hinauf. Oben angekommen, trifft er nicht nur Gisèle, sondern auch ihre Mutter an. Eine Vorsichtsmaßnahme: Die alte Baronesse weiß, wie man mit Würdenträgern umgeht und eine Konversation in Gang hält. Praktisch also, sie dabeizuhaben, doch wirklich notwendig ist es nicht, denn von Steifheit kann keine Rede sein. Mit seinem jungenhaften Charme nimmt d'Ailly alle für sich ein.

Es folgen weitere Besuche, Spazierfahrten im Auto, kleine Aufmerksamkeiten. Am 11. September, ihrem vierzigsten Geburtstag, findet Gisèle bei der Heimkehr von ihrer jährlichen Reise nach Leeuwenberg eine blassrosa Rose mit einer Nachricht des Bürgermeisters vor: »Eine Herbstrose aus meinem Garten als Glückwunsch!« Ihr Geburtsdatum hat er im Melderegister recherchieren lassen. Noch im selben Monat hält d'Ailly die Zeit für gekommen, Gisèle seine absolute Überzeugung kundzutun, dass sie seine große Liebe sei. Hocherfreut nimmt er zur Kenntnis, dass diese von Gisèle beantwortet wird. Der 21. September 1952 ist das Datum, das Gisèle und Arnold als Anfang ihrer Liebesbeziehung festlegen.

Den beiden eröffnete sich ein neues gemeinsames Leben, das vorläufig aber noch in weiter Ferne lag. D'Ailly war verheiratet, er war kein Bohemien, sondern Bürgermeister der Hauptstadt, ein Amt, in dem eine außereheliche Beziehung unweigerlich zu einem Skandal führen würde. Arnold Jan d'Ailly war im Oktober 1946 Bürgermeister geworden. Zum Zeitpunkt seiner Begegnung mit Gisèle hatte er seine erste sechsjährige Amtsperiode fast beendet und die Nominierung für eine zweite angenommen. Obwohl er aus einem Geschlecht Amsterdamer Hugenotten stammte, war er kein gebürtiger Hauptstädter. Geboren im friesischen Franeker, war er im Osten des Landes aufgewachsen, wo sein Vater eine Hausarztpraxis betrieb. Sein Jurastudium führte ihn nach Amsterdam. Nach Abschluss des Studiums nahm er, über einige Umwege, eine Tätigkeit im Bankwesen auf.

D'Aillys reibungslos verlaufende Karriere als Bankier wurde 1946 durch die Ernennung zum Bürgermeister unterbrochen – dem ersten aus sozialdemokratischem Hause. Er war aufgrund des fortschrittlichen Charakters und weil er hoffte, dass sie zur Aufhebung des nach Konfessionen und Weltanschauungen »versäulten«, das heißt stark segmentierten politischen Systems der Vorkriegszeit in den Niederlanden beitragen würde, Mitglied der gerade erst gegründeten Partij van de Arbeid (PvdA) geworden. Doch ein Parteisoldat war er keineswegs. Seine Mitgliedschaft kündigte er schon bald wieder auf. Neben dem geschäftlichen und finanziellen Hintergrund d'Aillys machte ihn auch seine Rolle während des Kriegs zu einem geeigneten Bürgermeisterkandidaten. Als Direktor der

Kas-Vereeniging, einer Bank, war er im Auftrag des Nationaal Steun Fonds, einer illegalen Organisation zur Finanzierung des Widerstands, Anfang 1944 von seinem Bankierskollegen und späteren Nachfolger als Bürgermeister, Gijs van Hall, kontaktiert worden. Van Hall forderte ihn auf, Geld für die Finanzierung von Widerstandsaktivitäten zur Verfügung zu stellen. Zunächst lehnte d'Ailly die Mitarbeit ab, doch im Verlauf des Jahres änderte er seine Meinung. Im letzten Kriegswinter konnte dank d'Aillys Hilfe ein ingeniös bedachter Wechselbetrug in die Tat umgesetzt werden, der gut fünfzig Millionen Gulden erbrachte, die man für die Unterstützung untergetauchter Personen, der Familien von Seeleuten und der Streikenden bei der niederländischen Bahn einsetzen konnte.

Der neue Bürgermeister genoss schon bald außerordentliche Popularität in der Bevölkerung. Er war informell und jovial im Umgang mit »normalen« Amsterdamern, deren Kontakt er oft und gern suchte. Er zeigte, wenn es nur eben ging, Präsenz bei Eröffnungen, Jubiläen, Empfängen und Vereinsfesten und war für jedermann ansprechbar. Seine Amtszeit als Bürgermeister wurde von großen Bauprojekten geprägt: die Erweiterung des Flughafens Schiphol, die ersten Pläne für den IJtunnel, der Abschluss der Arbeiten am Amsterdam-Rijnkanaal und natürlich die Stadterweiterung mit der bedeutendsten Großtat des Baus der westlichen Gartenstädte, wodurch die drängende Wohnungsnot in der Nachkriegszeit um einiges gelindert werden konnte. Die Enthüllung von Denkmälern zum Gedenken an den Krieg, wie dem Dokwerker (1952) und dem Nationalmonument auf dem Dam (1956), beide durch Königin Juliana, fielen ebenfalls in seine Amtszeit. Persönlich war d'Ailly sehr engagiert, was die internationale Werbung für seine Stadt betraf. Seine vielen Auslandsreisen brachten ihm den Spitznamen »der fliegende Bürgermeister« ein.

D'Ailly war seit 1930 mit der Juristin Annie Fritz verheiratet, die er während ihres gemeinsamen Studiums kennengelernt hatte. Die Ehe wurde vor allem in den Anfangsjahren durch den Zusammenbruch der Handelsfirma des Vaters von Annie überschattet, der in einem Familiendrama endete. Ihr jüngster Bruder zog bei den Jungvermählten ein, während ihre Mutter, die die auf die Insolvenz folgende Ehescheidung und den Statusverlust nie verwinden sollte, oft für längere Zeit bei der Familie ihrer Tochter wohnte. Die Familie wuchs in den Dreißigerjahren beständig an und zählte schließlich vier Kinder. Als Frau des Bürgermeisters erfüllte Annie ihre Aufgaben mit großem Pflichtbewusstsein, doch die Amtswohnung sagte ihr wegen der zu erwartenden hohen Unkosten nicht zu. Erst nach einer Aufforderung zog die Familie in das stattliche Gebäude in der Herengracht 502.

Das Bürgermeisteramt bedeutete für die Familie einen finanziellen Rückschritt, und mit vier heranwachsenden Kindern war dieser wahrscheinlich auch spürbar. D'Ailly klagte oft über das, relativ gesehen natürlich großzügige, aber in seinen Augen zu niedrige Gehalt und entwickelte im Laufe der Jahre die Angewohnheit, dies mit hohen Spesenrechnungen zu »kompensieren«. Seine neue Funktion veränderte ihn. Er entwuchs den etwas steifen Bankerkreisen, in denen er bis dahin verkehrt hatte; das Ansehen, die vielen Reisen und die neuen Kontakte machten ihn eitler, selbstbewusster und wohl auch unzufriedener mit seiner Ehe und seinem Zuhause.

Gisèle stand dagegen für eine vollkommen andere Welt, die den zehn Jahre älteren Bürgermeister stark beeindruckte und zu der er aufsah. Seine Briefe und sein Verhalten sind Zeugnis einer totalen Verehrung. »Ich habe meine Befreiung bei Dir gefunden«, schrieb er drei Monate nach ihrer ersten Begegnung. Er konnte sein Glück nicht fassen. Gisèle verglich er regelmäßig mit einer Göttin oder Priesterin, die er anbete und an deren Füße er sich demütig schmiege; ihre Atelierwohnung im Haus Nummer 401, nur ein paar Hundert Meter vom Haus des Bürgermeisters entfernt, empfand er als einen Tempel. Zu Beginn schrieb er vor allem auf Englisch, doch wenn er seinen erhabenen Gefühlen Ausdruck verleihen wollte, wählte er oft Französisch, oder er nahm seine Zuflucht zu einem merkwürdig gravitätischen Niederländisch. »Ihr habt mich aufgerichtet, gestützt, umsorgt und gehegt, mit einer Natürlichkeit, Bescheidenheit und Weisheit, die Euch, die so viel Jüngere, zu meiner klugen Ratgeberin macht«, schrieb er Gisèle anlässlich ihres Geburtstags 1953. »Meine geliebte Prinzessin, nehmt hin diesen Herzenserguss als Dank für den Reichtum, den Ihr mir gegeben habt.«

Ganz und gar wechselseitig waren diese erhabenen Gefühle zwar nicht, doch Gisèle akzeptierte seine Bewunderung in Liebe und Dankbarkeit. Dass d'Ailly in ihr Leben trat, stellte für sie eine Wohltat dar: einer, der vom ersten Augenblick an in seiner Liebe unerschütterlich war und bereit, alles für sie aufzugeben – das war weder bei Joep noch bei Buri der Fall gewesen. Seine liebevolle Aufmerksamkeit und die Harmonie im Umgang miteinander hatten eine heilsame Wirkung und brachten ihr die Lebens- und Arbeitsfreude zurück. »Du hast ein neues Lächeln in mein Leben gebracht, während ich dachte, dass es kein wirkliches Lächeln mehr geben könnte«, schrieb sie ihm nach der Fertigstellung eines Fensters für die Englische Kirche in Den Haag, an dem sie im Herbst 1952 gearbeitet hatte. »Ich bin wieder glücklich und will wieder leben, und sei es auch nur, um Dir zu zeigen, wie dankbar ich bin für das, was Du getan hast, möchte ich viele schöne Sachen machen, um Dir damit eine Freude zu bereiten, und dieses Fenster ist durch Dich voller Freude entstanden.«

Wie stark die beiden schon gleich zu Beginn von einem künftigen Leben zu zweit ausgingen, zeigte sich Anfang Februar 1953, als Gisèle Arnold über ihre Sorge informierte: Ihre Regel sei bereits eine Woche überfällig. Es folgte eine Zeit der Unsicherheit. Praktische Do-it-yourself-Schwangerschaftstests existierten noch nicht, und der befreundete Arzt, den d'Ailly einschaltete, gab zu verstehen, dass es noch zu früh sei, um einen Test zu machen. Das sei erst zum Ende des Monats hin möglich. Am 26. Februar rief Arnold während des Abendessens an, um ihr zu erzählen, dass sie tatsächlich schwanger sei. »Mein Herz machte einen solchen Sprung, dass ich dachte, es würde auf meinem Teller landen«, schrieb Gisèle am selben Abend in einer Mischung aus Erschrecken, Freude und Genugtuung in ihren Kalender – der Erste, der es zu hören bekam, war Buri. Die Konsequenzen für sie und Arnold waren natürlich groß und nicht so ohne Weiteres zu überblicken, doch viel Zeit zum Nachdenken war ihnen nicht gegeben: Am Abend des 4. März endete Gisèles Schwangerschaft in einer Fehlgeburt.

Gut einen Monat hatte sie damit gelebt, zuerst mit der Möglichkeit, die letzte Woche in Sicherheit. Es war genug, um sich intensiv in ein Leben als Mutter hineinzuversetzen und ihre Ideen über die eigene Zukunft anzupassen. Obwohl die Fehlgeburt schon in einem frühen Stadium der Schwangerschaft stattfand, nach sechs oder sieben Wochen, erwecken ihre eigenen Notizen über den Hergang den Eindruck, dass sie einen erkennbaren Embryo entbunden hatte, den sie in einem kleinen Behältnis neben ihrem Bett aufbewahrte. In den ersten Tagen danach fühlte sie sich noch schwach und erschöpft. Ihren Mitbewohnern gegenüber schützte sie eine Darminfektion vor, außer Buri erfuhr keiner der Freunde, was geschehen war. Wieder auf den Beinen, nahm sie Arnold mit zum Leeuwenberg, um dort im Wald bei der Zuiderzee eine Art Beerdigungszeremonie zu zelebrieren. »Beim ersten baum rechts mein K. begraben mit meinem rosenkranz«, schrieb sie darüber. »Weisse kelche von A.«

Es war ein trauriger Moment, aber doch nicht ganz ohne Lichtblicke. »Bleibe also doch malerin vorläufig!«, schrieb sie gleich nach dem Ereignis in ihren Kalender. Für d'Ailly muss dieser Ausgang der Geschichte ebenfalls eine große Erleichterung gewesen sein. Die drohende Gefahr eines Riesenskandals und einer beschmutzten Reputation wurde dadurch gebannt. Es bleibt offen, wie sie das Problem gelöst haben würden, aber klar ist, dass d'Ailly den Schwierigkeiten keinen Moment aus dem Weg ging. Er geriet nicht in Panik, begann nicht zu zweifeln, und auch irgendwelche Absetzbewegungen sind nicht zu erkennen. Er hatte seine Entscheidung getroffen, und soweit es ihm möglich war, stand er Gisèle in diesen Tagen bei. »Es war ein Wunder«, schrieb er ihr ein Jahr später zum Gedenken an den Vorfall, »und obwohl ich es immer bedauern werde, dass unser Nachkomme nicht überleben konnte, verstehe ich es als einen möglichen Segen für das Kind, dass es von selbst gegangen ist.«

Zum Zeitpunkt der Fehlgeburt war Gisèle vierzig, und es sollte bei dieser einen Schwangerschaft bleiben. Schon ihr Alter machte die Wahrscheinlichkeit dazu klein, aber Arnold und sie werden wohl auch nicht auf eine Wiederholung aus gewesen sein. Hinzu kam, dass sie zwei Jahre später, im Februar 1955, mit einer Gebärmuttergeschwulst in die Boerhaavekliniek aufgenommen wurde. Obwohl der Tumor sich als gutartig herausstellte, war eine Operation erforderlich, aus der schließlich sogar zwei wurden. Das Herumdoktern an ihrem Körper, die Untersuchungen ihres Körperinneren und das Ausgeliefertsein an die Ärzte und Krankenpflegerinnen stellten eine schwere Prüfung für sie dar. Die Erfahrung machte ihr eines klar: So etwas nie mehr.«Vorher war es Theorie, aber jetzt bin ich mir 100% sicher«, schrieb sie Arnold aus dem Krankenhaus. »ICH MÖCHTE NIEMALS EIN KIND, nicht einmal vom Heiligen Geist.«

Es war ein typisches Gisèle-Manöver. Jedes Mal, wenn andere ihr etwas aufzwangen oder, wie hier, ihr Körper etwas für sie entschied, nahm sie das Heft in die Hand und stellte das Unabwendbare als das Ergebnis ihrer persönlichen Entscheidung dar. Bis dahin war die Kinderfrage keineswegs nur theoretisch gewesen, stand jedoch kurz davor, es nun definitiv doch zu werden: Bei der Operation wurde ein großes Myom entfernt und dabei zugleich »tout mon appareil de dame«, wie sie selbst schrieb. Es gab überhaupt nichts mehr zu wollen.

Das machte übrigens ihren Ausruf nicht weniger ernst gemeint. Gisèle litt in ihrem späteren Leben nicht unter ihrer Kinderlosigkeit. Nachdem sie einen Schlussstrich gezogen hatte, deutete sie ihre Vergangenheit um: Für sie als Künstlerin sei die Mutterschaft immer ausgeschlossen gewesen, wurde sie in späteren Jahren nicht müde zu betonen. Ihre Kinder seien ihre Gemälde.

Heimliche Liebe

Trotz aller Beschränkungen, die ihnen die Umstände auferlegten, nahm der Umgang zwischen Gisèle und Arnold schon bald festere Formen an. Sie telefonierten täglich miteinander, und Arnold war so oft es ging im Haus Nummer 401 zu finden. Er hielt sich gern in ihrem Raum unter dem Dach auf, und auch, wenn sie für längere Zeit nicht da war, ging er fast jeden Tag dorthin, um ein wenig zu arbeiten, ihr zu schreiben, ein Schwätzchen mit Fietje zu halten oder eine Pfeife zu rauchen. Wenn es ihnen möglich war, verbrachten sie ein paar Tage ihres Urlaubs zusammen und trafen sich manchmal in einem Hotel. So folgte Gisèle etwa einmal, wie ein Schatten an Land, der Rheinfahrt einer Amsterdamer Delegation unter Leitung d'Aillys.

Sie schrieben einander viel, denn beide waren oft unterwegs: Arnold, um in Australien, Kanada, Amerika oder Südafrika den Geschäftsinteressen Amsterdams zu dienen; Gisèle unternahm Mitte der Fünfzigerjahre zwei Studienreisen nach Italien. Die erste führte sie zunächst in die Umgebung von Neapel (nach Ravello, Paestum, Pompeji, Ischia sowie zu den Ausgrabungen in Pozzuoli und Baia) und dann weiter in den Norden: nach Ravenna, Padua und Venedig. Auf der zweiten Reise durchkämmte sie systematisch Rom. Seit den Vorlesungen Wolfgangs während des Krieges war es ihr größter Wunsch gewesen, die antike Welt besser kennenzulernen und, vor allem, einmal einen griechischen Tempel zu sehen. In Paestum, südlich von Neapel, kam sie voll auf ihre Kosten.

Sowohl Arnold als auch Gisèle ergingen sich in kleinen Aufmerksamkeiten: kurze Briefe, Gedichte, Geschenke und Überraschungen. Er schickte ihr Blumen aus seinem Garten, versehen mit ein paar liebevollen Zeilen, und ließ frühmorgens oft seinen Dienstwagen in der Beulingstraat halten, um ihr, zum Warmhalten in eine Socke gehüllt, ein gekochtes Ei von den Zwerghühnern zu bringen, die er im Garten seiner Amtswohnung hielt. Sie versorgte ihn, wenn er wieder einmal eine Dienstreise antrat oder seine Familie in die Sommerferien begleitete, mit einem Stapel Umschläge, die für jeden Tag des Getrenntseins einen Brief enthielten, manchmal mehr als fünfzehn vorab abgefasste zärtliche, hingebungsvolle, verspielte kurze Briefe mit kleinen Zeichnungen und Scherzen oder Tipps für Unternehmungen in Kopenhagen oder Stockholm. Er las sie im Flugzeug, in Hotelzimmern oder während der Ferien am Morgen in der Frühe vor dem Frühstück, wenn der Rest der Familie noch schlief.

Neben der Tatsache, dass Arnold wieder Farbe in Gisèles Leben brachte, erweiterte er auch ihren Horizont. Er war kein Mentor, wie es Joep und Wolfgang gewesen waren, machte sie aber durchaus mit ihr bisher unbekanntem Terrain vertraut. Unpolitisch wie sie war (und blieb), verfolgte sie eine Zeit lang die Arbeit des Magistrats und wohnte sogar ein paar Mal, von der Publikumstribüne aus, einer Ratssitzung bei, um Arnold in seinem Amt zu erleben. Dass das Leid der Flutkatastrophe zu ihr durchdrang und ihren Wortschatz um Begriffe wie »IJtunnel« und »Ballasthafen« bereichert wurde, wäre ohne den Einfluss d'Aillys nicht so bald geschehen. Er besprach mit ihr die Angelegenheiten, mit denen er in seinem Amt zu tun hatte.

Auf ihren vielen Ausflügen in die freie Natur vermittelte er ihr außerdem einen Blick für die Schönheiten der Niederlande. Sie gingen nach Spaarnwoude, in den Reigersbos (heutzutage ein Viertel im Stadtbezirk Amsterdam-Zuidoost, damals noch ein Poldergebiet) und in die Dünen, sie unternahmen Ausflugsfahrten entlang der Vecht in der Gegend um Doesburg, wo Arnold aufgewachsen war, und besuchten die Flussinsel Bommelerwaard. Er liebte die Natur, beobachtete Vögel – viele erkannte er an ihrem Gesang – und wusste die Namen von Blumen und Pflanzen. Von seinen Auslandsreisen brachte er oft Stecklinge ungewöhnlicher Pflanzen mit, die er dem Botanischen Garten übergab, um sie für ihn zu ziehen. Auf solchen Ausflügen zeigte sich, was sie gemein hatten: die Freude an der Schönheit kleiner Dinge und eine Begeisterung für die Wunder der Natur. Beide besaßen die Fähigkeit, sich vom Lichteinfall auf einen Schilfgürtel an einem Gewässer, dem Flug eines Vogels am Himmel oder der ingeniösen Form eines Blütenblatts bezaubern zu lassen.

Als Paar identifizierten sie sich stark mit Vögeln: er ein Reiher, stattlich und vornehm, sie ein wendiges Teichhuhn, ein Vogel, der auch im Familienwappen des Geschlechts van Waterschoot van der Gracht vorkommt – die drei heraldischen Vögel, die darauf abgebildet sind (Merletten), ähneln tatsächlich Teichhühnern. Das Teichhuhn wurde, zusammen mit dem Wahlspruch »Dieu nous garde«, Gott behüte uns, und dem von Arnold entworfenen Monogramm eines großen G, das einen kleineren Buchstaben A einschließt, zum Emblem ihrer Verbindung.

Gisèle liebte den Naturmenschen in Arnold, war aber auch sehr angetan von dem Ansehen und dem Zeremoniell, die das Bürgermeisteramt mit sich brachten, wenngleich sie als heimliche Geliebte auch nicht daran teilhaben konnte. Mit all seinem Schwung und seiner Jovialität war und blieb Arnold Spross einer Patrizierfamilie – im Jahr 1953 wurde das Geschlecht d'Ailly im niederländischen Patrizierverzeichnis, dem »Blauwe Boekje«, beschrieben. Er bewegte sich ungezwungen in den vornehmen Amsterdamer Kreisen – bei den van Eeghens, Delprats, Sixens oder de Hoop Scheffers – und stand mit dem Königshaus auf gutem Fuß. Ebenso wie Gisèle legte er Wert auf die Würde des Amts. Er war der letzte Bürgermeister der Hauptstadt, der bei offiziellen Anlässen nicht nur die silberne

Amtskette, sondern auch sein Amtskostüm trug: einen Rock aus schwarzem Tuch mit weißen Knöpfen, einen Degen und als Kopfbedeckung einen Dreispitz, verziert mit schwarzen Federn und einer orangefarbenen Kokarde. Gisèle sah es mit Wohlgefallen: »Mon d'Ailly«, schrieb sie voller Stolz, nachdem sie ihn während des Amsterdam-Besuchs des französischen Präsidenten René Coty 1954 in vollem Ornat gesehen hatte. Er sei einer der wenigen, die noch wüssten, wie man eine solche Galauniform zu tragen habe: mit Anmut und Würde, »nicht wie so viele andere, die erbärmlich und unbehaglich aussehen, als ob sie in einem Laientheater mitspielen würden«.

Mit seinem Hintergrund, seiner Funktion und seiner Persönlichkeit war d'Ailly jemand, der sehr viel eher Gisèles wirklicher Familie als ihrer angenommenen Castrum-Familie entsprach. Ende 1952, als sie sich erst ein paar Monate kannten, fand ein großes Familientreffen in Amsterdam statt. Gisèle hatte alle im Hotel de l'Europe untergebracht und nutzte die Gelegenheit, ihnen Arnold vorzustellen. Er wurde auf verschiedenen Wegen eingeschmuggelt: Er kam kurz vorbei, stellte die Bürgermeisterloge im Schauspielhaus zur Verfügung und empfing Arthur und Esther in seinem Amtszimmer im Prinsenhof, dem damaligen Rathaus am Oudezijds Voorburgwal. Seither unterhielt er von sich aus den Kontakt mit Gisèles Verwandtschaft: Während eines Ferienaufenthalts mit der Familie in Schweden fuhr er einen Tag nach Stockholm, um Ides und Ika zu besuchen, die dort inzwischen lebten. Während einer Dienstreise in den USA besuchte er Gisèles Familie dort und schaute bei Joep und Suzanne vorbei. Sobald sich die Möglichkeit ergab, überredete Gisèle ihn, mit ihr nach Österreich zu fahren, zu ihrem geliebten Hainfeld und Hantberg.

Arnold kam bei der Familie sehr gut an. Er wurde bei wiederholten Familientreffen zu einem gern gesehenen Gast, in einem späteren Stadium, als Arnold und Gisèle verheiratet waren und zusammenwohnten, war er dann offiziell mit von der Partie. Vor allem Ides war froh und erleichtert: Endlich gab es da eine in seinen Augen normale Person in Gisèles Umgebung, einen Mann mit Ansehen, einen Vertreter des Establishments. Arnolds Anwesenheit erleichterte den Umgang zwischen Bruder und Schwester erheblich.

Bei diesem positiven Empfang gab es eine, aber wichtige, Ausnahme: Für Josephine war Arnold als potentieller Schwiegersohn inakzeptabel. Dass er von Haus aus Remonstrant war, wäre vielleicht noch hinnehmbar gewesen, aber dass er verheiratet war und sich würde scheiden lassen müssen, bedeutete, dass sie ihm nicht viel mehr als diplomatische Freundlichkeit zu bieten hatte. Arnold gab sein Bestes und weitete seine Galanterien auch auf sie aus: Er rief sie an, schickte ihr Blumen, hielt Kontakt mit ihr, wenn Gisèle im Ausland war, doch er blieb für sie der »werte Herr d'Ailly«. Es war nicht persönlich gemeint, es tat Josephine leid, dass ein Schatten über der Sympathie lag, die sie für ihn hegte, aber es war ihr unmöglich, ihren Segen zu dieser Verbindung zu geben. Das Wissen darum, dass ihre Tochter in Todsünde lebte – und das nicht zum ersten Mal –, wird Josephines Seelenruhe zweifellos einiges abverlangt haben, nun, da die letzten Jahre ihres Lebens angebrochen waren.

Ihre fragile Gesundheit und das schwache Herz machten sich wieder bemerkbar. Gisèle besuchte sie oft und sah die Kerze langsam verlöschen. Am 3. September 1955 endete nach einem langen Krankenlager das Leben der Josephine R. F. G. M. Baronesse von Hammer-Purgstall – sie war dreiundsiebzig Jahre alt geworden. Die Liebe ihrer Eltern und die Liebe zu ihnen bildeten die Basis der Existenz Gisèles, der Abschied von ihrer Mutter war also ein einschneidendes Ereignis für sie. Dennoch fiel ihr dieser Verlust weniger schwer als der ihres Vaters. Trotz der tiefen Zuneigung, die sie für ihre Mutter empfunden hatte, verursachte ihr Tod auch ein Gefühl der Befreiung. Nicht nur, weil er einen langen Leidensweg beendete, sondern auch, weil die Beziehung zwischen Mutter und Tochter kompliziert gewesen war. Schon sehr früh war deutlich geworden, dass Josephine ihre Gemütsruhe und ihr Glück zu einem wesentlichen Teil vom Seelenheil ihrer einzigen Tochter abhängen ließ. Der Druck, der davon ausging, war noch dadurch verstärkt worden, dass Josephine, sehr viel mehr als Willem, den strengen Katholizismus der Jugend Gisèles verkörpert hatte. Sie war ein wandelndes Gewissen gewesen, das Gisèle fortwährend an ihre Sünden und Irrungen erinnerte. Es muss für Gisèle ebenfalls eine Erleichterung bedeutet haben, dass die stets spürbare Ablehnung ihrer Beziehung zu Arnold nun ein Ende fand.

Das heißt jedoch nicht, dass es kein moralisches Dilemma mehr gab. Auch für Gisèle selbst war das Verheiratetsein Arnolds eine schmerzhafte Angelegenheit. Wenngleich nicht Knall auf Fall, so war doch von Anfang an klar, dass er seine bestehende Ehe aufgeben würde. Der Kontakt zu seiner Frau sei nicht gut, erklärte er Gisèle, ihre Ehe habe sich als Irrtum erwiesen. Gisèle selbst schwadronierte in späteren Jahren immer über ein Gespräch, das sie mit dem remonstrantischen Pfarrer J. F. van Royen geführt habe. Der habe ihr gesagt, dass die Ehe der d'Aillys nicht gut sei, ein Urteil, mit dem sie ihre Handlungsweise in gewisser Weise legitimieren konnte. Sie rang mit dem Konflikt, doch er konnte sie nicht vom Umgang mit Arnold abhalten. Ihre Schuldgefühle kompensierte sie mit Verständnis für die Ehefrau und die Familie. Gisèle übte auf Arnold keinerlei Druck aus, sich mit dem Bruch zu beeilen. Sie respektierte seine Ferien mit der Familie und drängte ihn, seinen familiären Verpflichtungen nachzukommen.

Die Änderungen im Tagesablauf Arnolds waren so groß, dass Annie d'Ailly die Beziehung nicht allzu lange verborgen geblieben sein kann. Doch sie entschied sich dafür, die Realität zu ignorieren und den Schein zu wahren. Auch die drei ältesten, inzwischen studierenden Kinder wussten bereits relativ bald, dass der Dienstwagen ihres Vaters reichlich oft in der Beulingstraat gesichtet wurde. Die Nachzüglerin Antoinette, die Einzige, die Mitte der Fünfzigerjahre noch zu Hause wohnte, wurde erst später informiert, doch auch sie bemerkte Veränderungen. Sie war elf, als die Affäre begann, und an regelmäßige Spaziergänge mit ihrem Vater gewöhnt: zusammen in den Tiergarten oder in Broek in Waterland Salamander fangen – sie zogen oft gemeinsam los. Das hatte nun ein Ende.»Irgendwann wurde jeden Samstag ein evangelisch-reformierter Pfarrer vereidigt«, erinnert sie sich. »Das war schon merkwürdig. Er musste ständig weg. Ich habe immer seltener etwas mit meinem Vater gemacht.«

Gisèle war realistisch genug, nicht zu erwarten, dass die d'Ailly-Kinder sie mit offenen Armen willkommen heißen würden. »Ich hoffe, dass sie mich nicht hassen werden«, schrieb sie Arnold, nachdem sie die drei Jüngsten unbemerkt bei dem bereits erwähnten Besuch Cotys hatte beobachten können. Antoinette verteilte die Programme.

Dass das Ganze auch außerhalb der Familie d'Ailly aufzufallen begann, zeigte sich erstmals im April 1953, als in der Herengracht 401 ein auf der Schreibmaschine geschriebener, anonymer Drohbrief für »Frl. Waterschood v. d. Gragt« zugestellt wurde. Darin hieß es: »Unser Bürgemeister hat ein Frau und vier Kinder. Wir warnen Dir, Du Schlange.« Der Brief war unterzeichnet mit »Die Bewohner des Viertels.« Angesichts der ziemlich gewollt anmutenden Rechtschreibfehler wirkt der Brief noch am ehesten wie das Produkt eines gebildeten Verfassers, der einen ungebildeten nachzuahmen versucht, doch wer auch immer dahintersteckte: Es ließ sich nicht mehr leugnen, dass die Affäre allmählich durchsickerte und breitere Kreise erreichte. Auch über andere Kanäle hörte Gisèle, dass sie und Arnold in aller Munde waren. Das war zu erwarten gewesen, denn allzu viel Mühe scheinen sich die beiden nicht gegeben zu haben, ihre Beziehung geheim zu halten. Zahllose Briefe gingen zwischen Gisèle und dem Rathaus hin und her, es gab Phasen, an denen der Bürgermeister jeden Morgen zu einer festgesetzten Zeit eine Telefonverbindung mit dem Ausland bestellte, er machte Ferienreisen ohne seine Familie und war alle naselang in der Herengracht Nummer 401 zu finden – das alles musste unweigerlich auffallen.

Im Amsterdam Mitte der Fünfzigerjahre war ein Ehebruch des Bürgermeisters eine Sache, die sehr ernst aufgenommen wurde. In den sogenannten »anständigen Kreisen« rief sein Verhalten heftige Ablehnung und Empörung hervor. Der Skandal setzte auch Gisèle der gesellschaftlichen Verurteilung aus. Ihre Reputation geriet in dieser Zeit in Gefahr, doch wie zuvor schon so oft in ihrem Leben ließ sie sich davon nicht abschrecken. Auch Arnold trotzte dem Schaden an seinem guten Ruf. Für ein Leben mit Gisèle war er bereit, alles aufzugeben: sein Amt und seine gesamte vertraute, sichere Existenz.

Weder der Drohbrief noch die Verleumdungen bremsten die beiden oder bewirkten, dass sie vorsichtiger wurden. Vor allem Arnold konnte in seinen Liebes- und Ergebenheitsbezeugungen grenzenlos sein. Selbst während der hektischsten Phase seiner Bürgermeisterschaft, dem Streik des städtischen Personals unter Führung der kommunistischen Gewerkschaft im Frühjahr 1955, schickte er ihr noch täglich Briefe und Zeitungsausschnitte aus *Het Parool* über den Streik und sein Auftreten. Und mehr als das: Er ließ ihr ein Schächtelchen mit vier Kiebitzeiern zukommen und fand die Zeit, eigens nach Schiphol zu fahren, um dort Blumen abzugeben, damit sie noch frisch wären, wenn sie Gisèle in Rom zugestellt würden.

Ja, manchmal war es tatsächlich ein bisschen viel. Claire Nicolas, die vorübergehend in Rom lebte und bei der Gisèle wohnte, erinnert sich noch an die Verärgerung ihres Gastes über Arnolds nicht enden wollenden Strom an Aufmerksamkeiten. Es war rührend, aber es hatte auch etwas Beklemmendes, vor allem in Verbindung mit seiner fortwährenden Sehnsucht nach Nachrichten von ihr und seiner Besorgnis und Enttäuschung, wenn er zwei Tage nichts von ihr gehört hatte. Arnold war schnell gekränkt, und dass seine Besorgnis zu Überbehütung neigte und schließlich in einen Eifersuchtsanfall umschlagen konnte, hatte sich bereits während der ersten Italienreise Gisèles gezeigt. Sie verbat sich ein solches Verhalten, und er erging sich daraufhin in Entschuldigungen, doch sein eifersüchtiges Misstrauen konnte auch weiterhin ihre gegenseitige Harmonie hin und wieder stören.

Dreimal Castrum Peregrini

Bei seinen vielen Besuchen begegnete Arnold auch den übrigen Bewohnern der Hegra. Zu Frommel hatte er nicht viel Kontakt, doch mit manchen der anderen Mitbewohner hielt er gern ein Schwätzchen. Schon bald wurde ihm bewusst, welch wichtigen Platz sie in Gisèles Leben einnahmen. Das Castrum war Bestandteil des Deals, das war klar, doch es war kein Hindernis. Er fand alles interessant, was mit Gisèle zu tun hatte, also auch diese ungewöhnliche Lebensgemeinschaft. Die Geschichte des Versteckens der jüdischen Freunde vor den Besatzern und Gisèles mutige Rolle dabei werden ihm sicher imponiert haben.

Umgekehrt wurde das Erscheinen Arnolds in der Hegra freudig begrüßt. Alle merkten, dass Gisèle aufblühte. Das Verhältnis untereinander entspannte sich, auch weil Arnold für Gisèle eine wichtige Ablenkung darstellte. Und je mehr Ablenkung sie hatte, umso weniger mischte sie sich in Castrum-Angelegenheiten ein und umso reibungsloser verlief das Zusammenleben. Auch die entstandene Verbindung der Pilgerburg mit dem Bürgermeister der Stadt war ein Grund zur Freude, denn der Name und die Unterstützung angesehener Persönlichkeiten waren immer willkommen. Schon gleich im Herbst 1952, bei seinen Besuchen in Köln und Düsseldorf, war sich d'Ailly nicht zu schade, als Botschafter der neuen Castrum-Zeitschrift aufzutreten. Er verteilte Faltblätter an die Presse, empfahl das Blatt Bürgermeisterkollegen, erwähnte es in seiner Ansprache und sorgte dafür, dass er bei Fototerminen immer ein Exemplar in der Hand hielt. Wirklich sattelfest war er übrigens nicht: So schickte er eine Anzahl Prospekte mit einem Begleitschreiben an die Presse, in dem die Rede ist vom Dichter »H. Georg, der jetzt Nachahmer in Amsterdam hat«. Da werden sich die Journalisten gewundert haben.

So schön und außergewöhnlich ihm diese Welt aus Dichtkunst und Freundschaft auch erschien, es dauerte nicht lange, bis Arnold auch etwas von der Tragik bemerkte, die sich hinter der hübschen Fassade verbergen konnte. In der Nacht des 19. März 1953, zwei Wochen nach Gisèles Fehlgeburt, unternahm Simon van Keulen im Haus einen Selbstmordversuch. Eine Blutlache auf dem Küchenboden und große Bestürzung: Rettungswagen, Polizei, Krankenhaus. Man hatte ihn rechtzeitig gefunden, im Wilhelmina Gasthuis stellte man fest, dass er außer Lebensgefahr war.

Offen gesprochen wurde über derartige Vorfälle nicht, der Anlass für Simons Tat blieb also der Spekulation überlassen. Da gab es die Geschichte über eine Schweizer Freundin Simons, ein Mädchen, das er in Basel kennengelernt und zu der er die Beziehung plötzlich abgebrochen habe, als er nach Amsterdam zurückkehrte. Sie sei ihm nachgereist und habe in der Herengracht vor verschlossenen Türen gestanden: Es sei Simon nicht erlaubt gewesen, sie noch weiter zu treffen. Was davon wahr ist, lässt sich nicht sagen, sicher ist aber, dass diese Heidi zum Zeitpunkt der Verzweiflungstat Simons in Amsterdam war. Gisèle traf sich in den Tagen danach ein paar Mal mit ihr. Irgendeine Verbindung ist daher sicher nicht ausgeschlossen.

Simons Tochter Simone van Keulen, erst Jahre nach diesem Vorfall geboren, sagt dennoch, nicht an diese Erklärung zu glauben. Sie sieht in der Tat ihres Vaters vielmehr einen Schrei um Aufmerksamkeit. Als Wolfgangs Reisegefährte in der Schweiz hatte er jahrelang auf intimem Fuß mit ihm verkehrt, wusch seine Wäsche, machte ihm das Frühstück, kochte und sorgte für ihn. Dieser ungewöhnlich lange Favoritenstatus begann dem Ende entgegenzugehen.

Hier stoßen wir auf eines der dubiosen Prinzipien der Pädagogik Frommels, in der der auserwählte Junge zeitweilig vergöttert wird. Dieses sogenannte »Maximin-Erlebnis«, so die Idee, setze die Kreativität frei, lasse den dichterischen Strom fließen und lege den wesentlichen Kern eines Menschen offen, wonach der betreffende Junge aus eigener Kraft weitermachen musste, um die hohen Erwartungen zu erfüllen und seinen Wert zu beweisen, indem er die Fackel weiterreichte. Frommel konnte für eine kurze oder auch längere Zeit von einem Schüler fasziniert sein, aber irgendwann war es vorbei, und er richtete sein pädagogisches Interesse auf einen anderen.

Simon war ein schwieriger Junge mit einem problematischen Hintergrund. Sein Vater hatte die Familie schon früh im Stich gelassen, seine Mutter verübte ein halbes Jahr nach der Befreiung Selbstmord. Die meisten Anhänger Frommels waren suchende, verletzliche Gestalten, die sich genussvoll dem warmen Bad aus Aufmerksamkeit und Verherrlichung hingaben, das Frommel ihnen bereitete – bis plötzlich der Stopfen herausgezogen wurde. Simon war nicht der Einzige, der in einem solchen Moment in heftige Verwirrung geriet.

Zu der Zeit, als d'Ailly den Bewohnern der Herengracht 401 vorgestellt wurde, hatte der Name »Castrum Peregrini« eine dreifache Bedeutung: Er bezeichnete einen Verlag, eine Zeitschrift und den Freundeskreis. Die Veröffentlichung eines Gedenkbuchs für die verstorbenen Freunde im Jahr 1946 war der Startschuss für den Verlag gewesen. Als fünf Jahre später die erste Ausgabe der Zeitschrift *Castrum Peregrini* das Licht der Öffentlichkeit erblickte, waren dort in der Zwischenzeit, in kleinen Auflagen, noch einige weitere Titel erschienen. Auch danach sollten neben der deutschsprachigen Zeitschrift andere Publikationen erscheinen: Monographien, als eigenständiges Buch herausgegebene Themenhefte der Zeitschrift sowie Nachschlagewerke wie die Wortkonkordanz zum Werk von George, mit der Claus Bock in der Zeit, als er sich versteckt halten musste, angefangen hatte.

Doch die wichtigste Säule des Verlags war und blieb über die Jahre hinweg die gleichnamige Zeitschrift *Castrum Peregrini*. Sie erschien in der Regel fünfmal im Jahr, manchmal, in Verbindung mit Doppelheften, auch seltener. Der Leser konnte auf jeden Fall mit etwa vierhundert Seiten Lesestoff im Jahr rechnen. Diese »wunderbar abseitige Zeitschrift«, wie Harry Mulisch sie einst nannte, zählte auf ihrem Höhepunkt rund eintausend Abonnenten, die aus mehr als dreißig verschiedenen Ländern stammten und zum großen Teil der deutschen Emigrantenszene angehörten.

Sowohl im Verlag als auch bei der Zeitschrift drehte sich alles um das Werk, die Lebenswelt und die Nachfolge Stefan Georges, das allerdings in breitem Sinn. Das Herz der Zeitschrift *Castrum Peregrini* bildete selbstverständlich die Poesie: alt, neu oder in Übersetzung. Daneben gab es Raum für George-Interpretationen, Betrachtungen über sein Werk, kunsthistorische Essays, wissenschaftliche Abhandlungen, Quellenpublikationen und eine Vielzahl biographischer Beiträge über verstorbene Freunde, Personen aus dem »Kreis« oder zu Unrecht vergessene markante Figuren. Frommels Handschrift zeigte sich an dem Interesse für islamische Mystik und allerhand okkulte und esoterische Gesellschaften, seiner privaten Liebhaberei.

Kurzgeschichten oder andere Formen erzählender Prosa fehlten in der Zeitschrift – in George-Kreisen galt die Romankunst der Poesie gegenüber als minderwertig. Ebenso wenig gab es Raum für öffentliche Kritik oder Polemik, auch wenn im Verborgenen durchaus mancher Strauß mit den offiziellen George-Erben in der Schweiz ausgefochten wurde. Dort musste man häufig zähneknirschend mit ansehen, dass es den Amsterdamer »Bastarden« wieder und wieder gelang, interessante Briefwechsel oder Memoiren in die Hände zu bekommen, und verbiss sich die Wut über die Art und Weise, in der Gotheins *Opus Petri* in den Spalten der *CP* als ein vom Meister autorisiertes Werk dargestellt wurde. Denn es war eine glatte Lüge: George hatte sich auf das Entschiedenste davon distanziert und seiner Anhängerschaft den Umgang mit dem Paria verboten.

Castrum Peregrini war in der Zeitschriftenwelt eine Außenseiterin, die allerdings trotz ihrer marginalen Existenz auf viel Wertschätzung stieß: Sympathie für das Engagement ihrer Macher und den sich modischen Strömungen verweigernden Inhalt des Blatts wie auch Lob für die besondere Gestaltung, die in den Händen des Haager Buchtypografen Piet Cossee lag. Die Qualität des Papiers und der gewählte Schrifttyp (die Bembo) verliehen der Zeitschrift eine ruhige, distinguierte Anmutung. In all den Jahren blieben die bedruckten Umschläge mit der deutlich sichtbaren Castrum-Rose ungewöhnlich formbeständig, nur die Farbe änderte sich per Jahrgang. Mit diesem schlichten, zugleich gepflegten und ästhetisch sehr fundierten Erscheinungsbild wurde das Blatt verschiedene Male mit Preisen ausgezeichnet und für Ausstellungen der am besten gestalteten Publikationen im Amsterdamer Stedelijk Museum ausgewählt.

Die Macher strebten kein breites Publikum an, sondern man hielt im Gegenteil ganz bewusst an der Aura einer etwas mysteriösen, quasi-geheimen Veröffentlichung für einen erlauchten Kreis von Lesern fest. Illustrativ dafür ist die häufige Verwendung von Initialen und Pseudonymen, um damit zum Ausdruck zu bringen, dass die Veröffentlichungen und das dichterische Werk nicht auf den eigenen Erfolg gerichtet waren – fast wie bei dem großen Vorbild, den *Blättern für die Kunst*, in denen alle Beiträge anonym blieben. Vor allem Frommel führte ein grandioses Schattentheater auf. Obwohl er den Inhalt und die Ausrichtung der Zeitschrift zur Gänze selbst bestimmte, tauchte sein Name nirgendwo auf. Als treibende Kraft sprach er aus dem Mund des Herausgebers, und als Autor benutzte er für seine Beiträge etwa zehn verschiedene Pseudonyme. Daneben publizierte er anonym oder unter dem Namen eines der Freunde. Diese letzte, seltsame Gewohnheit ist typisch für die Art und Weise, in der Frommel über seine Anhänger verfügte: Wenn es ihm zupasskam, machte er sich sogar ihren Namen und ihre Identität zu eigen. Das hatte schon bei dem Gedenkbuch aus der Nachkriegszeit angefangen, das unbedingt unter dem Namen Reinout van Rossum du Chattel als Herausgeber erscheinen musste – zu dessen Ärger, denn er war an der Zusammenstellung der Texte überhaupt nicht beteiligt gewesen und hatte auch keinen Beitrag geliefert. »Welches Interesse steckte dahinter?«, fragte er sich im Nachhinein. »Nur das

Prahlen mit einem hübsch klingenden Namen? Ich bin nie dahintergekommen.«

Es kam schon zur Sprache: Mystifikationen und Geheimhaltung beherrschten die gesamte Castrum-Gemeinschaft. Frommel war es zur zweiten Natur geworden, Verwirrung zu stiften und Nebelkerzen zu werfen, und häufig scheint es reiner Selbstzweck gewesen zu sein. Dieselbe bewusste Unbestimmtheit kennzeichnete auch die redaktionelle Linie und den Umgang mit Texten. Man griff in Originalmanuskripte ein, doch der Leser bekam nie Einblick darin, wie ein Text bearbeitet und was weggelassen worden war. Wissenschaftlich lässt sich dieses Vorgehen nicht nennen, aber darum ging es auch nicht. Es ging in der *CP* nicht um Wahrheitsfindung, sondern um Mythenbildung, und wenn das mit einer stillschweigenden Anpassung der Quellen zu bewerkstelligen war, wurde es auch gemacht.

Die Beteiligung des Herausgebers Emanuel Zeylmans van Emmichoven fand Mitte der Fünfzigerjahre ein Ende. Er war inzwischen mit Ronnie Dessaur verheiratet, die später unter ihrem Autorennamen Andreas Burnier bekannt werden sollte, und er war Vater geworden – Entwicklungen, die sein Ansehen in der Gruppe nicht eben steigerten. Hinzu kamen Finanzierungsprobleme: Gabriel (wie sein Freundesname lautete) hinterließ bei seinem Weggang einen Berg Schulden. Dem Namen nach blieb er noch bis 1959 Herausgeber, doch in Wirklichkeit war es Manuel Goldschmidt, der seit Mitte der Fünfzigerjahre die praktische Leitung übernommen hatte. Mithilfe einiger Sparmaßnahmen und dank einer großen Schenkung Chris Dekkers, gefolgt von einer Förderung durch Inter Nationes (eines in Bonn ansässigen Vereins, der sich der Verbreitung deutschen Kulturguts im Ausland widmete), konnte die Zeitschrift überleben. Manuel erhielt ein bescheidenes Gehalt, das es ihm gestattete, seine Stelle im Architekturbüro aufzugeben.

Die neuen Geldflüsse machten eine geschäftsmäßigere und professionellere Vorgehensweise notwendig. Im April 1958 wurde die Stiftung Castrum Peregrini gegründet, die sich »die Förderung des geistigen und künstlerischen Lebens« zum Ziel setzte. Man berief einen fünfköpfigen Vorstand und einen Aufsichtsrat, in dem sowohl Gisèle als auch Arnold einen Sitz hatten. Manuel, Vorstandsmitglied der ersten Stunde, wurde 1961 zum Geschäftsführer der

Stiftung befördert. Kein anderer sollte sich so hingebungsvoll dem Castrum widmen und sein Leben als Sekretär, Chauffeur, Begleiter und Mädchen für alles so sehr in den Dienst Wolfgang Frommels stellen wie er. Der sehr viel intellektueller eingestellte Claus Bock wurde ebenfalls zu einer wichtigen Stütze. Nachdem er 1955 promoviert hatte, setzte er in England seine akademische Karriere fort, zunächst als wissenschaftlicher Assistent in Manchester und danach als Germanistikprofessor in London. Immer wenn er Urlaub hatte, kam er aus England herüber, um an der Zeitschrift mitzuarbeiten und neue Ausgaben vorzubereiten, in Amsterdam oder auf gemeinsamen Reisen. Dieses Trio – Frommel sowie seine Vertrauten Manuel und Claus – bildete das Herz des Castrum Peregrini der Nachkriegsjahre.

Darum herum dehnte sich der deutsch-niederländische Freundeskreis mit seinem eigenen Kalender jährlicher Höhepunkte beständig aus. Zweimal im Jahr trafen sich die Freunde auf Festen in Amsterdam, Bergen oder irgendwo in Deutschland. Die Zusammenkünfte fanden nach festen Ritualen statt. Im Anschluss an eine ausgedehnte Begrüßungszeremonie folgte der Hauptakt, das gemeinsame Lesen von Gedichten: den *Stern des Bundes* an Allerseelen, den Maximin-Zyklus zu Ostern – Sitzungen, die ungefähr anderthalb Stunden dauerten und die mit Efeu- oder Blumenkränzen geschmückten Teilnehmer in höhere Sphären brachten. Nach dem Anrufen verstorbener Freunde wurde das Treffen mit einer Mahlzeit bei Kerzenlicht an prachtvoll gedeckten Tischen beschlossen, ausgiebig gegessen, viel getrunken und bis tief in die Nacht geredet.

Wiederkehrende Höhepunkte dieser Jahre waren die Besuche des Juristen Ernst Morwitz (1887–1971), der im Vorkriegsdeutschland ein enger Vertrauter Georges und prominentes Mitglied des Kreises gewesen war. Er gehörte zu den wenigen aus dieser Gesellschaft, die seinerzeit die Versuche Gotheins und Frommels, einen eigenen Freundeskreis zu gründen, mit Interesse und Sympathie verfolgt hatten. E. M. oder »der Große Ernst«, wie er genannt wurde, war in den Nachkriegsjahren meist einmal im Jahr einen Nachmittag lang zu Gast in Amsterdam. Bei diesen Gelegenheiten stand die Hegra unter Hochspannung. Alle zitterten vor Ehrfurcht und Respekt, wenn sich der Besuch ankündigte.

Die Jungen und die Mädchen

Gisèle hatte mit dem Verlag, der Zeitschrift, der Stiftung und den nervenaufreibenden Staatsbesuchen höchstens am Rande zu tun. Dass sie einen Sitz im Aufsichtsrat der Stiftung hatte, bedeutete keinen konkreten Einfluss oder Mitsprache. Zwar wurde bei Tisch schon mal ein Manuskript vorgelesen, und sie war stolz auf jedes neue Heft, das erschien, doch mit dem Inhalt und dem Zusammenstellen der Zeitschriftenbeiträge hatte sie nichts zu tun. Sie traf Morwitz, spürte die Aufregung rund um die Feste und empfing die Freunde, die am nächsten Tag kamen, um ihr ihre Kränze zu überreichen, durfte aber nicht an den geheiligten Gruppenritualen teilnehmen. Das Castrum Gisèles war nur ein Teil all dessen, was sich sonst noch unter dem breiten Schirm des Castrum Peregrini verbarg.

Dieser Teil betraf das Gemeinschaftsleben im und um das Hauptquartier herum. Den Kern in der Herengracht 401 bildeten inzwischen die drei festen Bewohner: Gisèle, Wolfgang und Manuel. Um diesen Kern herum gab es einen fortwährenden Strom an vorübergehenden Bewohnern, Besuchern und Logiergästen sowie jemanden, der sich ums Kochen und den Haushalt kümmerte. Nach Fietje machte Ineke Berbers, eine Freundin von Sylvia Nicolas aus Limburg, die Aufwartung. Es waren Jahre großer Aktivität, man studierte und arbeitete, und man hatte wenig Geld. Die Zeitschrift stellte ein verbindendes Element dar. Ob es die Verlagsredaktion, das Einpacken und Verschicken der Hefte oder andere Arbeiten betraf: Alle packten freiwillig mit an.

Für Frommel war die Herengracht eine Operationsbasis. Er war viel auf Reisen: um Beiträge für die Zeitschrift zu akquirieren oder zu besprechen, Freunde zu besuchen, Geld zu sammeln oder kleinere interne Brände zu löschen. Jedes Jahr war er mit Manuel auf der Frankfurter Buchmesse zu finden. Seine zwei dickleibigen Adressbücher, eines nach Personen, das andere nach Orten sortiert, verschafften ihm überall Logieradressen, was oft darauf hinauslief, dass er zeitweilig die Wohnung oder das Sommerhaus einer Person in Besitz nahm, um von dort aus seine Geschäfte zu tätigen. Wo er auch war, immer fand man ihn auf der Suche nach Zuwachs für seine Gruppe, neue »Süße« oder »Kleene«, wie sie genannt wurden, die sich von den Geschichten über das Castrum begeistern ließen und dem Zeitgeist trotzen wollten. »Er bleibt eine Art high-brow Animierbube«, so die Charakterisierung Frommels durch Jany Roland Holst aus diesen Jahren, »der in verschiedenen Ländern Jünger um sich sammelt und zu edler Aufregung bringt.«

Dennoch wurden die meisten neuen Gruppenmitglieder in den Niederlanden angeworben, und zwar erneut auf Schloss Eerde in Ommen, wo die Quäkerschule nach dem Krieg ihre Türen wieder geöffnet hatte. Die Schule war nach wie vor herrlich gelegen, umgeben von Sportplätzen, einem eigenen Schwimmbad, Wäldern und Wiesen. Billy Hilsley war 1949 als Musiklehrer dorthin zurückgekehrt und hatte sich schon bald zum ungekrönten Oberhaupt der Schule entwickelt. Er gab Klavierstunden und leitete die Schulchöre, wobei er außerdem ein- oder zweimal im Jahr in der Schule eine Messe, eine Kantate, ein Musical oder eine Oper zur Aufführung brachte. Es waren bemerkenswerte Projekte, mit Kostümen und Bühnenbildern, an denen sich alle gern beteiligten und die ihm sehr viel Ehre eintrugen. Auch Buri kehrte als Lehrer in die alte Heimat zurück. Er und Jannie zogen Anfang der Fünfzigerjahre in die Villa De Esch ein, wo sie als Hauseltern die Aufsicht über circa dreißig Schüler bekamen.

Dank ihrer Anwesenheit dort hatte Frommel erneut Zugang zu einem großen Fischteich voller junger Menschen in der geeigneten Alterskategorie. So wie zuvor Jungen wie Daniël, Claus und Manuel auf Eerde angeworben worden waren, konnte dem Castrum in den Fünfzigerjahren nun eine neue Generation Quäkerschüler hinzugefügt werden. Auch einige Mädchen, wie Joke Haverkorn van Rijsewijk und Angrid Tilanus, gerieten in den Bann Frommels. Sie wurden Mitglieder der Castrum-Gemeinschaft und gehörten, als sie ihre Schulzeit beendet hatten, zu regelmäßigen Besuchern der Herengracht.

Die junge Generation, die sich nach Spannung und großen Gefühlen sehnte, war empfänglich für Frommels Charisma. Seine Überschwänglichkeit und energische Lebensbejahung standen der Ödnis des Alltags, dem provinziellen Klima und dem überwiegend düsteren Lebensgefühl in den Niederlanden der Fünfzigerjahre diametral entgegen. Er verkörperte das Versprechen eines anderen, unkonventionellen Lebens. Auch die Internatssituation wirkte sich zu seinem Vorteil aus: Eerde war eine isolierte Mini-Gesellschaft, in der den Schülern der Rückhalt der Eltern und ihre vertraute Umgebung fehlten. Das machte sie verwundbar und empfänglich für Eindrücke von außen.

Frommel besuchte regelmäßig die musikalischen Aufführungen in Ommen, manchmal zusammen mit Gisèle. Die Art und Weise, wie sie mit ihrem Amsterdamer Gefolge Einzug hielten und in den vordersten Reihen Platz nahmen, steht heute noch manchem ehemaligen Schüler deutlich vor Augen. Die auffallende Gesellschaft rief bei den jugendlichen Umstehenden starke Neugier und Faszination hervor, was zweifellos auch beabsichtigt war. In der Selbstdarstellung, die aus diesem Entree sprach, war die Grundlage für ein näheres Kennenlernen bereits spürbar: Bewunderung und Idealisierung. Ohne diese Zutaten ging es nicht, sie waren der Treibstoff für die Freundschaftsmaschine des Castrum Peregrini.

Häufig brachte Frommel auch längere Zeit in Ommen zu, denn er hatte dort noch eine andere Bleibe: das Landgut Hoeve Bargsigt der Bankierswitwe Selina Pierson-Andrée Wiltens. Sie kannte Frommel aus dem literarischen Dunstkreis um Roland Holst, freundete sich mit Buri und Jannie an und empfing in den Fünfzigerjahren viele Freunde in ihrer reizenden, hübsch gelegenen Villa.

Für den Zuwachs an neuen Freunden war die Position Billy Hilsleys entscheidend. Als der allseits geschätzte und beliebte Musiklehrer hielt er sich an der Schule einen kleinen Kreis auserwählter Schüler. Er hatte viele Privilegien zu vergeben. Wer bekam in seinen Vorstellungen eine Rolle? Wer durfte außer im großen Chor auch in seinem kleinen Chor singen? Und wer durfte nach dem Ende der Aufführungen mit zu der privaten Feier in den Gewölben des Schlosses, wo sich Frommel und die Freunde, die er mitgebracht hatte, schon bereithielten, um den »Nachwuchs« in Augenschein zu nehmen? Auf diese Weise schuf Billy innerhalb der Schülergemeinschaft einen geheimnisvollen Eliteclub, dem manch einer gern angehören wollte.

Billy gelang es, der Castrum-Familie eine große Zahl junger Freunde hinzuzufügen. Aus seinem Ast des Stammbaums sprossen nicht weniger als sechzehn neue Triebe: Jungen aus dem Internat, die er für zusätzliche Klavierstunden auswählte oder mit denen er gemeinsam Gedichte las und die er anschließend sexuell »einweihte«. Auch außerhalb der Schule suchte er sich seine Opfer. Billy war ein Pädosexueller, der nahezu ungehindert machen konnte, was er wollte, zunächst auf Eerde und dann, nach dem Umzug der Schule, in seinem Turmzimmer auf Schloss Beverweerd in der Nähe von Utrecht. Als Lehrer wurde er auf Händen getragen; Schulleitung und Eltern genossen seine Musikaufführungen, und viele Schüler schwärmten für ihn. Das hat zweifellos dazu beigetragen, dass kleinere Tumulte um seine Person und hartnäckige Gerüchte über übergriffiges Verhalten und sexuellen Missbrauch nie zum Eingreifen der Schulleitung geführt haben, falls diese, besorgt um negative Publizität, denn überhaupt dazu geneigt gewesen wäre.

Von Amsterdam hatte Frommels ältester Schüler ebenfalls wenig zu befürchten. Wahrscheinlich wurde sein Verhalten in privatem Kreis kopfschüttelnd missbilligt – er gehe »zu weit« –, aber es gibt keine Anzeichen dafür, dass er jemals mahnend darauf angesprochen worden wäre. Was Gisèle darüber wusste, lässt sich nicht sagen. Sollte sie Kenntnis davon oder Vermutungen gehabt haben, hat sie sie, so wie alle in Billys Umfeld, ignoriert.

Was die Neuzugänge betraf, waren es vor allem die Frauen, die auch im Amsterdamer Gemeinschaftsleben eine Rolle zu spielen begannen. Das Castrum Peregrini feminisierte sich in den Fünfzigerjahren. Kathi Gelpke wohnte in der Beulingstraat, Ineke hatte ein Zimmer im Haus, und aus Eerde gesellten sich den bereits erwähnten ehemaligen Schülerinnen Joke und Angrid noch ein paar weitere Mädchen hinzu. Die jüngeren Freunde Billys konnten sich dagegen weniger fest in der Herengracht etablieren. Es waren viele Abtrünnige und Durchreisende darunter, Jungen, die, wenn sie erst einmal die Schule verlassen und ein Studium aufgenommen hatten, den Kontakt abbrachen oder einschlafen ließen.

Obwohl Gisèle den Umgang mit Männern stark bevorzugte und sich für Frauen weniger interessierte oder es mit ihnen schon bald zu Rivalitäten kam, entstanden in diesen Jahren einige intensive und lang andauernde Freundschaften zu Frauen. Joke betrachtete sie mehr oder weniger als ihre Tochter, mit der Limburgerin Ineke verstand sie sich ausgezeichnet, mit Kathi kam es zu einer engen Freundschaft, die selbst standhielt, nachdem Kathi sich vom Castrum distanziert hatte und Anfang der Siebzigerjahre mit ihrem Ehemann Peter Goldschmidt und zwei Söhnen nach Italien zog. Dass Gisèle zugleich auch beißend und unfreundlich sein konnte, zeigt sich schon daran, dass sie unter den etwas schüchterneren Castrum-Mädchen »das Ekel« genannt wurde.

Der Einzug von Frauen in das Gemeinschaftsleben war kein Zufall. Es war Frommels Idee, neben seinem eigenen Freundeskreis eine parallele Frauengruppe ins Leben zu rufen. Jannies Aufgabe war es, dem weiter Gestalt zu verleihen, was beinhaltete, dass sie in Eerde mit einer ausgewählten Gruppe von Schülerinnen einen Lesekreis gründete, in dem man George, Hölderlin und andere Dichter las. Joke, Angrid und die anderen späteren Hegra-Mädchen gehörten ebenfalls dazu. Außerdem war vorgesehen, dass Jannie die künftigen Ehefrauen der Freunde mit der Geisteswelt Georges vertraut machen sollte. Dadurch sollten sie verstehen lernen, was im Leben ihres künftigen Mannes wirklich wichtig war, damit dieser der Gruppe trotz einer Heirat erhalten bleiben konnte.

Jannie hat tatsächlich diverse Ehepartnerinnen geschult. Die Versuche, eine Frauengruppe aufzubauen, wurden später in Amsterdam von Angrid Tilanus fortgesetzt, doch wirklich erfolgreich war das Konzept nicht. Es blieb ein schwaches Abbild des Originals.

Was Gisèle betraf: So gern sie vorher bei den Männern hatte mitmachen wollen, so fern stand sie der Teilnahme an einem parallelen Lesekreis für Frauen. Ohnehin wäre die Anwesenheit Jannies für sie unerträglich gewesen, doch auch unabhängig davon hatte sie keinerlei Bedürfnis nach einem solchen Zusammensein mit Frauen. Außerdem wurde sie, je mehr sie sich in die Dichtkunst vertiefte, immer stärker vom englischen Sprachraum angezogen. Ihre späteren Gedichte schrieb sie auf Englisch, denn das war schließlich am ehesten *ihre* Sprache. Eine Rolle als Mentorin, wie Jannie sie spielen musste und spielte, lag ihr nicht.

Ein Neuanfang

Seit der Gruppenausstellung in der Amsterdamer Galerie Buffa im Jahr 1947 hatte Gisèle nicht mehr ausgestellt. In den Jahren danach blieb sie in der Kunstwelt ziemlich unsichtbar. Das Einsetzen neuer Kirchenfenster brachte ihr zwar häufig einige lokale Publizität ein, aber dieser Zweig des Kunsthandwerks blieb doch eine etwas exzentrische Szene für sich. Ihre Arbeit für die amerikanischen Foreign Building Operations hatte sie in den Niederlanden ebenfalls nicht bekannter gemacht, im Übrigen aber wohl ein lebenslanges Interesse an Innendesign bei ihr geweckt. Das führte in den Sechzigerjahren noch zu dem Auftrag, das Bühnenbild für Donizettis *Lucia di Lammermoor* in einer amerikanischen Opernproduktion unter Leitung des Regisseurs Rex Harrower zu entwerfen. In ihrem privaten Umfeld gab sie gern Ratschläge und konnte ihre Neigung, sich in die Einrichtung der Häuser anderer einzumischen, oft nur schwer unterdrücken.

Rückblickend auf ihre künstlerische Karriere beschrieb Gisèle ihr drittes Lebensjahrzehnt (1932–1942) als eine Periode, die der Glasmalerei gewidmet war. »Christliche und profane Ikonografie haben mich vollkommen gefangen genommen und mein Leben bereichert. Engel flogen im Atelier ein und aus. Dann kam der Krieg und hat sie vertrieben.« So schnell ging es in Wirklichkeit nicht. Gisèle setzte die Glasmalerei, die durch ihre Reisen in der Nachkriegszeit sogar noch einen zusätzlichen Impuls erhielt, bis in die Fünfzigerjahre hinein fort. Mit Charles Wentinck besuchte sie die Kathedrale von Chartres, wo die alten, auf Holzkohle gebrannten Fenster einen Farbenglanz zeigten, der bei ihr das Verlangen weckte, diesen Effekt mit modernen Mitteln nachzubilden. Auch die Mosaiken in Ravenna und die Giotto-Fresken in der Scrovegni-Kapelle in Padua, die sie auf ihrer ersten Italienreise bewundert hatte, stellten einen Quell der Inspiration dar.

Den konnte sie noch für ihren letzten großen Auftrag nutzen: sieben Fenster für den Priesterchor der Munsterkerk in Roermond, der Stadt, die sie von den Jahren mit der Familie Nicolas und den Besuchen bei ihrer Mutter so gut kannte. Die sieben Fenster, Maria mit Kind in der Mitte, auf beiden Seiten von drei Heiligen flankiert, wurden Ende 1953 enthüllt. In der Presse fanden sie einen wohlwollenden Empfang. Ihre Schwägerin Ika, die die Fenster kurz danach besichtigte, erkannte in zwei Gesichtern der abgebildeten Heiligen die Züge zweier Mitbewohner Gisèles. War das so? Die Antwort ist nicht überliefert, aber es ist gut möglich. Solche Dinge machte sie öfter. So waren irgendwo in den Roermonder Fenstern in einem kleinen, eingerahmten braunen Glasstück drei Teichhühner zu sehen, über denen der Spruch »Dieu nous garde« stand. Früher hatte sie auch schon bei den Arbeiten am Fenster für die Heilig Hartkerk in Venlo Fietje und Buri gebeten, Modell zu stehen. Und auf einem der Fenster in der Amsterdamer Begijnhofkapel hat sie sich selbst deutlich erkennbar dargestellt.

Wenngleich sich Gisèle also auch in ihrem vierten Lebensjahrzehnt noch mit der Glasmalerei befasste, ging die Beschäftigung damit doch dem Ende entgegen. Der Krieg hatte, wenn auch mit Verspätung, die Engel vertrieben. Die Erfahrung des Krieges hatte die Welt und Gisèles Blick auf sie verändert, doch »der Krieg« stand in ihrem Fall auch für das Eintauchen in eine neue geistige Welt mit einer eigenen Kunstauffassung, die sie stark beeinflusst hatte. Zudem könnte es sein, dass katholische Auftraggeber sie wegen der gar nicht mehr so geheimen Affäre mit d'Ailly zu meiden begannen oder sie dem zuvorkommen wollte. Was aber unbestreitbar eine Rolle gespielt hat, ist die Tatsache, dass es finanziell möglich wurde, die Auftragsarbeiten zu reduzieren. Ihre Mutter hatte ihr ein wenig Geld hinterlassen, und das inzwischen von Ides verwaltete Aktienpaket ihres Vaters, das sich in den Dreißigerjahren einfach nicht hatte rentieren wollen, begann endlich etwas abzuwerfen.

Mit der finanziellen Sicherheit nahm auch Gisèles künstlerische Freiheit zu. Wie füllte sie den neu entstandenen Raum? Hauptsächlich mit der Malerei und einer Thematik, die anfänglich in hohem Maße an den Wahlspruch ihres Lebensumfelds anknüpfte, wonach Kunst der Ausdruck einer geistigen Welt sein müsse. Das große Vorbild war hier Max Beckmann und in seinem Gefolge Herbert Fiedler, wie sein Freund Beckmann ein Vertreter des deutschen Expressionismus und wohnhaft in Amsterdam. Sowohl Wolfgang als auch Gisèle waren mit Fiedler befreundet, Gisèle stellte ihm sogar eine Weile ihr Atelier in der Beulingstraat zur Verfügung. Beckmann selbst verschwand nach dem Krieg aus ihrem Blickfeld. Im Sommer 1947 erfüllte sich sein Wunsch, in die USA zu emigrieren, nachdem es dank der Kontakte Gisèles gelungen war, die erforderlichen Reisedokumente zu beschaffen. Die Hilfe trug ihr ein zweites Aquarell ein, das sie sich dieses Mal selbst aussuchen konnte. Ihre Wahl fiel auf eine Garderobenszene mit zwei Tänzerinnen und einem blauen Zwerg.

Beckmanns Einfluss auf Gisèle zeigt sich nicht in der Imitation, auch wenn gelegentlich, wie in ihren Porträts von Buri und Simon, sein Stil deutlich erkennbar ist. Seine ekstatische und grobe Expressivität wurde von ihr abgemildert und stilisiert, seine schwere Mythologie machte bei ihr Platz für eine eher spielerische und phantasievolle Magie. Die Gemeinsamkeit lag eher in der von Literatur und Mythologie inspirierten Thematik sowie in der miteinander geteilten Faszination für Maskeraden und Metamorphosen. Gisèles in Glas gebrannte Engel und Heilige wurden von gemalten Magiern und Musen abgelöst, der religiöse Kontext verwandelte sich in einen mythologischen. Der neue Weg, den sie damit einschlug, resultierte in stark erzählenden, allegorischen Gemälden.

Ein Wendepunkt in Gisèles Œuvre ist das Pentaptychon *Moira* (Schicksal) aus dem Jahr 1956. Mit dem Plan dazu trug sie sich bereits länger. Schon 1949 hatte sie Frommel berichtet, dass sie ein fünfteiliges »Meditationsbild« machen wolle, an dem ihr sehr viel liege.»Es ist mein Templerbuch«, schrieb sie unter Verweis auf Frommels eigenes Opus magnum, *Templer und Rosenkreuz*. Damals war es nicht mehr dazu gekommen, doch 1956 waren die fünf Paneele fertig. In geschlossenem Zustand ergänzen sich die beiden äußeren Flügel und ergeben das Bild zweier sich nähernder Figuren, eines Mannes und einer Frau. Die Welt dahinter offenbart sich nach der Öffnung, bei der die drei Mittelpaneele sichtbar werden.

Das mittlere Paneel zeigt drei verschleierte Schicksalsgöttinnen (Moiren), die von allegorischen Vögeln umgeben sind: einer Eule (die Weisheit), einem Pfau (der Stolz) und einem Schwan (die Gefühle). Zu ihren Füßen befinden sich zwei Harpyien als Sinnbild der Verleumdung. Links davon tritt eine Gruppe von Figuren aus den Seiten eines riesigen Buchs ins Bild, eine der Figuren hält einer Frau auf dem äußeren linken Flügel einen Spiegel vor. Rechts sieht man ein paar Musikanten, die die Aufmerksamkeit des jungen Mannes auf dem äußeren rechten Flügel zu erregen versuchen, darunter ein Lyraspieler, der den Geist, und eine Panflötenspielerin, die die Sinne anspricht. Neben der bekannten Symbolik sind in *Moira* eine Vielzahl persönlicher Verweise verarbeitet worden. So sind die drei Schicksalsgöttinnen nicht mit ihren klassischen Attributen ausgestattet, sondern mit wertvollen persönlichen Besitztümern von Gisèle selbst: der Münze mit Castor und Pollux, einem von ihr heiß geliebten, bizarr geformten Baumstrunk und der Samenkapsel einer Konifere. Auch die jungen Männer links, die in einer Welt aus Papier zu leben scheinen, stellen einen deutlichen Hinweis auf ihr persönliches Umfeld dar. Das Ganze überblickend – die Kräfte, die Mann und Frau voneinander entfernt zu halten versuchen oder sie gerade vereinen, die höheren Instanzen, die ihr Schicksal abwägen und darüber entscheiden, die verschleierten Absichten – drängt sich der Gedanke auf, dass hier Elemente aus der Geschichte mit Buri künstlerisch verarbeitet worden sind.

Die Fügungen des Schicksals beschäftigten Gisèle auch in ihren anderen Werken, denn der Abschluss der Ära der Glasmalerei bedeutete noch keinen definitiven Abschied vom Kunsthandwerk. Neben ihrer Malerei verlegte sie sich eine Zeit lang auf das Entwerfen von Wandteppichen. Ihr Interesse daran war durch Joke Haverkorn geweckt worden, die sich auf Eerde die Grundprinzipien des Webens angeeignet und sich nach ihrer Abschlussprüfung weiter darin fortgebildet hatte. 1955 stellte sie einen ersten Wandteppich nach einem Entwurf von Simon van Keulen her. Gisèle war von dem Ergebnis sehr beeindruckt. Als sie daher den Auftrag erhielt, für die Statendam, ein neues Passagierschiff der Holland-Amerika Lijn, eine Wanddekoration zu entwerfen, entschied sie sich für einen Wandteppich und engagierte Joke, um den von ihr angefertigten Entwurf umzusetzen. Für Joke war dieser Auftrag aus dem Jahr 1956 der Anlass, eine eigene Weberei, De Uil, zu gründen, anfangs mit Sitz in einem Gartenhaus an der Prinsengracht, später in einem eigenen Haus an der Lijnbaansgracht.

Das Werk für die Statendam wurde das *Augurium*. Es stellt eine Szene aus der klassischen Wahrsagerei dar, bei der der Wille der Götter aus bestimmten Zeichen abgeleitet wird, in diesem Fall dem

Flug zweier Vögel. Ein junger Mann links auf dem Teppich steht kurz davor, sie aufsteigen zu lassen, in der Mitte verharren zwei Frauen und ein Kind in Erwartung dessen, was ihnen der Flug der Vögel über ihr Schicksal weissagen wird. Ein Reiter hoch zu Pferd wartet ebenfalls auf das Ergebnis, das über die Richtung entscheidet, die er einschlagen wird.

Bevor das Werk im Salon der Statendam seine Fahrt über die Weltmeere antrat, konnte das Publikum es noch einmal besichtigen. Das Centraal Museum in Utrecht hatte die Übergabe des Werks zum Anlass genommen, eine Ausstellung der Werke Gisèles zu organisieren, die am 18. November 1956 von Charles Wentinck im Beisein einer großen Zahl von Freunden und Bekannten eröffnet wurde. Neben Adriaan Roland Holst und Joep Nicolas, der wieder viel in den Niederlanden arbeitete und sich nicht viel später mit Suzanne dort auch erneut niederlassen sollte, waren eine Reihe hochgestellter Persönlichkeiten anwesend, die Gisèle aus der Zeit ihrer Botschaftsarbeit kannte. Auch der Bürgermeister von Amsterdam wurde bei der Eröffnung gesehen. Neben den zwei großen zentralen Stücken, *Moira* und *Augurium*, hingen in der Ausstellung Porträts (unter anderem von Simon van Keulen, Manuel Goldschmidt, Joke Haverkorn, Sylvia Nicolas und Herbert Fiedler), Selbstporträts, Stillleben und Federzeichnungen.

Die Ausstellung wurde ausgiebig in der Presse besprochen, wobei die meiste Aufmerksamkeit dem neuen Werk *Moira* galt. »Das meisterhafte Pentaptychon« sei das zentrale Stück einer reichen Ausstellung, die von »einer großen und vornehmen Meisterschaft« zeuge, urteilte das *Utrechts Nieuwsblad*. So lyrisch waren nicht alle Besprechungen, aber der allgemeine Ton war durchaus wertschätzend. Jan Engelman nannte das Gemälde in positivem Sinn »ein sehr kurioses und ungewöhnliches Werk«, und auch Wentinck äußerte in *Elseviers Weekblad* seine Bewunderung für Gisèles ungewöhnliche Entscheidung für ein so stark erzählendes und allegorisches Werk, eine Bewunderung, der er auch schon in seiner Eröffnungsrede Ausdruck verliehen hatte. Allerdings fand er die Symbolik überschwänglich und manchmal klischeehaft. Die schärfste Kritik wurde in der Tageszeitung *Trouw* geäußert, wo der Rezensent vom Dienst die stilisierte Wirklichkeit von *Moira* zwar dekorativ gelungen fand, aber das Werk letztendlich doch als misslungen bewertete: zu künstlich, zu viel an Erklärung fordernd, und selbst dann noch bleibe die Bedeutung des Ganzen unklar. Ihr anderes, nach der Natur gemaltes Werk gefiel ihm dagegen sehr viel besser.

Von verschiedenen Rezensenten wurde betont, dass die Künstlerin wenig ausgestellt habe, keiner Künstlervereinigung angehöre und mit ihrem sehr persönlichen und variationsreichen Werk einen ganz eigenen Platz in der Kunstwelt der Nachkriegszeit einnehme. Gisèle selbst nahm die Ausstellung zum Anlass, ihre Position in dieser Welt näher zu bestimmen. Im Katalog entwickelte sie einige »Gedanken zur Kunst«, eine Art Grundsatzerklärung, in der sie sich gegen die herrschende »Hochkonjunktur des Avantgardismus« aussprach: »[A]lle ziehen in das unbekannte Land, und die Verkehrspolizisten ziehen mit. Im alten Hinterland wächst wieder Moos auf den Wegen.« Es gebe viel Nachahmung um der Nachahmung willen, doch daran wolle sie sich nicht beteiligen. »Umgeben von befremdenden Formen gehe ich unauffällig meinen mit Moos bewachsenen Weg und versuche ein Augenpaar, eine Geste, eine Frucht darzustellen. Dem Ungesehenen Gestalt zu verleihen ist eine Sache; dem Gesehenen eine neue Gestalt zu verleihen eine andere.«

»Dem Gesehenen eine neue Gestalt zu verleihen«, das war es, worum es ihr in ihrem künstlerischen Ausdruck ging. Aber ob sie damit auf den bemoosten Wegen des alten Hinterlands eine einsame Seele war? Das war halb so wild, so wie auch die Neuerungssucht der Avantgarde von den »Verkehrspolizisten« der Kunstkritik längst nicht einhellig begrüßt wurde. Die Avantgarde des abstrakten Expressionismus und die Männer der Künstlergruppe Cobra mochten zwar in der kleinen Welt rund um das Stedelijk Museum in Amsterdam unter der Leitung Willem Sandbergs tonangebend sein, doch die meisten Maler suchten noch immer einen Ausweg aus den Beschränkungen des traditionellen Realismus, ohne gleich der Abstraktion zu verfallen. Gisèle war eine der Suchenden. Sie versuchte in den darauffolgenden Jahren, dem Realismus ein eigenes Gesicht zu geben, indem sie Fremdheit erzeugte: ins Leere starrende Augen, lange, spitze Finger und andere verfremdende Effekte – ein Hang zur Magie, der auch beispielsweise das Werk der niederländischen Maler Pyke Koch und Dick Ket kennzeichnete.

Auf *Augurium* folgten weitere Aufträge für Wandteppiche, die allesamt in einträchtiger Zusammenarbeit mit De Uil durchgeführt wurden. Wenn es nach Gisèle gegangen wäre, hätte sie diese junge Firma zu ihrer Privatweberei gemacht. Sie war entschieden dagegen, dass Joke auch Entwürfe anderer Künstler umsetzte, eine Einschränkung, gegen die diese sich jedoch mit Erfolg wehren konnte. Gisèles Gobelins zierten die Wände des Ratssaals in Nieuwer-Amstel (dem späteren Amstelveen), der Zentrale der Koninklijke Shell in Den Haag und des Speisesaals der Rotterdam, eines weiteren Passagierschiffs der Holland-Amerika Lijn. Bei diesem letzten Auftrag handelte es sich um vier Wandteppiche unter dem Titel »Metamorphosen«, für die Gisèle Szenen aus der griechischen Mythologie gewählt hatte, die sich um einen Gestaltwandel drehten. *Apollo und Amor*, *Zeus und Io*, *Dionysos* sowie *Poseidon und Koronis*. Bevor sie ihren endgültigen Platz an Bord bekamen, waren die Teppiche noch in einer kleinen Ausstellung in der Aula der Rijksakademie van Beeldende Kunsten in Amsterdam zu sehen.

Während der groß angelegten Restaurierung und Renovierung der Rotterdam im Jahr 2007 wurden die ursprünglichen Entwürfe für diese Wandteppiche erneut umgesetzt – die Originale waren gestohlen worden. Seither hängen die Repliken wieder im Speisesaal des Schiffs, das derzeit im ursprünglichen Heimathafen Rotterdam liegt und als Hotel-Restaurant-Schiff bzw. Versammlungs- und Kongresszentrum genutzt wird.

Das 1960 entstandene *La vie donne*, angefertigt anlässlich eines Jubiläums der Konservendosenfabrik Thomassen & Drijver in Deventer, war eine von drei Arbeiten, mit denen die Niederlande im Sommer 1962 auf der ersten Biennale für Tapisserie in Lausanne vertreten waren. Das Werk stellt in bunten Farben die Gaben der Natur in Form von Pflanzen, Früchten und Vieh dar. Sehr viel mehr Entwürfe von der Hand Gisèles sollten danach nicht mehr folgen. In den Sechzigerjahren gewann die malerische Karriere definitiv die Oberhand.

Verheiratet

Arnold und Gisèle sehnten sich nach einer gemeinsamen Zukunft, doch solange Arnold noch als Bürgermeister im Amt war, blieb es bei Phantasien über lange Auslandsreisen und Traumhäuser in mediterranen Landstrichen, um sich dort zurückziehen zu können. Auch der österreichische Familienbesitz tauchte in ihren Gesprächen auf. Gisèle war viel daran gelegen, Hainfeld und Hantberg, deren Zukunft ungewiss war, zu erhalten. Wie sollte es dort weitergehen, wenn Onkel Heinz und Tante Paula einmal nicht mehr wären?

Für Heinz war dieser Moment schon bald gekommen. Er hatte den Schlag, den ihm die Verwüstungen durch die Russen versetzt hatten, nie verwunden und starb im Sommer 1954. Ein Testament gab es nicht, so dass Hainfeld Cleo zufiel, die nun allein das riesige Schloss bewohnte. Paula hielt etwas länger als ihr älterer Bruder und ihre Schwester durch, aber gut ging es ihr nicht. Ab Mitte der Fünfzigerjahre kämpfte sie gegen wiederkehrende depressive Schübe und Phasen, in denen sie von Wahnideen heimgesucht wurde. Ides regelte diskret die Aufnahme in eine Nervenklinik in Graz, in der sie mit den damals gängigen Insulin- und Elektroschocktherapien behandelt wurde. Mit medikamentöser Unterstützung ging es danach wieder besser, aber sie hatte weiterhin unter regelmäßigen Rückfällen zu leiden.

Die Aufsicht über die Verwaltung der Ländereien in der Veitsch, deren Erträge zu einem kleinen Teil Gisèle und ihren Brüdern zuflossen, war von Ides übernommen worden, nachdem deutlich wurde, dass Paula die Übersicht verlor und auch Erwins geistige Fähigkeiten immer mehr nachließen. Der ursprünglich sanftmütige Mann verwandelte sich unter dem Einfluss der Demenz in einen aggressiven Schreihals. Sein Tod im Jahr 1967 – er ging inzwischen auf die neunzig zu – war für sein Umfeld ein Segen. Gisèle und Arnold reisten aus diesem Anlass nach Österreich. Dort lag er, aufgebahrt in seinem Jägerkostüm, Onkel Stumpferl, der in Gisèles jungen Jahren eine so wichtige Rolle gespielt hatte, seine militärischen Auszeichnungen auf einem schwarzen Samtkissen am Kopfende, der Armeehelm zu seinen Füßen. Ein langer Zug von Veteranen und alten Kameraden der Feuerwehr, der Jagdvereine und der diversen

»Kameradschaften« zog durch die Straßen des Dorfes, um dem alten Erwin Köppel mit Blaskapelle und Fahnen die letzte Ehre zu erweisen.

Als möglicher künftiger Wohnsitz für Arnold und Gisèle verschwand Österreich schnell wieder aus dem Blickfeld. Sehr viel konkreter waren dagegen die Pläne für einen Zweitwohnsitz in Süditalien. Nach Gisèles Gebärmutteroperationen verbrachten sie und Arnold dort im Frühjahr 1955 eine idyllische Ferienwoche, in der sie in Torello, einem Weiler in der Nähe von Ravello, einen verfallenen sarazenischen Turm entdeckten, den Gallinaio (der Hühnerstall). Die Pläne für die Renovierung und Einrichtung standen bereits, als der Kauf im letzten Moment doch noch scheiterte, weil der Eigentümer nachträglich seinen Preis erhöhte.

Vorbedingungen für die Verwirklichung welcher Zukunftsvision auch immer waren natürlich der Rücktritt und, in zweiter Linie, die Scheidung d'Aillys. In der biographischen Literatur über ihn wird zu Ersterem stets vermerkt, dass er 1956 seinen Rücktritt als Bürgermeister unerwartet angekündigt habe. Er sei dazu gezwungen worden, nachdem die Beziehung mit Gisèle bekannt geworden war. Doch die Sache verhielt sich tatsächlich ein wenig anders: Als d'Ailly 1952, zum Ende seiner ersten Amtszeit von sechs Jahren hin, zur Fortsetzung des Bürgermeisteramts aufgefordert worden war, hatte er bereits wissen lassen, dass er das Amt wahrscheinlich nicht bis zum Ende ausüben werde. Sechs Jahre Bürgermeister gewesen zu sein finde er zu kurz, zwölf Jahre aber zu lang; er wolle gern noch einmal die Gelegenheit nutzen, das Betätigungsfeld zu wechseln. Das war im Mai 1952, also bevor er Gisèle begegnet war.

Diese Begegnung veränderte viel. D'Aillys Wunsch, ein neues Leben zu beginnen, machte sein Vorhaben, vorzeitig auszuscheiden, ein Stück dringlicher. Er begab sich schon bald auf die Suche nach einer anderen Tätigkeit. Im Jahr 1953 war kurzzeitig die Rede von einer Position als Chefredakteur des *Algemeen Handelsblad*. Sehr viel länger war er anschließend im Rennen um den Posten als Hoher Kommissar für das Saargebiet, aber unerwartete politische Entwicklungen blockierten diese Möglichkeit. Seine politischen Kontakte waren über seinen Wunsch informiert. Die beiden Außenminister, im Kabinett gab es damals zwei, Wim Beyen und Joseph

Luns, bat er, sich für ihn nach einer Tätigkeit auf dem internationalen Parkett umzuschauen, einen Botschafterposten oder etwas anderes im diplomatischen Dienst. Auch Innenminister Louis Beel ließ er mehr als einmal wissen, dass er für eine neue Funktion bereitstünde. Er war fortwährend damit beschäftigt. Als er den großen Streik des städtischen Personals 1955 mit entschlossenem Eingreifen – es gab Dutzende Entlassungen – hinter sich gebracht hatte, stimmte ihn das vor allem deshalb zufrieden, weil es ihn für neue Aufgaben ins Scheinwerferlicht rücken konnte. »Ich habe Eile, liebe Gisèle! Ich sehne mich nach einem Leben ganz und gar mit Dir«, schrieb er ihr, »1955 ist noch nicht vorbei, aber es muss bald was passieren.«

Druck ging von der Situation sicher aus, aber nicht so sehr, weil die geheime Beziehung plötzlich bekannt geworden war, sondern eher, weil ganz Amsterdam davon wusste. Wie gesagt, so eine außereheliche Affäre galt als anstößig, und es wurde immer unangenehmer für Arnolds Familie, höchst demütigend für seine Frau und peinlich für die Kinder. Seine Söhne wurden in ihrem Studentenalltag gnadenlos damit aufgezogen, seine jüngste Tochter Antoinette bekam in der Straßenbahn auf dem Weg zur Schule gelegentlich eine Bemerkung dazu zu hören, und er selbst führte ein anstrengendes Doppelleben, das nicht mehr durchzuhalten war.

Mitte 1956 kam es zum Durchbruch. Während des Familienurlaubs in Norwegen, als die beiden Töchter, die noch mitgefahren waren, einen Tagesausflug mit einer anderen Familie machten, sprach sich Arnold beim Mittagessen mit seiner Frau aus. Er habe eine neue Stelle in Aussicht, so dass er ihr eine Unterhaltsregelung vorschlagen könne. Das Kündigungsschreiben, in dem er seinen Rücktritt am 31. Dezember 1956 ankündigte, habe er bereits verfasst. Annie hörte schweigend zu und legte ihm keine Steine in den Weg.

Anfang September reichte Arnold die Kündigung ein – die letzten Monate seiner Bürgermeisterschaft waren damit angebrochen. Seine Verabschiedung fand am 22. Dezember 1956 statt. Während des Empfangs stand ihm seine Ehefrau noch zur Seite, tags darauf zog er bei Gisèle ein. Was seine neue Tätigkeit betraf, hatte er sich womöglich etwas anderes erhofft, doch es wurde eine Rückkehr ins

Bankwesen: Mit Beginn des neuen Jahres trat er dem Vorstand der Nationale Handelsbank am Singel in Amsterdam bei.

Arnolds Entree in der Herengracht 401 fiel mit zwei weiteren Veränderungen zusammen. Zum Ersten wollte der Eigentümer das Haus verkaufen, und entsprechend der zuvor getroffenen Vereinbarung hatte Gisèle das Vorkaufsrecht. Dank des Erbes ihrer Mutter war Gisèle in der Lage, das Angebot zu nutzen: Für einen Betrag von sechzigtausend Gulden wurde sie im Januar 1957 Eigentümerin des kompletten Gebäudes. Zum Zweiten bot der Einzug Arnolds den Anlass zum grundlegenden Umbau von Gisèles Räumen im vierten und fünften Stock. Der Eingriff unter der Leitung des Architekten Peter Goldschmidt konnte aus den Erträgen des US-Aktienpakets ihres Vaters finanziert werden. Während der Monate, die die Arbeiten in Anspruch nahmen, wohnten Gisèle und Arnold vorübergehend in der Wohnung des befreundeten Künstlers Joop Sjollema an der Amstel.

Der Umbau brachte eine deutliche Trennung zwischen »unten«, sprich: den Büro- und Wohnetagen des Castrum Peregrini, und »oben«, also dem Wohnbereich Gisèles und Arnolds. Damit kam auch physisch zum Ausdruck, dass sich Gisèles Beziehung zum Castrum gelockert hatte; die Distanz hatte sich vergrößert, und Gisèle führte mehr ihr eigenes Leben. Mit dem neu installierten Fahrstuhl konnte man direkt nach oben fahren. Im zweiten Stock wurde eine große Küche für die gemeinsamen Mahlzeiten eingebaut, zu denen nahezu jeden Abend Gäste erschienen. Arnold und Gisèle aßen regelmäßig mit, bekamen auf Wunsch ihr Essen aber oben serviert, nur für sie oder auch für ihre eigenen Gäste.

Der neue Salon mit seiner hochgelegenen Aussicht über die Leidse- und die Herengracht wurde von Biedermeiermöbeln dominiert, die Gisèle von der Familie Nicolas übernommen hatte, als diese in die USA emigriert war, sowie von Objekten und Andenken, die, wie etwa eine Abbildung Hainfelds oder ein Porträt ihres berühmten Vorfahren, des Orientalisten, auf ihre österreichische Herkunft verwiesen. An den Wänden hingen ferner auch ein paar eigene Werke: ein Gobelin und das Pentaptychon *Moira*, das für Gäste auf Wunsch geöffnet wurde. Den etwas vornehmen Eindruck und die gedämpfte Atmosphäre unterbrach ein offener Wandschrank mit *objets trouvés*: Muscheln, Korallen, Schwämmen, dem Skelett eines Seeigels und weiteren Schätzen aus dem Meer. An anderer Stelle lagen ein paar getrocknete Sonnenblumenherzen, ein Straußenei, die bereits erwähnte Samenkapsel einer Konifere – Erinnerungen an Orte und Reisen, Bestandteile einer allmählich anwachsenden Sammlung an Kuriositäten. Ein kleiner Nebenraum war, mit einem Schreibtisch und Bücherregalen aus dunklem Holz, als Arbeitszimmer für Arnold eingerichtet worden. In einer der Ecken des Salons, neben der Treppe, die zu den anstelle des alten Ateliers entstandenen Privaträumen im Dachgeschoss führte, hatte er seinen eigenen Miniaturgarten angelegt. Darin gab es einen kleinen Teich, in dem er seine Salamander hielt, Steine aus der geologischen Sammlung von Gisèles Vater und Kletterpflanzen, die an der Tapete hinaufrankten. Die kleine Küche, die es im Dachgeschoss auch noch gab, verdiente kaum diesen Namen. Gisèle hatte nie gelernt zu kochen und tat es auch nur ganz ausnahmsweise einmal.

Platz für ein neues Atelier fand man anderswo im Haus, zeitweise auch wieder in der Beulingstraat, bis Gisèle 1960 das große Dachatelier mieten konnte, das einst der gefeierten Porträtmalerin Thérèse Schwartze, Patin der Künstlergruppe Amsterdamse Joffers, gehört hatte. Schwartze selbst war schon 1918 gestorben, doch ihre Nichte Lizzy Ansingh, ebenfalls Malerin, hatte das Atelier an der Prinsengracht 1091 in seinem alten Zustand belassen. Nach Ansinghs Tod beschloss die Familie, es zu vermieten. Gisèle sollte den Raum fünf Jahre lang nutzen.

Das Zusammenleben mit Arnold brachte das Gesellschaftsleben in Gisèles Dasein zurück, und sie hatte es nicht verlernt, dort im Mittelpunkt des Interesses zu stehen. Sie tauschte ihre Alltagstracht aus langer Hose mit Hemd nun wieder öfter gegen elegante Ausgehkleidung ein, die sie in diesen Jahren von dem Modeschöpfer Dick Holthaus bezog. Auch um Arnolds Kleidung und Frisur (nicht zu kurz) kümmerte sie sich, sie schenkte ihm schicke Schuhe und weckte in ihm das Bewusstsein für Kleidung und Männermode. Gemeinsam führten sie ein anstrengendes gesellschaftliches Leben, zum einen mit den vielen Castrum-Gästen und zum anderen mit ihren eigenen Besuchen, Empfängen und Diners. Jany Roland Holst schrieb im November 1958 an Suzanne Nicolas, dass er bei ihnen zu einem Essen eingeladen worden sei: »Da war auch ein Bruder von Arnold und noch ein bildhübscher Ephebe aus dem Wolfgang-Kollektiv. Gisèle war allerliebst – und Arnold hat versucht, mit ihr mitzuhalten und genauso geistreich und schlagfertig zu sein wie sie und ist wie ein sehr alter und liebenswerter kleiner Junge gescheitert.«

Während der Konversation musste Arnold vielleicht auf Zehenspitzen gehen, doch dem standen wiederum andere Qualitäten gegenüber. Er führte viele Gäste an die schönsten Orte, in die ansprechendsten Viertel und zu den hübschesten Grachten, die Amsterdam zu bieten hatte, oder er nahm sie mit zu einer kleinen Tour nach Monnickendam, Volendam oder Broek in Waterland. Der Erfolg war garantiert.

Arnold und Gisèle lebten inzwischen offen zusammen, aber zu beider Leidwesen waren sie noch nicht verheiratet. In späteren Interviews und Rückblicken erklärte Gisèle stets, dass sie und Arnold nicht hatten heiraten können, solange ihre Mutter noch am Leben war. Das ist zweifellos richtig, doch Josephine starb bereits 1955, als eine Heirat noch gar nicht in Sicht war. Das eigentliche Hindernis bestand darin, dass Annie d'Ailly sich nicht vor dem achtzehnten Geburtstag Antoinettes scheiden lassen wollte, und das sollte erst im Dezember 1958 geschehen. Anschließend dauerte es noch ein halbes Jahr, doch dann war der Weg endlich frei. Am Montag, dem 27. Juli 1959 wurde der Bund der Ehe geschlossen. Um in Amsterdam Unruhe zu vermeiden, war man ins Ausland ausgewichen, nach Nayland, um genau zu sein, ein Dorf in der Grafschaft Suffolk in Ostengland. Gisèles Nichte Josephine lebte mit ihrem britischen Ehemann dort in der Nähe. Arnold und Gisèle – sie in einem Zweiteiler aus grauer Seide und mit einem Strauß Feldblumen in der Hand – heirateten in kleinem Kreis, von den Amsterdamer Freunden war niemand da. Abgesehen von der Familie war nur Sylvia Nicolas mit von der Partie.

Im August fand die Hochzeitsreise statt, die das frisch vermählte Ehepaar nach Sizilien führte. Über den neuen, kurzen Namen, für den Gisèle sich entscheiden konnte, brauchte sie nicht lange zu grübeln. Der passte ihr schon bald wie angegossen. Gisèle d'Ailly –

er hörte sich an, als ob es so sein müsste, so würde sie weiter durchs Leben gehen.

Spannungen

Sieben Jahre später. Arnold ist geschäftlich auf Reisen und in der Hegra herrscht eine entspannte und harmonische Atmosphäre. Wolfgang steht Modell – Gisèle arbeitet an einem Porträt von ihm –, Claus ist aus England herübergekommen und liest vor, Manuel geht seiner eigenen Wege. Segensreiche Tage, an denen Gisèle ohne nachzudenken und ohne Angst, eine Verstimmung zu verursachen, machen kann, was sie will, und sagen kann, was ihr auf der Zunge liegt. Sie braucht nicht vorsichtig zu sein, und das, schreibt sie Joke 1966, die seit Kurzem verheiratet und nach Rom umgezogen ist, habe zur Gänze mit der Abwesenheit Arnolds zu tun. »Vielleicht habe ich zu viel gewollt«, fährt sie fort, »was das Leben mir nicht ganz gönnt. All meine Lieben unter einem Dach. Doch will ich es hinkriegen, aber schwer ist es ...«

Nein, Arnolds Eingliederung in die Wohngemeinschaft war sicher nicht in jeder Hinsicht reibungslos verlaufen. Nicht, dass er nicht beliebt war, im Gegenteil, alle mochten ihn, den einnehmenden, hilfsbereiten Alt-Bürgermeister mit seinem jugendlichen Enthusiasmus. Die Mädchen waren verrückt nach ihm, und mit einigen der Freunde, unter anderem Clemens Bruehl und Peter Goldschmidt, verstand er sich ausgezeichnet. Doch im Hintergrund blieben zwei Spannungsquellen permanent aktiv.

Bei der ersten handelte es sich um seine eigene Eifersucht, die er nicht unter Kontrolle bekam. Es war oben schon die Rede von ihr: Argwohn spielte ihm manchmal einen Streich, er konnte plötzlich explodieren und sich wie ein kleines Kind benehmen. Nach einem solchen Vorfall, verursacht durch ein zufällig mitgehörtes Telefongespräch Buris, das Arnold als »Verschwörung« interpretierte, äußerte Gisèle noch einmal ihr Missfallen über sein Verhalten. »Dieses Misstrauen von Dir ist betrüblich und peinlich für uns und unsere Umgebung«, schrieb sie ihm in einem bösen Brief. Es »kommt regelmäßig wieder und scheint etwas zerstören zu *wollen*, was für uns beide schön ist.« Nach einer ausführlichen Erklärung des völlig unschuldigen Sachverhalts, der zu der Szene geführt hatte, schloss sie: »Deine Grobheiten und all Dein unausgeglichenes Verhalten sind traurig. Ich habe allen gegenüber so getan, als wenn nichts wäre, denn es ist *peinlich* – Deine krankhafte Eifersucht musst Du versuchen, in den Griff zu bekommen. Wenn Du das Gefühl hast, als Mittelpunkt meines Lebens *zu kurz* zu kommen, dann ist dieses Gefühl ein krankhaftes – und das weißt Du GANZ GENAU.«

Er wird es auch wohl gewusst haben, doch die Tatsache, dass Gisèle nur schwer zu greifen war, sowie der tägliche Umgang, in dem er sie fortwährend mit anderen teilen musste, bereiteten Arnold Schwierigkeiten und nährten seinen Argwohn. Gisèle blieb für ihn in manchen Punkten unergründlich. Sie konnte sich anderen Männern gegenüber herausfordernd und provozierend verhalten, womit sie – aus seiner Sicht und zu seiner Verzweiflung – die Probleme anzog. Arnold war nicht der erste Mann, der unter der Mehrgestaltigkeit der Persönlichkeit Gisèles litt, eine Eigenschaft, die es ihr ermöglichte, Flirts und kleine Affären mühelos mit einem seriösen Liebesverhältnis zu kombinieren. Sie gönne Arnold dieselbe Freiheit, hatte sie ihm bereits in einem frühen Stadium ihrer Beziehung erklärt, doch er hatte überhaupt nicht den Wunsch, davon Gebrauch zu machen. Er war ein Mann aus einem Guss, der seine zweite Frau auf Händen trug und nichts lieber wollte als völlige Hingabe und Treue.

Der zweite Störsender war das schwierige Verhältnis, das zwischen Arnold und Wolfgang entstanden war, zwei Männer, die sich vollkommen fremd waren. Ebenso wie Gisèles Familie sah Arnold in diesem Mitbewohner einen Scharlatan und Profiteur. Tochter Antoinette erinnert sich, dass er sich regelmäßig wünschte, »die Schmarotzer« würden endlich das Haus verlassen. Auf beiden Seiten wurde viel von dem empfundenen Unfrieden unter dem Mantel gespielter Höflichkeit versteckt, aber die Spannung war oft spürbar, vor allem am Tisch. Für Arnold war es ein großes Ärgernis, dass während der gemeinsamen Mahlzeiten immer nur Deutsch geredet wurde. Wolfgang sprach nichts anderes, Manuel sprach zwar Niederländisch, hatte aber einen furchtbaren Akzent. Nach all den Jahren dürfe sich das ruhig einmal ändern, fand Arnold. Er und Gisèle selbst sprachen seit seinem Einzug Niederländisch miteinander.

Störend fand er auch die ständige Verletzung seiner Privatsphäre durch die »von unten«. Im Castrum herrschte wenig Respekt vor Mein und Dein. Für Gisèle war das kein Problem, aber Arnold fühlte sich jedes Mal ungeheuer gestört, wenn er und Gisèle beim Frühstück saßen und Wolfgang nach oben kam, um einmal ausgiebig das Badezimmer zu benutzen. Im Schlafanzug nach unten zu kommen war etwas, was er seinen Kindern immer verboten hatte, und jetzt hatte er Wolfgang am Hals, der in Pyjama und Bademantel in seinem Wohnzimmer saß. Kleine Sticheleien in einem stillen Machtkampf.

Die selbstverständliche Dominanz Wolfgangs im Haus konnte zu peinlichen Situationen führen. Zeugen erinnern sich, dass Gisèle beim Essen ihren Mann gelegentlich anfuhr: »Halt mal den Mund, du hörst doch, dass Wolfgang gerade redet!« Arnold war zu klug, um den Kampf aufzunehmen, er wusste, dass dieses Umfeld nun einmal unlöslich mit Gisèle verbunden war und sie Kritik daran kaum ertrug, doch leicht fiel es ihm nicht. So wie es einer der damaligen Bewohner ausdrückte: »Er hat Castrum als notwendiges Übel akzeptiert.«

Von der anderen Seite aus betrachtet, war der Einzug Arnolds ein ambivalentes Ereignis gewesen. Einerseits positiv, weil er das Ansehen des Hauses erhöhte. Er verlieh der Stiftung Status, indem er als Mitglied des Aufsichtsrats seinen Namen für sie hergab. Auch die Tatsache, dass die Dame des Hauses mit dem ehemaligen Bürgermeister der Stadt verheiratet war, steigerte die Respektabilität des Castrum Peregrini und machte es umso ehrenvoller, als junger Freund in diesen besonderen Kreis aufgenommen zu werden. Andererseits stellte seine Anwesenheit eine Bedrohung dar, weil sie das bestehende Machtgleichgewicht störte. Bei Arnold handelte es sich um den einzigen Hegra-Bewohner, der nicht in das Haus gekommen war, weil ihn Wolfgang tief beeindruckt hatte, sondern weil ihn Gisèle faszinierte. Er hatte nicht die Neigung, Wolfgang auf einen Sockel zu stellen und sich automatisch seiner Autorität zu beugen. Warum sollte er auch? In der wirklichen Welt war er selbst eine Autorität, jemand, der eigene Meinungen und Prinzipien hatte – Meinungen und Prinzipien, die eines Tages auch Gisèle beeinflussen und sie aus Frommels Einflusssphäre herauslösen könnten.

Frommel und seine Anhänger waren inzwischen stark von der vorteilhaften Lage des Castrum an der Herengracht abhängig geworden – und damit auch von der Eigentümerin des Hauses. Je mehr sich das Castrum Peregrini etablierte, umso stärker wurde diese Abhängigkeit spürbar. Was, wenn die Sache schiefginge? Es lag also im ureigenen Interesse der Bewohner, sich mit Gisèle – und in ihrem Gefolge auch mit Arnold – gutzustellen. Somit ist es nicht verwunderlich, dass eher Wolfgang um die Sympathie Arnolds rang als umgekehrt.

Viel Erfolg hatte er damit nicht. Arnold erfuhr bei Weitem nicht alles, was sich »unten« abspielte, aber es ist gut denkbar, dass das, *was* er davon mitbekam, für ihn einen Grund darstellte, Abstand zu halten. Nach Simon unternahm Chris Dekker im Sommer 1964 einen Selbstmordversuch. Glücklicherweise misslang er, doch es floss wieder viel Blut, diesmal im Wohntrakt Arnolds und Gisèles, wo ein Rasiermesser lag, das Gisèle zum Anspitzen der Zeichenkohle benutzte. Mehr noch aber werden wohl die Ereignisse um den Berberjungen Ahmed Arnolds Urteil beeinflusst haben. In was für einer Welt war er da bloß gelandet?

Während eines Marokko-Aufenthalts im Herbst 1959 hatte Wolfgang die Bekanntschaft des »zauberhaften elfjährigen Achmed« gemacht, eines intelligenten Knaben, Sohn eines kleinen Teppichhändlers in Marrakesch. Wolfgang war entzückt von ihm. Der eigentliche Entdecker des Jungen war übrigens der mit Frommel befreundete Antiquar Rolf Schierenberg, der regelmäßig in Marokko war und für den der kleine, Französisch sprechende Ahmed in der Vergangenheit gelegentlich gedolmetscht hatte. Es ist heute kaum noch vorstellbar, aber das ist, kurz zusammengefasst, was geschah: Zwei ältere Männer reisen nach Marokko und nehmen ein Kind mit zurück. In dem für ihn typischen Mix waren Frommels Motive sowohl sexueller als auch ideeller Natur. Der Junge war ein Lustobjekt, und sein neuer Mentor war davon überzeugt, dass er ihm eine bessere Zukunft bieten könne.

Marokko war damals wegen des leichten Zugangs zu bezahltem oder unbezahltem Sex mit Jungen und Männern ein beliebtes Ziel für Homosexuelle – auch Frommel reiste in diesen Jahren gern dorthin. Er sah, dass sich das Land auf eine Weise veränderte, die ihm nicht in jeder Hinsicht gefiel. Der Amerikanismus war auf dem Vormarsch, und die Jugendlichen entfremdeten sich der traditionellen islamischen Kultur, ohne dass dafür in seinen Augen sehr viel mehr an die Stelle trat als ein leerer Materialismus, hohle individuelle Freiheiten oder kommunistische Sympathien. Die Bevölkerung verwestlichte, ohne Bekanntschaft mit den Wurzeln der europäischen Kultur zu machen. Vor dem Hintergrund entstand die Idee, den jungen Ahmed mit zurück in die Niederlande zu nehmen, um ihm dort eine Ausbildung zu geben, ihm neben Französisch weitere Sprachen beizubringen und ihn in der klassischen Tradition zu erziehen, damit er, wenn er erst einmal zurück in Marokko wäre, seine Landsleute auf den rechten Pfad bringen könne. Man überzeugte seine Eltern, und der auserwählte Sohn selbst durfte dankbar sein, dass sich ihm das Tor nach Europa öffnete.

Ende Oktober 1960 traf er in der Herengracht ein: Ahmed Ben Lahcen, »fils de l'Islam et aussi de Rolf et Wolfgang«, wie er sich selbst umschrieb. Obwohl mit Aufmerksamkeit bedacht und von Bewunderung umgeben, zeigte sich schon bald, dass er sich nur schwer kontrollieren ließ. Er war widerspenstig, schlich sich nachts aus dem Haus, belästigte Frauen, lief davon. Dass es nicht zu einem Unglück kam, konnte stets gerade noch verhindert werden, doch die Probleme häuften sich derart, dass man nach drei Monaten beschloss, den Jungen aufs Land nach Gloucestershire zu schicken und ihn dort auf einem Bauernhof mit angeschlossenem Sprachinstitut unterzubringen, wo er Englisch lernen könnte.

Ruhe brachte dieses Manöver nicht. Die Anspannung in der Herengracht wurde nur noch größer, als kurz nach Ahmeds Abreise verschiedene Telegramme des Inhalts eintrafen, dass Ahmeds Vater die sofortige Rückkehr seines Sohnes verlange. Es drohte sogar ein Eingreifen Interpols. Um dem die Stirn zu bieten, wären dringend Arnolds Beziehungen zu den Behörden erforderlich gewesen, doch dazu müsste Ahmed sich in den Niederlanden befinden. Knapp drei Wochen nach seiner Abreise wurde er in aller Eile wieder nach Amsterdam zurückgeholt.

Dass sich Ahmeds Vater plötzlich rührte, kam daher, dass er von einem anderen ausländischen Bekannten gewarnt worden war, dem adligen schottischen Exzentriker Gavin Maxwell, einem homosexuellen und späteren Gerüchten zufolge auch pädophilen Naturfreund und Schriftsteller, der kurz zuvor mit seinem Buch *Ring of Bright Water* (1960) über die Aufzucht eines jungen Otters berühmt geworden war. Das Buch, später auch verfilmt, erreichte ein Millionenpublikum und ist eines der erfolgreichsten Naturbücher überhaupt. Auch Maxwell hatte bei seinen Reisen durch Marokko Ahmed und dessen Familie kennengelernt. Er schickte dem Jungen regelmäßig Geld und glaubte, gewisse Rechte an ihm zu haben. Kurz vor seiner Abreise nach Amsterdam hatte Ahmed Maxwell geschrieben, dass ihm zwei Holländer eine Ausbildung bezahlen wollten und er gerade dabei sei, seine Sachen zu packen. »Je vous embrasse«, beendete er seinen Brief, »et je suis triste comme une fleur fanée.« Traurig wie eine verwelkte Blume – wenn das kein Schrei um Hilfe war! Maxwell alarmierte Ahmeds Eltern und die Repräsentantin der marokkanischen Regierung im Ausland, eine gewisse Margaret Pope. Auch sie hatte sich, ebenso wie Maxwell selbst, inzwischen per Telegramm in der Herengracht gemeldet.

Der Schreck saß tief. Von Amsterdam aus wurden die Kontakte in Marrakesch mobilisiert, um Ahmeds Eltern zu bearbeiten, und Rolf Schierenberg schrieb einen langen Brief, um sie daran zu erinnern, dass Gott der Allmächtige ihren Sohn Freunde habe finden lassen, wie sie in dieser Welt nur selten zu finden seien. Sie sollten lieber dankbar sein. Arnold steckte Ahmed Geld zu, um es an seine Eltern zu schicken. All diese Aktionen schienen das Blatt noch einmal wenden zu können, doch das unappetitliche Tauziehen um den hübschen Berberjungen war noch nicht zu Ende.

Im Mai 1961 stoppte ein weißer Rolls-Royce vor dem Haus in der Herengracht – zum Entsetzen seiner Bewohner. Die Herren, die ausstiegen und klingelten, stellten sich als Gavin Maxwell und sein Privatsekretär heraus. Sie wollten die Sache in Ordnung bringen und verlangten im Auftrag der Eltern die unverzügliche Rückkehr Ahmeds. Maxwell oder Pope hatten die Entführung des minderjährigen Jungen inzwischen auch auf politischer Ebene anhängig gemacht.

Der Besuch löste eine wahre Panikwelle in der Herengracht aus. Zum ersten Mal seit dem Bestehen der Gemeinschaft bot der schützende Puffer aus Heimlichkeit und Mystifizierungen keine Rettung mehr, und die Pilgerburg drohte ernsthaft ins Gerede zu kommen: Entführung eines Minderjährigen, die Anwesenheit eines Schandknaben, pädophile Praktiken ... schwarze Szenarien, die auch Arnold und Gisèle den Schlaf raubten. Joke, die die ganze Geschichte aus der Nähe verfolgt hatte, erinnerte sich später, dass Arnold nicht lange nach Maxwells Besuch von Joseph Luns, seinerzeit Außenminister der Niederlande, angerufen worden sei. Luns habe sich erkundigt, was es mit der Sache auf sich habe, und scheinbar witzelnd bemerkt, dass er gar nicht gewusst habe, dass der ehemalige Bürgermeister an kleinen Jungen interessiert sei.

Wolfgang war bei alledem der große Abwesende. Er war mit Buri nach Spanien abgereist und überließ die Abwicklung des von ihm begonnenen Experiments nur zu gern anderen. Ahmed selbst wurde nach seiner Rückkehr aus England der Obhut Jannies anvertraut, die mit ihm das Argonautenepos las und versuchte, ihn auf die Zulassung zur Quäkerschule vorzubereiten. Es wurde kein Erfolg.

Später in dem Jahr zog Ahmed wieder zurück nach Amsterdam, wo er erneut für Probleme sorgte. Es war vor allem Arnold, der sich um den Jungen kümmerte. Er besorgte ihm eine Stelle bei der Druckerei 't Koggeschip, meldete ihn bei einem Sportverein an, unternahm Dinge mit ihm und schaltete, in einem Versuch, doch noch etwas aus der versprochenen »Ausbildung« zu machen, einen Berufsberater ein. Außer Tratsch über »den Schandknaben von d'Ailly« brachte es wenig ein: Ahmed war in keiner Weise unter Kontrolle zu halten. Es war Arnold zu verdanken, dass die Anwesenheit Ahmeds keinen weiteren Schaden an der Reputation der Herengracht anrichtete. Arnold beschwichtigte Maxwell, beriet sich mit dem Jugendamt und dem Oberstaatsanwalt des Amsterdamer Gerichtshofs, hatte Kontakt zum Generalsekretär des Justizministeriums, empfing Margaret Pope in Amsterdam und reiste sogar noch einmal nach Paris, um sie ein zweites Mal zu treffen.

Ohne weiteren Schaden oder Skandale wurde so der Moment erreicht, in dem im Frühjahr 1962 der Vorhang fiel, als die zuvor vom Jugendamt getroffene Entscheidung, dass Ahmed nicht bleiben dürfe, von Justizminister Beerman bestätigt wurde. Nach anderthalb Jahren endete dieses unverantwortliche Unternehmen, und Ahmed kehrte wieder zurück nach Marrakesch. Er rief manchmal noch zu

Wolfgangs Geburtstag an, um dann in tadellosem Deutsch eine Strophe aus dem Werk Stefan Georges zu rezitieren. Eine Durchreiche für die Kultur des Abendlandes wurde er in Marokko zwar nicht, wohl aber ein erfolgreicher Reiseführer für westliche Touristen.

Es gab Phasen, in denen Gisèle und Arnold die gegenseitigen und die häuslichen Spannungen vollständig hinter sich lassen konnten: die Wochen und Monate, in denen sie zusammen auf Reisen waren. Beide taten nichts lieber, und die Gelegenheiten dazu nahmen zu, nachdem Arnold Anfang 1960 der Nationale Handelsbank Lebewohl gesagt hatte. Seinem Weggang soll eine Meinungsverschiedenheit mit den anderen Vorstandsmitgliedern zugrunde gelegen haben, aber es ist klar, dass er nicht länger an die Verpflichtungen einer festen Stelle gebunden sein wollte. Er blieb jedoch gesellschaftlich aktiv – als Vorsitzender, Vorstandsmitglied oder Aufsichtsrat diverser Organisationen, darunter des niederländischen Auslandsrundfunks, der Herstelbank (Bank für Wiederaufbau) und des Koningin Wilhelmina Fonds –, doch diese Tätigkeiten ließen ausreichend Raum für seine regelmäßige und längerfristige Abwesenheit.

Im Sommer 1960 ging ein langgehegter Wunsch Gisèles in Erfüllung: Erstmals setzte sie, zusammen mit Arnold, ihren Fuß auf griechischen Boden – ein fast religiöser Akt für sie. Es war ein überwältigendes Erlebnis. Drei Tage lang streiften sie auf der Akropolis herum, die damals kaum von Touristen besucht wurde und wo es noch nirgendwo Absperrungen gab. Der Parthenon war frei zugänglich. Der Rest der Reise war gleichermaßen beeindruckend: die Rundreise über den Peloponnes, vorbei an Mykene, Epidauros, Sparta und Olympia, anschließend ein Besuch Delphis und die Besteigung des Parnass, die mit der Aussicht der Götter vom Gipfel belohnt wurde, und zum Schluss noch ein Besuch der Inseln Andros, Tinos und Mykonos.

Es war ihre erste große Reise, die insgesamt zwei Monate dauerte und der weitere folgen sollten. Und das nicht nur nach Griechenland: Auf Anregung des mit ihnen befreundeten Diplomaten und Archäologen Maurits van Loon bereisten sie ebenfalls ausgiebig die Türkei. Van Loon führte sie persönlich herum und machte sie mit den Schätzen Istanbuls bekannt. Anfang des Jahres 1964 verbrachten sie einen Monat in Tunis, wo Arnold beruflich das eine oder andere zu erledigen hatte. Auch im Sommer 1965 war wieder eine lange Reise geplant, die über Griechenland nochmals in die Türkei führen sollte. Nach ein paar brütend heißen Tagen in Athen nahmen Gisèle und Arnold, ein wenig auf gut Glück, die Fähre nach Paros, einer Kykladeninsel, die wegen ihres herrlichen weißen Marmors bekannt ist. Die Skulpturen des Parthenon, die Venus von Milo und viele andere griechische Statuen und Reliefs sind aus diesem Marmor gemacht.

Nach den in früheren Jahren bereits besuchten Inseln wie Samos und Patmos war Gisèle von Paros ein wenig enttäuscht, doch der erste Eindruck hielt nicht lange vor. Schon nach ein paar Tagen zeigte sich, dass sich auf dieser Insel das Paradies befand – das Paradies in Gestalt eines kleinen, verfallenen Klosters.

KAPITEL 9

Die griechischen Jahre

Heutzutage verkehren im Sommer mehrere Fähren täglich zwischen Piräus, dem Hafen von Athen, und Parikia, dem Hauptort der Insel Paros. Riesige Ungetüme, die, wenn sie am Kai anlegen, ihren gewaltigen Schlund öffnen und aus dem sich dann eine lange Kolonne von Koffer tragenden und mit Rucksäcken bepackten Passagieren, hupenden Autos, Motorrädern und Lastwagen ihren Weg ins Freie bahnt, um sich über die Insel zu verteilen. Hinzu kommen dann noch die *Highspeed Ferries* und die *Flying Dolphins*.

Damals, Mitte der Sechzigerjahre, gab es zwischen Athen und Paros nur drei Fährverbindungen pro Woche. Das erste Mal, als Arnold und Gisèle die Insel ansteuerten, war der Anleger in Parikia noch nicht für größere Schiffe ausgelegt. In einiger Entfernung vom Hafen ging die Fähre vor Anker, woraufhin die Passagiere über eine Leiter zu einem Taxiboot hinuntersteigen mussten und die Schafe und Ziegen mit Tauen hinabgelassen wurden, um dann ans Ufer gebracht zu werden.

Das Griechenland, das Arnold und Gisèle kennenlernten, ist inzwischen eine untergegangene Welt, eine arme, harte Welt für diejenigen, die darin aufwuchsen, eine schöne, romantische Welt für die, die, wie sie, aus dem reichen Norden dorthin kamen, angezogen von der Einfachheit des Lebens, der Gastfreundschaft der Menschen, der Ruhe, dem kulturellen Reichtum und dem Genuss von Sonne und Meer. Auf Paros angekommen, besuchten sie als Erstes die alte Marmorgrube bei Marathi, wonach es per Esel weiter nach Naoussa ging, einem kleinen, an einer Bucht gelegenen Ort an der Nordküste, für den das Reiseführerklischee »charmantes Fischerdorf« erdacht worden zu sein schien. Sie beabsichtigten, höchstens ein paar Tage in der Gegend zu bleiben, doch das Vorhaben löste sich in Luft auf, als sie auf einer Wanderung das kleine weiße Gebäude erreichten, das sie schon vom Hafen im Dorf aus auf der anderen Seite der Bucht in der Ferne gesehen hatten.

Bei dem Gebäude handelte es sich um Agios Ioannis, eine Kapelle, wie es sie zu Tausenden in Griechenland gab, mit einem kleinen angebauten Kloster, das direkt an einem großen Felsen errichtet worden war. In besseren Zeiten hatte das Kloster zwei Mönchen Platz geboten, doch der letzte Bewohner war schon vor langer Zeit gestorben, und seither war der Komplex seinem Schicksal überlassen worden. Doch die anmutige Lage im Schutz einer natürlichen Felsformation und die Harmonie aus Architektur und Umgebung waren von einer unberührten Schönheit. Auf beiden Seiten der kleinen Landzunge, auf der die Kapelle und das Kloster standen, befand sich ein kleiner, einsamer Strand. Die große Terrasse seitlich des Klosters bot eine herrliche Aussicht auf die Bucht von Naoussa.

Trotz des verfallenen Zustands, in dem sich der Komplex befand – das Dach war kaputt, es fehlten die Türen, und die Treppe, die von dem kleinen Klosterinnenhof nach oben führte, war nahezu unbegehbar –, war es für Gisèle Liebe auf den ersten Blick. Und ihr Entschluss stand fest, als sie sich auf Händen und Füßen über den Schutt hinweg einen Weg nach oben gebahnt hatte und im Raum oben das Licht sah, das über die weißen Mauern des Innenhofs durch das kaputte Fenster einfiel: Das war das ideale Atelier.

Nach dem Gallinaio bei Ravello tat sich hier eine neue Möglichkeit auf, sich neben der Herengracht eine zweite Bleibe zu schaffen, in die sich Arnold und Gisèle einen Teil des Jahres zusammen zurückziehen konnten. Aber ... Agios Ioannis war Eigentum der Kirche und um nichts in der Welt zu verkaufen, wie ihnen in Naoussa bei ihrem Besuch des örtlichen Geistlichen der griechisch-orthodoxen Kirche, dem *pappás*, zu verstehen gegeben wurde. Zu ihrer Freude konnte der sich nach einigem Nachdenken jedoch für einen anderen Vorschlag erwärmen: dass sie das Kloster auf eigene Kosten restaurierten und im Tausch dafür dort bis an ihr Lebensende für einen Teil des Jahres wohnen dürften. Das Ganze blieb Eigentum der Kirche, und die neuen Bewohner stimmten bereitwillig zu, dass die kleine Kapelle von Agios Ioannis weiterhin so genutzt werden konnte, wie sie bisher immer genutzt worden war: vereinzelt zu besonderen Anlässen sowie einmal jährlich am 29. August, dem Feiertag Johannes des Täufers, des Heiligen, dem die Kapelle geweiht war. Vor dem Gottesdienst fand jedes Jahr auf dem Gelände der Agios Ioannis ein traditionelles Dorffest statt, auf dem gegessen, getrunken und getanzt wurde und zu dem Bauern und Fischer aus der Umgebung in großer Zahl herbeiströmten.

Arnold und Gisèle verließen ihr Hotel, besorgten sich Feldbetten, Kochgerätschaften, Wasser und Lebensmittel, reinigten den Raum im Erdgeschoss von einer Riesenmenge Ziegenkot und lebten fünfzehn Tage im und um das leer stehende Kloster herum, bis Termine in der Türkei sie dazu zwangen, aufzubrechen. Der Abschied wurde durch das Wissen versüßt, dass es bald ein Wiedersehen geben würde.

Trauerbeflaggung

Im Sommer 1966 machten sich Arnold und Gisèle ernsthaft ans Werk, den Schutt wegzuräumen und das Gebäude zu renovieren. Materialien wurden von dem örtlichen Schiffer mit dem Boot nach Agios Ioannis gebracht. Arbeiter legten unter Gisèles Anleitung los und zogen als Erstes eine Steinmauer um das Gelände, um zu verhindern, dass die Restaurierungsarbeit durch die herumlaufenden Ziegen wieder zunichtegemacht werden würde. Obwohl es damit langsam voranging und es insgesamt Jahre in Anspruch nehmen sollte, war das Kloster schon bald bewohnbar. Arnold hatte dort sein eigenes kleines Zimmer, und Gisèle nahm ihr neues Atelier in Betrieb. Groß war es nicht, aber es genügte allen Ansprüchen.

Das Leben auf Paros war paradiesisch und primitiv. Strom und fließendes Wasser gab es nicht. Mond und Sterne beleuchteten abends die Terrasse, falls gewünscht ergänzt um Kerzen und Öllampen. Für die Körperwäsche oder den Abwasch lag eine riesige Bucht zu Füßen des Klosters, und jeden Tag wurden ihnen ein paar große Krüge Trinkwasser gebracht, von einem Jungen auf einem Esel, einem der Kinder der Familie Zoumis, die den benachbarten Bauernhof in ungefähr einem Kilometer Entfernung bewohnte und zu der das Verhältnis von Anfang an besonders herzlich war. Die Zoumis' versorgten Arnold und Gisèle auch mit Brot, Käse, Eiern, Früchten, Gemüse und Putzhilfen. Fisch gab es regelmäßig von den vorbeifahrenden Fischern, die manchmal einen etwas weiter entfernt gelegenen Strand für die Wartung ihrer farbigen Kaiks benutzten – in späteren Jahren entwickelte sich dort eine kleine Schiffswerft. Für den weiteren Lebensbedarf waren sie auf das Dorf Naoussa angewiesen, anderthalb Stunden Fußweg oder eine Viertelstunde übers Wasser, wenn sie sich übersetzen ließen. Ansonsten war das nördlichste Ende von Paros unbewohnt. Das einzige menschliche Wesen, das dort etwas zu suchen hatte, war der Leuchtturmwärter, der den Leuchtturm am äußersten nördlichen Punkt der Insel bemannt hielt und sich, wenn er auf dem Weg zur oder von der Arbeit am Kloster vorbeikam, dort manchmal kurz zu einem Kaffee oder einem Ouzo niederließ.

Obwohl Arnold und Gisèle neue Kontakte knüpften und bald in den kleinen Kreis gleichgestimmter Ausländer aufgenommen wurden, die auf der Insel ihr Glück gefunden hatten, war dieses abgeschiedene parische Leben ihre eigene kleine Idylle, eine Idylle, die nicht einmal der Staatsstreich der griechischen Militärs im April 1967 stören konnte. Für Gisèle lag dieses Ereignis außerhalb ihrer Erlebniswelt – es lässt sich selbst nirgendwo ein Hinweis finden, dass sie überhaupt Kenntnis davon hatte –, doch Arnolds Gewissen wurde schon auf die Probe gestellt. Wenn sie dort nicht bereits ihren »festen Wohnsitz« gehabt hätten, wäre das neue Obristenregime ein Hindernis gewesen, argumentierte er, doch da es diesen Wohnsitz nun einmal gebe, sollten sie sich nicht von ihren Plänen abhalten lassen. So wurde im Sommer 1967 weiter an der Restaurierung und Vervollkommnung ihres Klosters gearbeitet. Man war frustriert von der Unzuverlässigkeit der griechischen Arbeiter und dem zähen Kampf gegen die griechischen Behörden, und Arnold ging es körperlich nicht gut, doch ansonsten war die Harmonie total. »Ich habe Traummonate hinter mir«, schrieb Arnold am Ende des Sommers. »Ich sehne mich schon nach dem nächsten Jahr.« Aufgrund von Verpflichtungen für den niederländischen Auslandsrundfunk war er bereits Ende August nach Amsterdam zurückgekehrt, während Gisèle noch einen weiteren Monat blieb.

Wie sehr Arnold an dem castrumfreien Rückzugsort für sie beide hing, zeigte sich, als Gisèle ihm von Paros aus über den unerwarteten Besuch schrieb, den sie von einer gewissen Mary Alexander, einer Londoner Freundin von Claus, bekommen habe. Arnold bekam sofort einen Riesenschreck. »Verflucht sei die Ziege Mary Alexander, die gehofft hat, dort ihr Cläuschen und seine Freunde zu finden«, antwortete er postwendend und für seine Verhältnisse ungewohnt heftig. »Drei Etagen Herengracht, das genügt langsam, wie ich finde. Paros gehört uns und nicht den anderen! Basta, (...) Ich habe übrigens sowieso dauernd das Gefühl gehabt, dass man in Italien auf ein ›Willkommen auf Paros‹ gewartet hat. Mir reicht es ...« Mit »man« waren Wolfgang und seine Anhänger gemeint, die sich in dem Sommer in Italien aufhielten.

Das Schreckgespenst, dass das Castrum in ihr parisches Paradies eindringen könnte, war deutlich ein Quell der Sorge, doch Arnolds Gesundheit stellte zu dem Zeitpunkt ein dringenderes Problem dar. Er war fiebrig, erschöpft und abgemagert nach Amsterdam zurückgekehrt und suchte dort seinen Hausarzt auf. In einem fast krampfhaft lockeren Ton berichtete er der zurückgebliebenen Gisèle, was das Ergebnis gewesen war: weitere medizinische Untersuchungen, ein kurzer Aufenthalt im Prinsengrachtziekenhuis und die Verschiebung der geplanten Reise für den Auslandsrundfunk nach Ostafrika. Doch ansonsten habe das alles herzlich wenig zu bedeuten. Die ganze Krankenhausaufnahme beruhe mehr oder weniger auf einem Missverständnis. »Mir geht es blendend!«, schloss er, gewissermaßen als Zusammenfassung.

Es ist klar, dass er Gisèle schonen und möglicherweise auch seine eigenen Ängste bannen wollte, denn die Lage war sehr viel ernster, als er sie darstellte. Marita Lauritz, eine deutsche Wissenschaftlerin, die in diesen Jahren in der Herengracht 401 wohnte und von Ineke das Kochen übernommen hatte, war als Einzige im Haus. Sie sah, wie schlecht es Arnold ging, versorgte ihn und besuchte ihn im Krankenhaus, hatte von ihm aber die strikte Anweisung erhalten, mit niemandem über seine Krankheit zu sprechen.

Ende September holte Arnold Gisèle vom Flughafen Schiphol ab und tat, als ob nichts wäre. Medikamente und Bluttransfusionen hatten ihn wieder auf die Beine gebracht, zumindest so weit, doch noch nach Kenia, Tansania und Madagaskar reisen zu können, wo er bis Mitte Oktober blieb. Nach seiner Rückkehr ging es rasch bergab. Am 24. Oktober wurde er erneut im Prinsengrachtziekenhuis aufgenommen, das er nicht mehr lebend verlassen sollte. Er hielt die Illusion einer Heilung so lange aufrecht, bis sich die Wahrheit nicht mehr verleugnen ließ: dass ihn der Lymphdrüsenkrebs, an dem er schon länger litt, das Leben kosten würde. Gisèle war an seinen letzten Tagen durchgehend im Krankenhaus. Angesichts ihrer gemeinsamen Vorgeschichte waren unangenehme Situationen dort nicht immer zu vermeiden. Arnolds Kinder kannte sie inzwischen, doch herzliche Kontakte waren daraus nicht entstanden. Meist räumte sie das Feld, wenn sie ihren Vater besuchten. Eine peinliche Konfrontation mit seiner ersten Ehefrau, die kam, um sich von ihm zu verabschieden, wurde vermieden.

Nachdem er gut einen Tag vorher schon das Bewusstsein verloren hatte, starb Arnold d'Ailly am frühen Morgen des 24. November 1967, einem Freitag, im Amsterdamer Prinsengrachtziekenhuis im Alter von nur 65 Jahren. Sein Leichnam wurde zur Herengracht gebracht und in Gisèles Atelier im ersten Stock aufgebahrt. Schon gleich am Montag darauf fand die Beerdigung statt, auf Wunsch der Familie schlicht und in kleinem Kreis. Während Amsterdam seines ehemaligen Bürgermeisters an diesem Tag mit Trauerbeflaggung an öffentlichen Gebäuden gedachte, zog eine ausgewählte Gesellschaft geladener Trauergäste nach Spaarnwoude, einem Dorf in der Nähe von Haarlem, das aus nicht mehr als ein paar vereinzelten Bauernhöfen und einer kleinen Kirche mit einem eigentümlichen, dachlosen Turm bestand. Dieser sogenannte »Stompe Toren« (Stumpfer Turm), errichtet auf einer kleinen Bodenerhebung in Gestalt einer natürlichen Warft, war einer der Lieblingsrastplätze Arnolds und Gisèles gewesen, wenn sie Ausflüge in die Umgebung der Stadt unternommen hatten. Es war eine grüne Oase, die Aussicht auf die umliegende Polderlandschaft bot und, wie sie einmal während eines Picknicks vor Ort überlegt hatten, eine ideale letzte Ruhestätte wäre.

Arnold hatte es nicht bei dem Gedanken belassen, sondern sich erkundigt, ob noch Plätze auf dem kleinen, nicht mehr benutzten, sanft abfallenden und mit Gras bewachsenen Friedhof frei seien. Wie sich herausstellte, gab es davon noch sieben. Sie wurden allesamt gekauft, denn auch Wolfgang sprach die Idee eines solchen Privatfriedhofs an. Ob es ihm nun behagte oder nicht: Arnold fügte sich, wohl wissend, dass es für Gisèle ein schöner Gedanke war, nach ihrem Tod nicht nur mit ihm, sondern auch mit einer Reihe ihrer Freunde vom Castrum Peregrini vereint zu bleiben.

Das erste Grab wurde nun belegt. Auf dem später aufgestellten, von Gisèle entworfenen Stein waren außer dem Familienwappen, der Castrum-Rose und den Lebensdaten d'Aillys auch zwei Vögel abgebildet. Darunter stand der Spruch: »Dieu nous garde«.

Der Schock und der Kummer über Arnolds Tod waren immens und wirkten sich auch auf Gisèles körperliches Befinden aus. Weil ihr das Herz zu schaffen machte, bekam sie Tabletten gegen Angina Pectoris verschrieben und hütete auf Anraten des Arztes fünf Wochen lang das Bett. In Zeiten wie diesen war die Castrum-Gemeinschaft in Bestform: Man sorgte für sie, Freunde und Freundinnen machten ihre Aufwartung, zündeten Kerzen an ihrem Bett an und hielten tröstende Vorträge. Nach fünf Wochen stand sie auf, bereit, ihr Leben wiederaufzunehmen.

Einfach war das nicht. In ihrem Kalender notierte sie jeden Freitag, wie viele Wochen seit dem Tod Arnolds vergangen waren. Diese Gewohnheit behielt sie achtzig Wochen bei. So schwer es ihr anfangs auch fiel, ihr Gleichgewicht wiederzufinden, der Kummer war nicht so alles untergrabend wie nach dem Verlust Buris. Anders als zwanzig Jahre zuvor war die Trauer nun nicht mit Wut, Ohnmacht und Demütigung vermischt, sondern eher mit einem Gefühl der Dankbarkeit für die fünfzehn glücklichen Jahre, die sie zusammen gehabt hatten. Es war erheblich einfacher, damit weiterzuleben, als mit der früheren giftigen Mischung. Gisèle erlebte das Verscheiden Arnolds auch nicht wirklich als einen Abschied. Für sie war er, wie man sagt, um die Ecke, aber dort stand er noch, zwar nicht mehr sichtbar, aber doch in der Nähe und zur Stelle, wenn sie ihn brauchte.

Gisèle hing an der bleibenden Nähe der Vergangenheit und der Toten. Daher musste nach Arnolds Tod alles, was an ihn erinnerte, so belassen werden, wie es war, damit seine Anwesenheit fortgesetzt würde und er in seiner neuen Eigenschaft seine alte Welt wiedererkennen und sich als willkommener Gast wähnen könnte. Diese Sehnsucht drückte sie in einem Gedicht aus, das sie, ausnahmsweise in deutscher Sprache, kurz nach Arnolds Tod schrieb:

Versetze nicht den leuchter
Nicht das buch
Nicht den stein
So ward es hingestellt
Er weiss es dort zu finden
Wo meine augen zögernd zeichnen
Wo meine finger schatten glätten
Wo staub und zeit verblinden
Erkennt er seine welt
Versetze nicht den leuchter
Nicht das buch
Nicht den stein.

Sie regelte, was geregelt werden musste: den Verwaltungskram, die Korrespondenz, die Steuer, das Erbe und die Witwenrente, doch in ihren Räumen in den beiden oberen Etagen der Herengracht blieb alles beim Alten. Arnolds Arbeitszimmer wurde nie leergeräumt, bis zum Schluss sprach Gisèle über den kleinen Nebenraum als »bei Arnold«. Die Dinge auf seinem Schreibtisch, die Bücher in seinen Regalen, seine Pfeifen und Spazierstöcke – keine Spur wurde ausgelöscht. Nur die Salamander in seinem Garten wurden nach deren Tod nicht mehr ersetzt.

Trost fand Gisèle in der Religion. Nach dem Tod Arnolds nahm sie diesen roten Faden in ihrem Leben wieder mit neuer Energie auf, denn auch wenn sie sich nie ganz von ihrem Glauben gelöst hatte, so hatte sie ihn doch schwer vernachlässigt. In ihrem gemeinsamen Leben hatten die religiösen Pflichten eines Gläubigen keine große Rolle gespielt, faktisch war Gisèle nur noch dem Namen nach katholisch gewesen. Was sie und Arnold geteilt hatten, war ein religiöses Grundgefühl, das sich in einem tiefen Respekt vor der Natur, der Tierwelt und allen menschlichen Schöpfungen äußerte, in denen die Ehrfurcht vor dem Göttlichen in den verschiedenen Kulturen zum Ausdruck gebracht wurde: den Statuen, Tempeln und heiligen Stätten, die dazu bestimmt waren, Gott zu ehren, gleichviel, ob dieser Gott nun Christus, Zeus oder Allah genannt wurde. Diese Form religiösen Empfindens und das abstrakte Gottesbewusstsein, das dazugehörte, sollte Gisèle nie ganz verlassen. Der Kern ihrer Religiosität lag auch überdeutlich eher im Mysterium und der Verwunderung über das Mysterium als in der Befolgung kirchlicher Regeln und vorgeschriebener Verhaltensweisen, aber nichtsdestotrotz suchte sie nach Arnolds Tod wieder mehr und mehr den Rahmen der katholischen Rituale ihrer Jugend, und die Kirche bekam erneut einen zentralen Platz in ihrem religiösen Erleben.

Es ist, als hätte der Schock über Arnolds Tod sie in jene frühere Phase zurückversetzt, die einen so unauslöschlichen Eindruck auf sie gemacht hatte, als sie noch ein Mädchen von dreizehn Jahren war: in die Zeit nach dem tödlichen Unfall ihres Bruders Walter. So wie ihre Eltern und auch sie in all ihrer Erschütterung seinerzeit eine Stütze im Glauben gesucht hatten, so machte sie es auch nun wieder. Das vertraute Muster bot ihr Halt. Sie fing wieder an, die Bibel zu lesen, besuchte öfter die Messe und begann, der Kirche Geld zu spenden, die die ihre werden sollte: die katholische Krijtberg-Kirche gleich um die Ecke am Singel, die auch schon ihr Vater als Kind mit seinen Eltern besucht hatte. Die Familie van Waterschoot van der Gracht hatte dort ihren festen Platz ganz vorne gehabt.

Für ihre Mitbewohner setzte sie ein paar Monate nach Arnolds Tod ein Dokument auf, in dem sie mitteilte, dass sie nicht wolle, dass unter ihrem Dach respektlos über ihren Glauben und die katholische Kirche gesprochen würde. Sie selbst habe auch immer mit Ehrfurcht und ohne Spott über den »Meister« Stefan George gesprochen, und umgekehrt verlange sie nun dasselbe. Vielleicht würde sie das erstaunen, denn ja, es sei wahr, dass sie als junge, sinnliche und neugierige Frau den Glauben ihrer Eltern oft zu locker aufgefasst habe und während und nach dem Krieg noch weiter vom ursprünglichen Weg abgewichen sei. Doch Arnolds Tod habe eine große Sehnsucht nach der Mutterkirche in ihr geweckt. Durch sein Ableben sei ihr bewusst geworden, dass der Tod nicht das Ende bedeute, sondern die Toten in einer anderen, zeitlosen Dimension weiterlebten. Diese Erfahrung und ihre feste Überzeugung, dass die Qualität des Lebens nach dem Tod durch das gelebte Leben auf

Erden bestimmt werde, hätten sie zu einer eindeutigen Schlussfolgerung geführt: »Ich will wieder meinen glauben stille für mich zurückgewinnen und leben, wie meine kirche es vorschreibt.« Sie wolle ansonsten niemanden dazu verpflichten, dasselbe zu tun, bitte aber doch darum, gotteslästerliche Reden in ihrem Haus zu unterlassen.

Mit dieser Rückkehr in den vertrauten Schoß der katholischen Kirche setzte auch die Reue ein. Aus der Perspektive ihres wiedergewonnenen Glaubens betrachtet, hatte Gisèle viele Sünden zu überdenken, und die besorgten ihr schlaflose Nächte. Was in den vielen Jahren, die ihr noch verblieben, am meisten und in zunehmendem Maße an ihr nagen sollte, war ihre Geschichte mit Arnold, dem verheirateten Mann, der sich wegen ihr hatte scheiden lassen. Ihre Ehe hatte sie glücklich gemacht, doch die Frage, ob dieser Schritt ihr jemals vergeben werden würde, verfolgte sie.

Allein weiter

Fürsorglich, wie er immer gewesen war, hatte Arnold noch auf dem Sterbebett zwei Dinge regeln können. Zunächst einmal hatte er seine jüngste Tochter Antoinette gebeten, ein wenig auf Gisèle aufzupassen, wenn er nicht mehr da sei. Dieser Bitte kam sie nach. Wie gesagt, keines der Kinder Arnold d'Aillys war wild darauf gewesen, mit Gisèle Bekanntschaft zu schließen. Die ersten Kontakte hatten lange auf sich warten lassen und waren auf das Notwendigste beschränkt geblieben. Erst nach Arnolds Tod wendete sich das Blatt zum Guten, insbesondere bei Antoinette und ihrem Mann Adri Baan, der zu dem Zeitpunkt noch am Anfang seiner Karriere bei Philips stand. Gisèle war sehr von ihm angetan. Der Umgang begann vielleicht mit dem Gefühl der Verpflichtung – wer weigert sich schließlich, den letzten Wunsch eines sterbenden Vaters zu erfüllen –, entwickelte sich aber im Laufe der Jahre zu einem warmen und herzlichen Kontakt.

Für Gisèle war das von kaum zu überschätzender Bedeutung. Sie sehnte sich nach Vergebung, und Antoinette war die Person, bei der sie sie am meisten suchte. Es gab in den Jahren nach Arnolds

Tod Zeiten, in denen sie sie fast täglich anrief, um sie um Vergebung zu bitten und ihr zum soundsovielten Mal zu erklären, dass Pfarrer van Royen ihr wirklich und wahrhaftig gesagt habe, dass es um die Ehe von Arnold und Annie d'Ailly schlecht bestellt sei. In materieller Hinsicht gelang es Gisèle, etwas von der Schuld zu tilgen, die sie Arnolds erster Ehefrau gegenüber empfand. Sie traf eine notariell beurkundete Regelung, wonach sie die Hälfte der Pension ihres Ex-Manns bekommen sollte, eine Regelung, die bis zu Annies Tod 1976 in Kraft blieb. In den Jahren davor unternahm Gisèle noch leidenschaftliche Versuche, über Antoinette mit ihr in Kontakt zu treten. Sie wollte sie unbedingt treffen, wahrscheinlich ebenfalls, um sie um Vergebung zu bitten, aber Antoinette spielte dabei nicht mit: Auf eine solche Begegnung sei ihre Mutter nicht erpicht. Auch was die angestrebte Vergebung betraf, hielt Antoinette sich zurück: Sie fand, dass es nicht an ihr sei, sie ihr zu gewähren oder auch nicht. Gisèle bekam also nicht in jeder Hinsicht, wonach es sie verlangte, doch die Tatsache, dass Antoinette sie nicht abwies und sie im Laufe der Jahre selbst ins Herz schloss, erfüllte sie mit tiefer Dankbarkeit.

Die zweite Angelegenheit, in der Arnold Sicherheit geschaffen hatte, war sein wichtigstes Erbe: Agios Ioannis. Als alleinstehende Frau würde Gisèle von der Kirche nie und nimmer die Erlaubnis bekommen haben, das Kloster zu bewohnen, also in gewissem Sinne war es das, was er ihr hinterließ. Um diesen Nachlass zu sichern – er wusste, wie glücklich Gisèle in der griechischen Umgebung war und wie sehr sie davon in ihrer Malerei inspiriert wurde –, trug er ihr in seinen letzten Tagen auf, nach Paros zurückzukehren und sich dann von der jungen Pflegerin begleiten zu lassen, die er in seinem letzten Lebensabschnitt im Prinsengrachtziekenhuis kennengelernt hatte. Stella Admiraal hatte mit einem Esel Kreta durchstreift und sprach gut Griechisch, im Gegensatz zu Gisèle, die sich zwar Mühe gegeben hatte, die Sprache zu erlernen, aber auf einem ziemlich einfachen Niveau stecken geblieben war. Arnolds Kuppelaktion war ein Schuss ins Schwarze. Stella, die dem Krankenhausalltag schon bald Lebewohl sagen, ein Studium der Kunstgeschichte aufnehmen und Archäologin werden sollte, wurde ein häufig wiederkehrender Gast in Agios Ioannis und blieb Gisèle über die Jahre hinweg eine wichtige Stütze.

Die Rückkehr nach Paros im Frühsommer des Jahres 1968 wurde sicher durch die Anwesenheit Stellas und ihrer Krankenpflegekollegin und Freundin, der späteren Gartenfotografin Marijke Heuff, erleichtert. Zu dritt verlegten sie auf der Terrasse vor der Kirchentür ein großes, kreisförmiges Mosaik aus Strandkieseln in verschiedenen Farben, mit dem Lamm Gottes in der Mitte und den vier Evangelisten darum herum. Das Monogramm des Großbuchstabens G, der das A umschließt, wurde ebenfalls darin verarbeitet. Das Ergebnis dieser wochenlangen Fleißarbeit ist bis auf den heutigen Tag erhalten geblieben. Insbesondere, wenn die Kiesel nass sind und die Farben aufleuchten, kommt die Darstellung richtig zur Geltung.

Gisèles jährlicher Rückzug in ihr Kloster auf Paros wurde im Laufe der Zeit immer länger. War sie in den paar Jahren mit Arnold zwei oder drei Monate außer Haus gewesen, reiste sie nach seinem Tod für gewöhnlich bereits im April ab, um häufig erst im November, wenn es zu kalt wurde, nach Amsterdam zurückzukehren. Anfang der Siebzigerjahre waren die Restaurierungs- und Erweiterungsarbeiten am Kloster abgeschlossen. Die Küche war vergrößert worden, und es waren eine Toilette sowie eine kleine, geschützte Schattenterrasse hinzugekommen. Inzwischen führte eine Steintreppe zum Strand, und ein neu angelegter Wasserspeicher, der in den Wintermonaten das Regenwasser auffing, lieferte dem Kloster fortan Trink- und Brauchwasser. Im Inneren des Gebäudes hatte Gisèle hübsche kleine Mosaiken angebracht. Aus Naoussa angelieferte Gasflaschen vereinfachten das Kochen und ermöglichten sogar den Betrieb eines kleinen Kühlschranks. Um das Ganze perfekt zu machen, hatte man der Gemeinde nach einem zähen Kampf die Zustimmung abgerungen, aus den ehemaligen Ställen am Kloster, die kein Eigentum der Kirche und halbe Ruinen waren, eine Gästeunterkunft machen zu dürfen: zwei große Räume mit einer eigenen Küche.

In fertigem Zustand bot das Ganze einen herrlichen Anblick, der nur noch wenig an die Ruine erinnerte, die Arnold und Gisèle seinerzeit vorgefunden hatten. Die jährlich aufs Neue geweißte Agios Ioannis hatte sich in eine wunderschöne Unterkunft und ein attraktives Urlaubsziel verwandelt. Wolfgang, Manuel und Claus kündigten sich denn auch tatsächlich gleich im Sommer 1968 an – Arnold hatte es schon kommen sehen, aber anders als ihm lag Gisèle sehr an ihrem Besuch, der sich noch viele Male wiederholen sollte. Andere Gäste erinnern sich, wie sie sich abmühen konnte, um vor allem Wolfgang alles recht zu machen. Doch sie tat es mit Liebe – was ihren Umgang mit den Freunden des Castrum Peregrini betrifft, gehören die parischen Jahre nach dem Tod Arnolds zu den harmonischsten. In Amsterdam hatte die Castrum-Gemeinschaft das Reich monatelang für sich allein; auf Paros wurden die Gastfreundschaft und die Anwesenheit Gisèles hochgeschätzt. Die mitgekommenen jungen Freunde standen ihr Modell, und ansonsten konnte sie einfach die entspannte Atmosphäre, das Schwimmen, das gemeinsame Lesen und das lebhafte Beisammensein auf der mondbeschienenen Terrasse genießen.

Viele der alten und neuen Castrum-Freunde und -Bewohner haben sich warme Erinnerungen an die Zeiten bewahrt, die sie bei Gisèle auf Paros verbrachten. Und nicht nur sie, auch ihre Familie, ihre Nichten und eine Reihe alter Freunde und Bekannter lud sie ein, vorbeizukommen. Einen jährlichen Höhepunkt stellten in den Siebzigerjahren die Besuche Pater van Essens von der Krijtberg-Kirche dar. Wenn er da war, konnte zu ihrer großen Freude in ihrem eigenen Kloster eine heilige Messe gelesen werden. Das geschah nicht in der Kapelle selbst, denn der *pappás* wollte nicht, dass in dem orthodoxen Heiligtum römisch-katholische Rituale zelebriert würden, aber das ehemalige Esszimmer der Mönche, in dem dann Arnolds alter Klapptisch in einen Altar verwandelt wurde, erfüllte auch seinen Zweck.

Gisèles Anwesenheit stärkte zweifellos die lokale Wirtschaft. Sie sorgte für Beschäftigung und tätigte ihre wöchentlichen Einkäufe beim örtlichen Mittelstand, ihre vielen Gäste besuchten die Tavernen in der Umgebung, sie unterstützte die benachbarte Bauernfamilie und half auch anderen, denen es finanziell nicht so gut ging, mit kleinen Beträgen oder Dingen, die jemanden in die Lage versetzten, sein Brot selbst zu verdienen. Im Frühjahr sah man ihrer Ankunft oft schon sehnsüchtig entgegen – dann gab es wieder Arbeit. Gleichzeitig machte sie der Ausfall Arnolds jedoch zur Zielscheibe für Klatsch und üble Nachrede. Gisèles Kleidung, ihr Tun und ihre Lebensweise entsprachen nicht den in Griechenland herrschenden kulturellen Bräuchen und Erwartungen hinsichtlich des Verhaltens einer fünfundfünfzigjährigen Witwe. Statt sich schwarz zu kleiden und wie eine alte Frau im Schatten weiterzuleben, trug sie helle Sommerkleidung, blieb energisch und sinnlich, schwamm nackt im Meer und empfing einen nicht abreißen wollenden Strom an Männern. Dass dies auf Widerstand stieß, zeigte sich schon bald. Stella kamen Gerüchte zu Ohren, und noch weniger misszuverstehen war ein Besuch der (ursprünglich aus England stammenden) Schwiegertochter des *pappás*, die kam, um zu erklären, dass die griechischen Dörfler primitiv seien und es nicht verstünden, dass eine alleinstehende Frau in Gesellschaft von Männern verkehren könne, ohne sich allerlei Ausschweifungen hinzugeben. Sie war gewarnt. Was dem an Positivem gegenüberstand – ihr wöchentlicher Kirchenbesuch und ihr guter Kontakt zum *pappás* –, reichte nicht aus, um die lokalen Gerüchte ganz zum Verstummen zu bringen.

Vorerst bereitete Gisèle diese feindselige Unterströmung wenig Probleme. Eine Reihe tonangebender Persönlichkeiten aus der lokalen Gemeinschaft war ihr wohlgesinnt, und sie war auf Paros in ihr eigenes soziales Umfeld eingebettet, in dem die griechischen Inselbewohner – einmal abgesehen von ihren geliebten Nachbarn Giorgios und Marouso Zoumis, bei denen an vielen Abenden gegessen und getanzt wurde und zu denen der Kontakt über die Jahre hinweg außerordentlich gut blieb – kaum eine Rolle spielten.

Mehr Kontakt unterhielt Gisèle zu der kleinen, befreundeten Ausländer-Community in der Umgebung von Naoussa. An einer abgelegenen Stelle nicht weit vom Kloster entfernt lebten die Australierin Phillada Lecomte und ihr Freund, der französische Bildhauer Gerard Vilage, ein Hippiepärchen, zu dem Gisèle engen Kontakt hatte. Wichtig war ihr auch der irische Dichter und Gedichtübersetzer Desmond O'Grady, der ein Stück weiter an der Bucht auf dem Weg nach Naoussa lebte. O'Grady, der Irland schon in jungen Jahren verlassen hatte und nach Paris gegangen war, wo er sich mit Erfolg unter die Literaten gemischt hatte und als Dichter einiges literarisches Renommee erwerben konnte, hatte ebenso wie Gisèle sein Herz an Paros verloren, wo er für gewöhnlich in den Sommermonaten zu finden war. Im Winter arbeitete er als Dozent in Rom, später auch einige Jahre in Harvard und an der amerikanischen Universität Kairo. Der flamboyante O'Grady war Alkoholiker und kein einfacher Mensch, doch es gelang ihm immer wieder, Gisèle für sich einzunehmen. Sie unterhielt sich gern mit ihm über ihre Arbeit, bewunderte seine Bildung, liebte seine Gedichte und, mehr noch, sein besonderes Talent zum Deklamieren, das so manchen Abend versüßte. O'Grady war Spezialist auf dem Gebiet alter keltischer Kulturen, so wie Roland Holst, mit dem Gisèle ihn denn auch in Kontakt brachte.

Die teilweise durch O'Gradys Trunksucht überschattete Freundschaft trug Gisèle neben vielen denkwürdigen Stunden auch die nähere Bekanntschaft mit der englischsprachigen Poesie ein. Zunächst einmal mit Ezra Pound, den O'Grady persönlich kannte, danach folgte das Werk William Butler Yeats', T. S. Eliots, Walt Whitmans, Emily Dickinsons und das des Dichters und Priesters Gerard Manley Hopkins. Das Lesen ihrer Werke verbesserte Gisèles Sprachgefühl und regte sie dazu an, selbst den Stift in die Hand zu nehmen. Neben dem Malen begann sie auf Paros nun Gedichte und poetische Betrachtungen zu schreiben. In ihrem Erleben waren beide Tätigkeiten eng miteinander verbunden: »Poesie ist Malen mit Worten, und Malen sollte gemalte Poesie sein«, notierte sie einmal als Leitsatz. In beiden Fällen gehe es darum, ein inneres Bild zum Ausdruck zu bringen.

Im Sommer 1976 entstand das bereits erwähnte erzählende Gedicht *When I was Ten* über das Jahr, das sie als Kind auf Schloss Hainfeld verbracht hatte. Im Laufe der Jahre schrieb sie noch eine Reihe weiterer, von der parischen Umgebung inspirierter Gedichte, die sie später in einem Band unter dem Titel *Parian Poems* (1995) veröffentlichen sollte. *When I was Ten* erschien ebenfalls als Buch. In beiden Fällen handelte es sich um kleine, von ihr mit großer Sorgfalt gemachte und in Eigenregie herausgegebene bibliophile Ausgaben, die sie unter Bekannten verteilte. Auch das Übersetzen hielt sie auf Paros eine Weile beschäftigt. Ein neuer Gedichtband Buris begeisterte sie sofort, ebenso wie der erste und einzige Band des jung verstorbenen Dichters Hans Lodeizen, *Het innerlijke behang*, den sie auf Paros von dem angehenden Niederlandisten und Castrum-Neuzugang Frank Ligtvoet bekam und der ihr sehr gefiel. Sie schloss die englische Übersetzung noch im selben Sommer ab. Ligtvoet versuchte anschließend, sie irgendwo unterzubringen, doch seine Bemühungen führten zu keinem Ergebnis. Das unveröffentlichte Manuskript von *The Inner Wallpaper* befindet sich heute noch in Gisèles Nachlass.

Natura Artis Magistra

»Es ist vielleicht das größte Verdienst des künstlerischen Schaffens Gisèles, dass es nie zu arrivieren scheint.« Das schrieb der Kunstkritiker Charles Wentinck 1955 in einer seiner Betrachtungen über ihr Werk, nicht wissend, dass die größte Neuerung erst noch kommen sollte. Gisèles Kunst ist immer stark von außen beeinflusst gewesen. In ihrem Werk lassen sich viele Spuren wiederfinden, sowohl die anderer, von ihr bewunderter Künstler, wie Nicolas, Fiedler, Picasso oder Klee, als auch die wechselnder Umgebungen, in denen sie sich aufhielt: des katholischen Südens der Niederlande, des klassisch-literarisch orientierten Castrum Peregrini und nun des parischen Paradieses. Die heitere, zeitlose Atmosphäre des Klosters und seiner felsigen Umgebung, die Farben und das Licht der griechischen Insel beflügelten ihre künstlerische Phantasie und verliehen ihrer Malerei, die sich hier in vollkommener Freiheit entwickeln konnte, einen starken Impuls. Trotz ihrer vielen Gäste und eines sozialen Umfelds, das sich immer mehr ausdehnte und im Laufe der Jahre anspruchsvoller wurde, gelang es Gisèle häufig, ihre Zeit intensiv zu nutzen. Die vielen Gemälde, die sie auf Paros schuf, stellen insgesamt ein neues Kapitel in ihrem Œuvre dar.

Nach dem farbenfrohen Impressionismus der Limburger Zeit, den minutiösen, bedrohlich wirkenden Federzeichnungen aus der Kriegszeit und den stark erzählenden, allegorischen Gemälden mit ihren verfremdenden, zum Surrealismus neigenden Effekten der Fünfzigerjahre entstand auf Paros eine Ansammlung phantasievoller Werke, die sowohl was die Farbe als auch was die Form betraf deutlich von der Umgebung inspiriert waren, in der sie entstanden. Dominant sind die Farben der Insel: die vielen Schattierungen des Weiß der Morgendämmerung und der Marmorkiesel, des Ockers der Felsen und des Sands, der Blautöne des Himmels und des Meeres. Die Formen in ihren Werken entlehnte Gisèle den Funden und

Gegenständen aus ihrer natürlichen Umgebung. Jeden Morgen graste sie den Strand ab, immer auf der Suche nach angespülten Kleinodien: sonderbar geformten Stücken Treibholz, Ton- und Glasscherben, kleinen Steinen, Muscheln, Korkstücken und Tauenden alter Fischernetze, den Skeletten von Seeigeln und Seesternen. Auf Spaziergängen sammelte sie die sonnengebleichten Knochen von Ziegen und Eseln sowie andere Naturalien. Solche kleinen Funde konnten Gisèle ebenso in Entzücken versetzen wie eine bizarre Felsformation oder der Abdruck einer Muschel im Sand.

So wie Henry Moore für seine Plastiken viel an Inspiration aus den Formen von Bergen und Felsformationen und seiner großen Sammlung von Knochen, Steinen und Treibholz holte, wählte auch Gisèle diese organischen Formen zum Ausgangspunkt für ihre Arbeiten. Sie gab ihnen in ihren Gemälden, auf denen komplexe Skulpturen, imaginäre Wesen, mystische Gestalten und sonderbare Traumfiguren zu sehen sind, eine neue Bedeutung. Wie Picasso benutzte auch sie ihre Funde, um kleine, ansonsten unprätentiöse Skulpturen daraus zu machen: etwa eine kleine Eule aus einem gefundenen Stück Holz, einigen Muscheln, einer Samenkapsel und zwei Wäscheklammern. Andere Plastiken setzte sie auf vergleichbare Weise aus gefundenen Materialien zusammen.

Gisèle hatte eine stark ausgeprägte Fähigkeit, in einem willkürlichen Gegenstand etwas anderes zu erkennen. Dieses Phänomen nennt man Pareidolie – man sieht in einer Steckdose oder einer durchgeschnittenen Paprika etwa ein Gesicht. In einem großen Fischskelett, das Gisèle ihr Leben lang bewahrte, erkannte sie den gekreuzigten Jesus. In einem seltsam geformten kleinen Stein sah sie ein Männchen mit einer Zipfelmütze oder eine sich aufbäumende Ziege, in einem Baumstumpf einen feuerspeienden Drachen. Diese spontane Neigung stellte nicht nur einen Quell der Freude und des Vergnügens dar, sondern setzte auch kreative Assoziationen bei ihr frei. Für den Minotaurus, den sie malte, stand eine spezielle Felsformation Modell, in der sie dieses mythologische Wesen wiedererkannt hatte. In den gewundenen Kalkröhrchen, in denen Würmer hausten, sah sie eine merkwürdige Frauengestalt, die sie zum Gegenstand eines Gemäldes machte. Ihre gebleichten Ziegenknochen verwandelte sie in sich bewegende Priesterinnen, die auf dem Gemälde *Kykladisches Ritual* (1972) eine rituelle Handlung vollziehen. Wie schon bei *Moira* war es ein Pentaptychon, doch anders als bei dem früheren Gemälde handelte es sich diesmal nicht um ein ausklappbares Akkordeon-Modell, sondern es bestand aus fünf um die eigene Achse rotierenden Paneelen, die auf beiden Seiten bemalt waren. In jeder der möglichen Kombinationen – zweiunddreißig an der Zahl – ergaben die Paneele insgesamt ein neues, in sich stimmiges Bild. Das Werk erhielt einen Platz in ihrem Wohnzimmer in der Herengracht. Anfangs mussten die Paneele noch mit der Hand gedreht werden, in späteren Jahren baute Adri Baan auf der Rückseite eine Mechanik ein, die sich über eine Fernsteuerung bedienen ließ.

Die Kunstauffassung, der Gisèle sich auf Paros völlig verschrieb, lässt sich noch am ehesten in dem lateinischen Wahlspruch »Natura Artis Magistra« zusammenfassen: Die Natur ist die Lehrmeisterin der Kunst. Es ist keine Farbe oder Form denkbar, die nicht bereits in dem vielgestaltigen und überwältigenden Reichtum der Natur zu finden ist. Keinem Künstler ist es gegeben, das zu überbieten, und für sich selbst sah Gisèle es als das höchst Machbare an, in dieser Schatzkiste voller Wunder immer wieder Neues zu entdecken und die inneren Bilder, die diesen Entdeckungen entsprangen, auf der Leinwand zu reproduzieren. Dieser manchmal mühselige, aber immer auch abenteuerliche Prozess konnte sie jedes Mal wieder überraschen. Gemälde, so schrieb sie dazu einmal, seien »Spiegel, die mehr zurückwerfen, als es der Maler erwartet«.

Als Malerin stand Gisèle mit beiden Beinen in der gegenständlichen Tradition. Das war anfangs auch auf Paros noch der Fall, doch die geheimnisvollen, unwirklichen Formen und Konstruktionen, auf die sie sich nun verlegte, trieben sie immer mehr in die Richtung der Abstraktion. Sie selbst benutzte übrigens lieber den Begriff »nichtgegenständlich«, weil auch ihre Abstraktionen durchaus noch von der Wahrnehmung der Wirklichkeit inspiriert waren. In der zweiten Hälfte der Siebzigerjahre gewannen diese »nichtgegenständlichen«, geometrischen Gemälde zeitweilig die Oberhand, und dem lag tatsächlich eine konkrete Beobachtung zugrunde. In Parikia, dem Hauptort von Paros, war Gisèle auf die Mauer einer alten venezianischen Festung aus dem siebzehnten Jahrhundert gestoßen, erbaut aus den Überresten eines antiken Tempels, so dass darin Stücke der alten Tempelsäulen in verschiedenen Größen wie Dame-Spielsteine Aufnahme gefunden hatten. Der Anblick dieser Kreise in der Mauer faszinierte sie vom ersten Augenblick an und setzte bei ihr eine große künstlerische Produktivität frei, in der Kreise und Spiralen eine Hauptrolle spielen sollten.

Es begann mit einer einfachen weißen Trommel als Hommage an den parischen Marmor, *Weiße Trommel* (1976), der noch viele Variationen folgen sollten: abstrakte Kreisgemälde, häufig beruhend auf einer visuellen Erfahrung: der untergehenden Sonne, des aufgehenden Mondes oder der Gezeiten des Tages. Diesen Letzteren widmete sie eine Serie von vier großen Diskussen in pointilistischem Stil, die den Farb- und Lichtverlauf während eines Tageszyklus wiedergeben: *Morgenweiß*, *Mittagsgold*, *Abendgrün* und *Mitternachtsblau*. Auch für das Vergehen der Zeit, eines Phänomens, das Gisèle mit zunehmendem Alter mehr und mehr faszinierte, fand sie eine visuelle Übersetzung in der Kreisform. Am stärksten kommt dies in ihren *Rolling days* (1979–1980) zum Ausdruck: drei große Leinwände mit sich überlappenden Kreisen, die von einer Zeile des griechischen Dichters Pindar inspiriert worden waren: »Time with its rolling days / Changes now this, now that.«[6] Diese Zeile, in der Übersetzung des britischen Altphilologen Cecil Maurice Bowra, lag ihr sehr am Herzen, ebenso wie das Gemälde, das sie als einen Markstein in ihrem Œuvre betrachtete.

Der Kreis symbolisierte für sie nicht nur das beständige Dahinrollen der Zeit, sondern ebenfalls deren Endlichkeit. Sie suchte immer mehr nach dem Moment, an dem sich Anfang und Ende trafen, im Gespräch, in ihren Freundschaften und im Leben. Das Bedürfnis nach Abschluss und Vollendung wird ausdrücklich in einem Brief an Jany Roland Holst thematisiert. Gemeinsam mit Suzanne Nicolas hatte sie dem alten und bereits stark geschwächten Dichter im Frühjahr 1976 noch einen Besuch in dessen Wohnung in Bergen abgestattet, in der er inzwischen lebte. Dieser Besuch habe sie glücklich gemacht, schrieb sie ihm zwei Wochen später aus Agios Ioannis:

6 »Die Zeit mit ihren dahinrollenden Tagen / Ändert mal dies, mal jenes.«

> Wenn Du mich fragst, warum – es ist, weil Freundschaften Abenteuer sind ... wie das freihändige Zeichnen von Kreisen. Manchmal planlos, manchmal gewissenhaft. Wie auch immer. Wenn sich die Enden plötzlich treffen, ist da eine Wärme in der Rundung: die Freude, die ich empfunden habe. Dass Suzanne mich begleitet hat [...] hat unser Wiedersehen sogar noch perfekter gemacht. Über Joep und Suzanne haben wir uns kennengelernt. Du warst vierundvierzig, glaube ich, und ich war zweiundzwanzig! In ihrem Garten in Groet habe ich Feuer gefangen. Dann waren da Wijlre und der Nesdijk, Leeuwen-Maasniel und die Eeuwigelaan. Feste Punkte des Kreises, der jetzt rund ist, seit ich in Deinem Zimmer saß und mich fragte, ob ich Dich jemals großartiger gesehen habe.

Sie wusste, dass sie ihn nicht wiedersehen würde, doch dieser Kreis war geschlossen, also konnte sie ihren Frieden damit machen. Roland Holst starb noch im selben Sommer. Ebenso wie zuvor Arnold und inzwischen auch ihr früherer Mentor und Liebhaber Joep Nicolas, der 1972 gestorben war, verschwand er aus der Zeit, nicht aber aus ihrer Nähe.

Gisèles parische Gemälde wurden in den Siebzigerjahren zweimal öffentlich gezeigt. Im März 1973 hatte sie eine Ausstellung in der Kunsthandlung De Boer an der Amsterdamer Keizersgracht, in der sechzehn Werke aus den vorangegangenen Jahren zu sehen waren. Eine umfangreichere Ausstellung von über fünfzig aktuellen Gemälden gab es im Frühjahr 1979 im Singer Museum in Laren. Die Vernissagen, vor allem die in Laren, waren wieder große gesellschaftliche Ereignisse, doch keine der beiden Ausstellungen war ein Verkaufserfolg. Sowohl in Amsterdam als auch in Laren wurden nur zwei Gemälde verkauft. Diese geringe Zahl lässt sich jedoch nicht ohne Weiteres mit einem Mangel an Interesse erklären, sondern kann auch mit den hohen Preisen zu tun haben, die die Künstlerin verlangte. Das war eine bewusste Strategie, um eventuelle Käufer abzuschrecken, denn Gisèle konnte sich oft nur schwer von ihren eigenen Werken trennen. Finanziell war sie nicht mehr vom Verkauf abhängig.

Besorgniserregender war dagegen, dass beide Ausstellungen nur wenig öffentlichen Widerhall fanden. Hatte Gisèle bis Ende der Fünfzigerjahre noch ihren Platz am Rand der öffentlichen Kunstszene gehabt, war sie daraus nach über einem Jahrzehnt des Schweigens und der Abwesenheit nahezu völlig verschwunden. Durch ihren freiwilligen Rückzug hatte sie an Freiheit gewonnen, war jedoch als Künstlerin immer stärker aus dem Blickfeld geraten. Die beiden Ausstellungen in den Siebzigerjahren konnten das nicht ungeschehen machen. Die alte Garde der Kunstkritiker, die sie persönlich kannte, die immer fleißig über sie geschrieben hatten und sie künstlerisch einzuordnen wussten – und hier vor allem Jan Engelman und Charles Wentinck –, waren inzwischen tot oder nicht mehr im Dienst. Und die neue Generation der Kritiker und Kenner übersah sie einfach. Im Rahmen ihres eigenen Œuvres deutete das abstrakt-geometrische Werk, das sie jetzt präsentierte, vielleicht auf eine neue oder sogar spannende Entwicklung hin, doch in der großen Welt der Künste war es nicht imstande, viel Eindruck zu machen. In der Presse gab es nur einige wenige Rezensionen und ein paar kurze Erwähnungen, doch außerhalb ihres umfangreichen Freundes- und Bekanntenkreises erregten die beiden Ausstellungen wenig Aufsehen.

Unterdessen in Amsterdam

1965 erschien unter dem Titel *Een tevreden lach* das Romandebüt der Schriftstellerin Andreas Burnier. Ihre Ehe mit Emanuel Zeylmans van Emmichoven war inzwischen geschieden, doch das Kapitel »Der Verleger« ist deutlich von ihm und seinem zurückliegenden Abenteuer als Verleger bei Castrum Peregrini inspiriert. Burnier hat in späteren Interviews nie ein Geheimnis daraus gemacht, dass die Wohngemeinschaft in der Herengracht Modell für die Ereignisse gestanden hat, die sie in diesem Kapitel beschreibt. Die Handlung wurde auf das fiktive Landgut Wickersholm in Wassenaar verlegt, ein Name, der deutlich auf die Freie Schulgemeinde Wickersdorf verweist, eines Schulprojekts des umstrittenen Reformpädagogen Gustav Wyneken. Burnier war offenbar gut über den geistigen deutschen Nährboden informiert, der nicht nur einen Wolfgang Frommel, sondern auch pädagogische Initiativen wie die Wynekens hervorgebracht hatte.

Über die Verbindung mit ihrem späteren Ehemann war Burnier Mitte der Fünfzigerjahre mit der Castrum-Gemeinschaft in Berührung gekommen. Sie hielt sich darin eine Weile als Randfigur auf und versuchte vergeblich, einige Gedichte in der Zeitschrift *Castrum Peregrini* zu veröffentlichen. Wie sich nun zeigte, hatte sie ihre Augen und Ohren offen gehalten. Burnier zeichnet in *Een tevreden lach* (auf Deutsch: *Rendezvous bei Stella Artois*, 1994) das treffsichere Gruppenporträt einer Gesellschaft unter der Leitung eines exzentrischen Dandys mit langen, grauen Haaren. Die Stimmung auf dem labyrinthischen Landgut ist geheimnisumwittert, unheimlich und voller unvermuteter Gefahren. Die Hauptperson träumt davon, dass ihr Ehemann, »der Verleger«, im Keller der Villa gefangen gehalten wird, während sie selbst im »großen Salon« von einem bösartigen, buckligen Wesen mit »gekrümmten, harten Klauen« und – da sind sie wieder – »langen grauen Haaren« bedrängt wird. Die Freundesgruppe trinkt Wein, liest Gedichte und ist damit beschäftigt, sich gegenseitig zu beweihräuchern. Doch hinter all dem schönen Schein verbirgt sich letztlich eine hohle Welt.

> Auf Wickersholm wurde viel geredet, viel getrunken, viel über Poesie und Philosophie (die romantische) gesprochen, viel Kerzenlicht benutzt, viel Weihrauch abgebrannt, viel über die neue Elite nachgedacht, viele Tote wurden angerufen und viele Geister beschworen, es wurde viel Kritik am modernen barbarischen Leben geäußert, viel intrigiert, viel mystifiziert, viel über Erotik geredet, und nie, absolut nie wurde dort jemand von einem anderen seiner Persönlichkeit wegen geliebt. Wenn dort überhaupt einmal zwei Menschen miteinander ins Bett gingen – was weitaus seltener vorkam, als man bei so einer Gesellschaft vermutet hätte –, geschah es in Eile, flüchtig, im Verborgenen, und immer im Dienst eines verbalen Zieles wie etwa der Schönheit, der neuen Zukunft, der alten Vergangenheit, der magischen Gegenwart, der Romantik, der Kunst, der Kreativität, der Götter, der Toten, der Ungeborenen,

der Ekstase, des Grafen von Carabas, des Lächelns der Katze aus Alice im Wunderland, des Welteneis, des Weltenbaums, des Weltalls, des Kosmos, der Ewigkeit. Niemand traute sich, nach Herzenslust seiner Sinnenlust zu frönen, und niemand in diesem Kollektiv von Narzissten war überhaupt fähig, einen anderen Menschen zu lieben. Trotzdem war es schön dort.

Wie schon die Burnier-Biographin Elisabeth Lockhorn betonte: Nach dem Vorangegangenen ist der letzte kurze Satz bemerkenswert. Offenbar ging von dieser exklusiven und selbstgefälligen Gesellschaft eine seltsame Verführung aus, gegen die auch Burnier nicht immun war. Und sie war nicht die Einzige.

Viele Besucher der Herengracht 401 waren sofort beeindruckt von diesem ungewöhnlichen Haus mit seinem desorientierenden dreieckigen Grundriss, seinen vielen Etagen und Überraschungen, seinen versteckten und merkwürdig geschnittenen kleinen Zimmern, seiner prickelnden Atmosphäre geistigen Lebens, seiner selbstverständlichen Unkonventionalität und seinem noch immer schlagenden magischen Herzen: dem Versteck im dritten Stock. Jetzt wohnte Wolfgang dort, mit Manuel als einer Art Hausmeister in dem kleinen Nebenraum. Während er neben dem Piano saß, in dem Buri sich versteckt hatte, erzählte er jungen Besuchern die Geschichte dieses Sich-Verstecken-Müssens und der lebensrettenden Kraft der Freundschaft und der Dichtkunst.

Die Bürgermeisterwitwe mit ihrem adligen Hintergrund und ihrem ungewöhnlichen Salon unter dem Dach trug zu Glanz und Glorie des Hauses bei, doch der Dreh- und Angelpunkt der Herengracht 401 war und blieb Wolfgang Frommel. Mit den Jahren waren seine magnetischen Kräfte und seine erotische Ausstrahlung zwar vielleicht etwas schwächer geworden, hatten aber noch längst nicht ihre Wirkung verloren. Die warme Herzlichkeit, die er entfalten konnte, sein ausgelassenes Lachen und seine Erzählkunst schlugen noch immer viele in ihren Bann. »Nie wieder«, schreibt Thomas Karlauf, einer der damaligen Bewohner, in einem Rückblick, »habe ich ein Haus gesehen, das so stark den Geist seiner Bewohner atmete und zugleich wie ein bis ins Detail geplantes Gesamtkunstwerk wirkte.«

Die Herengracht mit ihrer Aura kultivierter Rätselhaftigkeit war da, um zu intrigieren und zu verführen. Und es funktionierte. Für junge Menschen auf der Suche nach einem Leben außerhalb der ausgetretenen Pfade stellte das Castrum-Modell des Zusammenlebens und -arbeitens mit Freunden eine seriöse und attraktive Alternative dar. In den Siebzigerjahren gab es viele solcher jungen Menschen, doch an der Pforte wurde streng ausgewählt. Obwohl es keine offiziellen Kriterien gab, lassen sich die Kandidaten, die nicht infrage kamen oder die nach einer kurzen Probezeit für zu leicht befunden wurden, in drei Gruppen unterteilen: entweder waren sie musisch unzureichend »angehaucht«, nicht schön genug oder aber allzu homo. Die Grenze zwischen erhabener Freundesliebe und banaler, bürgerlicher Homosexualität wurde noch immer peinlich genau überwacht – ausgesprochen sichtbare Homosexualität hielt man daher lieber außen vor.

Umgekehrt gab es selbstverständlich auch junge Männer, die vorzeitig aufgaben, weil sie von der ziemlich hochnäsigen Hegra-Atmosphäre abgeschreckt wurden oder sich nicht zu körperlichen Intimitäten bereitfanden. Solche kleinen Unfälle wurden von Wolfgang fachkundig wegerklärt: Diese Personen seien dem hohen geistigen Ideal nicht gewachsen, sie stünden unter dem schlechten Einfluss einer Freundin oder hätten sich für ein bürgerliches Dasein entschieden. So bestätigten auch die Misserfolge noch die Überzeugung der eigenen Brillanz.

Abgesehen von Gisèle war der feste Kern der Bewohner und Bewohnerinnen der Herengracht ab Ende der Sechzigerjahre deutsch. Neben Wolfgang und Manuel handelte es sich um drei Neuzugänge: Wolf van Cassel, Christiane Kuby und den bereits erwähnten Thomas Karlauf. Der Erste, der eigentlich Fritz Meyer hieß, wurde 1966 in Heidelberg von Wolfgang entdeckt und Manuel übertragen, dem es selbst nicht gelang, jüngere Freunde anzuwerben. Noch im selben Jahr kam Wolf, neunzehn Jahre alt, nach Amsterdam, ein begabter junger Mann mit einer problematischen Jugend und wenig Schulbildung. Er dichtete und sang und nahm in Amsterdam eine Ausbildung zum Restaurator auf, ließ sich jedoch nach einem Konflikt mit seinem Arbeitgeber arbeitsunfähig schreiben und lebte vom Krankengeld.

Christiane Kuby war die Tochter eines alten Bekannten von Frommel. Als Vierzehnjährige sah sie ihn und Manuel zum ersten Mal in ihrem Elternhaus, und das machte großen Eindruck auf sie. »Ich fand sie so schön, die zwei Männer«, erinnert sie sich, »das ist mir als Bild in Erinnerung geblieben, Manuel mit den schwarzen Haaren, Wolfgang schon grau. Wie sie gingen. Ich dachte: So muss eine Beziehung sein. Sie sind vollkommen frei, aber in Freiheit miteinander verbunden. Das wollte ich auch.« Zur Freude ihres Vaters zog sie 1970 als Siebzehnjährige nach Amsterdam, um ein Praktikum im Verlag zu machen. Der Aufenthalt dauerte länger als geplant, letztendlich ungefähr fünfzehn Jahre. In der Küche nahm Christiane schon bald den Platz von Marita Lauritz ein, die wegen der Heirat mit dem Psychiater Hans Keilson die Herengracht verließ. Das Kochen sei ihre Hauptbeschäftigung gewesen, urteilt Christiane im Rückblick: »Die eigentliche Aufgabe, die ich dort hatte, war es, für drei Mahlzeiten am Tag zu sorgen und die Einkäufe zu erledigen, wie eine Hausfrau für eine Gruppe von Männern. Ich hatte die dienende Rolle, aber das wollte ich damals einfach nicht sehen. Damals sah ich eine Gruppe von Idealisten.«

Ihre Erzieherin fand sie in der Person der Gartenarchitektin Angrid Tilanus, die an den Wochenenden oft in der Herengracht zu finden war und, so wie Jannie zuvor, die Aufgabe hatte, eine parallele Frauengruppe aufzubauen. Sie tat das mit großem Einsatz und integrierte, anders als Jannie, die es beim Lesen belassen hatte, auch lesbische Erotik in ihre Erziehung.

Thomas Karlauf wurde als fünfzehnjähriger Schüler auf der Frankfurter Buchmesse entdeckt, wo er Zeitungen verkaufte, um sein Taschengeld aufzubessern. Wolfgang sprach ihn an, kam mit ihm ins Gespräch und lud ihn ein, nach Amsterdam zu kommen. Darauf folgten Briefe, Besuche und gemeinsame Reisen. Thomas' Eltern, weniger begeistert von diesen Kontakten als Christianes Vater, wurden mit einem Besuch Wolfgangs beehrt, während gleichzeitig die von ihm mobilisierten Hilfstruppen auf sie einwirkten. Sie riefen an oder schrieben Briefe, erzählte Thomas viele Jahre später in einem Interview: »Das waren angesehene Leute, die meiner Mutter versicherten, es könne einem Jungen gar nichts Schöneres passieren, als von Wolfgang Frommel eingeladen zu werden.« Solche

Charmeoffensiven kamen öfter vor. Nach seinem Abitur 1974 hielt auch Thomas seinen Einzug in die Herengracht.

Neben diesem neuen Kern fester Bewohner gab es das übliche Kommen und Gehen von Freunden und Gästen. Christiane kochte oft für bis zu zehn Personen. Gisèle verbrachte in dieser Periode für gewöhnlich mehr als die Hälfte des Jahres auf Paros, in den restlichen Monaten stattete sie noch ihre Familienbesuche ab und kam einer Menge weiterer Verpflichtungen nach. Aber war sie einmal da, machte sich ihre Anwesenheit sofort stark bemerkbar. »Wenn sie nach Hause kam, musste man sich wappnen und sich vorbereiten, damit man etwas Interessantes zu erzählen hatte«, weiß Christiane noch. »Erst kamen all ihre interessanten, dramatischen Geschichten, und dann kam die Frage: Und was hast *du* in diesem Sommer gemacht? Das Einzige, was zählte, war, dass man selbst Gedichte schrieb, eventuell übersetzte, oder zeichnete, malte, auf jeden Fall etwas Künstlerisches machte. Ich hatte immer Angst vor dem Moment.«

Die Anwesenheit Gisèles im Haus erhöhte auch die Spannung an anderen Fronten. Sie durfte nichts von den homosexuell gefärbten Ausdrucksformen mitbekommen, die im Castrum intern gang und gäbe waren, daher spielte man vor ihr eine Art Verstecken. Hielten zwei Freunde Händchen, wurden sie sofort gewarnt, damit aufzuhören, wenn Gisèle im Anmarsch war. Keine Küsserei und kein Herumgeturtel, denn »das konnte sie nicht haben«. Gisèle spielte das Spiel mit, es kam ihr wahrscheinlich auch nicht ungelegen. Mit dem kräftigen Comeback des Katholizismus in ihrem Leben wurde für sie die direkte Konfrontation mit einem Verhalten, das von der Kirche aufs Schärfste verurteilt wurde, schwieriger. Aus den Aufzeichnungen in ihren Kalendern geht hervor, dass sie beispielsweise Manuel ausdrücklich darauf ansprechen konnte, wenn er sich in ihrer Gegenwart Wolf oder einem der »Kleenen« gegenüber allzu freizügig verhielt.

Mit dieser Verhaltensstrategie wurden also ihre Wünsche respektiert, doch zugleich entstand eine Trennlinie: Gisèle hatte ihr Leben, die Freunde hatten das ihre. Dass sie dabei ausdrücklich außen vor war und außen vor gehalten wurde, war deutlich genug, denn die Angewohnheit, hinter ihrem Rücken abfällig über sie zu reden, hatte sich seit dem Krieg nicht geändert. Als Frau hatte sie keine Ahnung von der Freundesliebe, als Künstlerin war sie nicht ernst zu nehmen. Aber nützlich war sie schon. Der Außenwelt gegenüber war Gisèle die respektierte *grande dame*, die unter dem Dach wohnte. Besucher des Castrum wurden immer kurz zur Audienz nach oben geschickt, wobei sie, wie sich verschiedene ehemalige Bewohner erinnern, vorher instruiert worden seien, ihr bloß nicht zu widersprechen und ihre Gemälde zu loben.

Die Beziehungen mussten gut bleiben: Gisèle machte nun einmal, in materieller Hinsicht, alles überhaupt möglich. Der Druck, der davon ausging, nahm ab Ende der Sechzigerjahre dank des Erbes von Selina Pierson etwas ab. Sie war Anfang 1965 verstorben und hatte dem Castrum Peregrini ihren schönen Hoeve Bargsigt in Ommen hinterlassen. Die Liegenschaft wurde verkauft, und von dem Erlös erwarb die Stiftung Castrum Peregrini 1968 ein Gebäude am Amsterdamer Oudezijds Voorburgwal, oder eigentlich zwei, ein Vorder- und ein Hinterhaus, wobei das Vorderhaus gleich wieder veräußert wurde. Dieser Immobilienerwerb brachte dem Castrum die notwendigen Räumlichkeiten für größere Veranstaltungen und schuf zugleich ein wenig Spielraum in der Beziehung zu Gisèle: Sollte es mit ihr schiefgehen, gab es eine Ausweichmöglichkeit.

Der neue Standort am Oudezijds Voorburgwal 153 wurde »die Komturei« genannt, erneut ein Begriff, der auf die Geschichte der Templer und ihrer Niederlassungen verwies. Die Amsterdamer Komturei wurde zu einem zweiten Haus der Freunde, in dem auch Frommels riesige Bibliothek, die in der Hegra mittlerweile aus allen Nähten platzte, ihren Platz fand. Ansonsten wurden die neuen Räumlichkeiten für das jährlich stattfindende Vincentfest im Herbst, später dann auch für Lesungen und Konzerte benutzt. Als die Castrum-Frauen in den Siebzigerjahren ihre eigenen Feste zu veranstalten begannen, konnten diese ebenfalls in der Komturei stattfinden. Diese Feiern waren eine genaue Kopie der Männerfeste, mit Efeukränzen und einer gemeinsamen Lesung des – richtig, Höhepunkts maskuliner Selbstverherrlichung: *Stern des Bundes*. Bei der toten Idealgestalt, der hier gedacht wurde, handelte es sich um Liselotte Brinitzer.

Schon bald nach dem Kauf übernahm Wolf van Cassel, als »Komtur«, die Leitung der Komturei. Er wurde dort, in den Worten eines seiner späteren Mitbewohner, »geparkt«, weil er nicht gut zu der Gemeinschaft in der Herengracht passte. Wolf konnte sich sehr exaltiert verhalten, war extravagant und laut. Er liebte Musik und hörte sich gelegentlich Opern an, etwas, das man in der Stille der Hegra einfach nicht tat. Wolfgang konnte ihn nicht ertragen. Wolf hatte eine starke Ausstrahlung und besaß, im Gegensatz zu Manuel und Claus, eine ausgeprägte Fähigkeit, junge Freunde anzuziehen. Als Leiter der Komturei am Oudezijds Voorburgwal gründete er im Laufe der Jahre eine eigene Wohngemeinschaft aus vor allem in Belgien rekrutierten Jungen. Luk van Driessche war der Erste. Er stammte aus Gent und wurde um 1970 herum, als er sechzehn war, Wolfs jüngerer Freund.

Eine weitere personelle Verstärkung des Amsterdamer Freundeskreises war der Schweizer Anthropologe Reimar Schefold, später Professor in Leiden, und sein aus Jugoslawien stammender jüngerer Freund Jowa Kis-Jovak, anfangs Student an der Rietveld Academie für bildende Kunst und Gestaltung, später Innenarchitekt und Dozent. Mitte der Siebzigerjahre gesellte sich, als jüngerer Freund Jowas, der bereits erwähnte Student Frank Ligtvoet dazu. Das Trio bezog um 1980 herum gemeinsam ein eigenes Haus in der Prinsengracht, das »Dreimännerhaus« genannt.

Gisèle wählte willkürlich und nach Belieben aus der Palette neuer Menschen – und umgekehrt. Von denen, die gewissermaßen aus Pflichtbewusstsein nach oben geschickt wurden, waren manche beeindruckt von diesem kosmopolitischen, witzigen und ungreifbaren Wesen. Von den Personen aus ihrer nächsten Umgebung war ihr Christiane sehr ans Herz gewachsen, und auch unter der flämischen Anhängerschaft Wolfs hatte sie einige Lieblinge, so wie Luk und später Fabian Declercq. Verrückt war sie ebenfalls nach Reimar und Jowa. Aus diesen Kontakten erwuchsen manchmal gute und lang anhaltende Freundschaften. Auch wenn sie nicht wirklich dazugehörte, zog Gisèle doch sehr deutlich Nutzen aus der Nähe der Castrum-Gemeinschaft. Dass ihre Rolle dabei ansonsten vor allem darin bestand, die Voraussetzungen für die Weiterexistenz dieser Gemeinschaft zu schaffen, störte sie in dieser Phase wenig. Während ihrer Aufenthalte in Amsterdam stützte sie sich auf ihre alte, liebgewonnene Umgebung und profitierte von der netten Gesellschaft der Freunde. Ansonsten zog aber auch sie es vor, etwas Abstand zu halten.

Ein gieriges Umfeld

Damit ist noch nicht die Frage geklärt, um was für eine Art Gemeinschaft es sich eigentlich handelte, der Gisèle ab den Fünfzigerjahren Obdach bot. Was wurde dort, auch durch ihr Zutun, möglich gemacht?

Auf den ersten Blick hatte die Lebens- und Arbeitsgemeinschaft in der Herengracht schon etwas von einer privaten Bildungsanstalt, mit Wolfgang als inspirierendem Privatdozenten. Die Gespräche mit ihm, das viele Lesen, die Bekanntschaft mit dem Kanon der europäischen Kultur und der intensive Umgang mit Texten bildeten zusammengenommen so etwas wie eine Ausbildung, die viele als wertvoll erlebt haben. In einem späteren Rückblick beschrieb Thomas Karlauf sein tägliches Programm, das sich nahezu vollständig im Haus abspielte: nach dem Frühstück Lesen mit Wolfgang – erst George, dann Dante, anschließend Shakespeare, jeden Tag aufs Neue, zwischendurch ein wenig Hölderlin, dann wieder George, und zwar noch einmal ganz von vorn. Nachmittags standen Redaktionsarbeiten für die Zeitschrift an, abends nach dem Essen oft noch Vorträge aus dem Werk klassischer Philosophen, Montaignes oder Goethes.

Die geistige Bildung richtete sich in erster Linie an die jüngeren Freunde, doch die Freundinnen waren sicherlich nicht davon ausgeschlossen. Für Angrid Tilanus blieb Wolfgang seit dem Tag, an dem sie ihn kennengelernt hatte, ein idealer Mentor und ein Quell des Wissens und der Bildung. Christiane Kuby bekam während ihres Aufenthalts in der Herengracht eine gründliche Schulung im Lesen und Interpretieren, was ihr in ihrer späteren Karriere als Übersetzerin von großem Nutzen war. Zugleich wirft ihr Fall aber auch ein Licht auf die Grenzen der ihr gebotenen Ausbildung. Als sie den Plan entwickelte zu studieren, wurde darauf rundweg negativ reagiert. Christiane und studieren? Warum? Sie lerne doch im Haus genug? Sie habe doch ohnehin schon ausreichend zu tun? Sie trotzte dem Widerstand, dabei unterstützt von Angrid, entschied sich jedoch für ein Studium der Romanistik, das wegen ihrer zweisprachigen Erziehung nur wenig Zeit und Mühe kosten würde.

Obwohl Frommels Pädagogik in der Theorie darauf abzielte, jemanden unter Begleitung seines Erziehers den eigenen Kern entdecken zu lassen, um sich darin in der Folge zu verwirklichen, ging es in der Praxis doch eher um eine vorgeschriebene Modellentwicklung, bei der der Jüngere nicht zu einem autonomen Individuum, sondern zu einem frommelschen Idealtypus geformt wurde. Für eine wirklich freie Entwicklung oder einen kritischen Austausch war in der Herengracht, trotz all der Selbstverwirklichungsrhetorik, kein Platz. Jede dichterische und künstlerische Produktion innerhalb des Castrum Peregrini war einem festgelegten Programm unterworfen, in dem Wolfgangs geistige Welt zum Ausdruck kommen musste. Wer dichtete, dichtete vorzugsweise über Freundschaftsbande, wer zeichnete oder malte, wurde unter Druck gesetzt, die Freundesfeste als Thema zu wählen. In der bildenden Kunst taugten die alten Griechen und die italienische Renaissance, daneben gab es nicht mehr so viel. Es sollte in Frommels Umfeld niemals zum Wesenskern eines Schützlings gehören, ein experimenteller Dichter zu sein, ein Jazzmusiker oder ein abstrakter Maler. Es ist die Tragik des Castrum Peregrini, dass es allem Reichtum und Wissen zum Trotz letztendlich nur zum Epigonentum ausbildete.

Nun umfasste eine Erziehung im Castrum natürlich sehr viel mehr als reine Wissensübermittlung. Das Castrum war, um einen Begriff des Soziologen Lewis A. Coser zu benutzen, eine *greedy institution*, eine »gierige Institution«, die Anspruch auf die gesamte Persönlichkeit und deren ausschließliche und bedingungslose Loyalität erhob. Klosterorden, utopische Gemeinschaften, militante politische Bewegungen und Sekten sind allesamt Beispiele für solche Institutionen, die gekennzeichnet sind durch ihren geschlossenen Charakter und ihre Versuche, die Anhängerschaft manchmal physisch, auf jeden Fall aber emotional von der sie umgebenden Welt zu isolieren. Das Spezifische einer Sekte ist es, dass die Jünger davon überzeugt sind, zu einer erlesenen Gruppe »Auserwählter« zu gehören – wie es im Castrum ja in besonderer Weise der Fall war.

Für Frommels Amsterdamer Anhängerschaft und sicher für diejenigen, die unter Gisèles Dach lebten, hatte das Castrum Peregrini tatsächlich Züge einer Sekte. Das gilt aber nicht oder kaum für die entlegeneren Teile seines internationalen Freundesnetzwerks. Die meisten solcher »auswärtigen Mitglieder« besuchten ein- oder zweimal im Jahr das Freundesfest, hatten ein Abonnement auf *Castrum Peregrini* und bekamen bei Gelegenheit vielleicht die Frage gestellt, wie es um die Anwerbung jüngerer Freunde stand. Ansonsten führten sie jedoch vor allem ihr eigenes Leben.

Aber je näher man am Feuer saß, umso gieriger ging es dort zu. Manuel Goldschmidt war Wolfgang inzwischen vollkommen hörig, und auch anderen verlangte das Leben in der Herengracht großen Einsatz und völlige Hingabe ab. Gruppenloyalität ging über die eigene Identität und das persönliche Urteil. Tieferen Beziehungen zu Außenstehenden wurde entgegengewirkt, Kritik und Unzufriedenheit mussten heruntergeschluckt werden. Diesem Opfer stand jedoch reiche Belohnung gegenüber: das Gefühl der Geborgenheit, irgendwo dazuzugehören, die Gewissheit, dass der eingeschlagene Weg der einzig richtige war, und der schmeichelhafte Gedanke, zu einer Elite zu gehören und sich der Bürgerlichkeit »normaler Leute« gegenüber erhaben zu wissen. Von dieser außergewöhnlichen Welt aus Poesie und Literatur ging Inspiration aus. Frommel versprühte eine unwiderstehliche und ansteckende Energie, in seiner Nähe ging es immer um etwas Bedeutsames. In der Gemeinschaftsküche fanden sich interessante Gäste ein, es wurde gelacht, und man führte angeregte Gespräche. Es konnte dort warm, feierlich und solidarisch zugehen, und trotz der nicht geringen Rivalität untereinander war das Gruppenleben in der Herengracht von positiven Gefühlen bestimmt. Frommel wurde kollektiv angebetet, es gab ein gemeinsames Ideal: ein antibürgerliches Leben im Geiste des Dichters zu führen, und es gab ein gemeinsames Projekt: die Zeitschrift. Also ja, um mit Burnier zu sprechen, es konnte dort schön sein, vor allem, wenn Frommels homoerotisches Programm auch der eigenen Veranlagung und den eigenen Wünschen entsprach.

Bei manchen hielt der Zauber, der von einem Leben in Frommels Nähe ausging, bis zum Ende ihrer Tage an, für sie blieb er eine einzigartige Persönlichkeit und ihr Inspirator. Bei anderen begann es früher oder später zu drücken: Sie erfuhren Kritik, fühlten sich unfrei und behindert oder begannen im Laufe der Zeit in dem Ideal, das ihnen vorgehalten wurde, das zu sehen, was es in ihren Augen war: eine hohle, künstliche Welt, ein, um mit Joke Haverkorn zu sprechen, »Märchenwald voller toter Bäume«.

Für den, der an den ungeschriebenen Gesetzen zu rütteln begann, wurde das Leben in der Herengracht recht bald unangenehm. Das zeigte sich schon bei kleinen Verstößen: »Wenn ich mit Kommilitonen essen ging oder einem Jungen begegnete, der mich faszinierte, gab es Krach«, so Christiane. Als sie nach sieben Jahren eine Liebesbeziehung zu einem Mann aufnahm, wurde sie im Haus schikaniert und unter Druck gesetzt – eine solche Beziehung passte absolut nicht ins Konzept. Die Freundin, die Thomas irgendwann mit nach Amsterdam brachte, durfte nicht in der Herengracht übernachten. Es war eine Riesentat, dass er in das Apartment von Frank Ligtvoet auswich, der dem Paar Obdach bot. Wolf van Cassel führte in der Komturei ein ähnliches Regime. Wenn Luk van Driessche mit den »falschen« Leuten Umgang hatte, bekam er es zu hören. Als er eine Freundin fand, traute er sich kaum, es zu erzählen.

Die Castrum-Gemeinschaft hatte ein absolutes Machtzentrum – Frommel – und war streng hierarchisch organisiert. Innerhalb der Gemeinschaft beruhte die geforderte absolute Loyalität nicht auf Zwang oder Gewalt, sondern auf freiwilliger Zustimmung und Mitarbeit. Es fielen schon mal laute Worte, aber Regelverletzungen wurden für gewöhnlich durch psychischen Druck korrigiert. Hässliche Bemerkungen oder ein ablehnendes, manchmal tagelang durchgehaltenes Schweigen genügten meist. Allein von der unfreundlichen und herablassenden Art und Weise, in der intern über Dissidenten gesprochen wurde, ging schon eine disziplinierende Wirkung aus. Das Castrum Peregrini stellte eine Subkultur dar, der man sich, wenn man erst einmal Teil von ihr war, nicht mehr entziehen konnte, ohne als »Verräter« abgestempelt zu werden und ohne das lähmende Gefühl zu haben, tatsächlich ein Verräter zu sein. Man verriet das Ideal, man ließ die Gruppe im Stich.

Mit einem geistigen Führer, für den es die normalste Sache der Welt war, sich nahezu ein Leben lang von anderen aushalten zu lassen, ist es nicht verwunderlich, dass in der Herengracht so etwas wie wirtschaftlicher Selbständigkeit kein Wert beigemessen wurde. Christiane machte all ihre Arbeit in der Hauswirtschaft und der Redaktion gegen Kost und Logis, zusätzlich bekam sie Taschengeld von ihrer Mutter. Ihre Urlaube wurden von Angrid bezahlt. Dass Thomas von einem Zuschuss seiner Eltern abhängig war, wurde von allen für vollkommen normal gehalten. Das Geflecht aus emotionaler und finanzieller Abhängigkeit, das auf diese Weise entstand, machte auf die Dauer hilflos und weltfremd, wodurch es schwer war, sich noch ein Leben außerhalb des Freundeskreises vorstellen zu können. Man konnte auch mit niemandem darüber reden. Vertraute, die außerhalb der Gruppe standen, hatte man verloren, intern wurden die Kontakte stark gesteuert, und es war nicht leicht, einfach so, ohne Aufsicht, wirklich auf persönlichem Fuß miteinander umzugehen.

Schon von der ersten Rekrutierungsrunde der Nachkommenschaft Frommels an waren Loslösungsprozesse schmerzhaft und mühsam – und selten ganz erfolgreich. Buri, Simon van Keulen und Reinout van Rossum haben allesamt versucht, Abstand zu gewinnen, doch es gelang ihnen nicht, sich zu befreien. In den späteren Generationen war dies nicht anders. Mit dem Castrum Peregrini verhielt es sich wie mit dem »Hotel California« aus dem gleichnamigen Song der Eagles: »You can check out any time you like, but you can never leave.« Das hatte zum Teil damit zu tun, dass der intensive Umgang mit Frommel seinen Schützlingen einen lebenslangen Stempel aufdrückte – insbesondere, wenn dieser Umgang schon in jugendlichem Alter eingesetzt hatte –, aber auch mit dem familienähnlichen Charakter des Castrum. Die Abtrünnigen wurden zwar verketzert und diskreditiert, aber auch wiederum nicht mit einem Bann belegt, so dass Kontakte und freundschaftliche Beziehungen, zu denen häufig auch der Umgang mit Gisèle zählte, trotzdem überlebten. In dieser Hinsicht ging es im Castrum Peregrini deutlich sanftmütiger zu als bei anderen sektiererischen Gemeinschaften.

Gisèle setzte sich nie offen für die Unterdrückten im Hause ein. So wie alle in der Gruppe mied sie Konflikte, aber wenn die unterschwelligen Spannungen zunahmen, konnte sie durchaus auf ihre Weise Hilfe leisten. Christiane und ihren unerwünschten Freund lud sie beispielsweise zu zwei Wochen Urlaub in Venedig ein.

Eros

Das Leben im Castrum Peregrini spielte sich mit dem Rücken zur Gesellschaft und dem Gesicht der Vergangenheit zugewandt ab: eine literarische Landschaft voller dichterischer Höhepunkte, das Reich der verstorbenen Freunde. Große gesellschaftliche Veränderungen gingen unbemerkt an der Pilgerburg vorbei. Inmitten der Krawalle, Studentenproteste und Hausbesetzungen der Sechziger- und Siebzigerjahre blieb man in der Herengracht mit einer nahezu religiösen Hingabe der Freundschaft und der Dichtkunst zugetan. Die Schlachten zwischen Polizei und Studenten fanden manchmal in der Beulingstraat statt, doch trotz der physischen Nähe berührten sich die beiden Welten an keiner Stelle. Auch hinsichtlich der enormen Veränderungen im Denken über Sexualität und der unaufhaltsamen Emanzipation Homosexueller behielt die Zeile aus dem Kriegsgedicht Buris weiterhin ihre Gültigkeit: »Und hier drinnen schweigt die uhr ...« Im Castrum hatte niemand ein Coming-out.

Logisch, denn innerhalb der idealisierten Castrum-Welt gab es schließlich keine Homosexualität. Doch das war nicht das Einzige. Frommels Erziehungsgemeinschaft bezog einen Großteil ihrer Kraft aus einer feindseligen Außenwelt. Sie nährte und bestärkte das wohlgehütete Geheimnis von Freundschaft und Freundesliebe, dem Kitt, der die Gruppe zusammenhielt. Die zunehmende Freizügigkeit, die gesellschaftliche Akzeptanz der Homosexualität und auch der außerordentliche Langmut gegenüber der Pädophilie, der in den Siebzigerjahren aufkam, wirkten in eine entgegengesetzte Richtung. Sie unterminierten geradezu dieses Geheimnis, schwächten die verbindende Kraft, die von ihm ausging, und machten es sogar ein bisschen lächerlich. Warum sollte man sich darüber aufregen und ein Geheimnis daraus machen, wenn es dafür gesellschaftlich keinen Grund mehr gab? Aus dem Blickwinkel der Gruppe betrachtet stellten also alle Veränderungen, die sich unter dem Banner der sexuellen Revolution vollzogen, zunächst und vor allem eine Gefahr dar, vor der man die Augen so fest wie möglich verschloss.

So ganz gelang das natürlich nicht. Denn ob man die gesellschaftliche Umwälzung nun begrüßte, ignorierte oder ablehnte: In den Siebzigerjahren entstand ein Klima, in dem die Castrum-Gemeinschaft sehr viel freier atmen konnte, als es jemals zuvor in ihrer Geschichte der Fall gewesen war. So kam es 1971 zur Abschaffung des Artikels 248*bis*, der die Unzucht mit Minderjährigen desselben Geschlechts unter Strafe stellte. Die Altersgrenze von einundzwanzig Jahren, die dafür galt, wurde inzwischen für überholt erachtet. Nach der Abschaffung des berüchtigten Artikels blieb nur noch der Sexualverkehr mit Jugendlichen unter sechzehn Jahren strafbar, gleichgültig, ob dieser nun homo- oder heterosexuell war. Der weitaus größte Teil der Praxis der Freundesliebe wurde dadurch mit einem Schlag »legalisiert«.

In manchen Punkten fand die Castrum-Ideologie aber durchaus auch Unterstützung und Bestätigung in der Moral der Siebzigerjahre – beispielsweise in ihrer Ablehnung »bürgerlicher« Beziehungen und der Eifersucht und in ihrer Aversion gegen ausschließliche Paarbeziehungen. Die ablehnende Haltung innerhalb des Castrum Peregrini gegenüber der Paar- und Familienbildung ist typisch für Sekten und utopische Gemeinschaften. Die einen erlegen das Zölibat auf, die anderen predigen die Promiskuität. Obwohl die Praxis, die sich aus diesen Vorschriften ergibt, gegensätzlicher nicht sein könnte, ist ihre soziale Funktion identisch: Sie verhindert, dass sich die Loyalität des Individuums über mehrere Instanzen verteilt. Die Bindung an die Gruppe hat über allem zu stehen.

Die sanktionierte sexuelle Praxis im Castrum Peregrini war weder zölibatär noch eine auferlegte Promiskuität, sondern sie war pädagogisch. Sex fand entlang der Generationenlinie statt, zwischen dem älteren Erzieher und seinem jüngeren Freund, manchmal einmalig und gewissermaßen als Initiation, manchmal über einen längeren Zeitraum hinweg und unter Beteiligung mehrerer Generationen. Diese pädagogische Erotik ging zwangsläufig mit einem Altersunterschied und einem Machtgefälle einher, wobei außerdem in nicht geringer Zahl heterosexuell veranlagte Jungen für einen kürzeren oder längeren Zeitraum in ein homosexuelles Korsett gezwungen wurden. Dass im Castrum Peregrini Menschen also verführt oder unter Druck gesetzt wurden, Dinge zu tun, auf die sie im Nachhinein mit gemischten Gefühlen oder Schlimmerem zurückblicken, kann nicht verwundern. Zwei Beispiele hierfür – Daniël Boeke und Reinout van Rossum – kamen zuvor bereits zur Sprache. »Das Schlimme war«, erläutert Christiane, »dass es ein Programm war und dass es einem vermittelt wurde. Es wurde einem von dem Älteren, dem Erzieher, deutlich gemacht, dass es dazugehörte – und Wolfgang war darin sehr wichtig, er war rhetorisch ungemein talentiert und hatte eine derart charismatische Ausstrahlung, dass man völlig in seinen Bann geriet, wenn man dafür empfänglich war. Hatte man dazu nicht so viel Lust, würde man das schon noch lernen.« Auch hier konnte die Ideologie der Siebzigerjahre, in der ein »nicht so viel Lust haben« leicht als übertriebene Prüderie ausgelegt werden konnte, der Sache sicher Vorschub leisten.

Sexuelle Kontakte wurden von höherer Hand gesteuert und gefördert. »Habt ihr euch schon nah gestanden?«, lautete die als Ansporn gemeinte Frage, die Freunden gestellt wurde, wenn sie einen jüngeren Freund gefunden hatten oder ihnen ein solcher zugewiesen worden war. Es wurde erwartet und war mit Druck verbunden, nicht nur für den Älteren, sondern auch für den Novizen. Ohne Eros war er – oder auch sie, denn in der Gruppe um Angrid lief es ähnlich – der Freundschaft nicht würdig. Dann konnte man nicht in den Kreis aufgenommen werden.

Die sexuellen Sitten im Castrum Peregrini haben sich in jüngster Zeit zu einem der heißesten Eisen dieses vergangenen Universums entwickelt. Manche der ehemaligen Mitglieder blicken ausschließlich positiv auf den antibürgerlichen Spielraum und die erotisch aufgeladene Atmosphäre zurück, während andere in der Rückschau strukturellen Machtmissbrauch und sexuellen Zwang sehen und sich missbraucht fühlen. Zum damaligen Zeitpunkt selbst half die Ideologie auf jeden Fall, die Ordnung und die Struktur in der Gruppe aufrechtzuerhalten. »Wenn man einen älteren Freund hatte, war man geschützt«, sagt Luk mit Bezug auf die gemeinsamen Ferien der Freunde in der Schweiz oder dem Süden Europas. »Dann wurde man nicht von anderen eingesackt. Es kam schon vor, dass jemand Interesse hatte. Dann gab es sofort Krach in dem ganzen Verein. Dann musste Wolfgang einschreiten, um das Ganze wieder auseinanderzuziehen und zu glätten.« Von »freiem Sex« war im Castrum Peregrini keine Rede.

Letztendlich impliziert das Modell, in dem der Stammbaum zugleich ein sexuelles Netzwerk ist, dass Frommel als Stammvater Zugang zu allen anderen hatte – und von diesem Recht hat er ausgiebig Gebrauch gemacht. »Gott weiss, dein Eros lässt nicht zu wünschen«, hatte Gisèle ihm schon 1948 geschrieben, und es gibt keine Hinweise, dass sich daran seither etwas geändert hatte. Andere Zuschreibungen, die ich von seinen ehemaligen Anhängern hörte, waren »erotoman« und »pansexuell«. Seine hauptsächliche Faszination galt nach wie vor Jungen im Alter von ungefähr sechzehn Jahren, denen er obsessiv nachstellte und die er als Trophäen auf einen Sockel stellen konnte. Was er sehr viel weniger zur Schau trug, war die Tatsache, dass er auch mit Frauen sexuell verkehrte – er teilte das Bett nicht mit einer einzelnen, sondern mit nahezu allen Frauen in seinem Castrum-Umfeld. Schwangerschaften wurden dabei vermieden, denn Frommel wollte auf keinen Fall leibliche Nachkommen. Ihm ging es um die geistige Fortpflanzung, und die fand über die männliche Linie statt. Für Frommel als Erzieher und für das Castrum Peregrini als Gemeinschaft von Freunden waren seine heterosexuellen Beziehungen denn auch ohne Bedeutung.

Trotz des heimlichen Charakters dieser Praktiken wusste oder vermutete Frommels engste Umgebung schon das eine oder andere, aber man wusste auch, dass darüber geschwiegen werden musste. Und das geschah auch, so dass Freunde, die sich in größerer Distanz zum Castrum befanden, davon häufig keine Kenntnis hatten. Reinout kam erst nach Frommels Tod und dank seines Briefwechsels mit Joke Haverkorn in den Neunzigerjahren dahinter. Er fiel aus allen Wolken, weil er stets davon überzeugt gewesen war, dass Frommel ausschließlich Jungen interessiert hätten, und er immer gedacht hatte, dass Frauen und Mädchen nur »zur Tarnung, für den Haushalt oder das Geld« dagewesen seien. In Frommels eigenen Geschichten den jüngeren Freunden gegenüber spielten Frauen regelmäßig die Rolle durchtriebener Verführerinnen, von denen man sich besser fernhalten sollte. Die Frau war immer eine Gefahr.

Es war eine Maskerade ohnegleichen. Während die Anwesenheit von Frauen der Außenwelt gegenüber als Deckmantel für die verbotene Freundesliebe diente, musste intern die von Frommel besungene und gepredigte Jungenliebe die Aufmerksamkeit von seinem eigenen kleinen Geheimnis ablenken. Ein verwirrendes Leben.

Selbstdarstellung

Trotz der deutlichen Distanz, die Gisèle in dieser Phase zu »den Freunden« wahrte, war da natürlich immer noch die gemeinsame Zeit des Krieges, die sie miteinander verband. Dass die Geschichte dieser Jahre einmal zu Papier gebracht werden müsste, war für Frommel eine ausgemachte Sache, aber bislang war es nicht dazu gekommen. Jetzt wurde es Zeit: Claus Bock wurde als wissenschaftlich geschulter und erfahrenster Autor mit der Aufgabe betraut, die Chronik der Kriegsjahre zu schreiben. 1975 nahm er sich ein Sabbatical, um in Amsterdam an dem Buch zu arbeiten, doch das Schreiben kostete ihn größte Mühe. Die alten Ängste und Spannungen aus der Zeit, in der er sich versteckt halten musste, kamen wieder hoch und blockierten ihn. Die, wie er sie nannte, »schönsten Jahre seines Lebens« drohten ihn nach mehr als dreißig Jahren doch noch einzuholen.

Gisèle begriff, dass mit Claus' Werk die noch flüssige »Castrum story«, wie sie sagte, feste Formen annehmen würde. Aus der Vielzahl und der Verschiedenheit der Erinnerungen, die jeder Einzelne daran bewahrte, sollte schließlich ein Gesamtbild konstruiert werden. »Er will das Puzzle zusammensetzen«, schrieb sie auf Paros in ihr Tagebuch über Claus' Projekt. »Dann wird es ein Gesicht bekommen, und andere werden es betrachten, wie man es bei einem Porträt tut, und jeder wird etwas anderes sehen. So ist es – und je mehr Jahre darüber vergehen, umso mehr steht seine Ähnlichkeit fest. Goethe ist der ›Goethe‹, wie er erhalten geblieben ist.« Weil dieser Gerinnungsprozess auch ihre eigene Rolle in der Geschichte betraf, war das Ergebnis der Unternehmung für sie von großer Bedeutung.

Dass Frommel in dem nach außen hin präsentierten Bild als Humanist, Kulturträger, Erzieher und Lebensretter eine Glanzrolle bekommen würde, stand fest. Er überwachte und zensierte persönlich den Text von Claus – Christiane erinnert sich an stundenlange Besprechungen zwischen den beiden. Auch auf anderen Wegen wurde von den Freunden hart daran gearbeitet, seinem Namen Prestige zu verleihen – und mit Erfolg: In den Siebzigerjahren reihten sich die Ehrenbezeugungen nur so aneinander. 1972 erhielt er das Bundesverdienstkreuz aus den Händen des deutschen Botschafters. Im selben Jahr ging bei Bundespräsident Gustav Heinemann das Gesuch ein, Frommel wegen seiner vielen Verdienste aus öffentlichen Mitteln ein Honorar zu bewilligen. Dem Antrag, unterzeichnet von einer ganzen Batterie von Unterstützern, darunter große Namen wie Marion Gräfin Dönhoff und der damalige Vizepräsident des Bundestags, Carlo Schmid, ein George-Kamerad und alter Freund Frommels, wurde stattgegeben. Frommel durfte fortan auf eine bescheidene monatliche Zuwendung rechnen. Im November 1974 folgte die Auszeichnung »Gerechter unter den Völkern« der Gedenkstätte Yad Vashem. Aus Anlass seines fünfundsiebzigsten Geburtstags wurde er 1977 schließlich mit dem Verdienstorden Orde van Oranje-Nassau im Rang eines Offiziers ausgezeichnet. Das dazugehörige Ordenszeichen wurde ihm vom Beigeordneten der Stadt Amsterdam Pitt Treumann angesteckt.

In Gisèles Umfeld war ihr Bruder Ides der Einzige, der die Gerechtigkeit all dieser Ehrenbezeugungen anzuzweifeln wagte. »Diese Medaille sollte eher an Dich als an Frommel gegangen sein«, schrieb er ihr aus Anlass einer der Auszeichnungen. Dieser Gedanke kam ansonsten niemandem, auch Gisèle nicht. Sie war die Letzte, die Frommel diese Huldigungen missgönnte. Probleme hatte sie allerdings mit der Rolle, die ihr selbst in der nun in Angriff genommenen offiziellen Geschichtsschreibung zugewiesen wurde. Die Konfrontation damit besorgte ihr ein paar schmerzhafte Wiederbegegnungen mit altem Leid.

Das Buch von Claus ließ vorläufig noch auf sich warten, doch es ergaben sich andere Gelegenheiten, die das Castrum nutzte, um sich ins rechte Licht zu setzen. Die wichtigste war das Jubiläum der Zeitschrift *Castrum Peregrini* im Jahr 1976, das man zum Anlass nahm, eine große Wanderausstellung zu organisieren: »25 Jahre Castrum Peregrini Amsterdam. Dokumentation einer Runde.« Darin wurde die Geschichte von der frühesten Keimzelle an erzählt – Frommels Berliner Verlag Die Runde – und ausführlich bei der Zeitschrift, dem Verlag und der George-Tradition verweilt, aus der das alles hervorgegangen war. Die erste Station der Ausstellung war die Staats- und Universitätsbibliothek Hamburg, danach folgten Bochum, Berlin und weitere deutsche Städte. Alles in allem tourte die Schau (mit Zwischenpausen) von November 1976 bis März 1980 durch Europa, wobei fünf Länder angesteuert wurden: Nach der Bundesrepublik folgten die Schweiz, Österreich, Belgien und die Niederlande. Den Abschluss bildete Anfang 1980 das Museum Meermanno in Den Haag.

Der dazugehörige Ausstellungskatalog war von Karlhans Kluncker zusammengestellt worden, einem der deutschen Freunde und George-Experten, der sich zusammen mit Claus der castrumeigenen Geschichtsschreibung annehmen sollte. Im Sommer 1976 stattete Kluncker Gisèle einen Besuch auf Paros ab, wo sie schon einmal das Manuskript seiner Einleitung lesen konnte. Der Inhalt berührte sie höchst unangenehm, wie sie Wolfgang, Claus und Manuel brieflich wissen ließ:

> Man kann sachen sagen, so dass sie auf verschiedene weise gelesen werden können. Ich glaube, dass die genauere formulierung der tatsachen keinen abbruch an eurem neu erlebten Templer-rittertum tut, so wie es in den kriegsjahren sich schmiedete. Ich glaube auch, dass niemand bestreiten könnte, dass es G. war, die in '42 WF und FWB [Buri] in *ihrer* eigenen kleinen wohnung zuflucht bot. Dass sie danach die miete der oberen wohnung dazu nahm, um da noch 2 zimmer (...) für die Freunde zu mobilisieren. Das klingt *ganz* anders als dass »die Malerin« dem WF eine zwei-zimmer-wohnung zur verfügung stellte, wo er seinen freunde zuflucht gab. Oder nicht?

Es ging ihr nicht um die Miete, sondern darum, dass sie keine Fremde war, dass es ihre eigenen Zimmer gewesen waren, die sie angeboten und die sie auch selbst bewohnt hatte. »Ich muss sagen, dies hat mich wirklich *sehr* schmerzlich betroffen«, schrieb sie weiter, und betroffen gemacht habe sie vor allem das Wissen, dass die Freunde die ganze Geschichte von Kluncker am 8. Juli, dem Geburtstag Frommels, vorgelesen bekommen hätten und offenbar niemandem irgendetwas aufgefallen sei. Dem Autor selbst nehme sie nichts übel, der wisse es nicht besser, aber dass sie drei dies einfach so hatten durchgehen lassen ...

Ebenso wie bei früheren Briefen mit einem offenherzigen, doch zugleich kritischen und unangenehmen Inhalt liegt dieser Brief lediglich in einer Konzeptfassung vor. Ob Gisèle ihn auch verschickt hat, ist nicht sicher, in der erhalten gebliebenen Korrespondenz fehlt er. Dennoch ist es ihr gelungen, die Botschaft zu übermitteln, vielleicht auch direkt an den Autor, der bei ihr zu Gast war. Der Text im gedruckten Ausstellungskatalog scheint jedenfalls halbwegs angepasst worden zu sein. Darin heißt es, dass sie ihre eigene kleine Zweizimmerwohnung zur Verfügung gestellt und sie mit denen, die sich dort versteckt hielten, geteilt habe. Auch wurde ein lobender Absatz über ihren Mut und ihre Findigkeit bei der Suche nach Geld- und Lebensmitteln hinzugefügt.

Wirklich im Gedächtnis haften blieb die Botschaft aber nicht. Ein vergleichbares Gefühl der Verleugnung ihrer Rolle in der Geschichte überkam sie ein paar Jahre später, als sie Claus' Manuskript der Chronik der Kriegsjahre las. »Ich realisiere durch Claus' erzählung, dass er mich kaum kannte«, merkte sie dazu an, »u. was ich tat, war ihm auch unbekannt.« Ein Beispiel für ihre Enttäuschung ist die Passage, in der er schreibt, dass sie nach dem Krieg viel unterwegs gewesen sei, weil sie sich dazu verpflichtet hätte, die amerikanischen Botschaften in verschiedenen europäischen Hauptstädten neu einzurichten. Ihr Kommentar: »WARUM wird nicht gesagt: um ihre kriegsschulden zu bezahlen u. die Hegra zu retten!«

Ein Versuch, Claus ihren Ärger bewusst zu machen, misslang. Er zeigte sich dafür kaum empfänglich, wie sich aus ihrem Kalender schließen lässt: »Da gäbe es nichts zu kritisieren ... das sei ›ihre‹ Perspektive ...« Ein kurzer Brief, den Claus ihr am Tag nach diesem Gespräch schickte, bestätigt diese vollkommen kompromisslose Haltung. Der ganze Brief lautete folgendermaßen: »Liebe Gisèle, Nochmals dank für die grosse offenheit Deiner worte zu meiner Hegra-Chronik. Es kann nicht leicht sein: das auszusprechen ... So tritt, zu allem was uns verbindet und was wir teilen, auch noch diese enttäuschung. Herzlichst, Dein Claus.«

Das Traurige ist natürlich, dass Claus recht hatte. In »ihrem«, das heißt dem Erleben der Freunde spielte Gisèle tatsächlich eine völlig untergeordnete Rolle. Joke Haverkorn erinnert sich daran, eine erste Fassung seines Buchs gelesen zu haben, in der Gisèle überhaupt nicht vorkam. Ich habe das nicht verifizieren können. Im definitiven Text, der viele Bearbeitungsrunden durchlief und 1985 schließlich unter dem Titel *Untergetaucht unter Freunden. Ein Bericht* im Druck erscheinen sollte, wird Gisèle am Rande und pflichtschuldig erwähnt. In der bewussten Passage über ihre Arbeit für die amerikanischen Botschaften heißt es nun, dass sie schon bald wieder unterwegs gewesen sei, »um das Nötigste zu verdienen«.

Untergetaucht unter Freunden ist ein merkwürdiges Buch, dem sich entnehmen lässt, dass eine ganze Menge Dinge nicht gesagt werden konnten, und das an vielen Stellen mehr Fragen aufwirft als beantwortet. Doch es wurde wohlwollend aufgenommen und erzielte mehrere Auflagen. Auch Gisèle äußerte sich ansonsten nur lobend darüber.

Die in der Selbstdarstellung des Castrum Peregrini vorgenommene Verkleinerung der Rolle Gisèles während des Krieges und ihres Beitrags zum Überleben der bei ihr untergetauchten jungen Männer war kein Einzelfall. Eine solche Verkleinerung traf auch andere »Außenstehende«, insbesondere Guido und Miep, die Nachbarn im vierten Stock, deren Rolle bedeutsamer war als in Claus' Chronik dargestellt. Sie kommen im Buch zwar vor, doch bezeichnend ist, dass ihre Namen im Register fehlen. Dem steht bei einem ganz anderen Thema eine künstliche Vergrößerung gegenüber. Sie betrifft die Anzahl der Personen, die sich in der Herengracht 401 versteckt gehalten hatten. Kluncker schreibt dazu etwa: »Diese untergetauchten Jungen deutscher, niederländischer, tschechischer Nationalität und oft jüdischer Abstammung waren in der Mehrzahl jünger als zwanzig.«

Streng genommen stimmt das sogar. Es gab einen Deutschen, der sich versteckt gehalten hatte (Buri), einen Niederländer (Simon, nach seiner Flucht aus dem Zug im November 1944) und einen Tschechen (Claus). Oft waren sie Juden (richtig, zwei von den dreien), und in der Mehrzahl waren sie unter zwanzig (stimmt auch, nur Buri war älter). Obwohl also nicht falsch, erweckte Klunckers Formulierung doch unverkennbar den Eindruck, dass sich in der Herengracht 401 eine ganze Gruppe junger Männer versteckt gehalten hatte, und dieser Eindruck blieb nicht auf den Ausstellungskatalog beschränkt.

Im Antrag auf Frommels Yad-Vashem-Auszeichnung Anfang der Siebzigerjahre zeigt sich dasselbe Muster, ebenso wie in der von Falschinformationen durchsetzten Publizität darum herum. Über den Dichter und Pädagogen Wolfgang Frommel, »der schon seit 1933 seinen persönlichen Kampf gegen die Nazis führte«, ist im *Nieuw Israëlietisch Weekblad* zu lesen, dass er zwischen 1942 und 1945 »in seinen zwei Zimmern im dritten Stock des Grachtenhauses Herengracht 401 insgesamt achtzehn, meist jüdische junge Leute versteckt hielt«. In diesen Sätzen ist die ganze Irreführung und Mythologisierung der Nachkriegszeit zusammengefasst: Frommels Pose des Nazigegners der ersten Stunde, die Unterschlagung der Rolle Gisèles und die Übertreibung hinsichtlich der Anzahl der untergetauchten und geretteten jungen Männer.

In späteren Publikationen des Castrum Peregrini blieb es die Regel, kaum einen Unterschied zwischen denen zu machen, die wirklich untergetaucht waren und sich verstecken mussten, und denen, die kamen und gingen. Auch Gisèle trug in Interviews in höchstem Maße zur Verwirrung bei. Das dadurch entstandene Bild einer größeren Gruppe Untergetauchter setzte sich in der Außenwelt fest. In Artikeln und Veröffentlichungen über das Castrum Peregrini übernahm man es unbesehen, oft in vagen Formulierungen (»die untergetauchte Gesellschaft«), manchmal ganz ausdrücklich (»In ihrem Grachtenhaus im Zentrum Amsterdams hielt [Gisèle] während des Zweiten Weltkriegs sieben junge jüdische Männer vor den Nazis versteckt.«). Diese systematische Verzeichnung ist überall zu finden, korrigiert wurde sie nie.

Jeder, der sich in die Geschichte des Castrum Peregrini vertieft, stellt irgendwann fest, dass dieses Bild nicht der Wirklichkeit entspricht. Das ist eine unangenehme Entdeckung, denn wer die Wahrheit vor die Suggestion stellt, scheint die Botschaft verkünden zu wollen: Es gab im Castrum Peregrini »nur« zwei Juden, die sich versteckt hielten, sowie einen entsprungenen Häftling (bei dem eigentlich nicht unerwähnt bleiben darf, dass er zunächst einmal durch Zutun von Percy Gothein in Gefahr gebracht worden war). Es hört sich an, als sei die Rettung dieser drei enttäuschend oder sogar tadelnswert wenig gewesen. Niemand will das selbstverständlich behaupten, und die Scheu davor ist auch nicht nötig: Es ist nicht die Realität, die die Heldenhaftigkeit und den außergewöhnlichen Mut schmälert, sondern deren künstliche Aufblähung.

Vertreibung

Die Jahre um 1980 brachten für Gisèles Leben an verschiedenen Fronten einschneidende Veränderungen mit sich. Es begann in Österreich. Während Cleo sich in Hainfeld verschanzt hatte und dort tapfer standhielt, war der Zustand Tante Paulas in Hantberg bereits seit geraumer Zeit labil. Betreut von ihrem ebenfalls schon betagten, aber treu ergebenen Personal überlebte sie eine Krise nach der anderen, doch irgendwann war es eine zu viel: Im Juni 1979 starb sie im Alter von neunzig Jahren.

Es war keine Überraschung, dass sie ihre beiden Neffen und ihre Nichte als Erben eingesetzt hatte. Der Hauptteil ihres Erbes bestand aus dem etwa sechshundert Hektar großen, weitgehend bewaldeten Stück Land, das sie in der Obersteiermark (der Veitsch) besaß, sowie ihrem eigenen Schloss Hantberg mitsamt Inventar und dazugehörigen Ländereien. Wie viel der Verkauf all dessen einbringen würde, war noch die Frage, aber es war klar, dass es Millionen wären, die in Richtung Gisèles flössen. Dasselbe galt selbstverständlich auch für ihre Brüder, wobei Arthur schon früher beschlossen hatte, seinen Teil gleich an seine drei Töchter weiterzureichen. Als Tante Paula starb, litt er bereits seit einigen Jahren an Demenz und war kaum noch ansprechbar. Er starb im Sommer 1982.

Dieser österreichische Geldstrom kündigte sich in dem Moment an, als sich über Gisèles geliebter Agios Ioannis düstere Wolken zusammenballten. Das Kloster hatte sich zu einer enormen Attraktion entwickelt. In Gisèles Kalendern ist oft erst im Oktober, nach Monaten ununterbrochenen Besuchs, der erste glückselige Stoßseufzer anzutreffen: Endlich allein! Die Gäste hatte sie alle selbst eingeladen, und sie konnte das Beisammensein sehr genießen, doch es gelang Gisèle schlecht, ein Gleichgewicht zu finden, so dass ihr Leben leicht von anderen mit Beschlag belegt wurde. Es ist gut denkbar, dass sie sich durch Hans Lodeizens Gedicht »Ik heb mij met moeite alleen gemaakt« aus dem von ihr übersetzten Band *Het innerlijk behang* angesprochen fühlte: »ich hab mich mühsam allein gemacht. // man sollte nicht meinen: man sollte nicht meinen, dass / es so viel mühe kostet, allein zu sein, wie / eine Sonne, die über den Rasen rollt [...]«.

Auch ihr soziales Umfeld auf Paros hatte sich im Laufe der Jahre ausgeweitet und beanspruchte einen stets größeren Teil ihrer Zeit – und ihres Portemonnaies, wie man hinzufügen muss. Gisèle war freigiebig, und schon bevor das große Geld zu fließen begann, war sie dank der von ihrem Vater geerbten Ölaktien und Arnolds Pension sicher nicht mehr arm. Leuten wie Phillada Lecomte, ihrem Freund Gerard und anderen aus Gisèles Umfeld, denen es finanziell weniger gut ging, half sie regelmäßig aus der Klemme. Nach dem Tode Tante Paulas nahm dies strukturelle Formen an. Dem unverbesserlichen Saufbold Desmond O'Grady gegenüber entpuppte sie sich als eine wahre Mäzenin. Sie mietete ihm für einen Zeitraum von fünf Jahren eine neue Wohnung, als er seine alte verlor, und gab ihm in sehr regelmäßigen Abständen Geld. Auch die Amsterdamer Freunde begannen es zu spüren: Sie bezahlte Flugtickets oder steckte jemandem, wenn er klamm war, schnell einmal tausend Gulden zu. Es tat ihr ganz offensichtlich gut, anderen helfen zu können. Der unvermeidlichen Kehrseite dieser Hilfsbereitschaft, dass Schmarotzer aller Art sich an sie heranmachten, hatte sie wenig entgegenzusetzen.

Eine größere Verletzung der Unberührtheit und Abgeschiedenheit ihres Arkadien stellte der aufkommende und von Gisèle verabscheute Massentourismus dar. Nachdem das Obristenregime 1974 ein Ende gefunden hatte und Griechenland wieder von einer demokratisch gewählten Regierung gelenkt wurde, nahm die Zahl der Touristen, die das Land besuchte, explosionsartig zu. Auch auf Paros wurde es rasch lebhafter. In Naoussa ließ sich die Zahl neuer Bars und Hotels, Boutiquen und Läden, Diskotheken und Lokale kaum noch nachhalten. Auch in der Bucht hinter Agios Ioannis öffnete eines guten beziehungsweise schlechten Tages ein Restaurant seine Pforten. Touristen entdeckten den dortigen Strand, nahmen auch wohl mal ihre Radios mit und hinterließen ihren Müll. Beim Herumstreunen in der Umgebung stiegen sie manchmal von den Felsen direkt auf ihr Dach hinab, standen plötzlich in ihren Badehosen in der Kapelle oder lugten ins Innere. Ihre so gut gehütete Privatsphäre geriet mehr und mehr in Bedrängnis. Und dann gab es da auch noch Gerüchte über eine Diskothek und einen FKK-Strand – ein Gedanke, vor dem ihr graute: Gisèle wollte ungestört nackt herumlaufen und schwimmen können.

Auch bei den Dorfbewohnern nahm der Ärger zu. Wenn sie bei Agios Ioannis ans Meer gingen, konnte es vorkommen, dass sie von Gisèles Gästen weggeschickt wurden, die die Umgebung des Klosters zu Unrecht für Privatgelände hielten. Vorher hätte man es wahrscheinlich gelassen akzeptiert, doch die Tage, dass reichen Ausländern mit selbstverständlichem und untertänigem Respekt begegnet wurde, waren vorbei. Das griechische Selbstbewusstsein hatte durch die Zypernkrise und den darauf folgenden Zusammenbruch der Militärdiktatur starken Aufwind bekommen. Vor allem die rasch an Popularität gewinnende sozialistische Partei fachte diesen neuen Nationalismus und die damit einhergehende ablehnende Haltung Fremden gegenüber an.

Vor diesem Hintergrund erhob sich unter den Jugendlichen in Naoussa die Frage, warum sie es noch länger hinnehmen sollten, dass die ausländische Frau diesen schönen Ort und *ihr* Kloster mit Beschlag belegte. Ihre Rebellion gab dem alten, seit dem Tode Arnolds unter der Oberfläche schlummernden Misstrauen Gisèle gegenüber neue Nahrung. Die Verleumdungen erlebten einen kräftigen Aufschwung. Zu dem Gerücht, dass das Kloster eine Art Sodom und Gomorrha wäre, in dem Orgien stattfänden, gesellte sich die Anschuldigung, dass sie in ihrer Gästeunterkunft ein illegales Hotel betreiben und sich auf Kosten der Dorfbewohner bereichern würde. Die Pracht des vollständig restaurierten Klosters hatte bei einem Teil der Einwohner Naoussas von Anfang an Missgunst geweckt. Nun, da sie selbst wohlhabender wurden und einen Blick für die Möglichkeiten touristischer Nutzung bekamen, trat dieses Gefühl nachdrücklich in den Vordergrund.

Ende der Siebzigerjahre nahmen die wachsenden Spannungen unangenehme Formen an. Zu unangekündigten Momenten wurde Gisèle von Besuchen der Polizei und lokaler Behörden überrascht, die das Gelände vermaßen und sie in unfreundlichem Ton zu den vermeintlichen Erträgen aus der Vermietung von Zimmern befragten. Auch hatte sie den Verdacht, dass manchmal Spione auf sie angesetzt würden. Es war alles sehr unangenehm und furchteinflößend. Über das Kloster selbst hatte die Gemeinde Naoussa keine Verfügungsgewalt, die Aufmerksamkeit richtete sich daher in erster Linie auf das dazugehörige Gästehaus, das Gisèle zwar mit Zustimmung der Gemeinde gebaut hatte, dessen Nutzung ihr der Bürgermeister des Dorfes jedoch untersagen wollte, um es kommunal betreiben zu können. Die Kirche unterstützte Gisèle, geriet jedoch bald selbst mit der Gemeinde in Konflikt, als auch das Eigentumsrecht am Kloster infrage gestellt wurde. Anfang der Achtzigerjahre verstrickten sich die drei Parteien in juristische Auseinandersetzungen, und es kam zu Gerichtsverhandlungen. Drohungen an die Adresse Gisèles erreichten sie in den Wintermonaten sogar in Amsterdam.

Das schon länger vor sich hin brodelnde Süppchen kochte im Sommer 1982 im Vorfeld der Wahl zum neuen Bürgermeister des Dorfes dann vollends über. Die zwei Kandidaten für das Amt wussten beide die feindseligen Gefühle Gisèle gegenüber für sich zu nutzen und die Emotionen fachkundig aufzupeitschen. Sie forderten, dass Agios Ioannis »wieder griechisch« werden sollte. Gisèle war nicht die einzige Ausländerin in der Umgebung, die dem aufgeheizten Klima zum Opfer fiel, doch die Wut der radikalen Jugendlichen richtete sich besonders gegen sie. Dabei hatte die Saison für Gisèle noch so gut begonnen, als im Mai der letzte Akt in dem laufenden Rechtsstreit mit einem für sie günstigen Urteil geendet hatte, doch das bedeutete keineswegs das Ende – weder der juristischen Auseinandersetzungen noch der Versuche, sie aus dem Kloster zu vertreiben. In der lokalen Presse erschienen boshafte Artikel, und es wurden neue Anschuldigungen erhoben. Gisèle würde Amphoren aus dem Meer heben und sich des Diebstahls und illegalen Handels mit griechischen Kunstschätzen schuldig machen. Diese Anschuldigungen wurden noch durch eine Kampagne gegen derartige Praktiken verstärkt, die gerade von der neuen Ministerin für Kultur, dem ehemaligen Filmstar Melina Mercouri, gestartet worden war.

Die Dinge nahmen eine dramatische Wendung, als am 24. August zwei Polizeifahrzeuge vorfuhren und Gisèle unter Hausarrest gestellt wurde. Es folgte eine Durchsuchung des Klosters, zu der man sogar einen Archäologen hinzuzog, der die Sammlung an Tonscherben und anderem Strandgut inventarisieren sollte. Nachts stand das Gebäude unter Polizeibewachung, und am nächsten Tag wurde Gisèle zur Wache gebracht und verhört, ebenso wie eine Reihe ihrer Unterstützer und erklärten Gegner. Am selben Abend noch wurde sie in Begleitung von zwei Polizeibeamten zur nahe gelegenen Insel Syros gebracht, wo sich das nächste Gericht befand. Die Nacht verbrachte Gisèle in einer Polizeizelle. Unterdessen machte das Gerücht die Runde, dass in ihrem Kloster mehr als fünfzig antike Vasen gefunden worden seien, doch schon am nächsten Morgen stellte sich heraus, dass diese Anschuldigung jeder Grundlage entbehrte. Der Archäologe war bei Gisèle auf nichts von besonderem Wert gestoßen, so dass der vorsitzende Richter sie unverzüglich und mit höflichen Entschuldigungen wieder auf freien Fuß setzte.

Das Abenteuer in der Zelle war also rasch beendet, doch zu Hause erwartete sie gleich das nächste Problem: das große Dorffest, das jährlich am 28. und 29. August zu Ehren des heiligen Johannes des Täufers auf dem Gelände der Agios Ioannis gefeiert wurde. Gisèle hatte die Angewohnheit, diese Tage an einem anderen Ort zu verbringen, und in diesem Jahr erschien ihr dies ratsamer denn je. Nach dem Fest zeigte sich, dass das Elend gerade erst richtig begonnen hatte – zwar waren die Feierlichkeiten zu Ende, doch nicht alle Besucher waren gegangen. Das Kloster bot den Anblick einer Festung: Die Pforte war mit Ketten verschlossen und mit Spruchbändern behangen, auf dem Dach wehte eine griechische Flagge. Eine Gruppe Jugendlicher hielt das Gelände besetzt und verweigerte Gisèle den Zutritt. Sie suchte ihre Zuflucht in einem Hotel. In Naoussa selbst nahm die Kampagne gegen sie hysterische Züge an: Autos mit Megafonen fuhren vorbei, aus denen der Ruf nach ihrer Abreise ertönte. Hier und da hingen Plakate, die Fotos von Gisèle zeigten, wie sie mit den Händen in der Erde grub. Auf frischer Tat ertappt: So wurden griechische Kunstschätze ausgegraben und geraubt.

Doch Gisèle erhielt auch Unterstützung. Viele der älteren Bewohner von Naoussa schämten sich dafür, wie sie behandelt wurde, und einige wenige hatten es sogar gewagt, in den diversen Gerichtsverhandlungen zu ihren Gunsten auszusagen. Doch diese Töne wurden kaum gehört, und es erforderte inzwischen Mut, sich noch öffentlich für sie einzusetzen. Gisèle konnte sich während der Besetzung von Agios Ioannis hauptsächlich auf den Kreis der anderen Ausländer verlassen, der ohnehin ihr Habitat auf Paros bildete. Unterstützung kam auch von außen: Ihre gerade eingetroffenen Gäste begleiteten sie nach Syros, Stella eilte herbei, ihre Nichte Josephine kam aus England herüber, und aus Amsterdam machte ein nichtsahnender Reimar Schefold seine Aufwartung. Im Gepäck hatte er eine Festschrift der Freunde zu Ehren ihres siebzigsten Geburtstags, der trotz aller Hektik noch ausgiebig gefeiert wurde. Auf diplomatischer Ebene fand die Angelegenheit ebenfalls Widerhall, auch wenn man nicht sofort aktiv wurde. Dank der zufälligen Anwesenheit des niederländischen Griechenlandkorrespondenten Ab Courant, der im selben Hotel wie Gisèle wohnte, wurden sogar die niederländischen Zeitungsleser über die Anschuldigungen gegen die Adresse der Witwe Bürgermeister d'Aillys informiert.

Obwohl Gisèle streitlustig war und sich vorgenommen hatte, ihr Wohnrecht bis zum letzten Atemzug zu verteidigen, sank ihr doch allmählich der Mut. Die Konfrontation mit der Aggression der Besetzer des Klosters, als sie versuchte, ein paar Sachen zu holen, war beängstigend, und die Gemeinde verschleppte jeden Versuch, zu einem Vergleich zu kommen. Der juristische Streit, der sie erwartete, war aussichtslos, und selbst, wenn sie am Ende siegen würde, wäre das Verhältnis zu den Einwohnern von Naoussa hoffnungslos zerrüttet. Es kostete sie einige Zeit, sich an den Gedanken zu gewöhnen, doch Anfang Oktober 1982 gab sie sich geschlagen: Sie würde ihre Siebensachen packen und gehen. Ein paar Tage später wurde ihr der Schlüssel zum Kloster ausgehändigt, allerdings erst, nachdem sie eine Erklärung unterschrieben hatte, in der stand, dass sie ihr in der Vergangenheit erworbenes Wohnrecht gänzlich aufgeben würde und davon absehe, finanzielle Forderungen zur Kompensation der ihr entstandenen Kosten für Restaurierung und Unterhalt geltend zu machen. Noch vor Ende des Monats müsse sie verschwunden sein.

Gisèle war keine Person, die das, was ihr widerfuhr, auf die leichte Schulter nahm oder relativierte. Das ganze Geschehen rund um den Abschied, mit ihrer Verhaftung und der Nacht in der Gefängniszelle der Polizei als Tiefpunkt, war für sie schlichtweg dramatisch. Dass ihre Liebesgeschichte mit Paros und Agios Ioannis auf diese Weise endete, nach allem, was sie in das Kloster und darum herum investiert hatte, erlebte sie als tiefe Kränkung und Erniedrigung. Nachdem jedoch die Entscheidung einmal gefallen war, versöhnte sie sich recht schnell mit ihrem Schicksal. Die Art und Weise, in der sie vertrieben worden war, blieb für sie äußerst schmerzhaft, doch andererseits kam dieses unvermeidliche Ende nicht völlig abrupt – und auch nicht ganz ungelegen. Das hatte sowohl damit zu tun, dass sie allmählich in die Jahre kam, als auch mit dem vorrückenden Massentourismus, der in den zurückliegenden Jahren bereits einen ersten Schatten auf das Leben in ihrem Idyll geworfen hatte, vor allem aber mit der Tatsache, dass sich dank Paulas Erbe bereits eine Art Alternative für ihr parisches Paradies abzuzeichnen begann. Was das betrifft, hätte das Timing nicht besser sein können.

Anfang 1980 waren die Veitsch und Hantberg verkauft, und Gisèle konnte über ihr Erbe verfügen. Durch einen glücklichen Zufall standen zu dem Zeitpunkt in Amsterdam gerade die Nachbargebäude in der Beulingstraat zum Verkauf. Nicht das kleine »für unbewohnbar erklärte Haus« gegenüber, das nach dem Krieg als Castrum-Dependance gedient hatte, sondern zwei große Bürogebäude in der Beulingstraat 8 und 10, die an ihr eigenes Eckhaus grenzten. Im April 1980 wurden beide von der Stiftung Castrum Peregrini erworben. Die Kaufsumme und die Kosten für den Umbau lieh Gisèle der Stiftung. Dieser Umbau, der unter der Leitung Jowa Kis-Jovaks stattfinden sollte, wurde nahezu unverzüglich in Angriff genommen. Es musste ein Durchbruch zwischen der Herengracht 401 und den Gebäuden der Beulingstraat gemacht werden, und in der alten Firmenkantine ließ Gisèle ein neues Atelier für sich anlegen. Ein wunderbarer, heller Raum, der Anfang 1981 bezugsfertig war.

Die Aussicht, dass in Amsterdam ein vollständig nach ihren persönlichen Vorstellungen geschaffenes, neues Atelier auf sie wartete, das sie zusammen mit Jowa und bereits mit dem Vorbild Agios Ioannis im Hinterkopf entworfen hatte, erleichterte den Abschied von Paros beträchtlich. Die Idylle hatte achtzehn Jahre gedauert. Sie war in ihrem Kloster mehr als an irgendeinem anderen Ort glücklich gewesen, doch jetzt war es Zeit, zu neuen Ufern aufzubrechen.

Nachdem die Erklärung unterschrieben war, half Josephine ihr mit dem Leerräumen und Einpacken. Diese Arbeit brachte ihre Nichte zum Wahnsinn, weil alles, aber auch wirklich alles, jede Muschel und jedes Steinchen, eingepackt und mitgenommen werden musste. Am 25. Oktober 1982 war es geschafft, und Gisèle verließ Paros, erstmals nicht mit dem Schiff, sondern mit dem Flugzeug von dem neuen, gerade in dem Monat eröffneten kleinen Flugplatz aus, den man wegen des angewachsenen Touristenstroms gebaut hatte. Das Kapitel Griechenland war abgeschlossen.

KAPITEL 10

Eine Insel unter dem Himmel

Das Erbe Tante Paulas machte Gisèle mit einem Schlag zur Millionärin. Doch dabei blieb es nicht. Infolge der explodierenden Ölpreise in den Siebzigerjahren war zu guter Letzt auch das Aktienpaket ihres Vaters noch zu einem äußerst gewinnträchtigen Besitz geworden. Die stark gestiegene Dividende und der Verkauf nahezu aller Aktien um 1980 herum trugen ihr gleichfalls Millionen ein. Ein Teil des österreichischen Erbes wurde auf den Rat ihres Bruders Ides hin auf einem Schweizer Konto geparkt. Dabei handelte es sich um einen Betrag von gut drei Millionen Schweizer Franken (circa zweieinhalb Millionen Euro). Ihrem niederländischen Konto wurden gut sieben Millionen Gulden gutgeschrieben.

Es waren schwindelerregende Beträge, die die Empfängerin mit einer Mischung aus Gleichmut und Unbehagen akzeptierte. Was sollte sie damit tun? Horten lag nicht in Gisèles Natur, es machte ihr Vergnügen, andere an ihrem Reichtum teilhaben zu lassen, und sie entdeckte den Wert des Geldes als Bindemittel. Das große Austeilen begann nahezu sofort und nach allen Seiten hin, mit dem Castrum Peregrini als wichtigstem Begünstigten. Der Plan, ihren Besitz der Stiftung zu vermachen, hatte für Gisèles Leben noch so einiges an Konsequenzen. Ihre Bank, Mees & Hope (später MeesPierson), wies sie darauf hin, dass Schenkungen steuerfrei seien, wenn der Schenker seit mehr als zehn Jahren im Ausland lebe. Gisèle kam nahe an diese Grenze heran, da sie seit 1973 in Griechenland sesshaft gewesen war und den Wohnsitz erst vor Kurzem, im Herbst 1982, aufgegeben hatte. Es fehlte noch ein Jahr, um die erforderliche Zehn-Jahres-Frist zu erfüllen und die Schenkung tatsächlich vom Ausland aus erfolgen zu lassen. Diese Umstände hatten zur Folge, dass sie sich nach der hektischen Abreise von Paros auf Anraten ihrer Bank nach einer Bleibe im Ausland umsah. Steuertechnisch gesehen war das Klima in England am günstigsten. So fiel die Wahl auf London, wo sie das Apartment von Claus nutzen konnte, der sich selbst vorübergehend in Amsterdam aufhielt.

Lust hatte sie nicht dazu. Ihr neues Atelier winkte, Wolfgangs Gesundheit ließ nach. »Ich hasse es, jetzt nach England zu ziehen«, schrieb sie kurz vor ihrer Abreise in den Kalender. Doch ihr Umfeld drängte sie, und sie selbst sah auch den Nutzen ein, den Fiskus auf diese Weise zu umgehen. Im Januar 1983 zog sie um, bis Mitte 1984 sollte London ihr offizieller Wohnsitz bleiben.

Londoner Intermezzo

Wenngleich auch der Grund für ihren Aufenthalt ein prosaischer war, gefiel Gisèle das Leben in London überraschend gut. Claus' Apartment lag in dem schicken und angenehmen Stadtteil Hampstead, einst Wohnsitz der von ihr bewunderten Künstlerinnen beziehungsweise Künstler Barbara Hepworth, Ben Nicholson und Henry Moore. Nach Claus' Rückkehr im September 1983 blieb sie in der Gegend und mietete eine kleine Atelierwohnung an den Prince Arthur Mews. Gisèles Leben wurde in London weniger von gesellschaftlichen Verpflichtungen diktiert als in Amsterdam, und das verschaffte ihr eine willkommene Freiheit. Es gab Zeit, Ausstellungen zu besuchen und Neues zu entdecken, wie etwa das charmante Hausmuseum Kettle's Yard in Cambridge oder den Landsitz Kenwood House in Hampstead Heath, fußläufig zu ihrer eigenen Wohnung. Das *Selbstporträt mit zwei Kreisen* von Rembrandt, das dort hing, versetzte sie in große Erregung. Es zeigte den schon etwas älteren Maler mit Palette und Pinseln in der Hand vor einem Hintergrund mit zwei Halbkreisen, der deutlich einem der parischen Gemälde Gisèles ähnelte, *Trommeln* aus dem Jahr 1979. Sie sollte noch viele Male zurückkommen, um sich dieses Wunder anzuschauen.

Zeit gab es auch, um selbst zu arbeiten. Da ihre Wohnung keinen Platz für größere Leinwände bot, besteht die Produktion aus der Londoner Periode vor allem aus Zeichnungen und kleineren Aquarellen, freier und expressiver als ihre oft stark stilisierten Gemälde. Es gab Gelegenheit, Verwandte zu besuchen – ihre Nichte Josephine lebte in Cornwall, deren inzwischen erwachsene Kinder größtenteils in London – und neue Kontakte zu knüpfen. Die bei Weitem wichtigste Begegnung der Londoner Zeit ist die mit dem aus Australien stammenden Robert Alder, einem attraktiven jungen Mann von sechsundzwanzig Jahren. Gisèle lernte ihn über seine Mutter Jane Lee kennen, eine Weberin, mit der sie sich auf Paros näher angefreundet hatte. Jane lebte dort noch immer, war aber im Frühjahr 1983 zu Besuch in London, so dass Gisèle dort erstmals auch ihren Sohn traf.

Es war sofort um sie geschehen. Gisèle verliebte sich bis über beide Ohren in den schönen Jüngling, der seine schmale Kost mit dem Renovieren der Häuser anderer verdiente. Je älter sie wurde, desto mehr lag ihr an der Gesellschaft junger Leute – und insbesondere der junger Männer. Dann blühte sie enorm und für jeden sichtbar auf. Der Umgang mit ihnen bestätigte das Selbstbild, das Gisèle pflegte: dass sie über die Jahre hinweg ein Mädchen geblieben war. In ihrem eigenen Erleben war sie noch immer jung, und indem sie sich mit jugendlicher männlicher Gesellschaft umgab, hielt sie dieses Gefühl aufrecht. Für die Außenwelt war der Altersunterschied von vierundvierzig Jahren allerdings gut zu erkennen, und Gisèle und Robert bildeten ein unkonventionelles Duo. Doch das störte sie nicht.

Beide verfügten über denselben Sinn für Humor und schufen sich eine Welt mit einem eigenen Idiom, Insiderwitzen und einer Intimität, die oft ohne Worte auskam. Ihre in den Worten Roberts »cuddling relationship«, also »schmusige« Beziehung verlor nach den ersten Jahren zwar an Intensität, hielt aber auf einer niedrigen Flamme und bei oft wenig regelmäßigem Kontakt dennoch über zehn Jahre stand. Nachdem Gisèle London wieder verlassen hatte, blieb Robert ein paar Mal für längere Zeit in Amsterdam. Er machte Rahmen für ihre Gemälde und erledigte kleinere Arbeiten, sie malten zusammen, unternahmen Ausflüge und im Laufe der Jahre kleine Reisen, unter anderem nach Paris, Madrid und Barcelona, sie nahm ihn mit nach Österreich und in die USA und stellte ihn dort ihrer Verwandtschaft vor.

Robert Alder war ein suchender und ziemlich labiler junger Mann mit Künstlerambitionen. Letztere spielten eine wichtige Rolle, denn Gisèle sah sich selbst in der Pflicht, ihm auf die Beine zu helfen und ihn künstlerisch zu fördern. Sie hatte für ihre Beziehung das Freundesmodell des Castrum Peregrini vor Augen, das sich um den Austausch zwischen dem Älteren und dem Jüngeren drehte, in diesem Fall ihrem eigenen künstlerischen Wissen und ihrer Erfahrung und Roberts Energie und Jugend. Die Reinheit dieser Beziehung wurde jedoch aufs Spiel gesetzt, da sie ihn von den ersten zarten Anfängen an auch finanziell unterstützte, was sein Leben erheblich angenehmer machte. Robert war dankbar für die Hilfe, bewunderte Gisèle als Künstlerin und klammerte sich anfänglich ziemlich an sie. Wie für so viele war sie auch für ihn ein Vorbild. Gleichzeitig dominierte der finanzielle Aspekt im Laufe der Zeit so sehr, dass man Roberts Motive durchaus mit einigen Fragezeichen versehen kann. Er wickelte seine ältere Freundin fortwährend mit traurigen Geschichten ein, und es gelang ihm, ihr Beträge aus der Tasche zu ziehen, die den Eindruck erwecken, dass auf die Dauer mehr als ein bisschen Berechnung im Spiel war. Bei all dem, was Gisèle ihm sonst noch bedeutete, war sie auf jeden Fall auch ein wandelnder Geldautomat für ihn.

Diese Funktion sollte sie in der letzten Phase ihres Lebens auch für das Castrum Peregrini erfüllen. Die Übertragung von Besitz und Vermögen war der Grund für ihren Aufenthalt in London, daran wurde also in dieser Periode gearbeitet. Am 8. Juli 1983 suchte Gisèle bei einem ihrer Heimatbesuche eine Amsterdamer Notarkanzlei auf, um ihre Unterschrift unter drei Dokumente zu setzen. Das Datum war nicht willkürlich gewählt: der 8. Juli war Wolfgangs Geburtstag, und an einem 8. Juli hatte auch die Geburtsstunde des Freundeskreises Castrum Peregrini geschlagen, so dass das Regeln dieser geschäftlichen Angelegenheit gewissermaßen zu einem sakralen Akt wurde. Der andere Unterzeichner war Manuel Goldschmidt, Geschäftsführer der Stiftung Castrum Peregrini.

Bei dem ersten Dokument handelte es sich um ein Schenkungsversprechen. Gisèle schenkte der Stiftung einen Betrag in Höhe von dreieinhalb Millionen Gulden und lieh sich diesen Betrag gleich wieder zu einem Zinssatz von acht Prozent. Die Schuld selbst wurde erst nach Gisèles Ableben fällig.

Das zweite Schriftstück regelte einen Schuldenerlass. Zuvor hatte sich die Stiftung von Gisèle siebenhunderttausend Gulden für den Erwerb und achthunderttausend Gulden für den Umbau der Nachbargebäude in der Beulingstraat geliehen. Diese Schulden wurden nun, bis auf einen kleinen Restbetrag, erlassen. Gleichzeitig wurde vereinbart, dass Gisèle weiterhin das obere Stockwerk (ihr neues Atelier) sowie einen Raum in diesem Gebäude nutzen durfte. Das war das sogenannte Paroszimmer – weil dort all ihre aus Griechenland mitgebrachten Schätze ausgestellt waren –, das vorerst als Gästezimmer, in Zukunft aber auch als Wohnraum für eine Pflegerin genutzt werden könnte, falls Gisèle diese benötigen sollte.

Das dritte Dokument regelte eine »Schenkung unter Nießbrauchsvorbehalt«. Darin schenkte Gisèle ihr Haus an der Herengracht der Stiftung, einschließlich des Inventars, mit Ausnahme ihres persönlichen Besitzes. Solange sie lebte, behielt sie jedoch ein Nießbrauchsrecht, das heißt, sie durfte das Haus nutzen, das nicht mehr ihr Eigentum war.

Mit drei Federstrichen wurden so die künftigen Beziehungen festgelegt. Das Darlehen verpflichtete Gisèle zur Zahlung eines hohen jährlichen Zinsbetrags, der für den Unterhalt der geschenkten Gebäude gedacht war. Im Haus bot nun nicht mehr sie dem Castrum ein Unterkommen, sondern jetzt war sie diejenige, die den Besitz eines anderen nutzen durfte. Objektiv betrachtet war dies kein Fortschritt, aber sie wollte es so, und es blieb ihr überlassen, die gewählte Konstruktion in ein vorteilhaftes Licht zu rücken. So erklärte sie Dritten gegenüber frohgemut, dass nicht nur sie, sondern alle Freunde ihr Geld und ihren Besitz dem Castrum Peregrini hinterlassen würden. Schließlich wären sie alle eine große Familie, also würden es alle machen.

Zusätzlich konnte Gisèle mit großer Entschiedenheit behaupten, wenn sie die Schenkung nicht gemacht hätte, wäre das Finanzamt gekommen und hätte ihr alles weggenommen. Dann hätte sie nicht in der Herengracht wohnen bleiben können und ausziehen müssen. Ob sie das wirklich glaubte, lässt sich bei Gisèle nicht mit Sicherheit sagen. Es ist wahr, dass finanzielle Dinge für sie oft höhere Magie waren, und sicher, wenn es um die Steuer ging, konnte man ihr eine ganze Menge weismachen. Zugleich konnte sie sich aber auch, wenn es ihr in den Kram passte, ein ganzes Stück dümmer stellen, als sie es in Wirklichkeit war. Doch in diesem Fall war die alternative Sichtweise, dass man ihre Gutgläubigkeit missbraucht hatte, ein unzulässiger Gedanke für sie, so dass sie auch sich selbst einen Dienst erwies, wenn sie weiter an dieser Scheinbegründung festhielt. Ihr Umfeld ließ sie in dem Wahn oder drang bei ihr nicht durch, so dass letztlich der Gedanke bei ihr obsiegte, dass es phantastisch sei, dass sie bis ans Ende ihrer Tage »im eigenen Haus« wohnen bleiben könne. Dass die Art und Weise, um das zu erreichen, schon sehr merkwürdig und teuer erkauft war, trat allmählich in den Hintergrund.

Im Nachgang zur Mantelvereinbarung vom Juli 1983 kamen noch einige weitere Regelungen zustande. In einer Zusatzvereinbarung aus dem Jahr 1984 ging die Stiftung auf Gisèles Wunsch ein und verpflichtete sich, den Lebensunterhalt und das Wohnrecht für Claus und Manuel bis zu deren Ableben zu gewährleisten. Gleichzeitig tilgte Gisèle anderthalb Millionen Gulden ihrer Schulden, damit die Stiftung ab Mitte 1984 über ein eigenes Kapital in dieser Größenordnung verfügen konnte. Die Einkünfte der Stiftung aus den Zinsen, die Gisèle bezahlen musste, gingen dadurch natürlich zurück, doch acht Prozent von zwei Millionen sind immer noch eine beträchtliche Summe.

Wie gesagt, das Castrum Peregrini war der wichtigste, aber nicht der einzige Begünstigte des neuen Reichtums bei Gisèle. Auf einer Familienfeier im Sommer 1983 in den Adirondacks schenkte sie ihren drei Nichten und deren insgesamt sieben Kindern jeweils fünfzigtausend Pfund beziehungsweise knapp achtzigtausend Dollar, je nachdem, wo die Empfänger lebten. Der Vatikan durfte sich über eine Spende in Höhe dieser zehn Schenkungen zusammengenommen freuen. In ihrem eigenen Freundeskreis wurden Buri, Joke, Christiane, Sylvia und Claire Nicolas sowie viele andere mit stattlichen Beträgen beglückt. Auch Freunde, die überhaupt nicht notleidend waren, wie etwa Arnolds Tochter Antoinette und ihr Mann Adri Baan, wurden bedacht. Kleinere Geschenke gingen an sämtliche Enkelkinder Arnold d'Aillys sowie an eine Vielzahl weiterer Personen. Stella empfing einen großen Betrag, um davon auf Paros ein Stück Land kaufen und darauf ein eigenes Haus bauen zu können. So kam sie weiterhin regelmäßig auf die Insel und brachte dann als eine Art »postillon d'argent« von der Schweiz aus Geld von Gisèle mit, um es unter die parischen Freunde zu verteilen.

Nachdem so die ersten Millionen ihren Weg genommen hatten, blieben Ende der Achtzigerjahre noch gut zweieinhalb Millionen Schweizer Franken auf dem Schweizer Konto und rund dreieinhalb Millionen Gulden bei Mees & Hope übrig.

Person und Werk

Mit Gisèles Rückübersiedlung von London nach Amsterdam war für sie endlich der Moment angebrochen, sich in ihrem neuen Domizil bleibend einzurichten. Hoch über der Beulingstraat befand sich ihr Atelier – lichtdurchflutet, noch leer und mit blütenweißen Wänden –, dem sich eine große Wohnküche anschloss, die über eine weiße Holztreppe mit ihrem Wohnbereich im Haus Herengracht 401, in dem noch immer der Geist Arnolds waltete, in Verbindung stand. Es war ein Stückchen Paros in Amsterdam, »eine Insel unter dem Himmel«, auf der sich Gisèle in den Jahrzehnten, die ihr noch bleiben sollten, ihre eigene Welt schuf.

An anderer Stelle in dem hinzugekommenen Gebäudekomplex wurde ein neues Apartment für Claus angelegt, der im Sommer 1984 endgültig nach Amsterdam zurückgekehrt war. Mit unter sechzig Jahren war er noch nicht im pensionsberechtigten Alter, doch er hatte vorzeitig seine Professur in London aufgegeben, weil das Castrum seine Ideen und seine Arbeitskraft brauchte, um die Zeitschrift *Castrum Peregrini* am Leben zu halten. Dort war durch den Weggang Thomas Karlaufs ein Problem entstanden. Thomas hatte eine Zeit lang als Nachfolger Frommels gegolten, doch das Ganze war anders gelaufen als geplant, so dass er inzwischen als Kronprinz vom Hof gejagt worden und nach Deutschland zurückgekehrt war. In dieser kurzen Zusammenfassung klingt es einfacher, als es in Wirklichkeit war. »Da herauszukommen war ein Prozess, den ich niemandem wünsche«, bemerkte er dazu später selbst.

Thomas war in diesen Jahren nicht der Einzige, der ging. Christiane Kuby verließ nach einem langwierigen Kampf die Herengracht, und Frank Ligtvoet löste sich aus dem Dreimännerhaus an der Prinsengracht. Kurz vorher hatte Letzterer noch eine brisante Entdeckung gemacht, als ihm im Stefan George Archiv in Stuttgart ein Brief Wolfgang Frommels an dessen verehrten Meister in die Hände gefallen war. Es handelte sich um einen unterwürfigen Brief aus dem Jahr 1926, den der junge Frommel geschrieben hatte, nachdem ihm der Zugang zu George verweigert worden war. Nichts deutete darauf hin, dass die beiden Männer einander vorher schon einmal begegnet waren. Ein wirklich unumstößlicher Beweis war dies noch nicht, doch der Brief ließ wenig Raum für einen anderen Schluss als den, dass der Besuch, den Frommel George zusammen mit Percy Gothein im Jahr 1923 abgestattet haben wollte und der von ihm in *Der Dichter. Ein Bericht* (1950) detailliert beschrieben worden war, niemals stattgefunden hatte. Seinen tiefsten, nie in Erfüllung gegangenen Wunsch hatte er nach dem Krieg auf Papier dann doch noch Wirklichkeit werden lassen, womit er sich selbst Autorität und seinem Freundeskreis einen Platz unter der George-Sonne verschafft hatte.

Dieses Fundament erwies sich nun als Erfindung. Die Wellen, die diese Entdeckung in der Herengracht schlug, waren schnell unter Kontrolle gebracht. Ligtvoets Fund führte letztlich zu nichts, man ignorierte das Dokument im Weiteren. In der gesamten späteren Literatur des Castrum Peregrini über Frommel wurde dessen Besuch bei George einfach weiterhin kommentarlos als Tatsache behandelt. In den Geschichten, die in diesem Kreis kursierten, ging es nun einmal um ihre inspirierende Kraft und ihren Beitrag zum Mythos um Frommel und nicht um ihren Realitätsgehalt. So wurde dessen Ehre in der Geschichtsschreibung über ihn auch in diesem Punkt gerettet, zumindest, soweit sie in den Händen seiner Anhänger lag.

Auch im wahren Leben blieb Frommel eine Konfrontation mit seinem früheren Schreiben erspart. Sein fortschreitender körperlicher und geistiger Verfall stellte dafür eine willkommene Entschuldigung dar. Das Leben in der Hegra stand seit Anfang der Achtzigerjahre fast völlig im Zeichen seiner Krankheit und des nahenden Todes. Die Momente, in denen er noch klar bei Verstand war, wurden immer seltener, seine Kräfte ließen nach, bis er schließlich wie ein großes Baby Tag und Nacht gepflegt werden musste. Darum kümmerten sich mit viel Liebe und Geduld Mitbewohner und Freunde, auch wenn im Laufe der Zeit zusätzliche Hilfe von Fachpflegekräften und Ehrenamtlichen unentbehrlich wurde. Gisèle trat mit schöner Regelmäßigkeit den Gang nach unten an, um an seinem Bett zu sitzen und ihm leise von vergangenen Zeiten zu erzählen: »Wie er mit mir auf die Herengracht kam … wie viele schöne junge freunde und freundinnen zu ihm kamen … wie er gezaubert hat …«

Frommels zunehmende Schwäche und Abhängigkeit vereinfachten den Umgang der beiden miteinander. Rivalität und altes Leid traten in den Hintergrund, was blieb, war ein tief empfundenes Zusammengehörigkeitsgefühl, das auf einer gemeinsamen, idealisierten Vergangenheit beruhte. Am 13. Dezember 1986 starb Wolfgang Frommel im Alter von vierundachtzig Jahren: Meister und Mentor, Dichter und Freund, Hochstapler und Schmarotzer und für Gisèle vor allem der Zauberer, in dessen magischem Bann sie über vierzig Jahre lang gefangen gewesen war.

Mit Frommels Tod lösten sich das geistige Zentrum und der magische Mittelpunkt des Castrum Peregrini auf. Für das Leben in der Herengracht und die Zukunft des verwaisten Freundeskreises hatte das weitreichende Folgen, für Gisèles künstlerisches Leben dagegen deutlich weniger. In ihrem neuen Atelier nahm sie wieder den Pinsel in die Hand. Ihre Arbeitslust war zwar im Schwinden begriffen, doch bis in die zweite Hälfte der Neunzigerjahre blieb sie als Malerin aktiv. Es waren vor allem Porträts, die sie in dieser Phase noch anfertigte: ein letztes Selbstporträt mit großem Turban sowie eine Reihe von Porträts ihrer Lieblinge unter den jüngsten Neuzugängen bei den Castrum-Freunden. Große Bedeutung maß sie dem Auftrag des Rijks Geologische Dienst für ein Porträt ihres Vaters bei. Bei der Eröffnung des neuen Behördengebäudes 1990 in Haarlem wurde das Gemälde enthüllt: ein großes Ganzkörperporträt, auf dem Willem in der Arbeitskluft des Feldgeologen dargestellt war, mit einer Karte in der einen und einem Hammer in der anderen Hand. Die Arbeit daran hatte viele Erinnerungen an ihren geliebten Vater wiederbelebt.

Das Künstlertum hatte sich für Gisèle im Laufe ihres Lebens zu ihrem wahren Lebenszweck entwickelt und ihr Erfüllung gegeben. Doch an ihrem Lebensabend ließ sich nur schwer der Schlussfolgerung entkommen, dass ihr Werk wenig Widerhall gefunden hatte. Sie litt unter diesem Mangel an Anerkennung. Im Sommer 1988 hatte sie noch eine Ausstellung von Gemälden und Londoner Aquarellen in der Galerie Utermann in Dortmund, doch sehr viel lieber hätte sie in diesen späten Jahren eine große Ausstellung im Stedelijk Museum in Amsterdam gehabt. Das war die Umgebung, die ihrer Meinung nach zu ihr passte, aber eine realistische Chance dazu hatte nie bestanden. Ganz aus dem Rennen war sie allerdings auch nicht gewesen: Die aufeinanderfolgenden Leiter des Museums Edy de Wilde, Wim Beeren und Rudi Fuchs besuchten sie alle drei in ihrem Atelier, doch daraus entwickelte sich im Weiteren nichts mehr.

Dass Gisèle nicht zum Kanon der Nachkriegsmalerei gehörte, kann natürlich nicht losgelöst von der Qualität ihres Werks gesehen werden. Niemand wird behaupten, dass sie zur Spitze gehörte, aber das ist nicht das Einzige, was sich zu ihrer relativ marginalen Position sagen lässt – es gibt nur wenige Künstler, denen der Durchbruch gelingt und die berühmt werden. In diesem Ausleseprozess spielen auch andere Dinge als die Tatsache eine Rolle, dass diese Glücklichen objektiv betrachtet die Besten sind.

Gisèles Œuvre war sprunghaft, wies große Unterschiede in Qualität und Stil auf und ließ sich daher nur schwer verorten. Außerdem stand es im Gegensatz zu den dominierenden Strömungen in der Nachkriegskunst, auf die sich die museale Aufmerksamkeit richtete. Andererseits war sie aber sicherlich auch nicht die Einzige, die die herrschenden Moden in der Kunstwelt nicht mitmachte. Ihr künstlerisch verwandte Kollegen, darunter der mit ihr befreundete Herbert Fiedler, sammelten sich beispielsweise in der Künstlervereinigung De Realisten, gegründet als Leuchtfeuer gegenständlicher Kunst in einer Zeit, in der Abstraktion den Ton angab, doch Gisèle selbst suchte keinen Anschluss an solche Zusammenschlüsse. Nach dem Weggang ihres Lehrers Joep Nicolas sollte sie nie mehr Teil eines niederländischen oder internationalen künstlerischen Milieus werden, das ihr dabei helfen konnte, als Künstlerin zu wachsen oder Ruhm zu erwerben. Sie schöpfte ihre Inspiration aus ihrem neuen Umfeld im Castrum Peregrini, doch das brachte ihr künstlerisch gesehen wenig ein. Davor hatte Nicolas sie bereits gewarnt.

Obwohl Gisèle von Natur aus zum Verspielten, Leichtfüßigen und Phantasievollen neigte, machte die vom Castrum erzwungene literarische Thematik ihre Darstellungen kompliziert und kopflastig. Sie hatte oft ein unbezähmbares Bedürfnis, eine Erklärung dazuzuliefern. Die ideologische Ablehnung persönlicher Ambitionen und gesellschaftlichen Erfolgs, die in den Kreisen des Castrum Peregrini herrschte, war ebenfalls wenig förderlich. Die Außenwelt wurde als verwerflich betrachtet, die gesamte Produktion »der Freunde« musste intern bleiben. Das galt auch für die Dichter, die in der Zeitschrift *Castrum Peregrini* nur für die eigene Gemeinde publizierten. Eine solch abgeschirmte kleine Welt kann durchaus eine Weile angenehm und stimulierend sein, doch auf Dauer hemmt es natürlich die weitere Entwicklung, wobei im Falle Gisèles noch hinzukam, dass ihre Kunst im Castrum auf keinerlei Wertschätzung stieß – bestenfalls wurde sie belächelt. Von einem anregenden Austausch oder konstruktiver Kritik in engstem Kreis war bei ihr denn auch keine Rede. In späteren Jahren wurde das Desinteresse mit obligatorischem Applaus bemäntelt, doch das lässt sich kaum als Fortschritt bezeichnen.

Hinzu kam, dass gewisse persönliche Eigenheiten Gisèle sicher nicht immer zum Vorteil gereichten. Sie hatte letztendlich doch das Air einer adligen Dame, die so etwas wie Eigenwerbung für unter ihrer Würde hielt. Für sich selbst Reklame machen – das gab es nicht, da musste sie schon gebeten werden. Tat sich eine Möglichkeit für eine Ausstellung auf, war sie äußerst anspruchsvoll: Zusammen mit anderen ausstellen wollte sie nicht; der Raum, das Licht – alles musste perfekt sein. Einige Male ging es aus diesen Gründen schief. Und kam es dann einmal zu einer Ausstellung, konnte sie sich kaum von ihrem eigenen Werk trennen und verlangte viel zu hohe Preise, die außerdem noch bar bezahlt werden mussten.

Mit anderen Worten: Ihre Person stand ihrem Werk oft im Weg. Das galt auch in einem allgemeineren Sinn. Als Persönlichkeit war Gisèle so dominant, dass ihr Werk zu einer abgeleiteten Funktion wurde: Ihr Leben überschattete ihre Kunst, ihre Kunst wurde zu einer Illustration ihres Lebens. Bei denjenigen, die sich für ihr Werk interessierten, die es schätzten und es kauften, handelte es sich fast immer um Menschen, die in erster Linie von Gisèle selbst fasziniert waren, die die Geschichten hinter den Gemälden kannten, die ihre Verspieltheit und Phantasie bewunderten und sie vor ihrem geistigen Auge damit beschäftigt sahen, an ihrem Strand auf Paros Muscheln und Steine zu sammeln. Solche Menschen gab es übrigens genug: Gisèle hatte in ihrem letzten Lebensabschnitt eine umfangreiche Schar von Fans. Zur Vernissage in Dortmund kamen Besucher von nah und fern angereist, um dabei sein zu können. Diese starke Verbindung zwischen Person und Werk verschaffte ihr in ihrem Umfeld zwar Aufmerksamkeit, führt jedoch zu der Frage, ob ihr künstlerisches Œuvre auch auf eigenen Beinen stehen kann. Wird es ohne die inspirierende, ihm Glanz verleihende Präsenz seiner Schöpferin überleben? Das ist etwas, was die Zukunft erweisen muss.

Als Gisèle um ihr achtzigstes Lebensjahr herum klar geworden war, dass ihr die erhoffte Anerkennung als Künstlerin nicht zuteilwerden würde, ergriff sie selbst die Initiative, ihr Werk noch einmal der Welt zu präsentieren. Auf eigene Kosten stellte sie ein Buch zusammen, das eine chronologische Übersicht ihres Werks bot. Mit der Umsetzung beauftragte sie das Grafikdesigner-Ehepaar Jan van Keulen und Joke Reynders. Van Keulen führte eine Reihe langer Gespräche mit ihr, die die Grundlage für einen einleitenden biographischen Essay bildeten, und Reynders kümmerte sich um das Layout des Buchs. Es war kein einfaches Projekt. Mit Gisèle ließ es sich äußerst schwer zusammenarbeiten, weil immer alles ausschließlich auf ihre Weise zu geschehen hatte und sie dabei ständig ihre Meinung änderte. »Es war zum Verrücktwerden«, so Joke Reynders im Rückblick.

Das Buch mit dem Titel *Gisèle* wurde im März 1993 feierlich in ihrem Atelier präsentiert. Es enthält einen zweisprachigen Text, Englisch und Niederländisch, und gibt einen Überblick über ihre freien Arbeiten, die Gemälde und die Zeichnungen. Ihre frühen kunsthandwerklichen Arbeiten, die Glasmalerei und die Wandteppiche, kommen nur in der Einleitung zur Sprache. Die Firma

Snoeck-Ducaju & Zoon aus dem belgischen Gent, bekannt für ihre Kunstbücher, sorgte für den Druck des Werks. Wie hoch die Auflage war, lässt sich nicht mehr in Erfahrung bringen, aber Gisèle verteilte das Werk großzügig.

Vielleicht hoffte sie, mit diesem Buch doch noch so etwas wie einen Durchbruch erzwingen zu können, doch dieser Effekt blieb aus. Im Frühjahr 1996 kam es noch zu einer Ausstellung in der Galerie Mia Joosten in Amsterdam, in der Gemälde von Gisèle mit Skulpturen von Edith Imkamp-van der Does de Willebois, einer entfernten Cousine, kombiniert wurden. Alles bei dieser Ausstellung ging mühsam vonstatten. Zusammen mit jemand anderem ausstellen wollte Gisèle eigentlich nicht, sie stimmte nur deshalb gnädigerweise zu, weil ihre Partnerin eine Verwandte war. Der Raum machte sie unglücklich, die Decke war zu niedrig, der Ausstellungskatalog taugte nicht – die Ausstellung brachte ihr keine Befriedigung.

Anfang 2000 ergab sich die Möglichkeit zu einer Ausstellung im Amsterdamer Historischen Museum (das derzeit Amsterdam Museum heißt). Die Idee des Museums, die Welt Gisèles ins Bild zu setzen, also nicht nur ihre Kunst, sondern auch beispielsweise die Kriegsgeschichte und die Person Arnolds als ehemaligem Bürgermeister der Stadt zu thematisieren, sprach sie jedoch in keiner Weise an. Mehr noch, die Idee kränkte sie. Sie wollte entweder eine Ausstellung, die ausschließlich ihre Kunst zeigte, oder eben gar keine. Da das Amsterdamer Historische Museum jedoch kein Kunstmuseum ist, konnte man zu keiner Einigung kommen, und der Plan wurde aufgegeben.

Getrennte Sphären

Auf der Beerdigung Wolfgang Frommels ergriff Buri das Wort. Nach vielen Jahren der Distanz und Abwesenheit hatte er sich im letzten Lebensabschnitt seines alten Mentors wieder mit ihm ausgesöhnt. In seiner Rede erinnerte Buri an den alles bestimmenden Einfluss, den der Verstorbene auf sein Leben gehabt hatte, und drückte den Wunsch aus, dass es den hinterbliebenen Freunden gelingen werde, einträchtig weiter voranzuschreiten. Letzteres schien schon bald infrage gestellt. Als die unbestrittene Autorität und die enorme magnetische Kraft Frommels erst einmal weggefallen war, geschah das Unvermeidliche: Es entbrannte ein Streit um den Nachlass, und der Freundeskreis zerfiel in seine Einzelteile.

In seinem Testament hatte Frommel den Geschäftsführer der Stiftung, Manuel Goldschmidt, zu seinem Erben bestimmt, doch der erwies sich dieser Aufgabe als nicht gewachsen, was in der Folge zu viel Streit führte. Buri war einer der Ersten, der absprang, zusammen mit Billy Hilsley und einem Gefolge deutscher Freunde, wonach der erste Riss eine Tatsache war. Gleichzeitig trieb auch der neue Reichtum einen Keil zwischen das Amsterdamer Hauptquartier und die übrigen Freunde. »Auf der einen Seite gab es die Stiftung mit dem Vermögen, den Geldanlagen und den Immobilien, sowie die Herren, die davon ziemlich direkt profitierten«, so Luk van Driessche. »Auf der anderen Seite war da die Gruppe von Freunden, die es schön fand, zweimal im Jahr zu einem großen Fest zusammenzukommen. Das wurden zwei verschiedene Welten.« Die Herengracht, wo Claus und Manuel jederzeit eine geschlossene Front bildeten, wurde immer mehr zu einer Festung in einer feindlichen Umgebung.

Auch intern änderte sich viel. Im Haus hatte es immer zwei Pole gegeben, Wolfgang und Gisèle – jetzt war sie der einzige. Das machte sie wichtiger und mächtiger, was zum einen noch durch die finanzielle Zangenkonstruktion verstärkt wurde, in der sich das Castrum Peregrini und Gisèle gegenseitig gefangen hielten, und zum andern durch die Tatsache, dass man sie im Haus plötzlich sehr viel öfter antraf, als es lange Zeit über der Fall gewesen war. Diese Situation brachte vor allem Manuel, der ohnehin schon schwer an seinen höchst ambivalenten Gefühlen und der pflichtschuldigen ewigen Dankbarkeit Gisèle gegenüber zu tragen hatte, in einen schwierigen Spagat. Als Geschäftsführer musste ausgerechnet er lieb Kind bei ihr machen und dafür sorgen, dass es finanziell weiterging. Ob Gisèle ihre Schenkungen hätte widerrufen können, wenn es zum Zwist gekommen wäre, ist die Frage, aber sie konnte schon frei über ihr Vermögen verfügen und hätte unerwartet merkwürdige Dinge tun können, wie zum Beispiel alles an arme Schlucker oder den Vatikan weggeben – dann hätte das Castrum Peregrini seine Ansprüche in den Wind schreiben können. Manuel konnten solche Gedanken ziemlich nervös machen.

Gisèle ihrerseits konnte in Geldangelegenheiten extrem schwierig sein. In ihrem früheren Leben, als die Zeiten karg waren, hatte sich gezeigt, dass sie sehr gut in der Lage war, ihre finanziellen Angelegenheiten selbst zu regeln. Doch in ihrer reichen Periode kultivierte sie eine Art finanziellen Analphabetismus, der es ihr nicht einmal ermöglichte, einen Überweisungsauftrag auszufüllen. Wenn sie Geld überweisen wollte, rief sie ihre Kontaktperson in der Bank an, die die Sache dann regelte. Selbst hantierte sie nur mit Bargeld, das sie in großen Mengen und verschiedenen Währungen in Briefumschlägen aufbewahrte und an verschiedenen Stellen versteckte. Hinzu kam, dass bestimmte Dinge – etwa, dass »ihr Haus« ihr nicht mehr gehörte oder sie allerlei finanzielle Verpflichtungen eingegangen war – nicht mehr bleibend zu ihr durchdringen wollten. Das machte das Gespräch über die Finanzen oft schwierig und frustrierend. Obwohl nie explizit ausgesprochen, war ihre Großzügigkeit außerdem nicht unverbindlich. Sie erwartete im Gegenzug dafür Dankbarkeit und Wertschätzung.

Das Klima zwischen den drei Hauptbewohnern, Claus, Manuel und Gisèle, verbesserte sich nicht. Man hielt an den gemeinsamen Mahlzeiten fest, aber behaglich war die Atmosphäre am Tisch schon lange nicht mehr. Die Vermeidung der Realität und das Nichtaussprechen von Gedanken, Gefühlen und Erwartungen führten zu einer förmlichen Höflichkeit, hin und wieder durch Sticheleien, Irritationen und gehässige Bemerkungen unterbrochen. Gisèle ignorierte sie meist oder vergrößerte den Ärger noch durch bemühtes Theater oder indem sie Rügen verteilte, als hätte sie es mit zwei kleinen Kindern zu tun: »Abendessen mit Claus. Ich sagte ihm, dass seine Mutter Matzi es nicht mögen würde, wie er mit mir spricht, wenn er gereizt ist.« Claus war vierundsiebzig.

In ihrem Kalender notierte Gisèle ihre Verletzungen, aber nach außen hin hielt sie den Anschein der Einigkeit aufrecht. Es blieben *ihre* Jungs, die sie stets in Schutz nahm. Joke Haverkorn, die nach ihrer Scheidung Ende 1992 aus dem Ausland nach Amsterdam zurückkehrte und mit ihrer jüngsten Tochter ein paar Monate im Paroszimmer wohnte, ergriff einmal in einem dieser unangenehmen

58. Agios Ioannis, die Kapelle und das Kloster auf Paros.

59. Arnold auf Paros.

60. Gisèle im Atelier ihres Klosters (Foto: Marijke Heuff).

61, 62, 63. Das Interieur des Klosters mit Muscheln, Knochen und anderen Fundstücken (Fotos: Marijke Heuff).

64. Gisèle mit der von ihr aus gefundenen Gegenständen angefertigten Skulptur *Zauberer*, 1966 (Foto: Marijke Heuff).

65. Gisèle und Desmond O'Grady.

66. Die venezianische Mauer in Parikia, die Gisèle zu ihren geometrischen Gemälden inspirierte.

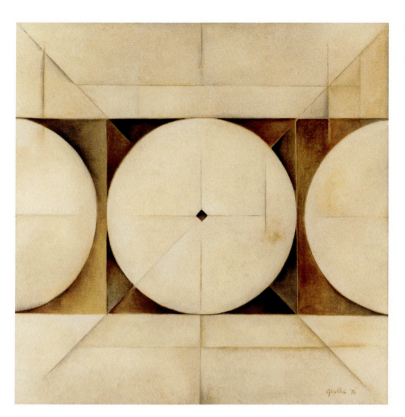

67. *Drei Trommeln im Viereck*, 1976.

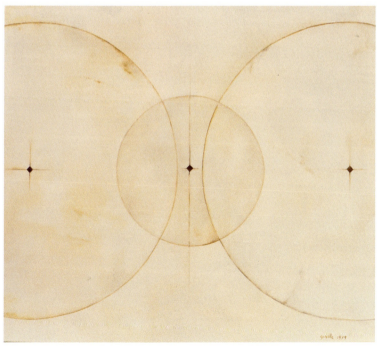

68. *Trommeln I*, 1979, das Gemälde, das Gisèle im Hintergrund des Rembrandt'schen *Selbstporträt mit zwei Kreisen* in Kenwood House wiedererkannte.

69. Eine Felsformation auf Paros ...

70. ... und das davon inspirierte Gemälde *Minotaurus*, 1974.

71. *Terrasse in Athen* (vermutlich 1970er-Jahre)

72. *Ägäisches Auge*, 1978 (Foto: Gert Jan van Rooij).

73. *Mädchen mit Eule*, 1966 (Foto: Gert Jan van Rooij).

74. Wolfgang, Gisèle und Manuel während eines Urlaubs auf Paros.

75. Die Hegra-Küche in den Siebzigerjahren mit (v.l.n.r.) Wolfgang, Christiane Kuby, Gisèle, Claus Bock und Thomas Karlauf.

76. *Wolfgang Frommel*, 1968 (Foto: Gert Jan van Rooij).

77. *Mythologische Ziegen*, 1971.

78. *Selbstporträt mit schwarz-weißem Tuch*, 1978.

79. In London entstandene Aquarelle: *London crossing*, 1984
(Foto: Gert Jan van Rooij).

80. *Der Aspirant*, 1984
(Foto: Gert Jan van Rooij).

81. Das neue Atelier in der Beulingstraat, mit dem Triptychon *Rolling days* (1979–1980) an der Wand.

82. An der Wand im Atelier die Musen *Thalia und Polyhymnia* (1991), *Rote Sonne* (oben) und *Roter Mond* (darunter), beide aus dem Jahr 1982.

83. Gisèle und Robert Alder.

84. *Robert Alder*, 1985
(Foto: Gert Jan van Rooij).

85. Gisèle 2005 und 1948. Die Büste stammt von Titus Leeser.

86. *Junge mit Maske*, 1985 (Foto: Gert Jan van Rooij).

87. Die hundertjährige Gisèle in ihrem Atelier (Foto: Jordi Huisman).

Tischgespräche Partei für Gisèle. Hinterher sprach Gisèle sie darauf an: wie Joke es hätte wagen können, Claus und Manuel gegenüber einen solchen Ton anzuschlagen.

Hinter den Kulissen wurde Gisèles Loyalität sicher auf eine harte Probe gestellt, am stärksten, als Manuel sich Ende der Achtzigerjahre ein Haus in Bacharach kaufte, einem deutschen Dorf direkt am Rhein gelegen, in der Gegend, in der Stefan George geboren und aufgewachsen war. Ein eigenes Haus von seinem eigenen Geld. Dass Manuel diesen Schritt tat, stellte für Gisèle eine schwere Enttäuschung dar. Alle sollten den Freunden alles hinterlassen, so war es ihr immer erzählt worden. Hatte sie deshalb nicht alles abgetreten? Eine einzige große Familie, jedermann glücklich, das war die Idee gewesen, aber es hatte sich anders entwickelt. Manuel kaufte sich ein Haus, und ihr Castrum wurde einzig noch durch Fehden und gegenseitiges Misstrauen zusammengehalten. »Ich bin hereingelegt worden«, war die Wendung, die sie intern mehrfach für ihre Enttäuschung benutzte.

Der Vorfall nährte die Unzufriedenheit, die Gisèle darüber empfand, dass sie zwar bezahlen durfte, man sie aber ansonsten aus allen Angelegenheiten des Castrum heraushielt. Auf einer wiederentdeckten Kopie der alten Stiftungssatzung notierte sie entrüstet: »Ich bin offenbar seit dem 11. Juni '71 Mitglied des Aufsichtsrats. *Noch nie* einberufen worden!« In Wirklichkeit war sie bereits seit der Gründung der Stiftung im Jahr 1958 Mitglied dieses nur auf dem Papier existierenden Gremiums gewesen. Ihre eigenen Rechte verwunderten sie: »Die Mitglieder des Aufsichtsrats haben jederzeit das Recht, bei den Sitzungen anwesend zu sein. Auch Einsicht in die Bücher!« Das war noch nie geschehen. In den Stockwerken unter ihr führte man das alte Leben des Castrum Peregrini in verwässerter Form fort, doch welche Praktikanten und Arbeitskräfte für den Verlag eingestellt wurden und wieder verschwanden, was gerade vor sich ging und wie die Zukunft aussah – sie wurde nicht darüber informiert. Claus hielt noch jeden Montag »Interpretationsabende« ab, an denen wie seit eh und je George gelesen wurde, und nein, Gisèle durfte daran noch immer nicht teilnehmen. So weit ging die Verwässerung nun auch wieder nicht. Die Tatsache, dass man sie unwissend hielt, sie auf Mutmaßungen angewiesen war und nur durch Zufall einmal etwas mitbekam, bestärkte sie in der Vermutung, dass man hinter ihrem Rücken Dinge aushecke. »Die Art und Weise, wie die Dinge hier laufen, gefällt mir NICHT«, notierte sie in ihrem Kalender. Und etwas später: »Castrum-Sitzung. Ich dachte, sie wäre verschoben worden, aber sie hat heimlich stattgefunden.«

Gisèle lebte in einem Klima der Angst und des Misstrauens, eine Situation, die durch ihre Schwerhörigkeit noch verschlimmert wurde. Dass sie schlecht hörte, machte sie argwöhnisch, auch hinsichtlich der Frage, was mit »ihrem Geld« geschah. Verschiedene Personen aus ihrem engsten Umfeld – Joke, Antoinette und Adri Baan – erkannten die Unruhe und versuchten sie in ihren finanziellen Belangen zu unterstützen, aber der Konflikt schreckte sie ab, und wenn es darauf ankam, entschied sie sich dann doch jedes Mal wieder dafür, lieber verstrickt in ihren selbstgesponnenen Netzen und Illusionen zu verharren. Allerdings lud sie Anfang 1994 ihre Großnichte Julie Goodden ein, eine der Töchter Josephines, um mit ihrem Ehemann ein verlängertes Wochenende in Amsterdam zu verbringen. Einen der Tage verwandte man darauf, wertvolle Familienbesitztümer zusammenzusammeln, die Gisèle im Hause hatte. Arnolds alte Koffer kamen dabei gerade recht, sie wurden mit Silbergeschirr, Schmuck und chinesischem Porzellan gefüllt. Mit dem vollbeladenen Auto kehrte ihre Großnichte nach England zurück. Die Stimmung, in der sich das Ganze vollzog, war die einer illegalen Aktion, der die Initiatorin etwas schuldbewusst zusah, erinnert sich Julie. Gisèle wusste, dass sie etwas tat, was eigentlich nicht ganz koscher war, doch offensichtlich erwartete sie, dass diese Sachen ansonsten nicht bei der Familie landen würden.

Von den übrigen persönlichen Habseligkeiten – Gemälden, Ikonen, Möbeln, Keramiken, Kerzenständern und der Sammlung alter Waffen ihres Vaters – stellte Gisèle eine Inventarliste auf, die sie mehrfach ausführlich mit ihren Nichten durchging. 1999 setzte sie ein Testament auf, in dem sie diese Stücke ihrer Familie vermachte. Einige Gegenstände, die von Arnold stammten, wurden gesondert aufgeführt. Die hinterließ sie Antoinette.

Gisèle besaß die Gabe, in allem das Positive zu betonen. Diese Neigung konnte zwanghafte Formen annehmen und grenzte gelegentlich an Selbstbetrug, bewies jedoch angesichts der hier skizzierten Umstände durchaus ihre Kraft. Gisèle sprach nicht über die Zusammenstöße bei Tisch und schob den Ärger beiseite. Der Umgang mit den jungen, im Haus wohnenden Mitarbeitern des Verlags war oft nett, und sie fand Ablenkung in ihrem eigenen ausgedehnten Netzwerk aus alten Bekannten wie Ineke, Joke, Reimar und vielen anderen. Die Ausflüge und gemeinsamen Essen mit ihnen waren, glaubt man ihrem Kalender, lauter kleine Feste: »Ein herzerwärmendes Beisammensein«, »Ein Tag wie ein Traum«, »Ein Abend, den ich nie vergessen werde«.

Daneben pflegte oder schuf sich Gisèle eine Reihe von Sphären, die sie gegen den düsteren Einfluss des Castrum immunisierten. Die erste war der Glaube. Jeden Tag begann sie mit einem Gang zur Krijtberg-Kirche, um die Frühmesse zu besuchen. Dank ihrer Schenkungen an die Kirche wurde an jedem Donnerstag die Messe um halb eins für ihre Eltern gelesen. Auch dort fehlte sie selten. Je älter sie wurde, umso mehr betrachtete sie den Glauben ihrer Eltern als »das größte Geschenk im Leben«. Denen, die Umgang mit ihr hatten, war die enorme Bedeutung, die Gisèle dem katholischen Glauben beimaß, bei Weitem nicht immer klar, weil sie in ihrer Religiosität überhaupt nicht aufdringlich war. Sie verspürte keinen Missionierungsdrang, sondern für sie war der Glaube eine persönliche Angelegenheit. Sie hatte ihren Glauben, andere einen anderen oder auch keinen.

Dass es Elemente in Gisèles Leben gab, die sich absolut nicht mit ihrem Katholizismus in Einklang bringen ließen, steht inzwischen fest. In Zeiten, in denen Robert Alder in Amsterdam logierte, rannte sie, wie er sich erinnert, oft schuldbewusst direkt von ihrem Himmelbett aus in die Krijtberg-Kirche, um Vergebung für ihre Sünden zu erbitten.

Bei einem zweiten Gebiet, auf das sich Gisèle immer mehr zurückzog, handelte es sich um die Vergangenheit. Im Jahr 1986 war erstmals der Germanist Leo van Santen zu ihr gekommen, um ihr bei einigen Aufräumarbeiten zu helfen. Die beiden verstanden sich so gut, dass daraus eine feste Verbindung entstand. Gut fünfundzwanzig Jahre lang kam Leo nahezu jeden Samstag, um zusammen mit ihr zu archivieren, zu ordnen, die Gemälde und Zeichnungen zu inventarisieren, die Post zu bearbeiten und, wie Gisèle es nannte, in die Vergangenheit einzutauchen, eine Beschäftigung, die ihr mit dem Verstreichen der Jahre immer mehr Freude bereitete. Es wurden alte Tagebücher und Kalender diktiert und abgetippt, Fotos in Schubladen abgelegt, zahllose Briefe sortiert und Erinnerungen hervorgekramt. Leos Besuche stellten für Gisèle schon bald einen Höhepunkt ihrer Woche dar. Er wurde zum Kenner ihres Lebens und, neben ihrer alten Freundin Joke, einer ihrer wichtigsten Vertrauten.

Fertig wurde die Arbeit nie. Gisèle verfügte über eine unerschöpfliche Menge an Material und eine fast pathologische Sammelwut. Zuvor gewählte Ordnungsprinzipien wurden regelmäßig auf halbem Wege wieder aufgegeben und durch andere ersetzt, so dass das Ganze wieder von vorn anfangen konnte. Allein die neu eingehende Post war oft schon mehr, als man an einem Tag bearbeiten konnte. Doch es spielte keine Rolle, dass die Ziellinie nie erreicht wurde, denn das eigentliche Ziel war das Sich-Wälzen in der Vergangenheit, eine herrliche Reise ohne Ende.

In späteren Jahren modellierte Gisèle ihre Lebensgeschichte in die von ihr gewünschte Form eines Märchens. All das Gewöhnliche, mit einem festen Muster Verbundene trat in den Hintergrund, das Exzentrische und Außergewöhnliche hob sie hervor. Ereignisse und Erlebnisse, die nicht in ihre Märchenfassung passten – die traurige Einsamkeit ihrer Internatsjahre, die Schattenseite ihrer Beziehung mit Joep Nicolas, ihre Enttäuschungen in der Castrum-Gemeinschaft – wurden von ihr bearbeitet oder verschwanden aus der Erzählung ihres Lebens.

Ihr Atelier nahm mehr und mehr die Züge eines kleinen Gisèle-Museums an, in dem sich eine Reihe ihrer Werke perfekt mit ihrer beeindruckenden Souvenirsammlung aus verschiedenen Phasen ihres Lebens und den wohlgesetzten Verweisen auf ihre Kontakte zu großen Namen in der Welt der Kunst und der Literatur ergänzten. Die Bewohnerin führte ihre Gäste herum, und gemeinsam schritten sie ihren Lebensweg ab, wobei sie jedes Mal bei denselben Ereignissen verweilte, wie bei den Stationen eines Kreuzwegs: Gisèle und die Indianer in Amerika, die erste Begegnung mit Joep und Suzanne Nicolas, die Suche nach einer Wohnung in der Herengracht mit Jany Roland Holst, das Sterbelager Eddy du Perrons, Wolfgang Frommel und die Razzia der deutschen Besatzer während des Kriegs, als sie die jungen Männer bei sich versteckt hatte, die Bekanntschaft mit Max Beckmann, die Hochzeit mit Arnold, die Souvenirs von Paros und so weiter. Ihre Mitbewohner konnten die x-te Wiederholung oft kaum noch mit anhören, doch in ihrem bezaubernden Atelier gelang es ihr fast immer, bei ihren Besuchern große Begeisterung für ihr unkonventionelles Leben, ihre originelle Sicht auf die Welt sowie den Enthusiasmus und die ansteckende Lebenslust, die sie auch in hohem Alter noch ausstrahlte, zu wecken.

Eine dritte Flucht aus der alltäglichen Realität bestand in der körperlichen Abwesenheit. Bis ins hohe Alter hinein unternahm Gisèle Reisen. Mit Joke und Jowa verbrachte sie 1989 zwei Wochen im Jemen, mit Robert Alder war sie verschiedene Male unterwegs, und regelmäßig reiste sie ihre festen Ziele ab. Ein- oder zweimal im Jahr ging es in die Schweiz, um Ides und Ika zu besuchen, die sich in der Nähe von Genf niedergelassen hatten. Stella und ihre Familie wohnten nicht weit davon entfernt, und in Lausanne besprach sie mit ihrem Schweizer Bankier die beabsichtigten finanziellen Transaktionen für die kommende Zeit. Alle Zahlungen an Unternehmen oder Personen, die sich außerhalb der Welt des Castrum Peregrini befanden – Robert Alder, die Paros-Community, ihre Familie, die Druckerei für ihr Buch – beglich sie im Prinzip aus ihrem Schweizer Kapital. In Paris traf sie sich regelmäßig mit alten Bekannten, darunter ihre Jugendfreundin Claire de Pitray. Zusammen besuchten sie noch ab und zu den alten Prinz Wolkonsky in der Bretagne. Ostern verbrachte sie häufig im Wochenendhaus des Archäologen Maurits van Loon in den Cevennen.

Das Jahr 1991 brachte erstmals ein Wiedersehen mit Paros. Stella hatte dort inzwischen ein Haus bauen lassen, das von Gisèles ehemaligem Kloster inspiriert war. Oft hielt sich auch Robert für längere Zeit auf der Insel auf, um dort zu malen. Als fast Achtzigjährige kurvte Gisèle mit ihm auf seinem Motorrad – sie auf dem Rücksitz – über die Insel, um noch einmal alle bekannten und geliebten Orte zu besuchen. Auch Agios Ioannis sah sie wieder, herrlich gelegen wie immer, jedoch verlassen, abgeschlossen und erneut der

Verwahrlosung und dem Verfall preisgegeben. Es war der Gemeinde Naoussa schließlich doch nicht gelungen, das Kloster zu enteignen, und die Kirche hatte es keiner neuen Bestimmung zugeführt. Die Treppe, die vom Innenhof in Gisèles ehemaligen Atelierraum führte, endete vor einer verschlossenen Tür.

Eine jährlich wiederkehrende Aktivität stellte der Besuch Schloss Hainfelds dar. Die sonderliche Cleo war inzwischen in den Neunzigern, doch die Zeit schien ihr kaum etwas anhaben zu können. Sie bewohnte noch einen Flügel des verfallenen Schlosses, den sie mithilfe von Abbildungen der ursprünglichen Einrichtung eigenhändig restauriert hatte. Ihr Schlafzimmer hatte sie ganz in ägyptischem Stil wiederhergerichtet, andere Räume waren dem Gedenken an ihren verstorbenen Mann Heinz und den großen Joseph von Hammer-Purgstall gewidmet, den sie verehrte und dessen Faszination für den Orient sie zur Gänze übernommen hatte. Bei der Riesenaufgabe, die Cleo nach den Verwüstungen durch die Russen auf sich genommen hatte, waren Fachleute und fachliche Hilfe von ihr weitgehend abgelehnt worden, so wie sie nahezu jedem den Zutritt zu ihrem Anwesen verwehrte. Gisèle war das einzige Familienmitglied, das nach dem Krieg den Kontakt zu ihr gehalten hatte, und eine der wenigen Personen, der Cleo die Tür noch öffnete. Ansonsten ertrug sie nicht viel mehr als die Gesellschaft ihres Personals, ihrer Hunde und ihrer sieben Pfauen.

Gisèle ließ sich bei ihren jährlichen Österreich-Besuchen fast immer von anderen begleiten, nicht nur, weil es das Alter immer stärker einforderte, sondern auch, weil das Erbe ihrer Mutter einen Teil von ihr repräsentierte, den sie gern herzeigte. Für sie war Hainfeld wie ein Bilderbuch, in dem sie herumspazieren konnte, jede Seite barg neue Geschichten, die sich erzählen ließen. Nicht jeder wurde in das geheime Kapitel über Onkel Stumpferl eingeweiht, doch gelegentlich zeigte sie jemandem das kleine Haus in der Nähe, in dem seinerzeit ihre heimlichen Treffen stattgefunden hatten. Dabei kämpften widerstreitende Gefühle um den Vortritt. Im Beisein Roberts geriet sie in den Bann der alten Erregung und Anspannung und war völlig entzückt, Leo van Santen gegenüber schien sie dagegen bei der Konfrontation mit diesem Teil ihrer Vergangenheit von Abscheu und Grauen befangen.

Zu den festen Programmpunkten auf Gisèles Österreich-Tour gehörte auch ein Besuch des etwas weiter entfernt gelegenen Schlosses Hautzenbichl, in dem noch immer die Nachkommen der formidablen Tante Katinka lebten und wo sich in einer Ecke des Salons ein Hundehalsband bewundern ließ, das das Startsignal für eine kleine, jährlich wiederkehrende Theatervorstellung gab. »Eine Hundeleine? Was macht die denn da?«, fragte Gisèle in Gegenwart des von ihr mitgebrachten Publikums mit kaum unterdrückter Vorfreude. Die Antwort – »Oh, das ist das Halsband des Hundes von Kaiserin Elisabeth« – konnte sie jedes Mal aufs Neue in Entzücken versetzen.

Es war eine seltsame, fast surreale Welt, die ihre Wirkung auf Gisèle nicht verfehlte. Ihre Reisebegleiter sahen, wie sie sich vor ihren Augen in der vertrauten österreichischen Umgebung scheinbar mühelos in den Teil ihrer Persönlichkeit zurückverwandelte, der seine Wurzeln in der alten aristokratischen Kultur mit ihren tadellosen Manieren, ihrer traditionellen Hierarchie und ihren feudalen Verhältnissen hatte. Im Beisein Cleos verwandelte sich die ihnen als flamboyant bekannte und durch und durch eigensinnige Gisèle schlagartig in ein unterwürfiges und folgsames kleines Mädchen. Untergebenen wie den alten Hausangestellten Tante Paulas, für die weiterhin gesorgt werden musste, oder den Bauern in der Umgebung gegenüber, denen sie Geld gab, strahlte ihre Haltung eine natürliche Autorität aus. In Österreich wurde sie wieder zu einer von Hammer-Purgstall, und das vom Scheitel bis zur Sohle. Wenn das Volk in der Umgebung sie nicht automatisch erkannte, ließ sie oft kurz den Namen fallen, um anschließend den Respekt, mit dem die Männer ihre Mütze abnahmen, befriedigt zur Kenntnis zu nehmen.

Gisèle mochte diese letzten Überreste ihrer alten Welt und bedauerte es, dass die Chance, Hainfeld könne der Familie erhalten bleiben, vorbei zu sein schien. Cleo hatte schon viele Jahre zuvor ein Auge auf einen jungen Mann aus dem Dorf geworfen, der von ihr angelernt worden war, um die Ländereien zu verwalten. Diesen Louis Dietz hatte sie inzwischen als ihren Erben eingesetzt.

Im Aufwind

Auch wenn Gisèle als Künstlerin ohne die Wertschätzung auskommen musste, die sie sich erhofft hatte, wurden ihr in ihrem letzten Lebensabschnitt auf anderen Gebieten durchaus zunehmend Anerkennung und sogar ein gewisser Ruhm zuteil. Den Weg dahin hatte der Tod Frommels freigemacht.

Im Sommer 1992 wurde sie, so wie schon Frommel zuvor, mit dem Bundesverdienstkreuz der Bundesrepublik Deutschland für ihre Verdienste zur Verbesserung der deutsch-niederländischen Beziehungen ausgezeichnet. Sie empfing den Orden aus den Händen des deutschen Botschafters Klaus Citron. Die Aufholjagd setzte sich mit der Yad-Vashem-Auszeichnung »Gerechter unter den Völkern« fort, eine Ehrung für Nicht-Juden, die während des Krieges jüdisches Leben gerettet hatten. Die Initiative dazu war von Joke ausgegangen, die fand, dass nicht nur Frommel, sondern auch Gisèle diesen Ehrentitel verdienen würde. Die dafür erforderlichen Zeugenerklärungen wurden, nach anfänglichem Sträuben, von Claus und Manuel geschrieben.

Im Mai 1997 wurde Gisèle als Gerechte unter den Völkern anerkannt, Anfang 1998 erhielten sie und andere die Auszeichnung im Rahmen einer gemeinsamen Zeremonie. Angesichts des schmählichen und verletzenden Mangels an Wertschätzung ihrer Castrum-Freunde für ihr mutiges Verhalten im Krieg wird ihr diese Anerkennung gutgetan haben. Doch übertriebenen Wert maß sie dem nicht bei, sie schien sich sogar ein wenig dafür zu genieren. Ihre Haltung während der Besatzung betrachtete sie letztendlich als selbstverständlich, hausieren ging sie damit nicht.

Um dieselbe Zeit herum geriet Gisèle durch einen ihr gewidmeten Dokumentarfilm von Cees van Ede ins Rampenlicht der niederländischen Öffentlichkeit. Gisèle hatte ihn und seine Frau Maud Keus Ende 1995 kennengelernt und verstand sich ausnehmend gut mit ihnen. Sie stimmte van Edes Idee zu einem Film zu, wenn er und seine Frau ihn auch drehen und produzieren würden. Obwohl sie es anders geplant hatten, waren die beiden einverstanden. Cees schrieb das Drehbuch und führte Regie, Maud war für die Produktion verantwortlich.

Als die ganze Aufnahmeprozedur mitsamt allen Komplikationen, die die Zusammenarbeit mit Gisèle mit sich brachte, zur Zufriedenheit abgeschlossen war, drohte die Sache kurz vor dem Ende doch noch schiefzugehen. »Sie wollte den Film erst zusammen mit mir sehen«, erzählt van Ede. »Ich legte das Band ein, und wirklich: Alle dreißig Sekunden musste ich es anhalten, und sie sagte: ›Aber das geht so nicht! Das muss raus!‹ Nach zwei Stunden waren wir vielleicht zehn Minuten weit gekommen. Das hat mich wahn-sin-nig gemacht.« Gisèle ebenfalls. Die Aufnahmen von ihr brachten sie völlig aus dem Häuschen. Was sie auf der Leinwand sah – eine außergewöhnlich vitale ältere Dame –, stimmte nicht mit ihrem Selbstbild – ein junges Ding – überein. Sie bestand darauf, dass van Ede einen neuen Film machen sollte, in der ihr Part von einer jungen Schauspielerin übernommen werden würde. Sein Argument, dass gerade die Kombination aus Alter und mädchenhafter Ausstrahlung so faszinierend sei, machte keinerlei Eindruck auf sie.

Sie blieb dabei und bot van Ede an, ihm die gesamten Produktionskosten zurückzuzahlen, wenn der Dokumentarfilm nur nicht im Fernsehen ausgestrahlt werden würde. Der Schock, den die Konfrontation mit der Realität der Bilder bei Gisèle verursachte, hat etwas Erheiterndes, war aber mehr als bloß eine Frage gekränkter Eitelkeit. »Wenn ich mich selbst sehe und höre, werde ich ganz aufgeregt, weil mir nicht bewusst ist, was die ZEIT anrichtet ...«, notierte sie bei einer früheren Gelegenheit, bei der sie sich selbst sah. »Deshalb, und dank dieses Zustands der Unbewusstheit, kann ich mich noch am Leben begeistern.« Ihr verzerrtes Selbstbild war ihre heimliche Stärke, der Motor, der sie antrieb und weitermachen ließ, so wie sie eigentlich ihr Leben lang die Realität von sich fernhielt und Inspiration aus ihrer eigenen, geschönten Version der Wirklichkeit schöpfte. Wenn man sie zwang, den schönen Schein aufzugeben und zu akzeptieren, was sie nicht sehen wollte, rüttelte man an den Fundamenten ihrer Existenz.

Völlig verzweifelt wandte sich van Ede an Joke, die mit Gisèle und einigen Getreuen einen zweiten Vorführabend organisierte, auf dem der Film begeistert aufgenommen wurde und Gisèle sich schließlich überreden ließ.

Abgesehen von ihrem eigenen Bildnis konnte sie wenig gegen den Film einzuwenden haben. *Het steentje van Gisèle* (Gisèles Steinchen) ist ein einstündiges Künstlerporträt, in dem die Hauptperson ausführlich zu Wort kommt und die Gelegenheit erhält, die Geschichte ihres Lebens zu erzählen. Wir sehen sie in ihrem Amsterdamer Atelier inmitten ihrer Souvenirs über ihr Werk sprechen, wie eine junge Bergziege über die parischen Felsen klettern, vor der verschlossenen Tür ihres Klosterateliers stehen, Pfauenfedern auf dem Innenhof von Hainfeld aufsammeln und in der Bibliothek ihres Ururgroßvaters sitzen. Das Castrum Peregrini und ihre adoptierte Herengrachtfamilie hatte van Ede größtenteils außen vor gelassen. Claus und Manuel sind kurz im Bild, um etwas über die Kriegsjahre zu sagen – im Vergleich zu ihrer leichtfüßigen Mitbewohnerin wirken sie müde und schwerleibig.

Am 24. März 1997 wurde *Het steentje van Gisèle* im Fernsehen gezeigt und war ein grandioser Erfolg. Dass Gisèles Person und ihr Lebenswandel eine Botschaft vermittelte, die viele Zuschauer angesprochen hatte, zeigte sich in den Tagen danach, als die Post säckeweise Briefe im Haus ablieferte. Leute, die sie überhaupt nicht kannten, waren berührt und sahen in ihr ein Vorbild: eine Frau Mitte achtzig, die stets ihren eigenen Weg gewählt hatte und die immer noch neugierig und voller Energie und Enthusiasmus im Leben stand.

Gisèle selbst dachte anders darüber, doch rein äußerlich betrachtet konnte ihr das Alter rein gar nichts anhaben – es machte sie nur noch schöner. Die stark ausgeprägten Züge, die ihr in ihrer Jugend nicht zum Vorteil gereicht hatten, verliehen ihr jetzt ein prägnantes Äußeres. Ihr charakteristischer spitzer Vogelkopf war in der Folgezeit noch oft zu sehen, denn *Het steentje* steigerte ihre Bekanntheit. In den Jahren um die Jahrhundertwende erschienen große Interviews in *Het Parool, Trouw, De Groene Amsterdammer* und *Ons Amsterdam*, im Fernsehen zeigten *Netwerk* und *Middageditie* Reportagen über sie, und sie war Gast in der Talkshow *De stoel*. Auch das deutsche Fernsehen führte ein Interview mit Gisèle, und BBC-Journalisten sprachen mit ihr in einem Dokumentarfilm über Max Beckmann. Ihre künstlerische Laufbahn bekam durch eine Ausstellung im Gartensaal des Stedelijk Museum in Roermond einen neuen Impuls. Die Zeitschrift *Castrum Peregrini* veröffentlichte als Sonderband im Jahr 2000 das Büchlein *Gisèle und ihre Freunde*, eine Mischung aus von ihr angefertigten Porträts und ihr gewidmeten Gedichten, mit einem Vorwort von Claus Bock.

Beim neuerlichen Lesen und Sich-Anschauen dieser Interviews und Gespräche fällt insbesondere die große Gleichförmigkeit auf. Gisèle hatte ihre Biographie vollkommen standardisiert. Ihre sich stets wiederholenden Anekdoten illustrieren selbstverständlich die geschönte und geglättete Version ihrer Lebensgeschichte, das war ihre vornehmliche Funktion, aber auch nicht mehr die einzige.

Auch wenn Gisèle ihrem Publikum noch immer frisch und jugendlich erscheinen mochte, begannen die Jahre doch langsam, aber sicher ihren Tribut zu fordern. Nachts wurde sie von heftigen Krämpfen in den Beinen geplagt, tagsüber setzten ihr zunehmend ihre Schwerhörigkeit und die Vergesslichkeit zu. Gisèle hielt tapfer an ihrer Gewohnheit fest, ihre Altersgebrechen vor der Außenwelt verborgen zu halten, doch es erforderte eine immer größere Anstrengung, sie wegzuschauspielern. Ihr Repertoire an Standardgeschichten war auch aus der Notwendigkeit geboren: Es waren ihre festen Ankerpunkte in einer Vergangenheit, in der sie sich immer öfter zu verirren drohte. »Mein Verstand arbeitet nicht mehr zuverlässig«, schrieb sie Anfang 1999 in ihren Kalender, »ich kann mich nicht auf mein Gedächtnis verlassen.«

Sorgsam hielt sie die Fassade aufrecht. Das Malen hatte sie aufgegeben, höchstens brachte sie an ihren alten Arbeiten noch ein paar Verbesserungen an. Joke erinnert sich, dass mitten im Atelier noch immer eine Staffelei stand, die auf ihre ehemalige Berufung verwies. Ein halb vollendetes Gemälde darauf, die Palette mit Farben und Pinseln daneben, als ob sie gerade erst zur Seite gelegt worden wären, bereit, wieder zur Hand genommen zu werden, wenn die Künstlerin die Arbeit fortsetzen würde. Sie hätschelte auf diese Weise eine Wirklichkeit, die nicht mehr existierte.

So wie Gisèle ihre selbst geschaffene ideale Welt gegen den eigenen Verfall und die nachlassenden Kräfte abschirmte, so verteidigte sie sie auch gegen externe Bedrohungen. Publikationen, die eine andere Wahrheit zeigten als die ihre, machten sie wütend. Das hatte zuvor schon Claire Nicolas nach dem Erscheinen ihres Buchs *Fragments of Stained Glass* erfahren müssen, in dem die schmerzhaften Folgen beschrieben werden, die Gisèles Einzug in die Familie der Autorin gehabt hatte. Sehr viel heftiger war ihre Reaktion auf das 2005 von Loek Kreukels verfasste Buch über die ungewöhnlichen Farbfotos des Roermonder Fotografen Alphons Hustinx aus den Kriegsjahren. Hustinx hatte in den Dreißigerjahren zum Kreis um Joep Nicolas gehört und kannte dadurch auch Gisèle. Er fotografierte sie in ihrem Atelier in Leeuwen-Maasniel. Diese Verbindung hatte dazu geführt, dass das Buch *Kleur in donkere dagen* auch ein kurzes Kapitel über Gisèle enthielt. Das Castrum Peregrini der Kriegsjahre wird darin gutherzig als »die homosexuelle Version des Anne-Frank-Hauses« bezeichnet, Frommel und die untergetauchten Jungen als »Liebhaber dessen, was sie selbst ›die Männerliebe‹ nannten«. Danach folgte noch eine Passage über d'Ailly, in der ein Haufen Unsinn verkündet wurde. So habe er sich etwa, dem Text zufolge, ebenfalls bei ihr versteckt gehalten.

Als sie mit diesem Buch konfrontiert wurde, geriet Gisèle völlig außer sich. In einem ersten Impuls wollte sie einen Anwalt damit beauftragen, die Verbreitung des Werks zu verhindern, doch davon riet man ihr ab. Daraufhin rief sie erbost den Verlag und den Lektor des Buchs an. Ebenso wie zuvor bei der Probevorführung des *Steentje van Gisèle* wurde sie von mehr als bloßer Wut angetrieben: Sie fühlte sich völlig am Boden zerstört, weil ihre Wirklichkeit infrage gestellt worden war. »Das Buch von Roermond hat mich fast umgebracht«, schrieb sie in ihren Kalender. Die Zusage, dass der Text geändert werden würde, war zu dem Zeitpunkt bereits erfolgt, doch die Sache bereitete ihr noch immer größten Verdruss. Die zweite, überarbeitete Auflage erschien schon ein paar Wochen später – der Autor Loek Kreukels brachte ihr persönlich ein Exemplar vorbei. Über Homosexualität fand sich darin kein Wort mehr, und die Passage über d'Ailly war vollends gestrichen worden. Ein zusätzliches Foto füllte die so entstandene Lücke.

Die Aktion war typisch für Gisèle. An dem Text in dem Buch ließ sich gewiss alles Mögliche bemängeln, aber die Verbindung zwischen der Castrum-Gemeinschaft und der gleichgeschlechtlichen Liebe wurde in der Öffentlichkeit natürlich öfter hergestellt. Auch in Gisèles Umfeld sah man das so, und niemand regte sich deswegen auf, doch wer etwas in dieser Richtung äußerte, stieß bei ihr auf eine Mauer der Wut und der Verleugnung. Zwei Journalisten, die sie interviewen wollten und ihre Hochachtung für die Hilfe ausdrückten, die sie im und nach dem Krieg Homosexuellen gewährt hatte, schickte sie wütend wieder weg. Diese Haltung beschränkte sich auch nicht auf das Castrum Peregrini. In ihrer Entourage befanden sich eine ganze Menge Homosexueller, doch selbst von Männerpaaren, die zusammenlebten und sich keinerlei Mühe gaben, die Art ihrer Beziehung geheim zu halten, konnte Gisèle steif und fest behaupten, dass es sich bei ihnen keinesfalls um Homosexuelle handele. Familie und Freunde waren oft verblüfft, wie beharrlich sie darin – entgegen aller Evidenz – sein konnte.

Gisèle legte Wert auf Diskretion, sich selbst, aber auch anderen gegenüber: Über solche privaten Dinge sprach man nicht. Diese Überzeugung wird in ihrer Verleugnungshaltung sicherlich eine Rolle gespielt haben, doch hinzu kam, dass Homosexualität in der katholischen Lehre eine Todsünde darstellte, deren offene Akzeptanz in ihrem engsten Umfeld nicht mit ihrer religiösen Überzeugung zu vereinbaren war. Sie reagierte darauf, wie ihre Eltern in ihren jungen Jahren auf ihr eigenes ausschweifendes und sündiges Leben reagiert hatten, nämlich durch diskretes Wegschauen und Ignorieren. Auf diese Weise wurde der Widerspruch zwischen Norm und Wirklichkeit überbrückt. Solange nicht darüber gesprochen wurde, existierte es nicht und bereitete keine Probleme, doch die Vorstellung, dass eine Beziehung in ihrer Umgebung und unter ihrem Dach als homosexuell offenbart und auch ausdrücklich so benannt würde, war für Gisèle unerträglich. Die Heftigkeit ihrer Reaktion in den Fällen, in denen es ihr Castrum betraf, deutet auf die große Emotionalität hin, die für sie damit verbunden war. Die Anerkennung des homosexuellen Charakters des Castrum Peregrini hätte sie nicht nur in einen offenen Konflikt mit dem katholischen Glauben gebracht, sondern sie auch aus einer Gemeinschaft ausgeschlossen, deren Herz und Mittelpunkt sie zu sein wünschte.

Eine neue Mission

Der Dokumentarfilm *Het steentje van Gisèle* trug der Hauptperson nicht nur größere Bekanntheit ein, sondern bereicherte auch ihr Privatleben. Zu Cees und Maud entstand eine enge Freundschaft, und aus der überwältigenden Menge an Reaktionen ergaben sich eine Reihe wertvoller Kontakte, wie etwa der zu der Fotografin Jeannine Govaers und dem jungen Krankenpfleger Auke Wakker. Mit der Ersten teilte sie die Liebe zum Bild, mit dem Zweiten ein spirituelles Interesse. Ein Männerpaar aus Bussum, das sich nach der Ausstrahlung meldete (»*Keine* Homosexuellen!«), nahm sie regelmäßig mit zu Ausstellungen oder zu Tagesausflügen *down memory lane*, die sie nach Bergen, Groet, Wijlre oder Roermond führten. Eine größere Freude konnte man ihr kaum machen.

Andere, darunter Robert Alder, verschwanden dagegen aus dem Blickfeld. Dank ihrer finanziellen Unterstützung war er Eigentümer eines Wohnhauses in London mit zehn Apartments geworden, die er renovierte und vermietete, um daraus ein Einkommen zu generieren, das ihm die Arbeit als Künstler ermöglichte. Die Malerkarriere gelang ihm jedoch nie. Ende der Neunzigerjahre gründete er eine kleine Firma für das Entwerfen und die Produktion von Teilen für Harley-Davidson-Motoren, die jedoch nicht zu einem geschäftlichen Erfolg wurde. Nach ein paar Jahren stieß er sie wieder ab, verkaufte auch seine Immobilie und remigrierte nach Australien. Insgesamt hatte Gisèle ihm zwischen acht- und neunhunderttausend Schweizer Franken überwiesen. Zusammen mit allen anderen Beträgen, die sie sonst noch für Urlaube, Flugtickets, Kleidung, medizinische Hilfe und zugestecktes Taschengeld ausgab, dürfte die Schätzung, dass er ungefähr eine Million von ihr bekommen hatte, nicht allzu gewagt sein.

Dass Robert von Gisèles Freigebigkeit und Gutgläubigkeit großzügig Gebrauch machte, steht fest, aber es ist schwierig, in ihr ausschließlich sein Opfer zu sehen. Sie erkaufte sich Aufmerksamkeit, und obwohl diese nicht billig war, bekam sie, wonach es sie verlangte: einen hübschen jungen Freund, Abenteuer auf dem Rücksitz des Motorrads, eine wiedergewonnene Jugend und neues Selbstwertgefühl. Auch nachdem es nur noch losen Kontakt gab, hat sie sich über diese Episode nie verbittert geäußert. Als Joke sie am Ende ihres Lebens fragte, ob sie Robert noch einmal sehen wolle, lautete ihre Antwort, dass es nicht mehr nötig wäre: Er sei inzwischen zu alt. Wer hier von wem profitierte, wer das Opfer war und wer die Fäden in der Hand hielt – es lässt sich, wie so oft bei Gisèle, nicht wirklich sagen.

An Verwandte und andere Freunde hatte sie unterdessen weiterhin ihr Geld verteilt. Kurz nach dem Jahr 2000 war ihr Schweizer Konto leer. Gisèle hatte ihr Geld bis auf den letzten Cent verschenkt.

Auf der Amsterdamer Bühne gab es um dieselbe Zeit herum allerhand Veränderungen. Nach einem jahrelangen Ausscheidungsrennen war im Sommer 1998 mit der Ernennung Michael Defusters zum neuen Geschäftsführer des Castrum Peregrini der Kampf um die Nachfolge Manuels beigelegt worden. Aus Belgien stammend, wohnte Michael seit Mitte der Achtzigerjahre als einer der jüngeren Freunde Wolf van Cassels in der Komturei. Er hatte Architektur studiert und sich anschließend um die Betreuung Wolfs gekümmert, der inzwischen erkrankt war. Nach dessen frühem Tod 1994 bekam er eine Aufgabe im Verlag und wurde von dem sich nach Ruhe sehnenden Manuel zu seinem Nachfolger bestimmt. Eine zentrale Figur, die die Freunde miteinander verbinden konnte, war Michael nicht, doch was für die Kontinuität sicher genauso wichtig war: Er kam gut mit Gisèle aus. Sie hatte ihn ins Herz geschlossen, ihn auch schon porträtiert und mit nach Österreich genommen.

Obwohl Michaels Anwesenheit sie persönlich freier atmen ließ, brachte seine Ernennung zum Geschäftsführer anfangs nur neue Unruhe und Konflikte mit sich. Altgediente zogen sich aus dem Vorstand zurück, Mitarbeiter verließen das Haus – es war für Gisèle ein ziemlich dramatischer Exodus. »Ich bin auf Disteln gebettet«, schrieb sie, nachdem sie von dem Gerichtsprozess gehört hatte, mit dem das Ausscheiden eines Mitarbeiters einherging, und: »Ich frage mich: Wer wird der nächste sein???«, nach dem Weggang des nächsten. Selbst versuchte sie auf dem Schlachtfeld keine Partei zu ergreifen. Ihr »Ich liebe euch alle« wurde zum geflügelten Wort, das sie bis zu ihrem Tod wie ein Mantra wiederholte. Sie pflegte weiterhin Umgang mit jedem und versuchte bis zuletzt, die Harmonie um sich herum zu wahren.

Im Haus selbst war das kaum zu machen, dort nahmen die Spannungen mit den Säulen der alten Ordnung nur weiter zu. Claus war nie ein Befürworter der Ernennung Michaels gewesen, zwischen Manuel und seinem Protegé kam es bald zu heftigen Konflikten. Worum es genau ging, wusste Gisèle nicht: »Ich werde von allen Planungen ausgeschlossen, von all den Zügen auf ihrem ›Schachbrett‹, bezahle aber das Spiel« – diese Klage blieb eine Konstante. Doch sie spürte die Folgen: Manuel, der manchmal mitten in der Nacht zu seinem Haus in Bacharach aufbrach, überraschende Gefühlsausbrüche am Tisch, die Atmosphäre geladen von der angestauten Spannung. Es konnte beängstigend sein, so dass sie manchmal ihre Zuflucht woanders suchte und dann etwa Auke anrief und fragte, ob sie bei ihm »untertauchen« könne. So weit war es mit ihrem geliebten Castrum gekommen: »Herzzerreißend nach 60 Jahren ... 1942–2002!«

So mühsam es zu Beginn auch war – das Ruder im Castrum Peregrini wurde allmählich umgelegt. Es musste eine Menge passieren, denn die Organisation war in sich gekehrt, stand jeglichem Einfluss von außen feindselig gegenüber und fuhr außerdem schwere Verluste ein. Unterstützt durch eine externe Beratung, wurde der Kurs geändert. Schrittweise tauchten die Konturen einer neuen Organisation auf, die auf den der eigenen Geschichte entlehnten Kernwerten Freiheit, Freundschaft und Kultur beruhte. »Castrum Peregrini, Intellectual Playground« war der Name, den man dafür wählte, ein Zentrum für Debatten, Lesungen, Ausstellungen und andere kulturelle Aktivitäten, in dem international zusammengearbeitet würde, »Period Rooms« zu besichtigen seien, die die Geschichte des Gebäudes und seiner Bewohner zeigen, und das Künstlern und Autoren einen Ort *in residence* bieten sollte.

In diesem Veränderungsprozess verabschiedete man sich von den bestehenden Pfeilern: der Zeitschrift und dem Verlag. Mit seinem schwindenden und vergreisten Abonnentenstamm war *Castrum Peregrini* dabei, langsam auszubluten. Nach siebenundfünfzig Jahrgängen und zweihundertachtzig Ausgaben kam 2007 das Ende für diese ungewöhnliche Zeitschrift. Der Verlag selbst wurde dem Wallstein Verlag in Göttingen übertragen, der daraus die Reihe »Castrum Peregrini Neue Folge« machte. Die Komturei wurde ebenso wie die Stefan-George-Bibliothek verkauft.

Abschied wurde ebenfalls von den zwei Mitbewohnern genommen, die das Castrum Peregrini noch eng mit seiner Vergangenheit verbanden. Kurz nach der Einstellung der Zeitschrift, deren unbeugsamer Torwächter er in den letzten Jahren gewesen war, starb Claus, die intellektuelle Macht des Castrum, der Mann mit zwei Gesichtern, eines charmant und eines bösartig, der die Anspannung, der er in seinen späteren Jahren ausgesetzt war, immer häufiger mit Fressorgien zu mildern versuchte und in der Folge stark an Gewicht zugenommen hatte. Anfang Januar 2008 fand man ihn tot in seinem Zimmer. Gisèle nahm sein Tod außerordentlich mit, wie bei einer Mutter, die miterleben muss, dass eines ihrer Kinder vor ihr stirbt. Sie, die vierzehn Jahre Ältere, hätte es sein müssen, wurde sie nicht müde zu betonen.

Am schwersten traf Claus' Tod aber wahrscheinlich Manuel. Ohne seinen älteren Freund, der ihm ein Leben lang eine Stütze gewesen war und ihm nach außen hin bei allem zur Seite gestanden hatte, ging es rasch mit ihm bergab. Misstrauisch und mürrisch war er ohnehin bereits, doch nun versank er in Trübsinn und griff noch öfter, als er es bis dahin schon getan hatte, zur Schnapsflasche. Den größten Teil seiner Zeit verbrachte er in Bacharach, doch gesundheitliche Probleme trieben ihn zurück nach Amsterdam. Gisèle sah ihn kaum noch. Im Frühjahr 2009 bat sie Joke, sie zum Krankenhaus zu begleiten, in das er aufgenommen worden war. »Ich sehe Gisèle noch immer in dem dunklen, traurigen Zimmer des Slotervaartziekenhuis stehen«, schrieb Joke später über den Besuch. »Manuels Hand in der ihren und ihm gut zuredend, ihm dankend für alles, was er für das Castrum Peregrini, die ursprüngliche Gemeinschaft ›ihrer‹ Freunde, getan habe. Beide waren zu Tränen gerührt.«

Es war in der Tat ein Abschied. Als der an Demenz erkrankte Manuel nach einem längeren Aufenthalt in einem Rehazentrum wieder nach Hause durfte, erschien es Michael besser, wenn er nicht auf die alte Etage mit dem Versteck zurückkehren würde, die er offiziell noch immer bewohnte. Der neue Geschäftsführer setzte sich damit über eine vertragliche Verpflichtung hinweg, die die Stiftung zuvor eingegangen war, doch wegen der hoffnungslos vergifteten Atmosphäre im Haus beschloss die kleine Gruppe derer, die Manuel pflegten, auf juristische Schritte zu verzichten.

Ob Gisèle in dieser Phase, in der die, wie sie selbst sie nannte, »Mottenlöcher« in ihrem Gedächtnis immer größer wurden, überhaupt noch etwas von dem Vertrag wusste, der Manuel ein Recht auf Kost und Logis im Haus einräumte, lässt sich nicht sagen. Sie war die Einzige, die die Unterbringung in einem Heim vielleicht noch hätte verhindern können, doch seine Rückkehr mit all den damit verbundenen Spannungen und Streitereien war auch für sie keine angenehme Aussicht. Ihr alter Ärger über das Haus in Bacharach spielte vielleicht ebenfalls noch eine Rolle bei ihrem Entschluss, Manuel fallen zu lassen. So viel Mühe sie dieser Treuebruch auch gekostet haben muss – es war der erste in ihrem langen Leben mit den Freunden –, in diesem entscheidenden Moment wählte sie die Seite der Harmonie und ihrer eigenen Zukunft, und das bedeutete: die der neuen Generation.

Für Manuel wurde ein Platz in einem Pflegeheim in De Bilt gefunden, wo er in einem beklagenswerten Zustand weiterlebte, bis er das Essen und Trinken einstellte. Er starb im Frühjahr 2012.

Die neue Generation, der Gisèle sich anschloss, war inzwischen zu einem Trio bestehend aus Michael Defuster (Geschäftsführer), dem Betriebswirt Frans Damman (Marketing) und dem deutschen Theologen Lars Ebert (Programmgestaltung) angewachsen. Die beiden Letztgenannten hatten das Castrum Peregrini in den Neunzigerjahren über ein Praktikum kennengelernt. Diese drei attraktiven jungen Männer machten Gisèle überglücklich, insbesondere, als sie im Laufe der Zeit auch noch allesamt in die Herengracht 401 einzogen. Lars wohnte dort schon seit 2002, nach Claus' Tod zog Michael aus der Komturei aus und in die Herengracht ein, und nicht sehr viel später entschied sich auch Frans zu diesem Schritt. Mit ihrer neuen Familie gemeinsam unter einem Dach – das war genau das, was sie sich wünschte. Die drei sollten Gisèle, mit Unterstützung der Hauspflege, bis an ihr Lebensende betreuen.

Eine ganz einfache Mitbewohnerin war Gisèle auch für sie nicht, aber das Arrangement funktionierte dennoch vorzüglich. Gisèle genoss die Aufmerksamkeit ihrer jüngeren Mitbewohner, die Geselligkeit und die Sicherheit, die sie ihr mit ihrer Anwesenheit boten, die gemeinsamen Abendessen in Lars' Apartment und die Ausflüge, zu denen man sie mitnahm: einen Tag nach Texel, nach Durgerdam oder zu ihrer letzten Ruhestätte in Spaarnwoude. Sie war verrückt nach den dreien. Der Hauspflege gegenüber konnte sie oft widerspenstig sein, weil sie unbedingt wollte, dass Frans sie in die Badewanne setzte oder Lars sie anzog, und oftmals bekam sie ihren Willen. Ebenso wie früher mit ihren drei Brüdern war sie die kleine Prinzessin im Haus.

Was die Zukunft betraf, so war die junge Garde nicht mehr an den ideologischen Ballast des Castrum Peregrini gebunden und brauchte auch der traditionellen Frommel-Verehrung nicht zu frönen, denn nur Michael hatte den Paterfamilias noch persönlich gekannt, als dieser schon sehr alt war. Von Anfang an waren »die Jungs«, wie das neue Trio in den Wandelgängen genannt wurde, auf Gisèle ausgerichtet, zu der sie sehr viel mehr Affinität als zu Frommel hatten. Sie wurde zur zentralen Figur in ihrem erneuerten Castrum Peregrini. In den Aktivitäten war das mittlerweile auch schon zum Ausdruck gekommen. »Gisèle en haar onderduikers« (etwa: Gisèle und die bei ihr versteckten Mitbewohner) lautete 2007 der Titel der Ausstellung und dazugehörigen Publikation, die in Kooperation mit dem NIOD, dem Niederländischen Institut für Kriegsdokumentation, zustande kamen. Allein schon der Titel deutete auf einen Kurswechsel hin. Solange Wolfgang noch lebte, war *er* derjenige gewesen, der jemanden versteckt hatte. Eine Schau der Gemälde Gisèles im neuen Ausstellungsraum bestätigte diesen Trend.

Die neue Führung traf auf diese Weise eine Auswahl aus der reichen Geschichte des Castrum Peregrini. Gisèle und das Versteck, das Haus und der Name: ja – Frommel, das George-Erbe und die damit verbundene pädagogische Mission: nein. In den Augen der alten Frommel-Anhänger verlor das Castrum damit seine Bedeutung und jeglichen Glanz: Das hier hatte nichts mehr mit ihrer Vergangenheit zu tun. Dieser Verlust war einkalkuliert, das neue Castrum Peregrini zielte auf ein neues Publikum. Für Gisèle stellte diese

Selektivität kein Problem dar, im Gegenteil: Sie wurde dadurch mitgenommen und in ihrer Märchenwelt bestätigt, da mit dem Abstoßen eines speziellen Teils der Vergangenheit exakt die üblen und peinlichen Seiten des Freundeskreises verschwanden, die sie auch immer ausgeblendet hatte, und sie nun selbst zum Dreh- und Angelpunkt wurde, der sie immer schon hatte sein wollen, aber nie gewesen war.

Der Gedanke, dass das Castrum Peregrini in ihrem Geist und mit ihr als neuer Galionsfigur fortgeführt werden würde, machte sie glücklich. Als wäre es noch immer ihr Eigentum, erklärte sie bei jeder Gelegenheit, dass sie »ihr Haus« ihren drei Mitbewohnern hinterlassen würde, damit sie dort wohnen bleiben und ihre Pläne verwirklichen könnten. Das einzige Hindernis, das dieser Zukunftsvision noch im Weg stand, war ihr eigenes Testament, denn um ihre Welt zu erhalten und sie einem zukünftigen Publikum zeigen zu können, musste diese nach ihrem Tod natürlich intakt bleiben. Das war jedoch nicht vorgesehen, da Gisèle ihren Familienbesitz der Familie und eine Reihe von Dingen aus dem Besitz Arnolds Antoinette vermacht hatte.

Ende 2009 – Gisèle war siebenundneunzig – änderte Gisèle ihr Testament. Ohne weitere Spezifizierungen vermachte sie den dreien »alle Kunstobjekte, die Einrichtung und die übrige bewegliche Habe«. Der Rest, also etwa ihre eigenen Gemälde, ging an die Stiftung. Auf diese Weise wurde sichergestellt, dass der gesamte Nachlass nach ihrem Tod zusammengehalten werden konnte.

»Bin ich noch da?«

Wer so alt wird wie Gisèle, muss eine ganze Menge Todesfälle um sich herum erdulden. Irgendwann war nahezu jeder, der ihr durch den Tod entrissen wurde, jünger als sie selbst. In ihrer eigenen Familie war sie nach Ides' Tod 1996 die Einzige, die noch übrig blieb, in ihrer adoptierten Familie überlebte sie fast all ihre »Kinder«: nicht nur Claus und Manuel, sondern auch Peter Goldschmidt, Reinout van Rossum, Chris Dekker, Simon van Keulen, Haro op het Veld – die »jungen Götter« von einst. Buri, ihre große Liebe, starb im

Frühjahr 1999. Gisèle wollte sich gern noch von ihm verabschieden und bat Christiane Kuby, sie zu seinem Aufbahrungsort zu begleiten. »Sie hatte einen Band mit seinen Gedichten mitgenommen, die haben wir gelesen, immer abwechselnd«, so Christiane. »Danach sah sie ihn eine Weile an und sagte: ›Diesen Menschen habe ich sehr geliebt.‹«

Auch Cleo verfügte, trotz ihrer Immunität gegen das Altern, nicht über das ewige Leben. Mit ihrem Tod 2003 wurde das Band mit Österreich definitiv durchschnitten. Ihr sehr viel jüngerer Erbe Louis Dietz war ein Jahr zuvor plötzlich gestorben, wodurch Hainfeld an seine Tochter Annabella fiel. Sie versuchte mannhaft, das Erbe zu erhalten und zu restaurieren, doch die haushohen Kosten zwangen sie schließlich, das Schloss zu verkaufen. Im Jahr 2014 wurde Hainfeld Eigentum eines Wiener Immobilieninvestors.

»Manchmal frage ich mich, wer lebt und wer tot ist«, notierte Gisèle nach einem neuerlichen Todesfall. Sie konnte mit der Geschwindigkeit, in der die Menschen um sie herum von ihr gingen, nur noch schwer Schritt halten. Sie selbst lebte immer mehr in einer Art Zwischenwelt, denn die Grenze zwischen Leben und Tod war für sie nicht undurchlässig. Sie sah im Tod nicht das Ende oder ein definitives Verschwinden, sondern den Übergang in eine andere Dimension, als etwas, das sie »aus der Zeit treten« nannte. Es gab das irdische Leben im Hier und Jetzt, das von der Zeit begrenzt und regiert wurde, und parallel dazu lebten die Toten in ihrer eigenen Welt außerhalb der Zeit. Sie konnte manchmal Kontakt zu ihnen aufnehmen, vor allem bei ihren Eltern und Brüdern gelang das, doch wie ihre Welt aussah und welche Form das Leben dort hatte, blieb ein Geheimnis, das erst enthüllt werden würde, wenn ihr Zeitpunkt gekommen war, aus der Zeit zu treten.

Gisèles Faszination für das Vergehen der Zeit und ihre Endlichkeit hing an den Wänden ihres Ateliers. Ihr *Rolling days* oder eines der anderen Kreisgemälde schmückte fast immer die Rückwand. Mit dem Ende vor Augen erlebte sie die Zeit mehr und mehr als eine surreale Tatsache. Die Vergangenheit fühlte sich oft näher an als die Gegenwart, wie auch die Toten näher als die Lebenden schienen. In ihrem Erleben konnten all die verschiedenen Wirklichkeiten, die des Hier und Jetzt und die des Vergangenen und Zeitlosen, gleichzeitig nebeneinanderher existieren. Ihr unerschöpfliches Archiv fungierte als ihre Zeitmaschine. Die Tauchgänge in ihre Vergangenheit ließen sie die Zeit vergessen, alte Zeichnungen, Fotos und Briefe beförderten die Vergangenheit in die Gegenwart, und durch die starke Erinnerung an verstorbene geliebte Menschen wähnte sie sich manchmal schon kurz in der anderen Welt, außerhalb der normalen, alltäglichen Zeit. Es waren die phantastischsten Erlebnisse mit der Elastizität und der Porosität der Zeit, die Gisèle an einem normalen Nachmittag in ihrem Archiv haben konnte.

Gisèle wollte nichts lieber, als ihre Sachen archiviert und geordnet zu hinterlassen, damit andere später ihren Weg darin finden könnten. Solange es ihr noch möglich war, führte sie zusammen mit Leo ihren Kampf gegen Unordnung, Chaos und Papier. Mit aller Macht wehrte sie sich gegen das große Vergessen, doch es wurde immer mehr zu einem hoffnungslosen Gefecht, die Kontrolle über ihr Leben zu behalten und den aufziehenden Nebel zu bezwingen. Grabungen förderten immer öfter dieselben Entdeckungen zutage. Sie wurden zwar jedes Mal aufs Neue freudig begrüßt, aber es gab keinen Fortschritt mehr. Dieselben Stapel wurden wieder und wieder neu geordnet, der Rückstand bei der Post war schon lange nicht mehr aufzuholen.

Es kostete die zunehmend dementere Gisèle in den letzten Jahren ihres Lebens immer größere Anstrengungen, sich an immer weniger zu erinnern. Die vielen Listen und Zettel, die sich überall auf und unter den Stapeln, in den Schubladen, auf den Regalen und zwischen den Mappen in ihrem Nachlass befinden, zeugen davon. In einer immer zittrigeren Handschrift schrieb sie alles auf: Dinge, die erledigt werden mussten, Gedankenfetzen und Ereignisse, die sie nicht vergessen wollte: »Zur Erinnerung: Die Rose, die Arnold mir an meinem Geburtstag in die Herengracht gebracht hat.« Sie notierte Erinnerungen und Einsichten, die ihr kamen, Fragen und Vermerke für Leo wie auch Nachrichten an sich selbst. »Das bin ich, Gisèle«, notierte sie auf die Rückseite eines Fotos, und nach dem Erwachen schrieb sie in ihren Kalender: »Bin ich noch da? JA.«

Ihre Lebenswelt reduzierte sich in ihrem letzten Lebensabschnitt auf ihr Atelier. Die Nähe aller greifbaren Erinnerungen an ihr Leben, ihre Liebesbeziehungen, Freundschaften und ihre Arbeiten war beruhigend. In diesem Gedächtnispalast wusste sie noch am längsten ihren Weg zu finden, darum herum lag eine Welt, die ihr immer mehr entglitt. Die Besuche der Krijtberg-Kirche musste sie aufgeben, Ausflüge mit den Jungs oder mit anderen waren irgendwann nicht mehr möglich. Besuch wurde von ihr nur noch spärlich empfangen, das riesige soziale Netzwerk, das sie bis ins hohe Alter hinein unterhalten hatte, schrumpfte auf einen kleinen Kreis engster Freunde zusammen. Ihre Schwerhörigkeit machte die Kommunikation außerordentlich mühsam, ein Hörgerät zu tragen hatte sie sich stets geweigert.

Für ein paar öffentliche Auftritte im Haus kam sie gelegentlich mit ihrem zerbrechlichen Körper noch einmal nach unten. Anfang 2011 erhielt sie für ihre Verdienste als Kunstmäzenin eine Königliche Auszeichnung, die ihr vom Amsterdamer Bürgermeister Eberhard van der Laan überreicht wurde. Am 11. September 2012 feierte sie ihren hundertsten Geburtstag und war noch einmal, so wie früher, der strahlende Mittelpunkt einer großen Gesellschaft von Freunden, Familienmitgliedern und Nachbarn.

Gisèle wartete auf den Tod. Ihr selbstentworfener Grabstein war bereits seit Jahren fertig, und gelegentlich übte sie auch schon mal: Dann legte sie sich auf die Couch und stellte sich tot, die Augen geschlossen, die Hände auf der Brust gefaltet. Sie wollte gern, dass es gut aussähe. Angst hatte sie keine. Sie freute sich auf das Wiedersehen mit ihren Eltern, die nie aus ihrem Bewusstsein verschwunden waren, aber zum Ende hin immer wichtiger wurden: Sie führte schon regelmäßig Gespräche mit ihnen. Hin und wieder schlug aber auch der Zweifel zu. Dass ihre Eltern in den zeitlosen Sphären des Himmels waren, stand für sie fest, aber würde sie selbst dort auch eingelassen werden? Ihre Vergangenheit mit dem verheirateten Arnold verfolgte sie weiter, all die Reue über das, wogegen sie nach kirchlichen Maßstäben in ihrem Leben gesündigt hatte, ballte sich in dieser einen Episode zusammen. Es gab Phasen, in denen sie den strengen, verurteilenden Blick ihrer Mutter auf dem Porträt, das sie von ihr im Atelier stehen hatte, nicht gut ertragen konnte und das Bild umdrehte, mit dem Gesicht zur Wand. Eine kirchliche Beerdigung wollte sie nicht, vielleicht, weil sie glaubte, dass ihr Leben dafür zu sündig gewesen war, aber sicher auch, weil sie nicht zu der persönlichen, fast intimen Bedeutung passte, die der Glaube für sie hatte. Sie wollte ohne kirchliches Zeremoniell und ohne Musik bestattet werden.

Bis zum Schluss konnte Gisèle in dem Betrachten von Fotos aufgehen und sich in Büchern mit glänzenden, farbigen Abbildungen verlieren. Mit ihrem Besuch wechselte sie immer weniger Worte. Die Frau, die sich oft unmöglich verhalten konnte und erwartete, dass die ganze Welt sich nur um sie drehte, verwandelte sich in ein liebes, anhängliches Kätzchen, das sich anschmiegte und sanft über die Ärmel ihrer Gäste strich.

Ein Sturz in ihrem Atelier Anfang 2013, gefolgt von einem Krankenhausaufenthalt, der sie vollkommen aus dem Takt brachte, machte eine tägliche Palliativpflege erforderlich. Mit ihren zwei surinamischen Pflegerinnen, die abwechselnd kamen, sie wiegten und ihr Lieder vorsangen, verstand sie sich außerordentlich gut, doch langsam löste sie sich von der Welt. Ihre Konturen verschwammen, Stück für Stück wurde Gisèle wegradiert, bis sie am Abend des 27. Mai 2013 definitiv aus der Zeit trat. Ihr Jahrhundert war zu Ende.

Epilog

Am 1. Juni 2013 wurde auch die letzte der gekauften Grabstellen beim Stompe Toren in Spaarnwoude in Gebrauch genommen. Bei den Friedhofsbesuchen der vorangegangenen Jahre hatte Gisèle ihren Platz – zwischen Arnold und Claus – gelegentlich schon mal ausprobiert, indem sie sich flach auf den grasbewachsenen Boden legte. Da Claus im Laufe seines Lebens stark in die Breite gegangen war, wollte sie sicher sein, dass es noch ausreichend Platz für sie gab. Und den gab es. Der Sarg mit ihrem Leichnam wurde im Beisein eines engeren, wenn auch zahlenmäßig durchaus beachtlichen Kreises von Freunden und Familienangehörigen in die Erde hinabgesenkt. Die vorher stattfindende Trauerfeier in der kleinen Kirche war nach ihren Wünschen gestaltet worden: mit Trauerreden und Gedichten, aber ohne einen Priester und auch ohne Musik.

Die Sterbesakramente hatte sie nicht mehr erhalten, und sie wurde auch nicht in geweihter Erde begraben. Die alten katholischen Pflichten hatten seit den Sechzigerjahren ihre Kraft nahezu völlig eingebüßt, das wird auch Gisèle nicht entgangen sein. Die strikte Befolgung kirchlicher Vorschriften war ohnehin nie ihre Sache gewesen. Sie hatte, was den Glauben betraf, stets einen eigenen Kurs verfolgt und es verstanden, die katholische Lehre den jeweiligen Umständen anzupassen. Auch jetzt: Im Vordergrund stand der Wunsch, bei ihren Liebsten beerdigt zu werden.

Dass Gisèle ihr gesamtes Erbe der Gemeinschaft in der Herengracht vermachte, kam für viele als Überraschung. Es war allgemein bekannt, dass sie nach der großen Schenkung im Jahr 1983 nur noch wenig besaß, was sie vererben konnte, doch ihre Familie war nicht über die letzte, späte Testamentsänderung informiert worden und hatte Gisèles wiederholter Versicherung vertraut, dass sie den Familienbesitz der Familie hinterlassen wolle. Der Unmut über diesen Gang der Dinge wuchs noch, als die Familie anzweifelte, ob Gisèle Ende 2009 geistig überhaupt noch in der Lage gewesen war und den Überblick besessen hatte, diese Entscheidung selbständig zu treffen. Doch sie sah davon ab, das Testament anzufechten.

Das etwas angespannte, rivalisierende Verhältnis zwischen Gisèles blutsverwandten Familienmitgliedern und ihrer adoptierten Herengrachtfamilie setzte den passenden Schlusspunkt hinter eine lange Tradition. Von dem Augenblick an, als Ides 1945, Oberstleutnant der US-Armee, erstmals seinen Fuß über die Schwelle des Hauses in der Herengracht gesetzt hatte, war das Verhältnis zwischen diesen beiden Lebenssphären schwierig gewesen – zwei der vielen Sphären, die Gisèle im Laufe ihres langen Lebens miteinander kombiniert und zwischen denen sie sich wie eine erfahrene Schauspielerin hin und her bewegt hatte. Denn das war die wohl augenfälligste Eigenschaft der Verstorbenen gewesen: ihr breites Rollenrepertoire und die Fähigkeit, Extreme und Widersprüche mühelos in sich zu vereinen. »Sie hat *viele* Seiten«, um noch einmal die treffende Beschreibung von Annie Roland Holst-de Meester zu zitieren. »Am meisten wundert es mich, wie jemand, dem es möglich ist, so sehr in die Haut einander völlig gegensätzlicher Naturen zu kriechen, eine so außergewöhnliche eigene Persönlichkeit aufrechterhalten kann.« Die leichtsinnig flirtende Gisèle, die Annie aus den Vorkriegsjahren kannte, hatte sich während der Besatzung als eine ernst zu nehmende Frau entpuppt, die sich für andere völlig aufgab. Das war gewiss eine der tiefgreifendsten Metamorphosen Gisèles gewesen.

Die Vielschichtigkeit ihrer Persönlichkeit machte aus ihr ein chamäleonhaftes Wesen. Abhängig von ihrer Umgebung und Gesellschaft wechselte sie die Farbe, von aristokratisch-vornehm bis hin zu nüchtern-bescheiden, von bohemienhaft zu tief katholisch, von weltlich und klug zu kindlich-naiv, von kühl und unnahbar zu sinnlich-erregend. Wer sich fragt, welche dieser verschiedenen Erscheinungsformen die »echte« Gisèle war, stellt die falsche Frage. In all ihren Eigenschaften war sie, wie auch von Annie festgestellt, ganz und gar sie selbst. Gisèle war eine fragmentierte Einheit.

Die Einheit in der Vielfalt kennzeichnet auch ihr Werk. Gisèles künstlerisches Œuvre lässt keine systematische lineare Entwicklung erkennen, sondern eher ein Hin- und Herspringen zwischen verschiedenen Stilen. Diese sind an Lebensabschnitte gebunden, doch selbst innerhalb nur eines Jahres zeigt sich oft eine große Vielfalt: abstrakte Kreisgemälde neben einem Selbstporträt, das fast fotorealistisch gemalt ist, und surrealistisch anmutenden Darstellungen. Man könnte sagen, dass sich in ihrer künstlerischen Existenz dieselbe Vielschichtigkeit ausdrückte, die auch ihr Privatleben auszeichnete: Eine Erfahrung oder ein Einfluss wurde nicht durch die folgende Erfahrung oder den folgenden Einfluss verdrängt, und ebenso wenig kam es zur Konfrontation zwischen beiden, aus der dann etwas Neues entstand. Nein, sie existierten weiterhin nebeneinander fort, das Alte neben dem Neuen. Gisèle selbst war sich dieser Parallelität bewusst. »Ich glaube, ich male, um mich selbst kennenzulernen, um herauszufinden, wer ich bin«, notierte sie 1977 in ihrem Tagebuch. »An den Ergebnissen kann ich erkennen, was für ein Chamäleon ich bin.«

Auch hier gilt, dass sie trotz eines ganzen Fächers an Stilen eine klare individuelle Handschrift entwickelte. Bei aller Vielfalt sind ihre Gemälde, Zeichnungen und Wandteppiche deutlich wiedererkennbar.

Doch das ist nicht die einzige Gemeinsamkeit, die zwischen dem Werk Gisèles und ihrem Leben ins Auge springt. Eine zweite Parallele liegt in der Art und Weise, in der sie sich sowohl in als auch außerhalb ihrer Kunst zur Wirklichkeit verhielt. Darauf wurde auch von Cees van Ede in einem Vortrag hingewiesen, den er 2008 bei der Vorstellung des Buchs *Gisèle en haar onderduikers* über die Kriegsjahre hielt. Er sprach darin über die besondere Fähigkeit Gisèles, in unauffälligen Gegenständen etwas Besonderes zu erkennen. »Wenn wir normalen Menschen etwas finden, heben wir es auf, wir schauen es uns kurz an und werfen es meist gleich wieder weg. Wenn Gisèle etwas findet, hebt sie es nicht einfach auf, nein: Es wird von ihr *er*hoben.« Und das, so van Ede, sei etwas völlig anderes, »denn während dieser einen Handlung vollzieht sich etwas Unglaubliches, und das Objekt ihres Interesses erfährt unterwegs eine fast magische Metamorphose«. In ihren Händen und unter ihrem Blick werde selbst der unbedeutendste Gegenstand zu etwas Besonderem. »›Finden‹ und ›Erheben‹«, so fuhr er fort, »sind vielleicht sogar die Schlüsselbegriffe, die es braucht, um die künstlerische Expressivität Gisèle d'Aillys adäquat zu beschreiben. Und das Faszinierende ist, dass sie denselben magischen Kunstgriff auch oft im Hinblick auf ihr eigenes Leben angewandt zu haben scheint. Die Wirklichkeit bekommt erst Sinn und Bedeutung, wenn man sie ›erhebt‹ und eine Geschichte daraus zu machen versteht.«

Das war in der Tat die Vorgehensweise Gisèles: Sie »erhob« ihre Lebensgeschichte nicht, indem sie sie zusammenphantasierte, sondern indem sie die Wirklichkeit korrigierte. Sie gab ihr einen Dreh und einen märchenhaften Glanz, die sie selbst glücklicher machten und die Zuschauer fasziniert zurückließen. Hinter diesem Umgang mit der Wirklichkeit verbarg sich der wahre »magische Realismus« Gisèles. »Sie machte Leben aus der Kunst und Kunst aus dem Leben«, wie Robert Alder es zusammenfasste, und darin bestand vielen Menschen aus ihrer Umgebung zufolge ihre größte Leistung.

Es gibt eine auffällige Verwandtschaft zwischen Gisèles Selbstdarstellung und der offiziellen Geschichtsschreibung des Castrum Peregrini: In beiden Fällen handelt es sich um geglättete Geschichte, auch wenn die mutwilligen Manipulationen und Verfälschungen, die im zweiten Fall zum Tragen kamen, ein Stück weiter gingen als Gisèles Wirklichkeitskorrekturen. Das ist ein wichtiger Unterschied, doch das bedeutet nicht, dass sich das Gisèle-Märchen und der Wolfgang-Mythos nicht gegenseitig stützten und verstärkten. Nach außen hin hat sie ihre »Jungs« immer durch dick und dünn verteidigt, und die Geschichte ihres, Gisèles, Lebens trug erheblich zum Ansehen des Freundeskreises bei.

Wenn es *einen* Punkt gab, an dem Gisèle ihre Wirklichkeit erhoben und eingefärbt hat, dann diesen. Ergriffen vom gebieterischen Charisma Wolfgangs und dem Ideal einer ewigen, im Krieg verwurzelten Schicksalsverbundenheit, hatte sie sich voller Überzeugung mit dem Castrum Peregrini liiert. Darin schien sich die Kindheitsphantasie einer stabilen Familie zu verwirklichen, die sie umgab und die für immer zusammenbleiben würde. Diesem Bild gegenüber blieb sie loyal. Alles, was diese Utopie beeinträchtigte, alles, was nicht ins Idealbild passte, verschwand aus der Geschichte ihres Lebens: die Frauenfeindlichkeit, die sie von Anfang an ausgrenzte, das Ausnutzen ihrer Gastfreundschaft und ihres Geldes, die Marginalisierung ihrer Rolle im Krieg, das sexuelle Eigeninteresse in Wolfgangs pädagogischer Mission, der Mangel an künstlerischer Würdigung, die abschätzige Art und Weise, in der über sie gesprochen wurde. Viel fand hinter ihrem Rücken statt, und in ihrem Beisein spielte man oft Theater, doch die fundamental abwehrende Haltung muss sie gespürt haben.

Gisèles Treue zur Castrum-Gemeinschaft ließ ihre mentale Strategie des Aufhübschens und Idealisierens auf die Dauer zu einer Überlebensstrategie werden. Dem lag keine bewusste Entscheidung oder ein ausgeklügelter Plan zugrunde, sondern es war eher etwas, das sich im Laufe der Zeit entwickelte. Was als die natürliche Neigung einer einsamen Internatsschülerin mit reicher Phantasie begann, dann in einer familiären Situation zur Entfaltung kam, in der Skandale und Gesichtsverlust um jeden Preis vermieden werden mussten und der gute Ruf heilig war, wuchs sich zu einer emotionalen Notwendigkeit in einer Umgebung aus, in der Mythos und Wirklichkeit, Ideal und Realität oft weit auseinander lagen.

Was diese Welt für sie trotz allem anziehend machte, habe ich in diesem Buch dargelegt. Im Laufe der Zeit wurde es für Gisèle immer schwieriger, sich davon zu distanzieren. Ihr Leben durfte keine Misserfolge aufweisen, Harmonie ging ihr über alles, die Investition war zu groß gewesen, um sich von der Castrum-Gemeinschaft abzuwenden, und hatte ihr außerdem auch bereits zu viel eingebracht: eine Identität, die Garantie einer attraktiven Gesellschaft junger Männer, eine Perspektive, die Grundzutaten für eine faszinierende und hoffnungsspendende Geschichte über eine ungewöhnliche Gemeinschaft von Untergetauchten und ein antibürgerliches Künstlerleben mit Freunden. Gisèles Anwesenheit verlieh dem Castrum Glanz und Respektabilität, doch umgekehrt galt Ähnliches: Die Verbindung mit dem Castrum Peregrini machte sie interessant. Was sollte ohne sie aus ihr werden?

Dass man im Castrum berechnend vorging und von Gisèles Geld und Gastfreundschaft bewusst Gebrauch machte, steht zwar fest, aber man würde ihr in keiner Weise gerecht werden, wenn man sie als bedauernswertes Opfer des großen, bösen Wolfgang darzustellen versuchte. Das lag nicht in ihrer Persönlichkeit. Gisèle mochte die Ambivalenz und die Mehrdeutigkeit und manövrierte sich gern in dubiose Situationen. Ihre sexuelle Initiation durch einen sehr viel älteren Onkel war ein erstes deutliches Beispiel hierfür – und womöglich auch eine Art Blaupause. Hatte sie ihren Onkel Stumpferl verführt oder war sie von ihm überwältigt worden? Hatte sie die Regie geführt oder war sie ein Opfer gewesen? Beide Rollen scheinen in ihrem Fall auf sie zu passen. Das ist ein seltsames Paradox in ihrem Leben, das sich häufiger bei ihr antreffen lässt, am deutlichsten jedoch in ihrer Beziehung zum Castrum. Ihre Stellung im Freundeskreis lässt sich sowohl als machtvoll wie minderwertig beschreiben, als zugleich marginal und unverzichtbar. Indem sie in den Achtzigerjahren ihren Besitz und den ererbten Reichtum einsetzte, verstetigte und verstärkte sie diese Ambiguität. Mit ihren großzügigen Schenkungen verlor sie die Verfügungsgewalt über ihr Eigentum und kettete sich finanziell ans Castrum, doch gleichzeitig machte sie alles und jeden von sich abhängig. Diese Tat ließ sie definitiv zur Meisterin und zugleich zur Gefangenen der Hegra werden.

Die Bekanntheit, die Gisèle durch den Dokumentarfilm *Het steentje van Gisèle* und die NIOD-Ausstellung »Gisèle en haar onderduikers« erlangt hatte, setzte sich in der Publizität um ihren Tod fort und erlebte später in dem Jahr durch das Erscheinen des Romans *Gisèle* aus der Feder der in den Niederlanden populären Autorin Susan Smit einen neuen Höhepunkt. Einen der Erzählstränge in diesem Roman bildet die stark romantisierte Liebesgeschichte zwischen Gisèle und dem Dichter Adriaan Roland Holst vor dem Hintergrund des Kriegsausbruchs.

Die neue Leitung des Castrum Peregrini war unterdessen auch nicht untätig geblieben. Im Haus an der Herengracht wurden die Etage, die während der Besatzung als Versteck gedient hatte, der Salon von Gisèle und Arnold sowie ihr Atelier für Besucher geöffnet. Das »Haus der Gisèle« ist eine der Säulen, auf denen die neue Organisation ruht. Ein glänzendes Messingschild an der Fassade des Gebäudes Herengracht 401 erinnert daran, dass Gisèle hier »uneigennützig Verfolgten des Naziterrors Unterschlupf bot«. Die Dinge können sich ins Gegenteil verkehren: Wurde Wolfgang Frommel im alten Castrum wie ein Heiliger verehrt, während Gisèle ein Schattendasein führte, sind die Rollen nun vertauscht. Über Frommel und sein Erbe wird im neuen Castrum kaum noch gesprochen. Mit der Entscheidung für Gisèle als zentrale Figur wurde bis zu einem gewissen Grad altes Unrecht wiedergutgemacht, doch diese Wiedergutmachung schlug schon bald in Übersteigerung um. Posthum erhielt Gisèle als Widerstandsheldin und Kunstmäzenin ein zweites Leben und wurde, als Gründerin der Zeitschrift und der Stiftung sowie als Mentorin der Kunststudenten, die sie im Krieg unter ihre Fittiche genommen hatte, nachträglich zum Mittelpunkt des Freundeskreises befördert. Diese Darstellung ihrer Rolle hätte sie sicher gefreut, und sie ist menschlich und marketingtechnisch durchaus verständlich. Doch unter historischen Gesichtspunkten gesehen ist sie problematisch.

In dieser neuen Lesart der Geschichte des Castrum Peregrini war für große Teile seiner Vergangenheit kein Platz mehr. Sie blieben den Blicken von außen verborgen. Eine Weile ließ sich das ungestört durchhalten, doch dass die Abrechnung mit unerwünschten Aspekten der Vergangenheit durch Verschweigen etwas anderes ist als ihre Aufarbeitung, hat sich in den zurückliegenden Jahren gezeigt. Interessanterweise war es ausgerechnet Gisèle, die die unvermeidliche *retour du passé*, die Rückkehr aus der Vergangenheit, vorhersah, als sie die Fotos und Dokumente für ihr Archiv sortierte, eine Beschäftigung, die sie in ihrem letzten Lebensabschnitt so sehr in Beschlag nahm. »Während ich arbeite, habe ich Visionen zu ›2025 AD‹«, notierte sie Anfang 1999 in ihrem Kalender. »Michael Defuster, fast 65 J. alt, wird mit CP und Gisèles Vergangenheit konfrontiert.« Die zeitliche Prognose stimmte nicht ganz, doch die Prophezeiung selbst war bemerkenswert korrekt.

Die dunkle und verstoßene Vergangenheit regte sich, zunächst noch aus weiter Ferne, vor allem in deutschen Publikationen, in denen die politische Haltung Frommels in der Vorkriegszeit unter die Lupe genommen wurde. Er erschien darin nicht als der Nazigegner der ersten Stunde, als der er sich nach dem Krieg versucht hatte zu präsentieren. Thomas Karlauf veröffentlichte nach seinem Austritt aus dem Freundeskreis nicht nur eine kritische Biographie über Stefan George, sondern er schrieb auch zwei Aufsätze über seine eigenen Erlebnisse während des Zusammenlebens mit dessen Erben an der Amsterdamer Herengracht, in denen er unter anderem den Inhalt des von Frank Ligtvoet entdeckten Briefs enthüllte, der Frommels Begegnung mit George ins Reich der Fabeln verwies.

Einen ersten persönlichen Erfahrungsbericht gab es 2013 mit dem Buch *Entfernte Erinnerungen an W.*, in dem Joke Haverkorn beschreibt, wie sie als Schülerin der Quäkerschule in Ommen in Kontakt mit Frommel kam und langsam, aber sicher in seine Welt hineingezogen wurde. Sie zeichnet das beunruhigende Bild einer dämonischen Figur, die einerseits eine enorme Anziehungskraft auf sie und andere junge Menschen ausübte, die auf der Suche waren, aus der öden bürgerlichen Existenz und dem alltäglichen Familienleben ausbrechen wollten und sich nach Spannung und großen Gefühlen sehnten, einer Figur, die sie jedoch andererseits bedrängte und überrumpelte, sie in merkwürdige, verwirrende Spielchen trieb und Vergnügen daran fand, sie in bedrohliche Situationen zu bringen. Die wunderbare Welt aus Freundschaft und Dichtkunst, die ihr vorgegaukelt wurde, wird in diesem Buch als Illusion entlarvt.

In der Folge nahm der Prozess der Entmystifizierung an Fahrt auf. In den Erinnerungen an seine Castrum-Jahre, die Frank Ligtvoet 2017 in *Vrij Nederland* veröffentlichte, fiel zum ersten Mal der Begriff »Missbrauch«, und ein Teil der sexuellen Initiationen im Kreis um Frommel wurde als »Vergewaltigung« interpretiert. Ligtvoet forderte eine unabhängige Untersuchung dieser verborgenen Geschichte des Castrum Peregrini. Durch eine darauf folgende Veröffentlichung zweier *Vrij Nederland*-Redakteure, in der die Übersetzerin Christiane Kuby ihre Geschichte erzählte und zwei Opfer aus dem Kreis um Billy Hilsley über ihre Erfahrungen berichteten, wurde die Anklage Ligtvoets noch verstärkt. Auf diese Weise ins Scheinwerferlicht gerückt und öffentlich gemacht, war die Vergangenheit für einen Teil der alten Freunde nicht mehr wiedererkennbar. Anderen wurde nun plötzlich so manches klar. Durch die Veröffentlichungen und die dadurch verursachte Aufregung zeichneten sich in dem noch verbliebenen Freundeskreis neue Bruchlinien ab.

Die Recherchen, die ich für diese Biographie durchgeführt habe, lassen keinen Zweifel daran, dass sich hinter Frommels geheimer Freundesliebe eine pädagogisch-päderastische Praxis verbarg, die man heutzutage unter den Begriff des sexuellen Missbrauchs fassen würde. Das übergriffige Verhalten Percy Gotheins bei seinen Besuchen im Versteck in der Herengracht während der deutschen Besatzung ist die wohl schwärzeste Seite in diesem Kapitel der Geschichte. Diese Feststellung schließt jedoch nicht aus, dass es Freunde und Freundinnen gibt, die ausschließlich positive Erinnerungen an die Zeit haben, die sie in Frommels Nähe zugebracht haben, und bedeutet auch nicht, dass alles am Castrum schlecht war. Das alte Castrum Peregrini war eine gespaltene Welt: Es sind dort Leben gerettet und Leben zerstört worden, man hat Menschen begeistert und Menschen beschädigt. So verwirrend es vielleicht auch sein mag, das eine kann sehr gut neben dem anderen existieren.

Nachdem man sich jahrzehntelang nur auf das Schöne und Erhabene am Castrum Peregrini konzentriert hat, schlägt das Pendel nun zur anderen Seite aus. Zweifellos werden weitere Nachforschungen neue Breschen in die Mauer aus Geheimhaltung und Schweigen schlagen, die den pädagogischen Eros im Frommel-Kreis seit jeher umgeben hat, auch wenn der große zeitliche Abstand dies nicht einfach machen wird.

Bleibt noch Gisèle. Was hat sie gewusst? Wie weit hat ihr Wissen gereicht? Im Haus wurde viel vor ihr geheim gehalten, und allen wurde stets eingeschärft, vor ihr auf der Hut zu sein. Doch sie hatte bereits in den Kriegsjahren genug gesehen, um zu wissen, was sich dort abspielte. Ein Begriff wie »sexueller Missbrauch« fehlte in ihrem Vokabular, doch ihre Missbilligung der homosexuellen Zwangsjacke, in der Frommel seine Jungen gefangen hielt, hat sie zumindest einmal in einem Brief zu Protokoll gegeben, von dem es allerdings nur eine Entwurfsfassung gibt. Ob sie ihre Botschaft jemals so explizit übermittelt hat, wie sie sie in diesem Brief zum Ausdruck brachte, lässt sich nicht mit Sicherheit sagen. Konsequenzen hat sie aus ihrem Wissen jedenfalls nicht gezogen. Sie beteiligte sich an der Geheimhaltung, machte das Thema zu einem absoluten Tabu – wer daran rüttelte, entfesselte einen Tornado – und hielt zeitlebens an ihrer Bewunderung für Frommel und dem Ideal des Freundeskreises fest.

Ein Tagebuchfragment, das in einem völlig anderen Kontext steht, wirft ein bezeichnendes Licht auf diese für Gisèle so typische Haltung. Wir schreiben das Jahr 1975, Gisèle befindet sich auf Paros. Die wohltuende Ruhe während des Malens in Agios Ioannis wird durch das Jaulen und Winseln eines Hundes ihres Nachbarn Giorgios gestört, den dieser am Gatter ihres Klosters angebunden hatte. Die Sonne brennt herab, die Leine ist zu kurz, und das Heulen des armen Tiers geht durch Mark und Bein, so als wären alle Katastrophen dieser Welt darin vereint. »Wie kann es sein, dass ich Giorgios und Marouso trotz dieser abscheulichen Grausamkeit liebe?«, fragt sich Gisèle in ihrem Tagebuch, um sich gleich darauf die Antwort zu geben: »Das ist es: Wir lieben einander trotz der Gräuel – scheinen darüber hinwegzusehen ... es gibt so viel zu bewundern.«

Über den Ärger hinwegzusehen und sich bezaubern zu lassen, das Negative zu ignorieren und weiterhin das Schöne zu sehen – das war die treibende Kraft im Leben Gisèles.

Nachtrag

Als Reaktion auf diverse Enthüllungen in den Medien und die Veröffentlichung des vorliegenden Buchs in den Niederlanden wurde im Dezember 2018 vom Vorstand des Castrum Peregrini eine unabhängige Untersuchungskommission ins Leben gerufen. Die Kommission »Misbruik Castrum Peregrini, 1942–1986« unter dem Vorsitz des ehemaligen Richters Frans Bauduin hatte zur Aufgabe, die Art und den Umfang sexuellen Missbrauchs durch Frommel und sein direktes Umfeld zu ermitteln. Im Mai 2019 erschien der Untersuchungsbericht, in dem die im vorliegenden Buch beschriebenen Befunde bestätigt wurden. Eine Zusammenfassung des Berichts auf Deutsch ist online unter http://h401.org/wp-content/uploads/Übersetzung-Schlussfolgerungen-und-Empfehlungen.pdf abrufbar. Der Vorstand des Castrum Peregrini ist den Empfehlungen der Kommission gefolgt und hat sich in dem Zusammenhang unter anderem zu einer Namensänderung entschlossen, um das Brechen mit der Vergangenheit auch auf diese Weise deutlich zu machen. Der neu gewählte Name lautet »Stichting Herengracht 401«, kurz H401.

Übersicht der Ausstellungen

1937	Haags Gemeente Museum, Den Haag: »Hedendaagsche Limburgsche kunst« (30. Oktober – 12. Dezember). Gruppenausstellung unter anderem mit Werken von Charles Eyck, Henri Jonas, Judy Michiels van Kessenich, Joep und Suzanne Nicolas, Henri Schoonbrood, Charles Vos und Gisèle.
1939	Rijksmuseum Amsterdam: »Onze kunst van heden« (18. November 1939 – 31. Januar 1940). Gruppenausstellung von Hunderten von Künstlern und circa dreitausend Werken.
1941	Kunstzaal Van Lier, Amsterdam: »Gisèle van Waterschoot van der Gracht, schilderijen, plastieken, glas in lood« (22. Februar – 13. März).
1941	Stedelijk Museum Amsterdam: »Hedendaagsche Religieuze Kunst« (21. Juni – 5. Oktober). Gruppenausstellung Dutzender Künstler, veranstaltet von der Stiftung Pro Arte Christiana.
1941	Kunsthandel Martinus Liernur, Den Haag: »Gisèle van Waterschoot van der Gracht, schilderijen, teekeningen, plastieken, opalinen« (25. Oktober – 15. November).
1946	Schaeffer Galleries, New York: »Four Artists Underground« (4. – 30. Juni). Gruppenausstellung von Gisèle van der Gracht, Peter Goldschmidt, Simon van Keulen und Harry op het Veld.
1947	Kunsthandel Frans Buffa en Zonen, Amsterdam (Mai 1947).
1956	Centraal Museum Utrecht: »Gisèle van Waterschoot van der Gracht« (18. November – 16. Dezember).
1957	Kunstzaal Jo Gerards, Heerlen (Januar 1957, wie in Utrecht 1956).
1959	Rijksakademie van Beeldende Kunsten Amsterdam: »Gisèle – weverij ›De uil‹« (24. – 30. Juli).
1962	Musée cantonal des beaux-arts, Lausanne: »1re Biennale internationale de la Tapisserie« (16. Juni – 17. September).

1973	Kunsthandel M. L. de Boer, Amsterdam: »Gisèle van Waterschoot van der Gracht« (10.–31. März).
1979	Singer Museum Laren: »Gisèle van Waterschoot van der Gracht – schilderijen« (21. April–27. Mai).
1988	Galerie Utermann, Dortmund: »Gisèle van Waterschoot van der Gracht« (15. Juni–30. Juli).
1996	Galerie Mia Joosten, Amsterdam: »Gisèle d'Ailly (schilderijen) en Edith Imkamp (sculpturen)«, (2. April–4. Mai).
1999	Museum Spaans Gouvernement, Maastricht: »›Hedendaagsche Limburgsche kunst‹ (1937), de reconstructie« (6. März–25. April). Rekonstruktion der Gruppenausstellung von 1937 in Den Haag.
2000	Stedelijk Museum Roermond: »Schilderijen und objecten van Gisèle d'Ailly« (23. September 2000–28. Januar 2001).
2007	Nederlands Instituut voor Oorlogsdocumentatie, Amsterdam: »Gisèle und haar onderduikers« (2. Mai–12. Oktober).
2009	Castrum Peregrini, Amsterdam: »Gisèle – eigen keuze« (16. Oktober–20. November).
2012	Atelier Harrie Kuijten, Groet (Noord-Holland): »Gisèle 100 jaar« (16. September–18. Oktober).

Quellennachweise und Danksagung

Die vorliegende Biographie ist das Endergebnis einer Initiative der Leitung des Castrum Peregrini: Michael Defuster, Frans Damman und Lars Ebert. 2012, noch vor Gisèles Tod, haben sie das Projekt mit der Suche nach einem Autor oder einer Autorin gestartet. Nachdem sie einige Erkundigungen eingezogen hatten, landeten sie bei mir, und ich war schnell überzeugt. Dass es anschließend tatsächlich losgehen konnte, ist der finanziellen Unterstützung durch den Nederlands Letterenfonds, also der Niederländischen Literaturstiftung, dem Prins Bernhard Cultuurfonds, dem Amsterdams Fonds voor de Kunst und dem Fonds Bijzondere Journalistieke Projecten zu verdanken. Ich bin den genannten Institutionen außerordentlich dankbar, dass sie das Schreiben dieses Buchs ermöglicht haben.

Für den Nachweis der von mir verwendeten Quellen in diesem Buch habe ich auf Fuß- oder Endnoten verzichtet. Sie erfordern ein inventarisiertes und katalogisiertes Archiv. Zwar gibt es für das Archiv, das ich am intensivsten benutzt habe, nämlich das von Gisèle, ein Inventarverzeichnis, doch es ist nicht möglich, sinnvoll darauf zu verweisen. Das besagte Inventarverzeichnis beruht auf einem Grundriss ihres Ateliers, auf dem alle Schränke, Fächer und Schreibtische eingezeichnet sind; anschließend wird für jedes Regalbrett, jede Mappe und jede Schublade angegeben, was sich darauf oder darin befindet. Dieser Zugang funktionierte während der Arbeit im Archiv selbst zufriedenstellend, eignet sich aber nicht für Fuß- oder Endnoten. »Archivschrank rechts in der Ecke, zweites Schubfach von oben« – damit kann niemand etwas anfangen. Hinzu kommt, dass das Atelier inzwischen leergeräumt und anderen Verwendungszwecken zugänglich gemacht worden ist, so dass das ursprüngliche Ordnungsprinzip nur noch bedingt als Orientierung dienen kann. Eine Reihe von Schränken wurde umgestellt und ein Teil der Archivalien in Kartons gepackt und ausgelagert.

Auf bestimmte Archivalien in Gisèles Archiv habe ich beim Verfassen dieser Biographie in besonderem Maße zurückgegriffen. Das sind ihre Kalender, die Tagebücher, die sie in unregelmäßigen

Abständen führte, ihr ausgedehntes Korrespondenznetzwerk und die Hängeordner, in denen sie ihre Arbeit, die Ausstellungen und die Publikationen, Kritiken und Besprechungen, die es dazu gab, dokumentierte. Gisèles Kalender umfassen die Jahre 1932, 1940 bis 1942 (bis zu dem Zeitpunkt, als sie die jungen Männer bei sich aufnahm und versteckte) sowie den zusammenhängenden Zeitraum von 1946 bis 2011, mit Ausnahme des Jahres 1963. In transkribierter Form variiert die Menge der Notizen von weniger als einer halben Seite bis hin zu etwa vierzig Seiten pro Jahr. Vor allem die späteren Jahre in ihrem Leben hat Gisèle sehr ausführlich in ihrem Kalender dokumentiert. Der ausgedruckte Inhalt all ihrer Kalender füllt zwei dicke Aktenordner. Wie ich bereits in der Einleitung erwähnt habe, lohnte es die Mühe, den Kalender selbst mit der von Gisèle daraus diktierten und von Leo van Santen in den Computer eingegebenen Version zu vergleichen. Die Unterschiede geben einen guten Eindruck davon, was Gisèle selbst als bewahrenswert erachtete und was nicht.

Gisèles kosmopolitischer Hintergrund hat dazu geführt, dass sie in drei Sprachen schrieb und korrespondierte: auf Englisch, Deutsch und Französisch. Ihre Tagebücher schrieb sie auf Englisch, die Notizen in ihrem Kalender ebenfalls überwiegend auf Englisch. Soweit es sich nicht um kurze, allgemein verständliche Bemerkungen handelt, wurden die englischen und französischen Zitate übersetzt. Aus Gründen der Lesbarkeit habe ich in den Zitaten hin und wieder ein fehlendes Satzzeichen hinzugefügt oder einen Rechtschreibfehler korrigiert. Unterstreichungen im Original wurden von mir kursiv gesetzt. Bestimmte Eigenarten in der deutschen Korrespondenz, wie etwa die Kleinschreibung, die charakteristisch für die Castrum-Gemeinschaft war, habe ich in den verwendeten Zitaten so belassen, wie sie waren.

Neben dem erwähnten Inventarverzeichnis ihres Archivs fertigte Gisèle mithilfe anderer ein nahezu komplettes Verzeichnis ihrer Werke an. Es ist chronologisch geordnet und in »Glasmalerei«, »Gemälde« und »Zeichnungen« untergliedert. Auch von diesen Listen habe ich dankbar Gebrauch gemacht.

Nach dem Tod Wolfgang Frommels ordnete sein Erbe Manuel Goldschmidt dessen kaum zu überblickende Menge an Korrespondenz in 1600 Mappen, die er anschließend dem Letterkundig Museum in Den Haag, dem heutigen Literatuurmuseum, vermachte (collectie 9 FROM). Dieses (noch unvollständig katalogisierte) Frommel-Archiv war mit Erlaubnis der Goldschmidt-Erben (der Wolf van Casselstichting) einzusehen und enthielt ebenfalls sehr viel nützliches Material.

Im Folgenden erhält der Leser zu jedem Kapitel einen kurz gehaltenen Quellennachweis, in dem ich das verwendete Material beschreibe und die Herkunft der Zitate belege. Eine Übersicht des gesamten Materials, das ich benutzt habe, findet sich in dem anschließenden »Quellen- und Literaturverzeichnis«.

Bei der Arbeit an diesem Buch habe ich von vielen Seiten Hilfe erfahren. Zunächst einmal schulde ich der Leitung des Castrum Peregrini meinen Dank für die Initiative, aus der diese Biographie hervorgegangen ist, für ihre Geduld – die Vollendung des Buchs hat mehr Zeit beansprucht, als geplant war –, für ihre Großzügigkeit in der Bereitstellung des Bildmaterials und vor allem für die Freiheit, die sie mir beim Schreiben gelassen hat, auch als deutlich wurde, dass die Biographie vom bestehenden Bild Gisèles abweichen und nicht stillschweigend die weniger schönen Seiten der Geschichte des Castrum Peregrini überspringen würde, auf die ich bei meinen Recherchen gestoßen war. Ich weiß das sehr zu schätzen. Die Zusammenarbeit mit einer Institution, in der Leben und Arbeiten ineinander übergehen und Persönliches und Berufliches miteinander verflochten sind, war eine besondere Erfahrung für mich. Dass sie sich positiv auf das Schreiben auswirkte, verdanke ich insbesondere der angenehmen Zusammenarbeit mit meiner wichtigsten Kontaktperson, Frans Damman, dessen Hilfsbereitschaft für mich in den zurückliegenden Jahren unentbehrlich war.

Besonderen Dank schulde ich allen Freundinnen und Freunden, Familienangehörigen und ehemaligen Mitbewohnern Gisèles, mit denen ich bei meinen Recherchen gesprochen habe. Diese bereichernden und erkenntnisfördernden Gespräche waren für mich beim Schreiben ein unverzichtbarer Hintergrund. Da ich die Anzahl handelnder Personen in der Biographie halbwegs übersichtlich halten wollte, kommt im Buch bei Weitem nicht jeder oder jede, den oder die ich gesprochen habe, zu Wort. Das bedeutet jedoch nicht, dass ich das, was sie mir erzählt haben, nicht genutzt habe. Ohne ihre Beiträge hätte dieses Buch anders ausgesehen. Ich bin all meinen Gesprächspartnern deshalb außerordentlich dankbar für ihre Bereitschaft, mir Rede und Antwort zu stehen, sowie für die oft große Offenheit, mit der sie dies taten. Eine Liste all meiner Gesprächspartner findet sich hinten im Quellen- und Literaturverzeichnis. Darin wird ebenfalls vermerkt, aus welcher Privatsammlung ich Briefe und anderes Material erhalten habe oder einsehen konnte. Auch dem habe ich viel zu verdanken.

Einige meiner Gesprächspartner und Gesprächspartnerinnen möchte ich gern noch besonders erwähnen. Leo van Santen, mehr als fünfundzwanzig Jahre Gisèles Privatsekretär, war jederzeit bereit, mir meine Fragen zu beantworten und sich mit mir auszutauschen. Ich habe enorm von seiner früheren Arbeit als Archivar und seinem großen Wissen profitieren können, dafür bin ich ihm außerordentlich dankbar. Bei Tee und Spekulatius habe ich ebenfalls viele anregende und lehrreiche Gespräche mit Gisèles alter Freundin Joke Haverkorn van Rijsewijk geführt. Ich bewahre sehr angenehme Erinnerungen an unsere gemeinsamen Stunden und danke ihr insbesondere für das mir entgegengebrachte Vertrauen, mir Einsicht in den offenherzigen Briefwechsel zu geben, den sie Mitte der Neunzigerjahre mit Reinout van Rossum du Chattel geführt hat.

Sylvia Nicolas hat mich mit großer Gastfreundschaft in ihrem Haus in Mont Vernon im US-Bundesstaat New Hampshire empfangen, wo ich auch ihre Schwester Claire traf. Die Bekanntschaft mit den beiden und die Gespräche, die ich mit ihnen führte, waren für mich äußerst wertvoll. Ich bin den beiden außerdem sehr dankbar für die Erlaubnis, das Gemälde ihres Vaters Joep Nicolas für den Umschlag des Buchs benutzen zu dürfen. Stella Lubsen gebührt großer Dank für den gastfreundlichen Empfang in Vufflens-le-Château in der Schweiz, für die vielen Geschichten, an denen sie mich teilhaben ließ, und für ihre nützlichen Kontakte auf Paros. In Edinburgh traf ich zwei Töchter von Gisèles Nichte Josephine: Honi Loudon-Goodden und Juliet Goodden. Auch diese Begegnungen waren von großem Wert für mich.

Zum Schluss: Laetitia van Rijckevorsel war eine ebenso angenehme wie unverzichtbare Informationsquelle, was die katholische Glaubenswelt und den »esprit du Sacré Cœur« angeht, in dem sowohl Gisèle als auch sie aufgewachsen waren. Myriam Everard vermittelte einen außerordentlich nützlichen Kontakt, Frank Ligtvoet entpuppte sich in der Schlussphase des Projekts als ein aktiver und hochgeschätzter E-Mail-Korrespondent und besonders großzügiger Forscher. Ohne die Vermittlungsbemühungen Ulrich Faures wäre die deutsche Ausgabe dieses Buchs vermutlich nicht zustande gekommen, und mit meinem Übersetzer Gerd Busse hätte ich mir keine bessere Zusammenarbeit wünschen können. Ich danke ihnen allen sehr.

Bildnachweis

Die Bildrechte an den Werken Gisèles liegen bei der Stiftung H 401.
Der Verlag dankt der Stiftung für die freundliche Abdruckgenehmigung.

Herkunft der Abbildungen:

Archiv House of Gisèle, Amsterdam
Abb. 1, 2, 3, 4, 5, 6, 7, 8, 9, 10, 11, 12, 13, 14, 16, 17, 19, 20, 29, 30, 31, 32, 33, 34, 35, 38, 39, 40, 41, 42, 45, 47, 48, 58, 59, 65, 66, 69, 74, 75, 81, 82, 83, 85.

Sammlung House of Gisèle, Amsterdam
Abb. 15, 21, 22, 23, 24, 25, 27, 28, 36, 37, 43, 49, 51, 52, 53, 54, 55, 56, 57, 67, 71, 72, 73, 76, 79, 80, 84, 86.

Privatarchiv Marijke Heuff, Gartenfotografin, Amsterdam
Abb. 60, 61, 62, 63, 64.

Gemeindearchiv Roermond
Abb. 18, 50.

Rijksmuseum Twenthe, Enschede
Abb. 44.

Privatarchiv Jordi Huisman, Amsterdam
Abb. 87.

Privatsammlungen
Abb. 26, 46, 68, 70, 77, 78.

Anmerkungen

BWN   Biografisch Woordenboek van Nederland
CP   Castrum Peregrini
LM   Literatuurmuseum Den Haag

ANMERKUNGEN ZUM ERSTEN KAPITEL

Zur Geschichte von Schloss **Hainfeld** und der Familie von Hammer-Purgstall finden sich viele Informationen in Wolfram Dornik, Rudolf Grasmug en Peter Wiesflecker (Hg.), *Projekt Hainfeld*. Auch das Internet bietet einiges an Informationen zu den verschiedenen Schlössern in der Steiermark.

Das Leben **Joseph von Hammer-Purgstalls** wird in Einträgen in der *Encyclopaedia Iranica* sowie im *Biographischen Lexikon des Kaiserthums Österreich* beschrieben. Beide sind online zugänglich. Es gibt viel Literatur über ihn, auch seine Briefe sind veröffentlicht. Seine Memoiren (*Erinnerungen aus meinem Leben, 1774–1852*) sind noch immer im Buchhandel erhältlich.

Das Leben **Willem van Waterschoot van der Grachts** wird in einer kurzen Biographie von F. R. van Veen, *Willem van Waterschoot van der Gracht, 1873–1943* (1996) beschrieben. Nach seinem Tod erschienen diverse Nachrufe, u. a. von L. U. de Sitter in *Geologie en Mijnbouw* und von A. A. Thiadens im *BWN*. Über Willems Jahre für die Koninklijke in den USA lässt sich einiges in der vierbändigen Unternehmensgeschichte von C. Gerretson: *Geschiedenis der ›Koninklijke‹* finden, insbesondere in Band 4 (1973), Kapitel ›Mid-Continent‹, S. 501–519.

Für ein besseres Verständnis des **Milieus**, dem Gisèle entstammte, sei, was den Adel und das Patriziat betrifft, auf die hervorragenden Bücher von Ileen Montijn (*Leven op stand* und *Hoog geboren*) verwiesen. Die katholische Lebenswelt in der ersten Hälfte des zwanzigsten Jahrhunderts ist von Michel van der Plas in seinem Buch *Uit het rijke Roomsche Leven* dokumentiert worden. Diese verschwundene Welt wird auch in dem Ausstellungskatalog *Roomsch in alles* von Pieter de Coninck u. a. sowie in der Aufsatzsammlung von Paul Luykx, *Andere katholieken* lebendig.

Die vollständigen Namen (mitsamt Geburtsdaten) der vier Kinder van Waterschoot lauten folgendermaßen:

Idesbald Walter Paulus Joseph Maria (Graz, 13. Mai 1902),
Arthur Benedictus Thomas Joseph Maria (Amsterdam, 29. Dezember 1903),
Walter Johannes Joseph Maria (Den Haag, 7. April 1908),
Marie Gisele Madeleine Josephine (Den Haag, 11. September 1912).

Ferner habe ich für dieses Kapitel auf die Erinnerungen zurückgegriffen, die Josephine van Waterschoot van der Gracht-von Hammer-Purgstall auf Bitten ihrer Tochter nach dem Krieg niederschrieb: *To my daughter*; die Stammbäume der Familien van Waterschoot van der Gracht, van der Does de Willebois, von Hammer-Purgstall und Vetter von der Lilie; ein Dokument über diverse Versuche, die Anerkennung der adligen Abstammung Jacobus van der Grachts und seiner Nachkommen zu erreichen. Die Familie wurde in die dritte Ausgabe des Blauwe Boekje (1912) aufgenommen.

ANMERKUNGEN ZUM ZWEITEN KAPITEL

Die wichtigste Quelle zum Familienleben in den **Vereinigten Staaten** ist die ausführliche Korrespondenz zwischen den Eltern und den Kindern sowie zwischen den Kindern untereinander. Gisèle zeichnete ihre Kindheits- und Jugenderinnerungen im Januar 1933 in ihrem Tagebuch auf. Auch das erwähnte Dokument, das Victor Kuser über die Ereignisse rund um den Tod von Walter verfasste, befindet sich in ihrem Archiv.

Erwin (von) Köppel (1879–1967) war der Sohn Isabella von Hammer-Purgstalls (einer Schwester von Gisèles Großvater Arthur) und des Marineoffiziers Karl (ab 1896 »von«) Köppel. Die Geschichte über die Scheibe Weißbrot bei Tante Helene hat Gisèle viele Male erzählt. Sie ist unter anderem von Robert Dulmers in einem Interview mit Gisèle: »Je kunt niet veranderen«, *De Groene Amsterdammer*, 27. Oktober 1999, aufgezeichnet worden. Die Geschichte kommt ebenfalls in dem Dokumentarfilm von Cees van Ede und Maud Keus, *Het steentje van Gisèle* (1997), zur Sprache. Auch Gisèles Erinnerung an die Eröffnung des Peking's Department Store ist diverse Male festgehalten worden, unter anderem in den Gesprächen mit Jan van Keulen (Kassette 1–2) und im Interview von Paul Arnoldussen und Hans Renders (*Het Parool*, 7. Februar 1998).

Laetitia van Rijckevorsel (geb. 1937), die in ihrem Buch *Een wereld apart* die besondere Welt des **Sacré Cœur** beschreibt, stammt aus einem katholischen Milieu, das sich mit dem der van Waterschoots teilweise überschnitt. Willem und Josephine kannten ihren Großvater, so dass Gisèle selbst Freundschaft mit den Eltern von Laetitia, Karel und Maria van Rijckevorsel-von Fisenne, schloss. Während des Krieges erteilten diese Freunde ihr den Auftrag, ein Porträt ihrer damals fünfjährigen Tochter Laetitia zu malen. Das Gemälde aus dem Jahr 1942 ist noch stets im Besitz der Porträtierten.

Herkunft der Zitate aus den zweiten Kapitel (S. 27–55)

»Österreichische Baronesse eine Weile in Tulsa«: *Tulsa Daily World*, 22. August 1915.
»Nummer eins wurde nie vergeben«: Van Rijckevorsel, *Een wereld apart*, S. 36.
»Eltern und Erzieherinnen leiteten ihre Autorität«: Idem, S. 31.
»Eine schöne Handschrift« und weitere Briefe: Vater an Gisèle, 2., 8. und 13. Februar 1927; 5. April 1924.
»Du musst der Mutter Oberin«: Mutter an Gisèle, 16. März 1926.
»Sag nicht«: Mutter an Gisèle, 30. April 1927.
»Ich erinnere mich an die Präriehunde«: Liste »Very early memories« in der Hängemappe »To be or not to be«.
»So jung er auch war«: Ides an Gisèle, 12. Dezember 1925.
»Aus mir einen besseren Jungen zu machen«: Walter an Vater, o. D. [Mai 1924].
»Schau Dir bald meine Noten in diesem Halbjahr an«: Walter an Mutter, 12. November 1925.
»Gott allein weiß«: Gisèle an Arthur, 26. November 1925.
»Es war der größte Kummer«: Tagebuch, Januar 1933.
»Wenn man Katholik ist«: Mies an Vater, 19. September 1926.
»Eine *cold blooded* Überschreitung«: Vater an Mutter, 1. Oktober 1926.
»Es gibt Dir, Liebste«: Vater an Mutter, 3. Oktober 1926.
»Bring Deine Angelegenheiten und Dich selbst in Form«: Ides an Gisèle, 17. November 1927.

ANMERKUNGEN ZUM DRITTEN KAPITEL

Für dieses Kapitel habe ich die Tagebücher Gisèles (Jugenderinnerungen), Briefwechsel (mit den Eltern und den Brüdern, zwischen den Eltern und den Brüdern, mit Erwin Köppel, F. J. G. Vingerhoets und Judy Michiels van Kessenich) sowie Gisèles Kalender des Jahres 1932 benutzt.

Das Leben und Werk von **Heinz und Cleo** wird in Wolfram Dornik u. a. (Hg.), *Projekt Hainfeld*: Kapitel 2 (Heinz) und 3 (Cleo), beschrieben. Cleo (1905–2003) absolvierte nach dem schriftlichen Fernkurs in den Dreißigerjahren noch künstlerische Ausbildungen in Wien und Berlin und blieb bis zum Ende ihres Lebens als Malerin aktiv. Heinz (1884–1954) komponierte im Laufe seines Lebens drei Operetten – *Rekord* (1938), *Artistenliebe* (1944) sowie *Traum und Nil* (1951) –, die alle drei in Graz aufgeführt wurden.

Über ihre **sexuelle Initiation durch Erwin** hat Gisèle in späteren Jahren mit verschiedenen engen Vertrauten gesprochen, darunter auf jeden Fall mit den Schwestern Claire und Sylvia Nicolas, Joke Haverkorn, Stella Lubsen, Leo van Santen und Robert Alder. Die Geschichte mit dem Tagebuch und dem Arzt stammt von Sylvia. Von allen Vertrauten ist sie über die heimlichen Affären Gisèles am besten informiert.

Als Hintergrund zu Gisèles **Aufenthalt in Paris** las ich Olivier Berniers Buch *Fireworks at Dusk. Paris in the Thirties*. Was die Höhe der monatlichen Zuwendungen Gisèles betrifft: Laut Websites wie www.measuringworth.com und usinflationcalculator.com entsprechen 200 Dollar im Jahr 1930 einem heutigen Betrag von gut 2800 Dollar. Umgerechnet sind das etwa 2500 Euro. Eine andere Möglichkeit, den heutigen Wert ihres Unterhalts zu bestimmen, ist es, den Betrag mit dem Durchschnittseinkommen in den USA zu vergleichen. Anfang der Dreißigerjahre lag es bei 1400 Dollar im Jahr. In acht Monaten erhielt Gisèle 1600 Dollar, aufs Jahr gerechnet wären das also 2400 Dollar. Das Leben in Paris war teurer als in den Vereinigten Staaten, aber dennoch zeigt auch dieser Vergleich, dass Gisèles Zuwendung nicht wirklich beklagenswert niedrig war.

Der Pariser **Edouard Henri Léon** (1873–1968), der Gisèle in die Kunst des Radierens einführte, war selbst von dem Kunstmaler Léon Bonnat ausgebildet worden. Sein Werk wurde mit verschiedenen Preisen ausgezeichnet. Léon sind kurze Einträge im *Dictionnaire des peintres, sculpteurs, dessinateurs et graveurs* und im *Dictionnaire biographique des artistes contemporains, 1910–1930* gewidmet. In späteren Jahren erwähnte Gisèle auch regelmäßig den Zeichner und Illustrator Bernard Naudin (1876–1940) als einen ihrer Lehrmeister in Paris. Dessen Name taucht jedoch kein einziges Mal in den Briefen aus dieser Zeit auf, in denen sie ansonsten sehr ausführlich über ihr Tun und Lassen berichtet. Er war auch nicht als Dozent an der Académie Julian tätig.

Über die Geschichte, die Dozenten und die Schüler der **Académie Julian** lässt sich einiges im Ausstellungskatalog *The Julian Academy, Paris 1868–1939* von Catherine Fehrer finden. Gisèles Name fehlt in der darin enthaltenen, leider unvollständigen »List of Students«. Zusätzliche Informationen über die Jury und die Beurteilung im Jahr 1931 erhielt ich von Simon Bohbot von der Société des Artistes Français, des Vereins, der den jährlichen Salon organisiert (mit Dank an Françoise Rivalland).

Die Informationen zu **Dario Simoni** stammen aus Gisèles Briefen an ihre Eltern. Es ist mir nicht gelungen, ihn aufzuspüren und seinen familiären Hintergrund zu überprüfen. Im Mailänder Stadtarchiv ist über die Familie Simoni nichts zu finden (mit Dank an Maria Teresa Brancaccio). Falls er sie also angeschwindelt haben sollte – oder Gisèle ihre Eltern –, wird das Märchen hier wiederholt. Möglicherweise handelt es sich um Dario Simoni (1901–1984), der nach dem Krieg als Bühnenbildner erfolgreich Karriere in der Filmwelt gemacht hat. Er, oder das Team, dem er angehörte, erhielt zweimal einen Oscar für die beste Art Direction/Set Decoration: 1962 für *Lawrence von Arabien* und 1965 für *Doktor Schiwago*. Er starb 1984 in Dorking, Surrey, Großbritannien.

Um zu verstehen, was Josephine mit dem »**little joke**« in ihrer Familie meinte, müssen wir zurück zu ihrem berühmten Urgroßvater Joseph von Hammer-Purgstall, dem Orientalisten. Dessen Gattin, Karoline von Henikstein, war die Tochter Joseph Ritter von Heniksteins, eines prominenten Wiener Bankiers, Förderers der Künste und Freundes von Wolfgang Amadeus Mozart. Dieser Joseph Ritter von Henikstein war als Joseph Hönig geboren worden und stammte aus einem wohlhabenden jüdischen Geschlecht, eine der ganz wenigen privilegierten jüdischen Familien im damaligen Wien. Sein Vater Adam Albert Hönig war ein erfolgreicher Unternehmer, der, nachdem er sich zusammen mit seinen Söhnen zum Katholizismus bekehrt hatte, in den Adelsstand erhoben wurde. Seither durften Vater und Söhne sich zunächst »Edler« und später »Ritter von Henikstein« (eine Verballhornung von Hönigstein) nennen.

Zum **Verhältnis von Katholiken gegenüber Juden** in der Zeit vor dem Zweiten Weltkrieg fand ich Hintergrundinformationen bei Ton van Schaik, *Vertrouwde vreemden* (erstes Kapitel), in dem Aufsatz von Jan Ramakers, »De houding van Nederlandse katholieken tegenover de joden, 1900–1940« und bei Paul Luykx, *Andere katholieken* (S. 306–311).

Claire Rochecouste (1904–2002), mit vollem Namen Claire de la Sablonnière Rochecouste, heiratete später Louis de Pitray. Claire de Pitray, wie sie von da an hieß, blieb eine lebenslange Freundin Gisèles. In höherem Alter besuchte Gisèle sie häufig einmal im Jahr in Paris. Prinz **Pierre Wolkonsky** (1901–1997) war in seinem späteren Leben ein berühmter Gartenarchitekt. Von ihm stammte der Garten des Familiensitzes in Saint-Cloud, den er jedoch letztendlich zu klein fand. Mitte der Sechzigerjahre begann er, auf dem siebzehn Hektar großen Gelände rund um ein von ihm erworbenes Gehöft im Norden der Bretagne einen neuen Garten anzulegen. Diese phänomenalen Gärten von Kerdalo werden zu den schönsten in Europa gezählt. Dass Gisèle während ihrer zweiten Saison in Paris eine kurze Affäre mit Pierre hatte, ist nicht in Briefen oder anderen Schriftstücken überliefert. Sie hat es später verschiedenen Personen erzählt.

Die Aussage, dass Gisèles Gesicht die Farbe »eines nassen Strands an einem grauen Tag« habe, stammt von Claire Nicolas White, *Snapshots* (S. 127).

Herkunft der Zitate aus dem dritten Kapitel (S. 56–98)

»Ich habe meinen Söhnen immer gepredigt« und die darauf folgenden Zitate: Vater an Gisèle, 11. September 1929.
»Sie findet allmählich gut aus der Krise«: Mutter an Vater, 1. April 1930.
»Wenn man achtzehn wird«: Vater an Gisèle, August 1930.
»Ich habe das Sentiment«: Erwin an Gisèle, 13. September 1930.
»Schwarz ist wirklich das, was man hier trägt«: Gisèle an Eltern, Brief 14, Herbst 1930.
»Das ist alles, was wir wollen«: Vater an Gisèle, 2. Oktober 1930.
»Beginne Dein unabhängiges Leben«: Vater an Gisèle, 30. September 1930.
»Triff die richtige Wahl«: Idem.
»Er ist überhaupt nicht dieser merkwürdige Künstlertyp«: Gisèle an Vater, 2. April 1930.
»Ein Name ist wie ein Etikett«: Eltern an Gisèle, 11. Dezember 1930.
»Ich sehne mich nach Unabhängigkeit«: Gisèle an Eltern, Brief 25, 9. Februar 1931.
»Von einem mehr oder weniger pflichtvergessenen Kind«: Vater an Söhne, 10. Juni 1931.
»Es ist fast unmöglich«: Gisèle an Eltern, Brief 4, 17. Januar 1932.
»Es gibt *keinen* wie Dario«: Gisèle an Eltern, Brief 8, 29. März 1932.
»Die Krise ist nicht ermutigend«: Gisèle an Arthur und Esther, 17. Dezember 1932.
»Gott sei Dank ist es nur einmal in der Woche«: Gisèle an Eltern, Brief 7, 6. März 1934.
»Ein Seltenheitswert für Kopien von Kunstpostkarten!«: Ides an Eltern, 10. April 1934.
»Ich nehme an, aus bestimmten Gründen«: Gisèle an Eltern, 31. August 1934.
»Ein gut gesteuerter Akt der Vorsehung«: Vater an Ides, Arthur und Esther, 19. November 1934.
»All das ähnelt ziemlich stark Paris«: Vater an Ides, 2. September 1934.
»Ich werde es immer bedauern«: Gisèle an Eltern, 1. November 1934.
»Wir ziehen es vor, im Moment nicht mehr zu sagen«: Mutter an Gisèle, 14. November 1934.
»Mister Bernstein oder andere zweifelhafter arischer Abstammung«: Vater an Ides, Arthur und Esther, 14. Dezember 1934.

ANMERKUNGEN ZUM VIERTEN KAPITEL

Die Informationen über die Ausstellung in Brüssel stammen aus dem Katalog *Exposition Internationale d'Art Moderne* (Brüssel 1935). Aus Gisèles Archiv habe ich für dieses Kapitel die Familienkorrespondenz, die Briefe von Joep Nicolas, Adriaan Roland Holst, Marius (Eep) Roland Holst und Jacques Bloem, die Mappen mit der Werkdokumentation 1930–1941 sowie die Kalender der Jahre 1940 und 1941 benutzt.

Über **Joep Nicolas** (1897–1972) und seinen Werdegang siehe Jos Pouls im Band 3 von *Limburg. Een geschiedenis*; Carine Hoogveld (Hg.), *Glas in lood in Nederland* (S. 146–158), die biographischen Artikel von Jaak Slangen in *Spiegel van Roermond* und im *BWN* sowie die Biographie aus der Feder seiner Tochter Claire Nicolas White, *Joep Nicolas*.

Die Rückkehr der Familie Nicolas nach Roermond hing eng damit zusammen, dass Joep als Glasmaler zunehmend aktiv war, doch der Wegzug aus Groet hatte auch noch einen anderen Grund, nämlich den heftigen Streit zwischen Nicolas und dem in Bergen ansässigen Hausarzt, Maler und Kunstsammler Hendrik Wiegersma. Beide Männer waren eng befreundet und besuchten sich regelmäßig zu Hause. Bei einem seiner Besuche lernte der verheiratete Wiegersma Suzannes ältere Schwester Jeanne Nijs kennen, zu der er eine leidenschaftliche Liebesaffäre aufnahm. Als Wiegersmas Frau Nel in der Folge Gesellschaft und Trost in Groet – und vielleicht auch in den Armen Joeps – suchte, geriet Wiegersma derart außer sich, dass er drohte, Nicolas zu ermorden. Joep und Suzanne hielten die Drohung für ernst genug, um auf der Stelle die Sachen zu packen und mit ihren beiden Töchtern Groet zu verlassen. Nach einem Zwischenaufenthalt in Brüssel und Paris ließen sie sich in Roermond nieder.

Für Wiegersma war die Sache damit aber noch nicht erledigt. Er ließ die inzwischen schwangere Jeanne im Stich, vernichtete alle Werke, die er von Nicolas besaß, und verkündete überall, dass er ihn erschießen würde, sollte er ihm jemals wieder begegnen. Außerdem startete er eine länger andauernde Verleumdungskampagne gegen seinen ehemaligen Busenfreund, die Nicolas einige Freundschaften kosten und seinem guten Ruf schaden sollte. In den Dreißigerjahren wurde Nicolas zweimal bei der Besetzung eines Lehrstuhls an der Rijksakademie van Beeldende Kunsten in Amsterdam übergangen – nicht aus fachlichen Gründen, sondern wegen seiner vermeintlich unanständigen Lebensweise und seinem umstrittenen Verhalten Frauen gegenüber. Nicolas selbst behauptete im Nachhinein, dass er einen solchen Lehrstuhl niemals angestrebt habe. Siehe zu dieser Geschichte den Artikel von Janneke van Zanten-van Wijk in der Zeitschrift *Eigenbouwer*.

Die **Ausstellung »Hedendaagsche Limburgsche kunst«** im Haags Gemeentemuseum in Den Haag fand vom 30. Oktober bis zum 12. Dezember 1937 statt. Ein großer Teil der Publizität rund um diese Ausstellung bezog sich auf einen zurückliegenden Streit in Limburger Künstlerkreisen zwischen dem Limburgsche Kunstkring, der sich übergangen fühlte, und der neu gegründeten Kunstenaarsvereeniging Limburg. Unabhängig davon erschienen in vielen Zeitungen kurze Besprechungen und vereinzelte große Artikel über die Ausstellung – siehe J. Slagter in *Elsevier's Geïllustreerd Maandschrift* (47 [1937], II, S. 425-427); Jan Beerends in *Het R.K. Bouwblad* (9 [1937-1938], S. 131-137); Jan Engelman in *De Groene Amsterdammer* (6. November 1937).

In einem eher allgemeinen Sinn lässt sich viel über die Stellung und Bedeutung Limburger Künstler in der bildenden Kunst der Niederlande während der ersten Hälfte des zwanzigsten Jahrhunderts in dem Buch *Hedendaagsche Limburgsche kunst* von Monique Dickhaut und Marjet Beks erfahren, das anlässlich der Rekonstruktion der Ausstellung von 1937 im Museum Spaans Gouvernement in Maastricht im Frühjahr 1999 erschien.

Die **Memoiren Suzanne Nicolas'** (1902-1985) liegen im Gemeentearchief Roermond: Archivnr. 24 (Familiearchief Joep Nicolas en Suzanne Nicolas-Nijs): Inv. Nr. 59. Eine Ausgabe in niederländischer Übersetzung erschien unter dem Titel *Herinneringen 1906-1968*.

Die **Briefe von Joep Nicolas an Gisèle** befinden sich in Gisèles Archiv. Sie erschienen 2011 in gedruckter Form, und zwar sowohl im französischen Original (*Le travail est mon salut. Lettres à Gisèle*) als auch in niederländischer Übersetzung (*Werk is mijn redding. Brieven aan Gisèle*). Die Buchausgabe umfasst die Briefe aus dem Zeitraum von 1935 bis 1957 und ist nicht ganz vollständig. Vergleiche mit den Originalbriefen zeigen, dass einzelne Passagen weggelassen worden sind, in denen heimliche Verabredungen getroffen oder andere explizite Hinweise auf die Art der Beziehung zwischen den beiden Korrespondenten gegeben werden. Die andere Hälfte der Korrespondenz, die Briefe Gisèles an Joep Nicolas, ist leider sehr unvollständig. Nur der Teil der Korrespondenz, der aus den Siebzigerjahren stammt, ist erhalten geblieben. Die Briefe würden eigentlich ins Nicolas-Archiv in Roermond gehören, sind aber aus irgendeinem Grund in Gisèles Archiv gelandet.

Gisèles Briefe an **Adriaan Roland Holst** (1888-1976) und die Korrespondenz zwischen Roland Holst und den Nicolassens befinden sich im LM, die an Gisèle gerichteten Briefe der Gebrüder Roland Holst in ihrem, Gisèles, Archiv. Das Leben Roland Holsts ist von Jan van der Vegt in seinem Buch *A. Roland Holst. Biografie* beschrieben worden. Eine romantisierte und lose an der Wirklichkeit orientierte Version der Affäre zwischen Gisèle, Adriaan Roland Holst und einer seiner anderen Freundinnen, der Schauspielerin Mies Peters, findet sich in dem Roman *Gisèle* (2013) von Susan Smit.

Das Gedicht von **J. C. (Jacques) Bloem**, geschrieben auf einer Ansichtskarte, datiert vom 9. November 1939 und lautet wie folgt:

> Je me pâme d'émoi. Est-ce vrai? Oui, c'est elle,
> L'être aimé qui répond au doux nom de Gisèle,
> Nom adorable, qui m'effleure comme une aile
> D'oiseau de paradis – et de quel paradis!
> A cause d'elle il est un lieu dans ce bas monde

> – Ai-je besoin de le nommer? C'est Ruremonde –
> Auquel je voue une gratitude profonde,
> Ville sainte à jamais: c'est là que je la vis.

(Ich bin wie von Sinnen. Ist es wahr? Ja, sie ist es, / Das geliebte Wesen, das auf den süßen Namen Gisèle hört, / Anbetungswürdiger Name, der mich berührt wie der Flügel / eines Paradiesvogels – und was für ein Paradies! / Dank ihrer gibt es einen Platz auf der Welt / – Soll ich ihn nennen? Es ist Roermond –, / Dem ich tiefe Dankbarkeit erweise, / Für ewig eine heilige Stadt: Dort habe ich sie gesehen.)

Was die **Emigration in die USA** betrifft, so lässt sich für Gisèles Lesart der Geschichte (sie sollte mitkommen, blies die Sache jedoch im letzten Moment ab) wenig Unterstützung finden. In den Briefen ihres Vaters an Ides und Arthur Ende des Jahres 1939 ist lediglich die Rede von einer anstehenden Abreise der Nicolassens, nicht aber von der der Familie *und* Gisèles. Den einzigen Hinweis darauf fand ich im Text auf einer Ansichtskarte aus Österreich vom 6. Dezember 1939. Erwin und seine Schwester Wanda wollen darin noch kurz etwas von sich hören lassen, bevor Gisy, so glauben die beiden, das Land verlässt, um in die Vereinigten Staaten zu ziehen. Dies kann auf einem Missverständnis beruhen, aber es kann auch bedeuten, dass tatsächlich etwas an der Sache dran war.

Die Erinnerungen von Claire Nicolas White erschienen unter dem Titel *Fragments of Stained Glass* (1989). Sie verfasste ebenfalls eine sehr lesenswerte Familiengeschichte der vier Schwestern Nijs: Maria, Jeanne, Suzanne und Rose. Auch darin wird die Auswanderung Joeps und Suzannes in die Vereinigten Staaten ohne Umschweife als ein Versuch Suzannes beschrieben, der gewachsenen Ménage-à-trois ein Ende zu bereiten. Siehe: *The Elephant and the Rose*, S. 246–250.

Über die in **Bergen** lebenden Künstler schrieb Dirk Klomp 1942 das Buch *In en om de Bergensche School*. Im Abschnitt »De Jongeren« widmete er auch Gisèle einige Seiten (S. 267–271). Siehe ferner: Smook-Krikke, *Gisèle van Waterschoot van der Gracht en haar Bergense connecties* und Willem van Toorn, »*Er moeten nogal wat halve-garen wonen*«. Speziell die Kriegsjahre behandeln die Erinnerungen der damaligen Ehefrau Victor van Vrieslands: Tonny van der Horst, *Liefde en oorlog*.

Gisèles Erinnerungen an die Ereignisse rund um den **Tod Edgar du Perrons** mögen verzerrt sein, doch konsistent sind sie schon. Der erste Niederschlag findet sich in einem der vier »Kriegsbriefe«, die sie kurz nach der Befreiung an Freunde und Familienangehörige in den Vereinigten Staaten schickte, um sie über all ihre Erlebnisse während der Besatzung zu informieren: »Er fiel in meine Arme zurück und konnte kein Wort sagen. Bep und Jani waren gerade zurückgekommen und stürzten, als sie mich in Panik schreien hörten, in den Raum.« Diese Szene hatte in ihrer Erinnerung am späten Nachmittag stattgefunden. Alain war zu diesem Zeitpunkt noch draußen beim Spiel gewesen (Brief II, 26. Mai 1945). In dem Gespräch, das der du-Perron-Kenner J. H. W. Veenstra 1977 mit Gisèle über die Ereignisse in den ersten Kriegstagen führte, erzählte sie erneut mit großer Bestimmtheit, dass du Perron gestorben sei, während er in ihrem Beisein Erinnerungen an sein Leben wachgerufen habe, und dass dies am späten Nachmittag gewesen sei, genau in dem Moment, als Jany und Bep das Haus betreten hätten. Ein Protokoll des Gesprächs befindet sich im LM.

Die Erinnerungen Adriaan Roland Holsts an den Tag der Kapitulation finden sich in dem Buch *Ik herinner mij*, einem Protokoll der Radiointerviews über sein Leben, die Simon Carmiggelt mit ihm geführt hatte. In Roland Holsts Version der Geschichte taucht Gisèle nicht auf, und du Perron stirbt erst später am Abend. Dieser Todeszeitpunkt wird auch von dem du-Perron-Biographen Kees Snoek genannt, der dafür noch zusätzliche Beweise in einigen kurz nach dem Ereignis geschriebenen Briefen und Postkarten von Bep du Perron und Roland Holst fand. Siehe Kees Snoek, *E. du Perron. Het leven van een smalle mens*, S. 983–986.

Einen neuen Hinweis, dass Gisèle sich im Zeitpunkt geirrt hat, fand ich in ihrem eigenen Kalender des Jahres 1940. Darin notierte sie am 14. Mai: »Am Abend gegen 10.30 ist Eddy du Perron in meinen Armen gestorben.« Vielleicht saß sie am Bett, als er seinen fatalen Herzkrampf bekam, und dieser Vorfall hat sich zusammen mit dem Nachmittagsbesuch, als sie sich gemeinsam Fotos ansahen, zu einer einzigen Erinnerung verdichtet. Die Erinnerung, wonach du Perron in ihren Armen gestorben war, kehrt in späteren Interviews regelmäßig zurück.

Gisèles Begegnung mit **Wolfgang Frommel** (1902–1986) und seinen zwei Freunden 1940 im Hause Roland Holsts beschreibt sie in den bereits erwähnten Kriegsbriefen (Brief II, 26. Mai 1945). Siehe dazu auch Claus Victor Bock, *Untergetaucht unter Freunden* (S. 31–32). Diese Begegnung muss irgendwann in der zweiten Hälfte des Monats Juni stattgefunden haben, als das Modellsitzen gerade erst begonnen hatte. Die meisten dieser Sitzungen fanden im Juli und August statt, aber in den beiden Monaten kann Billy Hildesheimer nicht dabei gewesen sein. Er wurde (als britischer Staatsbürger) am 26. Juni 1940 interniert. Zu der Begegnung muss es also auf jeden Fall vor diesem Datum gekommen sein. Es war übrigens auch nicht das erste Mal, dass Gisèle und Wolfgang sich gesehen hatten. Die erste, wenn auch sehr flüchtige Begegnung hatte gut ein halbes Jahr vorher im Haus von Etha Fles, De Zonnebloem, stattgefunden, als Gisèle auf Fürsprache Roland Holsts zu ihr kam, um zu telefonieren. Wolfgang und Gisèle selbst nannten in späteren Jahren immer den Herbst 1939 als den Zeitraum, in dem alles begonnen hatte.

Herkunft der Zitate aus dem vierten Kapitel (S. 99–136)

»Es macht sie sehr viel ausgeglichener und heiterer«: Vater an Ides und Arthur, 7. Dezember 1935.
»Du bist doch nicht verrückt«: Vater an Gisèle, 9. März 1940.
»Man möchte von Frl. Waterschoot Dinge sehen«: *De Maasbode*, 6. November 1937.
»Du warst in jeder Beziehung ein wundervoller Daddy«: Ansprache Gisèle, 15. Mai 1938.
»Ich brauche Ihnen nicht zu sagen«: Joep an Gisèle, 18. Juni oder Juli 1935 (*Werk is mijn redding*, S. 13).
»Nun, liebe Gisy«: Erwin an Gisèle, 17. September 1936.
»Vergiss nie, dass Suzanne mehr ist«: Roland Holst an Gisèle, 20. Februar 1937.
»Wir alle zusammengenommen«: Gisèle an Roland Holst [22. Februar 1937].
»Ich bin müde und angewidert«: Suzanne an Roland Holst, zitiert in Roland Holsts Antwort, 20. April 1937 (LM).
»Seit der Kindheit«: Interview mit Jan van Keulen, *CP* (Heft 145), 1980.
»Es ist ein lebender Katalog der Berühmtheiten«: Gisèle an Eltern, August 1938.
»Ihr Vorgehen gegen die Juden«: Vater an Ides und Arthur, 16. November 1938.
»Ein Gefühl des Ertrinkens«: Claire Nicolas White, *Fragments of Stained Glass*, S. 68.
»Wie Sie ihrer Karriere«: Willem an Joep und Suzanne, 9. Dezember 1939.
»Seine Gedichte habe ich durch ihn selbst zu verstehen gelernt«: Gisèle an H. Alsemgeest, 8. Dezember 1941 (LM).
»Ein beeindruckendes Ganzes«: *De Tijd*, 2. Januar 1941.
»Eine Glasmalerin von großem Format«: *De Nieuwe Koerier*, 14. Dezember 1940.
»Der griechische Germane«: du Perron an Roland Holst, 22. November 1939.
In: *Brieven*, Band VIII, S. 337–339.

ANMERKUNGEN ZUM FÜNFTEN KAPITEL

Für dieses Kapitel habe ich aus dem Archiv von Gisèle Familienkorrespondenz, Briefe von Joep Nicolas, Adriaan Roland Holst, Marius (Eep) Roland Holst und Charles Eyck, Briefe von und an Wolfgang Frommel, Mappen mit Werkdokumentationen 1941–1945 sowie die Kalender der Jahre 1940–1942 benutzt.

Über **Jean de Zantis de Frymerson** (1901–1982) und seine Beteiligung an der Pilotenhilfe (die belgisch-französische »Comet Line«) ist einiges bei Ingrid van der Chijs, *Luchtmeisjes*, zu finden.

Gisèles Ausstellung im **Kunstzaal Van Lier** wurde im *Alkmaarsche Courant*, 24. Februar 1941, im *Algemeen Handelsblad*, 27. Februar 1941, in *De*

Telegraaf, 28. Februar 1941, im *Nieuwe Rotterdamsche Courant*, 28. Februar 1941, in *De Limburger*, 1. März 1941 und in *De Tijd*, 6. März 1941 besprochen. Informationen über den Verkauf ließen sich nicht mehr finden. Über Carel van Lier und seine Kunsthandlung schrieb sein Enkel Bas van Lier das Buch *Carel van Lier. Kunsthandelaar, wegbereider 1897-1945*. Carel van Lier wurde 1943 verhaftet und nach Auschwitz deportiert. Er überlebte den Krieg nicht.

Auch die nahezu identische Ausstellung bei Martinus Liernur in Den Haag stieß auf öffentliches Interesse. Siehe *Het Vaderland*, 30. Oktober 1941; *Nieuwe Rotterdamsche Courant*, 31. Oktober 1941; *Vooruit (Den Haag)*, 1. November 1941; *Het Ochtendblad, Den Haag*, 2. November 1941; *Algemeen Handelsblad*, 4. November 1941.

Die Literatur über **Stefan George** (1868-1933) ist fast nicht mehr zu überblicken. Ich habe mich hauptsächlich auf die Biographien von Robert E. Norton (*Secret Germany*) und Thomas Karlauf (*Stefan George. Die Entdeckung des Charisma*) gestützt. Außerdem habe ich stark von dem Aufsatz von Frits Boterman (»Geest als macht«) sowie den Büchern von Carola Groppe (*Die Macht der Bildung*) und Ulrich Raulff (*Kreis ohne Meister*) profitiert.

In der biographischen Literatur über **Wolfgang Frommel** (1902-1986) und der Geschichtsschreibung über die Vorgeschichte des Castrum Peregrini lassen sich zwei Strömungen unterscheiden. Die erste, mythologisierende, stammt von seinen (ehemaligen) Anhängern; siehe z. B. den auch als Buch erschienenen Sonderband der Zeitschrift *Castrum Peregrini: Argonaut im 20. Jahrhundert*; Michael Landmanns Aufsatz »Wolfgang Frommel«; Thomas Karlauf: »Castrum Peregrini. Stationen der Vorgeschichte«. Mit seiner Dissertation über Frommels Jahre als Mitarbeiter beim Rundfunk, *»Vom Schicksal des deutschen Geistes«*, liefert Michael Philipp das Verbindungsglied zur zweiten, kritischen Tradition, die 1963 ihren Anfang mit der Dissertation von Donald O. White, *Castrum Peregrini and the Heritage of Stefan George*, nimmt. Danach folgen Günter Baumann, *Dichtung als Lebensform*, der Aufsatz von Manfred Herzer in der Zeitschrift *Capri* Nr. 27 und der Beitrag über Frommel in Bernd-Ulrich Hergemöller (Hg.), *Mann für Mann*.

Den wichtigsten Hinweis auf eine **SA-Mitgliedschaft** Frommels liefert dieser selbst in einem von ihm ausgefüllten Fragebogen vom September 1933, siehe Baumann, *Dichtung als Lebensform*, S. 241. Eine Abbildung dieses Dokuments ist in Manfred Herzer, *Capri* Nr. 27, S. 3-4, enthalten. Einen zweiten Hinweis gibt Ulrich Raulff in seinem Buch *Kreis ohne Meister*, in dem eine Erinnerung an einen Besuch Frommels – in SA-Uniform – bei Ernst Gundolf zitiert wird (S. 513-514).

Dem biographischen Hintergrund **Percy Gotheins** sowie allen Höhen und Tiefen seines Verhältnisses zu Stefan George widmet Thomas Karlauf diverse Passagen in seiner George-Biographie. Die Erinnerungen **Buris** wurden nach seinem Tod von Stephan C. Bischoff unter dem Titel *Ich gab dir die Fackel im Sprunge* herausgegeben. Sie behandeln seine Kindheit und Jugend, seine Begegnung mit Frommel, seinen Umzug in die Niederlande, den Krieg, das Leben im Versteck und die Befreiung. Danach reißen die Erinnerungen ab. Siehe zu Buri auch den Sammelband mit Erinnerungen von Freunden, *Een vogel op je schouder*, herausgegeben von Marianne Stern. Die vollständige Korrespondenz zwischen Buri und Frommel aus den Jahren 1933–1984 wurde 2017 von Stephan Bischoff herausgegeben.

Für den Aufstieg und Niedergang der Ideologie des **pädagogischen Eros** sei auf die Dissertation von Thijs Maasen, *De pedagogische eros in het geding*, verwiesen. Maasen beschreibt darin, wie das Phänomen um 1920 herum immer mehr in ein schiefes Licht geriet, weil die gleichgeschlechtlichen Freundschaften zunehmend den Verdacht auf sich zogen, den pädagogischen Eros nur als Deckmantel für homosexuelle Beziehungen zu nutzen. Mehr als einmal kam es in der georgeanisch inspirierten Pädagogik zu Gerichtsverfahren, in denen es um Sittendelikte ging. Maasen beschreibt den Fall des Reformpädagogen Gustav Wyneken und seiner Freien Schulgemeinde Wickersdorf, die in den ersten Jahrzehnten des zwanzigsten Jahrhunderts für negative Schlagzeilen sorgten. Ein erst wenige Jahre zurückliegender Skandal betrifft die Odenwaldschule, ein berühmtes Landerziehungsheim, das 1910 von dem Pädagogen-Ehepaar Paul und Edith Geheeb gegründet worden war und 2015 wegen einer über lange Zeit hinweg vertuschten Geschichte des sexuellen Missbrauchs durch Schulleitung und Lehrer die Türen schloss.

Truusje Goedings bringt in ihrer Monographie über den Maler Friso ten Holt, *Het licht bij noordenwind* (S. 30–32), Licht in **Frommels Kontakte zur Bergener Jugend** und seine Vorgehensweise (die Taktik der Überrumpelung und die Treffen in Abgeschiedenheit). Der damals achtzehnjährige Friso stand eine Weile im Bann des älteren Dichters, brach den Kontakt jedoch nach ein paar Monaten ab, weil er nicht näher erläuterte »Einwände« hatte und seine Eigenständigkeit nicht gegen den Beitritt zu einer Denkschule eintauschen wollte. Typisch für Frommel ist die Art und Weise, in der er auf diese Abweisung reagierte, nämlich indem er negative Gerüchte über den »Starrsinn« Frisos streute.

Frommels umstrittene Anwesenheit in der **Quäkerschule in Ommen** ist von Joke Haverkorn und Willem Mörzer (Hg.) in *Sluit tot vaste kring de* *handen*, S. 87–88, festgehalten worden. Die Begegnung mit Claus wird in dessen Buch *Untergetaucht unter Freunden* beschrieben. Manuel Goldschmidt äußert sich in »Meine Freundschaft mit Wolfgang Frommel« über die Rolle, die Frommel in seinem Leben gespielt hat.

Wolfgang Cordan (1909–1966), der eigentlich Heinrich Wolfgang Horn hieß, hatte Deutschland bereits 1933 verlassen und machte im Hause Adriaan Roland Holsts in Bergen die Bekanntschaft Frommels. Er war eng mit der sozialistischen und antifaschistischen Monatszeitschrift *Het Fundament* verbunden und fühlte sich ebenso wie Frommel zum Pädagogen berufen, war jedoch, anders als Frommel, kein ausgesprochener George-Adept. Später sollte es zum Bruch kommen, doch in den ersten Kriegsjahren arbeiteten die beiden Männer gemeinsam an einigen (teilweise heimlichen) Buchausgaben sowie an einer Anthologie niederländischer Poesie in deutscher Übersetzung. Zu Cordan siehe die Aufsätze von Manfred Herzer in *Capri* Nr. 26 und 27, Gert Hekma, »Twee Wolfgangs«, und Marita Keilson-Lauritz, »Centaurenliefde«.

Die Briefe **Reinout van Rossum du Chattels**, aus denen ich zitiere, sind an Joke Haverkorn van Rijsewijk gerichtet, die im achten Kapitel dieses Buchs ihren Einzug hält und mir Einsicht in den Briefwechsel gegeben hat. Die sexuellen Handlungen auf dem Dachboden des leeren Hauses in Bergen beschreibt er als »gegenseitiges Onanieren«. »Natürlich waren dieser Nacht Umarmungen vorangegangen«, schreibt er, »bei denen der Penis deutlich zu spüren war, Berührungen, aber auch ernsthafte Gespräche, intime Gespräche« (15./16. November 1995).

Daniël Boeke schrieb seine Erinnerungen *Bloomers in Heather* unter dem Pseudonym Peter Voerman. Nach seinem Tod wurden sie von einem Cousin in einer kleinen Auflage gedruckt. Boeke beschreibt darin, wie er während des bewussten Wochenendes durch die Avancen »Friedrichs« überrumpelt und, anfänglich vor Angst zitternd, in »einem merkwürdigen erotischen Tanz« mitgezogen wird: »Wieder und wieder beschwört Friedrich den Segen der Götter in Bekräftigung der Ekstase für den jungen Mann. Peter fühlt sich fast wie ein Opferlamm auf dem Altar einer erotischen Leidenschaft, die er nicht ganz teilen, sondern nur erahnen kann. In psychologischen Kategorien trennt er sich partiell von seinen tief verwurzelten Maßstäben männlich-weiblicher Sexualität, während er alles andere als heiter auf den Überschwang seines Freundes reagiert. Seine innere Verwirrung und der Aufruhr dieser Begegnung wird durch seine tiefe Liebe zu dem rätselhaften Friedrich gemildert.«

Es bleibt bei dieser einmaligen Erfahrung: »Nach dieser einen schicksalhaften Begegnung befand Peter sich nie wieder allein mit Friedrich. Vielleicht hatte Letzterer gespürt, dass nicht alles so gewesen war, wie es zu dem Zeitpunkt hätte sein sollen? Peters eigener instinktiver Widerstand gegen den Eingriff in seine elementare Männlichkeit spielte ebenfalls eine Rolle dabei, weitere intime Begegnungen mit seinem Mentor zu vermeiden« (idem, Kap. 19).

Die Korrespondenz zwischen Daniël Boeke und Frommel befindet sich im Frommel-Archiv im LM. Informationen über die Sittengesetzgebung sowie Angaben über die Strafverfolgungspolitik stammen aus dem Bericht von Joost Vijselaar u. a.: *Therapeutische castratie*, S. 19–24.

Herkunft der Zitate aus dem fünften Kapitel (S. 137–170)

»Im Haus ihres Vaters im nordholländischen Bergen«: Victor van Vriesland an
   Alfred Kossmann, o. D. [ca. 1970], (LM, mit Dank an Rob Groenewegen).
»Zumindest gibt es Ersatz«: Joep an Gisèle, 17. Dezember 1940 (*Werk is mijn redding*,
   S. 49).
»Ich bin verliebt in die Dinge«: Charles Eyck an Gisèle, o. D.
»Es muss mir von der Seele«: zitiert nach van der Vegt, *A. Roland Holst*, S. 398.
»Wir müssen uns ernsthaft darüber unterhalten«: Vater an Gisèle,
   29. November 1941.
»Das sind also Deine Gründe«: Vater an Gisèle, 8. Dezember 1941.
»Bist Du ganz SICHER«: Vater an Gisèle, 1. April 1941.
»Denk daran, dass ich überhaupt nichts dagegen habe«: Vater an Gisèle,
   12. April 1942.
»Auf einigen Seiten«: Dokument, abgedruckt in Herzer, *Capri* Nr. 27, S. 5.
»Wie verzaubert ging ich nach Hause«: Bischoff, *Ich gab dir*, S. 33.
»In einen goldblonden Helm umgewandelt«: Idem, S. 131.
»Das konsumieren von knaben«: Tagebuchfragment (1944) aus Herzer,
   in *Capri* Nr. 34, S. 14.
»Eine merkwürdige Mischung aus Akzeptanz«: Voerman [Daniël Boeke], *Bloomers*,
   Kap. 19, o. S.
»Es war alles reichlich kompliziert«: Reinout van Rossum an Joke Haverkorn,
   18.–23. November 1995.
»So etwas war süchtig machend«: Idem, 22. März 1996.
»Alles, was unter Freunden«: Goldschmidt, »Meine Freundschaft«, S. 52.
»Er erzählte mir dann«: Daniël Boeke an Frommel, 29. Januar 1942 (LM).
»Ganz herzlichen Dank für Deinen Brief«: Idem, 23. Februar 1942.
»Hat es nun eigentlich noch Sinn«: Idem, 29. September 1941.
»Während der sicher eine Stunde dauernden Unterhaltung«: Reinout van Rossum an
   Joke Haverkorn, 1. Dezember 1995.
»Lächerlich, sich für diese Wesen zu interessieren«: Idem, 18.–23. November 1995.
»Von den Verführungskünsten WFs«: Idem, 15.–16. November 1995.

ANMERKUNGEN ZUM SECHSTEN KAPITEL

Die Geschichte der Quäkerschule und das Schicksal ihrer jüdischen Schüler wird in dem bereits erwähnten Buch *Sluit tot vaste kring de handen* von Joke Haverkorn und Willem Mörzer (Hg.) sowie in den Beiträgen von Joke Haverkorn im Sammelband von Defuster und Somers (Hg.), *Gisèle en haar onderduikers*, S. 96-118, beschrieben.

Eine Reihe derer, die am **Verstecken der jungen jüdischen Männer** in der Herengracht 401 beteiligt waren, haben ihre Erinnerungen niedergeschrieben: Claus Bock (*Untergetaucht unter Freunden*), Buri (in Stephan Bischoff [Hg.], *Ich gab dir die Fackel*) und Manuel Goldschmidt (»Nu gaan we lezen«). Vor allem die Kriegschronik Bocks leidet unter dem Übel, dass es sich bei ihr um autorisierte Geschichtsschreibung handelt, in der eine ganze Menge Dinge nicht zur Sprache kommen. Siehe dazu den Abschnitt »Selbstdarstellung« im neunten Kapitel meines Buchs. Ferner konnte ich folgende Quellen nutzen: das *Bücherbuch* Claus Bocks, in dem er sich Notizen über seine Lektüre machte, sowie seine Kalender aus dem Zeitraum 1942-1945; die vier Kriegsbriefe Gisèles; den Briefwechsel zwischen Gisèle und Wolfgang; die veröffentlichte Korrespondenz zwischen Wolfgang und Buri; die Aufsätze von Leo van Santen und Bert Treffers in dem bereits erwähnten Sammelband *Gisèle en haar onderduikers*, S. 11-51 bzw. 52-68. Zur Geschichte des ursprünglichen Castrum Peregrini im Heiligen Land siehe den Aufsatz von Robin Fedden und John Thomson.

Die während der Besatzung entstandenen Übersetzungen des Werks von Stefan George wurden in späteren Jahren von einer Übersetzergruppe der Freunde erneut durchgesehen, überarbeitet und erweitert. Von dieser Gruppe erschienen Übersetzungen von *Der Stern des Bundes* und *Das neue Reich* (*De ster van het verbond* und *Het nieuwe rijk*). In diesen Fällen handelt es sich nur sehr bedingt um literarische Übersetzungen, sondern um eine weitgehend wortgetreue Umsetzung der Worte des Meisters, so dass das Ergebnis ziemlich ungenießbar ist.

An den **Besuch bei Max Beckmann** (1884-1950) erinnerte sich Gisèle ausführlich in einem Brief an Frommel vom 30. März 1984. Ferner beruht diese Passage auf dem Protokoll eines Interviews, das drei Studenten und ein Mitarbeiter des Kunsthistorisch Instituut in Amsterdam mit Gisèle über ihre Kontakte zu Beckmann geführt haben (8. Januar 1985), den Tagebüchern Max Beckmanns über den Zeitraum 1940-1950 und dem Aufsatz von Beatrice von Bormann, »Argonauten in Amsterdam« im Sammelband *Gisèle en haar onderduikers*, S. 69-95. Es ist bekannt, dass Frommel Beckmann in einem der Gespräche, das die beiden Männer während der Besatzungszeit führten, zu dem Argonauten-Thema inspiriert hat. Häufig wurde angenommen, dass dies mit einiger Verzögerung seinen Niederschlag im Triptychon *Die Argonauten* (1950) gefunden habe, dem letzten Gemälde, an dem Beckmann vor seinem plötzlichen Tod in den USA arbeitete. Von Bormann legt jedoch plausibel dar, dass das Argonauten-Gespräch mit Frommel den unmittelbaren Anlass für das Gemälde *Junge Männer am Meer* (1943) gebildet hat – und nicht für das spätere Triptychon (S. 76–77). Von Bormann erwähnt auch den Artikel in *Elseviers Weekblad*, in dem Gisèle zum ersten Mal über ihren Besuch bei Beckmann am Rokin in Amsterdam erzählt; siehe *Elseviers Weekblad*, 20. November 1954, S. 49.

Die **Besuche deutscher Militärs** in der Herengracht 401 werden von Claus Bock erwähnt, einer davon wurde sogar auf einem Foto festgehalten. Siehe auch die Korrespondenz Frommels mit Horst Krüger und Robert Knauss, beide im Frommel-Archiv. Im Register der Kriegschronik von Claus Bock steht General Knauss irrtümlich als Bernhard Knauss verzeichnet. Wahrscheinlich aufgrund dessen nennt auch Günter Baumann diesen Namen (*Dichtung als Lebensform*, S. 232 und 316). Bernhard Knauss, ein Bekannter Frommels, war ein Kunsthistoriker, der 1940 in dem von Frommel gegründeten Verlag Die Runde ein Buch veröffentlicht hatte (*Staat und Mensch in Hellas*). Bei dem Besucher in Bergen und in der Herengracht handelt es sich jedoch nicht um Bernhard, sondern um seinen Bruder Robert, General der Luftwaffe. Christoph Schubert hatte eine irische Mutter. Er taucht in der Literatur auch als Christoph O'Connor und Christoph Schubert-O'Connor auf.

Der **Pervitinkonsum** Königin Wilhelminas wird sowohl von ihrem Biographen Cees Fasseur, *Wilhelmina. Krijgshaftig in een vormeloze jas* (S. 421) als auch von Marcel Verburg in seiner *Geschiedenis van het Ministerie van Justitie 1940–1945* (S. 141) erwähnt. Dass die Droge in der Nachkriegszeit im Castrum genommen wurde, geht aus dem 2017 erschienenen Briefwechsel zwischen Manuel und Claus über die Jahre 1945–1950 (Leo van Santen [Hg.], »...überhaupt fehlst Du mir sehr.«, S. 305, 317, 320–321) und aus den Erinnerungen von Joke Haverkorn, *Entfernte Erinnerungen* (S. 54) hervor.

Dass **Miep Teunissen** wegen des Besuchs von Percy Gothein ihre eigene Wohnung verlassen musste, ist in den schriftlich überlieferten Erzählungen weggelassen worden. Miep selbst erzählte es später Marita Keilson, siehe »Centaurenliefde«, S. 205. Meine Vermutung, dass sie beim zweiten und sehr viel längeren Besuch Gotheins dasselbe Schicksal traf, stützt sich auf eine Bemerkung in Bocks Kriegschronik: »Nach Percys Verhaftung hatte

Guido seine Frau an die Herengracht zurückgeholt« (*Untergetaucht*, S. 125). Das deutet darauf hin, dass Miep woanders wohnte, solange Gothein in Amsterdam war. **Guido Teunissen** hieß ursprünglich übrigens George (Englisch ausgesprochen), Guido war der Freundesname, den er von Percy Gothein bekommen hatte und bis an sein Lebensende beibehalten sollte.

Über die **Razzia der Grünen Polizei** gibt es diverse Zeugenberichte: von Buri (*Ich gab dir*), Claus (*Untergetaucht*), Gisèle (Kriegsbrief IV; spätere Interviews) und Frommel (Radiosendung »Zeitgenossen«). Laut der späteren Überlieferung soll der Einfall die Folge eines Verrats durch eine abgewiesene, eifersüchtige Freundin Guidos gewesen sein. Aus dem oben erwähnten Briefwechsel zwischen Manuel und Claus geht jedoch hervor, dass man kurz nach dem Krieg erfuhr, dass ein Mitglied aus Mieps Familie hinter dem Verrat steckte. Dieser Version bin ich hier gefolgt. Trotz der Tatsache, dass man in der Herengracht nach dem Krieg also wusste, wer der Verräter gewesen war, hat man es nicht bekannt werden lassen. Dafür, so schreibt Manuel im selben Brief an Claus, wusste diese Person leider zu viel über Guido. Zweifellos handelte es sich dabei um Informationen, die man in der Herengracht lieber verborgen hielt (siehe Leo van Santen, »*... überhaupt*«, S. 173).

Nach dem Februarstreik und der darauffolgenden Entlassung der amtierenden Amsterdamer Stadtverwaltung wurde **E. J. Voûte** (1887–1950) vom Besatzer zum Bürgermeister ernannt. Er entpuppte sich als jemand, der die Anweisungen der Deutschen gewissenhaft ausführte, auch wenn seine Folgsamkeit in den letzten beiden Kriegsjahren ein wenig nachließ. Nach der Befreiung wurde er wegen Kollaboration verurteilt. Bei seinem Prozess hatte Gisèle sich noch für ihn starkgemacht, wie aus einem kurzen Dankschreiben Voûtes vom 19. Oktober 1946 hervorgeht, das sich in ihrem Archiv befindet. Gisèle schrieb dazu: »Bin durch ihn zum ›Lages‹ Chef SD gekommen. Für Vincent hat er vielleicht was versucht. Uns hat er einmal warnen lassen vor einer Razzia. Durch ihn bin ich als Leiterin eines Kindertransports (verhungerte [Kinder]) nach Groningen zu meiner Mutter gekommen.«

Den **Verhaftungen in Ommen** widmete Bock rätselhafte Passagen in seiner Kriegschronik. Francesca Rheannon (die in den USA geborene Tochter Guido Teunissens) hat den Vorfall näher untersucht und darüber in C. Hoorweg u. a. (Hg.), *Aan der droomen torentrans*, S. 235–254, publiziert. Der »Hirnschaden«, den Frommel angeführt haben soll, um das sexuelle Fehlverhalten **Percy Gotheins** zu rechtfertigen, geht auf eine Schusswunde am Kopf zurück, die Gothein sich angeblich im Ersten Weltkrieg zugezogen haben sollte. Die spätere Erzählung über Gothein, seine Geheimmission und seine Rolle im Komplott der Generäle gegen Hitler wird von Manfred Herzer in *Capri* Nr. 34 kräftig auseinandergenommen. In diesem Aufsatz ist auch das Tagebuchfragment von Wolfgang Cordan aus dem Jahr 1944 über die Verhaftungen in Ommen enthalten. Über die Rolle **F. C. Gerretsons** (1884–1958) hat Gerretson-Kenner Emile Henssen in seinem Aufsatz »Een zender naar Engeland« geschrieben. Henssen weist auf die vielen Ungereimtheiten in der Geschichte über den Sender hin, vermeidet jedoch die Schlussfolgerung, dass sie nicht wahr sein kann. Er verweist auf Gerretsons Überprüfungsakte nach dem Krieg (in Het Utrechts Archief), in der dieser tatsächlich Gotheins Besuch erwähnt. Von einem Sender ist darin allerdings keine Rede, wohl aber von einer politisch motivierten Bitte, die Gothein an ihn gerichtet und die er abgelehnt habe. Sollte diese Erklärung der Wahrheit entsprechen, hat Gothein wahrscheinlich auf eigene Faust gehandelt. Seriöse Hinweise, dass er etwas mit der Verschwörung gegen Hitler zu tun hatte, sind bisher nicht gefunden worden. Über den Kreisauer Kreis und die von der Widerstandsgruppe nachweislich eingesetzten Verbindungsleute siehe Ger van Roon, *Neuordnung im Widerstand*.

Herkunft der Zitate aus dem sechsten Kapitel (S. 171–219)

»Für mich (...) bedeutete die Nähe«: Bischoff, *Ich gab dir*, S. 138.
»Familiengründende Materialität«: zitiert nach: Bischoff, *Ich gab dir*, S. 139.
»l'Éducation des femmes«: Frommel an Buri, 13. Juni 1947, Bischoff, *Briefwechsel*, S. 381.
»Ich kann es so wenig«: Idem, o. D. [Anfang 1943], Bischoff, *Briefwechsel*, S. 294.
»Naht nun mein sterbejahr«: zitiert nach: Bischoff, *Ich gab dir*, S. 141.
»Den leicht braunhäutigen Typus«: Elburg, *Geen letterheren*, S. 24–25.
»Und hier drinnen«: Bischoff, *Ich gab dir*, S. 116–117.
»Auch anderen Freunden verschlug es die Stimme«: Claus Bock, *Untergetaucht*, S. 67.
»Das Wort, schon so oft vernommen«: Idem, S. 68.
»Die Gisèle nicht herauswollte«: Manuel an Claus, 1. Mai 1947, van Santen, *»... überhaupt«*, S. 205.
»Mit seinem wilden Haarschopf«: Tonny van der Horst, *Liefde en oorlog*, S. 119.
»Sie ertrug ihre Trauer wie eine Königin«: Gisèle an Arthur, 1. Juni 1945.
»Ich lebe mit Dir, mein Schatz«: Mutter an Gisèle, 3. März 1944.
»Einen Mann mit guten Eigenschaften«: Anlage zum Brief von Mutter an Gisèle, 20. Februar 1944.
»Um Gottes willen«: »Zeitgenossen«, S. 22–23.
»Das war entehrend!«: Reinout van Rossum an Joke Haverkorn, 3.–9. Februar 1996.
»Unsinn übrigens«: Idem, 21.–28. Januar 1996.

ANMERKUNGEN ZUM SIEBTEN KAPITEL

Die Jahre, die in diesem Kapitel beschrieben werden, habe ich zum größten Teil mithilfe von Korrespondenz rekonstruiert. Die Briefe Wolfgangs an Gisèle befinden sich in ihrem Archiv. Die Briefe Gisèles an Wolfgang liegen im Frommel-Archiv. Dasselbe gilt für die (weit weniger umfangreiche) Korrespondenz zwischen Gisèle und Manuel Goldschmidt bzw. Gisèle und Simon van Keulen. Die Korrespondenz mit Buri aus dieser Zeit ist nur einseitig erhalten geblieben. In Gisèles Archiv befinden sich zwar seine Briefe (sowie einige Entwürfe zu Briefen von Gisèle an ihn), doch die Briefe von ihr hob er nicht auf. Es ist Stephan Bischoff, dem Nachlassverwalter Buris, zu verdanken, dass ich dennoch einige von Gisèles Briefen an Buri zu Gesicht bekam, die jedoch aus einer anderen Periode stammen (1967–1990). Weitere Briefe, die ich aus Gisèles Archiv benutzt habe, stammen von Buris Mutter Emma Wongtschowski, Joep und Suzanne Nicolas, Eep Roland Holst und Titus Leeser. Die bereits erwähnten veröffentlichten Briefwechsel zwischen Buri und Wolfgang (Bischoff [Hg.], *Briefwechsel*) bzw. zwischen Manuel und Claus (van Santen [Hg.], »*... überhaupt*«) waren ebenfalls von Nutzen.

Der Briefwechsel zwischen Wolfgang und **Jannie Strengholt** (später Jannie Buri) befindet sich im Frommel-Archiv. Des Weiteren habe ich die im Selbstverlag erschienenen Erinnerungen, die Jannie für ihre Enkelin Simone van Keulen niederschrieb, *Voor Simone*, benutzt.

Die Briefe von Joep an Suzanne wie auch die Briefe von Eep und Annie Roland Holst an die Nicolassens befinden sich im Gemeentearchief van Roermond, die Korrespondenz zwischen Adriaan Roland Holst und dem Ehepaar Nicolas liegt im LM. Der Abschnitt über Gisèles **Tournee durch die USA** stützt sich ferner auf die *Herinneringen* von Suzanne Nicolas-Nijs, die Erinnerungen von Claire Nicolas White in *Snapshots*, S. 127–131, die Gespräche mit Claire und Sylvia sowie die Briefe von Gisèle aus den Vereinigten Staaten an die Daheimgebliebenen in Amsterdam. Anlässlich der Ausstellung in den Schaeffer Galleries erschien die Broschüre *Four Artists Underground*, die eine Übersicht der gezeigten Werke bietet. In den amerikanischen Medien wurde ausführlich über die Ausstellung berichtet: siehe »A Room of One's Own«, *The New Yorker*, 15. Juni 1946, S. 83–84; »Reviews and Previews«, *Art News*, Juni 1946, S. 47; »Three and Gisèle«, *Newsweek*, 10. Juni 1946, S. 96; »Underground Ivory Tower«, *Time*, 10. Juni 1946, S. 51; »Dutch Undergrond Art Show Opens«, *Knickerbocker Weekly*, 10. Juni 1946, S. 28–29; »Art Underground«, *The Art Digest*, 1. Juni 1946, S. 16. Claire Nicolas gab mit dem Artikel »From the Heerengracht« im *Junior Bazaar* vom September 1946 ihr Debüt als Journalistin.

Über die **Änderung der Schlusszeile** in Frommels Gedicht für Buri, mit der die vorherige Ernennung Buris zum Erbfolger wieder ungeschehen gemacht wurde, siehe Bischoff, *Ich gab dir*, S. 141 und 225-226. Die geänderte Fassung des Gedichts wurde später in Frommels Gedichtband *Wandlungen und Sinnbilder* (1982) publiziert.

Die zitierten Entwürfe für den Brief Gisèles an Wolfgang lassen erkennen, dass sie über seine beträchtliche Libido und die Praxis der **Freundesliebe** Bescheid wusste. Über die Frage, woher ihre Kenntnis stammte, was sie (von Buri?) darüber gehört oder unmittelbar von Frommels Verführungsversuchen oder dem Fehlverhalten Percy Gotheins mitbekommen hatte, lässt sich nur spekulieren. Indirekt ist jedoch *eine* Konfrontation überliefert. 1993, an seinem fünfzigsten »Freundschaftstag« mit Wolfgang Frommel, erzählte Haro op het Veld Christiane Kuby, dass Gisèle an dem bewussten Freundschaftstag im Jahr 1943 den damals sechzehnjährigen Haro mit seinem Mentor in ihrem Atelier in Leeuwen-Maasniel auf frischer Tat ertappt hätte. »Wolfgang, ich glaube, der Harrie kann jetzt besser gehen!«, soll sie seiner Erinnerung zufolge bei dieser Gelegenheit gesagt haben. Christiane notierte das Gespräch in ihrem Tagebuch.

Der Artikel in der *Libelle* stammt von Caty Verbeek. Zu den unerfreulichen Entwicklungen im Verhältnis zwischen Frommel und der Familie Gelpke siehe Bischoff, *Briefwechsel*, S. 59 und 667-670. Frommels Bericht über seine Begegnung mit Stefan George im Jahr 1923 (*Der Dichter. Ein Bericht*) erschien 1961 noch einmal unter dem Titel »Der Meister« in der *CP*.

Herkunft der Zitate aus dem siebten Kapitel (S. 220-269)

»Aber Frommel und die andern«: Ides an Gisèle, o. D. [1945].
»Erinnerst Du Dich an den Baum?«: Erwin an Gisèle, 14. Januar 1946.
»Enthaltsam muss sie sein«: *Castrum Peregrini Gedenkboek*, 1945, S. 102.
»Gisèle als kleine Puritanerin«: Annie Roland Holst-de Meester an Joep und Suzanne, 25. Oktober 1945.
»Das Paradies verspreche ich Dir nicht«: Suzanne Nicolas an Gisèle, o. D. [Sommer 1945].
»Ich habe zu sehr angefangen«: Buri an Gisèle, 5. Juni 1946.
»Es ist, als läge hier ein bleischwerer Zwang«: J. M. Prange in *Het Parool*, 22. Mai 1947.
»Wie war es möglich«: Wolfgang an Buri, 15. Mai 1947, Bischoff, *Briefwechsel*, S. 378.
»Sie verabscheut die Mentalität Frommels«: Joep an Suzanne, o. D. [September 1946].
»Das liegt wahrscheinlich an meinem Charakter«: Joep an Gisèle, 23. Juni 1947 (*Werk is mijn redding*, S. 102).
»Ich gehöre zu dir«: Gisèle an Wolfgang, 4. Februar 1949.
»Es wird allen eine wahre Freude sein«: Manuel an Claus, 13. April 1947, van Santen, »... überhaupt«, S. 202.
»Schaurigen Teufelskreis«: Eep an Gisèle, o. D. [September 1948].

»Nicht nur so irre«: Manuel an Wolfgang, zitiert in Wolfgang an Jannie, 22. Juli 1948.
»Ich wäre für ihn durchs feuer gegangen«: Gisèle an Wolfgang, 21. Juni 1948 (Briefentwurf 1).
»Solange deine jünger ganz jung sind«: Idem.
»Meine spezifische tragödie«: Idem (Briefentwurf 2).
»Wenn unsere Freundschaft die große Sache ist«: Titus Leeser an Gisèle, 13. Januar 1948.
»Ich will beweisen«: Gisèle an Wolfgang, September 1948.
»Geistige Abende«: Manuel an Claus, 10. Oktober 1948, van Santen, »... überhaupt«, S. 278.
»Sag mir, *wozu?*«: Gisèle an Wolfgang, 23. November 1948.
»Bedeutet Castrum noch was für dich oder nicht?«: Idem, 4. Februar 1949.
»Sein adliges, schönes junges wesen«: Wolfgang an Buri, 1. Oktober 1949, Bischoff, *Briefwechsel*, S. 597.
»Wenn er nicht vorher vor Gisèle flieht«: Manuel an Claus, 31. Oktober 1950, van Santen, »... überhaupt«, S. 379.
»Entamerikanisieren«: Wolfgang an Buri, 10. Dezember 1948, Bischoff, *Briefwechsel*, S. 509.
»Ich träumte, ihr wäret«: Gisèle an Wolfgang, 10. Juli 1954.

ANMERKUNGEN ZUM ACHTEN KAPITEL

Wichtige Informationen für dieses Kapitel habe ich den Interviews mit Joke Haverkorn, Marita Keilson-Lauritz, Ineke Schierenberg-Berbers und Marianne Stern entnommen. Angaben über **Arnold d'Ailly** stammen aus den Gesprächen mit seiner Tochter Antoinette Baan-d'Ailly, dem ihm gewidmeten Beitrag von Herman de Liagre Böhl im BWN, dem Kapitel »Stadsambassadeur Arnold Jan d'Ailly, 1946–1957« in Dirk Wolthekker (Hg.), *Een keten van macht* (S. 173–187), sowie der Biographie von Gijs van Hall, ebenfalls von Wolthekker: *Alleen omdat ik een Van Hall ben*. Der Briefwechsel zwischen Arnold und Gisèle ist beidseitig erhalten geblieben und zählt insgesamt etwas mehr als sechshundert Briefe, von denen der größte Teil, etwa 375, von d'Ailly stammt. Die Korrespondenz über die Annahme einer zweiten Amtsperiode als Bürgermeister liegt im Stadsarchief Amsterdam, archief 306 (A. J. d'Ailly), Inv. Nr. 233.

Über die Vorgeschichte, die Gründung und den Inhalt der **Zeitschrift Castrum Peregrini** haben Donald White in *Castrum Peregrini and the Heritage of Stefan George*, Karlhans Kluncker in *Castrum Peregrini. Een uitgeverij in het teken van Stefan George* und Günter Baumann in *Dichtung als Lebensform* geschrieben. Die Person Emanuel (»Gabriel«) Zeylmans van Emmichoven, seine Rolle als Verleger und sein Engagement beim Castrum Peregrini kommen in der Biographie von Elisabeth Lockhorn über seine erste Frau

Andreas Burnier zur Sprache. Die Gründungsurkunde der Stiftung Castrum Peregrini ist auf den 17. April 1958 datiert. Der erste Vorstand bestand aus Manuel und Peter Goldschmidt, Reinout van Rossum du Chattel, Chris Dekker und Coen (»Corrado«) Stibbe.

Billy Hilsley (1911–2003) und seine Praktiken an der Quäkerschule auf Schloss Eerde und später auf Schloss Beverweerd sind schon lange Gegenstand von Gerüchten. Nach dem Erscheinen von Frank Ligtvoets Artikel »In de schaduw van de meester« im Jahr 2017 über sexuellen Missbrauch in dem Kreis um Wolfgang Frommel haben sich einige von Hilsleys Opfern zu Wort gemeldet; siehe Botje und Donkers, »Misbruik in naam van het hogere«. Ein weiteres Opfer, das anonym zu bleiben wünscht, habe ich persönlich gesprochen. Diese Zeugnisse bestätigen das Bild, das Joke Haverkorn, die in den Fünfzigerjahren selbst Schülerin auf Schloss Eerde war, in ihrem Interview mit Alexander Cammann in *Die Zeit*, 24. Mai 2018 zeichnete. Vorher hatte sie bereits in ihrem Briefwechsel mit Reinout van Rossum das unbeherrschte Verhalten Billys, seine unangreifbare Position an der Schule und die Präsentation der von ihm ausgewählten Schüler beschrieben: »Auch da war es wieder, wer darf zur Party kommen, nach dem Konzert, tief unten im Schloss, knapp oberhalb der Gracht unter den Gewölben, und wer nicht? Wer gehörte zu den Auserwählten? Unten saßen dann schon bei Kerzen und Leckereien (vom Allerfeinsten!) WF und die Seinen und warteten auf dich. Clemens, Manuel, Peter, um nur einige zu nennen. Alles ehemalige Schüler der Schule. So einfach war das. Man kreiste um den ›Nachwuchs‹, neugierig, hungrig (...)« (Joke Haverkorn an Reinout van Rossum, 26. November 1995).

Viel von dem, was es an Publizität um **das Werk von Gisèle** gab, sammelte sie selbst in eigens dafür angelegten Dokumentationsmappen. Einige grundlegende Gedanken zu ihrem Werk fasste sie in dem Ausstellungskatalog *Gisèle van Waterschoot van der Gracht* (Centraal Museum Utrecht 1956) und später in dem Credo »Gespiegelde herinneringen« in dem Buch *Gisèle in Worte*. Der oben bereits erwähnte Aufsatz von Beatrice von Bormann in dem Sammelband *Gisèle en haar onderduikers* geht näher auf Gisèles Verhältnis zu Max Beckmann ein. Aus Anlass der Ausstellung in der Aula der Rijksakademie van Beeldende Kunsten erschien die Broschüre *Gisèle – Weverij »De uil«* (Amsterdam 1959). Die wichtigsten Themen und diversen Strömungen in der niederländischen Kunstkritik in den Jahren 1945–1960 werden in Janneke Jobse, *De schilderkunst in een kritiek stadium?* behandelt.

Neben den im Text zitierten Besprechungen erschienen noch einige weitere Artikel über die Utrechter Ausstellung; siehe Ch. Wentinck, *Elseviers Weekblad*, 24. November 1956 und 12. Januar 1957; H. R. R. [Hans

Rookmaaker] in *Trouw*, 3. Dezember 1956; Hs. R. [Hans Redeker] im *Algemeen Handelsblad*, 4. Dezember 1956. Gisèle zog in diesen Jahren einige Aufmerksamkeit auf sich. Abgesehen von den Rezensionen erschien eine Reihe von Interviews und Artikel über ihr Werk; siehe u. a. Ch. Wentinck im *Katholiek Bouwblad, De Telegraaf*, 10. November 1956 und Lea Wijnberg, *Elegance* (August 1960), S. 25–28.

Was die **Ahmed-Episode** betrifft, beziehe ich mich auf Material aus dem Frommel-Archiv, die Korrespondenz zwischen Wolfgang und Jannie sowie die Mappen »Ahmed Ben Lacen Tija I«, »Ahmed Ben Lacen Tija II« und »Ahmed Ben Lacen Tija II. Vermischtes bzw. Ungelöstes«. Darin befinden sich auch einige kurze Briefe und Postkarten von Ahmed an Gavin Maxwell, die Letzterer bei seinem Besuch in der Herengracht im Mai 1961 daließ. Claus Bock erinnerte in der Rede, die er nach dem Tod Arnolds im Jahr 1967 auf der Trauerfeier für Freunde und Angehörige hielt, an die Bemühungen Arnolds um Ahmed und die daraus entstandenen Gerüchte. Einige Details aus meiner Rekonstruktion (der weiße Rolls-Royce, das Telefonat von Luns) stammen aus Gesprächen mit Joke Haverkorn.

Die Ahmed-Geschichte verursachte in der Herengracht noch eine letzte Schockwelle, als im Februar 1962, kurz vor Ahmeds endgültiger Rückkehr, ein Brief aus Rom eintraf, der von zwei jungen Freunden, Dieter Schierenberg (ein Sohn Rolfs) und Luitpold Frommel (ein Cousin Wolfgangs), stammte. Darin berichteten sie, dass Dieter in dem Antiquariat, in dem er in Rom arbeitete, den französischen Schriftsteller Roger Peyrefitte getroffen habe, der gesagt haben sollte, dass er Wind von Ahmeds Anwesenheit in Amsterdam bekommen hätte und nun vorhabe, einen Roman über die Herengracht 401 zu schreiben. Peyrefitte war seinerzeit ein bekannter Skandalautor, der öffentlich über seine homosexuellen Erfahrungen schrieb und dafür bekannt war, eine Vorliebe für junge Jungen zu haben. Nach seinem erfolgreichen Debüt *Les amitiés particulières* (1943) über die intime Beziehung zwischen Schülern in einem katholischen Jungeninternat hatte er sich auf das Enthüllen verborgener Homosexualität in den besseren Kreisen verlegt. Den Vatikan und die diplomatischen Kreise hatte er sich bereits vorgenommen. Der Brief aus Rom verursachte in der Herengracht eine Riesenpanik, auch Arnold war völlig außer sich. Erschrocken über den Effekt, den ihr Brief gehabt hatte, schickten die beiden Verursacher ein Telegramm hinterher: »Niente paura tutto scherzo panitenti«, also: Nicht erschrecken, es war ein Pan'scher Scherz. Keiner in Amsterdam konnte ihn würdigen – für Castrum-Verhältnisse war er auch außerordentlich gewagt –, doch man kam noch einmal mit dem Schrecken davon.

Herkunft der Zitate aus dem achten Kapitel (S. 270–318)

»Es wird ein süßes Geheimnis bleiben«: Arnold an Gisèle, 7. September 1953 (zweiter Brief).
»Erst seitdem ich Arnold kenne«: Tagebuchnotiz, 26. Januar 1953.
»Ich habe meine Befreiung bei Dir gefunden«: Arnold an Gisèle, 31. Oktober 1952.
»Ihr habt mich aufgerichtet«: Idem, 7. September 1953 (erster Brief).
»Du hast ein neues Lächeln in mein Leben gebracht«: Gisèle an Arnold, November 1952.
»Mein Herz machte einen solchen Sprung«: Kalender, 26. Februar 1953.
»Beim ersten baum rechts mein K. begraben«: Kalender, 14. März 1953.
»Bleibe also doch malerin vorläufig!«: Kalender, 4. März 1953.
»Mon d'Ailly«: Gisèle an Arnold, 28. Juli 1954.
»Es war ein Wunder«: Arnold an Gisèle, 5. März 1954.
»Vorher war es Theorie«: Gisèle an Arnold, Februar 1953.
»Tout mon appareil de dame«: Gisèle an Joep und Suzanne Nicolas, 22. März 1955.
»Nicht wie so viele andere«: Gisèle an Arnold, 28. Juli 1954.
»Ich hoffe, dass sie mich nicht hassen werden«: Idem, 22. Juli 1954.
»H. Georg, der jetzt Nachahmer in Amsterdam hat«: Arnold an Gisèle, 10. Oktober 1952.
»Wunderbar abseitige Zeitschrift«: Harry Mulisch, in *Litterair Paspoort*, 9, Nr. 73 (Januar 1954), S. 21.
»Welches Interesse steckte dahinter?«: Reinout van Rossum an Joke Haverkorn, 10.–11. November 1995.
»Er bleibt eine Art high-brow Animierbube«: Roland Holst an Wolfgang Cordan, zitiert in *Capri* Nr. 27, S. 14.
»Christliche und profane Ikonografie«: aus »Gespiegelde herinneringen«, in *Gisèle*, S. 50.
»Es ist mein Templerbuch«: Gisèle an Wolfgang, 1. August 1949.
»Das meisterhafte Pentaptychon«: *Utrechts Nieuwsblad*, 21. November 1956.
»ein sehr kurioses und ungewöhnliches Werk«: Jan Engelman, *De Tijd*, 8. Dezember 1956.
»Ich habe Eile, liebe Gisèle!«: Arnold an Gisèle, 19. März 1955.
»Da war auch ein Bruder von Arnold«: Roland Holst an Suzanne Nicolas, 24. November 1958 (LM).
»Aber schwer ist es es«: Gisèle an Joke, 5. Juni 1966.
»Dieses Misstrauen von Dir«: Gisèle an Arnold, 3. November 1958.
»Er hat Castrum als notwendiges Übel akzeptiert«: Interview mit Marita Keilson-Lauritz.
»Zauberhaften elfjährigen Achmed«: Wolfgang an Gisèle, 12. Oktober 1959.
»Fils de l'Islam et aussi de Rolf et Wolfgang«: Ahmed an Rolf Schierenberg, o. D. (LM).

ANMERKUNGEN ZUM NEUNTEN KAPITEL

Die Korrespondenz zwischen Arnold d'Ailly und dem Bürgermeister von Haarlemmerliede über die Nutzung des Friedhofs beim Stompe Toren befindet sich im Gemeindearchiv von Haarlemmerliede und Spaarnwoude; siehe dazu auch die Broschüre von Jack Westman und Ingeborg Jansen,

»Castrum Peregrini en de Stompe Toren« o. D. [ca. 1991]. Einer späteren Mitteilung in Gisèles Kalender zufolge wurden die sieben Grabstellen für vierzigtausend Gulden gekauft (Kalender, 18. Juni 1997).

Die wichtigsten Quellen zu Gisèles **Aufenthalt auf Paros** bildeten ihre Kalender, ein Tagebuch aus den Jahren 1975-1981 (»Parisches Tagebuch«) sowie Gespräche mit Wim Drion, Phillada Lecomte, Stella Lubsen und Zanetta Sommaripa. Das Leben und die Atmosphäre auf der Insel in den Sechziger- und Siebzigerjahren wird in dem Sammelband *Parian Chronicles*, in dem Fionnuala Brennan und Charlotte Carlin Erinnerungen der ersten Ausländer sammelten, die die Insel zu ihrer zweiten Heimat gemacht hatten, treffend wiedergegeben. Das Klima der Missgunst und Verleumdung, das nach Arnolds Tod um Gisèle entstand, wird bereits im Sommer 1968 in einem Brief von Wolfgang an Buri erwähnt (Bischoff, *Briefwechsel*, S. 779-783) und kommt ebenfalls in Stellas Briefen an Gisèle zur Sprache.

Paros ist ein wiederkehrendes Thema im Werk **Desmond O'Gradys** (1935-2014). Er verfasste diverse Gedichte, in denen er die Landschaft, das Meer und die Geschichte der Insel wie auch die Freundschaften beschreibt, die er dort knüpfte. Seiner großen Wohltäterin Gisèle widmete er verschiedene Gedichtbände sowie eine Reihe einzelner Gedichte: »Gisèle Unwell« im Band *Separations* (1973); »Gisèle at Eighty« und das Triptychon »Gisèle Triptych« in *Tipperary* (1991). Die Briefe Gisèles an Desmond O'Grady befinden sich bei den Desmond O'Grady Papers in der Emory University in Atlanta, USA. Darunter sind auch einige Briefe von ihm an sie sowie das Manuskript zu »The Painter on Paros« (1995), ein Aufsatz über seine Begegnung und die Freundschaft mit Gisèle, der als Grundlage für seine (nie erschienenen) Memoiren dienen sollte.

Die Kreisgemälde Gisèles weisen einige Verwandtschaft mit den weißen Reliefs auf, die der britische Maler Ben Nicholson (1894-1982) in den Dreißigerjahren anfertigte. In späteren Jahren ließ auch Nicholson sich von Paros inspirieren. Er besuchte die Insel erstmals 1959 und kehrte noch ein paar Mal zurück. Material zu Gisèles Ausstellung in den Siebzigerjahren befindet sich in ihren eigenen Dokumentationsmappen. Sowohl der Kunsthandel M. L. de Boer als auch das Singer Museum gaben anlässlich ihrer Ausstellung einen kleinen Katalog heraus.

Über Andreas Burniers Beziehung zum Castrum Peregrini und ihren Debütroman *Een tevreden lach* (auf Deutsch: *Rendezvous bei Stella Artois*) schreibt ihre Biographin Elisabeth Lockhorn (siehe *Andreas Burnier, metselaar van de wereld*, S. 132-136 und 182-187). Meine Beschreibung des **Castrum** als »gierige Institution« beruht auf Gesprächen mit ehemaligen Bewohnern der Herengracht und der Komturei (Luk van Driessche, Thomas Karlauf und Christiane Kuby). Karlauf veröffentlichte unter dem Titel »Meine Jahre im Elfenbeinturm« einen Rückblick auf seine Hegra-Jahre; Kuby brachte ihre Erlebnisse in verschiedenen Interviews zur Sprache (siehe u. a. Botje en Donkers, »Misbruik in naam van het hogere« und Encke, »Das Ende des geheimen Deutschlands«). Zusätzlich hierzu sprach ich mit Jowa Kis-Jovak, Frank Ligtvoet, Reimar Schefold und Angrid Tilanus.

Bezüglich des Erbes von **Selina Pierson-Andrée Wiltens** (1882–1965) hört man die Geschichte, dass Selina in den Fünfzigerjahren den finanziellen Unterhalt für den Hoeve Bargsigt nicht mehr aufbringen und irgendwann selbst die Fixkosten kaum noch bezahlen konnte. Chris Dekker habe ihr mit einer monatlichen Zuwendung aus dem Familienkapital aus der Bredouille geholfen, und im Gegenzug sollte sie dem Castrum ihr Haus hinterlassen. Ich habe nicht herausfinden können, ob es sich tatsächlich so abgespielt hat, aber sicher ist, dass der Hoeve Bargsigt nach ihrem Tod dem Castrum Peregrini zufiel und dies für Selinas Familie eine unangenehme Überraschung war. Nach dem Verkauf von Bargsigt wurde das Gebäude am Oudezijds Voorburgwal (Vorder- und Hinterhaus) für einen Betrag von 105 000 Gulden gekauft. Das Vorderhaus wurde gleich wieder veräußert, was 64 000 Gulden einbrachte, so dass das Hinterhaus (die Komturei) alles in allem für 41 000 Gulden Eigentum der Stiftung Castrum Peregrini wurde (Angaben aus dem Grundbuchamt).

Der von Karlhans Kluncker zusammengestellte und von ihm eingeleitete Katalog zur **Ausstellung** »**25 Jahre Castrum Peregrini Amsterdam**« erschien 1976 unter dem Titel *25 Jahre Castrum Peregrini Amsterdam. Dokumentation einer Runde* und drei Jahre später in niederländischer Übersetzung: *Castrum Peregrini. Een uitgeverij in het teken van Stefan George*. Siehe auch die Rede von Claus Bock zum Abschluss der Ausstellungstournee in Den Haag 1980: »Castrum Peregrini Amsterdam. Profil einer Ausstellung«. Für eine kritische Bewertung sei auf Thomas Karlauf verwiesen, der das Ganze aus der Nähe mitverfolgte: »An jedem Ort wurden feierliche Reden gehalten, die Lokalpresse druckte brav alles nach, und das nächste ›Castrum‹-Heft zitierte dann wieder Festredner und Lokalpresse. So spiegelte man sich im Lob seiner selbst.« Diese sich lang hinziehende Selbstbeweihräucherung habe seines Erachtens das Ende der intellektuellen Neugier bedeutet: »Das ›Castrum Peregrini‹ wurde sich selbst zum Mythos« (Karlauf, »Meine Jahre«, S. 269–270).

Bei der **Übertreibung hinsichtlich der Zahl der Untergetauchten** in der Herengracht 401 ist die zitierte Anzahl »von sieben jüdischen Jungen«

aller Wahrscheinlichkeit nach den offiziellen Angaben von Yad Vashem entnommen, die, wie Frank Ligtvoet entdeckte, völlig unzuverlässig sind. 1997 erhielt auch Gisèle die Auszeichnung »Gerechte unter den Völkern« (siehe zehntes Kapitel). Auf der Website von Yad Vashem und in der Veröffentlichung *Rechtvaardigen onder de Volkeren* heißt es zu ihren Verdiensten: »Nachdem sie nach Amsterdam gezogen war, hat Gisèle sieben jüdische Kinder einer Schule in Eerde versteckt gehalten, unter denen sich der siebzehnjährige Rudolf Goldschmidt befand, den sie 1943 in ihrem Grachtenhaus in Amsterdam unterbrachte, wo er bis zum Kriegsende geblieben ist. Als er herausfand, dass seine Eltern gestorben waren, blieb er noch geraume Zeit bei Gisèle« (S. 72).

Nicht nur die genannte Zahl von sieben jüdischen Schülern aus Eerde ist hier falsch, sondern auch die Informationen über Rudolf Goldschmidt (Manuel) stimmen nicht. Manuel hatte sich nicht versteckt. Nach der Befreiung blieb er zwar tatsächlich in der Herengracht hängen, aber nicht, weil seine Eltern im Krieg umgekommen waren. Sein Vater war schon eine ganze Weile vor dem Krieg gestorben, seine nichtjüdische Mutter lebte noch bis 1974. Auch der Eintrag über Wolfgang Frommel enthält eine unbegreifliche Menge an Fehlern (S. 294-295).

Die Ereignisse rund um **Gisèles Verhaftung** habe ich stark verkürzt wiedergegeben. Ein ausführlicher Bericht findet sich in ihrem Kalender von 1982. Während der Überfahrt nach Syros wurde Gisèle von ihren beiden Gästen begleitet, die gerade an dem Tag auf Paros eingetroffen waren: Ghislaine und Philippa van Loon, die Ehefrau und die Tochter des Archäologen Maurits van Loon. Mit Ghislaine war Gisèle eng befreundet. Mutter und Tochter blieben auf Syros in einem Hotel, während Gisèle die Nacht in der Zelle verbrachte. In den Niederlanden erschienen Berichte über die Hetze gegen Gisèle in *Het Parool* (27., 28., 31. August, 4. September 1982), *Trouw* (28. August 1982), *De Telegraaf* (28. August 1982, versehentlich mit einem Foto der ersten Ehefrau d'Aillys versehen) und in *Panorama* (29. Oktober 1982).

Herkunft der Zitate aus dem neunten Kapitel (S. 319-369)

»Ich habe Traummonate hinter mir«: Arnold an Gisèle, 27. August 1967.
»Verflucht sei die Ziege Mary Alexander«: Idem, 14. September 1967.
»Mir geht es blendend!«: Idem, 12. September 1967.
»Ich will wieder meinen glauben«: undatiertes Dokument, Archiv CP [1968].
»Poesie ist Malen mit Worten«: Aufzeichnungen in der Mappe »To be or not to be«.
»Es ist vielleicht das größte Verdienst«: Wentinck in *Katholiek Bouwblad*, S. 232.
»Spiegel, die mehr zurückwerfen«: *Gisèle van Waterschoot van der Gracht*. Katalog Kunsthandel M. L. de Boer.

»Wenn Du mich fragst, warum«: Gisèle an Adriaan Roland Holst, 19. Mai 1976 (Briefentwurf, Archiv CP).
»Nie wieder habe ich ein Haus gesehen«: Karlauf, »Meine Jahre«, S. 265.
»Das waren angesehene Leute«: Interview mit Karlauf, *Frankfurter Allgemeine Zeitung*, 5. April 2010.
»Gott weiss, dein Eros lässt nicht zu wünschen«: Gisèle an Wolfgang, 21. Juni 1948 (Briefentwurf 1).
»Zur Tarnung, für den Haushalt oder das Geld«: Reinout van Rossum an Joke Haverkorn, 3.-9. Februar 1996.
»Er will das Puzzle zusammensetzen«: Parisches Tagebuch, 18. Juni 1975.
»Diese Medaille sollte eher an Dich«: Ides an Gisèle, 29. Januar 1977.
»Man kann sachen sagen«: Gisèle an Wolfgang, Manuel und Claus, 30. Juli 1976.
»Ich realisiere durch Claus' erzählung«: Aufzeichnungen, Archiv CP.
»WARUM wird nicht gesagt«: Idem.
»Da gäbe es nichts zu kritisieren«: Kalender, 14. November 1983.
»Liebe Gisèle, Nochmals dank«: Claus an Gisèle, 16. November 1983.
»Um das Nötigste zu verdienen«: Bock, *Untergetaucht*, S. 153.
»Diese untergetauchten Jungen«: Kluncker, *Castrum Peregrini*, S. 13.
»Der schon seit 1933 seinen persönlichen Kampf«: *Nieuw Israëlietisch Weekblad*, 2. Mai 1975.
»Die untergetauchte Gesellschaft«: *Trouw*, 7. März 1998.
»In ihrem Grachtenhaus im Zentrum Amsterdams«: *Reformatorisch Dagblad*, 4. Mai 2007.

ANMERKUNGEN ZUM ZEHNTEN KAPITEL

Die Bezeichnung des neuen Ateliers als »Insel unter dem Himmel« stammt von Gisèle selbst, und zwar aus dem Interview mit Jan van Keulen, Audiokassette 4. Für dieses Kapitel habe ich vieles aus Gisèles (in diesen Jahren sehr ausführlichen) Kalendern und den Gesprächen mit (ehemaligen) Bewohnern der Herengracht, Familienangehörigen und Personen, die eng am Geschehen waren, genutzt.

Die **Vermögensverhältnisse Gisèles** zu Beginn der Achtzigerjahre sind angesichts fehlender Kontoauszüge nicht genau zu rekonstruieren. Meine Schätzung beruht auf den finanziellen Übersichten in ihrem Kalender, den Informationen von MeesPierson sowie vorliegenden Aufstellungen ihrer Ausgaben. Die drei Urkunden, die die Übertragung ihres Vermögens auf die Stiftung Castrum Peregrini regelten, wurden 1983 in der Notarkanzlei T. G. J. Jansen und mr. C. Constandse unterschrieben. Angesichts der allgemeinen Zinsentwicklung und weil das Vermögen zu schnell dahinschwand, wurde 1993 auf Empfehlung von Mees & Hope der Zinssatz von acht auf sechs Prozent gesenkt. Ende der Neunzigerjahre akzeptierte das Finanzamt die bestehende Konstruktion nicht mehr. Der jährliche Zins, den Gisèle leistete, wurde daraufhin in eine Leibrente umgewandelt. Von da an zahlte sie der Stiftung einen festen Betrag an Leibrente in Höhe von (umgerechnet) 68 000 Euro pro Jahr. Als sie starb, war ihr Vermögen so gut wie aufgezehrt, und selbstverständlich hörten nun auch die monatlichen Zahlungen auf, die Gisèle als Witwenrente erhalten hatte. Das heutige Castrum erzielt feste Einkünfte aus der Vermietung des Gebäudekomplexes an der Beulingstraat und den drei Gästeapartments, die inzwischen im Haus an der Herengracht eingerichtet worden sind. Für das Veranstaltungsprogramm werden externe Fördermittel eingeworben.

Der Brief vom 26. März 1926 ist, soweit bekannt, der einzige **Brief Frommels an George**. Es handelt sich dabei um eine Art Entschuldigungsbrief, den er nach einem vergeblichen Versuch schrieb, zu George vorgelassen zu werden. Er habe für seinen verstoßenen Freund Percy Gothein ein gutes Wort einlegen und ihm, dem Meister, das Foto eines hübschen Knaben zeigen wollen, den er ihm gern vorgeführt hätte. Doch er verstehe, dass er keine Gelegenheit dazu bekommen würde. In später veröffentlichten Memoiren und Briefwechseln von George-Anhängern ist die Rede davon, dass Frommel sich um 1923 herum einmal Zugang zur Wohnung Georges verschafft haben soll, indem er durch das Küchenfenster einstieg, um in der Folge von Ernst Kantorowicz, einem der Jünger Georges, hinausbefördert zu werden. Frommel hat George nur ein einziges Mal kurz aus der Nähe erschauen dürfen. Das geschah in Berlin, mithilfe von Ernst Morwitz, der einen Besuch Georges erwartete und Frommel zuvor entsprechend instruiert hatte, so dass dieser »zufällig« gerade in dem Moment das Haus verließ, als der Meister an der Haustür klingelte. Dieses Täuschungsmanöver führte bei Letzterem zu großem Unmut. George ließ sich nur geringschätzig über diesen Möchtegern-Adepten aus, nannte ihn »den Pfaffen«, wollte ihn nicht in seiner Nähe haben und setzte alles daran zu verhindern, dass Arbeiten oder Übersetzungen seiner Jünger in Frommels Verlag Die Runde erschienen. Siehe Karlauf: »Meister mit eigenem Kreis«; Raulff, *Kreis ohne Meister*, S. 125, 213-214.

Die **Regelung des Frommel'schen Erbes** war eine komplizierte Angelegenheit. Manuel war von Frommel zum Eigentümer des Frommel-Archivs bestimmt worden, doch außerdem hatte der Verstorbene verfügt, dass die Autorenrechte der Stiftung zufallen sollten, vertreten durch einen Redaktionsausschuss, der neben Manuel aus drei weiteren Mitgliedern bestand. In diesem Gremium kam es umgehend zum Streit. In einem gesonderten Memorandum hatte Frommel ferner einen fünfköpfigen Rat ernannt, der darüber wachen sollte, dass die Festrituale nach seinem Tod unverändert beibehalten würden.

Zur Unterstützung eines Antrags auf eine **Yad-Vashem-Auszeichnung** braucht es mehrere Zeugenerklärungen. Claus, den Joke deswegen angesprochen hatte, sträubte sich anfänglich dagegen – er fand, den Erinnerungen Jokes zufolge, dass die Auszeichnung für Gisèle nicht nötig sei –, änderte dann aber seine Meinung. Auch Manuel fügte eine Zeugenerklärung bei – er stellte es dabei so dar, als habe auch er im Versteck gelebt. Eine logischere Wahl wäre natürlich Buri gewesen, der sich tatsächlich versteckt hatte und sein Leben Gisèle zu verdanken hatte. Warum er kein Zeugnis für sie ablegte, ist die Frage. Dass er sich geweigert hätte, ist nicht anzunehmen: Er und Gisèle unterhielten schon seit geraumer Zeit wieder einen angenehmen Kontakt zueinander – sogar mit Jannie stand Gisèle auf freundschaftlichem Fuß. Wahrscheinlicher ist, dass man in der Herengracht, da Buri inzwischen als Erzfeind galt, keine Lust hatte, ihn an der Sache zu beteiligen. Auch die Tatsache, dass Jannie Mitte 1995, also in dem Zeitraum, in dem man den Antrag vorbereitete, starb, kann eine Rolle gespielt haben. Die Zeugenerklärungen von Claus und Manuel befinden sich in der Mappe »Yad Vashem« im Frommel-Archiv (LM).

Für Gisèles Bemühungen rund um das Buch **Kleur in donkere dagen** von Loek Kreukels siehe die erste Auflage: S. 153–156, und die zweite, überarbeitete Auflage: S. 153–155. Die Charakterisierung des Castrum als »die homosexuelle Version des Anne-Frank-Hauses« beruhte auf einem älteren Artikel in *Gaynews* aus der Feder Mattias Duyves'. Gisèle nahm Kontakt zu dem Lektor des Buchs auf, Lodewijk Imkamp, seinerzeit Beigeordneter im Gemeinderat von Roermond und gleichzeitig der Neffe Alphons Hustinx' sowie der Verwalter dessen fotografischen Nachlasses.

Der **neue Kurs** des Castrum wurde auf der Grundlage zweier externer Empfehlungen eingeschlagen: eines »Strategisch Marketingplan« von Han Mensink (2005) sowie des »Castrum Peregrini businessplan« der LAgroup *Leisure & Arts Consulting* (2007). Die Komturei, 1968 für 41 000 Gulden erworben, wurde Ende 2009 für 690 000 Euro veräußert (Angaben aus dem Grundbuchamt). Was das Wohnrecht und die Rentenansprüche Manuels betrifft: Die frühere Vereinbarung zwischen Gisèle und der Stiftung hierzu wurde 1989 in einen Vertrag zwischen Manuel und der Stiftung umgewandelt.

Herkunft der Zitate aus dem zehnten Kapitel (S. 370–408)

»Ich hasse es, jetzt nach England zu ziehen«: Kalender, 18. Dezember 1982.
»Da herauszukommen«: Interview mit Thomas Karlauf, *Frankfurter Allgemeine Zeitung*, 5. April 2010.
»Wie er mit mir auf die Herengracht kam«: Tagebuchnotiz, 19. April 1986.

»Abendessen mit Claus«: Kalender, 19. März 2001.
»Ich bin offenbar seit dem 11. Juni '71«: Notiz von April 1992, Archiv CP.
»Die Art und Weise, wie die Dinge hier laufen«: Kalender, 28. Juli 1994.
»Castrum-Sitzung«: Kalender, 18. November 1994.
»Wenn ich mich selbst sehe und höre«: Kalender, 17. August 1992.
»Mein Verstand arbeitet nicht mehr zuverlässig«: Kalender, 20. Januar 1999.
»Das Buch von Roermond hat mich fast umgebracht«: Kalender, 12. September 2005.
»Die homosexuelle Version des Anne-Frank-Hauses«: Kreukels, *Kleur in donkere dagen* (1. Aufl.), S. 153.
»Ich bin auf Disteln gebettet«: Kalender, 1. April 1999.
»Ich frage mich: Wer wird der nächste sein???«: Kalender, 6. September 1999.
»Ich werde von allen Planungen ausgeschlossen«: Kalender, 28. Januar 2000.
»Herzzerreißend nach 60 Jahren«: Kalender, 13. März 2002.
»Ich sehe Gisèle noch immer«: Joke Haverkorn, »In Memoriam Gisèle«, S. 2.
»Manchmal frage ich mich«: Kalender, 5. April 1985.
»Bin ich noch da?«: Kalender, 13. April 2008.

ANMERKUNGEN ZUM EPILOG

Über den problematischen politischen Standpunkt Frommels in der Vorkriegszeit haben unter anderem Günter Baumann, *Dichtung als Lebensform*, Michael Philipp, »*Vom Schicksal des deutschen Geistes*«, und Manfred Herzer in *Capri* Nr. 27 geschrieben. Harm Ede Botje listete das Ganze noch einmal in »Het toch niet zo dappere oorlogsverleden van Castrum Peregrini« auf. Thomas Karlauf publizierte über Frommels Brief an George in »Meister mit eigenem Kreis«. Der Vorwurf, dass im Castrum nur die hübschen Jungen gerettet wurden, kam im Aufsatz »Centaurenliefde« von Marita Keilson-Lauritz zur Sprache.

Frank Ligtvoets Artikel »In de schaduw van de meester« bildete den Anfang einer Reihe von Veröffentlichungen zum sexuellen Missbrauch im Kreis um Wolfgang Frommel. In den Niederlanden folgten Harm Ede Botje und Sander Donkers, »Misbruik in naam van het hogere«, in Deutschland u. a. Julia Encke, »Das Ende des geheimen Deutschlands«, Alexander Cammann, »Es war ein unentwegtes Drama« (ein Interview mit Joke Haverkorn) und Thomas Karlauf, »Großes Abrakadabra«.

Herkunft der Zitate aus dem Epilog (S. 409–419)

»Sie hat *viele* Seiten«: Annie Roland Holst an Joep und Suzanne Nicolas, 25. Oktober 1945.
»Ich glaube, ich male«: Parisches Tagebuch, Juni 1977.
»Wenn wir normalen Menschen etwas finden«: Cees van Ede, »Een leven als kunstwerk« (unveröffentlichter Vortrag, 2008).
»Während ich arbeite, habe ich Visionen«: Kalender, 27. Januar 1999.
»Wie kann es sein«: Parisches Tagebuch, 31. Mai 1975.

Quellen- und Literaturverzeichnis

LITERATUR

Ailly, Gisèle d', *When I Was Ten*. Francestown, New Hampshire 1990.
Ailly, Gisèle d', *Parian Poems*. Francestown, New Hampshire 1995.
Aler, Jan, »In Memoriam Wolfgang Frommel, 1902-1986«. *Duitse Kroniek*, *37* (1987), Nr. 3-4, 16-32.
»Argonaut im 20. Jahrhundert. Wolfgang Frommel, ein Leben in Dichtung & Freundschaft«. *Castrum Peregrini*, Heft 221-222 (1996).
Baumann, Günter, *Dichtung als Lebensform. Wolfgang Frommel zwischen George-Kreis und Castrum Peregrini*. Würzburg 1995.
Beckmann, Max, *Tagebücher 1940-1950*. München/Zürich 1987.
Bernier, Olivier, *Fireworks at Dusk. Paris in the Thirties*. Boston u. a. 1993.
Bischoff, Stephan C. (Hg.), *Ich gab dir die Fackel im Sprunge. W.F. Ein Erinnerungsbericht von Friedrich W. Buri*. Berlin 2009.
Bischoff, Stephan C. (Hg.), *Wolfgang Frommel Friedrich W. Buri. Briefwechsel 1933-1984*. Göttingen 2017.
Bock, Claus Victor, *Untergetaucht unter Freunden. Ein Bericht. Amsterdam 1942-1945*. Amsterdam 1985.
Bock, Claus Victor, »Castrum Peregrini Amsterdam. Profil einer Ausstellung«. *Castrum Peregrini*, Heft 150 (1981), 59-70.
Bomans, Godfried, »Ontmoeting met Joep Nicolas«. In: *Noten kraken*. Amsterdam/Brüssel 1961, 232-235.
Boterman, Frits, »Geest als macht. Stefan George en de ›George-Kreis‹«. In: *Intellectuele kringen in de twintigste eeuw*. Studium Generale reeks vol. 9503, 1995, 13-32.
Botje, Harm Ede und Sander Donkers, »Misbruik in naam van het hogere. De seksuele trukendoos van kunstgenootschap Castrum Peregrini«. *Vrij Nederland*, *79* Nr. 3 (März 2018), 53-71.
Botje, Harm Ede, »Het toch niet zo dappere oorlogsverleden van Castrum Peregrini«. https://www.vn.nl/castrum-peregrini-oorlogsverleden/
Brennan, Fionnuala und Charlotte Carlin (Redaktion), *Parian Chronicles. Foreign Affairs with a Greek Island*. www.lulu.com.
Buri, Jannie, *Voor Simone*. Amsterdam 1986.
Burnier, Andreas, *Een tevreden lach*. Amsterdam 1965.
Burnier, Andreas, *Rendezvous bei Stella Artois*. Berlin 1994.
Cammann, Alexander, »Es war ein unentwegtes Drama«. *Die Zeit*, 24. Mai 2018.
Castrum Peregrini Gedenkheft. Amsterdam/Leiden 1945.
Chijs, Ingrid van der, *Luchtmeisjes. Verzet en collaboratie van twee stewardessen*. Amsterdam 2012.
Coninck, Pieter de und Paul Dirkse, mit einem Beitrag von Marjet Derks, *Roomsch in alles. Het rijke roomse leven 1900-1950*. Zwolle 1996.
Coser, Lewis A., *Gierige Institutionen. Soziologische Studien über totales Engagement*. Berlin 2015].
Defuster, Michael und Erik Somers (Hg.), *Gisèle en haar onderduikers*. Amsterdam 2008.

Dickhaut, Monique und Marjet Beks, *Hedendaagsche Limburgsche kunst (1937). Retrospectief en reconstructie (1999).* Maastricht 1999.
Dornik, Wolfram, Rudolf Grasmug und Peter Wiesflecker (Hg.), *Projekt Hainfeld. Beiträge zur Geschichte von Schloss Hainfeld, der Familie Hammer-Purgstall und der gesellschaftspolitischen Situation der Südoststeiermark im 19. und 20. Jahrhundert.* Innsbruck 2010.
Duyves, Mattias, »Homo-onderduikadres in hartje Amsterdam«. *Gaynews* 105 (Mai 2000), 8–9.
Elburg, Jan G., *Geen letterheren. Uit de voorgeschiedenis van de vijftigers.* Amsterdam 1987.
Encke, Julia, »Päderastie aus dem Geist Stefan Georges?« *Frankfurter Allgemeine Zeitung*, 5. April 2010.
Encke, Julia, »Das Ende des geheimen Deutschlands«. *Frankfurter Allgemeine Sonntagszeitung*, 13. Mai 2018.
Fasseur, Cees, *Wilhelmina. Krijgshaftig in een vormeloze jas.* Amsterdam 2001.
Fedden, Robin und John Thomson, »Chastel Pèlerin«. *Castrum Peregrini*, Heft 47 (1961), 5–10.
Fehrer, Catherine, *The Julian Academy, Paris 1868–1939.* New York 1989.
Frommel, Wolfgang, *Der Dichter. Ein Bericht.* Amsterdam 1950.
Frommel, Wolfgang, »Der Meister«, *Castrum Peregrini*, Heft 46 (1961), 5–42.
George, Stefan, *Werke.* Bd. 1. Stuttgart 1984 [1958].
Gerretson, C., *Geschiedenis der »Koninklijke«.* Bd. 4. Baarn 1973.
Gisèle. Schilderijen en tekeningen – paintings and drawings. Gent 1993.
Gisèle und ihre Freunde. Porträts der Malerin Gisèle d'Ailly-van Waterschoot van der Gracht im Wechsel mit ihr gewidmeten Gedichten. Amsterdam 2000.
Gisèle van Waterschoot van der Gracht. Katalog Centraal Museum. Utrecht 1956.
Gisèle van Waterschoot van der Gracht. Katalog Kunsthandel M. L. de Boer. Amsterdam 1973.
Gisèle van Waterschoot van der Gracht. Schilderijen. Singer Museum. Laren 1979.
Gisèle van Waterschoot van der Gracht. Katalog Galerie Utermann. Dortmund 1988.
Goedings, Truusje, *Het licht bij noordenwind. Friso ten Holt, schilder.* Zwolle 2017.
Goldschmidt, Manuel, »Nu gaan we lezen«. In: Almar Tjepkema und Jaap Walvis, *»Ondergedoken«. Het ondergrondse leven in Nederland tijdens de Tweede Wereldoorlog.* Weesp 1985, 58–63.
Goldschmidt, Manuel, »Meine Freundschaft mit Wolfgang Frommel«. *Castrum Peregrini*, Heft 256–257 (2003), 5–59.
Gracht de Rosado, Joanna van der, *Circles. A Family Memoir.* Mérida 2015.
Groppe, Carola, *Die Macht der Bildung. Das deutsche Bürgertum und der George-Kreis 1890–1933.* Köln u. a. 1997.
Hall, Basil, *Schloss Hainfeld, oder: Ein Winter in Steiermark.* Unter den Augen des Verf. aus d. Engl. übers. von Minna Herthum. Berlin 1836.
Haverkorn van Rijsewijk, Joke, *Entfernte Erinnerungen an W.* Würzburg 2013.
Haverkorn van Rijsewijk, Joke, »In Memoriam Gisèle«. *Nieuwsbrief Stichting Memoriaal*, Nr. 14 (Februar 2014), 1–6.
Haverkorn van Rijsewijk, Joke und Willem Mörzer Bruyns (Hg.), *Sluit tot vaste kring de handen. Een geschiedenis van de Quakerscholen Eerde, Vilsteren en Beverweerd.* Amsterdam 2002.
Hekma, Gert, »Twee Wolfgangs«. *Gay News* 151 (März 2004), 30–33.
Helbing, Lothar [Wolfgang Frommel], *Der Dritte Humanismus.* Berlin 1932.
Henssen, Emile, »Een zender naar Engeland. Gerretson, Gothein en Von Stauffenberg«. *Het Oog in 't Zeil*, 9 (1991), Nr. 1, 29–31.

Hergemöller, Bernd-Ulrich (Hg.), *Mann für Mann. Biographisches Lexikon zur Geschichte von Freundesliebe und mannmännlicher Sexualität im deutschen Sprachraum*. Berlin 2010, 2 Bde.
Herzer, Manfred, »Dossier Wolfgang Cordan«. *Capri. Zeitschrift für schwule Geschichte*, Nr. 26 (Juni 1998), 22-35.
Herzer, Manfred, »Inwieweit waren die beiden schwulen Schriftsteller Wolfgang Frommel und Wolfgang Cordan in die Nazidiktatur verstrickt?« *Capri. Zeitschrift für schwule Geschichte*, Nr. 27 (Dezember 1999), 2-17.
Herzer, Manfred, »Percy Gotheins Ende und die Verschwörung vom 20. Juli 1944«. *Capri. Zeitschrift für schwule Geschichte*, Nr. 34 (November 2003), 2-21.
Hooghiemstra, Daniela, *De geest in dit huis is liefderijk. Het leven en De Werkplaats van Kees Boeke (1884-1966)*. Amsterdam 2013.
Hoogveld, Carine (Hg.), *Glas in lood in Nederland, 1817-1968*. Den Haag 1989.
Hoorweg, C. M. [C. M. Stibbe], »Die Begegnung mit dem Kentauren«. *Castrum Peregrini*, Heft 206 (1993), 40-50.
Hoorweg, C. M. [C. M. Stibbe], »Een kwart eeuw geleden ...« und »Voilá, un homme!«. Beide in *Nieuwsbrief Stichting Memoriaal*, Nr. 12 (Dezember 2011), 1-4 und 5-8.
Hoorweg, Corrado, Michael Valeton und Olaf Weyand (Hg.), *Aan der droomen torentrans. Werk en leven van Vincent Weyand (1921-1945)*. Westervoort 2008.
Horst, Tonny van der, *Liefde en oorlog. Een autobiografisch verslag*. Amsterdam / Antwerpen 1995.
Jobse, Jonneke, *De schilderkunst in een kritiek stadium? Critici in debat over realisme en abstractie in een tijd van wederopbouw en Koude Oorlog*. Rotterdam 2014.
Karlauf, Thomas, »Castrum Peregrini. Stationen der Vorgeschichte«. *Castrum Peregrini*, Heft 150 (1981), 24-58.
Karlauf, Thomas, »Versuch über Stefan George«. *Castrum Peregrini*, Heft 150 (1981), 71-87.
Karlauf, Thomas, *Stefan George. Die Entdeckung des Charisma*. München 2007.
Karlauf, Thomas, »Meine Jahre im Elfenbeinturm«. *Sinn und Form*, 2009, Heft 2, 262-271.
Karlauf, Thomas, »Meister mit eigenem Kreis. Wolfgang Frommels George-Nachfolge«. *Sinn und Form*, 2011, Heft 2, 211-218.
Karlauf, Thomas, »›Die kleine Schar‹. Der charismatische Männerbund um Stefan George«. In: Florian Mildenberger (Hg.), *Unter Männern. Freundschaftsgabe für Marita Keilson-Lauritz*. Hamburg 2018, 171-187.
Karlauf, Thomas, »Großes Abrakadabra im zweiten Stock«. *Die Zeit*, 12. Juli 2018.
Keilson-Lauritz, Marita, *Von der Liebe die Freundschaft heißt. Zur Homoerotik im Werk Stefan Georges*. Berlin 1987.
Keilson-Lauritz, Marita, »Centaurenliefde. Duits verzet in Nederland rondom de schuilplaats Castrum Peregrini«. In: Klaus Müller und Judith Schuyf (Hg.), *Het begint met nee zeggen. Biografieën rond verzet en homoseksualiteit 1940-1945*. Amsterdam 2006, 191-213.
Klomp, D. A., *In en om de Bergensche School*. Amsterdam o. J. [1942].
Kluncker, Karlhans, »25 Jahre Castrum Peregrini Amsterdam. Dokumentation einer Runde«. *Philobiblon, XX*, Nr. 4 (1976), 254-297.
Kluncker, Karlhans, *Castrum Peregrini. Een uitgeverij in het teken van Stefan George*. Ausstellungskatalog, Brüssel 1979.
Klussmann, Paul Gerhard, »Im Gespräch mit Wolfgang Frommel, 4. Oktober 1968«. *Castrum Peregrini*, Heft 244-254 (2000), 28-40.
Kreukels, Loek, *Alphons Hustinx. Kleur in donkere dagen. Het dagelijks leven in Nederland tijdens WOII*. Roermond 2005 (1. u. 2., überarbeitete, Aufl.).

Landmann, Michael, »Wolfgang Frommel«. *Castrum Peregrini*, Heft 151–152 (1982), 116–146.
Lewin, Lisette, *Het clandestiene boek 1940–1945*. Amsterdam 1983.
Liagre Böhl, H. de, »Ailly, Arnold Jan d' (1902–1967)«. *BWN*, Bd. 5.
Lier, Bas C. van, *Carel van Lier. Kunsthandelaar, wegbereider 1897–1945*. Bussum 2003.
Ligtvoet, Frank, »Wolfgang Frommel en Nederland«. *Duitse Kroniek, 37* (1987), Nr. 3–4, 42–49.
Ligtvoet, Frank, »In de schaduw van de meester: seksueel misbruik in de kring van Wolfgang Frommel«: https://www.vn.nl/in-de-schaduw-van-de-meester-seksueel-misbruik-in-de-kring-van-wolfgang-frommel/
Lockhorn, Elisabeth, *Andreas Burnier, metselaar van de wereld*. Amsterdam 2015.
Luykx, Paul, *Andere katholieken: opstellen over Nederlandse katholieken in de twintigste eeuw*. Nijmegen 2000.
Maasen, M. C. M. M., *De pedagogische eros in het geding. Gustav Wyneken en de pedagogische vriendschap in de Freie Schulgemeinde Wickersdorf tussen 1906 en 1931*. Publicatiereeks Homostudies Utrecht 1988.
McCarthy, Mary, *Eine katholische Kindheit: Erinnerungen*. München 1981.
Montijn, Ileen, *Leven op stand 1890–1940*. Amsterdam 2008.
Montijn, Ileen, *Hoog geboren. 250 Jaar adellijk leven in Nederland*. Amsterdam 2012.
Nicolas, Joep, *Werk is mijn redding. Brieven aan Gisèle (1935–1957)*. Übersetzt von Johannes De Smet, Dennis Lenders und Wim Verbaal. Gent 2011.
Nicolas-Nijs, Suzanne, *Herinneringen 1906–1968*. Roermond 2016.
Nicolas White, Claire, *Joep Nicolas, leven en werk*. Venlo 1979.
Nicolas White, Claire, *Fragments of Stained Glass*. San Francisco 1989.
Nicolas White, Claire, *The Elephant and the Rose. A Family History*. Port Jefferson (NY) 2003.
Nicolas White, Claire, *Snapshots*. Port Jefferson, NY 2013.
Nicolas White, Claire, *Ernestine. A History of the Twentieth Century*. NY Creative Publishing 2015.
Norton, Robert E., *Secret Germany. Stefan George and his Circle*. Ithaca 2002.
Perron, E. du, *Brieven*. Bd. VIII und IX. Amsterdam 1984 und 1990.
Philipp, Michael, »*Vom Schicksal des deutschen Geistes*«: *Wolfgang Frommels Rundfunkarbeit an den Sendern Frankfurt und Berlin 1933–1935 und ihre oppositionelle Tendenz*. Potsdam 1995.
Plas, Michel van der (Hg.), *Uit het rijke Roomsche Leven, een documentaire over de jaren 1925–1935*. Utrecht 1963.
Pouls, Jos, »Beeldende kunst in hoofdlijnen«. In: *Limburg. Een geschiedenis* (Bd. 3). Maastricht 2015, 155–194.
Ramakers, Jan, »De houding van Nederlandse katholieken tegenover de joden, 1900–1940«. In: D. van Arkel u. a. (Hg.), *Van Oost naar West. Racisme als mondiaal verschijnsel*. Baarn u. a. 1990, 87–100.
Raulff, Ulrich, *Kreis ohne Meister. Stefan Georges Nachleben*. München 2012.
Rechtvaardigen onder de Volkeren. Nederlanders met een Yad Vashem-onderscheiding voor hulp aan joden. Amsterdam 2005.
Rijckevorsel, Laetitia M. L. van, *Een wereld apart. Geschiedenis van het Sacré-Cœur in Nederland*. Hilversum 1996.
Roland Holst, A., *Ik herinner mij. Radiogesprekken met S. Carmiggelt* (Hg. Dirk Kroon). Den Haag 1981.
Roon, Ger van, *Neuordnung im Widerstand. Der Kreisauer Kreis innerhalb der deutschen Widerstandsbewegung*. München 1967.

Rossum du Chattel, J. G. van, C. M. Hoorweg u. a., *El gran bal. Leven en werk van Chris Dekker*. Westervoort 2005.
Santen, Leo van (Hg.), »*... überhaupt fehlst Du mir sehr.« Die Freundschaft zweier junger Exilanten. Der Briefwechsel von Manuel Goldschmidt und Claus Victor Bock (1945–1951)*. Berlin 2017.
Schaik, Ton H. M. van, *Vertrouwde vreemden. Betrekkingen tussen katholieken en joden in Nederland 1930–1990*. Baarn 1992.
Siegel, Klaus, »Een schreefloze letter uit 1897. Stefan George, Melchior Lechter en Piet Cossee«. *De Gids*, 156 (1993), 368–385.
Sitter, L. U. de, »In memoriam Mr Dr W. A. J. M. v. Waterschoot v.d. Gracht«. *Geologie en Mijnbouw*, 5 (1943), Nr. 9–10, 65–68.
Slangen, Jaak, »Nicolas, Josephus Antonius Hubertus Franciscus (1897–1972)«. *BWN*, Bd. 6.
Slangen, Jaak, »De beeldend kunstenaar Joep Nicolas (1897–1972). Een biografisch portret«. *Spiegel van Roermond*, 2006, 52–69.
Slijper, Bart, *Van alle dingen los. Het leven van J.C. Bloem*. Amsterdam / Antwerpen 2007.
Smit, Susan, *Gisèle*. Amsterdam 2013.
Smook-Krikke, Maria, *Gisèle van Waterschoot van der Gracht en haar Bergense connecties*. Bergen aan Zee 2012.
Snoek, Kees, *E. du Perron. Het leven van een smalle mens*. Amsterdam 2005.
Stern, Marianne (Hg.), *Een vogel op je schouder. Erinnerungen an F.W. Buri*. Loosdrecht 2010.
Thiadens, A. A., »Waterschoot van der Gracht, Willem Anton Joseph Maria van (1873–1943)«. *BWN*, Bd. 1.
Toorn, Willem van, »*Er moeten nogal wat halve-garen wonen«. Schrijvers in en over Bergen*. Amsterdam 1988.
Veen, F. R. van, *Willem van Waterschoot van der Gracht 1873–1943. Een biografie*. Delft 1996.
Vegt, Jan van der, *A. Roland Holst. Biografie*. Baarn 2001.
Verbeek, Caty, »Amerikaans nestje in een Amsterdams grachtenhuis«, *Libelle*, Jg. 1948, Nr. 32 (25. Nov. 1948), 10–11.
Verburg, Marcel, *Geschiedenis van het Ministerie van Justitie 1940–1945*. Amsterdam 2016.
Voerman, Peter [Daniël Boeke], *Bloomers in Heather. Memories of growing up in Holland 1927–1947*. Puurs (Belgien) 2011.
Vijselaar, Joost u. a.: *Therapeutische castratie en andere psychiatrische behandelingen van zedendelinquenten 1920–1970*. Den Haag 2015.
Waterschoot van der Gracht, W. A. J. M. van, »Eenige bijzonderheden omtrent den oorspronkelijken Orang Koeboe in de omgeving van het Doewalabas-gebergte van Djambi«. *Tijdschrift van het Koninklijk Nederlands Aardrijkskundig Genootschap*, XXXII (1915), 219–225.
Waterschoot van der Gracht-Hammer-Purgstall, Josephine van, *To my daughter*. Selbstverlag, o. J. [1949].
Wentinck, Ch., »Gisèle van Waterschoot van der Gracht. Enkele aspecten van haar recente werk«. *Katholiek Bouwblad*, 22, Nr. 15 (April 1955), 230–235.
White, Donald O., *Castrum Peregrini and the Heritage of Stefan George*. Diss. Yale University. New Haven (CT) 1963.
Wilde, Inge de, *In het voetspoor van Frits Strengholt. Jaap de Wilde, een Amsterdamse filmdistributeur (1926–1973)*. Bloemendaal 2013.
Wolthekker, Dirk (Hg.), *Een keten van macht. Amsterdam en zijn burgemeesters vanaf 1850*. Amsterdam 2006.

Wolthekker, Dirk, *Alleen omdat ik een Van Hall ben. Gijs van Hall 1904-1977.*
Amsterdam 2017.
Zanten-van Wijk, Janneke van, »Liefdesperikelen en een gemankeerd hoogleraarschap. Joep Nicolas en Hendrik Wiegersma, vriendschap en brouille.« *Eigenbouwer*, Nr. 3 (Dezember 2014), 49-63.
»Zeitgenossen. Wolfgang Frommel im Gespräch mit Klaus Figge«. Typoskript der Radiosendung vom 3. Dezember 1978.

INTERVIEWS UND ZEITUNGSARTIKEL (AUSWAHL)

Arnoldussen, Paul und Hans Renders, »One day I will live on the Herengracht«. *Het Parool*, 7. Februar 1998.
Dulmers, Robert, »Je kunt niet veranderen«. *De Groene Amsterdammer*, 27. Oktober 1999.
Hieselaar, Loek, »Gisèle & Arnold«. *Ons Amsterdam*, Januar 2004, 18-22.
Lenssen, Thijs, »Gisèle in Wonderland«. *Buun* 2007, 4-16.
Lewin, Lisette, »Bij razzia's gingen we niet naar bed, maar lazen we elkaar voor«. *De Volkskrant*, 22. Januar 1983.
Lubsen-Admiraal, Stella, »Gisèle«. *Lychnari*, 2 (1988), Nr. 1, 15-18.
Rutenfrans, Chris, »Wat ons bond«. *Trouw*, 7. März 1998.
Ven, Colet van der, »Het is ook niet te bevatten, maar dat is ook niet de bedoeling«. *Trouw*, 7. März 1997.

ARCHIVE

Castrum Peregrini, Amsterdam
  Archiv Gisèle van Waterschoot van der Gracht
Centraal Testamentenregister, Den Haag
  Übersicht der Testamente von Gisèle d'Ailly-van Waterschoot van der Gracht
Emory University, Atlanta
  Desmond O'Grady Papers (Manuscript Collection No. 911)
Gemeentearchief Ommen-Hardenberg
  Gemeente Ommen (archief 502)
Gemeentearchief Roermond
  Familienarchiv Joep A. H. F. Nicolas en S. Nicolas-Nijs (archief 24)
Het Utrechts Archief
  Rijksuniversiteit Utrecht, College van Curatoren (archief 59): Inv. Nr. 2952 (Dossier F. C. Gerretson)
Kadaster (Grundbuchamt Amsterdam):
  Kauf Herengracht 401 (1957), Oudezijds Voorburgwal 153 und 155 (1968) sowie Beulingstraat 8 und 10 (1980)
  Verkauf Oudezijds Voorburgwal Vorderhaus (1968)und Hinterhaus (2009)
Literatuurmuseum, Den Haag
  Briefe Gisèle van Waterschoot van der Gracht an Adriaan Roland Holst (R 00644 B2), Johannes Engelman (E 03171 B2) und H. Alsemgeest (G. van Waterschoot van der Gracht [nicht inventarisiert])
  Briefe Suzanne Nijs an Adriaan Roland Holst (N 4985 B1)

Briefe Joep Nicolas an Adriaan Roland Holst (N 2767 B1)
Briefe Adriaan Roland Holst an Joep und Suzanne Nicolas-Nijs (R 644 B1)
Archiv J. H. W. Veenstra: Gespräch mit Gisèle d'Ailly (1977), (nicht inventarisiert, Box 20)
Sammlung Wolfgang Frommel (9 FROM): Korrespondenz Wolfgang Frommel mit Arnold J. d'Ailly, Gisèle d'Ailly-van Waterschoot van der Gracht, Ahmed Ben Lacen Tija, Daniël Boeke, F. W. Buri, Jannie Buri, Wolfgang Cordan, Robert Knauss, Horst Krüger, Guido Teunissen, Mappe »Yad Vashem«; Korrespondenz Gisèle d'Ailly mit Wolfgang Frommel, Manuel Goldschmidt, Simon van Keulen
Nationaal Archief, Den Haag
    Nederlandse Beheersinstituut (2.09.16.04): Inv. Nr. 78420 (Dossier W. Frommel)
NIOD Instituut voor Oorlogs-, Holocaust- en Genocidestudies, Amsterdam
    Nederlandsche Kultuurkamer (archief 104)
    Ausschnittmappen
Regionaal Archief Alkmaar
    Gemeentepolitie Alkmaar (archief 10.1.2.038)
    Gemeente Schoorl (archief 15.2.1.015).
RKD-Nederlands Instituut voor Kunstgeschiedenis, Den Haag
    Archiv Carel van Lier
    Pressedokumentation
Singer Museum, Laren
    Ausstellung »Gisèle van Waterschoot van der Gracht. Schilderijen« 1979
Société des Artistes Français, Paris
    Salon 1931
Stadsarchief Amsterdam
    A. J. d'Ailly (archief 306)
Stefan George Archiv, Stuttgart
    Brief Wolfgang Frommel an Stefan George, 13. März 1926

PRIVATSAMMLUNGEN

Marijn Backer; Stephan Bischoff; Luk van Driessche; Juliet Goodden und Honi Loudon-Goodden; Joke Haverkorn van Rijsewijk; Daniela Hooghiemstra; Marita Keilson-Lauritz; Christiane Kuby; Stella Lubsen-Admiraal; Sylvia Nicolas; Claire Nicolas White; Joke Reynders; Laetitia van Rijckevorsel

AUDIOVISUELLE QUELLEN

Atelier Gisèle, Dokumentation zur Ausstellung in Laren (1979), Jan van Keulen
Gespräche mit Jan van Keulen für das Buch *Gisèle* (1993): vier Audiokassetten
Radiointerview mit Ischa Meijer (1993)
Hier is Adriaan van Dis, 24. März 1985
Het steentje van Gisèle, Fernsehdokumentation (1997), Cees van Ede und Maud Keus
Middageditie, 27. Oktober 1999
Netwerk, 23. Dezember 1999
De stoel, 16. April 2000
Wortwechsel. Gespräch mit Gabriele von Armin (1999)

GESPRÄCHE

Antoinette Baan-d'Ailly, Marijn Backer, Stephan Bischoff, Frans Damman, Vincent Dekker, Michael Defuster, Luk van Driessche, Wim Drion, Lars Ebert, Cees van Ede, Juliet Goodden, Jeannine Govaers, Joke Haverkorn van Rijsewijk, Marijke Heuff, Wil Janssen, Thomas Karlauf, Marita Keilson-Lauritz, Simone van Keulen, Jowa Kis-Jovak, Christiane Kuby, Gregor Langfeld, Phillada Lecomte, Hans Locher, Philippa van Loon, Honi Loudon-Goodden, Koos Lubsen, Stella Lubsen-Admiraal, Ernest van Mourik Broekman, Sylvia Nicolas, Claire Nicolas White, Hartwig Otto, Michael Philipp, Laetitia van Rijckevorsel, Wim le Rütte, Leo van Santen, Reimar Schefold, Ineke Schierenberg-Berbers, Johannes de Smet, Zanneta Sommaripa, Marianne Stern, C. M. Stibbe, Angrid Tilanus, Camillus op het Veld, Wim Verbaal, Auke Wakker, Renate Wongtschowski.

Per E-Mail, Telefon oder Skype: Robert Alder, Susa Bozhkov, Lodewijk Imkamp, Frank Ligtvoet, Frank Platt, Joke Reynders, Donald O. White, Ton Wilders, Annemarie de Wildt.

Personenregister

Admiraal, Stella 329, 330, 332, 367, 375, 389
Ailly, A. J. (Arnold) d' 10, 175, 271, 273, 276–286, 290, 304–313, 315–319, 321–324, 328, 329, 396, 409
Ailly, Antoinette d'. *Siehe* Baan d'Ailly, Antoinette
Ailly-Fritz, Annie d' 274, 283, 306, 309, 329
Aischylos 183
Alder, Robert 372, 373, 387, 389, 398, 412
Alexander, Mary 323
Andriessen, Mari 180, 234
Ansingh, Lizzy 308
Aufrecht, Heinz 226

Baan, Adri 328, 336, 375, 386
Baan-d'Ailly, Antoinette 283, 306, 309, 311, 328, 375, 386, 404
Baltus, Georges 101
Baudelaire, Charles 183
Bauduin, Frans 418
Beckmann, Max 143, 148, 194–196, 229, 235, 270, 271, 298, 394
Beckmann-von Kaulbach, Mathilde (»Quappi«) 148, 194
Bedford, Sybille 120
Beel, Louis 306
Beeren, Wim 379
Beerman, A. Ch. W. 316
Ben Lahcen, Ahmed 313–316
Benoist, Familie 32
Berbers, Ineke 292, 295, 323, 387
Berg, Maximiliane (»Mopi«) Freiin von 79
Beyen, Wim 305
Bieruma Oosting, Jeanne 100, 143
Bloem, Jacques 106, 115, 129
Blüher, Hans 183
Bock, Claus 157, 167, 171, 172, 178–180, 183, 184, 191, 192, 200, 201, 203–205, 207, 209, 226, 267, 288, 291, 310, 330, 356, 358, 359, 371, 375, 376, 383–385, 392, 394, 395, 400, 401, 404, 409

Boeke, Daniel 148, 157, 160–164, 166, 168, 180, 227, 354
Boeke, Kees 155, 157, 163, 174
Bomans, Godfried 101
Bonnard, Pierre 74
Boutens, Pieter Cornelis 183
Bowra, Cecil Maurice 337
Braak, Menno ter 132, 139
Braat, Leo 234
Brämisch, Herbert 205
Brecht, Bertolt 120
Brinitzer, Liselotte 172, 188, 227, 228, 229, 345
Bruehl, Clemens 157, 172, 204, 310
Buri, F. W. (Adolf Friedrich Wongtschowski) 134, 154–159, 169, 170, 175, 241, 244, 260, 262–264, 266, 276, 277, 293, 298, 316, 333, 351, 375, 382, 383, 404
Buri, Jannie. *Siehe* Huldschinsky, Marie-Anne (Jannie)
Burnier, Andreas 290, 339–341, 349
Byron, George Gordon 183

Carmiggelt, Simon 234, 440
Cassel, Wolf van (Fritz Meyer) 168, 342, 344–346, 350, 399
Castellane, Pierre de 272
Chamberlain, brit. Premierminister 120
Chayyam, Omar 140
Citron, Klaus 392
Cordan, Wolfgang (Pseud. von Heinrich Wolfgang Horn) 135, 147, 148, 160, 172, 184, 188, 218
Coreth, geb. Hammer-Purgstall, Helene (von) 36, 37, 59, 123
Coreth, Hubert (Graf von) 37
Coser, Lewis A. 348
Cossee, Piet 289
Coty, René 281, 283
Courant, Ab 367
Cranstoun, Jane Anne 18, 19
Cuypers, Pierre 101

Damman, Frans 402
Dante 165, 183, 263, 347
Declercq, Fabian 346
Defuster, Michael 399, 402, 415
Dekker, Chris 158, 172, 179, 180, 184, 185, 202, 239, 268, 290, 313, 404
Delvaux de Fenffe, Suzanne 75
Delvaux, Paul 106
Dessaur, Ronnie. *Siehe* Burnier, Andreas
Deterding, Henri 29, 31, 32
Dickinson, Emily 333
Dietz, Annabella 405
Dietz, Louis 391, 405
Does de Willebois, M. C. A. J. (Maria) van der 23
Domselaer, Jaap van 158
Dönhoff, Marion Gräfin 357
Donizetti, Gaetano 297
Drescher, Paul Otto (»Ottsch«) 201, 205
Driessche, Luk van 346, 350, 354, 383
Duinkerken, Anton van (Pseud. von W. Asselbergs) 106

Ebert, Lars 402
Ede, Cees van 392-394, 398, 411
Eggink, Clara 129
Elburg, Jan 180
Eliot, T. S. 333
Elisabeth, österr. Kaiserin (»Sisi«) 22, 37, 391
Engelman, Jan 103, 106, 144, 241, 301, 339
Engelman, Martin (»Anselm«) 179, 184, 227
Ensor, James 101
Essen, Pater van 331
Eyck, Charles 100, 103, 106, 110, 138, 141, 143, 146, 169, 175
Eyck, Karin 141, 175, 176

Fernhout, Eddy (Edgar) 129, 143, 146, 148
Feuchtwanger, Lion 120
Fiedler, Herbert 298, 301, 334, 379
Filarski, Dirk 100
Fles, Etha 134, 194
Fontenailles, Gräfin de 75
Fordyce, S. W. 32
Fournière, C. P. de la (Pseud. von Wolfgang Frommel) 187
Fourniere, Martial de la 187

Fragonard, Jean-Honoré 73, 78, 79, 93
Franco, General 267
Franz Joseph, österr. Kaiser 22
Frommel, Gerhard 257, 258
Frommel, Wolfgang 9, 12, 13, 134, passim
Frowein, Blanche 87
Frowein, Familie 86, 222
Frowein, Hal 87
Fuchs, Rudi 379
Fürstenberg, Carl 229

Gaag, Ton van der. *Siehe* Wentinck, Charles
Gelpke, Kathi 266, 268, 295
Gelpke, Rudolf (»Ingo«) 266
Gelpke, Susanne 265, 267
George, Stefan 13, 134, 135, 150-153, 158-160, 182-184, 187, 190, 191, 193, 214, 216, 228, 238, 250, 253, 265, 268, 287, 288, 291, 296, 317, 347, 377, 385
George V., brit. König 37
Gerretson, F. C. 216, 217
Gestel, Leo 100
Giacometti, Alberto 74
Gide, André 106
Gilbert, Esther. *Siehe* Gracht, Esther van der
Gnirrep, Fietje 230, 240, 278, 292, 298
Goethe, Johann Wolfgang von 20, 183, 214, 347, 356
Goldschmidt, Peter 148, 157, 179, 186, 210, 236, 237, 263, 267, 296, 307, 310, 404
Goldschmidt, Rudolf (»Manuel«) 157, 158, 167, 179, 191, 207, 210, 212, 214, 226, 241, 244, 254, 255, 263, 290-292, 301, 310, 311, 330, 341, 343, 349, 358, 373, 375, 383-385, 392, 394, 399, 400-402, 404
Goldstern, Torry 212, 213
Goodden, Julie 386
Gossaert, Geerten. *Siehe* Gerretson, F. C
Gothein, Percy 152, 153, 156, 167, 168, 183, 191, 202, 203, 205, 206, 213, 215-219, 227, 228, 253, 268, 288, 291, 361, 377, 417
Govaers, Jeannine 398
Gracht, Esther van der 54, 55, 62, 63, 72, 81, 91-93, 222, 235, 281

Gracht, Idesbald van der 23, 26
Gracht, Ika van der 240, 245, 248, 263, 281, 298, 389
Gracht, Johnny van der 222
Gracht, Josephine van der 81, 92, 235, 309, 367, 369, 372, 386
Gracht, Judy van der 92
Grimm, Gebrüder 184, 238
Grosz, George 143

Hafiz 20, 149
Hall, Basil 18
Hall, Gijs van 274
Hammer, Joseph von. *Siehe* Hammer-Purgstall, Joseph
Hammer-Purgstall, Arthur Freiherr von 20–22, 26, 33, 35, 37, 60
Hammer-Purgstall, geb. Seßler von Herzinger, Clothilde (Cleo) 59–62, 79, 122, 123, 224, 225, 304, 362, 390, 391, 405
Hammer-Purgstall, Heinz 21, 33, 34, 56, 57, 59, 60–62, 122, 123, 224, 225, 304, 390
Hammer-Purgstall, Joseph Freiherr von 19, 20, 149, 307, 390
Hammer-Purgstall, J. R. F. G. M. (Josephine). *Siehe* Waterschoot van der Gracht, Josephine van
Hammer-Purgstall, Ottokar 36
Hammer-Purgstall, Paula 21, 59, 60, 69, 123, 225, 248, 304, 362, 370, 391
Hammer-Purgstall, Rüdiger (»Tito«) 59, 61, 62, 122, 225
Harrower, Rex 297
Haulleville, Eric De 106
Haulleville-Nijs, Rose De 106
Haverkorn van Rijsewijk, Joke 293, 295, 296, 300, 301, 303, 310, 316, 350, 355, 360, 375, 384, 386–389, 392, 393, 395, 399, 401, 416
Heinemann, Gustav 357
Helbing, Lothar (Pseud. von Wolfgang Frommel) 153
Henrotte, Catherine 70, 71, 78, 80
Henrotte, Laure 70, 71, 78, 80
Hepworth, Barbara 371
Herwijnen, Jan van 129
Heuff, Marijke 330
Hildesheimer, William. *Siehe* Hilsley, Billy (»Cyril«)

Hilsley, Billy (»Cyril«) 134, 140, 154, 155, 157–159, 168, 174, 175, 240, 293–295, 383, 416
Hitler, Adolf 120, 148, 201, 216, 217, 239
Hölderlin, Friedrich 183, 214, 296, 347
Holt, Friso ten 129, 158
Holthaus, Dick 308
Holt, Henri ten 129
Holt, Simeon ten 158
Homer 183
Hondecoeter, Melchior d' 65
Hopkins, Gerard Manley 333
Horn, Heinrich Wolfgang. *Siehe* Cordan, Wolfgang
Horst, Tonny van der 129, 194
Hövell tot Westerflier, Marie Pauline van 86, 87
Huldschinsky, Marie-Anne (Jannie) 229, 245–247, 254–256, 293, 294, 296, 316, 343
Huldschinsky, Oscar 229
Hustinx, Alphons 396
Hustinx, Louis 106
Huxley, Aldous 100, 120, 124
Huxley-Nijs, Maria 100, 106, 120, 124
Hynckes, Raoul 143

Imkamp-van der Does de Willebois, Edith 382

Jaer, Odette de 28, 30, 31, 32
Jean Paul (Pseud. von J. P. F. Richter) 183
Jonas, Henri 103, 110
Jooss, Kurt 240
Juliana, niederl. Königin 274

Kafka, Franz 238
Karlauf, Thomas 341–343, 347, 350, 376, 415
Keilson, Hans 343
Keilson-Lauritz, Marita 323, 343, 416
Ket, Dick 143, 302
Keulen, Jan van 381
Keulen, Simon van 186, 200, 203, 205, 206, 209, 218, 226, 236, 237, 241, 244, 255, 266, 286, 287, 301, 351, 404
Keulen, Simone van 286, 300
Keus, Maud 392, 398
Kis-Jovak, Jowa 346, 368, 389

Klee, Paul 334
Kleffens, Eelco van 237
Kleinow, Hermann 200
Klomp, Dirk 127
Kløhnhammer, Ika. *Siehe* Gracht, Ika van der
Kloos, Willem 183
Kluncker, Karlhans 358, 360
Knauss, Robert 200, 201
Koch, Mathieu 106
Koch, Pyke 100, 302
Kollár, Karl 187, 191
Köppel, Erwin (von) (»Onkel Stumpferl«) 38, 65-69, 73, 79, 80, 113, 123, 225, 304, 305, 390, 414
Kossmann, Alfred 137
Kotälla, Joseph 206
Kouwenaar, David 158
Kouwenaar, Gerrit 158
Krätzel, Unteroffizier 201
Kreukels, Loek 396
Krishnamurti, Jiddu 157, 180
Kronberger, Maximilian. *Siehe* Maximin
Krop, Hildo 234
Krüger, Horst 200
Kuby, Christiane 342-344, 346, 347, 350, 351, 354, 356, 375, 376, 405, 416
Kuser, Victor 47
Kuser, Walter 47, 49
Kuyten, Harrie 100

Laan, Eberhard van der 407
Lages, Willy 205, 206
Lauritz, Marita. *Siehe* Keilson-Lauritz, Marita
Lecomte, Phillada 332, 363
Lee, Jane 372
Leeser, Titus 260, 261, 265
Leeser-Hendrikse, Lies 261
Leeuw, Gerardus van der 184
Leo XIII., Papst 25
Léon, Edouard 73, 78, 81
Lier, Carel van 143, 144
Liernur, Martinus 144
Ligtvoet, Frank 333, 346, 350, 377, 416
Lionberger Davis, J. 32
Liszt, Franz 37
Lockhorn, Elisabeth 341
Lodeizen, Hans 333, 363
Loon, Maurits van 317, 389

Loudon, Alexander 237
Louis Bonaparte, franz. König 23
Lubke, Ben 179, 227
Luns, Joseph 305, 316

Maesen de Sombreff, G. L. van der 88
Mallarmé, Stéphane 150, 183
Mann, Thomas 120
Marchant et d'Ansembourg, Familie de 87
Maretzki, Thomas 172
Marland, E. W. 39, 40, 54
Mary, brit. Königin 37
Matisse, Henri 74
Maximin (Maximilian Kronberger) 151, 152, 202, 228
Maxwell, Gavin 314-316
McCarthy, Mary 42
Meester, Johan de 106
Mercouri, Melina 365
Metternich, Gilla 87
Meyer, Fritz. *Siehe* Cassel, Wolf van
Michiels van Kessenich, George 197
Michiels van Kessenich, Judy 89, 100, 104, 110
Michiels van Kessenich, Louis 87
Modersohn-Becker, Paula 74
Montaigne, Michel de 347
Moore, Henry 335
Mooren, Familie 108
Morwitz, Ernst 291, 292
Mulisch, Harry 288

Nicholson, Ben 371
Nicolas, Joep 99-102, 104-107, 110-116, 124, 125, 129, 130, 137, 138, 142, 175, 231-235, 243, 247, 248, 253, 256, 259, 281, 301, 309, 338, 396
Nicolas, Sylvia 105, 107, 143, 234, 259, 272, 292, 301, 375
Nicolas-Nijs, Suzanne 99-101, 105-107, 110, 112-114, 116, 124-126, 137, 231-233, 243, 281, 301, 309, 337
Nicolas White, Claire 105, 125, 126, 234, 285, 375, 396
Nietzsche, F. 183, 207

O'Grady, Desmond 332, 333, 363
Ormeau, F. W. l' (Pseud. von Wolfgang Frommel) 187

Pallandt, Philip Baron van 157, 160, 261
Perron, Edgar (Eddy) du 129, 131, 132, 135, 139
Perron-de Roos, Elisabeth (Bep) du 129, 131, 132
Peyrefitte, Roger 452
Picasso, Pablo 82, 229, 334, 335
Pierson-Andrée Wiltens, Selina 294, 345
Pindar 337
Pitray, Claire de 75, 81, 389
Platon 159, 165, 183
Pope, Margaret 315, 316
Pound, Ezra 333
Prange, J. M. 242
Purgstall, Gottfried Wenzel Graf von 18
Purgstall, Johanna Anna Gräfin von. *Siehe* Cranstoun, Jane Anne

Raedecker, John 129
Randen, Wiel van der 209
Regteren Altena, Charlotte van 211
Regteren Altena, Mia van 211
Rembrandt 371
Reynders, Joke 381
Rhijn, Jacques van 204
Rijckevorsel, Laetitia van 41
Rimbaud, Arthur 183, 186, 187, 238
Rochecouste, Claire. *Siehe* Pitray, Claire de
Roland Holst, Adriaan (»Jany«) 100, 106, 115–117, 120, 127–129, 131–135, 139, 140, 142–144, 146, 148, 173, 183, 184, 194, 198, 231, 293, 294, 301, 308, 333, 337, 338, 414
Roland Holst, Marius (»Eep«) 106, 116, 120, 139, 173, 180, 194, 226, 231, 255, 265
Roland Holst, Ritsaert 139
Roland Holst-de Meester, Annie 106, 120, 194, 226, 231, 232, 410
Rossum du Chattel, Jaap van (»Reinout«) 158, 160, 161, 165, 167, 179, 207, 215, 219, 289, 351, 354, 355, 404
Royen, J. F. van 283, 329
Rümke, Philip 164

Sablonnière Rochecouste, Claire de la. *Siehe* Pitray, Claire de
Sainte Ange, Mme. 81
Sandberg, Willem 302
Sandrart, Joachim von 38, 65

Santen, Leo van 14, 387, 390, 406
Schefold, Reimar 346, 367, 387
Schierenberg, Rolf 313, 315
Schmid, Carlo 357
Schoonbrood, Henri 110
Schubert, Christoph 201, 213, 224
Schwartze, Thérèse 308
Scott, Walter 19
Seßler von Herzinger, Clothilde (Cleo). *Siehe* Hammer-Purgstall, geb. Seßler von Herzinger, Clothilde (Cleo)
Seßler von Herzinger, Victor 79
Shakespeare, William 165, 183, 238, 347
Simoni, Dario 76, 77, 81, 85, 89, 90, 91, 95, 96
Sjollema, Joop 307
Sluyters, Jan 143
Smit, Susan 414
Snoek, Kees 132
Son, Familie van 180
Sophokles 183
Spilliaert, Leon 101
Stauffenberg, Claus von 216, 217, 218
Stendhal 106
Stibbe, Coen (»Corrado«) 200, 226
Stols, Sander 106, 144
Strengholt, Frederik 229, 245
Strengholt, Jannie. *Siehe* Huldschinsky, Jannie
Strindberg, August 165
Sztáray, Irma 22

Teck, Prinzessin Mary of. *Siehe* Mary
Teunissen, Guido 169, 171, 178, 179, 191, 192, 206, 208, 209, 232, 360
Teunissen-Benz, Miep 170, 171, 178, 188, 191, 202, 207, 208, 209, 241, 360
Thyssen, August 79
Tilanus, Angrid 293, 295, 296, 343, 347, 348, 351, 354
Toorop, Charley 100, 129, 143
Toorop, Jan 253
Treumann, Pitt 357
Tytgat, Edgard 106

Veen, Gerrit van der 234
Veld, Haro op het (»Harry«) 179, 186, 227, 236, 237, 241, 263, 404
Verlaine, Paul 150

Verwey, Albert 151, 183, 253
Vetter von der Lilie, Ferdinand 37
Vetter von der Lilie, geb. Petrichevich-Horvath de Szeplak, Katinka 37, 123, 391
Vetter von der Lilie, Gisela 21, 33, 123
Vetter von der Lilie, Josephine (»Tante Fini«) 36, 59
Vilage, Gerard 332, 363
Vingerhoets, F. J. G. (Joseph) 90, 91, 99
Voerman, Peter (Pseud. von Daniël Boeke) 442
Vos, Charles 103, 110
Voûte, Edward 205, 211
Vriesland, Victor van 129, 137, 194

Wachtler, Lothar von 123
Wakker, Auke 398, 400
Waterschoot, Jacobus van 23, 24
(Waterschoot) van der Gracht, Arthur (van) 26, 28, 31, 33, 44, 48, 50, 53-55, 57, 60, 63, 72, 81, 91-93, 108, 199, 222, 223, 232, 235, 248, 281, 362
Waterschoot van der Gracht, geb. Hammer-Purgstall, Josephine van 21, 22, 25, 28, 30, 43, 44, 46, 47, 49, 51, 53-55, 57, 60-63, 67, 70, 74, 76, 84, 89, 91, 97, 111, 119, 123, 129, 197, 199, 200, 210-212, 222, 247, 248, 282, 309
(Waterschoot) van der Gracht, Ides (van) 26, 28, 31, 33, 44, 48, 49, 50, 52-55, 81, 92-97, 108, 124, 125, 221-225, 236, 240, 249, 263, 281, 298, 304, 357, 370, 389, 404, 410
Waterschoot van der Gracht, Jan van 22
Waterschoot van der Gracht, Joop van 22, 222
Waterschoot van der Gracht, Mies van 21, 22, 24, 52
Waterschoot van der Gracht, W. A. J. M. (Willem) van 21, 22, 24-27, 29, 30-33, 43-45, 47-58, 60-64, 68, 70, 71, 76, 77, 79, 84-91, 93, 96, 97, 99, 107, 111, 112, 119, 121, 122, 127-129, 131, 197, 198, 282, 378
Waterschoot van der Gracht, Walter van 27, 28, 31, 33, 44, 47-51, 55, 327
Waterschoot van der Gracht, W. S. J. (Walther) van 22, 23, 25, 33
Weber, Max 150
Weichs de Wenne, Max de 87, 115
Weininger, Otto 183
Weiss, Max 124, 130, 146
Weissmuller, Johnny 82
Wentinck, Charles (Pseud. von Ton van der Gaag) 203, 272, 297, 301, 334, 339
Weyand, Jaap 158
Weyand, Vincent 158, 167, 169, 170, 179, 183-185, 203, 204, 213, 218, 221, 227-229
Whitman, Walt 333
Wiegers, Jan 234
Wiegman, Matthieu 100, 129
Wijngaerdt, Piet van 100
Wilde, Edy de 379
Wilhelmina, niederl. Königin 22, 189
Willem I., niederl. König 24
Willink, Carel 100, 129, 143, 144, 146, 148
Willink, Wilma 148
Wolkonsky, Prinz Pierre 81-83, 85, 96, 113, 272, 389
Wongtschowski, Adolf Friedrich. *Siehe* Buri, F. W.
Wongtschowski, Emmy 255
Wyneken, Gustav 183, 339, 340

Yeats, William Butler 183, 333

Zantis de Frymerson, Jean de 138
Zeylmans van Emmichoven, Emanuel (»Gabriel«) 200, 226, 268, 290, 339
Zoumis, Giorgios 321, 322, 332
Zoumis, Marouso 321, 322, 332
Zweig, Stefan 120

Der Verlag dankt der Stiftung Pieter Haverkorn van Rijsewijk für die Unterstützung und der niederländischen Literaturstiftung für die Förderung der Übersetzung.

Nederlands letterenfonds
dutch foundation
for literature

Gedruckt mit freundlicher Unterstützung der Moses Mendelssohn Stiftung.

Die Arbeit des Übersetzers am vorliegenden Band wurde vom Deutschen Übersetzerfonds gefördert.

Deutscher Übersetzerfonds

Deutsche Erstausgabe für die Mitglieder der Büchergilde Gutenberg

Die Originalausgabe erschien 2018 unter dem Titel *De eeuw van Gisèle. Mythe en werkelijkheid van een kunstenares* bei De Bezige Bij, Amsterdam.

1. Auflage 2020

Für die Originalausgabe: © Annet Mooij, 2018
Originally published with De Bezige Bij, Amsterdam.

Für die deutsche Ausgabe:
© 2020 Büchergilde Gutenberg Verlagsgesellschaft mbH,
Frankfurt am Main, Wien und Zürich
Alle deutschsprachigen Rechte vorbehalten

Lektorat: Beate Bücheleres-Rieppel
Satz: Pinkuin Satz und Datentechnik, Berlin
Herstellung: Cosima Schneider, Frankfurt und Clara Scheffler, Leipzig
Umschlaggestaltung: Clara Scheffler
Druck und Bindung: Eberl & Kösel, Altusried
Printed in Germany
ISBN 978-3-7632-7163-4

Büchergilde Gutenberg
Stuttgarter Straße 25–29
60329 Frankfurt am Main
Tel 069/273908-0

service@buechergilde.de
www.buechergilde.de
Facebook: Büchergilde
Instagram: buechergilde

Mascha Kaléko / Hans Ticha (Ill.)
Bewölkt, mit leichten Niederschlägen
Gesammelte Gedichte

- Vierfarbig geprägtes Leinen, in Fadenheftung, mit Lesebändchen
- 348 Seiten
- Buchgestaltung von Clara Scheffler
- NR 171821

„Sie dichtete ihr Leben, und sie lebte ihre Dichtung", sagte Marcel Reich-Ranicki einst über Mascha Kaléko, eine der bedeutendsten deutschsprachigen Lyrikerinnen des 20. Jahrhunderts.

In den Zwanzigerjahren schloss sich Mascha Kaléko in Berlin den intellektuellen Kreisen des Romanischen Cafés an und veröffentlichte ihre Gedichte zunächst in Zeitungen, bevor sie ab 1933 erste große Erfolge feiern konnte. 1938 emigrierte sie in die USA und von dort Ende der 50er Jahre nach Israel.

Eindrucksvoll illustriert von Hans Ticha, sind in dieser Ausgabe ihre zu Lebzeiten veröffentlichten Gedichte versammelt.

Walter Benjamin / Michèle Ganser (Ill.)
Einbahnstraße

- Entstanden in Kooperation mit der Hochschule Mainz
- Flexcover mit Hochprägung
- In zwei Sonderfarben gedruckt
- 128 Seiten

„Glücklich sein heißt, ohne Schrecken seiner Selbst innewerden können." *Einbahnstraße* ist eines der ungewöhnlichsten Bücher Walter Benjamins. 1928 zunächst als Broschüre veröffentlicht, ist es geschrieben in der „prompten Sprache" von Flugblättern, Annoncen und Plakaten. Benjamin verarbeitet hier Eindrücke von seinen Reisen, von Museumsbesuchen, von Gesprächen.
Diese illustrierte Ausgabe ist in Kooperation mit Studierenden der Masterklasse des Studiengangs Intermedia (Kommunikationsdesign) der Hochschule Mainz entstanden. Aus 20 Entwürfen wurde einer zur Publikation ausgewählt: Michèle Ganser lädt mit ihren sachlichen und doch detailverliebten Illustrationen ein, den großen Denker neu- und wiederzuentdecken.

Machen Sie mehr aus uns

Seit 2015 ist die Büchergilde Gutenberg eine Verlagsgenossenschaft – eine Gemeinschaft von Menschen, die sich zusammenfinden, um gemeinsame Ziele zu erreichen. Ein zentrales Ziel dieser Genossenschaft: Wir tragen bei zur Kultur einer kritischen und heiteren, einer gesprächsoffenen und liberalen Öffentlichkeit. Wir halten fest an unseren Idealen und unserem Engagement, das sich im Programm ausdrückt: Denn Demokratie, Meinungs- und Pressefreiheit sind nicht mehr selbstverständlich.

Deshalb laden wir Sie herzlich ein: Werden auch Sie Genossin oder Genosse der Büchergilde Verlagsgenossenschaft, stärken Sie diese Buchgemeinschaft. Machen Sie mehr aus uns. Je mehr wir sind, desto unabhängiger sind wir und können daran festhalten, das zu bieten, was sich so kein zweites Mal findet: die Kultur des besonderen Buches.

Mehr Informationen:
buechergilde.de/geno
geno@buechergilde.de
Tel. (069) 27 39 08-56